作者简介

申万里

1965年8月出生于山东嘉祥，1996年考入内蒙古大学内蒙古近现代史研究所中国民族史（蒙古史）方向硕士研究生，1999年取得硕士学位；同年考入南开大学历史学院元史方向博士研究生，2002年毕业，取得博士学位。2002年7月应聘到武汉大学历史学院工作，先后任讲师、副教授。2005年以来在武汉大学做在职博士后研究至今。主要从事中国古代史的教学与科研工作。研究方向为元史、中国古代教育史。2003年以来主持国家社科基金研究项目“元代教育研究”（目前已经结题，评为良好等级）、国家博士后基金资助项目“元代江南儒士群体研究”。2003年以来，在《中国史研究》、《史学月刊》、《中央民族大学学报》、《武汉大学学报》、《内蒙古大学学报》、《暨南史学》等学术期刊上发表《元代游学考》、《宋元乡饮酒礼考》、《元代庙学考辨》、《元代以学官选注巡检考》等学术论文二十余篇，其中两篇被中国人民大学报刊复印资料《宋辽金元史》转载。

Wuhan University

武汉大学学术丛书

Academic Library

元代教育研究

申万里 著

武汉大学出版社
WUHAN UNIVERSITY PRESS

图书在版编目(CIP)数据

元代教育研究/申万里著.—武汉：武汉大学出版社，2007.1
武汉大学学术丛书
ISBN 978-7-307-05254-3

Ⅰ.元…　Ⅱ.申…　Ⅲ.教育史—研究—中国—元代　Ⅳ.G529.47

中国版本图书馆 CIP 数据核字(2006)第 116375 号

责任编辑:王雅红　　责任校对:程小宜　　版式设计:文　笛

出版发行：**武汉大学出版社**　(430072　武昌　珞珈山)
(电子邮件：wdp4@whu.edu.cn　网址：www.wdp.com.cn)
印刷:武汉中远印务有限公司
开本：720×980　1/16　印张:40.5　字数:577 千字　插页:3
版次:2007 年 1 月第 1 版　2007 年 1 月第 1 次印刷
ISBN 978-7-307-05254-3/G·887　定价:59.00 元

内 容 提 要

元代教育是中国教育发展史上的一个特殊时代。元朝处在蒙古贵族的统治之下，以儒家为代表的传统文化失去了独尊的地位，科举制度亦长期废置。因此，元代教育不仅仅是一个培养人才的问题，也是一个关系到中国传统文化如何生存发展、中国传统社会精英——士大夫集团如何适应新的社会发展需要的社会问题。

本书首先以蒙古人接触并逐步理解中原文化为切入点，通过蒙古征服给儒学教育发展带来的巨大的社会变化，揭示蒙元王朝文教政策的形成过程及主要内容。其次，本书通过史料统计的方法，考察元代教育的发展过程，通过统计数据，描绘出元朝教育发展过程的轨迹曲线。再次，本书全面考察了元代教育制度。元代加强了对教育的管理和控制，逐步形成了从中央到地方多层次、多渠道的教育管理制度。祭祀制度是元代教育制度的重要内容，元代儒学的祭祀制度包括春秋祭丁、朔望祭祀以及殿谒等内容，还包括地方举行的乡饮酒礼等。元代教育形成了小学与大学两级教学体制，元代教育在继承前代经学教育的同时，人才的培养出现了多样化的特点。第四，本书考察了元代儒学的建筑布局结构与学产。元代儒学的建筑布局呈现出庙学合一的特点。一般学校都由庙、学和教学辅助设施三部分组成，存在前庙后学、右庙左学、左庙右学三种形式。元代的学产除了学田以外，还包括祭器、书籍、房产等。有元一代，儒学学产基本上呈现增长的趋势。第五，本书考察了元代学官制度。元朝统一以后，逐步规范学官制度。元代学官主要来自儒户家庭，其收入尚能维持温饱，但是由于受到儒学运行状况和学官升转困难的影响，元代学官的处境还是比较困难的。元代江南学官仕进非常困难，北方学官的情况则相对优越。从社会网络的构建来看，元代学官非常注意利用社会网络改善自己的处境。

元代教育既有对前代传统教育的继承，又有在蒙古统治的特殊条件下，为了适应新的历史条件而进行的调整。元代教育的发展虽然困难重重，但在教学制度、教学方法、学校建设、教育管理等许多方面取得了明显的进步。总的来看，元代教育在教育对象的扩展、教育大众化、教育机构的广泛分布等方面具有明显的特点。教育面向下层社会，对传统精英文化的扩散，社会文化的普及意义重大。

目　　录

探索元代文化教育发展的特殊路径

（代序）

李治安

元朝是我国历史上第一个由少数民族建立的统一王朝。蒙古贵族入主华夏后的文化教育状况，历来受到人们的较多关注，且毁誉臧否不一。否定元代文化教育的，当以南宋逸民郑思肖最为激烈。他抨击说：“自古夷狄凶祸之盛，土地之广，惟鞑最强最逆。上下好色贪利，如蝇见血，如蚁慕羶，灭天理，穷人欲，罔所不至。”①数百年来，某些受汉族中心论影响的学者也持类似看法，一直以为蒙古人初无文字，文化和社会形态落后，又实行民族压迫，压抑和破坏了汉文化的发展。对元代文化教育持赞誉观点的，又以汤晓方为代表。汤女士说，元代是我国古代文化发展史上的第三次高潮。与汉唐相比，元代文化具有更开放、兼容并蓄、吸收外来文化更广泛、影响更大等特色。② 笔者认为这两种说法都有一定道理，又都

① 《郑思肖集》，上海古籍出版社 1991 年版，第 180 页。

② 汤晓方：《论元朝文化的历史地位》，《内蒙古社会科学》1985 年第 5 期。

有一定的片面性。郑思肖立足于效忠南宋和排斥异族的迂腐正统观念，其政治情绪化和偏激片面的倾向，多数人不难识破。汤女士从历史大视野观察问题，提出许多有益见解，弱点是缺乏对反面材料作出分析和判断，缺乏正、反面材料的融会考辨，致使立论的说服力有所降低。

笔者认为，元代文化教育的总体情况是比较繁荣而又发展不平衡，有些部分是有了长足的进步与发展，有些部分又有所倒退或萎缩。言其是“我国古代文化发展史上的第三次高潮”，似乎有些过头，但将其说得一团漆黑、全面倒退，又是不符合客观实际的偏见。这里，同样有因视野和出发点不同而见仁见智的问题。如果简单从汉族正统文化出发，元代文化教育的确受到不少压抑，甚至曾经出现某些倒退。如果主要从民族融合和中外文化交流着眼，元代文化教育又是建树显著、繁荣辉煌的。笔者拙见，由于蒙古贵族统一华夏，元代的文化教育没有完全沿着汉地传统王朝的模式继续前进，而是走上一条比较特殊的发展路径。概括地说，元世祖以后的文化教育的发展特色是：儒学独尊丧失而佛、道、科技受青睐；停科举而重学校；学校教育之中儒学、蒙古字学、医学、阴阳学兼容并蓄；部分蒙古、色目人汉化或儒化与部分汉人胡化的并存等等，还相应引发了儒士职业多元、儒士回归下层社会以及儒学暂时脱离科举而独立生存发展等一系列变化。正是因为这些发展特色及相应变化，上述视野和出发点不同而导致的见仁见智，就不足为奇了。

为了有助于问题的理解，我们特意引录一段朱元璋的说法：

> 昔者圣人居中国而治四夷，来宾者甚多，效文者甚寡。自中国宋君靡政，天下不驭。北夷元世祖入主，其文武才能，不求备于一士，可谓之天人矣。若名能于一艺，当用之。时虽一艺不能备者，则不用焉。当是时，元得一士而立纲纪，明彝伦，半去胡俗，半用华仪，中国得生全者，我汉儒许衡是也。如此者不三十年之间，华夷儒风竞起。人虽不为名儒，昔之不效者，今识字矣。所以云从龙，风从虎，圣人作而万物睹。信

有之。①

朱元璋曾经最早举起“驱逐胡虏，恢复中华”大旗而灭元建明，也曾屡屡抨击元朝暴政和胡俗蔓延。② 但是，连朱元璋也不得不承认“北夷元世祖入主……立纲纪，明彝伦，半去胡俗，半用华仪，中国得生全者……不三十年之间，华夷儒风竞起……昔之不效者，今识字矣”等一系列文化教育有所进取的客观事实。朱元璋如是说，是对笔者“两个比较”看法（比较繁荣而又发展不平衡，比较特殊的发展路径）的支持。也表明元代文化教育本身相当复杂，目前对它作笼统或总体的评价，都十分困难，很容易陷入一般化论说和见仁见智的争辩。与其在笼统或总体的评价方面喋喋不休，徒然耗力费神，不如做一些深入而具体的实际研究。申万里博士所撰《元代教育研究》（以下简称《研究》），洋洋近50万字，就是从教育形态和教育制度的具体研究切入，透视整个元代文化教育的典范之作，也可以称得上是脚踏实地探索元代文化教育特殊发展路径的典范之作。

蒙元文教政策与教育发展历程，是《研究》的第一项重要探索。

由于蒙古军事征服和统一华夏的特殊情况，有关这方面的考察十分必要。前述元代儒学独尊丧失而佛、道、科技受青睐，停科举而重学校，学校教育之中儒学、蒙古字学、医学、阴阳学兼容并蓄，部分蒙古、色目人汉化或儒化与部分汉人胡化的并存等文化教育特色的发展，应该是以蒙元文教政策与教育发展历程为基本背景和环境的。关于这类问题，萧启庆、姚大力、丁昆健、安部健夫、赵琦等学者已经有过研究。作者并没有就此止步，而是从元代文教政策形成的角度，探讨蒙古统治者对儒学认识逐步深化的过程以及有关儒士政策的产生情况。针对北方、南方教育发展的不同步性，作者将北方儒学教育的发展情况与江南教育分别考察。最后再将南

① 《明太祖文集》卷16《辩答禄异名洛上翁及谬赞》。

② 《明太祖实录》卷21。

北综合起来，描述蒙元教育总的发展轨迹。又特别考察边疆地区和军队的儒学教育以及地方官学以下的社学、义塾。还采取有关资料统计的办法，通过诸多数据统计和柱状图比较分析，说明元代教育发展的波状起伏和三次高潮，各地教育发展差别与不平衡以及向基层和边缘地区扩散的趋势。正如作者所云："通过蒙古征服带来的巨大的社会变化，揭示由于蒙古征服给儒学教育的发展带来的与以前完全不同的环境。""元朝处在蒙古贵族的统治之下，整个社会是一个多元文化并存的开放社会，以儒家为代表的汉文化失去了独尊的地位，蒙古统治者用人注重'根脚'，并不把儒学作为衡量人才的唯一标准，科举亦长期废置。在这种情况下，以儒学为中心的传统教育如何发展的问题就非常耐人寻味。"其中，不乏在前人研究基础上的继续深入或超越，更有甄别诸多史料信息后的真知灼见。

教育管理、祭祀、教学等教育制度及学校建筑、学产，是《研究》的第二项重要探索。

制度，通常是指在一定的历史条件下形成的政治、经济、社会、文化等方面的体系或规则。它是人类文明在经济、政治、社会、文化四大领域的基础性的组成部分。研究元代儒学教育，自然不可能绕过相关制度。目下，历史学界盛行文化热和社会热，部分人对制度和经济之类的昔日研究重点，似乎表现出几分蔑视和冷漠。这种看法是不可取的，很容易影响认识的深度与视野。作者没有赶那种时髦，而是采取了积极认真的态度，对儒学教育的相关制度做了周密细致的探讨，进而提出了一系列比较中肯的结论或独到见解。作者认为元代逐步形成了集贤院、国子监、儒学提举司等地方行政和监察机构多层次、多渠道共同管理儒学教育的体制。自唐、宋入元，庙学合一，"由学尊庙，因庙表学"，祭祀为儒学运行中不可或缺的内容。元代儒学的祭祀含有春秋祭丁、朔望祭祀、殿谒及乡饮酒礼等内容，甚至出现了重祭祀、轻教学的倾向。学制分为小学与大学两级，教学过程上重视繁琐仪式，强化对伦理和等级的认同。教学内容在继承经学教育的同时，新增适合社会需要和谋生的吏业教育等，人才培养开始摆脱科举的限制而呈现多样化。

元代生员与儒学之间的关系比较松散，游学得到各方面的支持，非常盛行。元代儒学的建筑布局存在前庙后学、右庙左学、左庙右学三种形式，与宋朝相比，发生了明显的变化，既有庙和学总体布局的变化，也有部分建筑类型的调整，建筑布局逐步合理。学田、祭器、书籍、房产等学产，大致呈现增长的势头。据我所知，前人对元代儒学教育制度的研究，仅限于局部涉及，像作者这样系统、深入的探讨，尚属首例，很多地方大大超越了前人。

儒学学官群体及其回归下层社会，是《研究》的第三项重要探索。

元朝较早保护儒学，尤其是元世祖以后任用了不少儒士进入各级官府，在吸收汉法方面大量发挥了儒学和儒士的积极功用。还推动程朱理学上升为儒学的主导，上升为官学。但是，在蒙古统治者的眼里，儒学始终不是第一位的文化。儒学与儒士也不再是传统体制内的主导，其独尊地位已经丧失，开始被边缘化。这是自汉武帝独尊儒术以后，历朝历代未曾有过的。元世祖以后，儒士虽然能享受儒户定籍、免除差役、选拔充当学官及儒吏等待遇，但唐、宋以来儒士赖以仕进登龙的科举迟迟未开，大多数儒士“学而优则仕”的门径被堵死。儒士充任学官之际，多数属无资品的流外职，薪俸颇低，升迁极慢，不免有“热选尽教众人做，冷官要耐五更寒”之类的哀叹牢骚。① 就充任学官及吏员的大多数儒士来说，其地位确实比较低。元初遗民“九儒十丐”的说法，可以反映儒学与儒士被边缘化的尴尬境遇。儒学的边缘化，带来千余年中国文化体系中的一段不小的变更，它的影响是多方面的。边缘化是广大儒士的灾难，它造成了儒家传统秩序、官场传统秩序的某些破坏。由于蒙古统治者的尊崇，不仅八思巴蒙古字风靡全国，藏传佛教的东进以及伊斯兰教、基督教等长足传播，更促使元代文化从儒学一统走向多元，部分汉人甚至发生一定程度的“胡化”。因为学儒读经的出路不佳，不少汉地精英文士转而把聪明才智投向以前备受鄙夷的市井勾栏和工巧技艺。由于儒学边缘化和科举仕途受阻，儒生士大夫

① 王义山：《稼村类稿》卷1《送余仲谦赴江州教》。

多数无法走向庙堂，只能从事学官、儒吏等下层职业，致使他们开始向基层社会发展。元后期科举重开，乡试逐渐正规，客观上又增加了儒生士大夫对基层社会的回归和亲近。这似乎是明清士大夫缙绅充任基层社会中坚的先声。

作者没有回避上述复杂而重要的问题，而是用了近十万字的篇幅，详尽地探讨了北方学官和江南学官群体、学官种类、出身及经济状况、仕进、社会交往等，指出元朝的统一，对江南士大夫阶层产生了重要影响，以往的社会地位和经济特权大部分丧失，科举的废除，又使他们失去做官的机会，江南士大夫阶层出现了明显的衰落。出于谋生的考虑和元王朝优待政策的诱导，大量的前朝士大夫开始入仕元朝，充任儒学提举、儒学教授、学正、学录等，形成了江南学官群体，反映了江南士大夫阶层社会角色的转变。元朝统一以前，北方的学官制度并不健全。统一以后，元政府逐步规范学官制度，使南北达到统一。从出身来看，元代学官主要来自儒户家庭，其中，前朝士大夫之家占了一定的比例。元代学官收入尚能维持温饱，但是受到儒学运行状况和学官升转困难的影响，元代学官的待遇仕进还是比较困难，甚至出现了学官争做地方捕盗官（巡检）的现象。北方学官的情况则相对优越。从社会网络的构建来看，元代学官的社会网络中以儒士为主，包括地方官及僧、道等方外人士，反映了他们利用社会网络改善自己处境的努力。作者还批评元代学官选用不精、素质差、缺乏资金、升转困难等弊端，其政治目的是既用学官制度笼络儒士入仕，使其承认或服从元朝统治，又对江南儒士进入中央或地方政权加以限制。

对元代学官如此详细而深入的研究，我尚未看到，不仅具有开创意义，同时也突破了教育的藩篱，进一步扩展到元代儒士乃至元代江南社会，堪称从蒙古统治的角度研究元代教育，将元代教育与社会结合起来研究。功莫大矣！功莫大矣！

个案微观剖析与宏观鸟瞰相结合，重视北方与江南的比较分析，又是《研究》在方法论上的重要特色。

《研究》的第七章，是对庆元路儒学教育的个案研究，具体考察元代庆元路儒学教育的发展情况，以透视和展现整体上的元代教育。他如儒学提举、儒学教授、学正等逐项专门考察，亦可归属个案研究。后者涉及源流、职掌、任职举例、出身及经济状况、仕进、社会关系网络与地位等。以上个案探研，非常具体深入，细致入微，几乎把庆元路儒学教育和儒学提举、儒学教授的相关情况及史料一网打尽。其用力之勤，功底之深，令人叹服。与此同时，《研究》在宏观鸟瞰方面，也十分到位。不仅在结语中高屋建瓴地阐述、总结了元代教育的特点及历史地位，而且还能在具体考订描述时加以理论提升，融宏观把握于微观剖析之中。譬如"元代以学官选注巡检考"，在细致考述学官任巡检的具体情况后，继续探究其原因，分析其利弊和各类社会反映，最后揭示其实质："以学官选注巡检，是当时历史条件的产物，是元代儒士恶劣的生存环境造成的。"寥寥数语，却有画龙点睛之妙。

作者原先的计划，就是全面研究元代教育。六年前撰写博士论文时，我考虑到博士论文重在学术突破和前沿创新，建议作者缩小为"元代江南儒学研究"。但作者并没有满足于博士论文的出色成绩，受聘于武汉大学后，申请承担了国家社会科学基金青年项目，在博士论文研究的基础上增添了许多探讨北方的内容，继续开展元代教育的全面研究，而且十分注重北方与江南教育的比较分析，努力探寻本质性的认识。如作者第六章论及江南学官仕进入流困难，统计其入为流官的仅有29%；又指出北方学官入流要容易很多，统计其入流比例可达到63%，有的后来还做了高官。南北学官仕进情况的差异，反映了元朝蒙古统治的特点，北方汉人的社会地位要高于江南的南人，族群等级差别在学官仕进方面明显地表现出来。这些经过比较分析而得到的见解，发前人之未发，自然甚为精辟。

申万里博士为人忠厚朴实，刻苦钻研。攻读硕士研究生时，师从内蒙古大学白拉都格其教授学习近代蒙古史。1999年入南开大学随我改而攻读元史方向的博士。当时，他的优势是先学近代而转学古代，可以增强贯通思维，兼之，在内蒙古大学他也曾听过周清澍等名师的元史课程，白拉都格其教授原本的专业方向又是蒙元史。不利的是，好多元史方面的史书文献需要阅读，困难颇多。但他很能吃苦，日以继夜地读书写作，进步迅速，居然按时圆满完成了博士学位论文，受到专家的好评。他的治学风格可以归纳为八个字：刻苦好思，锲而不舍。他出色的博士论文和这部功力深厚、见解独到的《元代教育研究》专著，就是刻苦好思、锲而不舍的丰硕成果。

我经常在学生中说："青出于蓝而胜于蓝，只有超过老师的学生才算是好学生。"看到申万里博士在短短七年内能够写出如此高质量的专著，我由衷地感到欣喜。相信他在不久的将来能够超过师辈前贤，把自己锤炼成有作为的史学家。

学海无涯，今后的学术道路还很长。即使是元代教育课题，也还有蒙古字学、医学、阴阳学等问题需要再作探研。顾炎武说："今日人情相与，惟年社乡宗四者而已。"① 披露了明清士绅的"年社乡宗"四条社会交往的基本管道。这些情况在回归下层社会的元代儒士学官群体范围内是否适用？表现又如何？同样需要深入探索并作出科学理性的诠释。希望申万里博士再接再厉，百尺竿头，更进一步，取得新的杰出成就。

李治安

2006年元月25日草于天津金厦里

---

① 《日知录集释》卷22《社》。

绪　论

一、中国古代的教育

现代意义上的教育，广义是指以影响人的身心发展为直接目的的社会活动，狭义是指由专职人员和专门机构进行的学校教育。现代教育在社会发展中起着非常重要的作用，在中国古代，虽然教育的内容和形式与现代教育都存在很大的不同，但它在古代中国历史的发展过程中同样起着不可替代的作用。

首先，中国古代教育的目的是培养国家政权所需要的各级官吏。国内外一些研究中国古代史的学者将中国古代选举制度（包括科举）看作是为国家政权输送新血的工具，① 如果这种观点成立的话，那么，中国古代的教育就是国家政权的造血工具。教育的主体是中国古代的士大夫阶层，在清朝末年以前，士大夫作为中国传

① 何怀宏：《选举社会及其终结——秦汉至晚清历史的一种社会学阐释》，三联书店 1998 年版，第 4 页。

统的社会精英，无疑居于中国社会的统治地位，“虽然他们的支配地位曾经中断，但是总会复苏，并且进一步扩张”。① 按照何怀宏的观点，儒士阶层与选举制度的结合，完成了中国社会正常的吐故纳新。同时，中国古代教育还造就了以儒家思想为核心的传统的社会秩序，这一秩序与专制主义中央集权的政治制度相结合，构成了中国封建统治的主要内容。从这个意义上可以认为，中国古代教育是一种政治精英教育。

其次，从中国古代教育的内容来看，它是一种修养教育或者称为人文教育，它是以儒家经典的诵习和强调个人修养的完善作为教育的主要内容。学校的考试制度主要是“考察是否完全具备经典知识以及由此产生的适合一个有教养的人的思考方式”,② 而对于包括“六艺”在内的科学的、专业技能方面的教育，则处于一种长期被忽视的状态，虽然中国古代设立过一些医学、阴阳学等专业学校，但这些学校不仅教育规模非常有限，而且时兴时废，没有形成固定的教育体系和产生明显的影响，这种修养教育使得中国古代的士大夫阶层普遍缺乏一种对专业技能的热爱和探讨事物发展规律的科学精神，这一点不仅许多研究中国古代史的中外学者深有感触，就是元朝时入主中国的蒙古贵族也同样看出这种教育的局限性，至元二十四年（1287 年）元朝廷就要求怯薛歹子弟：

> 如今算子、文学呵，后头勾当里使唤呵，勾当里教行呵，学的怯薛歹每的孩儿每根底，交太史院里学算子，国子监里学文学呵。③

这段圣旨说明，蒙古贵族要求其怯薛歹子弟不仅要学习文学，

---

① （德）韦伯著，洪天富译：《儒教与道教》，江苏人民出版社 1997 年版，第 128 页。

② （德）韦伯著，洪天富译：《儒教与道教》，江苏人民出版社 1997 年版，第 143 页。

③ 方龄贵校注：《通制条格》卷 5《学令·习学书算》，中华书局 2001 年版。

还要学习算术等其他知识。

再次，中国古代教育以中央和地方的官学为中心，以书院、社学、义塾、私塾等教育形式为补充，形成了一个层次分明的教育层级结构。根据德国学者蒂莱曼·格里姆对清代广东教育的研究，①在层级的底部，是教育的初级机构私塾、义学以及某些社学，这些机构见于各种类型和各种级别的居民点，从农村到大城市都有。再就是较高级的义学、某些社学以及较小的书院，这些机构一般位于靠近市镇或城市的地方，它们的毕业生则进入高层次的"首要书院"。而官学在明朝末年到清朝时期，开始失去教学功能，主要承担每年的官方祭祀以及与科举考试有关的管理任务。这一教育层级结构是中国古代教育发展的过程中逐步形成的，每个朝代都有差别。不过，从教育层级的变化中，可以清楚地看出中国教育的发展趋势，即精英教育逐步淡化，教育逐步由中央向地方的基层社会扩散，受教育者的范围由皇族、贵族、官僚子弟向一般百姓子弟逐步扩展。

中国教育向基层扩散的过程反映了中国文化由精英文化向大众文化扩散的趋势。中国古代的教育除了培养统治人才的职能以外，还具有传承、传播文化的职能。教育的发展、文化的扩散，意味着社会的发展与进步。由于政治、经济等客观条件的制约，中央与地方、地方与地方之间必然会产生文化差异，这种文化差异一般通过不同地区的知识层次、人才数量等因素表现出来，而促成地区文化水平差距的根本原因，便是文化教育开展的绩效。地方教育层级在知识传授的同时，更能实现其社会教化的功能，深刻地塑造着地域文化的基本面貌，影响地域文化发展的方方面面。②

教育在教化方面的功能，得到中国古代大多数学者的认可，虽然在科举发达的朝代，这一功能被科举利禄的实用目的所掩盖，但在科举停废或科举不发达的朝代（例如元朝），教育的教化作用就

---

① 蒂莱曼·格里姆：《广东的书院与城市体系》，选入施坚雅主编《中华帝国晚期的城市》，中华书局2000年版，第580页。

② 林拓：《文化的地理过程分析》，上海书店出版社2004年版，第21页。

特别明显地表现出来。这可以从元代学者许衡在幼年时期与他老师的一段有趣的对话中反映出来：

> 尝问其师曰："读书欲何为？"师曰："应举取第尔。"曰"如此而已乎？"师大奇之。

许衡的质疑，反映了幼年的他对教育仅能作为科举工具的怀疑。他在至元三年（1266年）向元世祖忽必烈的上书中指出：

> 自上都、中都下及司县，皆设学校，使皇子以及庶人之子弟，皆从事于学，日明父子、君臣之大伦，自洒扫应对至于平天下之道。十年以后，上知所以御下，下知所以事上，上和下睦，又非今日比矣。①

这段文字说明了许衡对教育的教化功能的理解，这对我们理解古代教育是有益的。对中国古代教育的研究不能仅仅从正史、类书的《学校志》抽出部分资料，就教育而教育进行归纳，而应该从整个社会发展或社会变迁的角度，将教育与社会发展联系起来，综合考察和探讨。

二、中国古代教育的发展概况

中国远古时代虽然有庠、序、校等早期学校的记载，但是由于史料的限制，对于这些学校的管理、运行情况，我们并不清楚。后世对上古教育追述的史料不少，但可信度不强。从严格意义上说，这一时期的教育还不是正规的学校教育，不仅教育的内容、形式模糊不清，而且教育本身与社会公益事业之间的界限也不清楚，学校兼具社会公益事业的职能。后世虽然也有学校负责社会公益事业的

① 苏天爵：《元朝名臣事略》卷8《左丞许文正公》，中华书局1996年版。

情况,[①] 但非常少见。

春秋战国是我国教育发展的一个非常重要的时期。在周室衰微、“礼乐崩坏”的社会背景之下，以前“学在官府”的情况发生了变化。孔子兴办私学，广收门徒，还将上古的文化典籍编成《诗》、《书》、《礼》、《易》、《乐》、《春秋》等作为教材，于是，中国传统儒学教育出现了。战国时期，由于诸子百家竞相通过教育，宣扬自己的政治主张，出现了“百家争鸣”的文化繁荣局面。

秦朝统一以后，出于加强中央集权的需要，实行“焚书坑儒”，对中国古代教育产生了重大影响。汉朝以后，由于书籍的严重缺乏，教育成为少数经学之家的家学。汉武帝“罢黜百家，独尊儒术”以后，在京师设立太学，以儒家经典教育官僚、贵族子弟，但并没有改变少数经学之家独占文化教育的情况。这种情况继续发展，魏晋南北朝时期，形成了垄断文化教育的士族，士族通过对文化教育的垄断，长期担任这一时期历代王朝的各级官吏，不论是汉族王朝还是少数民族王朝都需要向士族之家索取人才，出现了“天子可以命官，但不能命士大夫”的局面。虽然这一时期史料中有某些地方建立学校的记载，但为数不多，影响较小。

隋唐以后，科举制度的实行，逐步改变了世家大族垄断文化教育的局面。唐朝命天下皆立孔子庙，推动了教育由中央向地方的扩散。各地即庙为学或于庙中建学，中国古代典型的学校——儒学开始产生。唐朝以后，庙学合一的教育制度逐步完善，中国教育发展到一个新的时代。

宋朝实行“崇文抑武”的基本国策，大力提高儒臣的地位，发展中央地方各级教育，促进了儒学教育的快速发展，宋朝三次大规模兴学，建立了比较完备的教育机构，各地的儒学基本上建立起来。同时唐朝出现的另一种儒学教育形式——书院，也得到了明显的发展。值得注意的是，宋朝以前，虽然地方不乏建立学校的记载，但很难长久。宋朝开创了学田制度，使地方儒学的发展有了物

① 顾宏义：《教育政策与宋代两浙教育》，湖北教育出版社 2003 年版，第 93 页。

质保障，儒学可以长久不衰。另外，对于儒学生员来说，他们不仅可以得到学校在生活方面的资助，政府还可以为其免除租税徭役，这使得一般百姓的子弟也有可能进入学校学习，从根本上打破了少数世家大族垄断文化教育的局面。宋代平民出身的儒士阶层迅速扩大，形成了新的士大夫集团，并在政治、经济、社会生活中取得了支配地位。

元朝是蒙古贵族建立的政权，元朝的统一，给北方的金源士人以及江南士大夫集团造成了非常大的冲击，儒士失去了以往的社会地位和一些经济、政治特权，科举长期废除，又使他们失去了靠科举入仕的机会，儒士集团的处境发生了巨大的变化。这种变化，影响了元朝教育的发展。不过，蒙古人出于草原游牧民族多神教萨蛮教的传统，对被征服地区的宗教统统采取优待政策，儒学被蒙古人看作是替蒙古大汗“告天祝寿”的工具之一，受到优待。进入元朝以后，以忽必烈为代表的蒙古统治者逐步认识到儒学对国家稳定的重要作用，于是，发展教育成为元朝实行汉法的重要内容之一。元代教育发展的环境虽然不如宋朝，但元代教育仍然具有发展的空间，并且在发展的过程中形成了自己的一些特点。首先，元朝儒学的祭祀制度更加完善，不仅学校的建筑布局是庙学合一，就是学校日常的教学活动也出现了祭祀与教学合一的现象。学校定期举行祭祀孔子的活动（春秋祭丁、朔望祭祀、殿谒等），不仅祭祀在学校的文庙中进行，而且祭祀的参加者也是以与学校有关的学官、生员为主，祭祀的时候，还要讲经以及考核生员、儒士的学业。“由学尊庙，因庙表学”,① 庙与学成为教育活动中不可或缺的内容，祭祀与教学有机地结合起来。其次，由于元朝科举不发达，儒士入仕之途狭窄，教育开始更多地面向下层社会。不仅元代教育机构出现了向乡村和边远地区扩散的趋势，元代教育的内容和形式在继承宋金精英教育的基础上，也出现了向社会中下层扩散的趋势。这种变化，促进了传统精英文化向大众文化的扩散，另外，社会上入仕无门的大量儒士开始沦入社会下层，无疑加强了这种文化扩散的效果。

---

① 元明善：《武昌路学记》，《元文类》卷29，商务印书馆1958年版。

明清重新恢复了中国传统的统治方式，教育得到了深入的发展。不过明清中央集权的空前强化，对教育发展产生了重要影响。明朝末年开始，宋元王朝时期就开始出现的儒学官学化发展到极端，各地的官学大部分失去了教学的功能，成为祭祀和管理科举的工具，而教学方面的任务大部分被同样官学化的书院所承担。随着国家政权对教育控制的加强，教育机构逐步向城市集中，形成固定的教育层级结构。直到清末的近代教育改革，这种层级结构才逐步崩溃。① 需要指出的是，明清时期，由于教育的普及和发展，一些普通百姓的子弟也可以从体力劳动的重负下解放出来，读完冗长繁琐的课程，再通过科举取得社会地位。明朝生员的四分之三，清朝生员的二分之一以上，出身于没有任何功名的家庭。② 美国学者伊芙琳·罗斯基（Evelyn Sakakida Rawski）的研究也表明清朝启蒙教育的费用并不高，几乎所有男人甚至贫困地区的男人都可以通过较低的成本，完成初等教育。③ 因此可以说，中国古代教育虽然是一种精英教育，但随着社会的进步，教育向民间社会扩散的趋势还是比较明显的，对社会发展、社会进步所起的作用，当然也就越来越大。

三、学术前史回顾，选题的意义

教育史既是教育科学的一个重要研究领域，也是中国历史的一个重要分支。由于中国教育发展历史悠久，并且在中国历史的长河中对社会进步的推动作用明显，其魅力吸引着众多国内外学者涉足

---

① 蒂莱曼·格里姆：《广东的书院与城市体系》，《中华帝国晚期的城市》，中华书局2000年版，第565～593页。

② HO Ping-ti, *The Ladder of Success in Imperial China*, 1368-1911, New York, Columbia University Press, 1962.

③ Evelyn Sakakida Rawski, *Education and Popular Literacy in Ch' ing China*. Ann Arbor: The University of Michigan Press, 1979.

这一研究领域。1949 年以前，就有许多研究专著问世,① 一时，教育史研究比较繁荣。1949 年以后，由于种种原因，教育史的研究沉寂下来，20 世纪 80 年代以后才逐步兴起。1981 年顾树森的《中国历代教育制度》（江苏教育出版社），1987 年毛礼锐、沈灌群的《中国教育通史》（山东教育出版社），2000 年李国钧、王炳照的《中国教育制度通史》（山东教育出版社），2000 年陈学恂的《中国教育史研究》（华东师范大学出版社），2003 年王建军的《中国教育史新编》（广东高等教育出版社）等产生了一定的影响。另外，一些书院史、断代教育史也开始大量出现,② 一些研究地域史、文化史的专著也将教育作为一个重要的研究内容。③ 这里需要重点提出的是，国外学者有关中国教育史的研究，更加引人注目。国外学者的研究思路比较开阔，善于从中国文官制度、科举制度、社会流动、经济生活、城市化等领域发现中国教育制度的特点，如贾志扬的《宋代中国荆棘丛生的知识之门》，将科举做官与教育发展结合起来，进行综合研究；④ 上引何炳棣（Ho Pingti）《1368～1911 年社会流动：中华帝国的成功阶梯》，从社会流动的角度分析了中国教育发展的盛况，指出中国明朝以后一般百姓子弟接受教育

---

① 1949 年以前有关中国教育史的学术著作有：黄绍箕、柳诒徵《中国教育史》，郭秉文《中国教育制度沿革史》，王凤喈《中国教育史大纲》，陈青之《中国教育史》，陈宝泉《中国近代学制变迁史》，周予同《中国学校制度》，蔡芹香《中国学制史》，姜书阁《中国近代教育制度》，薛人仰《中国教育行政制度史略》，盛朗西《中国书院制度》等。

② 有关书院史、断代教育史的研究专著有（由于与本课题联系不大，这里仅列部分书目）：李国钧《中国书院史》（湖南教育出版社 1994 年版）、白新良《中国古代书院发展史》（天津大学出版社 1995 年版）、章柳泉《中国书院史话》（教育科学出版社 1981 年版）、顾宏义《教育政策与宋代两浙教育》（湖北教育出版社 2003 年版）、程方平《辽金元教育史》（重庆出版社 1993 年版）、徐梓《元代书院研究》（社会科学文献出版社 2000 年版）、欧阳周《中国全史·元代教育史》（人民出版社 1994 年版）等。

③ 如林拓《文化的地理过程分析》等。

④ John W. Chaffee, *The Thorny Gates of Learning in Song China*, New York University Press, 1985.

的可能性以及教育的发展特点。伊芙琳·罗斯基的《中国清代的教育和大众的识字率》，则从日常商业活动的角度，通过当时普通人识字的动机和迫切要求，分析了清代基层教育的发展情况，通过19世纪普通人的识字率（男子30%～45%，女子2%～10%，相当于同时期的日本和17世纪的英国），说明了清末教育的普及情况。上引蒂莱曼·格里姆《广东的书院与城市体系》一文，从中国书院发展与城市化的角度，分析了清代广东地区的教育层级结构，以及教育机构向城市集中的趋势。此外，比较有影响的关于中国教育史的研究成果还有：林有春《元明时期的学堂教育》、小川嘉子《清代创办免费学堂的基础》（见林有春主编《近世中国教育史研究》，东京国土社1958年版）、约翰·梅斯基尔（John Meskill）《明朝的学堂与政治》（C. O. Hucher编《明朝中国的管理：研究论文七篇》，纽约哥伦比亚大学出版社1969年版）、斯蒂芬·福伊希特旺《学宫与城隍》（施坚雅《中华帝国晚期的城市》，中华书局2000年版）等。从国外学者的研究成果来看，他们的研究更加注意教育与社会的互动关系，从这种动态的关系中反映教育的发展情况，其次，他们善于利用统计的方法、对比的方法、社会学方法、经济学方法等，对中国教育进行多方位的研究。最后，外国学者非常注意吸收和利用前人研究成果，这些都值得国内学者学习。

元朝是中国历史上的一个重要阶段，元代教育当然也是中国教育发展的重要阶段之一。但是在20世纪初到50年代的相当长的时间里，元代历史被一些学者认为是中国历史上最黑暗的阶段，无文化可言。因此，元代教育研究也长时期受到忽视，前面提到的1949年以前的教育史著作，或就先秦教育史进行专门研究，或者注重中国近代教育史的叙述，对元代的教育史或避而不谈，或几笔带过，元代教育史成为中国教育史研究的一个空白。80年代以来，随着我国的改革开放国策的实施，中国社会科学的研究出现了繁荣，元代教育研究的重要性也逐渐被很多学者所认识。此后出版的《中国教育通史》第3卷（毛礼锐、沈灌群主编）、《中国教育制度通史》第3卷（李国钧、王炳照主编）、《中国教育史研究》宋元分卷（陈学恂主编）、《辽金元教育史》（程方平著）、《中国全史

·元代教育史》(欧阳周著)、《中国教育管理制度史》(李才栋等编)、《元代书院研究》(徐梓著)、《元代国子监研究》(王建军著)等学术专著对元代教育或有关元代教育的某些方面进行了有意义的探讨，对弄清有关元代教育的诸问题，做出了很多有意义的贡献。此外，从80年代到目前为止出版的其他有关中国教育史、中国书院史、中国文化史、地域史、地域文化史的专著，对元代教育也有所涉猎。

总的来看，上述有关中国教育史的论著，对元代教育研究做出了重要贡献，这一点是可以肯定的。但是，多数研究成果均不同程度地存在着明显的问题。首先，史料的使用上存在明显的不足。元代史料比较丰富，包括《元史》、元代政书、元人文集、石刻碑传、元明清方志、考古资料等很多方面，而很多教育史的论著很少在利用史料时注意到这一问题，80年代的论著主要以《元史》、《新元史》(后人著述，非第一手史料)、《续文献通考》等为根据，其他史料很少利用。90年代中期以后出版的有关论著虽然在史料的利用上有所改进，但除了徐梓《元代书院研究》等少数论著以外，大部分论著在史料方面的缺陷仍然非常突出。教育史是中国史的一个重要组成部分，叙述一个朝代的教育史，需要在断代史的基础上，进行更加深入的研究。如果研究者不注意断代史的学习和研究，写出的教育史就会每个朝代千篇一律，各具特点的教育史就会成为枯燥的教条，让人读起来生厌，甚至会出现常识性的错误，这一点在元代教育史的研究方面表现比较明显。其次，由于缺乏足够的史料根据，许多论著在有关元代教育的论述中存在着空泛、臆断的缺点。如对“汉化”的论述，元史学界有关忽必烈与汉法的关系问题的论文、论著很多，忽必烈实行汉法并不是主张汉化，他在行汉法的同时，对汉化却是抵制的，这一点在元史学界属于公论，但一些教育史的论著还是将忽必烈作为“全面推行汉化的第一人”，将元朝重视儒学教育说成是实行汉化政策。① 更为重要的是，

---

① 见陈学恂主编《中国教育史研究》宋元分卷，华东师范大学出版社2000年版，第429页。

由于史料根据不足，在很多具体问题上，大多数的论著都缺乏“细部”的研究，造成讹误与疑义。到目前为止，还没有出现一部在广泛收集史料的基础上，对元代教育进行全面探讨和研究的论著，很多有关元代教育的问题有待广泛、深入地研究。再次，除了少数论著以外，多数论著缺乏对前人成果的全面吸收和利用，低层次的重复研究现象比较严重，一些专著中很少、甚至没有利用、引证目前已经发表的有关论著或论文。

除上述教育史论著以外，国内外学者在元代教育的研究方面还发表了很多有价值的论文，1947 年周祖谟先生发表了《宋亡后仕元之儒学教授》一文，从宋元更替后社会变迁的角度对元代学官的形成、心态和社会生活进行了探讨。20 世纪 80 年代以后，有关元代教育的研究逐渐成为元史研究的热点之一。陈高华《元代的地方官学》（《元史论丛》第 5 辑）、王颋《元代书院考略》（中国史研究》1984 年第 1 期）、孟繁清《元代的学田》（北京大学学报》1981 年第 6 期）、胡务《元代庙学的兴起与繁荣》（《元史论丛》第 6 辑）、《元代庙学的组织与管理》（《中国史论集》，天津古籍出版社 1994 年版）、《元代庙学的建筑结构》（《元史论丛》第 8 辑）、王立平《元代地方官学的建筑规模与学田》（《固阳师专学报》1993 年第 1 期）、于金生《元代地方学官及其社会地位》（《内蒙古社会科学》1993 年第 3 期）等。笔者也有《元代庆元路的儒学》（《元史论丛》第 8 辑）、《元代庙学考辨》（《内蒙古大学学报》2002 年第 2 期）、《元代江南儒学的小学与大学考》（《内蒙古大学学报》2003 年第 3 期）、《元代江南儒学建筑布局考述》（《暨南史学》第 2 辑）、《元代江南教官群体研究》（《人文论丛》2003 年卷）等文章发表。上述论文对元代教育的许多方面进行了探讨。① 中国台湾地区及海外学者对元代教育的研

① 有关元代教育的学术论文还有很多，如杨国勇《元代教育的几个特点》（《山西大学学报》1985 年第 1 期）、于金生《元代地方学官的选任与考迁》（《内蒙古社会科学》1992 年第 2 期）、王立平《元代地方官学生员及其学习生活》（《固阳师专学报》1996 年第 1 期）、王立平《元代地方官学》（《固阳师专学报》1994 年第 2 期）、王立平《元代地方官学体系的发展概况》（《固阳师专学报》1995 年第 2 期）等。

究成果也比较多，如（日）牧野修二《论元代庙学和书院的规模》（《齐齐哈尔师院学报》1988年第4期）、（美）劳延煊《元初南方学者和教育制度初探》（兰德彰主编：《蒙古统治下的中国》，普林斯顿大学出版社1981年版）、中国台湾学者萧启庆《元代的儒户——儒士地位演进史上的一章》（《元代史新探》，台湾新文丰出版公司1984年版）、萧启庆《大蒙古国的国子学——兼论蒙汉精英涵化的滥觞与儒道势力的消长》（《蒙元史新研》，允晨文化实业有限公司1994年版）、丁昆健《蒙古征伐时期（1208~1259）华北的儒学教育》（《华学月刊》第129期，1982年）、《元世祖时代的儒学教育》（《华学月刊》第136期，1983年）、袁冀《十三世纪蒙古人之教育》（《东方杂志》第22本12期，1989年）等文章对元代教育也有比较深入的研究。

从国内外学界对元代教育的研究来看，元代教育的研究正在日益走向深入，一些问题也得到了解决（具体内容将在后面有关章节中评述）。但是，由于研究比较分散，学者仅仅就某些个别的问题进行了研究，很多问题远没有得到解决。元代教育中的一些大的问题如教育政策、教育发展、学校建筑结构及其变化、教育管理、教育制度、学官制度以及教育与社会、教育发展与蒙古统治、学官群体的形成与社会活动等一系列问题，目前还没有学者进行全面的考察和探讨。

鉴于以上的论述，本人认为元代教育的选题具有重要的意义：

首先，同其他王朝相比，元代教育有许多特殊性。元朝处在蒙古族的统治之下，整个社会是一个多元文化并存的开放社会，以儒家为代表的汉文化失去了独尊的地位，蒙古统治者用人注重“根脚”，并不把儒学作为衡量人才的标准，科举亦长期废置。在这种情况下，以儒学为中心的传统教育如何发展的问题就非常耐人寻味。同时，作为教育本身来说，也有一个如何适应社会变化的问题。所以，元代教育不仅仅是一个培养人才的问题，也是一个社会问题。对中国传统社会精英——儒士阶层来说，一方面他们通过教育机构安身立命，通过教育活动保持其儒士的身份；另一方面，通过教育，他们进行学术传承，使以儒学为特征的传统文化不致泯灭。就教育本身与当时社会的关系来看，教育既然部分失去了培养中上层统治人才的职能，其社会地位的下降是不可避免的，但是，这种情况却使教育与下层社会的联系加强了，教育在地域政治、文化等方面的功能加强了，成为一个地域社会特定的自我调节的重要手段，在地方社会的稳定和应对各种变化方面起了重要作用。教育越发达的地区，这种作用表现得就越明显，这可以从元末政治动荡的情况下，江浙一些地区相对稳定的情况得到说明。另外，教育面向下层社会，对传统精英文化的扩散、社会文化的普及意义重大，如果说教育面向大众是一般教育的发展趋势的话，元代教育确实在这方面迈进了一大步。所以，从蒙古统治的角度研究元代教育，将元代教育与社会结合起来研究，对元代政治史、社会史的研究都具有重要意义，可以说既有学术意义，又有方法论意义。

其次，元代教育的发展虽然困难重重，但在教学制度、教学方法、学校建设、教育管理等许多方面取得了明显的进步，这些成功之处，对于今天的教育、教学活动，都具有借鉴的价值，可惜这一点并没有被目前的史学界所重视。当然，元代教育也有一些不成功的地方，如注重祭祀，忽视教学效果；忽视学官的管理与选拔，造成教育活动中出现很多腐败现象。这些教训，同样对今天的教育发展意义不菲。

再次，元代教育的研究现状目前还存在着明显的缺陷和不足，亟需一个深入、全面、系统的研究。具体情况前面已经说明，这里不再赘述。

四、本研究课题的主要构想

本课题力图在全面占有史料的基础上，对元代教育的有关方面进行深入、全面、系统的研究。

第一，本课题以蒙古人接触中原文化并且逐步理解中原文化为切入点，通过蒙古征服带来的巨大的社会变化，揭示蒙古征服给儒学教育的发展带来的与以前完全不同的社会环境，通过考察蒙古统治者对中原文化认识的深入，揭示蒙元王朝文教政策的形成过程及主要内容。

第二，考察元代教育的发展情况。元代教育的恢复阶段，在蒙古灭金以后就开始了，元世祖时期北方儒学教育已经步入正轨，而江南儒学这时正在经历统一战争带来的阵痛，恢复阶段刚刚开始，为了反映这种教育发展的不同步性，本课题将北方儒学教育的发展情况与江南教育分别考察。最后再将南北综合起来，描述蒙元教育总的发展轨迹。由于各地材料记载分散，各地教育发展的差别又比较明显，本研究主要采取有关资料统计的办法，通过数据分析，说明蒙元教育的发展情况。同时将一般论述与个案研究结合起来，通过个案反映一般情况。

第三，考察和论述元代的教育管理制度，论述蒙古统治者在对教育既要控制、又要笼络的态度下，制定的多层次、多渠道的教育管理制度。

第四，考察和探讨元代儒学的祭祀、教学制度。中国古代的儒学教育具有庙学合一的特点，这一点在元朝的教育中表现特别突出，但目前仍然被大多数学者所忽视，大多数关于中国古代教育史的专著只讲教学，不讲祭祀。因此，本课题将紧扣这一特点，对元代儒学的祭祀、教学、学生管理进行系统考察和探讨，并分析在蒙古统治之下，元代学校祭祀、教学制度体现出的一些具体特点。

第五，考察元代学校的建筑布局及特征。学校建筑布局是目前有关教育史研究中的一个薄弱环节，但对描述元代教育发展的情况又比较重要，因此不能不引起重视。这一部分将首先对元代学校的所有建筑类型进行考察，弄清其位置、形制、大小尺寸、作用，然后对元代学校建筑布局的变化，进行考述，分析出现诸变化的原因。

第六，考察元代学校的学产分布以及学产管理的特点。

第七，考察和探讨元代的学官制度以及元代学官群体。目前学者大多从制度方面研究学官问题，本课题将在前人研究的基础上，以朝代更替带来的社会变化为切入点，从社会学的角度，探讨儒士在新的朝代社会角色的变化所导致的学官群体的出现，同时对学官这一社会群体在元代社会中的诸问题，包括学官的出身、经济状况、仕进、社会网络等，在充分考察足够的案例以后，做出结论。

第八，具体考察元代庆元路的儒学教育的发展情况，通过对庆元路的个案研究，展现元代教育各方面的具体发展情况。

第九，对元代教育的特点及历史地位进行总结，阐述本课题有关元代教育的主要观点。

在研究方法方面，本课题在坚持马克思主义唯物史观的基础上，坚持实事求是、史论结合的原则，在使用历史学的考据、归纳、综合等方法的同时，注意借鉴社会学中的其他方法，力图使研究更加深入、合理。具体地说，就是：

第一，在史料方面，除了对元代正史、政书、元人文集广泛收集以外，对前人重视不够的石刻碑传、宋元明清方志广泛收集，做到全面占有史料。

第二，注意教育史"细部"的考证工作，订正前人研究中出现的讹误，补充前人研究的不足之处。

第三，将教育研究与社会研究结合起来，从教育学、社会学的角度对元代教育的一些现象进行合理的阐释。

第四，注意研究方法的多样化，将社会学中的统计方法、个案分析方法等引入教育史研究。

最后，有关本课题使用的基本概念，有必要进行解释和界定，"儒学"一词根据《辞海》解释，有两方面的含义：一是指有关儒家的理论；一是指元、明、清在府、厅、州、县设立的学校（其实，唐宋时就有以"儒学"称地方学校的记载）。本课题中提到的"儒学"一般是指后一种含义，不过个别地方也会出现互用的情况，阅读时需要具体分析。"江南"一词在不同朝代的含义也有差别，元代的"江南"主要指元朝统一以前南宋控制的区域，包括江南三行省以及河南行省南部。本课题所说的"江南"就是指这个的范围。同样，元代一般将"北方"定义为宋金对峙期间金朝控制的区域，本课题的"北方"同样也是如此。

需要指出的是，本书并不是一部完备的元代教育史，只能算是有关元代教育的专题研究，一些问题并没有列入研究内容，如元代教育家及其教育思想，元朝的蒙古字学、医学、阴阳学等。对于元代的书院教育，由于研究成果已经很充分，本课题仅将前人忽略的建筑布局部分列入研究内容。元代的私学有赵琦、韩志远等人的研究成果，① 国子学主要是王建军、王岗等人的成果，② 本课题亦没有列入研究范围。由于本人专业知识的褊狭和学识的浅陋，全书内容的不足甚至错误之处肯定不少，有待学界专家的批评指正。

---

① 赵琦：《金元之际的儒士与汉文化》，人民出版社 2004 年版，第 167 ~ 202 页。韩志远：《元代私学初探》，《元史论丛》第 9 辑，中国广播电视出版社 2004 年版，第 79 ~ 88 页。

② 王岗：《元代大都国子监学述略》，《元史论丛》第 8 辑，第 163 ~ 172 页。王建军：《元代国子监研究》，澳亚周刊出版公司 2003 年版。

第一章
蒙元政权的建立与文教政策

在元朝政权建立以前，中国北方经历了一段大蒙古国政权统治时期（1234～1271年），这一时期是蒙古贵族在灭金以后，开始接触和初步认识中原文化的时期，是元代文教政策形成的开端。因此，本章从这里切入，通过这一时期儒士、儒学的处境，以及蒙古人对儒学认识逐步深化的过程，反映元代文教政策的形成。这一时期的有关研究成果很多，中国台湾的萧启庆《忽必烈“潜邸旧侣”考》考察了忽必烈金莲川幕府养士的盛况；《元代的儒户——儒士地位演进史上的一章》探讨了这一时期儒士的处境以及儒户的编订、待遇、出路等情况；《大蒙古国的国子学——兼论蒙汉精英涵化的滥觞与儒道势力的消长》论述了这一时期国子学的情况和儒道之争。姚大力《元朝科举制度的行废及其社会背景》、丁昆健（中国台湾）《元代的科举制度》（上、下）考察了这一时期“戊戌选士”等情况。（日）安部健夫《元代知识分子与科举》论述了大蒙古国及元初儒士的处境以及文章派与德行派在科举方面的分歧。赵琦《金亡前后儒士的南渡与北徙》及其学术专著《金元之际的儒士与汉文化》探讨了这一时期儒士处境、教育恢复等问题，丁昆健《蒙古征伐时期华北的儒学教育》对这一时期的教育情况进行了考察。由于前人成果较多，本章主要在前人研究成果的基础上，从元代文教政策形成的角度，探讨蒙古统治者对儒学认识逐步深化的过程以及有关儒士政策的产生情况。与本章主题有关的前人成果，将在文中介绍和评价。

“文教政策”是后来出现的一个概念，中国古代没有这种表述，尽管用这样一个概念表述古代王朝对文教事业的根本态度和具体措施未尝不可，但本人认为使用这一概念时，需要密切联系有关朝代的历史实际，从客观历史进程中得出结论。一般教育史专著都有专门论述元代文教政策的内容，但由于对这段历史的认识不同，得出的结论也有不小的差别。如李国钧、王炳照主编的《中国教育制度通史》的第3卷中，将元代文教政策归纳为：尊孔崇儒，以文治国；尊用汉法，推崇理学；民族歧视，尚文禁武。① 陈学恂主编的《中国教育史研究》宋元分卷中则把元代文教政策概括为：推行汉化，重教兴学；尊孔重儒，崇尚理学；重才养士，巩固政权；维护传统，重视民族教育；崇尚宗教，加强思想统治。② 本文在这里不想对上述观点进行评价，只是想通过这两个例子，说明由于对元代历史发展理解的差异，得出的结论有多么的不同。由于文教政策反映的是统治者对文教事业的根本态度和具体政策，有关元代文教政策的表述应该最大限度地符合历史发展的实际，就是双方都赞成的“尊孔崇儒”的内容，也需要对元朝实行尊孔崇儒的情况、中间出现的反复、局限性等进行严格的界定。

一、蒙古政权与儒学

一般研究元代教育史的学者，将元朝蒙古人对儒学的优待

① 李国钧、王炳照主编：《中国教育制度通史》第3卷，山东教育出版社2000年版，第467～478页。

② 陈学恂主编：《中国教育史研究》宋元分卷，华东师范大学出版社2000年版，第428～443页。

（或尊崇）归因于巩固统治、稳定社会的实用主义目的，这无疑是正确的，但本人认为，作为一个与中原文化隔绝、文化落后的草原游牧民族，认识到儒学具有巩固统治、稳定社会的功能，不会是一蹴而就的，需要一个由接触到认识，再到熟悉的过程。这个过程就是蒙元统治者文教政策逐步制定和形成的过程。

（一）蒙古人对外来文化的态度

蒙古（Monggol）民族是在 9～12 世纪活跃在中国北方草原的一个游牧民族，游牧生活和恶劣的草原生存环境，造就了蒙古民族对待本民族以外文化的"拿来主义"的态度。从蒙古早期的发展历史看，蒙古人虽然并不擅长学习和掌握外来文化，但他们善于利用外来文化为自己服务。在部落战争时期，蒙古人通过战争掠夺人口和财物，以补充物资和人口的匮乏。① 1206 年蒙古帝国建立以后，成吉思汗对西夏、金、西亚等地发动了大规模的征服战争，征服战争期间，蒙古草原一般生产人口已经基本饱和，于是，掠夺各地工匠，成为蒙古人进行战争的目标之一。② 掠夺工匠是一种野蛮、残酷的行为，但也不失为一种利用其他民族智慧和文化的手段。窝阔台汗七年（1235 年）南宋使者徐霆访问燕京时写道：

> 鞑人始初草昧，百工之事，无一而有……后来灭回回，始有物产，始有工匠，始有器械。盖回回百工技艺极精，攻城之具尤精，后灭金虏，百工之事，于是大备。③

这段文字反映了蒙古人对西域等地手工业技术的利用。在蒙古人看来，任何被征服地区的一切都是大汗的战利品，只要能给帝国

---

① 参见《圣武亲征录》，丛书集成初编本，商务印书馆 1940 年版，第 19、22、23、25、26、28、29、46、47 页。

② 参见志费尼《世界征服者史》，内蒙古人民出版社 1981 年版，第 99 页；道森《出使蒙古记》，中国社会科学出版社 1983 年版，第 36 页。

③ 彭大雅、徐霆：《黑鞑事略》，丛书集成初编本，第 13 页。

带来利益，蒙古人就会拿来为其所用。蒙古人对外来宗教文化也是这样。12～13世纪，蒙古草原一些通古斯语族的民族盛行萨蛮教，相信万物有灵和灵魂不灭，蒙古人就是其中之一。蒙古人相信万物皆灵，认为被征服地区的任何宗教都具有神奇的力量，于是蒙古贵族对它们通通采取优待政策，让这些宗教为蒙古大汗“告天祝寿”。波斯史家志费尼对蒙古人的宗教观描述道：

> 因为不信宗教，不崇奉教义，所以，他没有偏见，不舍一种而取另一种，也不尊此而抑彼；不如说他尊敬的是各教中有学识、虔诚的人，认识到这样做是通往真主宫廷的途径……他们虽然选择一种宗教，但大多不露任何宗教狂热，不违背成吉思汗的札撒，也就是说，对各教一视同仁，不分彼此。①

这段记载，从一个侧面说明了蒙古人优待被征服地区各种宗教的情况。元朝以前的大蒙古国时期，儒学就是作为一种宗教得到蒙古人的优待。下面考察蒙古人对儒学文化认识的情况，说明蒙元文教政策产生的过程。

（二）蒙古人与中原文化的第一次“接触”

1206年成吉思汗（Cinggiskhan）建立大蒙古国（Yeke Monggol Ulus），不久攻下燕京，金朝南迁。此后就“西进”（攻取西域）或“南进”（攻宋）问题，蒙古人中间出现两种不同观点，但是不久，出现了代表蒙古贵族的商人在花剌子模（Khwarazm）的边城札答剌（Utrar）被劫掠的事件，成吉思汗发雷霆之怒，率大军倾巢而出，进行西征。成吉思汗率军西征时，已经六十余岁，自感到身体状况不如以前，他在中原与金兵作战时，曾经听说中原全真教首领邱处机掌握长寿的秘诀，于是派侍臣刘仲禄到中原召邱处机北上。1221年，72岁的邱处机离开燕京北上，次年，在太师阿海的陪同下，成吉思汗在位于今阿富汗境内的行宫召见了邱处机。据

① 志费尼：《世界征服者史》，内蒙古人民出版社1981年版，第29页。

《长春真人西游记》的记载，成吉思汗对邱处机的“论道”非常满意，谓左右曰：“神仙三说养生之道，我甚入心。使勿泄于外。”①此后，又数次召见，邱处机向成吉思汗提出孝父母、戒行猎的建议，成吉思汗欣然接受。次年3月，邱处机辞别成吉思汗南返。临行，成吉思汗赐牛马等物，邱处机拒绝接受。这时，通事阿里鲜向成吉思汗说出全真教道观苦于差发、赋役的现象，于是，成吉思汗下令全真教道徒“悉令蠲免”差发，并“赐圣旨文字一通，且用御宝”。圣旨中明确规定：

> 邱神仙应有底修行底院舍……大小差发赋税都休教著者，邱神仙底应系出家人等随处院舍，都教免了差发税赋者。②

邱处机的西行以及免役圣旨虽然与文教政策没有关系，但它首开宗教免役的先例，以后的儒户免役政策就是比附这一政策而制定的，因此应该算是蒙元文教政策形成初期的一个重要事件。这一事件也使蒙古人对中原文化有初步的认识，对保存中原文化贡献颇大。③

（三）戊戌选士及其影响

蒙金战争对中国北方社会带来严重破坏，时人记述道：“当是时也，城邑蒿莱，玉石俱焚。”④辽州“时州境承兵革，焚荡之余，城郭榛芜，户口凋残”⑤。山西一带“贞祐兵火后，居民荡析，乡井荆棘”。昔日繁华的都市，也变得“雉堞毁圮，室庐扫地，市井

---

① 李志常：《长春真人西游记》卷下，丛书集成初编本，第21页。

② 李志常：《长春真人西游记》附录《圣旨》，第35页。

③ 具体论述可参考姚从吾《成吉思汗信任邱处机这件事对保全中原传统文化的贡献》，《姚从吾先生全集》第6集，第1～138页。

④ 胡聘之：《山右石刻丛编》卷27《刘会碑》，光绪二十七年刻本。

⑤ 胡聘之：《山右石刻丛编》卷29《大元武略将军辽州知州刘公神道碑》。

成墟，千里萧条”。① 在持续的社会动荡中，北方儒学受到的破坏非常严重，“庙学天兵南下，焚撤无余”。② 类似的记载很多，这里不再列举。在这种恶劣的环境下，本来在金朝地位较高的儒士受到毁灭性的打击。赵琦《金亡前后儒士的南渡与北徙》考察了这一时期儒士在蒙古攻伐下随金南渡，金朝灭亡后又被驱北徙的情况。③ 北徙的儒士已经处于非常危险的境地，元好问写道：“晋北号称多士，太平文物繁盛时，发策决科者率十分天下之二，可谓富矣！丧乱以来，僵仆于原野，流离于道路，计其所存，百不能一。”④ 北方甚至还出现了儒士在市场出售的现象。⑤ 燕京的情况也是如此，宋人徐霆在访问燕京时写道：

> 外有亡金之大夫，混于杂役，随于屠沽去为黄冠，皆尚称旧官。王宣抚家有推车数人，呼运使、呼侍郎。长春宫多有亡金朝士，既免跋焦，免贱役，又得衣食，最令人惨伤也。⑥

在对儒士的未来近乎绝望的情况下，癸巳（窝阔台汗五年，1233 年），元好问给当时任中书令的耶律楚材写信，列举乱后得活的知名儒士五十余人，以近乎乞求的语气写道：

> （诸人）今不死于兵，不死于寒饥，造物者挈而授之维新之朝，其亦有意乎？无意乎？诚以阁下之力，使脱指使之辱，

---

① 李俊民：《大阳资圣寺记》、《泽州图记》，《庄靖集》卷 8，文渊阁四库全书本。

② 沈涛：《常山贞石志》卷 17《真定府元氏县重修庙学记》，道光二十二年刻本。

③ 《元史论丛》第 8 辑。

④ 元好问：《兴定庚辰太原贡士南京状元楼宴集题名引》，《遗山先生文集》卷 37，四部丛刊初编本。

⑤ 苏天爵：《元朝名臣事略》卷 10《宣慰张公》，第 210 页中有“蜀儒古生售于市”。

⑥ 彭大雅、徐霆：《黑鞑事略》，丛书集成初编本，第 9 页。

息奔走之役，聚养之，分处之，学馆之，奉不必尽具，饘粥足以糊口，布絮足以蔽体，无甚大费。然施之诸家，固已骨而肉之矣！他日阁下求百执事之人，随左右而取之，衣冠礼乐，纪纲文章尽在于是，将不能少助阁下萧、曹、丙、魏、房、杜、姚、宋之功乎？假而不为世用，此诸人者，可以立言，可以立节，不能泯泯默默，以与草木同腐。①

从元好问的信中，可以反映出当时儒士处境的艰难，除了被掳、被杀以外，对北方儒士影响最大的是赋税和徭役，宋人徐霆在访问燕京时写道："霆在燕京，见差胡丞相来，黩货更可畏，下至教学行、乞儿行，亦银作差发。燕教学行有诗云：'教学行中要纳银，生徒寥落太清贫。'"② 反映了燕京儒士苦于赋税徭役的情况，类似的例子还有很多。

从当时的大蒙古国政权来看，成吉思汗去世后，其子窝阔台成为第二任蒙古大汗，蒙古人这时对儒学几乎还没有什么认识，但汗廷的必阇赤耶律楚材在促进蒙古贵族认识儒学的社会功能方面起了非常重要的作用，更为重要的是，通过他本人的努力，直接促成了戊戌选士的开展。

耶律楚材（1190～1244年），契丹人，辽朝东丹王突欲之后，其父耶律履曾为金朝尚书省右丞。楚材自幼博览群书，旁通天文、地理、律历、术数以及释、老、医、卜之学，燕京被蒙古攻陷以前，他任金燕京行尚书省左右司员外郎。燕京被攻陷后，成吉思汗因为他擅长占卜之术，将他招至汗廷，随蒙古西征。成吉思汗期间，楚材除了从事一些占卜、历法等事以外，没有得到重用。据苏天爵撰写的《中书耶律文正王》记载，窝阔台继位以后，耶律楚材主持"定册立仪礼"，逐步得到重用。当时蒙古大臣别迭向窝阔台建议"虽得汉人亦无所用，不若尽去之，使草木畅茂，以为牧地"，熟悉中原礼乐制度并亲眼目睹蒙古铁骑攻城掠地的耶律楚

① 元好问：《癸巳岁寄中书耶律公书》，《遗山先生文集》卷39。
② 彭大雅、徐霆：《黑鞑事略》，丛书集成初编本，第8页。

材，敏锐地认识到这一建议会给中原带来灭顶之灾，于是坚决反对。他利用窝阔台正在为军费问题困扰的机会，向窝阔台提出：如果以汉法在中原收税，每年可以得到银50万两、绢8万匹、粟40万石。楚材的建议终于打动了窝阔台，他将信将疑地将汉地的治理权交给了这位大胡子的契丹人（耶律楚材蒙古名吾图撒合理，意思为长髯人）。

不久，耶律楚材奏立十路课税所，"皆以儒者为之"。辛卯（1231年）秋，耶律楚材将诸路所收赋税，按原数上交窝阔台，取得了窝阔台的信任，"即日授中书省印，俾领其事，事无巨细，一以委之"。此后，耶律楚材利用手中权力，收容中原儒士，于燕京设立编修所，平阳设立经籍所，安置儒士。丁酉（1237年），耶律楚材建议淘汰僧、道，选试儒士。次年（戊戌），选试正式开始，称为戊戌选士。

学术界有关戊戌选士的研究成果很多，① 大致情况如下：太宗九年（丁酉），在耶律楚材的建议下，"下诏，命断事官术忽乃与山西东路课税所长官刘中，历诸路考试，以'论'及'经义'、'词赋'为三科，作三日程，专治一科，能兼者听，但以不失文义为中选。其中选者，复其赋役，令与各处长官同属公事"。选举在次年进行，通过选举，中选者4300人。②

尽管萧启庆、姚大力、丁昆健、安部健夫等学者对《元史》中将这次选士作为科举表示怀疑，但从文教政策形成的角度来看，这次选士仍然是一次意义非常的事件。它使大量的儒士从被掳为奴的处境中解放出来，恢复了自由的身份，4300名儒士受到免除赋役的优待，为此后儒学教育的发展以及儒士集团政治地位的提升创

---

① 有代表性的成果有：萧启庆《元代儒户——儒士地位演进史上的一章》（《元代史新探》）、姚大力《元朝科举制度的行废及其社会背景》（《元史及北方民族史研究集刊》第6辑）、丁昆健《元代的科举制度》（上、下）（《华学月刊》第124、125期）、（日）安部健夫《元代知识分子与科举》（《日本学者研究中国史论著选译》六，中华书局1993年版）等。

② 宋濂：《元史》卷81《选举一》；卷2《太宗纪》，中华书局1976年版。圣旨全文见《庙学典礼》卷1《选试儒士免差》。

造了条件。戊戌选士的实行也反映了窝阔台时期的蒙古政权对儒学认识逐步深化的过程。太宗初年，窝阔台还对耶律楚材在汉地实行汉法的结果将信将疑，太宗五年（癸巳，1233 年）窝阔台就对汉人“语言文书”的认识发生了非常大的变化，他以燕京夫子庙为国子学，选派蒙古子弟学习汉语。大蒙古国政权在己酉年（1249 年，海迷失皇后摄政）的一则宣谕燕京当地官员的圣旨中指出：

> 这必者赤一十个孩儿，教汉儿田地里学言语、文书去也。不选但是可以学的公事呵，也教学者，宣谕文字。但是你官人底孩儿每，去的十八个蒙古孩儿每根底，你每孩儿每内，更拣选二十二个作牌子，一同参学文书、弓箭者。若这二十个孩儿内，却与歹底孩儿、好底孩儿隐藏下底，并断按打奚罪戾。①这孩儿每学得汉儿每言语，文书会也；你每那孩儿亦学得蒙古言语，弓箭也会也。粘哥千僧奴底孩儿亦一同学者，若学底会呵，不是一件立身大公事那甚么！②

圣旨中将学习汉文化作为一件“立身大公事”，充分说明蒙古贵族对汉文化认识的深入。

（四）高智耀与儒士免役

高智耀（1206～1271 年），西夏中兴府（今宁夏银川市）人，字显达，其父高良惠在西夏仕至右丞相。高智耀是太宗窝阔台到世祖忽必烈期间的一位传奇人物。他幼年登西夏进士第，授佥判，不久西夏被蒙古灭亡，智耀隐居贺兰山。据《元史·高智耀传》和《庙学典礼》记载，窝阔台在位时，派人招至帐前，不久，归隐。当时皇子阔端镇西凉，在西夏设立站赤，以儒士应役。高智耀乘驿

---

① 《吏学指南·杂刑·狱名》中有“断按打奚罪戾”条，释义为：“谓断没罪过也。”杨讷点校本，浙江古籍出版社 1988 年版。

② 熊梦祥：《析津志辑轶·学校》，北京古籍出版社 2001 年版，第 197 页。内有标点错误，笔者改正。

走千里，到藩府晋见阔端，“言儒者给复已久，一旦与厮养同役，非便，请除之”。阔端皇子答应了高智耀的请求。蒙哥继位以后，高智耀又亲自北上和林（今蒙古杭爱省厄尔德尼召北），向蒙古大汗蒙哥陈述：儒者“用之则治，不用则否”，应该“蠲免徭役以教育之”。在反复辩论之下，蒙哥大汗同意了高智耀的意见，颁布了儒士免差的圣旨，圣旨中说：

> 咱们的圣旨里：和尚每、也里可温每、先生、答失蛮每的体例里，汉儿、河西秀才每不见甚么差发、徭役不教当者，秀才的功业习学者，说来的。圣旨体例里：这的每、河西田地里住坐的高智耀为头儿秀才每，执把行打的圣旨与了也。这秀才每铺马祗应休拿者，地产物业不管他每是甚么，休争夺，无体例的气力休教到者，这秀才每、兄弟孩儿每，秀才的功业好生习学者。①

从圣旨内容可以看出，蒙古大汗对儒士的政策比以前有所进步，除了免役以外，儒士的“地产物业”也受到圣旨的保护，这说明蒙古贵族对儒学认识较前有所深化。

世祖忽必烈继位后，高智耀被召见，他又一次向忽必烈力言“儒术有补治道，反复辩论，辞累千百”。于是忽必烈铸印授之，命他全面负责儒士免役的事宜。他寻访北方郡县，“前后得释为民者，几三四千人”。

（五）金莲川幕府的养士壮举

蒙古贵族对儒学的认识到忽必烈时期产生了质的飞跃，其表现就是忽必烈金莲川幕府的养士壮举。忽必烈（1215～1294年）为拖雷之子，成吉思汗之孙。拖雷去世后，其母莎儿合黑塔尼获得真定作为汤沐地。据史料记载，莎儿合黑塔尼是一位非常有政治才能的女性，在贵由汗去世后，她为拖雷家族取得汗位做出了重要贡

① 《庙学典礼》卷1《秀才免差发》，文渊阁四库全书本。

献。她在真定时，就开始联络汉世侯藁城董氏，收罗汉地统治人才，这一点对年轻的忽必烈产生了重要的影响。据萧启庆《忽必烈“潜邸旧侣”考》一文的考证，① 1244 年（甲辰）忽必烈就开始收罗藩府旧臣和中原文学之士，问以治道，贾居贞、燕真、董文炳、董文用以及知名僧人海云、其徒刘秉忠等率先成为藩邸之臣。

1251 年，忽必烈之兄、拖雷长子蒙哥继位蒙古大汗，标志着大蒙古国政权转入拖雷系，这对忽必烈潜邸幕府的形成产生了重要影响。壬子（1252 年），蒙哥命忽必烈掌管赤老温山（大兴安岭）以南的汉地事务，忽必烈于是在金莲川（今内蒙古自治区锡林郭勒盟正蓝旗）建立幕府。此后，中原各地的杰出人物在忽必烈的延召下，纷纷进入金莲川幕府。据萧启庆研究，这些潜邸旧侣主要有三部分组成：第一，原已成名的名流学者，他们大部分被忽必烈礼聘进入幕府，代表人物如李治、窦默、姚枢、李俊民、王鹗等，其中还包括西藏喇嘛教的杰出领袖八思巴；第二，渴望创业的一般知识分子，如廉希宪、张文谦、李德辉、刘肃、李简、张耕等；第三，各有所长的专业人才，包括擅长医药、筑城、烹调、蒙古语等方面的人士。

进入忽必烈金莲川幕府的人才，可考者有六十余人，都是当时东西各国及中国北方最优秀的俊彦。这些人才不仅为忽必烈提出了很多有用的建议，更重要的是在处理忽必烈与蒙哥的关系以及忽必烈与阿里不哥争夺汗位方面，为忽必烈立下汗马功劳。久经战火困扰的中原儒士如此大规模地涌进金莲川，向忽必烈献仁献智，在当时确实可以用“壮举”一词来形容。从文教政策形成的角度看，以往蒙古人是将儒学作为一种宗教对待，对儒学在治理汉地、稳固政权方面的作用没有直接的感受。潜邸旧侣群体形成以后，不仅使蒙古贵族看到了中原各地人才济济，也使他们亲自感觉到了以汉法治理中原的优越性。特别是对忽必烈来说，招纳中原人才的结果，不仅使他控制了中原丰富的物质、人才、文化等资源，也使他的军事实力大增，成为当时实力最强的蒙古诸王。所以，忽必烈继位前

---

①　参见萧启庆《元代史新探》，台湾新文丰出版社 1984 年版。

后的儒学政策不再是救济儒士阶层，改善儒士的处境，而是如何发展儒学，发展教育，为以后的大元王朝培养后备人才，很多史实说明了这一点：

甲辰（1244年）王磐被忽必烈招至开平，苏天爵记述道：

公北行时，故人马云汉以宣圣画像为赠，即达北庭，适值秋丁，公奏行释奠礼，上悦，即命办其事。公为祝文，行三献礼，礼毕，进胙于上。上既饮福，熟其胙，上下均之，其崇敬如此。自是春秋二丁以为常。①

丁未（1247年）五月，忽必烈召真定总府参佐张德辉北上，元好问记述道：

德辉既进见于王，从容问及镇府（真定）庙学今废兴何如。德辉为言，庙学废于兵久矣，征收官奉行故事，尝议完复，仅立一门而已。今正位虽存，日以倾圮，本路工匠总管赵振玉方营葺之，惟不取于官，不敛于民，故难为功耳。于是令旨以振玉、德辉合力办集，所不足者，具以状闻。②

上述两例反映了忽必烈对儒学创始人孔子的尊敬和儒学教育的重视。1260年，忽必烈继大汗位，在汉族儒臣的帮助下，"建元表岁"，建立了政权。忽必烈的即位，是蒙古贵族对中原文化（主要是儒学）的地位、职能逐步认识和深化的结果，也为蒙元文教政策的产生创造了条件。中统二年（1261年）忽必烈颁布了有关儒学教育的圣旨：

先圣庙国家岁时致祭，诸儒月朔释奠，宜恒令洒扫修洁，今后禁约诸官员、使臣、军马毋得于庙内安下，或聚集理问词

① 苏天爵：《元朝名臣事略》卷12《内翰王文康公》。
② 元好问：《遗山先生文集》卷32《令旨重修真定庙学记》。

讼及亵渎饮宴，管工匠官不得于其中营造，违者治罪。管内凡有书院，亦不得令诸人骚扰、使臣安下。①

这一圣旨是蒙元政权最早的保护儒学的圣旨，对此后文教政策的形成产生了重要影响。

（六）全国的统一与元代文教政策的最后形成

忽必烈即位后，采用汉法，“内立都省，以总宏纲，外设总司，以平庶政”。② 使原先以草原政治为中心的大蒙古国政权出现了前所未有的新景象。至元八年（1271 年）忽必烈定国号“大元”，正式建立了元政权。不久，忽必烈派蒙古军统帅阿术，统兵围樊城。至元十年（1273 年）二月，宋西京安抚使、知襄阳府吕文焕投降。元朝统一全国的时机成熟。

至元十一年（1274 年），忽必烈佥军十万。三月，改荆湖、淮西二行枢密院为行中书省，命伯颜、史天泽并为左丞相，阿术为平章政事，阿里海牙为右丞，吕文焕为参知政事，行中书省事于荆湖。六月，忽必烈下诏，问罪于南宋，历数其“背约执使”，以至于“师出连年，死伤相藉”的“罪行”，命令元军水陆并进，大举进攻南宋。③ 九月，荆湖行中书省以大军发襄阳。十二月，伯颜、阿术率元军渡过长江，水陆大军沿江东下。至元十二年（1275 年）二月，宋元军队大战于丁家洲，宋军惨败，元军追杀 150 里，宋军精锐尽失。元军连克汉口、鄂州、安庆、池州、江陵、建康、镇江等重要地区。至元十二年（1275 年）十一月，伯颜统三路大军，直趋临安。元将阿拉罕率步骑西出独松岭，董文炳率舟师东趋浙江，伯颜自率中军向临安挺进。至元十三年（1276 年）正月，元军三路会于临安附近。宋恭帝赵显请降。伯颜受降表、玉玺。接

① 《庙学典礼》卷 1《先圣庙岁时祭祀禁约骚扰安下》；《元典章》卷 31《礼部四·儒学》。

② 《元史》卷 4《世祖纪一》。

③ 《元史》卷 8《世祖纪五》。

着，伯颜率左右翼万户巡临安城，观潮浙江，“宋宗室大臣以次来见”。① 至元十四年（1277 年），元军打到广东。至元十六年（1279 年），元将张宏范率兵追宋二王（赵昰、赵昺）到崖山，宋将张士杰拒战失败。广王赵昺偕其属俱赴海死，南宋的抵抗彻底失败，元完成了全国的统一。

南宋时期，江南的儒学教育制度已经初步形成，各级官学、书院以及私学（塾）配合科举制度逐步建立起来。儒学的教学和研究都得到很快的发展。江南统一以后，蒙古统治者与汉文化的接触已近半个世纪，特别是元世祖忽必烈建立元朝以来，儒家文化的思想和统治理念已经被用于元朝的统治实践中，以忽必烈为代表的元政权已经是一个比较成熟的封建政权。至元十年（1273 年），元世祖就“敕南儒为人掠卖者，官赎为民”。至元十二年（1275 年）七月，统一战争开始后，他又遣使江南，“搜访儒、医、僧、道、阴阳人等”。② 这说明元朝政权在统一战争期间就已经关注文教事业。

江南统一后，忽必烈一方面派人对北方儒户进行重新考核、登记，将儒户数量固定为 3890 户；另一方面，以北方地区长期实行的有关政策为基础，结合江南的实际情况，制定了一系列有关儒学教育的文教政策。

二、蒙元王朝的文教政策

本章的最前面已经提到，有关元代文教政策的内容，学术界的表述各不相同，考究其原因，不外是由于对有关蒙元历史背景理解不同。本人这里论述的文教政策主要是元朝有关儒学教育的文教政策。

---

① 《元史》卷 9《世祖纪六》。

② 《元史》卷 8《世祖纪五》。

（一）禁骚扰，维护儒学的正常运行

文庙禁骚扰，在江南统一以前就已经在北方地区广泛执行。最早颁布的禁止骚扰庙学的圣旨是在中统二年（1261 年）六月，前面已经引录了这一圣旨的内容。江南平定后，元政府将这一政策推广到江南地区，至元二十五年（1288 年）十一月，元世祖圣旨：江淮等处"仍禁约使臣人等勿得于庙学安下，非礼骚扰"。① 此后，至元三十一年（1294 年）以及至大四年（1311 年），元政府两次重申这一禁令，并明确指出："凡庙学公事，诸人勿得沮坏。"② 这一方面说明元代江南地区确实存在儒学被骚扰的现象；另一方面也说明禁止骚扰是元朝的一贯政策。这一政策的执行，对元朝儒学教育的正常运行，起到了保护作用。

（二）优待学校、鼓励儒学发展

从文化政策来看，元朝对蒙古草原文化、佛教文化、道教文化、伊斯兰教文化、天主教文化等与儒学文化一同看待，鼓励多元文化的发展。由于历史及文化的原因，在元代教育体系中，儒学教育占主要地位。因此，崇尚学校、鼓励儒学的政策是元代文教政策的一个重要组成部分。

元政权是蒙古族建立的统一王朝，总的来看，元代的皇帝对儒学的推崇与鼓励，远远不及宋朝的汉族皇帝。但是，出于实行汉法、稳固政权等多方面的需要，有元一代，元王朝对儒学教育还是采取了鼓励和优待的政策，这可以从元人的很多论述中得到证明。元著名文人余阙认为："大元之兴，百有余年，列圣丕丞，日务兴学以为教，党庠塾序遍于中国，虽成周之盛，将不是过。"③ 刘岳申写道："宋亡元兴，修道设教……学校修旧起废，至是无不轮奂

---

① 《庙学典礼》卷 2《江淮等处秀才免差役、庙学禁骚扰》；《元典章》卷 31《礼部四》。

② 《元典章》卷 31《礼部四·崇奉儒教事理》。

③ 余阙：《穰县学记》，《青阳先生文集》卷 3，四部丛刊续编本。

一新。”① 郑元祐也描述道：“至国家大一统，兴学劝士，累诏郡国，六七十年之间，所在学校，诵声相闻。”② 类似以上内容的记载还很多，反映出元代对儒学教育的重视。那么，元代是如何优待、勉励儒学的呢？

元代正式对儒学实行优待和勉励是从元世祖时期开始的。至元六年（1269 年），世祖下诏，要求提刑按察司（后为肃政廉访司）“勉励学校，宣明教化”，同时还规定“如遇朔望日，长次以下正官同首领官，率领僚属、吏员，俱诣文庙烧香，礼毕，从学官主善诣讲堂，同诸生并民家子弟愿从学者，讲议经史，更相授受”。③ 这一圣旨是元代重视儒学教育的一个重要文件。此后，肃政廉访司官、地方官在每年春秋二丁、每月朔望日到儒学体察、勉励的制度确定下来，对儒学的正常运行和发展有着重要意义。

江南统一后，元朝崇尚儒学的政策又有新发展。至元十三年（1276 年），不忽木等上书，建议忽必烈兴举学校。至元二十三年（1286 年），集贤直学士程钜夫也上书，请重视学校。于是，元政府在推广有关儒学教育的各项政策的同时，更加注意优待和勉励儒学。至元三十一年（1294 年），元成宗“诏中外崇奉孔子”，④ 并宣布“凡庙学公事，诸人勿得沮坏”。大德三年（1299 年），成宗又诏曰“三教鼎立甚久，而儒教乃三纲五常所自出，与世道为最切”，⑤ 表达了“化民成俗，莫善于学”的观点。可以说，从元世祖到元成宗时期，元代的重视、勉励学校的政策已经完备。成宗以后，这一政策基本上得到历代皇帝的执行。元顺帝时，这一政策又有新发展。这方面史料很多，现举出几条，以说明崇尚儒学政策的延续和发展：

大德十一年（1307 年），元武宗即位，“圣上龙飞制书，首以

---

① 刘岳申：《南安路重修庙学记》，《申斋集》卷 5，文渊阁四库全书本。

② 郑元祐：《重修平江路儒学记》，《侨吴集》卷 9，文渊阁四库全书本。

③ 《元典章》卷 31《礼部四·朔望讲经史例》。

④ 《元史》卷 18《成宗纪一》。

⑤ 《庙学典礼》卷 6《籍定儒户免役》。

学校作养人才……诸为士者皆赐复终身，优假甚厚”。①

元英宗至治三年（1323 年），泰定帝继位，诏“外郡学校，仍命御史台，翰林院、国子监同议兴举”。②

元统二年（1334 年），元顺帝“诏内外兴举学校”。③

至正四年（1344 年），“中书省奏用六事课最守令，而兴举学校为第一事焉”。④

元政府优待勉励儒学教育的政策，对教育的发展是有利的，但这一政策必须和其他文教政策相结合，还必须得到各地地方官的重视和坚决执行，才能取得效果。所以元文人揭傒斯认为“自国家有宋，民不知兵者五十余载，又有好文之君继出，而学校之教郁而不兴……此非上之过，长吏之责也”。⑤ 不过，撇开这一政策执行的好坏不谈，元政府对儒学教育的态度至少说明元朝统治者对于教育的重视，这一态度对下层地方官应该具有约束和导向的功能。

一些有关教育史的专著，对元朝重教兴学的表述不太确切。陈学恂主编的《中国教育史研究》在谈到元朝的文教政策时，认为它是忽必烈全面推行“汉化”政策的结果，这一点不符合元朝实际。元世祖忽必烈是最早实行汉法的元朝皇帝，这一点是没有问题的，但实行汉法与推行“汉化”是两回事。实际上，忽必烈实行汉法的同时，对儒臣们津津乐道的儒家思想，一直持怀疑的态度，他任用儒臣，是根据“祖述变通”的原则，在“为我所用”思想的指导下，利用中原王朝的统治方法稳定政权。元朝统治稳固以后，儒臣思想上的僵化、理财方面的迂腐越来越不符合忽必烈“理财助国”的原则，于是阿合马、桑哥之流相继得到重用，儒臣被疏远。⑥ 忽必烈对儒学的优待政策不能用“汉化”来概括。

---

① 刘将孙：《吉州路重修儒学碑记》，《养吾斋集》卷 15。

② 《元史》卷 28《英宗纪二》。

③ 《元史》卷 38《顺帝纪一》。

④ 欧阳玄：《重建学记》，嘉靖《湖广图经志书》卷 13。

⑤ 揭傒斯：《舒城县龙眠书院记》，《揭文安公全集》卷 10，四部丛刊初编本。

⑥ 姚景安：《忽必烈与儒臣和儒学》，《中国史研究》1990 年第 1 期。

（三）执行宋朝以来的学田政策，允许学校支配学田收入

中国地方儒学的学田制度起源于宋朝，它是为了解决儒学的办学经费问题而实行的制度，学田的出现，使地方学校的办学经费有了保障，为儒学的长期稳定发展创造了条件。儒学的学田在宋代已经普遍，南宋时大部分的府州县儒学都有学田，除了学田以外，各地还有贡士庄（资助当地儒士参加科举的田地）、义庄（资助当地一般儒士生活的田地）等土地，这些土地不属于学田，但与儒学有密切的关系。元统一后，江南各地的大部分学校留下来大量学田，这些田地如何处理，关系到儒学教育的生存和发展，所以，学田政策是元代文教政策的最重要的内容之一。元初，关于如何对待江南儒学的学田问题，政府内部出现了一些争论，使得学田政策出现了反复，不过，学田政策最后还是确定下来。

据《庙学典礼》记载：至元十三年（1276 年），元政府下令江南各地儒学照旧例供给钱粮。至元十四年（1277 年），令学田依寺观例自行收支。此后，又对各级儒学学官的数量、口粮以及儒学收支作了具体的规定。就在江南学田政策日趋完备之时，至元十九年（1282 年），元政府内部在江南学田的问题上，出现了激烈的争论。这年五月，浙东宣慰使石国秀等人上奏，认为江东、江西、浙东、浙西四道以及杭州太学的赡学田地有数万亩，进入元朝以后，儒学诸生并没有按日或按月发放口粮，也没有往来游士的例行供给，春秋祭祀，所用不多，因此，可以将学田的十分之二赡学，其余的用来“献纳御位下充办课程”。八月，中书省就石国秀之请，照会有关部门征求意见。绍兴路学方面表示反对并据理驳斥，认为江南归附后，诸生口粮、学官、吏仆俸粮从学田中出，还支用不敷，根本没有剩余。学粮的征收经过政府批准，也不是擅自收支。儒学每岁支用，除了春秋祭祀、修造文庙外，其他用度还很多，因此，“即非无月请，亦非无游学，亦非无日逐饮食”，所以在学田问题上应该“采听公论”，以示朝廷“存教养之初意”。① 就在江

① 《庙学典礼》卷 1《都省复还石国秀等所献四道学田》。

浙行省就学田问题争论不休时，十一月，前宋赣州通判、长江县尹尹应元又上奏，提出以江南学田钱粮赈荒的建议。他认为江南各地贡士庄很多，现在科举未行，其钱粮“未有归着”。另外，江南各儒学、书院都有学田，学官人等只是一年内给儒士支三四个月的口粮，“余剩尚多”，与其让学官埋没受用，或有关官吏取授，不如将之救济百姓。尹应元的建议更遭到江南儒学方面的强烈反对，一些官员也站在儒学一边，为儒学据理力争。至元二十年（1283年），御史中丞崔少中反驳说：名教的消亡，所关者大，江南正直兵火之后，科举已废，“民知儒之不见用也，去儒而为吏、为商甚至为盗，儒风十去六七矣，所赖诸处学田尚可养士，独可稍系士心”。如果学田归官，则生徒必散，庙祀芜毁，民不知礼仪之教，则恐益增其鄙悖之风俗，因此，“草泽寇攘将恐日甚，所得不偿所失，大不忠于国家”①。

在各方面的强烈反对下，元政府没有采纳石国秀、尹应元等人的建议，只是严格了学田收支的管理。至元二十年（1283年），中书省在征求了各方意见后，决定江南赡学田产所收钱粮，“令所在官司拘收见数，明置簿籍，另行收储”。儒学的收支情况，每上、下半年申报行省，所在官司亦不得“侵支违错”。② 至元二十三年（1286年）二月，元世祖圣旨：

> 如今师傅根底，学文书的孩儿每根底，种养着吃的田地与他们呵。③

这道圣旨明确指出将学田还给儒学，基本上肯定了儒学对学田收入的支配权。但不久又出现了将江南学田“羡余”征调，供养国子监的做法。至元二十五年（1288年），元政府令集贤院诸司

---

① 《庙学典礼》卷1《省台复石国秀、尹应元所献学田》。

② 《庙学典礼》卷1《省台复石国秀、尹应元所献学田》。

③ 《庙学典礼》卷2《江南学田与种养》；《元史》卷14《世祖纪十一》；《元史》卷81《选举·学校》。

“分道钩考江南郡学田所入羡余”，将至元二十三年以来的各路贡士庄及赡学田粮，“除各学年例锁（所）用外，余在粮斛回易作钞赴国子监”。① 至元二十七年（1290 年），元政府复立兴文署，掌经籍、书板及江南学田钱粮。② 次年春，丞相桑哥由于钩考江南诸路钱粮，导致民怨沸腾，被参革职。五月，元政府将国子学生员的供应“依旧教省里、宣徽院里应与”，③ 以江南学田钱粮供应国子监的做法于是终止。至元二十九年（1292 年），元政府关于江南学田的政策开始明确：“江南州县学田，其岁入听其自掌，春秋释奠外，以廪师生及士之无告（靠）者”，贡士庄则令“核数入官”，并仍命肃政廉访司“常切监督、体察，无致冒滥侵欺，违者究治”。④

至元三十一年（1294 年），元世祖忽必烈去世，其孙铁穆耳即位，是为成宗。七月，成宗发布圣旨：诸路、府、州、县儒学及书院“其赡学地土、产业及贡士庄田，外人勿得侵夺，所出钱粮，以供春秋二丁、朔望祭祀及师生廪膳”。⑤ 从这里可以看出，成宗时期的学田政策比世祖末年更加明确，就是改变了贡士庄入官的做法，将其纳入学田的范畴。此后，元代的学田政策没有明显变化。

从上面可以看出，元政府的学田政策是明确的，那么，元代学田政策执行的情况如何，起到什么作用呢？现据史料作一个简单的考察。

首先，江南的学田归儒学管理这一点是毋庸置疑的，问题是，儒学对学田收入有多大的控制权。从为数不多的元代方志来看，镇江路、庆元路、广州路、无锡州等地的儒学学产中，大多有“仓廪”（或称学廪、仓庾等）一项，这说明儒学基本上有权征收、保

---

① 《元史》卷 15《世祖纪十二》;《庙学典礼》卷 2《解发各学余剩粮赴国子监养士》。

② 《元史》卷 16《世祖纪十三》。

③ 《庙学典礼》卷 3《都省押发各学钱粮》。

④ 《庙学典礼》卷 4《庙学天地钱粮分付与秀才每为主》;《元史》卷 17《世祖纪十四》。

⑤ 《通制条格》卷 5《学令》;《元史》卷 76《祭祀五》。

存学田里生产出的钱粮，但这些钱粮的使用，受到元政府的限制，也有更多儒学的学租由当地政府代收，钱粮也藏于官府，儒学支配的权力很小。下面的史料说明了这一点：

元初江浙行省“初学田所入，制于有司，职教者莫敢触毫发，或廊屋坏、日膳不充，皆坐视，士甚病焉”。①

柳贯为江西等处儒学提举时，江西行省的书院“不籍于官者无虑数十，旧设主领一员司其金谷之出纳，公命勿设而以其事分隶所在学官”。②

至顺年间，宁国路学“赢钱藏府中者，中统钞一千六百锭”。③

后至元四年（1338 年），嘉兴路学：“府檄本学官吏自征租入。”④（此前，路学钱粮很可能是由当地政府征收和保管。）

至正初年，吉安州“庙学钱粮虽多，府曹专役任钱粮之科，州县则吏胥移易侵贷，上下表里为弊，岁不给用”。⑤

上述史料反映的元代学田钱粮未能完全地供儒学支配的事实，说明元朝各地学田政策的执行情况不尽如人意。儒学对学田钱粮的支配权力受到地方政府的干扰，这种情况在元朝比较普遍，无怪乎元人李存抱怨：“彼释老者有田而无征与儒者同，而儒者之出纳，则刺史、县令得以稽考之，部使者又稽考之，小有不当，则黜罚行焉，彼释老者，有司未尝过问其故。”⑥

其次，关于贡士庄田的管理。元成宗至元三十一年（1294 年）的圣旨中，明确将贡士庄田划归学田的范畴，那么，后来各地执行

① 张养浩：《江浙等处儒学提举柯君墓志铭》，《归田类稿》卷 13。

② 黄溍：《元故翰林待制柳公墓表》，《柳待制文集》附录，四部丛刊初编本。

③ 吴师道：《宁国路修学救荒记》，《吴礼部文集》卷 12，北京图书馆古籍珍本丛刊本。

④ 杨维桢：《送嘉兴学吏徐德明考满序》，《东维子文集》卷 5，四部丛刊本。

⑤ 刘铣：《吉安兴学记》，《桂隐文集》卷 1。

⑥ 李存：《送吴景汉赴宁国儒学正序》，《鄱阳仲公李先生文集》卷 19，北京图书馆古籍珍本丛刊本。

情况怎样呢？我们看下列史料：

至元十九年（1282年），乐平州慈湖书院在当地官员的支持下，以当地贡士庄田若干亩归儒学供祭祀、赡师生。多年后当地一些人仍以贡士庄为辞“舞文其间”，上之行省，始将其田的所有权确立。①

大德年间，昌国州贡士庄：“至元十七年（1280年）升州存县，以本庄田粮归学，后县革而学亦废，有司取系入官。”至元三十一年（1294年），成宗学田及贡士庄田“诸人毋得侵夺”的圣旨颁布后，“虽屡告于有司，迄今未归诸学”。②

延祐年间，南丰州“有曾贡元梯已庄者，故学田也，此岁指为贡士庄者，谬误也。租不入学而有司封储者，两易岁也”。③

从上面所引史料可以看出，元代江南的贡士庄田，虽然有圣旨规定交给儒学，但是实际上科举恢复以前，大多数地区并没有办到。有元一代，贡士庄田与一般学田有一些区别，贡士庄钱粮由各地政府管理和征收，儒学本身一般无权使用。如果儒学要使用这项钱粮的话，需要向当地政府申请，费很多周折。吉安路学的例子就说明了这一点。泰定元年（1324年），江西行省吉安路学的校舍需要修缮，教授刘岳申“屡请还贡士庄以给修完而不报”。六年以后，教授王诚重新申请，才得到吉安路达鲁花赤托果齐的同意，“以贡士庄之羡修之”。④ 延祐二年（1315年），元仁宗恢复科举，三年（1316年）仁宗颁布圣旨：“该江南赴试举子，于贡士庄所出钱粮内津助，无者，于赡学钱粮内从宜应副［付］，以礼敦遣。”⑤此后，“贡士庄田粮积储待发”，⑥ 用于资助参加科举的士人。每个

① 危素：《乐平州慈湖书院赡学田记》，《危学士全集》卷6，四库全书存目丛书本。

② 袁桷：《延祐四明志》卷14《学校考下》；《大德昌国州图志》卷2《学校》。

③ 刘壎：《（南丰州）重修学记》，《水云村稿》卷3。

④ 刘岳申：《吉安路修学记》，《申斋集》卷6。

⑤ 俞希鲁：《至顺镇江志》卷11《学校》，江苏古籍出版社1999年版。

⑥ 张铉：《至正金陵新志》卷9《学校》。

人的供给数量元政府有规定，其羡余钱粮仍归各地政府保管。

从以上所述的元朝学田政策可以看出，元代虽然规定了与宋朝类似的学田制度，但学田制度的执行情况比较混乱，儒学办学经费仍然比较困难。由于地方官缺乏重视，元代儒学学田被侵夺的情况非常普遍。不过，虽然存在严重的问题，元代的学田政策总的来看还是基本上保证了多数儒学的生存，这一点还是应该肯定的。

（四）制订儒户户籍，实行儒士免役①

元人姚燧认为："圣元为制，凡士其名而儒其服，不粿之民而殊其籍，惟责田租商征，自外身庸户调皆复之，无有所与。"② 张养浩也论述道："国制，凡业儒者不粿之民而异其籍，且复其更繇，以示优尚。"③ 上述二人的论述，反映了元代对儒士的基本政策。儒士免役是蒙元政权最早实行的崇儒政策，全国统一后，又被推广到江南地区。儒士是儒学的主体，儒士的处境及社会地位直接影响到儒学教育的发展，所以这一政策也是元代文教政策的一个重要方面。

前面已经论述，最早的儒籍是太宗戊戌年（1238 年）在耶律楚材的建议下制订。此后，还进行了儒士的甄别、遴选活动。至元十三年（1276 年），北方儒籍进行了最后一次遴选，三月，"敕诸路儒户通文学者三千八百九十，并免其徭役"。④ 此后北方儒籍没有发生变化。

制订儒籍和儒士免役的政策是同时进行的，太宗九年拣选儒士的诏令中就有"其中选儒士若有种田者，输纳地租，买卖者出纳商税，开张门面营运者，依行例供出差发，其余差发，并行蠲免"

① 有关元代儒户与儒籍方面的代表性成果有：萧启庆《元代的儒户——儒士地位演进史上的一章》；黄清连《元代诸色户计的经济地位》（《食货》1977 年）、（日）太田弥一郎《元代的儒户与儒籍》等，本文仅从政策的制定以及实行情况的角度论述这一问题。

② 姚燧：《襄阳庙学碑》，《姚文公牧庵集》，北京图书馆古籍珍本丛刊。

③ 张养浩：《江浙等处儒学提举柯君墓志铭》，《归田类稿》卷 13。

④ 《元史》卷 9《世祖纪六》。

的内容。① 此后，这种优待儒士的政策时有反复，如至元元年(1264 年)“命……儒、释、道、也里可温、达失蛮等户旧免租税，今并征之”。② 这可能是当时平定李璮之乱不久，元政府急需财力支持而实行的应急之策。但它至少说明元初优待儒士的政策是不稳定的。至元十三年（1276 年）北方儒籍确定后，元政府又申明，诸路儒户“免其徭役”。此后，儒士免役的政策推广到江南地区。

江南儒籍的确立，颇费一番周折。元统一之初，江南的儒户因人数众多，再加上当时各项制度未立，因此很难得到认真的分拣。最初，江南地方官只是命当地基层的坊正、里正等人“取道诸色户数一时应报”。因此，儒籍非常混乱，内中姓名多称“张秀才、李秀才”等，“于内亡宋登科发解、真材硕学、名卿士大夫多不在内”。③ 鉴于此种情况，至元十八年（1281 年）浙西道儒学提举叶李开始在杭州分拣儒户，给以印信文凭。其他各地学官、地方官也根据当地的情况，汇集各地儒士名单。由于标准不一，各行其是，导致儒籍更加混乱，一些非儒户也混入儒籍，“规避差徭”。

至元二十六年（1289 年），元政府开始解决江南儒籍混乱的问题。正月，元政府“令按察司委系名儒分拣，送国子监议得，不可轻易紊乱”。④ 至元二十七年（1290 年）八月，鉴于“有富豪势要”托以儒户为名逃避差徭的情况，又命各路府州县“提调照勘所管在籍儒士，见数榜示姓名，每月上、下半月一次，考校各所习功业”。将怠惰荒废及不习文学之人，黜出当差。⑤ 但因地方长官大多为蒙古、色目官员，不通文墨，反而给儒学及儒士带来骚扰。于是，至元二十八年（1291 年）元政府改命学官主持考校、甄别儒户的工作，而以府州县文资正官“提调”。⑥

对江南儒士进行认真分拣以后，元政府确立江南儒户户籍。至

---

① 《庙学典礼》卷 1《选试儒士免差》。
② 《元史》卷 5《世祖纪二》。
③ 《庙学典礼》卷 3《儒户照抄手状入籍》。
④ 《庙学典礼》卷 2《分拣儒户不可轻易》。
⑤ 《庙学典礼》卷 3《随路府州县尹提调儒士功业》。
⑥ 《庙学典礼》卷 3《学官考校儒士功业》。

元二十七年（1290年）规定，由于江南儒士甚多，真伪难辨，除将“归附之初原籍儒户于儒户项下作数外”，将“以后续收儒户收系为民”。① 这实际上还是以统一之初各地上报的户籍为准，当然引起各方面的反对。至元二十八年（1291年），尚书省认为：将后收儒户收系为民，将使许多知名儒士被排斥于儒籍之外，提议将至元十八年叶李分拣的有官印文凭的儒士，通过行省查勘，作为儒户。这一提议得到批准。② 这样，儒户又有增加，但杭州路以外的广大江南地区仍有众多知名儒士被排斥在外，而各地学官自行统计的儒户文册，元政府认为“俱各有首无尾，增减改洙，真伪不辨，实难凭信”，③ 不予接纳。最后，经过反复讨论，元政府规定：至元二十四年（1287年）以后增加的儒户收系为民，此前的儒户需要提供“手状”，供尚书省“照验入籍”。这样，江南儒户户籍最后确定下来。

至元二十八年（1291年）的儒籍主要是依据至元二十四年以前各地的申报以及行省通过儒户手状籍定的，其权威性是毋庸置疑的。可以认为，江南儒籍从此确定下来，成为以后元政府认定儒户的依据。一般学者认为，江南儒籍在至元二十八年以后再没有变化。④ 这种观点基本上是符合实际的，但是，我们从史料中仍然可以看到一些小规模的、局部的变化。由于《庙学典礼》所记的内容止于大德年间，此后有关儒籍的内容官方记载不多见，这给我们了解大德以后江南的儒籍情况带来很大困难，但儒籍的实际情况应该不是一成不变的。儒户有一个新陈代谢的自然变化过程，一方面有的儒户没有子嗣或后代改习别业而消亡；另一方面，元代儒学虽然有“非士类不入，而农、工商无所于肄”的说法，⑤ 但一般是允

---

① 《庙学典礼》卷3《抄户攒报儒户始末》。

② 《庙学典礼》卷3《儒户照归附初籍并叶提举续置儒籍抄户》。

③ 《庙学典礼》卷3《儒户照抄户手状入籍》。

④ 萧启庆：《元代儒户——儒士地位演进史上的一章》，《元代史新探》台湾新文丰出版社1984年版，第15页。

⑤ 程端学：《东湖义学记》，《至正四明续志》卷8《学校》，宋元方志丛刊本。

许民户子弟入学的，这些人在学习期间享受本身免役的待遇，学成以后或做了学官，就会成了真正的儒户，如果江南儒籍不反映这些变化，就会在许多方面出现混乱。此外，元代对一般的儒士制定了考试的制度，对于累考不合格的儒士则黜之为民，这也会导致儒籍的变化。有关元代江南地区儒籍变化的史料中还是可以找到的。如：

至元二十二年（1285 年）十月，“廉部真定赵公秉政，即定先圣弟子籍百又二十人，复其终身，常调不征”。①

至元二十四年（1287 年），按察佥事赵朴隐到袁州路万载县视察，“慨儒籍之不明，而学政之不修也，锁试核士选”。②

至大二年（1309 年），徒善政为襄阳路谷城县县尹，“择编民子弟之俊秀者，蠲其庸调，使之就学”。③

上述三例中，前两例说明了至元二十七年以前各地的地方官自行制订儒籍的情况，说明此前就有一些地方重订儒籍，以改变“儒籍之不明”的情况。如果说第一、二例说的是至元二十八年以前，第三例仅是免除生员本身的徭役，与儒籍变化无关。那么，以下两例则明确反映了儒籍的变化：

元统二年（1334 年），湖广行省常宁州学因“旧有儒籍，岁久编简虫蚀，莫得而考，于是核实其故家及后进之俊秀，列其姓名，一新其籍，复刻之坚珉为不朽计”。④

至正十八年（1358 年），康里庆童以南台御史大夫至绍兴路，使“诸生之业于兹者，既复其家”。⑤

上面两例中，“复其家”，当然是指全家免除赋役，也就是取得了儒户的资格。而常宁州的重订儒籍，既包括“故家”，也包括“后进之俊秀”。很明显，前者是原先的儒户，后者是新确立的儒

---

① 刘辰翁：《临江军新喻县大成殿记》，《天下同文集》卷 8。

② 赵文：《重修万载县学碑记》，《青山集》卷 5。

③ 马景亮：《谷城修学记》，嘉靖《湖广图经志书》卷 8。

④ 黄常：《州学儒籍记》，嘉靖《湖广图经志书》卷 12。

⑤ 朱镡：《御史大夫康里公勉励学校记》，《两浙金石志》卷 18。

户。这里明显地反映了儒户户籍的变化。另外，据《大德昌国州图志》记载：州有儒户“五十八户”，这“五十八户”是至元二十七年抄定之数，“其时强有力之司存者颇多，间有逃而之彼者，今虽欲归儒，非申请于上不可”。① 既然申请于上司有归儒的可能性，儒士户籍的变化就会不可避免。其实，为了解决儒户申报时遗漏的问题，元政府制定了解决的办法，元贞元年（1295 年）颁布的《行省坐下宪司讲究学校便宜》的文件中规定：

> 在先漏籍不能入学儒士，如亡宋曾经登科，果有真才实学者，许召见任品官保举，本学取其备细出身、根脚，转申肃政廉访司体复，相应籍记姓名，候有降供名缺，却合补填，仍申行省照验。其余不曾登科而才学有用者，亦许品官保举随例入学，同赴月试。如果性行纯粹、文学优长，课试分数又居其上，帘引中试，学官籍其姓名，候有降供名缺，以上补填。②

这一文件说明，至元二十八年（1291 年）以后，儒籍的局部改变不仅是可能的，而且是经常性的。类似的例子可以找到许多，如朱熹门人、理学家刘爚（文简）、黄榦（文肃）在元初未编入儒籍，沦为站户，后来“皆蒙宣慰使荐举、省府褒表，应有田产，并免差科，其已充为站户而破产者，并于分拣出站与儒户一体优恤”。③ 当然，这种儒籍的变化只是少量的现象，变化规模不会太大。

元代儒户免役的问题是在戊戌选士以后就已经确定的问题，当时在北方并没有得到认真的执行，以至于至元十年（1273 年）陕西关中一带实行儒士免役时，在当时引起很大的震动。陕西学校师生立颂德之碑，碑文云：

---

① 《大德昌国州图志》卷 2《学校》。

② 《庙学典礼》卷 5。

③ 谢枋得：《为蔡文节子孙免科差书》，《叠山集》卷 5，四部丛刊续编本。

至元十载，皇子安西王胙土关中……发号施令，恒以爱养基本为务，蠲赋税之常调，以恤群生；省徭役之重困，以息众力……有司以旧制儒其户者止当复身，贤王虑文风不振，特颁教令，凡士之居境内者，皆隶儒籍，仍全复其家，敕所在勿扰，敦劝学者以风四方。士当斯时，欢若更生，何其幸欤！……我贤王敬老尚德本于天性，命相举贤，月给廪秩，奖拔后进，开文学，府遣左右旁求经籍，增饰泮宫，广设学宇，隆恩以育人才，厚利以聘俊彦。俾士类出氓编之杂，无兰丝之供，获处乐土，熙熙于于，复圣道于已熄，救斯文于将坠，方之二王德迈远也。①

至元二十四年（1287年），元朝集贤院颁布关于江南新附地区儒士免役的办法："迤南新附去处在籍儒户，于内若有投充别项各色（户籍），别无定夺，其余籍内儒户，除纳地税、商税外，其余杂泛差役，并行蠲免。"② 至元二十五年（1288年）十月，元政府正式颁发江南儒户免役的圣旨，重申江南儒户除商税、地税外"横枝儿不拣甚么差发休与者"。十一月，又下发圣旨，重申儒户免役事宜，要求所在官司"常切存恤"。③ 此年，江浙等地制定的学校格例中也明确规定：儒户除纳税粮外"和买和卖，仓场库官大小科差并从除免"。④ 这样看来，元政府对儒户免役的政策是十分明确的，但由于种种原因，世祖末到成宗初年，这一政策执行得并不彻底。"各处官司故纵胥吏违背诏书，舞文弄法，往往将儒士户计与民一体当差"。⑤ 江南儒户数量众多，这一问题更加突出。元贞初年，"时南纪多故，防范未周，征役蔓及学者，将至废业"。⑥

---

① 王昶：《金石萃编未刻稿》，《陕西学校儒生颂德之碑》。

② 《庙学典礼》卷2《儒户免差》。

③ 《庙学典礼》卷5《江南儒户免横枝儿差发》；《江淮等处秀才免差役，庙学禁骚扰》。

④ 《庙学典礼》卷5《儒士免役及差设山长、正录、直学，词讼约会》。

⑤ 《庙学典礼》卷4《儒户不同诸色户计当役》。

⑥ 张养浩：《江浙等处儒学提举柯君墓志铭》，《归田类稿》卷13。

大德间，南安路上独县有“士役于有司者”。① 至元二十五年(1288 年)，徽州路也是“士复征役，法也，饕悍吏故沮格”。② 福州路永福县儒士黄节山自述了他因差役毁家的遭遇最为典型：

> 吾世业儒，宋乾道中曾大父魁天下，子孙文行相续，遂为龙屿名家。不幸陵谷迁夷，世禄之胄降为编户，官吏特不喜儒，差徭必首及之。以故吾家无中人百金之产，而里中之役一二岁必间及焉。曩者吾父因役毁家，吾幼而早有事焉，长而又有事焉，筋力疲于将迎，精神弊于期会，泰山之虎，搏噬不尽则不止。吾不获已，弃家北出。③

上述史料说明了儒士免役的困难，在元朝政权内部，也存在着一股反对儒士免役的势力。大德二年（1298 年），元政府内部有人公开提出“儒户免役以田亩为限”的建议，挑起了有关文教政策的又一次争论。这年五月，湖南道宣慰使张正奉提出：“儒户田亩以几亩为率，除免杂泛差役，余上田亩，与民一体差役，免致偏负。”这个建议立即在江浙、湖广等地引起了激烈的争论，江南行御史台召集各方讨论，最后，江南行御史台根据“累降圣旨”，否决了这一建议，重申儒户免役的政策。④ 此后元政府执行政策的力度加大，大德二年（1298 年）十一月，临江路总管李倜就因将本路儒户差充里正、主首户役，责勒儒士催办户粮子粒、酒课及勾摄杂事，被当地儒户何义告发，受到处分。⑤

元中后期，儒士免役的政策基本上固定下来，但执行的情况各地差别仍然很大。延祐年间，孔涛被任命为溧阳州儒学教授时，这

---

① 刘将孙：《南安路上独县新建县学记》，《养吾斋集》卷 15。

② 弘治《徽州府志》卷 12《徽州路总管许公德政记》。

③ 陆文圭：《墙东类稿》卷 5《送黄节山序》，丛书集成续编本，上海书店 1994 年版。

④ 《庙学典礼》卷 5《儒户免差不以田亩为限》。

⑤ 《庙学典礼》卷 5《临江路差儒户充役被问》。

里“士多苦于赋役”。① 建德路淳安县儒学教谕曹庆孙退职后“以徭役为累”，“至于家资荡析亦无几”。② 元统年间，庆元路奉化州“儒困于役”。③ 至正初年，汉川县也有儒士“有力役在官者”。④ 据《元典章》所录，元皇庆元年（1312 年）甚至有儒户与民一体当差的圣旨。

作为元朝文教政策的重要内容，制订儒籍和儒士免役的政策在执行中出现了一些十分复杂的情况，认识这一问题必须充分利用史料，否则就会得出片面的结论。⑤ 总的来看，元王朝制定这一政策，对元代儒学的生存和发展是有利的，它给了儒士相对安定的环境和相对优厚的待遇，使他们能够安心于儒学文化的学习、研究和传习，使儒学教育的发展有了保障。只是由于各种复杂的原因，执行得并不彻底，使得这一政策的积极意义受到一定的局限。

元代文教政策有助于我们认识元代儒学教育发展的环境。早在大蒙古国时期，就出现了制订儒户户籍和儒户免役的规定，忽必烈继位后，开始实行重视儒学的政策。全国统一以后，元政权在将制订儒户户籍和儒户免役政策推广到江南的同时，也根据江南的实际情况制定了学田政策。成宗初年，文教政策基本定型，这当然有利于教育事业的发展，因此，很多儒士对它表示赞同。儒士舒岳祥写道：

> “皇帝既一南北，郡百蛮乃尊孔氏，隆儒术，阐文治也……凡有籍于学者，皆得免徭役。士无科举之累，而务问学

---

① 黄溍：《承直郎潮州路总管府知事孔君墓志铭》，《金华黄先生文集》卷 34，四部丛刊初编本。

② 李祁：《元故建德路淳安县儒学教谕曹公行状》，《云阳集》卷 3。

③ 程端礼：《奉化州学记》，《至正四明续志》卷 7《学校》。

④ 黄清老：《儒学记》，嘉靖《湖广图经志书》卷 3。

⑤ 李国钧、王炳照主编，乔卫平著：《中国教育制度通史》第 3 卷，第 473 页提出“元代儒户主要通过考试来选定的”以及“元代蠲免儒士差役的政策，态度是坚决的”等一些观点，值得商榷（山东教育出版社 2000 年版）。

之实，郡岁贡一士，庶几乡举里选之意，天下之士幸矣！①

不过，一些儒士在颂扬元朝文教政策的同时，对其在执行过程中的局限性也感到非常气愤，认为它是地方官对教育不够重视的结果，前面引述的揭傒斯的观点，就是很好的说明。

更遗憾的是，一些宋代著名理学家子孙被排斥在儒籍以外，如西山先生蔡元定后人处境就非常悲惨，谢枋得写道：

蔡氏者家传清白，恒产本不多，其曾孙希概、希仁自至元十三年归附后，遭贪酷转运破其家，又夺其田，逃难江西。近方还里，田为横民冒佃者半，荒芜无人耕垦者半。路官拨入马站户，家有一物值钱，则鬻以养马。今则无可鬻者矣，皆为困穷民，乡人之善者，大夫之贤者，见之莫不流涕。②

著名理学家陆九渊后代的遭遇也与蔡氏差不多，“子孙或徙或亡，其犹环居故址者，饥寒颠沛，不能皆贤。象山之基几易姓矣！”③ 反映了元代文教政策具有明显的局限性。

① 舒岳祥：《宁海县学记》，《阆风集》卷11。
② 谢枋得：《为蔡文节公子孙免科差书》，《叠山集》卷2。
③ 程钜夫：《送陆如山归青田创先贤祠序》，《雪楼集》卷14。

第二章

元代儒学教育发展考察

教育的发展情况是教育史研究的重要内容之一，因为只有弄清楚这一问题，才能对教育发展的水平、特点进行评价和把握，才能使读者对一个时代的教育产生一个整体的认识。不过，从目前学术界的研究状况来看，对元代教育发展过程的研究显然是被忽视了。李国钧、王炳照在为《中国教育制度通史》写的《总序》中就认为："研究教育发展史通常从教育思想和教育制度两个角度入手，或进行专题研究，或进行综合研究。"这里没有提到对教育发展过程的研究。从目前出版的有关中国教育史的专著来看，还没有一部专著对元代教育发展的过程进行过全面、具体的研究和概括，一般国内外发表的论文对这一问题的研究也不多。因此，有理由说，关于元代教育发展过程的研究是目前元代教育史研究的一个薄弱环节。

元代教育发展过程的研究长期被学术界忽略，其原因是多方面的，除了学者研究兴趣方面的取舍以外，这一课题研究的困难是主要原因。困难之一是，要想描述一个时期的教育发展情况，需要全面占有史料，否则，就是得出结论，也是片面的，很难经得起史料的检验。困难之二是，即使将这一时段各地的教育发展史料完全占有，对如此多的史料进行概括，得出结论也是比较困难的事情，因为目前所能得到的史料在时段上、地域上的分布非常不平衡，如果以某一时段为主或以某一地域为主的话，得出的结论也很难做到客观公正。鉴于这种情况，本人认为，要想对元代教育发展过程进行深入的研究，目前最大的问题是缺乏一种合理的分析工具。这种分析工具应该具备下面的特点：第一，内容的丰富性。既然作为分析工具，它就应该涵盖有关元代教育发展的尽量丰富的史料，这样它才能准确地反映教育的发展情况。第二，记载的客观性。文献史料经过后人整理，难免打上作者的一些主观印记，影响后人对某些问题的判断，作为教育发展的分析工具应该摆脱一些主观因素的限制。第三，可操作性。分析工具应该具有较强的可操作性，最好能数据化，这样才能更方便地分析教育发展进程。第四，科学性。分析工具应该无条件具有科学性，应该得到史料证实及学术界认可。

本人根据前人的研究成果以及有关教育史料的分析，认为元代教育发展过程的合理的分析工具是元代各地有关学校建设的记载，它基本上符合前面所说的分析工具的特点。第一，元代有关学校建设即有关学校的新建、重建、增建、整修的史料很多，几乎可以涵盖这一时段各地的教育发展情况。中国古代的学校建设是当地的大事，不仅当地儒士要奔走相告，出钱出力，一般情况下当地地方官也要参与谋划、筹措资金、指挥等，工程完工以后，还要举行祭祀等庆祝活动，当地儒士要到京师或外地请名人、学者写文纪念（有时也请当地名人写），并将纪念文章刻石立碑，保存在当地儒学。在元人文集以及后人辑录的元代碑刻中，有大量关于儒学学校建设的“记”，内容非常丰富。另外，由于在元人看来，学校建设是一件比较重要的事情，所以在文人相互之间写的“序”中，文人为地方官写的“生祠碑”、“颂德碑”、“善政碑”、“兴学碑”中，以及为死者写的“碑传”、“墓志铭”、“神道碑”、“行状”中，一般都要提到与死者有关的学校建设的内容。可以说，此类资料在有关教育的史料中是最丰富的。第二，学校建设是一个客观事件，不受记录者主观因素影响，所以具有客观性。第三，学校建设作为分析工具具有可操作性，分析者可以通过学校建设在某一时段的数量，分析这一时段教育发展情况，也可以根据某一地区学校建设的数量，分析这一地区的教育发展情况。学校建设的数据可以做成表格和曲线，直观地反映教育发展过程的轨迹。第四，学校建设作为教育发展的分析工具，具有科学性。林拓在《文化地理过程分析》中认为：

> 学校的恢复与扩建已不是一般建筑意义上对文教设施的改善，而是特定地区学校教育发展深度与水平的一种反映。①

这是对学校建设与教育发展关系的准确概括，我们还可以从学校建设对教育的推动作用来说明这一问题，学校建设可以促进儒学的发展，在古代物资条件相对匮乏的情况下，这种促进作用更加明显。从史料可以看出：每一次学校建设活动，一般都是儒学新发展的开始。新学舍建成以后，当地政府首脑带领学官、儒士、生员行释菜之礼，接下来的就是礼聘儒师、召集生员入学、增学廪，儒学在新的条件下重新发展。这方面史料很多，现举例如下：

大德九年（1305年），江西行省南安路上独县教谕郭椿年重建县学，又“簿正祭器……旧租埋没者，岁有增，士役于有司者，为请免之”。此后，县学“兴小学，择教导，聚良家子共讲习”。上独县学出现了繁荣景象，“文物彬彬，经过使客，环视交赞”。②

至顺三年（1332年），广州路增城县尹左祥修建县学，以“舍菜告成于庙”，然后就是“崇儒师，使申其教；复诸生，始修其业；和民人，使获其所”。教育得到新发展。③

至正十一年（1351年），湖州路归安县尹察罕不花主持修建县学，此后，“则首罗师儒，招邑之子弟而训迪之，揭鼓于堂，以节其进退升降之度，朔望俾曹吏亦于讲习而私淑焉，复增租田以俾廪

① 见该书第86页，上海书店出版社2004年版。

② 刘将孙：《南安路上独县新建县学记》，《养吾斋集》卷15。

③ 揭傒斯：《广州增城县学记》，《揭文安公全集》卷11。

膳”。①修建校舍以前，“斋舍未成，弦诵闲寂”，修建校舍以后，“生徒集，相与磨砻道义，发挥经术”②。

上述三例说明了学校建设与儒学发展的关系，校舍是儒学发展必备的条件之一，校舍不修，则生员修习无所，教育自然无法开展，其他如教学手段的完善、教学内容的革新、教学质量的提高更是无从谈起，所以我国古代非常重视儒学的学校建设，“学之所急，唯田与庐”,③ 就是说学舍与学田处于同等重要的地位。有关元代儒学教育的史料中，反映学校建设的“记”，占了相当一部分，这是对学校建设活动的肯定。当然，修学人的动机是十分复杂的，除了大部分是为了推动儒学的发展以外，也“有取办于众力者，有望给于有司者，有借之以为声者，有饰其旧以为声者，有更一二反不如前者，有增益其所不必有者，有补苴罅漏而张大者，皆非所宜也”。④ 元人刘将孙提到的这些情况，在元代不同程度地存在，但这毕竟是个别现象，掩盖不了学校建设对儒学发展的贡献。

当然，学校建设与学校发展毕竟不是一回事，学校建设有它自身的发展规律，因此，在以学校建设分析元代教育发展过程时，还必须使用合理的方法。胡务在《元代庙学的兴建与繁荣》一文中，最先使用这一分析工具，分析元代教育的发展过程。⑤ 不过，他对元代教育发展过程的分析方法还有一些问题。首先，元代诸帝在位时间长短不同，世祖、顺帝在位时间都在三十年以上，其他诸帝多则十数年，少则数年，英宗在位仅三年，以皇帝在位时间段学校建设的数量分析教育发展过程有局限性。其次，学校建设数量不能与教育发展完全等同。学校建设有其特有的周期，它与教育发展并不完全同步。一般来说，学校建设具有一定的稳定性，大规模的学校建设之后，学校进入稳定发展期，学校建设数量下降是正常的，直

① 储唯贤：《归安县修学碑》，《吴兴金石记》卷 16。
② 张士昌：《归安县尹魏侯生祠碑》，《吴兴金石记》卷 16。
③ 戴良：《浦江县修学记》，《九灵山房集》卷 5，四部丛刊初编本。
④ 刘将孙：《重修上高县学记》，《养吾斋集》卷 15。
⑤ 《元史论丛》第 6 辑。

至下一个建设高峰的到来。在高峰期以后，学校建设数量下降，并不表示教育发展的停滞，而是相反，只有前后两个高峰的数量对比，才能表明教育发展是进步了还是倒退了。第三，既然是以建学数量来分析教育发展情况，全面占有史料才能保证统计数量的客观性，史料收集不全，统计数量不能反映教育发展的客观情况，得出的结论自然也是不科学的，胡务的研究明显没有做到这一点。所以，有了分析工具，还要注意适当的分析方法。

一、元代儒学教育发展情况

从元朝历史的发展来看，北方与江南的发展不同步。1234 年蒙古灭金，此后北方处在大蒙古国政权的统治下，大蒙古国的政治中心在和林，中国北方的燕京政权只是大蒙古国下属的一个地方政权。江南在统一以前一直在南宋的统治之下，以“文治”著称的南宋政权统治下的儒学教育与草原征服者蒙古政权统治下的儒学教育，差距很大。至元十六年（1279 年），元朝统一全国，北方在蒙古统治下已经四十五年，教育在经历了严重的社会动荡以后，已经逐步进入正常发展的轨道，江南却经历了一个统一战争后的调整过程，这种不同步性，为探讨元代教育发展带来了困难，鉴于这种情况，本文将北方和江南的学校建设情况分别进行统计，找出各自的发展特点，然后再根据南北情况，进行综合分析。

（一）北方儒学学校建设统计情况（史料出处见本章附录 1）

1. 大蒙古国时期的学校建设统计（25 次）

高邑县学（1227 年）、胙城县学（1234 年）、顺天府学（1234 年）、冠氏县学（1235 年）、长清县学（1237 年）、大名府学（1240 年）、寿阳县学（1242 年）、赵州学（1243 年）、真定府学（1249 年）、大名府学（1251 年）、汴梁府学（1252 年）、东平府学（1252 年）、襄陵县学（1254 年）、亳州学（1254 年）、胶水县学（1254 年）、元氏县学（1255 年）、卫州学（1258 年）、顺天府学（1258 年）、黄县县学（1258 年）、保定府学（1258 年）、潍州学（1259 年）、博州学（不详）、济州学（不详）、泽州学（不详）、大城县学（不详）。

2. 中统、至元时期（106 次）

高陵县学（1261 年）、潞城县学（1265 年）、宜兴县学（1265 年）、新城县学（1265 年）、定兴县学（1265 年）、考城县学（1265 年）、淄川县学（1266 年）、高陵县学（1266 年）、密云县学（1266 年）、邹平县学（1267 年）、齐东县学（1267 年）、霍州学（1267 年）、东平府学（1267 年）、莱芜县学（1267 年）、潞城县学（1268 年）、东平府学（1269 年）、曲沃县学（1269 年）、新城县学（1269 年）、莱州学（1269 年）、汶上县学（1269 年）、京兆府学（1270 年）、深州县学（1270 年）、邹平县学（1270 年）、太平县学（1271 年）、真定府学（1271 年）、栾城县学（1271 年）、黄县县学（1272 年）、绛州学（1272 年）、仪封县学（1273 年）、沂州学（1273 年）、修武县学（1273 年）、黎城县学（1274 年）、闻喜县学（1274 年）、醴泉县学（1275 年）、临沂县学（1275 年）、泰安州学（1275 年）、奉元路学（1276 年）、河中府学（1276 年）、高唐县学（1278 年）、潍州学（1278 年）、壶关县学（1279 年）、莱芜县学（1280 年）、京兆府学（1280 年）、孟县学（1281 年）、武强县学（1282 年）、元氏县学（1282 年）、鲁山县学（1283 年）、长清县学（1284 年）、淄莱路学（1285 年）、辽山县学（1284 年）、馆陶县学（1284 年）、无极县学（1285 年）、益都路学（1285 年）、京兆府学（1285 年）、淄川县学（1285 年）、兖州学（1286 年）、章丘县学（1286 年）、饶阳县学（1286 年）、孟县学（1286 年）、滋阳县学（1286 年）、长清县学（1286 年）、高唐县学（1287 年）、郑州学（1287 年）、伏羌县学（1287 年）、长山县学（1288 年）、淄莱路学（1288 年）、滨州学（1288 年）、高密县学（1288 年）、密州学（1288 年）、深州县学（1288 年）、濮州学（1288 年）、诸城县学（1289 年）、顺德路学（1289 年）、滕县学（1289 年）、青州学（1289 年）、寿阳县学（1290 年）、济州学（1291 年）、滕县学（1291 年）、柏乡县学（1292 年）、淇门镇儒学（1292 年）、成武县学（1292 年）、长治县学

(1293年)、济州学(1293年)、平度州学(1293年)、密州学(1293年)、澄城县学(1293年)、淄川县学(1293年)、肥城县学(1293年)、济源县学(1293年)、高唐县学(1293年)、平度县学(1293年)、利津县学(1293年)、利津县学(1293年)、茌平县学(1294年)、温县学(1294年)、胙城县学(1294年)、德州学(1294年)、平阴县学(1294年)、砀山县学(1294年)、济阳县学(1294年)、诸城县学(1294年)、祥符县学(至元年间)、宁陵县学(至元年间)、修武县学(至元年间)、内黄县学(至元年间)、虞城县学(至元年间)。

3. 元贞、大德年间(62次)

章丘县学(1295年)、邹县学(1295年)、高密县学(1295年)、黎城县学(1295年)、德平县学(1295年)、平原县学(1295年)、临潼县学(1295年)、济州学(1295年)、胙城县学(1295年)、胶州学(1295年)、柏乡县学(1296年)、鄢陵县学(1296年)、饶阳县学(1296年)、长山县学(1296年)、淇州学(1296年)、东平县学(1297年)、冠县县学(1297年)、钧州学(1297年)、高苑县学(1298年)、许州学(1298年)、郓城县学(1298年)、嘉祥县学(1299年)、临沂县学(1299年)、济州学(1299年)、隆平县学(1299年)、西由场学(1299年)、襄城县学(1300年)、沙河县学(1300年)、馆陶县学(1300年)、栾城县学(1300年)、垣曲县学(1300年)、沂州学(1300年)、元氏县学(1300年)、河西里学(1301年)、曲阜县学(1301年)、涿州学(1301年)、石州学(1301年)、中山府学(1301年)、平原县学(1301年)、淄川县学(1302年)、醴泉县学(1302年)、隆平县学(1302年)、襄阳县学(1302年)、冠县县学(1302年)、诸城县学(1303年)、济阳县学(1304年)、文水县学(1304年)、滁州学(1304年)、潞州学(1304年)、深州学(1304年)、广宗县学(1305年)、井径县学(1306年)、光州学(1306年)、息州学(1306年)、定襄县学(1306年)、新城县学(1306年)、潞州学(1306年)、乐安县学(1306年)、招远县学(1306年)、莱阳县学(1306年)、蓚县学(1307年)、中牟县学(1307年)。

4. 至大年间（9 次）

襄城县学（1308 年）、密县学（1308 年）、威县学（1309 年）、井径县学（1309 年）、汝宁县学（1310 年）、中牟县学（1311 年）、禹城县学（1311 年）、齐东县学（1311 年）、南皮县学（1320 年）。

5. 皇庆、延祐年间（26 次）

济宁路学（1312 年）、澄城县学（1312 年）、新城县学（1313 年）、濮州学（1314 年）、潍州学（1314 年）、胶州学（1314 年）、清苑县学（1314 年）、广德路学（1314 年）、曹县县学（1315 年）、扶风县学（1315 年）、泰安州学（1315 年）、磐石镇学（1315 年）、济阴县学（1316 年）、真定路学（1316 年）、嵩州学（1316 年）、保定路学（1316 年）、金乡县学（1317 年）、正定县学（1317 年）、文登县学（1317 年）、偃师县学（1317 年）、福山县学（1318 年）、高唐县学（1318 年）、广宗县学（1319 年）、丰润县学（1320 年）、闻喜县学（1320 年）、罗田县学（延祐年间）。

6. 至治、泰定年间（29 次）

襄城县学（1321 年）、陕州学（1322 年）、巩县学（1322 年）、通州学（1322 年）、临朐县学（1323 年）、潞州学（1323 年）、米山学（1323 年）、昌乐县学（1324 年）、胶州学（1324 年）、福山县学（1324 年）、临洮府学（1325 年）、淇县学（1325 年）、定兴县学（1325 年）、高唐县学（1325 年）、棣州学（1325 年）、辉州学（1325 年）、新河县学（1326 年）、全宁路学（1326 年）、大兴府学（1326 年）、淮安路学（1326 年）、河南府学（1327 年）、许州学（1327 年）、新城县学（1327 年）、懿州学（不详）、辽山县学（不详）、彰德路学（泰定年间）、光山县学（至治年间）、宁陵县学（泰定年间）、登封县学（泰定年间）。

7. 天历（致和、天顺）、至顺年间（14 次）

潍州学（1328 年）、彰德路学（1329 年）、夏邑县学（1329 年）、武卫学（1329 年）、濮州学（1329 年）、光州县学（1329 年）、安阳县学（1329 年）、河内县学（1331 年）、真定路学（1331 年）、威县学（1331 年）、禹城县学（1332 年）、新乡县学

(1332年)、陕县学(1332年)、平阴县学(1332年)。

8. 元统、后至元年间(27次)

平阴县学(1333年)、邹平县学(1333年)、章丘县学(1333年)、新乡县学(1333年)、襄城县学(1333年)、解州学(1333年)、奉元路学(1333年)、中山府学(1334年)、镇平县学(1334年)、邹平县学(1334年)、济州学(1335年)、范县学(1335年)、奉元路学(1335年)、潍州学(1336年)、考城县学(1336年)、彰德路学(1337年)、平原县学(1337年)、齐东县学(1337年)、济州学(1337年)、诸城县学(1337年)、邹平县学(1337年)、平原县学(1337年)、安阳县学(1338年)、密云县学(1338年)、曲阜县学(1339年)、齐东县学(1339年)、新城县学(1339年)。

9. 至正年间(70次)

邹县县学(1341年)、安阳县学(1341年)、叶县学(1341年)、阳翟县学(1341年)、孟州学(1341年)、彰德路学(1341年)、邹平县学(1341年)、藕泽村学(1341年)、平原县学(1342年)、晋宁路学(1342年)、济南路学(1342年)、邓州县学(1342年)、涿州县学(1342年)、闻韶台儒学(1343年)、东平路学(1343年)、曲堤镇学(1343年)、济阳县学(1343年)、济州学(1344年)、宜川县学(1344年)、叶县学(1344年)、彰德路学(1344年)、鲁山县学(1344年)、范县学(1344年)、泰安州学(1344年)、赵州县学(1345年)、奉元路学(1346年)、隆平县学(1347年)、平谷县学(1347年)、泰安州学(1347年)、邹平县学(1348年)、临朐县学(1348年)、中山府学(1348年)、宜兴县学(1348年)、德州学(1349年)、泰安州学(1349年)、密州学(1350年)、海洋县学(1350年)、淇门镇学(1350年)、三原县学(1350年)、长山县学(1351年)、延安路学(1352年)、胙城县学(1352年)、长山县学(1352年)、藁城县学(1352年)、即墨县学(1352年)、高密县学(1352年)、枣强县学(1352年)、奉元路学(1352年)、济州学(1353年)、伦镇儒学(1353年)、胙城县学(1353年)、齐河县学(1353年)、清平县学（1354年）、阳城县学（1354年）、宜川县学（1354年）、临朐县学（1355年）、武强县学（1356年）、井径县学（1356年）、赞皇县学（1356年）、井径县学（1357年）、莱芜县学（1357年）、正定县学（1357年）、太平县学（1358年）、济州学（1364年）、东安县学（1364年）、奉元路学（1366年）、顺德路学（1366年）、穰县学（不详）、嵩山县学（至正年间）、確山县学（至正年间）。

（二）北方儒学发展分析

上面是对元代北方儒学的学校建设进行的统计，下面根据有关统计结果分析元代北方儒学教育的发展情况，首先根据元朝历代皇帝在位时期学校建设的平均数量，分析不同时期的教育发展情况：

元代北方儒学学校建设统计表

时　期	数　量	平均数
前四汗	25	0.96
元世祖	106	3.03
元成宗	62	4.77
元武宗	9	2.25
元仁宗	26	2.69
元英宗	8	2.67
泰定帝	21	5.25
元文宗	14	2.80
元顺帝	97	2.69

为了形象地反映各朝代的变化发展情况，根据各朝平均数情况，制作变化柱状图如下（见下页）：

图表反映的是元代各朝北方儒学建设数量的平均分布情况，学校建设的发展虽然并不能完全代表儒学教育发展的实际水平，但如

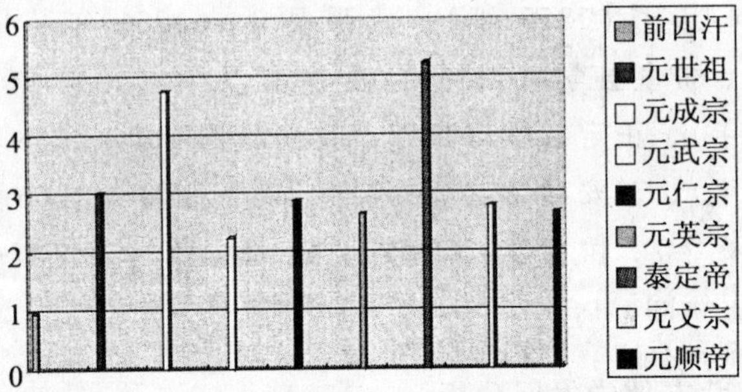

果一定时期内大规模地进行儒学学校建设，至少说明了这一时期的儒学教育是处在一个发展和繁荣的阶段。下面就根据每位皇帝在位时期学校建设的平均数量，反映每一时段教育发展情况。从上表可以明显看出：在前四汗统治的大蒙古国时期，儒学学校建设数量很少，说明儒学在北方战乱以后，一直处于一种比较低迷的发展状态，恢复缓慢。元世祖以后，随着蒙古统治中心移到中国北方，元世祖开始发展教育，实行“汉法”，于是，学校建设数量开始增加，教育也开始发展起来。这种发展的势头一直持续到元成宗时期。在元成宗时期，北方学校建设的平均数量达到平均每年4.77次，仅次于泰定帝在位期间的数量，掀起第一个高潮。元成宗以后，学校建设数量下降，元武宗时期平均每年2.25次，不到成宗时期的一半。这说明在经历了大规模的学校建设以后，儒学的恢复和重建已经基本完成，儒学教育经历了一个稳定发展期，发展速度减慢。经历武宗时期的低潮以后，元仁宗时期的儒学建设数量又开始缓慢增加，英宗时期有所减少。泰定帝时，北方儒学建设的平均数量迅速增加并达到元代的最高点，出现了第二个发展高潮。这说明仁宗、英宗时期由于实行科举等有利于儒学教育的政策，促进了北方儒学教育的发展。泰定帝时期，这种有利于教育发展的因素充分表现出来，虽然不能说这一时期儒学教育的发展水平达到元朝的最高点，但是这一时期元朝儒学教育发展最快，应该是可以肯定的。文宗以后，北方儒学发展缓慢下来，到顺帝时，这种下滑的情况继续发展。

上面是根据元朝各代学校建设的平均数量，对元朝每一个朝代儒学发展的状况进行的分析。前面已经提到，由于每位皇帝在位时间差别很大，这种分析只能说明各朝儒学教育的发展快慢，还不能具体反映整个元朝教育发展的整体过程。儒学建设的周期一般是十年，学校建设增长以后的十年之间，数量减少属于正常，但是十年以后如果没有再次出现增长，就说明教育出现衰退。为了更准确地说明元朝北方儒学教育的发展情况，下面打乱朝代的顺序，以十年为一个单位，根据元代北方学校建设的情况做成下表：

元代北方儒学学校建设分布表

时　间	数　量
1227～1236 年	4
1237～1246 年	4
1247～1256 年	8
1257～1266 年	14
1267～1276 年	24
1277～1286 年	23
1287～1296 年	55
1297～1306 年	47
1307～1316 年	29
1317～1326 年	25
1327～1336 年	32
1337～1346 年	38
1347～1356 年	33
1357～1368 年	8

根据上表有关数据做成的柱状图如下（见下页）：

图、表反映了北方学校建设在整个元朝的演变情况，从表中可以看出，元代北方儒学教育经历了一个曲折发展的过程，1227～

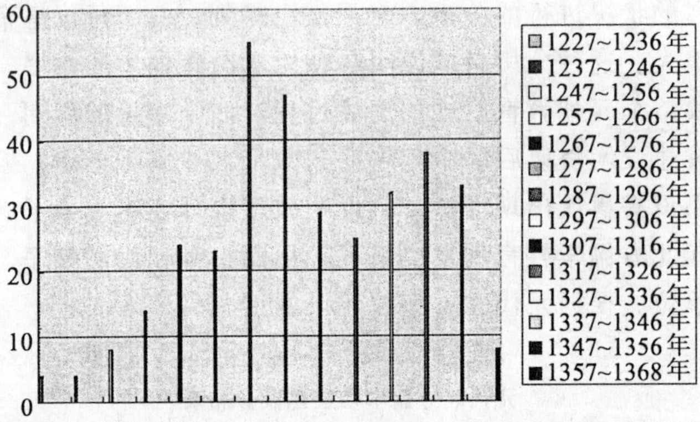

1246 年的 20 年间，儒学教育发展停滞，1247 年以后开始恢复和发展，到 1276 年，教育发展一直处于上升阶段。1277 ~ 1286 年的 10 年间，教育发展速度趋于平稳或略有放慢，1287 年以后，儒学教育发展迅速加快，并且达到了元朝儒学教育发展速度的最高点。1287 ~ 1306 年的 20 年间，正好处于元世祖末年到元成宗时期，说明这是北方儒学教育发展的第一个高潮。此后的 1297 ~ 1306 年的 10 年间，儒学学校建设数量正常回落，不过在 1307 ~ 1326 年的 20 年间，儒学建设数量仍然下降，说明这一时期的教育发展出现衰落。1327 年以后教育开始了新的发展进程，1337 ~ 1346 年发展到第二个高潮，这个高潮处在元顺帝统治的前期。不过，与第一个高潮相比，这次高潮有较大的差距，说明 1296 年以后，北方教育总体呈现衰落的趋势。以后虽有反弹，但是没有达到第一个高潮的发展水平。1356 年以前，学校建设正常回落，但 1356 年以后北方儒学教育迅速衰落，直到元朝灭亡。

以上从两个不同角度分析了元朝北方儒学教育的发展过程。教育作为社会上层建筑的一部分，它的发展与整个社会的政治、经济、文化的发展是息息相关的。元朝北方地区的教育也是这样，因为北方大部分属于元王朝的腹里地区，元朝的政治波动会对儒学教育产生直接的影响。下面结合元朝北方的社会发展，对元代北方儒学教育的发展过程进行总结。

元世祖以前的大蒙古国时代，蒙古的统治中心在蒙古高原的和林，中国北方仅仅是蒙古帝国征服的一个地区或攫取财赋的来源。由于大蒙古国政权在这一时期对中国北方实行的是间接统治，蒙古政权对儒学知之甚少，对儒学教育与政治稳定的关系，更是非常陌生，教育发展的组织和推动者仅仅是少数的地方世侯和经济、政治影响力有限的汉族儒士，割据一方的世侯忙于争夺地盘以及应付蒙古征服者，大部分无暇顾及儒学教育的发展。元人有关辽州儒学的记述云：

> （辽州）旧有庠序，兵火之后，为人僦居，爨尘熏染，风雨摧剥，将就颓圮。前此来典是郡者，多高官右列，方且以式遏奸宄，缮甲兵，修城隍为事，何暇及学馆。①

这种记述基本上反映了北方一般儒学的处境，因此，这一时期儒学的处境是非常不利的，② 儒学教育发展低迷、停滞也是必然的。

元世祖忽必烈继位以后，以“祖述变通”的原则，对原大蒙古国政权进行改革，仿效传统汉族王朝政权建立了元朝，实行汉法，作为汉法重要内容之一的儒学教育，受到一定的重视。这一时期，元王朝的文教政策基本形成并且推广到全国，儒学教育发展有了制度上的保证，于是教育得到迅速恢复和发展。统计结果反映，世祖末年，建学、修学数量达到最高水平，反映了教育在这一时期的迅速发展。成宗继位后，实行“持盈守成”的基本国策，继续执行世祖时期的各项政策，学校建设的数量仍然维持较高水平，说明成宗时期的儒学教育继续发展，教育的地域扩展和发展水平应该超过前代。

武宗继位后，由于实行不顾当时财力滥封滥赏的“惟新”之

① 胡聘之：《山右石刻丛编》卷21《辽州文庙碑》。

② 具体内容可参考第一章的有关部分，赵琦的博士论文《大蒙古国时期儒士的处境及文化传承》对这一问题论述比较详细。

政，导致了政治的混乱和经济困难，儒学教育的发展外部环境恶化。武宗到仁宗初年，学校建设大量减少，表明教育发展变慢，甚至出现倒退。元仁宗、英宗时期，国家政治有所好转，科举的举行，对全国的儒士鼓舞很大，北方儒学教育开始发展。但由于皇位更替频繁，政治动荡，教育发展受到影响，不过，泰定帝在位的四年间，教育发展的有利因素终于发挥出来，教育发展较快。总的来看，泰定帝时期的繁荣，并不能改变北方儒学在元成宗以后发展减缓的趋势。元顺帝在位三十多年，至正十年（1350年）前后，儒学教育进入到元朝第二个发展较快时期，但这一时期仅仅是教育发展下滑过程中的一次反弹，同样没有改变儒学教育发展减缓趋势。此后，红巾起义爆发，社会动荡，儒学教育迅速衰落，直到元朝灭亡。

（三）江南儒学学校建设统计情况（史料出处见本章附录2）

元代江南是文化、教育发达的地区，学校建设数量较大，为了统计的方便，本文主要以路为单位进行统计，在位于南北交界的地区，个别已经统计到北方范围，不再收入。

江浙行省（389处）

1. 世祖至元年间（62处）

杭州路：仁和县学（至元中）、于潜县学（1292年）。婺州路：武义县学（1287年）、东阳县学（1290年）、永康县学（1292年）。台州路：台州路学（1276年）、临海县学（1276年）、黄岩州学（1276年）、宁海县学（1289年）、台州路学（1293年）。福州路：永福县学（1281年）、闽县学（1278年）、闽县学（1283年）、福宁州学（1285年）、福宁州学（1287年）、福宁州学（1292年）、闽清县学（1294年）、宁德县学（1289年）、宁德县学（1294年）。建宁路：崇安县学（1279年）、崇安县学（1281年）。泉州路：惠安县学（1293年）。漳州路：龙岩县学（1287年）、漳州路学（1292年）。邵武路：邵武县学（1283年）、泰宁县学（1290年）。常州路：常州路学（1278年）、无锡州学（至元中）、宜兴州学（至元中）。徽州路：徽州路学（1278年）、绩溪县学（1290年）、徽州路学（1291年）、休宁县学（1291年）、祁门县学（至元中）。嘉兴路：嘉兴路学（1286年）。集庆路：集庆路学（1288年）、句容县学（1294年）。建德路：寿昌县学（至元中）。绍兴路：余姚州学（1277年）、余姚州学（1291年）、绍兴路学（1292年）、萧山县学（1292年）、新昌县学（1292年）、上虞县学（1294年）、新昌县学（1294年）。松江府：上海县学（1292年）。庆元路：庆元路学（1282年）、慈溪县学（1281年）、鄞县学（1282年）、昌国州学（1284年）、奉化州学（1285年）、鄞县学（1291年）、庆元路学（1291年）、奉化州学（1292年）。镇江路：镇江路学（1278年）、镇江路学（1282年）、镇江路学（1291年）。信州路：信州路学（1284年）。池州路：池州路学（1294年）。太平路：太平路学（1291年）。处州路：缙云县学（1284年）、龙泉县学（1287年）。

2. 成宗元贞、大德年间（56处）

杭州路：杭州路学（1303年）、海宁州学（1303年）、古田县学（1295年）、福宁州学（1295年）。福州路：福清州学（1295年）、闽县学（1296年）、福清州学（1299年）、闽县学（1303年）、福州路学（1304年）、闽县学（1307年）、福宁州学（1307年）。泉州路：泉州路学（1299年）、惠安县学（1295年）。漳州路：龙溪县学（1299年）、龙岩县学（1299年）。邵武路：建宁县学（1297年）。兴化路：兴化路学（1295年）、兴化路学（1302年）。江阴州：江阴州学（1295年）。徽州路：黟县学（1295年）、徽州路学（1300年）、休宁县学（1301年）、绩溪县学（1306年）。平江路：平江路学（1298年）。饶州路：饶州路学（1296年）、余干州学（1296年）、德兴县学（1305年）。嘉兴路：嘉兴路学（1299年）、嘉兴路学（1306年）。集庆路：溧水县学（1296年）、集庆路学（1301年）、集庆路学（1303年）、溧阳州学（1301年）、溧阳州学（1307年）。建德路：桐庐县学（1299年）、遂安县学（1305年）。绍兴路：绍兴路学（1296年）、嵊县学（1296年）、新昌县学（1298年）、萧山县学（1292年）、萧山县学（1299年）、上虞县学（1307年）、会稽县学（1301年）。松江府:松江府学(1295年)、上海县学(1295年)、上海县学(1302年)。庆元路:昌国州学(1295年)、庆元路学(1296年)、奉化州学(1301年)、慈溪县学(1296年)、象山县学(1301年)。镇江路:镇江路学(1295年)、金坛县学(1299年)。处州路:处州路学(1301年)、丽水县学(1297年)。信州路:玉山县学(大德中)。

3. 武宗至大年间(18处)

杭州路:海宁州学(1309年)、杭州路学(1311年)。福州路:侯官县学(1309年)、闽县学(1310年)。建宁路:松溪县学(1310年)。徽州路:绩溪县学(1308年)、歙县学(1310年)、黟县学(1311年)。平江路:嘉定州学(1310年)。饶州路:德兴县学(1309年)。集庆路:集庆路学(1309年)、句容县学(1308年)。松江府:华亭县学(至大初)、上海县学(1310年)。庆元路:庆元路学(1309年)、鄞县学(1309年)、慈溪县学(1310年)。镇江路:镇江路学(1308年)。

4. 仁宗皇庆、延祐年间(49处)

杭州路:昌化县学(延祐中)。婺州路:婺州路学(1313年)、婺州路学(1317年)、永康县学(1318年)。台州路:台州路学(延祐中)。福州路:福州路学(1312年)、福安县学(1312年)、连江县学(1313年)、福州路学(1317年)、福宁州学(1317年)、罗源县学(1318年)、侯官县学(1318年)、福清州学(1318年)、古田县学(1320年)。泉州路:南安县学(延祐中)、永春县学(1317年)。漳州路:漳州路学(1316年)。邵武路:邵武路学(1217年)。常州路:常州路学(1314年)、无锡州学(延祐中)。江阴州:江阴州学(1312年)。徽州路:婺源州学(1314年)、绩溪县学(1318年)。平江路:平江路学(1315年)、平江路学(1320年)。饶州路:浮梁州学(皇庆中)。铅山州:铅山州学(皇庆中)。信州路:永丰县学(1317年)。嘉兴路:海盐州学(1315年)、嘉兴路学(1317年)。温州路:温州路学(1314年)、永嘉县学(1316年)、温州路学(1317年)。松江府:上海县学(1313年)、松江府学(1313年)、华亭县学(1319年)、松江府学(1320年)。庆元路:庆元路学(1313年)、慈溪县学(1313

年)、奉化州学(1315年)、庆元路学(1319年)、鄞县学(1313年)、奉化州学(1320年)。镇江路:镇江路学(1315年)、镇江路学(1319年)、丹徒县学(1319年)。池州路:池州路学(1318年)。处州路:龙泉县学(1316年)。广德路:广德路学(1314年)。

5. 英宗至治年间(15处)

杭州路:杭州路学(1321年)。婺州路:兰溪县学(1321年)。泉州路:泉州路学(1321年)。福州路:古田县学(1322年)、长乐县学(1321年)、福宁州学(1323年)。建宁路:崇安县学(1322年)。湖州路:长兴州学(至治中)。平江路:平江路学(1322年)。集庆路:溧阳县学(1321年)。建德路:遂安县学(1323年)。绍兴路:绍兴路学(1321年)、绍兴路学(1223年)、上虞县学(1321年)、上虞县学(1323年)。

6. 泰定帝泰定年间(22处)

绍兴路:绍兴路学(1325年)。台州路:台州路学(泰定初)。福州路:闽县学(1325年)、永福县学(1325年)、闽清县学(1326年)、罗源县学(1326年)、福州路学(1326年)、福清州学(1327年)、福州路学(1328年)、连江县学(1328年)。建宁路:建宁路学(1325年)。泉州路:南安县学(泰定中)、永春县学(1324年)。邵武路:邵武路学(1324年)。湖州路:归安县学(1326年)。徽州路:婺源州学(1324年)。平江路:嘉定州学(1325年)。庆元路:庆元路学(1326年)、鄞县学(1325年)、昌国州学(1324年)、定海县学(1324年)。婺州路:兰溪州学(1327年)。

7. 元文宗天历、至顺年间(25处)

湖州路:归安县学(1328年)、婺州路:义乌县学(1329年)。福州路:连江县学(1328年)、永福县学(1330年)。泉州路:惠安县学(1330年)。延平路:延平路学(1328年)、顺昌县学(1331年)。邵武路:邵武县学(1330年)。兴化路:兴化路学(1331年)、莆田县学(1331年)。漳州路:漳州路学(1329年)。徽州路:祁门县学(1332年)。平江路:嘉定州学(1330年)。嘉兴路:嘉兴路学(1331年)。建德路:分水县学(至顺初)、建德县学(1330年)。温州路:永嘉县学(1331年)。绍兴路:会稽县学（1329年）、会稽县学（1332年）。镇江路：镇江路学（1328年）。宁国路：宁国路学（1330年）。婺州路：东阳县学（1332年）、义乌县学（1329年）。常州路：武进县学（天历中）。庆元路：奉化州学（1331年）。

8. 顺帝元统、后至元、至正年间（142处）

杭州路：余杭县学（1338年）、杭州路学（1346年）、海宁州学（1346年）、富阳县学（1350年）、海宁州学（1352年）、杭州路学（1354年）、杭州路学（1362年）。婺州路：浦江县学（1335年）、义乌县学（1341年）、武义县学（1343年）、武义县学（1345年）、浦江县学（1338年）、浦江县学（1351年）。福州路：福州路学（1355年）、福安县学（1343年）、福清县学（1349年）、福宁州学（1350年）、长乐县学（1352年）、福清县学（1352年）、连江县学（1361年）、罗源县学（1343年）。建宁路：松溪县学（1347年）、建宁路学（1350年）、崇安县学（1352年）、松溪县学（1354年）。泉州路：南安县学（1334年）、泉州路学（1335年）、泉州路学（1350年）、永春县学（1352年）、永春县学（1355年）、南安县学（1357年）、南安县学（1363年）、惠安县学（1341年）、惠安县学（1344年）、惠安县学（1364年）。漳州路：南靖县学（1356年）、龙岩县学（1357年）。汀州路：连城县学（1362年）、三华县学（1349年）。延平路：尤溪县学（1341年）、沙县学（1361年）。邵武路：泰宁县学（1340年）、光泽县学（1340年）、邵武路学（1344年）、邵武县学（1349年）、邵武县学（1353年）、建宁县学（1366年）、泰宁县学（1367年）。兴化路：兴化路学（1348年）、兴化路学（1350年）、兴化路学（1360年）、仙游县学（1365年）。湖州路：乌程县学（1337年）、乌程县学（1343年）、长兴州学（1346年）、长兴州学（1350年）、归安县学（1351年）、乌程县学（1352年）、归安县学（1362年）。常州路：常州路学（1349年）、常州路学（1355年）。徽州路：绩溪县学（1336年）、徽州路学（1338年）、歙县学（1344年）、休宁县学（1345年）、绩溪县学（1348年）、婺源州学（1335年）、婺源州学（1352年）、歙县学（1361年）。

平江路：平江路学（1345 年）、平江路学（1349 年）、吴县学（1349 年）、长州县学（1337 年）、长州县学（1349 年）、嘉定州学（1352 年）、平江路学（1355 年）、嘉定州学（1357 年）嘉定州学（1361 年）。铅山州：铅山州学（1338 年）。信州路：永丰县学（1348 年）。嘉兴路：嘉兴县学（1350 年）、海盐州学（1337 年）、嘉兴路学（1339 年）、海盐州学（1341 年）、嘉兴路学（1346 年）、海盐州学（1346 年）、嘉兴路学（1363 年）。集庆路：溧水州学（1335 年）、句容县学（1337 年）、上元县学（1339 年）、句容县学（1342 年）、句容县学（1347 年）。建德路：建德路学（1333 年）、淳安县学（1341 年）、淳安县学（1351 年）、分水县学（至正中）。温州路：温州路学（1357 年）、乐清县学（1352 年）、平阳州学（1356 年）。绍兴路：萧山县学（1335 年）、萧山县学（1338 年）、余姚州学（1336 年）、嵊县学（1336 年）、山阴县学（1341 年）、会稽县学（1344 年）、山阴县学（1345 年）、嵊县学（1345 年）、余姚州学（1346 年）、嵊县学（1349 年）、上虞县学（1351 年）、绍兴路学（1350 年）、绍兴路学（1359 年）、诸暨州学（1355 年）、余姚州学（1363 年）、会稽县学（1363 年）、嵊县学（1363 年）。松江府：松江府学（1343 年）、华亭县学（1343 年）、华亭县学（1349 年）、松江府学（1350 年）、上海县学（1347 年）、松江府学（1359 年）。庆元路：慈溪州学（1338 年）、庆元路学（1338 年）、庆元路学（1347 年）、庆元路学（1349 年）、象山县学（1336 年）、象山县学（1341 年）、庆元路学（1344 年）、慈溪县学（1339 年）、慈溪县学（1346 年）、慈溪县学（1356 年）、庆元路学（1361 年）、定海县学（1361 年）、奉化州学（1362 年）、鄞县学（1363 年）。宁国路：旌德县学（1335 年）。池州路：池州路学（1338 年）。处州路：处州路学（1337 年）、缙云县学（1341 年）、松阳县学（1334 年）。饶州路：安仁县学（1360 年）。

江西行省（133 处）

1. 世祖至元年间（26 处）

南康路：南康路学（1276 年）。龙兴路：富州学（1286 年）、奉新县学（至元中）。江州路：瑞昌县学（1292 年）、化县学（1293 年）。南丰州：南丰州学（1285 年）。抚州路：崇仁县学（1284 年）、宜黄县学（1278 年）。临江路：新喻州学（1285 年）。吉安路：龙泉县学（1285 年）。瑞州路：新昌州学（1293 年）。赣州路：宁都州学（至元中）、云都县学（至元中）。南安路：上独县学（1275 年）、上独县学（1284 年）。广州路：广州路学（1279 年）、南海县学（1293 年）、广州路学（1294 年）、东莞县学（至元中）、香山县学（1285 年）、增城县学（1288 年）。惠州路：惠州路学（1292 年）。循州：长乐县学（1290 年）。潮州路：潮州路学（1278 年）。梅州：程乡县学（1292 年）。德庆路：德庆路学（1284 年）。

2. 成宗元贞、大德年间（21 处）

建昌路：南城县学（1301 年）、南城县学（1305 年）。抚州路：金溪县学（大德中）、宜黄县学（1305 年）、吉安路：吉安路学（1304 年）、吉安路学（1307 年）。瑞州路：新昌州学（1301 年）。袁州路：万载县学（1295 年）。赣州路：赣州路学（1296 年）、云都县学（大德中）、信丰县学（大德中）、安远县学（大德中）。南安路：南康县学（1307 年）、上独县学（1295 年）、上独县学（1303 年）、南安路学（1303 年）。广州路：广州路学（1295 年）。梅州：程乡县学（1297 年）。德庆路：泷水县学（大德中）。江州路：彭泽县学（1306 年）。饶州路：德兴县学（1305 年）。

3. 武宗至大年间（6 处）

江州路：德安县学（1311 年）。抚州路：临川县学（至大中）。赣州路：信丰县学（至大中）。南安路：南康县学（1308 年）、宜黄县学（1311 年）。饶州路：德兴县学（1309 年）。

4. 仁宗皇庆、延祐年间（17 处）

南丰州学（1317 年）。抚州路：临川县学（延祐中）、崇仁县学（延祐中）、金溪县学（延祐中）、乐安县学（1312 年）、乐安县学（1317 年）。吉安路：庐陵县学（延祐中）、永新州学（1315 年）、永新县学（1318 年）。瑞州路：宁都州学（1314 年）、上高县学（1315 年）。赣州路：会昌州学（1315 年）、宁都州学（1316

年)。武昌路：武昌路学（1317 年)。广州路：广州路学（1318 年)。韶州路：曲江县学（延祐中)。循州：龙川县学（1318 年)。

5. 英宗至治年间（4 处)

龙兴路：武宁县学（1323 年)。吉安路：吉水州学（1323 年)。袁州路：万载县学（1321 年)。连州：连州学（1323 年)。

6. 泰定帝泰定年间（13 处)

龙兴路：富州学（1327 年)。南康路：都昌县学（1326 年)。建昌路：建昌路学（1324 年)、广昌路学（泰定中)。抚州路：抚州路学（泰定中)、崇仁县学（1327 年)。瑞州路：新昌州学（1325 年)。南安路：南安路学（泰定中)、南康县学（1325 年)。广州路：广州路学（1324 年)、广州路学（1326 年)、香山县学（1326 年)。惠州路：归善县学（1324 年)。

7. 文宗天历、至顺年间（11 处)

吉安路：吉安路学（1330 年)、永新县学（1331 年)。瑞州路：新昌县学（1331 年)。袁州路：万载县学（1331 年)。赣州路：赣州路学（1331 年)、云都县学（至顺中)。广州路：增城县学（1331 年)、香山县学（1331 年)。循州：长乐县学（至顺初)。潮州路：潮州路学（1330 年)、潮州路学（1332 年)。

8. 顺帝元统、后至元、至正年间（35 处)

临江路：清江县学（至正中)、新喻州学（1338 年)。江州路：江州路学（1340 年)、龙兴路：进贤县学（1350 年)、南昌县学（1334 年)、新建县学（元统初)。南康路：都昌县学（1339 年)、建昌州学（1336 年)。建昌路：建昌路学（1346 年)、新城县学（1343 年)。抚州路：抚州路学（1335 年)、抚州路学（1340 年)、抚州路学（至正中)、金溪县学（至正中)、宜黄县学（1344 年)、乐安县学（1335 年)。吉安路：吉安路学（1343 年)、庐陵县学（至正中)、太和州学（1351 年)、永新县学（至正中)。瑞州路：瑞州路学（1335 年)、上高县学（1339 年)、新昌州学（1368 年)。袁州路：袁州路学（1339 年)、分宜县学（1336 年)、万载县学（1338 年)。赣州路：赣州路学（1343 年)、赣州路学（1366 年)、会昌州学（至正中)、宁都州学（1348 年)。南安路：南安路学（至正年间）、南康县学（1347年）。广州路：清远县学（1341年）。桂阳州：阳山县学（1336年）。梅州：程乡县学（1366年）。

湖广行省（115处）

1. 世祖至元年间（20处）

静江路：静江路学（1279年）、兴安县学（至元中）、灵川县学（1284年）、灵川县学（1292年）。梧州路：梧州路学（1287年）。平乐府：平乐府学（1279年）。南宁路：昌化县学（1284年）。天临路：天临路学（1277年）、安化县学（1286年）。宝庆路：宝庆路学（至元中）、邵阳县学（至元中）。辰州路：泸溪县学（至元中）。桂阳路：蓝山县学（1287年）。汉阳府：汉川县学（至元中）。兴国路：兴国路学（1288年）。彬州路：永兴县学（1276年）。茶陵州学（至元中）。岳州路：平江州学（至元中）。衡州路：酃县学（1286年）。德庆路学（1284年）。

2. 成宗元贞、大德年间（20处）

静江路：义宁县学（1295年）。柳州路：洛容县学（1295年）。容州：北流县学（1298年）。永州路学（1298年）。德庆路：泷水县学（大德中）。南宁军：昌化县学（1295年）、昌化县学（大德中）。万安军：万州学（1297年）。天临路：澧陵州学（大德中）。衡州路：酃县学（1302年）。澧州路：澧州路学（1295年）、慈利州学（1302年）。汉阳府：汉川县学（1297年）、汉川县学（1307年）。彬州路：永兴县学（1297年）。武昌路：武昌路学（1300年）、武昌路学（1303年）。贵州学（1305年）。乾宁安抚司：澄迈县学（大德中）。

3. 武宗至大年间（3处）

静江路：静江路学（1310年）。乾宁军民安抚司：乾宁安抚司学（1309年）。常德路：卢溪县学（1311年）。

4. 仁宗皇庆、延祐年间（16处）

静江路：静江路学（1316年）、静江路学（1320年）、临桂县学（皇庆中）、阳朔县学（1319年）。宾州：宾州学（皇庆中）。贵州：贵州学（1319年）。乾宁军民安抚司：琼州学（1312年）、澄迈县学（1313 年）、会同县学（1312 年）。常德路：常德路学（延祐中）、桃源州学（延祐中）。辰州路：泸溪县学（1317 年）。桂阳路：临武县学（1316 年）。天临路：湘乡州学（1313 年）。武冈路：新宁县学（1315 年）。武昌路：武昌路学（1317 年）。

5. 英宗至治年间（2 处）

静江路：灌阳县学（至治中）。郁林州：兴业县学（1323 年）。

6. 泰定帝泰定年间（9 处）

乾宁军民安抚司：琼州学（1327 年）。万安军：万州学（1324 年）。吉阳军：崖州学（1326 年）。全州路：全州路学（1325 年）。常宁州：常宁州学（1324 年）。岳州路：平江州学（1325 年）。桂阳路：桂阳路学（泰定中）、蓝山县学（1325 年）。天临路：湘乡州学（1327 年）。

7. 文宗天历、至顺年间（4 处）

静江路：静江路学（1328 年）。乾宁军民安抚司：澄迈县学（天历间）、文昌县学（1332 年）。天临路：澧陵州学（天历中）。

8. 顺帝元统、后至元、至正年间（42 处）

静江路：静江路学（1338 年）、静江路学（1341 年）、临桂县学（1343 年）、荔蒲县学（1349 年）、静江路学（1353 年）、兴安县学（至正中）。全州路：全州路学（1350 年）、灌阳县学（至正中）。庆远军民安抚司：庆远县学（1350 年）。平乐府：平乐府学（1352 年）。贺州：贺州学（至正初）、贺州学（1352 年）。郁林州：郁林州学（1343 年）。容州：北流县学（1366 年）。横州：横州学（至正中）。永州路：永州路学（1342 年）、永州路学（1367 年）。道州路：道州路学（1345 年）、道州路学（1348 年）。乾宁军民安抚司：乾宁安抚司儒学（1351 年）、乾宁安抚司儒学（1359 年）、琼山县学（1349 年）。南宁军：昌化县学（1349 年）。万安军：万州学（1337 年）。吉阳军：崖州学（1345 年）。茶陵州：茶陵州学（1338 年）。衡州路：衡州路学（至正年间）。常德路：武陵县学（至正中）。岳州路：平江州学（1337 年）。辰州路：辰州路学（1348 年）、辰溪县学（至正中）。沅州路：黔阳县学（至正中）、黔阳县学（1337 年）。彬州路：彬州路学（1344 年）、兴宁县学（1345年）。澧州路：慈利州学（1336年）。汉阳府：汉川县学（1339年）、汉川县学（1341年）。天临路：湘乡州学（1338年）。兴国路学（1341年）、兴国路学（1343年）、兴国路学（1347年）。

河南行省南部（27处）

汉川县学（1279年）、汉川县学（1341年）、孝感县学（1283年）、孝感县学（1317年）、孝感县学（1321年）、应山县学（1320年）、应山县学（1344年）、中兴路学（1279年）、中兴路学（1300年）、江陵县学（1293年）、江陵县学（至治年间）、公安县学（1304年）、石首县学（1308年）、石首县学（1333年）、监利县学（1276年）、监利县学（1326年）、监利县学（1334年）、潜江县学（1293年）、长林县学（1325年）、当阳县学（至元末）、当阳县学（1333年）、夷陵州学（1279年）、谷城县学（1289年）、谷城县学（1342年）、京山县学（1277年）、京山县学（1345年）、景陵县学（1337年）。

（四）江南儒学发展分析

根据前面有关江南儒学学校建设的统计情况，将各省数量、总数、平均数列表如下：

元代江南儒学学校建设统计表

时　期	江浙行省	江西行省	湖广行省	河南行省南部	总数	平均数
元世祖	62	26	20	9	117	6. 5
元成宗	56	21	20	3	100	7. 69
元武宗	18	6	3	1	28	7
元仁宗	49	17	16	2	84	9. 33
元英宗	15	4	2	2	23	7. 67
泰定帝	22	13	9	2	46	11. 5
元文宗	25	11	4	0	40	8
元顺帝	142	35	42	8	227	6. 3

根据元代各朝江南儒学学校建设数量的平均分布情况，制作变化柱

状图如下：

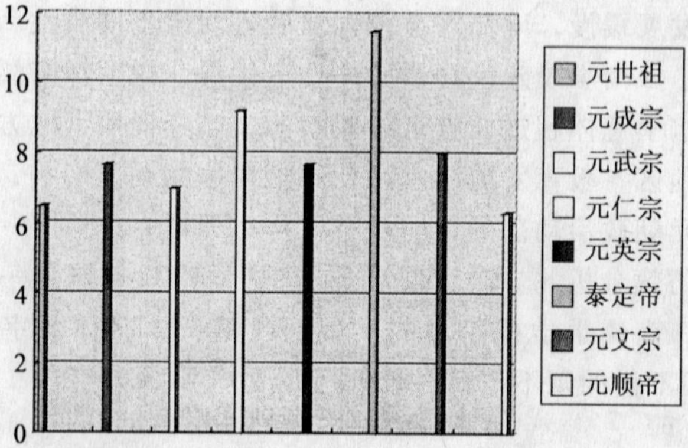

从上图可以看出：元代江南儒学在不同的时期，学校建设的平均数量有一定的差别，反映出元代诸帝在位的不同时期，教育发展存在差距。至元年间是教育的恢复期，世祖到成宗时期，学校建设数量不断增加，说明这期间教育开始发展。武宗时学校建设数量有所回落，说明教育发展有所减缓，仁宗时期学校建设数量重新开始增加，超过了成宗时期的数量，反映出江南教育有了明显发展。经过英宗时期的短暂下降阶段，泰定帝期间继续快速发展，学校建设平均数量达到元朝的最高点，说明泰定帝时期的教育发展最快。文宗时代，学校建设数量急剧下降，表明教育开始衰落，顺帝时，教育衰落的情况继续加剧，直到元朝灭亡。

就南北儒学学校建设数量对比来看，有三点值得注意：第一，北方学校建设除了世祖末年、泰定帝期间比较突出以外，其他各代相对来说比较平均，而江南各代的差别稍显明显，呈现出波状起伏。第二，南北学校建设数量最多的都是在泰定帝时期，反映了在这一较短的时期，儒学教育出现了比较繁荣的情况。第三，南北儒学的学校建设在世祖后期表现出不同的情况，北方学校建设数量多，教育发展快，南方则正好相反，这时由于北方在世祖时期，已经经过近三十年的蒙古统治，教育基本上从战乱中恢复，加上这一时期汉法开始全面实施，教育处于发展的黄金时期，所以发展较快。江南在世祖十六年（1279 年）才完成统一，此后江南经历了一段朝代更替的混乱时期，这一时期的儒学教育处于恢复和调整阶段，所以发展缓慢，南北儒学教育发展表现出不同步性。第四，与北方相比，江南学校建设总量始终处于优势，说明江南儒学教育发展速度、水平总体超过北方。第五，前文已经说明，北方主要位于元朝腹里地区，教育发展受到元朝政治斗争的明显影响，江南则相反，受到元朝政治动荡的影响较小。

下面仿效分析北方教育发展的方法，将 10 年作为一个时间单位，统计江南儒学学校建设的发展演化情况，具体数字列表如下(具体时间不详的则不包括在统计范围之内)：

元代江南儒学学校建设分布表

时　间	江浙	江西	湖广	河南	总计
1276～1285 年	23	12	6	6	47
1286～1295 年	45	12	10	2	68
1296～1305 年	37	10	9	1	57
1306～1315 年	41	12	9	1	63
1316～1325 年	50	16	13	4	83
1326～1335 年	41	17	5	4	67
1336～1345 年	45	15	18	5	83
1346～1355 年	50	5	10	0	65
1356～1368 年	31	3	3	0	37

根据以上学校建设数量的变化，做出柱状图如下：

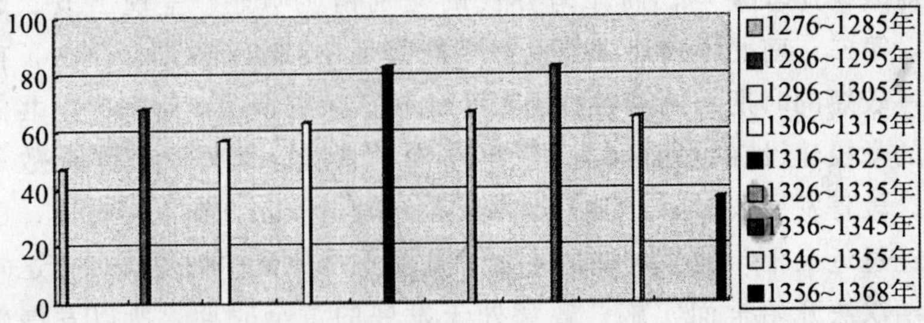

从上图可以看出，1276～1285年间是江南儒学教育的恢复时期，此后开始发展，1286～1295年间江南教育出现第一个发展高潮，这一时期正好处在元世祖末年，说明元朝早期鼓励儒学、优待儒士的文教政策在江南的逐步确立和实施促进了江南教育的发展。1296～1305年间江南儒学学校建设数量出现回落，1306～1315年间也仅有少量增加，说明这一时期教育发展减缓。此后，江南学校建设数量开始增加，1316～1325年间达到高潮并且超过了1286～1295年间第一个高潮的数量，这标志着江南教育又一个发展高潮的来临。这一时期处在元仁宗、英宗和泰定帝时期，说明元中期深入实行汉法以及推行科举制对教育发展起到推动作用。此后，江南儒学的学校建设数量再次回落，不过1336年以后又有了增加，数量基本上与第二次高潮相当，说明元代江南儒学教育在1336～1345年的10年间，出现了第三次发展高潮，这一时期处在元顺帝初期。此后，江南学校建设数量下降，1356年以后倒退到元朝的最低，说明1356年以后江南教育迅速衰落。

教育的发展与经济发展、社会进步基本上是同步的，元代儒学也不能脱离这一点。上文已经说明，元朝统一以后，经过一段不长的恢复和调整，江南儒学教育出现了第一次高潮，成宗时代，江南儒学教育的恢复和调整已经完成，具备发展条件，进入稳定发展时期。武宗时期，儒学发展减缓，仁宗、英宗时期的1316～1325年，由于汉法的进一步推广，特别是科举制的实施对儒学教育发展产生了明显的推动作用，江南儒学教育发展到第二次高潮。元文宗到顺帝初年，儒学教育发展减缓，但顺帝初年，江南儒学教育再次出现迅速发展的迹象，在原来的基础上，江南教育发展达到第三次高潮。元末，面对全国各地的农民起义和江南社会的动荡，元政府调整对江南的统治政策，向江南地主阶级让步并且试图通过发展教育稳定在江南的统治，这应该是江南教育在此时发展到第三次高潮的原因。至正十一年（1351年），北方红巾起义爆发，很快波及江南，从此江南也开始了大规模的社会动荡，教育的发展受到影响，开始衰落，顺帝至正二十六年（1366年）以后，江南儒学教育迅速衰落。

（五）元代儒学教育发展总体上的分析与估计

从上面有关北方、江南儒学教育发展的结论，我们可以大致看到元代儒学教育的发展情况。由于元朝南北差异较大的特点，这种分析可以使我们比较具体地考察南北儒学教育的发展过程，这种分别考察是必要的，不过研究元代儒学教育发展的问题，需要回答元代儒学教育总的发展情况、发展特点、原因、发展水平等问题，这就需要站在全国的角度，对上述诸问题进行抽象和概括。下面根据北方、江南总的统计结果，将全国儒学发展情况进行考察。由于涉及范围较广，得出的结论可能不如单独分析南北教育发展具体和切合实际，但这种研究同样是必要的。

首先，我们考察元代各朝学校建设的平均数，说明儒学教育在各朝的发展的情况。考虑到元代的实际情况，我们从至元十三年(1276 年）南宋灭亡以后开始考察，以前情况不列入考察范畴。具体数据列表如下：

元代儒学学校建设统计表

时　期	江南	北方	总数	平均数
元世祖	117	61	178	9.89
元成宗	100	62	162	12.46
元武宗	28	9	37	9.25
元仁宗	84	26	110	12.22
元英宗	23	8	31	10.33
泰定帝	46	21	67	16.75
元文宗	40	14	54	10.80
元顺帝	227	97	324	9

将上表做成柱状图如下：

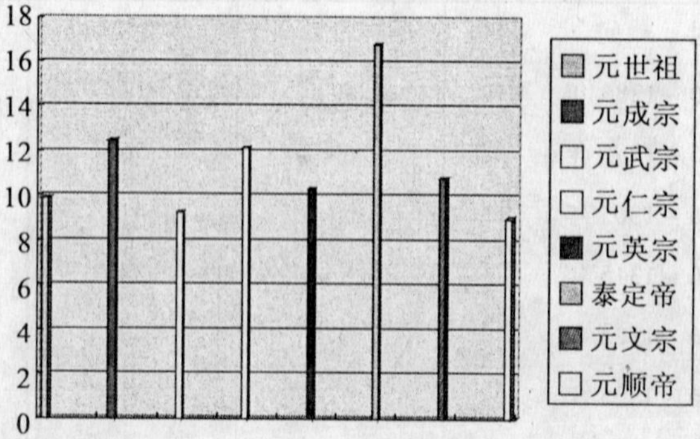

上图反映了元代每个皇帝在位时期儒学教育发展的情况，与前面对南、北地区分别统计的结果差别不大。从图中可以看出，元代各朝儒学的学校建设情况呈现出波状起伏，反映了元代儒学教育的发展特点。元代儒学教育有三个时期发展较快，分别出现在成宗、仁宗、泰定帝时期。世祖时期为元代儒学教育的恢复、调整时期，成宗在位期间出现了元代儒学教育的第一次快速发展。武宗期间，教育发展有所下降，但仁宗继位以后，儒学教育又出现了第二次增长。前面已经论述，仁宗崇文右儒以及恢复科举制的政策，对教育的发展起到重要推动作用。仁宗以后，经过英宗短暂的回落，泰定帝时期，儒学教育进入最快的发展时期。文宗时期，儒学教育开始衰落，顺帝时期继续衰落，直到元朝灭亡。

以上是元朝儒学教育在各代发展情况的描述，由于各代时间长短不一，仅仅以这一个指标说明元代儒学教育发展还不够。例如泰定帝在位时间仅四年，虽然这四年儒学发展最快，但不会对整个元朝中后期儒学教育的发展总趋势产生决定的影响。鉴于此，下面打乱朝代间隔，以 10 年为一个时间单位，考察儒学教育的发展情况。具体数据如下表：

元代儒学学校建设分布表

时　　间	江南	北方	合计
1276～1285 年	47	19	66
1286～1295 年	68	56	124
1296～1305 年	57	41	98
1306～1315 年	63	33	96
1316～1325 年	83	29	112
1326～1335 年	67	34	101
1336～1345 年	83	39	122
1346～1355 年	65	31	96
1356～1368 年	37	11	48

根据上表，做成柱状图如下：

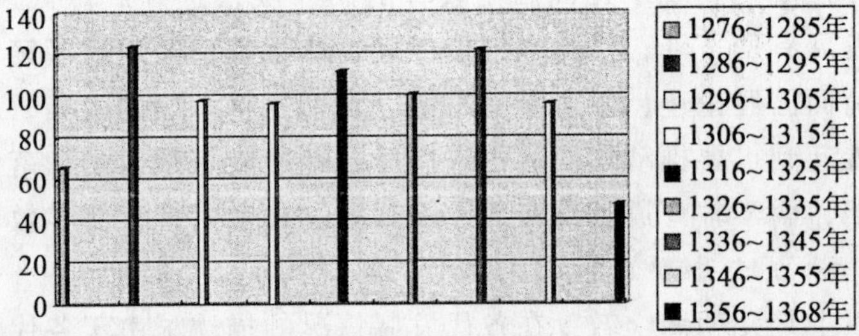

该图反映了元朝儒学教育总体的发展趋势和轨迹。1276～1285 年间是南宋灭亡的前 10 年，由于江南正处于儒学的恢复和调整时期，学校建设数量不多，儒学教育发展缓慢，1286～1295 年间正是元朝文教政策推广的时期，全国儒学的学校建设都取得了较大的成绩，儒学教育得到迅速发展，图表中显示，这一时期是全国儒学教育发展的第一个高潮，全国大部分儒学在这一时期得到重建和修复，教育呈现出繁荣景象。此后的 10 年是儒学在恢复以后的自然回落期，表明儒学教育在大规模的学校建设以后，发展趋于平稳。1306 年以后的 10 年，主要处在武宗和仁宗的前期，武宗时期的统治政策调整，影响了儒学教育的发展，导致教育发展减慢。不过仁宗继位后，对统治政策重新调整，实行科举，使得儒学教育重新得到发展，可以看到，这一时期的儒学教育只是稍有回落，并没有出现大的倒退。1316 年以后的 10 年，学校建设数量有所增加，表明儒学教育又出现第二次发展高潮，这一时期处在仁宗、英宗和泰定帝时期，汉法的进一步实行以及科举的恢复，促进了教育的发展。此后的 1326～1335 年的 10 年间，元代儒学教育又经历了一个回落期，到 1336～1345 年的 10 年间，达到第三次高潮，这一时期处于元顺帝前期，前面已经说明，元末统治政策的调整，有利于教育的发展。1355 年以前，教育基本保持稳定发展的状态。1356 年以后，直到元朝灭亡，元朝南北都出现了大规模的农民起义，统治阶级内部的争斗也开始激化，元朝灭亡已成定局，学校建设的数量急剧减少，教育也迅速衰落。总的来看，元代儒学教育的发展在 1286～1355 年的近 70 年的时间，发展基本稳定，没有出现大规模的起伏，这说明在蒙古统治下的元朝儒学教育发展是正常的、稳定的。

二、元代特殊地区儒学教育发展情况考察

元朝是一个疆域空前广大的封建帝国，元朝的统一为经济、文化的交流创造了条件，当然教育也在大一统局面中受益良多，在偏远的边疆地区出现了儒学教育机构，在军队驻地、盐场等地区的儒学教育机构也建立和发展起来。胡务的《元代庙学的兴起与繁荣》一文曾经指出元朝儒学分布广泛的特点，但对一些特殊地区的儒学教育发展情况，他并没有进行考察。本节主要对边疆、军队、盐场等地的儒学教育发展情况进行考察，对第一节中的有关儒学发展的情况进行补充。

（一）元代边疆地区的儒学教育

元朝边疆地区的儒学教育逐步建立和推广开来，一些地区还取

得了明显的成绩，说明了元朝的统一对教育向中国边远地区扩散的推动作用。元代边疆地区儒学教育发展情况如下。

云南地区 云南是蒙古较早征服的地区，在至元十三年（1276年）云南中书省平章赛典赤就在中庆路（今昆明市）“创建孔子庙、明伦堂，购经史，授学田”。① 这次建学的具体情况，元人郭松年记载道：

> 至元甲戌（至元十一年，1274年），复命平章政事赛典赤行云南中书省事，治中庆……乃捐俸金，市地于城中之北偏，以基庙学……凡为屋五十有三楹，礼殿奠其中，夫子巍然南面，而兖、郕、沂、邹四公与夫十哲配焉……内外有门，左右有堂，双亭对峙，别建讲堂，以为师儒授受之所……是岁（至元十三年，1276年）八月上丁，行释奠礼于新宫，牲币孔加，献享有仪，于是华夏之风，灿然可观也。②

至元二十二年（1285年），云南行省参知政事郝天庭开始在大理建立儒学，史料记载：

> 至元乙酉之春……中奉大夫参知政事郝公（天庭）分政大理……大成殿、两庑成于乙酉之冬，三门耳墙毕于丁亥之闰。圣像堂堂，从祀穆穆，每遇春秋二丁告朔既望，僚属学官诸胥弟子还列于殿口之下，礼毕，明经观者如堵，于戏，盛哉！③

除了此二地以外，云南其他地区还有许多地方建立了学校。据《景泰云南图经志书》，元代其余各地创立的儒学如下：

---

① 《元史》卷125《赛典赤·瞻思丁传》。

② 郭松年：《大成殿记》，陈文《景泰云南图经志书》卷1《云南布政司》，云南民族出版社2002年版。

③ 王昶：《大理新修文庙记》，《金石萃编未刻稿》。

安宁州学，创建于元朝大德年间。

嵩明州学，创建于元朝至正八年（1348年）。

澄江路学，创建于元朝。

武定路学，元建置。

临安路学，元平章汪惟勤所创。

石屏州学，创建于元朝。

云南儒学教育在学校兴建以后，逐步发展起来。大德元年（1297年），中庆路学兴建御书阁，整修儒学。① 泰定二年（1325年），路学又建立讲堂，“置田以资饩廪，虽爨、僰人亦遣子入学，诸生将百五十人，朔望率师徒讲授，声钟鼓以节登降”。② 天历、后至元期间，中庆路爆发少数民族起义，儒学遭到破坏，当地政府派人到江南、四川等地采购礼器，完善儒学祭祀。③ 至正十六年（1356年）中庆路学增置学田，“岁增租一百三十八石六斗”，出现了“师勤士励，教化大行”的局面。④ 至正二十三年（1363年），中庆路再次被农民起义军攻占，路学遭到严重破坏。不久，元代蜀国公脱欢普化召集地方官重建学校，新学建成后，这里的儒学教育重新开展起来：“每月朔、望、初八、二十三日，公诣庙柱香，讫，即赴学，坐讲堂，令学官、学生暨民间子弟通经者以次讲说，至晡乃罢。外人来观听者充庭，教化大行。”这种情况在以前的朝代是没有的，反映了元朝儒学教育向云南地区的有力扩展。

两广、海南地区　两广、海南的儒学在宋代特别是南宋时期就建立起来，但学校主要分布在广州附近的珠江三角洲地区，广西南部沿海、海南岛等地的儒学很少。进入元代，这一地区都有学官的设置，如徐九成做过播州学正，⑤ 李见翁做过象州蒙古字学学正。⑥ 在学校建设方面，除了原先珠江三角洲一带儒学相继得到修

① 王彦：《中庆路重修泮宫记》，《景泰云南图经志书》卷8《元文》。

② 李源道：《建中庆路学讲堂记》，《景泰云南图经志书》卷8《元文》。

③ 何弘佐：《中庆路学礼乐记》，《景泰云南图经志书》卷8《元文》。

④ 支渭兴：《中庆路增置学田记》，《景泰云南图经志书》卷8《元文》。

⑤ 吴澄：《送徐则韶赴播州儒学正序》，《吴文正集》卷26。

⑥ 吴澄：《送李见翁巡检序》，《吴文正集》卷33。

复和重建以外,① 广西、海南等地的学校也相继建立起来。据嘉靖《广东通志初稿》记载，建于元朝的学校有：属于乾宁军民安抚司统辖的文昌县学（至顺三年，1332 年)、会同县学、琼山县学、澄迈县学，此外还有南宁军学（至元二十一年，1284 年)、万安军学(大德元年 1297 年)、吉阳军学等。这些学校一般都有学田，教学、祭祀的设施也基本具备，如澄迈县学在大德年间“教谕黄梦祥置祭器”。天历年间，“宪佥吕统拨田，增赡学粮”。南宁军学至元二十一年新建以后，元贞、大德年间，学门、两廊、明伦堂相继建立。大德元年（1297 年)，万州军同知许应重建学校，“置祭器，引溪水为泮池”。泰定元年（1324 年）知军杨汉杰“建楼置经籍”。天历二年（1329 年)，“清复学田”。至正七年（1347 年)，又“遣吏购书籍，造祭器。”吉阳军学也在天历二年（1329 年)，“清复学田”。② 上述史料说明了元代中国南方边陲的教育开展情况。

西部地区 中国西部原西夏政权控制的范围内以及宋朝与西夏、吐蕃的交界地区，在宋朝有学校的分布。进入元朝以后，由于史料的缺乏，目前还很难了解这一地区的儒学教育开展情况，不过，在元太宗窝阔台时期，高智耀就曾经在西夏地区收集儒士。在他的建议下，阔端王子下令实行儒士免役政策，这说明元代西夏的儒户有一定的数量，西夏地区的学校教育也应该是存在的。

原先宋朝与吐蕃、西夏交界地区的儒学教育在元朝有明显的进步。如在陕西行省最西部的临洮府，泰定二年（1325 年)，“儒学作新祠宇，为孔子及颜子至子夏十哲之像，其余诸子与古名儒皆图于两庑之下，凡为屋若干，用中统钞七万余贯，又给田庐以养其学校”。③ 秦安县学在元朝大德年间建立，至正七年（1347 年）重

---

① 《大德南海志》卷 9《学校》，宋元方志丛刊影印元刻本。

② 戴璟、张岳：《广东通志初稿》卷 16《学校》，北京图书馆藏明嘉靖刻本。

③ 《陇右金石录·元》,《文宣王庙碑》。

建。① 伏羌县于至元二十四年（1287年）“于城邑之南建文庙，塑像、井亭各有位序”。② 由于这一地区儒学教育的开展，出现了“荒徼之外，弓马之民，渐染美俗，承风而化，尽趋于礼仪之途”③的局面。

另外，元代在河西走廊地区设有学官，岳德敬就做过甘肃行省儒学提举，赵孟頫在《送岳德敬提举甘肃儒学》中写道：

> 苦欲留君君不留，奋髯跨马走甘州。功名到手不可避，富贵逼人那得休。春酒蒲萄歌窈窕，秋沙苜蓿饱骅骝。儒冠也有封侯相，万里归来尚黑头。④

元代甘肃行省教育发展情况，目前还不清楚。

北部、东北地区　中国北方、东北地区向来是北方游牧民族施展弓马之技的历史舞台，汉文化的影响很少达到这里。蒙古统一以后，这里出现了长期安定的局面，再加上一些蒙古王公的提倡，一些地区的儒学教育得到开展，儒学教育扩展到莽莽草原的深处。

元朝建立以后，为了加强对蒙古高原和东北地区的统治，设立了岭北行省（1307年设立）、辽阳行省（1287年设立）等地方政权，在所任命的这两个行省的官吏中，都有各级学官。清代李文田辑录了《和林金石录》，其中在有关碑刻后面的署名中，就有和宁路“儒学教授”、“儒学学正”、“儒学学录”等职务。辽阳行省同样如此，《满洲金石志》中也有类似的记载。不过，设官不一定就有学校，元朝有官无学的现象很多，证明这些地区存在儒学教育，还需要其他史料。就石刻、方志、考古资料来看，中书省北部的上都、应昌路是儒学教育相对发达的地区。岭北行省的和林建立了儒

---

① 《陇右金石录·元》，《秦安县重修文庙碑》。

② 《陇右金石录·校补》，《伏羌县文庙碑》。

③ 《陇右金石录·元》，《文宣王庙碑》。

④ 赵孟頫：《松雪斋文集》卷5《送岳德敬提举甘肃儒学》，四部丛刊初编本。

学，并开展了儒学教育，辽阳行省的儒学则分布在最南部。

上都是元朝的夏都，儒学教育机构出现较早。据王风雷《元上都教育考》，早在中统二年元世祖就命令开平守臣释奠于先圣庙，说明当时就有了学校。关于学校的位置，贾洲杰在《元上都调查报告》中认为：现在上都城东南角有一个前后两殿遗址，外有围墙，西北又连着一个小院落，可以认为是上都的孔子庙（学）。① 元代中期，上都儒学"庙学雅乐、礼器、典籍购于江南，春秋释奠，天子特颁香币，而守臣亦乐尽其力"。② 说明元朝中期以后，上都儒学确实存在下来，没有荒废。王风雷《元上都教育考》中认为，上都儒学逐步演化成国子学上都分学，这一点需要商榷。上都儒学建立后，上都国子分学国子生主要在此肄业，这一点是可以肯定的，但上都儒学与国子分学毕竟是两个不同的机构，可能是由于上都儒学学生数量少等原因，当地政府安排国子生在此肄业，但直到元朝末年，上都儒学与国子分学都各自独立存在，这一点是明确的。据危素记载，上都留守"尝遣教授董君买书吴中，藏于学宫"，上都分学"亦假其书"，这说明二者之间的互不隶属的关系。至正十三年（1353 年），国子助教毛文在"节缩餐钱之羡，购书一千二百六十三卷，为三百五十册，填于分学"，这批书籍本应该是上都分学专用，但上都国子分学祭酒王某考虑到以前上都分学借书的情况，"移牒开平府，俾以其书与儒学旧书并藏，置书目，一藏崇文阁，一藏儒学，一随分学"。③ 从图书的不同隶属关系，可以看出上都儒学与上都国子分学的区别。

上都所辖县也有开展儒学教育的记载，至元二年（1265 年），上都路宜兴县始建孔子庙学，但"初庙之成，仅有正殿而两庑未备"。至正八年（1348 年），宜兴县重建儒学，"新学既成，绘孔门

① 具体内容可参考王风雷《元上都教育考》、贾洲杰《元上都调查报告》、（日）石田干之助《关于元上都》等，收入《元上都研究文集》，中央民族大学出版社 2003 年版。

② 苏天爵：《上都庙学碑阴记》，《滋溪文稿》卷 2。

③ 危素：《上都分学书目序》，《危学士全集》卷 3。

七十二子与夫汉唐以来诸儒于壁间，如今式”。①

上都东北部的应昌路是弘吉剌部鲁王的分地，儒学教育比较发达。应昌儒学建立的情况虽不见史料记载，不过，笔者曾亲自到过应昌古城遗址考察，见到了现在应昌古城遗址上保留下来的已经断为两截的《元代应昌路新修儒学碑》以及文庙的遗迹。文庙柱基较粗，表明其建筑的高大宏壮，目前碑文已经漫不可考，但文中有“泰定”的字样，估计建立于元朝泰定年间。据文献记载，一些儒士经元朝任命或弘吉剌贵族邀请，在这里做儒学的学官，负责教育生员和管理学校，应昌路儒学学官见于记载的有罗元友、罗源发以及康仁叔。

范梈《赠别罗元友教授之应昌》一诗中写道：

> 翩翩郡博士，骑马涉长道。居庸关门北，仲夏绵茂草。应昌信殊僻，宅近今丰镐。虽当清冽乡，足以消热恼。天家振文治，造士克国宝。延揽必时髦，如何恋芹藻。惊风吹过雨，川水白浩浩。但祝慎驰趋，归来颜色好。②

程钜夫有《送罗源发教授应昌》：

> 携书别帝京，王国得儒生。路出开平远，云连绝漠横。凤瑶讽夕吹，龙海夹寒城。善教无南北，因成万里名。③

上面两首诗反映了罗元友、罗源发受命为应昌路学官的情况。康仁叔则是接到邀请来到应昌任教的，王旭《送康仁叔序》一文中记载，济宁路儒士康仁叔接到“驸马应昌公的聘币”，请他到应昌任教，④ 估计他接受了邀请。除了应昌以外，在全宁路，泰定二

---

① 危素：《上都宜兴州孔子庙建两庑记》，《危学士文集》卷6。

② 范梈：《范德机诗集》卷2，四部丛刊本。

③ 程钜夫：《雪楼集》卷29，四库全书本。

④ 王旭：《兰轩集》卷11，四库全书本。

年（1325年），“皇姑鲁国大长公主、驸马济宁王，创庙学于城之□，殿为五间”。①

辽阳行省的学校，史料也有记载，如在懿州，就有“韦氏得地建学宫，构讲堂，士得庇其身”。至治二年（1322年），在行省儒学提举李某、行省右丞定住的大力提倡之下，儒学“始足□朔望之供，老宿贫寒师□廪膳”。元统年间，行省“将东至官道，南至□，西至小道，北至姜家地屋一区划归儒学”，使学校经济状况有所改善。② 关于辽阳行省儒学的教学情况，吴澄在《题苇斋记后》一文中记述了儒士李肖翁在辽阳儒学提举任内的情况：

> 及提举儒学事于辽阳……辽东地寒，市苇席障蔽其上，与四傍为斋居之室而名曰“苇斋”，人或哂其陋，而君视之若广居安宅然。③

从这一史料中，可以看出这一地区儒学教育的艰苦环境。

岭北行省的儒学分布在和林，和林城孔子庙由丞相哈剌哈孙建于武宗时期，延祐年间，苏志道任岭北行省左右司郎中，孔子庙最后完工。苏志道在和林期间，“乃即孔子庙，延寓士及知经者讲说，率僚吏往听，至夜分乃休”。④ 说明这里的儒学教育有所开展。

（二）元朝军队的儒学教育

军队中建立学校，开展儒学教育，这在中国历史上还不多见。从《元史》的《百官志》可以看到，腹里地区的侍卫亲军诸卫中，都设儒学教授一员，说明元朝政权对军队中儒学教育的重视。关于侍卫亲军儒学教育的情况，元人虞集记述道：

---

① 罗福颐：《满洲金石志》卷4《全宁路新建儒学记》。

② 罗福颐：《满洲金石志外编》，《懿州城南学田碑》，民国二十六年（1937年）石印本。

③ 吴澄：《题苇斋记后》，《吴文正集》卷59。

④ 虞集：《岭北行省左右司郎中苏公墓碑》，《道园类稿》卷44，元人文集珍本丛刊本，台湾新文丰出版公司出版。

> 国家初建大都，乃分侍卫亲军为列卫，布诸畿内，武卫其一也。至元廿六年始置，营在涿州，南去京师二百里，凡卫必有营，营有城郭、楼堞、门障、关禁、官治、行伍庐舍、库庾、衢巷市井而特立先圣孔子之庙，儒学在焉。卫之官有都副指挥使以下将帅偏裨、什伯之长，委积营作之署、幕府文书之史，而特设儒学教授，以教士大夫子弟焉。卫士以万计，自非征行，则有内府修缮之役，岁巡幸，则以精锐从，其留屯于营者三之一，其使之长，率以近臣领之。其官，治京师中而分任屯事于营者，使或副若贰皆三岁一更，将吏亦各以番上。独教授常在卫，治教事，此卫有学官之大概也。①

上述史料反映了侍卫亲军设立学校及学官的情况，元人文集中也有一些有关这方面的记载。如袁度（字士常），济南历下人，“名且隶兵籍，每及期当遣征需，蜂午大姓有弗堪，君内安其亲，外质钱佣人以行，苟弗给，即自往。主兵者闻而孝之，为之辍成优处，俾专教授营中。营密迩京师，凡留五年，或欲挽见要官，阳应，卜日迄以病辞”。② 儒士刘一清，游京师，“赖当路有力者推毂，教授右卫”。③

侍卫亲军是元朝的精锐部队，地位高，待遇也优厚，所以其儒学的建设受到重视。虞集记载了天历二年（1329 年）武卫儒学的建立情况：

> 乃以军务之暇，度地于营东南，广袤八十亩，乃基乃堂，于其燥刚，观泉审方，作新文明（庙），经营材用，石木陶冶，工作程度，心画指授，具有成法。明年，知枢密院库库台来代，欣然相成之，即日复以兴役闻。于是，经始于至顺辛未

① 虞集：《武卫新建先圣庙学碑》，《道园学古录》卷 23。

② 张养浩：《袁士常墓志铭》，《归田类稿》卷 13。

③ 王炎午：《送右卫教授刘一青北上》，《吾汶稿》卷 3。

之三月，作礼殿以奉先圣，像颜子、曾子、子思、孟子配，从祀十哲分位殿中东西乡，七十二弟子绘庑下，作讲堂、斋庐、庖、廪，垣墉门街皆如常制。凡资用一出公帑，不以烦人，及冬而告成。

武卫儒学建成以后，还“度营旁地得二千亩，俾耕以食学者”。这样看来，侍卫亲军的教育条件还是比较优厚的，驻守江南的新附军的儒学教育条件就比较恶劣，据元人赵长翁记载，位于湖广行省武冈路儒林乡城步寨驻守的新附军赤水团，在皇庆二年(1313年）还没有学校，后来军人杨再成表示愿捐财“创书堂，召集团内子弟立师教之”，学校建设才得以进行，“乃营正殿、讲堂，门径斋庑，墙垣厨壁，内外完具。先圣先师、十哲从祀，塑绘有俨，庙貌相称”。①

元朝军队分为宿卫、镇庶二部分，一般都有固定的驻地，军人子弟的教育是一个大问题。元朝通过在军队驻地设立学校的办法解决这一问题，确实值得提倡和借鉴。

另外，元朝除了在边疆和军队开展儒学教育以外，在盐场所在地，也开展儒学教育。据《山左金石志》载，大德三年（1299年），位于今山东掖县城北的西由盐场新建庙学。② 大德二年(1298年）位于今山西郓城的陕西等处都转运盐使司建立儒学，“为礼殿”，塑先圣先师、十哲像，又在殿后建立讲堂，以居师生，成为当地学校之冠。③ 由于史料限制，目前对元朝在盐场设立的儒学，还不能说明其详细情况。

① 赵长翁：《儒林书舍记》，《湖广图经志书》卷16《宝庆府·艺文》。

② 《山左金石志》卷22《西由场新建庙学碑》。

③ 卢挚：《陕西等处都转运盐使司新作孔子庙记》，《山右石刻丛编》卷28。

三、元代的社学

关于元代社学的研究成果不多，只是一些教育通史的专著谈到这一问题。主要观点有两种：一种以毛礼锐、沈灌群主编的《中国教育通史》第3卷和陈学恂主编的《中国教育史研究》宋元分卷为代表，认为元代社学是官学的一种，是“最有特色的学校”，是一种“极为普及的教育形式”;① 另一种以李国钧、王炳照主编的《中国教育制度通史》第3卷为代表，认为元代社学是“一种社会教育组织形式”，它“似乎在元代并没有普遍得到推广”。② 那么，元代的社学到底是一种什么样的教育形式，其发展情况如何，下面主要探讨这些问题。

元代儒学教育主要包括三个层级，中央国子学为第一个层级，第二个层级为地方的官学与书院，第三个层级是社学、义塾、私塾（家塾）。社学是在元政府的倡导下主要以民间的力量创办的基层教育机构，与一般的官办儒学和书院相比，它们不仅规模小、设施简陋，其影响也远不及儒学和书院。但作为基层教育的组成部分，社学在普及文化知识和改良社会风气方面仍然起着重要作用，其中也不乏办学成功的例子，对后世的教育有一定的借鉴作用。

社制是元代农村和城市的社会基层行政制度。元初，北方经过多年战争，社会经济遭到严重破坏。针对这一情况，元政府在至元七年（1270年）二月成立司农司，同时颁布农村立社诏令。这一诏令规定：

> 今后每社设立学校一所，择通晓经书者为学师，于农隙时分各令子弟入学，先读《孝经》、《小学》，次及《大学》、

① 毛礼锐、沈灌群主编：《中国教育通史》第3卷，山东教育出版社2000年版，第295页；陈学恂主编：《中国教育史研究》宋元分卷，华中师范大学出版社2000年版，第448页。

② 李国钧、王炳照主编：《中国教育制度通史》第3卷，第534～535页。

《论》、《孟》、经史，务要各知孝悌、忠信，敦本抑末。依乡原例出办束修，自愿立长学者，听。若积久学问有成者，申覆上司照验。①

这一诏令是元朝创办社学的开始，元朝统一后，社制推行到江南，在全国范围内普遍实行，社学也在全国范围内建立起来。由于社学最初设立时，规定农隙时间入学，农隙时间一般在冬季，所以社学也称为“冬学”。② 社学有两个特点：第一，学校设在“社”一级的单位；第二，教育是在农闲时进行。

至元末年，社学的发展非常迅速，很多地方都有设立社学的记载。至元二十三年（1286 年），“大司农司上诸路学校凡二万一百六十六所”。③ 至元二十五年（1288 年），大司农又上奏说已“立学校二万四千四百余所”。④ 这里的学校，按陈高华先生的解释，应为社学，⑤ 这反映了社学在全国迅速推广的情况。但就社学的实际运行情况来看，其发展一开始就不乐观。由于社学大多位于基层乡村，文化落后，并且社学数量巨大，师资有限，这就使社学的教学水平与一般正规儒学中设立的小学相差甚远。早在至元十年（1273 年）大司农司属下各道劝农官在申报给中央的一则公文中就指出：

各路府州司县在城关厢已设长学、外处村庄各社请教冬学，多系粗识文字之人，往往读随身宝、衣服、杂字之类，枉误后人，皆宜禁约。今后止许遵守已降条画，训以圣经，教其句读、音义。学师比及受请以来，宜于州县学官处，预将各经

① 《元典章》卷 23《户部九·立社》，海王邨古籍丛刊本，中国书店 1990 年版。

② 据顾宏义在《教育政策与宋代两浙教育》（湖北教育出版社 2003 年版，第 172 页）中所引陆游《秋日郊居》诗，南宋民间乡村就有“冬学”。

③ 《元史》卷 14《世祖纪十一》。

④ 《元史》卷 15《世祖纪十二》。

⑤ 陈高华：《元代的地方官学》，《元史论丛》第 5 辑。

校正点读，句读、音义归一，不致讹舛，如此庶免传习差误。①

这一则公文反映了社学在教学中面临的困难主要有：第一，师资不足，大部分为社学师者是粗识文字之人；第二，教材缺乏，学生只能读一些随身宝、衣服、杂字之类，缺少善本儒家经典作为教材。另外，社学教学设施条件也是可想而知。因此，社学在传播儒家文化、改良社会风气方面的作用，一开始就受到很大的限制。至元二十五年（1288 年）以后，有关社学数量的内容不见于正史记载。元、明方志中，对江南各地社学的记载也很少。这种情况反映了社学在广大农村并没有发展的条件，它们虽然在地方官督促下建立起来，但旋兴旋废，很难持久。

面对社学迅速衰落的现实，大德四年（1300 年）元成宗发布了设立小学书塾的诏令，实际上，这种“小学书塾”仍然是至元年间设立的社学。在《四库全书》有关《庙学典礼》的提要中，四库全书的编辑者在对《庙学典礼》进行考订后认为：元朝在至元二十八年（1291 年）设立小学的诏令与《庙学典礼》卷 6《成宗设立小学书塾》诏令相矛盾，并认为“成宗时人记成宗时事，不应讹异如是”，于是得出结论说：“至元时虽有此议，实未及施行，至成宗，乃补定其规制而史未及详欤。”实际上，这种结论是错误的，这一点胡务早已指出。② 至元二十八年（1291 年），各路州县儒学设立的小学与成宗时设立的“小学书塾”二者其实不同。可惜的是，“小学书塾”到底是一种什么性质的学校，胡务并没有明确指出。本人认为，大德四年（1300 年）元成宗下诏在全国各地设立的“小学”并不是各路、府、州、县儒学中正规的小学，而是社学。

元成宗设立小学书塾的诏令及江浙行省回复的公文中指出：

---

① 《通制条格》卷 5《学令》。

② 胡务：《元代的庙学》，南开大学历史学院硕士论文打印本。

> 钦奉圣旨条划内一款节该，今后每社设立学校一所……学校乃作养后进之地，除路州县学书院各设小学教谕教习生员，外据请粮耆儒人内，遴选真材实学、前辈典型、堪为师范之士，在城八隅各设小学书塾一处……如遇朔望，令各塾师儒，率领诸生，前诣学院观礼，使知学校规绳，期成远大之器。其余州县，拟于各乡、每都依上创设，立小学书塾，近者每月赴学，乡村远者不需赴学。①

根据社学特点，再结合上述史料，我们可以发现上述所谓“小学书塾”的性质：第一，设立“小学书塾”的诏令中，列举了“每社设立小学一所”的圣旨，作为设立小学书塾的根据，这说明社学和这种“小学书塾”属于同种性质的学校。第二，公文中有“除路州县学书院各设小学教谕教习生员外”的内容，说明它已经明显地将各路州县以及书院内设立的小学排除在外。第三，公文中说明了设立“小学书塾”的地点为“城八隅”、“各乡村”，这与社学设立的地点——“社”基本一致。至元十年（1273 年），大司农司申各路府州司县的一则公文，就指出社学立于“各路、府、州、司、县城关厢”以及“村庄各社”。② 第四，公文中虽未明言“小学书塾”的教学是在农闲时进行，但规定了“小学书塾”的学生要由各塾师率领，在朔望日儒学、书院祭祀时，到儒学、书院“观礼”，说明这两种学校的学生是有明显差别的。因此，可以断定元成宗时期设立的“小学书塾”就是社学。

元成宗有关“小学书塾”的诏令是根据以往社学失败的教训，对元代社学制度的调整，目的是对社学加强管理和规范，以挽救社学的颓势。新诏令提出了以往社学面临难题的解决办法：第一是有关师资问题。新诏令规定，社学教师“据请粮耆儒人内，遴选真材实学、前辈典型、堪为师范之士”，这是针对以往社学教师往往

---

① 《庙学典礼》卷 6《成宗设立小学书塾》。
② 《通制条格》卷 5《学令·传习差误》。

是“粗识文字之人”而规定的。第二，加强对社学的管理。针对以往社学管理松散的情况，新诏令明确规定，朔望日，城关社学教师要率诸生到儒学或书院“观礼，使知学校规绳，期成远大之器”（这两天儒学和书院都要举行祭祀、讲书和考察生员学业的活动）。州县各乡近者每月赴学“观礼”一次，远者不须赴儒学。各社学都要将“设立小学书塾去处、员数申复照验”地方政府。此外，诏令中未提出农隙入学的问题。估计此后社学的教学活动已经不再完全局限在农隙时间，而是根据各地具体情况而定。如大德四年（1300 年）在绛州稷山县，监邑彻尔特穆尔与县尹葛礼“敦请师儒，每社立庠一所，选民间俊秀子弟，以充生徒……务农于春夏之间，讲学于秋冬之际”。① 这种社学还是原来的“冬学”。至正年间，晋宁路屯留县（属腹里地区）藕泽村的社学“春秋教以礼乐，冬夏教以诗书”，春秋二祀及每月朔望“行释奠之礼”。② 这种社学已经不是原先的“冬学”。元中期以后，各地仍然有创建社学的记录，如泉州路惠安县尹雷机（字自枢）“究心学校，欲以变其俗，兼立社学十所，俾分教之”。③ 至正七年（1347 年），平江路吴县达鲁花赤马祖宪、县尹成克和立社学一百余区。④ 至大年间，靳孟亭（字嘉夫）为赣县县丞（赣州路）“命乡社皆立义塾，择士之高年有闻者为之师，教以孝悌”。⑤ 晋宁路高丰县县尹郭质“复乡校七十余所”。⑥ 至正年间，位于山东半岛的高密县，有社学四十处，⑦ 至正七年上海县县令刘辉（大梁人）“招诸生肄业……立

---

① 郝希文：《彻里公德政碑记》，《山西通志》卷 204《艺文二十三》。

② 翟祺：《藕泽村孔庙记》，《山右石刻丛编》卷 39。

③ 宋濂：《元故翰林待制朝散大夫致仕雷府君墓志铭》，《宋学士文集》卷 3，四部丛刊初编本。

④ 嘉靖《吴邑志》卷 5《学校》，天一阁明代方志选刊续编影印明嘉靖刻本。

⑤ 苏天爵：《大元赠中顺大夫兵部侍郎靳公神道碑》，《滋溪文稿》卷 7。

⑥ 《米山宣圣庙碑考略》，《山右石刻丛编》卷 33。

⑦ 《高密县社学碑》，《山左金石志》卷 24。

社学一百六十”。① 这说明社学在有元一代的发展并没有中断。

上文已经说明，社学是在元政府的倡导下主要以民间的力量创办的基层教育机构，它既不是官学的一种，也不是完全由民间力量创办和管理的学校，因此，社学既不能得到政府财力的支持，也很难得到民间财力的供给。正是由于这个原因，造成了元代社学虽然在元世祖晚期得到飞速发展，但不过是速生速灭，虽然元朝中后期并没有完全灭绝，但它并不能在基层教育中担任重要角色。从社学的教学形式来看，它不是社会教育形式。按《辞海》解释，社会教育是一种通过学校以外的社会文化教育机构对青少年和人民群众进行的教育，元代社学是学校的一种，与社会教育差之甚远。

需要指出的是，元初设立社学的时候，令大司农司掌之，实际掌管社学的是大司农司下属的行司农司。至元二十八年（1291年），元政府罢行司农司，令按察司（后为肃政廉访司）掌“劝课农桑”，② 因此，此后社学的管理和举办归地方官府掌管。这一点可以从以上地方官兴办社学的例子中得到证明。

有关元中后期社学的情况，《至正四明续志》中有关“奉化社学”的记载如下：

> 学在奉化州三十七都大步头，至正二年儒士余伯禹与其兄伯璋原将自己房屋一所，凡一十四间，四周园地一十亩，以创社学，延师诲子弟。本路提调学官王总管准设下学照验。③

这则史料说明，元中后期的社学一般仍然由民间出资创办，延师授徒。地方官要对社学进行“照验”，行使管理权。但总的看来，元代中后期，社学已经与民间义塾出现合流趋势，与元世祖时期的社学已经不同。元中后期，在社学发展缓慢的情况下，另一种民间儒学教育形式——义塾兴起，在基层儒学教育中影响逐步增大。

---

① 《上海县令刘侯去思碑》，《江苏省通志稿》卷23。

② 《元典章》卷23《户部九·立社》。

③ 《至正四明续志》卷8《学校》，宋元方志丛刊本，中华书局1990年版。

四、元代的义塾

义塾也称义学、乡学，它是由私人出钱创办，用以教育一乡之子弟的学校。义塾是元朝的基层教育机构，它的规模、影响、办学水平都要高于一般的私塾、家塾，在元代基层教育体系中，占据一定的地位。义塾是元代基层乡村儒学教育发展水平的标志之一。

（一）元代义塾发展概况

为了考察元代义塾的发展情况，笔者统计了元代出现的33所义塾，其中，江南义塾28所，北方义塾5所。现将有关情况列表如下：

元代义塾统计表

名称	时间	地点	创办人	出处
章氏义塾	至正五年	松江府华亭县	儒士章梦贤	崇祯《松江府志》
邵氏义塾	元统二年	松江府华亭县	儒士邵天骥	崇祯《松江府志》
璜溪义塾	至正九年	松江府华亭县	儒士吕良佐	崇祯《松江府志》
横溪义塾	不详	松江府上海县	县尹何聚	崇祯《松江府志》
鹤沙义塾	皇庆二年	松江府上海县	知州瞿时学	崇祯《松江府志》
戴氏义塾	至顺年间	嘉兴路嘉兴县	儒士戴光远	《金华黄先生文集》卷10
吴氏义塾	大德三年	嘉兴路崇德州	州文学椽吴某	《巴西邓文原先生文集》
东阳义塾	延祐二年	嘉兴路海盐州	航海千户沈文辉	天启《海盐县图经》
安贤义塾	天历二年	吉安路安福州	儒士李辛翁	《圭斋文集》卷5
湖山义塾	至正十年	处州路青田县	儒士季谦	《刘基集》第3卷
龙渊义塾	至正十三年	处州路丽水县	儒士章溢	《括苍金石志》卷12
儒林义塾	不详	吉安路万安县	邑人刘某	《吴文正集》卷41
朋习书塾	不详	不详	邑人朱仲敏	《吴文正集》卷41
旧冈义塾	不详	龙兴路富州	儒士揭惪	《吴文正集》卷41

续表

名称	时间	地点	创办人	出处
苍林义塾	至治年间	嘉兴路海盐州	邑人林畴	万历《嘉定县志》
梁溪义塾	不详	常州路无锡州	儒学提举强以德	《无锡县志》
夏氏义塾	不详	松江府	邑人夏椿	崇祯《松江府志》
爪山义塾	至正年间	福州路怀安县	总管郑潜	弘治《八闽通志》
忠门义学	不详	兴化路莆田县	儒士陈化	弘治《八闽通志》
遗安义学	至正七年	徽州路婺源州	儒士程本中	弘治《徽州府志》
中山义塾	至正八年	徽州路婺源州	儒士祝寿朋	弘治《徽州府志》
冯氏义塾	天历年间	嘉兴路海盐州	儒士冯某	天启《海盐县图经》
沈氏义塾	至顺二年	湖州路归安县	乡人沈氏	《金华黄先生文集》卷10
甫里义塾	不详	平江路长州县	儒士陆德原	《吴冢遗文》
益津乡学	至顺二年	霸州益津县	乡人宫琪	《金华黄先生文集》卷10
蔡氏义塾	不详	九江路瑞昌县	儒士蔡季霖	《道园学古录》卷36
范氏义学	至元十四年	平江路吴县	范氏后人	《牟氏陵阳集》卷9
金庄义学	元末	光州	马祖常之子	《伊滨集》卷19
银峰义塾	至大三年	饶州路德兴县	儒士余文夫	《剡源戴先生文集》卷1
米山文馆	延祐七年	泽州高平县米山	里人	《山右石刻丛编》卷33
天井关义学	大德十一年	泽州天井关	知州某	《山右石刻丛编》卷34
麟山义学	至顺元年	沁州麟山	里人李玉	《山右石刻丛编》卷35
铜城镇义学	元贞初	东阿县铜城镇	退休官员任某	刘岳申《申斋集》卷7

从义塾创建情况来看，义塾出现于元代中后期。上面统计的33所义塾中，有明确创立时间的23所：至元、元贞、至治、元统、至大、皇庆年间各1所，大德、延祐、天历年间各2所，至顺年间4所，至正年间7所。其中，出现在元顺帝时期的有8所，占总数量的34.7%，世祖到顺帝的元中期有14所，占总数量的60.9%。考虑到元中期这段时间与顺帝在位的时间大体相当，因

此，可以断定，从本文统计结果来看，元代中期是义塾建立和发展较快的时期。其次，从创办者的情况看，义塾的创办者主要是致仕官吏以及地方儒绅。33 所义塾的创办者中，有 7 人为致仕官吏，他们的官职除了 1 人不详以外，其他分别是：湖广儒学提举、泉州路总管、县尹、知州、州学官、海运千户、河南路总管等，反映了致仕的官员在元代基层儒学教育中的重要作用。其他义塾创办者均为地方士绅、儒士，他们创办的义塾占大部分。说明地方士绅、儒士是元朝基层教育的主体。

（二）元代义塾的建筑布局

宋元以来，中国地方儒学“庙学合一”的建筑布局逐步定型。“庙”、“学”以及有关辅助建筑成为地方儒学必不可少的三大部分（具体内容将在后面章节中专门论述）。受地方儒学的影响，元代的民间学校包括书院、义塾等也逐步采取了庙学合一的建筑布局，这是元代民间教育官学化的一个重要表现。从学校建筑布局来看，元代义塾的官学化倾向比较明显，如松江府华亭县章氏义塾学校布局“如学宫制”，有大成殿“奉正配位，像郡贤从祀（于）东西庑……讲有堂，斋有舍，储书有阁，既（及）门垣仓庖湢溷无不毕具”。① 嘉兴路海盐州冯氏义塾“殿堂斋庑略如学校”。② 吉安路安福州的安田里塾“构礼殿奉先圣先师，设讲堂，立斋舍，门庑庖廪悉具”。③ 北方的义学同样采取庙学合一的布局，如铜城镇、米山、天井关等义学。从庙和学的布局来看，义塾前庙后学的建筑结构较多，如嘉兴路海盐州东阳义塾、吉州路万安县儒林义塾、处州路丽水县龙渊义塾、嘉兴路崇德州吴氏义塾、嘉兴县戴氏义塾、松江府上海县鹤沙义塾均为这一结构，这与元代地方儒学的建筑布

① 胡世佐：《书院记》，崇祯《松江府志》卷 24，书目文献出版社 1991 年版。

② 徐一夔：《元砂腰村冯氏义塾记》，天启《海盐县图经》卷 2《方域篇》，复旦大学图书馆藏明天启刻本。

③ 吴澄：《安福州安田里塾壁记》，《吴文正集》卷 41，文渊阁四库全书本，台北“商务印书馆”1983 年版。

局几乎一脉相承。现举四例以说明之。

鹤沙义塾 “前为庙，后为塾，而庙有殿，殿有庑，庑有门，塾有讲堂，东西有斋舍，有庖有库”，整个义塾“视州县学盖无差等矣”①。

吴氏义塾 “中蒙燕居，翼以斋庑。其北讲堂，寝息有所。左右书器庋阁严具，重门辉辉，南穴为池，直地北东（?），廪仓庖湢，各有攸处。”②

龙渊义塾 “创燕居以奉先圣，而先师为之配……旁列四斋，曰逊敏，曰知通，曰敬乐，曰博约以居弟子员。后敞正义堂（明伦堂）”，义塾前建大门，“榜之曰龙渊义塾”③。

儒林义塾“中创先圣燕居之室，二庑翼其左右，前为中门，门之前为外门。后为讲堂，堂之后炉亭。有斋舍以馆诸生，有庖厨以供饮食。”④

上述四例为前庙后学的建筑布局，这种布局在江南的义塾中分布最广。除此以外，江南义塾还有其他一些形式。

首先，庙居中、学居左右的建筑布局。龙兴路富州的旧冈义塾、处州路青田县湖山义塾，均为此种类型。旧冈义塾“中建巍楼一，前建小楼二，中以奉先师，旁以处学徒”。⑤ 湖山义塾“于其（季氏）居之侧以为堂，中设孔子像，旁列斋舍，翼以廊庑，缭以周垣”。⑥

其次，也有一些义塾规模不大、以殿的两庑为学。如松江府上海县横溪义塾设礼殿奉孔子及四配“仍设两庑”，以处师弟子。⑦

---

① 戴良：《（鹤沙）义塾记》，崇祯《松江府志》卷24。

② 邓文原：《吴氏义塾记》，《巴西邓文原先生文集》（不分卷），北京图书馆古籍珍本丛刊本。

③ 宋濂：《龙渊义塾碑》，《括苍金石志》卷12。

④ 吴澄：《儒林义塾记》，《吴文正集》卷41。

⑤ 吴澄：《旧冈义塾记》，《吴文正集》卷41。

⑥ 刘基：《季氏湖山义塾记》，《刘基集》第3卷，浙江古籍出版社1999年版。

⑦ 戴良：《横溪义塾记》，崇祯《松江府志》卷24。

还有的义塾有祠无庙。如徽州路婺源州中山义塾"设朱子祠，其堂曰进修，斋曰成德、立本，阁曰清源"。①

北方义塾的建筑布局目前还不十分清楚，但从有限的史料来看，北方义学以孔子庙为主，比较注重祭祀。如麟山义学创建时，"建礼殿四楹，塑宣圣像，以兖公、邹公配壁，绘十哲，立塾于前，延师以训乡里之子弟，朔望释菜，春秋仲丁释奠，率其人骏奔如礼"。② 益津乡学在创办时，"即其西乡所居，作学舍，合诸庄子弟俾肄业其中，且为庙，像先圣先贤，以春秋旦望奠谒如学宫法"。③

从以上义塾的建筑布局可以看出，元代义塾的建筑布局基本完备，说明了元代的民间教育形式——义塾已经具备较好的办学条件。

（三）元代义塾教育的特点

元代义塾在教学、管理的运作方面很有特点，这些特点不仅保证了义塾的健康发展，对今天的学校教学与管理也有一定的借鉴作用。其主要特点表现在：

第一，聘名师，提高教育水平。如甫里义塾"遣重币迎儒先生为时所信重（者），如陆君文圭、龚君璛、柳君贯者，以为之师，户履至无所容……古灵陈公《制锦管见》及四明程君端礼《进学工程》，凡交游与来学者人予一帙，曰：'观此亦足为治学之法矣'。④ 邵氏义塾"礼名士主其席"。⑤ 龙渊义塾"聘经行修明之士以为讲席"。⑥ 戴氏义塾聘"慈溪黄伯成，甫以高文宿德主领教事"。⑦ 嘉兴路名儒黄介父子曾主持了魏塘、吴氏及戴氏三义塾，

---

① 弘治《徽州府志》卷5《学校》，天一阁明代方志选刊影印明弘治刻本。
② 胡聘之：《麟山孔庙记》，《山右石刻丛编》卷35。
③ 黄溍：《乡学记》，《金华黄先生文集》卷10。
④ 《吴冢遗文》卷2，石刻史料新编本，台湾新文丰出版公司1982年版。
⑤ 黄溍：《邵氏义塾记》，崇桢《松江府志》卷24《学政二》。
⑥ 宋濂：《龙渊义塾碑》，《括苍金石志》卷12。
⑦ 黄溍：《戴氏义塾记》，《金华黄先生文集》卷10。

“有成就后学之功”。①

第二，广置学田，为教师及生员提供较好的物质条件。戴氏义塾在至正八年（1348 年）“割上腴之田五百亩以赡之”，聘“四斋执教者各一人，生员恒百五十人”。② 吴氏义塾“田为亩者三百，师生饩廪有度，讲肄有业，同冠鼓策而来者逾百员”。③ 龙渊义塾“斥田一百五十亩，其妻党陈京兄弟闻之，以曾大父适斋先生所遗二百三十亩有奇来为之助”，学于龙渊义塾的诸生“业进者，月有赏；才颖家单不能裹粮者，资之使成”。④ 上海县鹤沙义塾对于“先圣先师之祭祀、师弟子之廪膳，则有田一十四顷以给之，视州县学盖无差等”。⑤ 义塾学田的设置，为其发展提供了较雄厚的物质保障。一些没有条件设立学田的义塾，也通过其他方式，保证义塾的供应，如天井关义塾，根据位于商业交通中心的特点，由当地人捐款，将捐款贷给商旅，利息作为办学经费。⑥ 金庄义学则是以马氏家族的义庄收入，作为物质保证，“视庄岁所入是给”⑦。

第三，重视教学设施及校园环境建设，使学校设施完善，环境优美。元代江南地区的一些义塾的建筑规模、布局等，力图与州县官学、书院一致，改变了以前基层学校设备简陋、因陋就简的情况，教学活动和祭祀活动都能开展得比较正规，因此能吸引一些外地生员、名儒来义塾学习和讲学。如安福州（吉安路）安贤里塾“构礼殿奉先圣先师，设讲堂，立斋舍，门、庑、庖、廪悉具”。⑧ 戴氏义塾有“先圣先师之殿峙其中，论堂踞其后，斋庐翼其旁，邃庑穹门，下至庖湢库庾直舍之属。为屋总四十有五间，陶甓黝垩，缜壮而不华。图史之藏，乐器之须，纤悉毕备。周以缭垣，环

---

① 嘉靖《嘉兴府图记》卷 15《人文 · 乡贤》，天津图书馆藏明嘉靖刻本。
② 黄溍：《戴氏义塾记》，《金华黄先生文集》卷 10。
③ 邓文原：《吴氏义塾记》，《巴西邓文原先生文集》（不分卷）。
④ 宋濂：《龙渊义塾碑》，《括苍金石志》卷 12。
⑤ 戴良：《上海鹤沙义塾田记》，《九灵房山集》卷 11。
⑥ 胡聘之：《天井关孔庙本息记》，《山右石刻丛编》卷 34。
⑦ 王沂：《赐金庄义学记》，《伊滨集》卷 19。
⑧ 吴澄：《安福州安田里塾壁记》，《吴文正集》卷 41。

以幽篁，佳木花径果蹊，而潴其流泉为芰荷菰蒲之区”。① 吴县的范氏义塾环境优美，“清溪松竹之间，昉闻弦诵声”②。

第四，管理有序。义塾既为私家创办，延师授徒，其教学、田粮的管理权则专于义塾的创办者，不受外部势力的干扰。如吴氏义塾“其规约则岁所敛储，必于子孙之长且贤者次掌之，而师友共稽其出纳……勿轧于豪右，勿挠于有司”。③ 龙渊义塾“田赋之出入，主塾事者司焉，日用有籍，月考朒（?）赢，岁二会其数，有余则它贮，益斥田以广其业”。④ 沈氏义塾“择族中之长且贤者，同主其出纳”。⑤ 通过对收入的严格管理，避免了官学和书院中由于管理不善、学官腐败造成的学田收入不能全部用于教育、学田的利用效率低的弊端，为义塾的发展和壮大创造了条件。

上述特点，对保证义塾的正常发展，起了一定的作用。元中后期，义塾逐渐发展起来，在基层教育中占了一席之地。一些办学成功的义塾在教学水平、教学规模上，几乎与地方州县学及书院相当。

元代义塾的发展中，有两点值得注意：一是义塾的发展与地方官府的关系。义塾不能完全独立于地方官府的控制之外，义塾虽为私学，但官方的支持是其存在和发展的一个重要条件。安田里塾在建成后“将请公额”。⑥ 邵氏义塾最后也“惧来者或隳其成，则列其田之步亩乡落，以状白于官，示其不敢有”。⑦ 章氏义塾在至正五年（1345 年）“念之义塾私家之有也，不若隶于公有司之可久。复请于朝，改为清忠书院”。⑧ 上海县鹤沙义塾在至正年间荒废后，上海县尹何某主持重建工作。继任者李宗瑞亲自主持之，从教学到

① 黄溍：《戴氏义塾记》，《金华黄先生文集》卷 10。
② 牟巘：《范文正公义学记》，《牟氏陵阳集》卷 9。
③ 邓文原：《吴氏义塾记》，《巴西邓文原先生文集》（不分卷）。
④ 宋濂：《龙渊义塾碑》，《括苍金石志》卷 12。
⑤ 黄溍：《沈氏义庄记》，《金华黄先生文集》卷 10。
⑥ 吴澄：《安福州安田里塾壁记》，《吴文正集》卷 41。
⑦ 黄溍：《邵氏义塾记》，崇桢《松江府志》卷 24《学政二》。
⑧ 胡世佐：《清忠书院记》，崇祯《松江府志》卷 24《学校志二》。

“兴修废坠”均亲自过问，“租税不实者正之，其屋庐之多寡，田亩之广袤，亦既立簿正以稽其数，严契券以表其畔”。① 这说明义塾这一民间私人办学的形式也受到元代儒学官学化的影响。二是义塾的运行中也体现出一些“私”的特点。如湖山义塾仅是“萃其族中子弟悉入学”，② 沈氏义塾“聚族中子弟俾随材以受业”，乡之人只是“来学者弗拒也”，③ 旧冈义塾“聚教其族人少子”，④ 这样的例子还有一些。但是总的来看，义塾对外一般是开放的，既可“淑一乡之子弟”，外来游学者亦不拒收。

义塾的创建，给元代基层儒学教育的发展注入新的活力。“义塾既作，一乡之士患不志于学，不患无从师之资。一塾之资，患学者之不勤，不患供亿之不继”。⑤ 义塾的创办也是对元中后期官学教育的支持和补充。元代著名学者吴澄认为：“路府州儒学，有旧设新创书院不为不多……然学官例从省部注拟，何能一一得其人哉？（儒）学、（书）院之教有虚名而无实效，往往由此。”而义塾“选择师儒在已识鉴而无所牵制，虽未必有如淳古道德之师，然苟能得耆艾博硕之彦，引导有其方，熏渍有其渐，不坏之以速成，不害之以小利，亦庶几乎古焉”。⑥ 因为义塾的这一优点，所以受到当时的好评，认为“繇是一方之民，知所劝，俗为之移。其于世教，不无助也，是以谈者尚之”。⑦ 明朝学者在述及宋、元、明三朝基层教育时说“宋有小学，元有义塾，今（明代）城乡各有社学”。⑧ 明人将宋小学、元义塾、明社学并列，反映了对于元代义

① 戴良：《上海鹤沙义塾田记》，《九灵房山集》卷 11。

② 刘基：《季氏湖山义塾记》，《刘基集》第 3 卷，浙江古籍出版社 1999 年版。

③ 黄溍：《沈氏义庄记》，《金华黄先生文集》卷 10。

④ 吴澄：《旧冈义塾记》，《吴文正集》卷 41。

⑤ 欧阳玄：《安成李氏重修安贤［田］义塾记》，《圭斋文集》卷 5。

⑥ 吴澄：《梁溪义塾记》，《无锡县志》卷 4 下，宋元方志丛刊本，中华书局 1990 年版。

⑦ 吴澄：《题长丰镇庙学志后》，《吴文正集》卷 57。

⑧ 天启《海盐县图经》卷 2《方域篇》。

塾在基层儒学教育方面成就的肯定，也说明了义塾已经取代社学成为元代基层教育的主力。

本章主要论述了元代儒学教育的发展问题，前面已经介绍，元代儒学教育分为三个层级，国子学、地方官学（儒学）、书院以及基层社学、义塾（还包括私塾、家塾）。国子学当然属于儒学教育的范畴，由于关于国子学的研究成果很多，本课题不再对国子学进行详细考察。

附录1　**元代北方儒学学校建设统计表**

时　间	地　点	出　处
不详	大城县学	《光绪大城县志》卷11
至元十三年（1276年）	河中府学	《山右石刻丛编》卷26
至元十六年（1279年）	壶关县学	《山右石刻丛编》卷26
大蒙古国时期	泽州学	《山右石刻丛编》卷27
至正十八年（1358年）	太平县学	《山右石刻丛编》卷40
至元三十年（1293年）	平度县学	《道光平度县志》卷24
天历二年（1329年）	彰德路学	《安阳金石录》卷10
泰定元年（1324年）	昌乐县学	《民国昌乐县志》卷17
元统元年（1333年）	昌乐县学	《民国昌乐县志》卷17
至元七年（1270年）	京兆府学	《金石萃编未刻稿》
元统元年（1333年）	京兆府学	《金石萃编未刻稿》
至正以后（三次）	京兆府学	《金石萃编未刻稿》
至正十年（1350年）	三原县学	《金石萃编未刻稿》
至正十三年（1353年）	济宁路学	《金石萃编未刻稿》
至正十二年（1352年）	延安路学	《金石萃编未刻稿》
泰定二年（1325年）	定兴县学	《光绪定兴县志》卷20
大德五年（1301年）	中山府学	《民国定县志》卷20
元统二年（1334年）	中山府学	《民国定县志》卷20

续表

时　间	地　点	出　处
至正八年（1348年）	中山府学	《民国定县志》卷20
至大三年（1310年）	南皮县学	《民国南皮县志》卷12
后至元元年（1335年）	范县学	《民国范县志·艺文十三》
至正四年（1344年）	范县学	《民国范县志·艺文十三》
至顺二年（1331年）	威县学	《民国威县志》
至元二十三年（1286年）	饶阳县学	《深州风土记·记十一》
大德八年（1304年）	深州县学	《深州风土记·记十一》
至元七年（1270年）	深州县学	《深州风土记·记十一》
至元二十五年（1288年）	深州县学	《深州风土记·记十一》
至元十九年（1282年）	武强县学	《深州风土记·记十一》
至正十六年（1356年）	武强县学	《深州风土记·记十一》
戊午（1258年）	黄县学	《光绪增修登州府志》
至元九年（1272年）	黄县学	《光绪增修登州府志》
大德年间	新城县学	《民国新城县志》卷15
泰定四年（1327年）	新城县学	《民国新城县志》卷15
后至元五年（1339年）	新城县学	《民国新城县志》卷15
至元二年（1265年）	新城县学	《民国重修新城县志》卷20
皇庆二年（1313年）	新城县学	《民国重修新城县志》卷20
不祥	懿州学	《满洲金石志》外编
元贞元年（1295年）	胶州学	《道光重修胶州志》卷39
延祐元年（1314年）	胶州学	《道光重修胶州志》卷39
至元二年（1265年）	潞城县学	《光绪潞城县志》卷3
至元五年（1268年）	潞城县学	《光绪潞城县志》卷3
大德八年（1304年）	潞城县学	《光绪潞城县志》卷3
至元十年（1273年）	沂州学	《道光临邑县志》卷14

续表

时　间	地　点	出　处
至元十二年（1275 年）	临沂县学	《道光临邑县志》卷 14
大德三年（1299 年）	临沂县学	《道光临邑县志》卷 14
至元二十九年（1292 年）	淇门镇学	《浚县金石录》卷下
元初	卫县学	《浚县金石录》卷下
至正十年（1350 年）	淇门镇学	《浚县金石录》卷下
大德四年（1300 年）	栾城县学	《同治栾城县志》卷 14
至元二十六年（1289 年）	滕县学	《道园学古录》卷 8
天历二年（1329 年）	武卫学	《道园学古录》卷 13
后至元元年（1335 年）	奉元路学	《道园学古录》卷 35
至元九年（1272 年）	绛州学	《秋涧集》卷 52
至元六年（1269 年）	曲沃县学	《秋涧集》卷 52
天历二年（1329 年）	光州县学	《石田文集》卷 10
泰定三年（1326 年）	大兴府学	《石田文集》卷 10
至正二年（1342 年）	晋宁路学	《圭塘小藁》卷 7
后至元三年（1337 年）	彰德路学	《圭塘小藁》卷 8
不详	辽山县学	《圭塘小藁》卷 8
至元八年（1271 年）	太平县学	《秋涧集》卷 36
至元十年（1273 年）	修武县学	《秋涧集》卷 38
至元十年（1273 年）	仪封县学	《秋涧集》卷 39
至元二十九年（1292 年）	柏乡县学	《秋涧集》卷 14
至元三十一年（1294 年）	胙城县学	《秋涧集》卷 40
元贞元年（1295 年）	胙城县学	《秋涧集》卷 40
元末	穰县学	《青阳集》卷 3
至元二十二年（1285 年）	益都路学	《紫山大全集》卷 9
至元八年（1271 年）	栾城县学	《紫山大全集》卷 9

续表

时间	地点	出处
至元二十四年（1287年）	郑州学	《紫山大全集》卷9
大德八年（1304年）	滁州学	《吴文正集》卷39
至治二年（1322年）	通州学	《吴文正集》卷50
至正十二年（1352年）	枣强县学	《畏斋集》卷5
大德五年（1301年）	石州学	《默庵集》卷3
至元三十一年（1294年）	砀山县学	《兰轩集》卷13
至元十二年（1275年）	醴泉县学	《勤斋集》卷1
大德六年（1302年）	醴泉县学	《勤斋集》卷1
至元二年（1265年）	宜兴县学	《危学士全集》卷6
至正八年（1348年）	宜兴县学	《危学士全集》卷6
延祐元年（1314年）	广德路学	《巴西邓文原先生文集》
元贞元年（1295年）	章丘县学	《中庵集》卷11
大德十一年（1307年）	蓚县学	《中庵集》卷11
元贞二年（1296年）	柏乡县学	《中庵集》卷11
戊午年（1258年）	保定府学	《陵川集》卷34
乙卯年（1255年）	元氏县学	《常山金石志》卷17
大德四年（1300年）	元氏县学	《常山金石志》卷17
至大二年（1309年）	井径县学	《常山金石志》卷17
至元八年（1271年）	真定府学	《常山金石志》卷19
延祐三年（1316年）	真定路学	《常山金石志》卷19
至顺二年（1331年）	真定路学	《常山金石志》卷20
至正十六年（1356年）	井径县学	《常山金石志》卷24
泰定年间	彰德路学	《安阳金石录》卷10
大德五年（1301年）	河西里学	《至正集》卷37
至正元年（1341年）	彰德路学	《安阳金石录》卷11

续表

时　间	地　点	出　处
至元三年（1266年）	淄川县学	《山左金石志》卷21
大德三年（1299年）	济州学	《山左金石志》卷22
大德四年（1300年）	馆陶县学	《山左金石志》卷22
大德三年（1299年）	西由场学	《山左金石志》卷24
泰定二年（1325年）	临洮府学	《陇右金石录》
至正七年（1347年）	秦安县学	《陇右金石录》
至元二十四年（1287年）	伏羌县学	《陇右金石录·校补》
至元二十二年（1285年）	京兆府学	《陕西金石志》卷26
至正十二年（1352年）	京兆府学	《陕西金石志》卷26
至元十七年（1280年）	京兆府学	《陕西金石志》卷27
延祐二年（1315年）	扶风县学	《扶风县石刻记·下》
泰定三年（1326年）	全宁路学	《满洲金石志》卷4
延祐三年（1316年）	保定路学	《金石跋尾》卷19
至正三年（1343年）	曲堤镇学	《金石跋尾》卷20
元贞二年（1296年）	饶阳县学	《授堂金石文字续跋》卷14
至元四年（1267年）	霍州学	《山右石刻丛编》卷25
至元八年（1271年）	太平县学	《山右石刻丛编》卷25
至元二十一年（1284年）	辽山县学	《山右石刻丛编》卷26
至元二十七年（1290年）	寿阳县学	《山右石刻丛编》卷27
至元三十年（1293年）	长治县学	《山右石刻丛编》卷27
大德二年（1298年）	郓城县学	《山右石刻丛编》卷28
大德四年（1300年）	垣曲县学	《山右石刻丛编》卷29
大德八年（1304年）	文水县学	《山右石刻丛编》卷30
大德十年（1306年）	潞州学	《山右石刻丛编》卷30
至元十一年（1274年）	黎城县学	《山右石刻丛编》卷31

续表

时　间	地　点	出　处
元贞元年（1295 年）	黎城县学	《山右石刻丛编》卷 31
延祐七年（1320 年）	闻喜县学	《山右石刻丛编》卷 32
泰定元年（1324 年）	潞州学	《山右石刻丛编》卷 33
泰定元年（1324 年）	米山学	《山右石刻丛编》卷 33
元统元年（1333 年）	解州学	《山右石刻丛编》卷 34
至正元年（1341 年）	孟州学	《山右石刻丛编》卷 35
至正十四年（1354 年）	阳城县学	《山右石刻丛编》卷 38
至正元年（1341 年）	藕泽村学	《山右石刻丛编》卷 39
至元二十八年（1291 年）	济州学	《济州金石志》卷 3
元贞元年（1295 年）	济州学	《济州金石志》卷 3
大德二年（1298 年）	济州学	《济州金石志》卷 3
元贞二年（1296 年）	长山县学	《济南金石志》卷 3
大德十年（1306 年）	定襄县学	《定襄金石考》卷 3
泰定三年（1326 年）	淮安路学	《淮阴金石仅存录》
至顺二年（1331 年）	真定路学	《菊潭集》卷 3
元统二年（1334 年）	镇平县学	《菊潭集》卷 3
至元三十年（1293 年）	济宁路学	《济宁州金石志》
元贞二年（1296 年）	济宁路学	《济州金石志》
元皇庆元年（1312 年）	济宁路学	《济宁州金石志》
后至元元年（1335 年）	济宁路学	《济宁州金石志》
后至元三年（1337 年）	济宁路学	《济宁州金石志》
至正十三年（1353 年）	济宁路学	《济宁州金石志》
至正二十四年（1364 年）	济宁路学	《济宁州金石志》
延祐四年（1317 年）	金乡县学	《济宁州金石志》
大德三年（1299 年）	嘉祥县学	《济宁州金石志》

续表

时　间	地　点	出　处
至元二十三年（1286 年）	章丘县学	《济南金石志》
至顺四年（1333 年）	邹平县学	《济南金石志》
后至元三年（1337 年）	邹平县学	《济南金石志》
至正八年（1348 年）	邹平县学	《济南金石志》
至元二十五年（1288 年）	淄莱路学	《济南金石志》
元贞二年（1296 年）	长山县学	《济南金石志》
至正十一年（1351 年）	长山县学	《济南金石志》
至正十二年（1352 年）	长山县学	《济南金石志》
至元二年（1265 年）	新城县学	《济南金石志》
大德十年（1306 年）	新城县学	《济南金石志》
皇庆二年（1313 年）	新城县学	《济南金石志》
至正十三年（1353 年）	齐河县伦镇儒学	《济南金石志》
至元三十一年（1294 年）	济阳县学	《济南金石志》
至正三年（1343 年）	济阳县闻韶台儒学	《济南金石志》
至大四年（1311 年）	禹城县学	《济南金石志》
大德四年（1300 年）	沂州学	《济南金石志》
至元二十三年（1286 年）	长清县学	《济南金石志》
至正九年（1349 年）	德州学	《济南金石志》
元贞元年（1295 年）	德平县学	《济南金石志》
元贞元年（1295 年）	平原县学	《济南金石志》
大德五年（1301 年）	平原县学	《济南金石志》
后至元三年（1337 年）	平原县学	《济南金石志》
至正二年（1342 年）	平原县学	《济南金石志》
中统二年（1261 年）	高陵县学	《关中金石记》
至元三年（1266 年）	高陵县学	《关中金石记》

续表

时间	地点	出处
至元十三年（1276年）	奉元路学	《关中金石记》
至元三十年（1293年）	澄城县学	《关中金石记》
元贞元年（1295年）	临潼县学	《关中金石记》
皇庆元年（1312年）	澄城县学	《关中金石记》
至正四年（1344年）	宜川县学	《关中金石记》
至正六年（1346年）	奉元路学	《关中金石记》
至正二十六年（1366年）	奉元路学	《关中金石记》
至元二十五年（1288年）	滨州学	《元碑存目》
至元三十年（1293年）	济源县学	《元碑存目》
元贞元年（1295年）	临潼县学	《元碑存目》
大德三年（1299年）	济宁路学	《元碑存目》
至正四年（1344年）	济宁路学	《元碑存目》
至正十四年（1354年）	宜川县学	《元碑存目》
元贞二年（1296年）	淇州学	《范氏天一阁碑目》
大德元年（1297年）	钧州学	《范氏天一阁碑目》
大德二年（1298年）	许州学	《范氏天一阁碑目》
大德四年（1300年）	襄城县学	《范氏天一阁碑目》
大德十年（1306年）	息州学	《范氏天一阁碑目》
大德十一年（1307年）	中牟县学	《范氏天一阁碑目》
至大元年（1308年）	襄城县学	《范氏天一阁碑目》
至大元年（1308年）	密县学	《范氏天一阁碑目》
至治元年（1321年）	襄城县学	《范氏天一阁碑目》
至治二年（1322年）	陕州学	《范氏天一阁碑目》
至治二年（1322年）	巩县学	《范氏天一阁碑目》
泰定二年（1325年）	辉州学	《范氏天一阁碑目》

续表

时　间	地　点	出　处
泰定四年（1327年）	河南府学	《范氏天一阁碑目》
泰定四年（1327年）	许州学	《范氏天一阁碑目》
元统元年（1333年）	新乡学	《范氏天一阁碑目》
元统元年（1333年）	襄城县学	《范氏天一阁碑目》
至正元年（1341年）	阳翟县学	《范氏天一阁碑目》
至正二年（1342年）	邓州县学	《范氏天一阁碑目》
至正十三年（1353年）	胙城县学	《范氏天一阁碑目》
至正年间	三原县学	《范氏天一阁碑目》
至元二年（1265年）	考城学	《中州金石录》
至元十八年（1281年）	孟县学	《中州金石录》
至元二十年（1283年）	鲁山学	《中州金石录》
至元二十三年（1286年）	孟县学	《中州金石录》
至元三十一年（1294年）	温县学	《中州金石录》
至元年间	祥符县学	《中州金石录》
至元年间	宁陵县学	《中州金石录》
至元年间	虞城县学	《中州金石录》
至元年间	修武县学	《中州金石录》
至元年间	内黄县学	《中州金石录》
元贞二年（1296年）	鄢陵县学	《中州金石录》
大德八年（1304年）	息县学	《中州金石录》
大德十年（1306年）	光州县学	《中州金石录》
至大元年（1308年）	襄城县学	《中州金石录》
至大三年（1310年）	汝宁县学	《中州金石录》
至大四年（1311年）	中牟县学	《中州金石录》
延祐三年（1316年）	嵩州学	《中州金石录》

续表

时　间	地　点	出　处
延祐四年（1317 年）	偃师县学	《中州金石录》
延祐年间	罗田县学	《中州金石录》
至治二年（1322 年）	巩县学	《中州金石录》
至治年间	光山县学	《中州金石录》
泰定二年（1325 年）	淇县学	《中州金石录》
泰定四年（1327 年）	许州县学	《中州金石录》
泰定年间	宁陵县学	《中州金石录》
泰定年间	登封县学	《中州金石录》
天历二年（1329 年）	夏邑县学	《中州金石录》
至顺二年（1311 年）	河内县学	《中州金石录》
至顺三年（1312 年）	新乡学	《中州金石录》
至顺三年（1312 年）	陕县学	《中州金石录》
至顺三年（1312 年）	新乡县学	《中州金石录》
天历二年（1329 年）	安阳县学	《中州金石录》
后至元二年（1336 年）	考城学	《中州金石录》
后至元四年（1338 年）	安阳县学	《中州金石录》
至正元年（1341 年）	安阳县学	《中州金石录》
至正元年（1341 年）	叶县学	《中州金石录》
至正二年（1342 年）	邓州县学	《中州金石录》
至正四年（1344 年）	鲁山学	《中州金石录》
至正四年（1344 年）	叶县学	《中州金石录》
至正四年（1344 年）	彰德路学	《中州金石录》
至正十二年（1352 年）	胙城县学	《中州金石录》
至正十三年（1353 年）	胙城县学	《中州金石录》
至正年间	蒿山县学	《中州金石录》

续表

时间	地点	出处
不祥	確山县学	《中州金石录》
太宗二年（1230年）	赵州县学	《天津樊文卿先生畿辅碑目》
宪宗七年（1257年）	赵州县学	《天津樊文卿先生畿辅碑目》
至元六年（1269年）	新城县学	《天津樊文卿先生畿辅碑目》
至元十九年（1282年）	元氏县学	《天津樊文卿先生畿辅碑目》
至元二十二年（1285年）	无极县学	《天津樊文卿先生畿辅碑目》
至元二十六年（1289年）	顺德路学	《天津樊文卿先生畿辅碑目》
元贞二年（1296年）	饶阳县学	《天津樊文卿先生畿辅碑目》
大德三年（1299年）	隆平县学	《天津樊文卿先生畿辅碑目》
大德六年（1302年）	隆平县学	《天津樊文卿先生畿辅碑目》
大德四年（1300年）	沙河县学	《天津樊文卿先生畿辅碑目》
大德五年（1301年）	栾城县学	《天津樊文卿先生畿辅碑目》
大德五年（1301年）	元氏县学	《天津樊文卿先生畿辅碑目》
大德九年（1305年）	广宗县学	《天津樊文卿先生畿辅碑目》
大德十年（1306年）	井径县学	《天津樊文卿先生畿辅碑目》
皇庆三年（1314年）	清苑县学	《天津樊文卿先生畿辅碑目》
延祐四年（1317年）	正定县学	《天津樊文卿先生畿辅碑目》
延祐六年（1319年）	广宗县学	《天津樊文卿先生畿辅碑目》
泰定三年（1326年）	新河县学	《天津樊文卿先生畿辅碑目》
至大二年（1309年）	威县学	《天津樊文卿先生畿辅碑目》
后至元四年（1338年）	密云县学	《天津樊文卿先生畿辅碑目》
至正二十六年（1366年）	顺德路学	《天津樊文卿先生畿辅碑目》
至正七年（1347年）	隆平县学	《天津樊文卿先生畿辅碑目》
至正十二年（1352年）	藁城县学	《天津樊文卿先生畿辅碑目》
至正十七年（1357年）	井径县学	《天津樊文卿先生畿辅碑目》

续表

时　间	地　点	出　处
至正十七年（1357年）	正定县学	《天津樊文卿先生畿辅碑目》
大德五年（1301年）	涿州学	《畿辅待访碑录》
延祐七年（1320年）	丰润县学	《畿辅待访碑录》
至正二年（1342年）	涿州县学	《畿辅待访碑录》
至正五年（1345年）	赵州县学	《畿辅待访碑录》
至正十六年（1356年）	赞皇县学	《畿辅待访碑录》
至正七年（1347年）	平谷县学	《畿辅待访碑录》
至正二十四年（1364年）	东安县学	《畿辅待访碑录》
至元十一年（1274年）	闻喜县学	《崇雅堂碑录》
大德六年（1302年）	襄城县学	《崇雅堂碑录》
至元二年（1265年）	新城县学	《元山东金石目录》
至元三年（1266年）	邹平县学	《元山东金石目录》
至元四年（1267年）	淄川县学	《元山东金石目录》
至元四年（1267年）	齐东县学	《元山东金石目录》
至元十二年（1275年）	沂州学	《元山东金石目录》
至元二十一年（1284年）	长清县学	《元山东金石目录》
至元二十二年（1285年）	淄川县学	《元山东金石目录》
至元二十三年（1286年）	章丘县学	《元山东金石目录》
至元二十三年（1286年）	长清县学	《元山东金石目录》
至元二十五年（1288年）	长山县学	《元山东金石目录》
至元三十年（1293年）	淄川县学	《元山东金石目录》
至元三十一年（1294年）	济阳县学	《元山东金石目录》
至元三十一年（1294年）	德州学	《元山东金石目录》
元贞元年（1295年）	平原县学	《元山东金石目录》
元贞元年（1295年）	德平县学	《元山东金石目录》

续表

时　间	地　点	出　处
元贞二年（1296年）	长山县学	《元山东金石目录》
大德四年（1300年）	沂州学	《元山东金石目录》
大德五年（1301年）	平原县学	《元山东金石目录》
大德六年（1302年）	淄川县学	《元山东金石目录》
大德十年（1306年）	新城县学	《元山东金石目录》
至大四年（1311年）	禹城县学	《元山东金石目录》
至大四年（1311年）	齐东县学	《元山东金石目录》
皇庆二年（1313年）	新城县学	《元山东金石目录》
至顺三年（1332年）	禹城县学	《元山东金石目录》
至顺四年（1333年）	章丘县学	《元山东金石目录》
后至元三年（1337年）	平原县学	《元山东金石目录》
后至元三年（1337年）	齐东县学	《元山东金石目录》
后至元五年（1339年）	齐东县学	《元山东金石目录》
至正元年（1341年）	邹平县学	《元山东金石目录》
至正二年（1342年）	济南县学	《元山东金石目录》
至正二年（1342年）	平原县学	《元山东金石目录》
至正三年（1343年）	济阳县学	《元山东金石目录》
至正八年（1348年）	邹平县学	《元山东金石目录》
至正九年（1349年）	德州县学	《元山东金石目录》
至正十一年（1351年）	长山县学	《元山东金石目录》
至正十二年（1352年）	长山县学	《元山东金石目录》
至正十三年（1353年）	齐河县学	《元山东金石目录》
至元十五年（1278年）	高唐县学	《元山东金石目录》
至元二十一年（1284年）	馆陶县学	《元山东金石目录》
至元二十四年（1287年）	高唐县学	《元山东金石目录》

续表

时　间	地　点	出　处
至元三十年（1293 年）	高唐县学	《元山东金石目录》
至元三十一年（1294 年）	茌平县学	《元山东金石目录》
大德元年（1297 年）	冠县县学	《元山东金石目录》
大德四年（1300 年）	馆陶县学	《元山东金石目录》
大德六年（1302 年）	冠县县学	《元山东金石目录》
延祐五年（1318 年）	高唐县学	《元山东金石目录》
泰定二年（1325 年）	高唐县学	《元山东金石目录》
至正十四年（1354 年）	清平县学	《元山东金石目录》
至元四年（1267 年）	东平县学	《元山东金石目录》
至元六年（1269 年）	东平县学	《元山东金石目录》
至元十二年（1275 年）	泰安县学	《元山东金石目录》
至元十七年（1280 年）	莱芜县学	《元山东金石目录》
至元三十年（1293 年）	肥城县学	《元山东金石目录》
至元三十一年（1294 年）	平阴县学	《元山东金石目录》
大德元年（1297 年）	东平县学	《元山东金石目录》
延祐二年（1315 年）	泰安县学	《元山东金石目录》
至顺三年（1332 年）	平阴县学	《元山东金石目录》
至顺四年（1333 年）	平阴县学	《元山东金石目录》
至正三年（1343 年）	东平县学	《元山东金石目录》
至正四年（1344 年）	泰安县学	《元山东金石目录》
至正九年（1349 年）	泰安州学	《元山东金石目录》
至元二十五年（1288 年）	滨州学	《元山东金石目录》
至元三十年（1293 年）	利津县学	《元山东金石目录》
不详	夏津县学	《元山东金石目录》
至元二十三年（1286 年）	兖州学	《元山东金石目录》

续表

时 间	地 点	出 处
至元二十三年（1286年）	滋阳县学	《元山东金石目录》
至元二十八年（1291年）	滕县学	《元山东金石目录》
元贞元年（1295年）	邹县学	《元山东金石目录》
至正元年（1341年）	邹县学	《元山东金石目录》
至正年间	日照县学	《元山东金石目录》
至元二十五年（1288年）	濮州学	《元山东金石目录》
至元二十九年（1292年）	城武县学	《元山东金石目录》
延祐元年（1314年）	濮州学	《元山东金石目录》
延祐二年（1315年）	磐石镇学	《元山东金石目录》
延祐三年（1316年）	济阴县学	《元山东金石目录》
天历二年（1329年）	濮州学	《元山东金石目录》
至正五年（1345年）	范县学	《元山东金石目录》
大德三年（1299年）	济宁路学	《元山东金石目录》
至正三年（1343年）	济宁路学	《元山东金石目录》
至元九年（1272年）	黄县县学	《元山东金石目录》
大德十年（1306年）	招远县学	《元山东金石目录》
大德十年（1306年）	莱阳县学	《元山东金石目录》
延祐四年（1317年）	文登县学	《元山东金石目录》
延祐五年（1318年）	福山县学	《元山东金石目录》
至正十年（1350年）	海洋县学	《元山东金石目录》
不详	栖霞县学	《元山东金石目录》
至元十五年（1278年）	潍州学	《元山东金石目录》
至元三十年（1293年）	平度州学	《元山东金石目录》
延祐元年（1314年）	潍州学	《元山东金石目录》
天历元年（1328年）	潍州学	《元山东金石目录》

续表

时　间	地　点	出　处
后至元二年（1336 年）	潍州学	《元山东金石目录》
至元二十五年（1288 年）	密州学	《元山东金石目录》
至元二十六年（1289 年）	诸城县学	《元山东金石目录》
至元三十年（1293 年）	密州学	《元山东金石目录》
大德二年（1298 年）	高苑县学	《元山东金石目录》
大德七年（1303 年）	诸城县学	《元山东金石目录》
大德十年（1306 年）	乐安县学	《元山东金石目录》
至治三年（1323 年）	临朐县学	《元山东金石目录》
后至元三年（1337 年）	诸城县学	《元山东金石目录》
至正八年（1348 年）	临朐县学	《元山东金石目录》
至正十年（1350 年）	密州学	《元山东金石目录》
至正十五年（1355 年）	临朐县学	《元山东金石目录》
至元二十五年（1365 年）	高密县学	《元山东金石目录》
元贞元年（1295 年）	高密县学	《元山东金石目录》
延祐元年（1314 年）	胶州学	《元山东金石目录》
泰定元年（1324 年）	胶州学	《元山东金石目录》
至正十二年（1352 年）	即墨县学	《元山东金石目录》
至正十二年（1352 年）	高密县学	《元山东金石目录》
延祐四年（1317 年）	偃师县学	《中州金石记》
至元九年（1272 年）	黄县县学	《山左金石志》
至元十二年（1275 年）	泰安县学	《山左金石志》
至正十七年（1357 年）	莱芜县学	《山左金石志》
至元二十二年（1285 年）	淄莱路县学	《山左金石志》
至元二十三年（1286 年）	章丘县学	《山左金石志》
至元二十三年（1286 年）	兖州县学	《山左金石志》

续表

时　间	地　点	出　处
至元二十三年（1286年）	长清县学	《山左金石志》
至元二十四年（1287年）	高唐州学	《山左金石志》
至元二十五年（1288年）	诸城县学	《山左金石志》
至元二十五年（1288年）	滨州县学	《山左金石志》
至元二十五年（1288年）	濮州县学	《山左金石志》
至元二十六年（1289年）	青州县学	《山左金石志》
至元二十六年（1289年）	诸城县学	《山左金石志》
至元二十八年（1291年）	滕县学	《山左金石志》
至元二十九年（1292年）	城武县学	《山左金石志》
至元三十年（1293年）	济州县学	《山左金石志》
至元三十年（1293年）	利津县学	《山左金石志》
至元三十年（1293年）	淄川县学	《山左金石志》
至元三十一年（1294年）	平阴县学	《山左金石志》
至元三十一年（1294年）	高唐州学	《山左金石志》
至元三十一年（1294年）	济阳县学	《山左金石志》
至元三十一年（1294年）	茌平县学	《山左金石志》
至元三十一年（1294年）	诸城县学	《山左金石志》
元贞元年（1295年）	平原县学	《山左金石志》
元贞元年（1295年）	高密县学	《山左金石志》
元贞元年（1295年）	德平县学	《山左金石志》
元贞二年（1296年）	济州县学	《山左金石志》
大德元年（1297年）	冠州县学	《山左金石志》
大德三年（1299年）	西由场县学	《山左金石志》
大德三年（1299年）	济宁县学	《山左金石志》
大德四年（1300年）	馆陶县学	《山左金石志》

续表

时 间	地 点	出 处
大德五年（1301年）	曲阜县学	《山左金石志》
大德六年（1302年）	冠州县学	《山左金石志》
大德八年（1304年）	济阳县学	《山左金石志》
大德十年（1306年）	乐安县学	《山左金石志》
至大四年（1311年）	齐东县学	《山左金石志》
皇庆元年（1312年）	济宁县学	《山左金石志》
延祐二年（1315年）	泰安县学	《山左金石志》
延祐二年（1315年）	曹县县学	《山左金石志》
泰定元年（1324年）	福山县学	《山左金石志》
泰定二年（1325年）	棣州县学	《山左金石志》
元统元年（1333年）	章丘县学	《山左金石志》
元统元年（1333年）	平阴县学	《山左金石志》
元统二年（1334年）	邹平县学	《山左金石志》
后至元元年（1335年）	济州县学	《山左金石志》
后至元三年（1337年）	平原县学	《山左金石志》
后至元三年（1337年）	济宁县学	《山左金石志》
后至元三年（1337年）	诸城县学	《山左金石志》
后至元五年（1339年）	曲阜县学	《山左金石志》
后至元五年（1339年）	齐东县学	《山左金石志》
至正元年（1341年）	邹县县学	《山左金石志》
至正元年（1341年）	邹平县学	《山左金石志》
至正二年（1342年）	济南路县学	《山左金石志》
至正三年（1343年）	东平州县学	《山左金石志》
至正三年（1343年）	济阳县学	《山左金石志》
至正四年（1344年）	泰安县学	《山左金石志》

续表

时　　间	地　点	出　　处
至正四年（1344年）	济宁县学	《山左金石志》
至正八年（1348年）	临朐县学	《山左金石志》
至正九年（1349年）	泰安县学	《山左金石志》
至正十年（1350年）	密州县学	《山左金石志》
至正十三年（1353年）	济宁县学	《山左金石志》
至正十四年（1354年）	清平县学	《山左金石志》
至正十五年（1355年）	临朐县学	《山左金石志》
至正二十四年（1364年）	济宁州县学	《山左金石志》
中统二年（1261年）	陕西高陵县学	《山左金石志》
至元二年（1265年）	直隶定兴县学	《山左金石志》
至元三年（1266年）	顺天密云县学	《山左金石志》
至元四年（1267年）	东平县学	《山左金石志》
至元四年（1267年）	莱芜县学	《山左金石志》
至元六年（1269年）	莱州学	《山左金石志》
至元六年（1269年）	汶上县学	《山左金石志》
至元七年（1270年）	邹平县学	《山左金石志》
至元十二年（1275年）	泰安县学	《山左金石志》

附录2　　元代江南儒学学校建设统计表

地　　点	时　　间	出　　处
奉化州学	至正二十二年（1362年）	《羽庭集》
定海县学	至正二十一年（1361年）	《羽庭集》
淳安县学	至治元年（1321年）	《师山集》
长州县学	后至元三年（1337年）	《侨吴集》
新喻州学	至大二年（1309年）	《天下同文集》

续表

地　点	时　间	出　处
平江路学	至正九年（1349 年）	《夷白斋稿》
浦江县学	至正十一年（1351 年）	《九灵山房集》卷 5
开化县学	至正九年（1349 年）	《桐山老农集》卷 1
开化县学	至正二十三年（1363 年）	《桐山老农集》卷 1
江山县学	至正七年（1347 年）	《桐山老农集》卷 1
太平路学	至元三十年（1293 年）	《桐江续集》卷 35
镇江路学	至元二十八年（1291 年）	《桐江续集》卷 35
余干州学	元贞二年（1296 年）	《桐江续集》卷 36
桐庐县学	大德三年（1299 年）	《养蒙斋文集》卷 3
萧山县学	至元二十九年（1292 年）	《养蒙斋文集》卷 3
萧山县学	大德三年（1299 年）	《养蒙斋文集》卷 3
松阳县学	元贞二年（1296 年）	《养蒙斋文集》卷 3
江阴州学	元贞元年（1295 年）	《墙东类稿》卷 7
江阴州学	皇庆元年（1312 年）	《墙东类稿》卷 7
万载县学	元贞元年（1295 年）	《青山集》卷 5
吉安路学	至正三年（1343 年）	《桂隐文集》卷 1
南丰州学	至元二十二年（1285 年）	《水云村稿》卷 3
南丰州学	延祐四年（1317 年）	《水云村稿》卷 3
潮州路学	至顺三年（1332 年）	《吴文正集》卷 36
临川县学	延祐年间	《吴文正集》卷 36
宜黄县学	至元十五年（1278 年）	《吴文正集》卷 36
宜黄县学	至大四年（1311 年）	《吴文正集》卷 36
宜黄县	大德九年（1305 年）	《吴文正集》卷 36
乐安县学	皇庆元年（1312 年）	《吴文正集》卷 36
乐安县学	延祐四年（1317 年）	《吴文正集》卷 36

续表

地　　点	时　　间	出　　处
广州路香山县学	泰定三年（1326 年）	《吴文正集》卷 36
广州路香山县学	至顺二年（1331 年）	《吴文正集》卷 36
抚州乐安县学	元初	《吴文正集》卷 36
吉安路学	大德八年（1304 年）	《养吾斋集》卷 15
永新州学	延祐二年（1315 年）	《养吾斋集》卷 15
会昌州学	延祐二年（1315 年）	《养吾斋集》卷 15
上高县学	延祐二年（1315 年）	《养吾斋集》卷 15
建宁县学	至元十八年（1281 年）	《养吾斋集》卷 15
建宁县学	大德元年（1297 年）	《养吾斋集》卷 15
上犹县学	元贞元年（1295 年）	《养吾斋集》卷 15
南安路学	大德七年（1303 年）	《养吾斋集》卷 15
彭泽县学	大德十年（1306 年）	《养吾斋集》卷 16
铅山州学	后至元四年（1338 年）	《艮斋集》卷 5
宁德县学	至元二十六年（1289 年）	《雪楼集》卷 11
德县学	至元三十一年（1294 年）	《雪楼集》卷 11
漳州路学	至元二十九年（1292 年）	《雪楼集》卷 11
台州路学	至元三十年（1293 年）	《雪楼集》卷 11
福宁州学	至元二十四年（1287 年）	《雪楼集》卷 11
福宁州学	元贞元年（1295 年）	《雪楼集》卷 11
闽县学	至元十五年（1278 年）	《雪楼集》卷 11
闽县学	元贞二年（1296 年）	《雪楼集》卷 11
武昌路学	大德四年（1300 年）	《雪楼集》卷 11
武昌路学	大德七年（1303 年）	《雪楼集》卷 11
南城县学	大德五年（1301 年）	《雪楼集》卷 12
莆田县学	元贞元年（1295 年）	《雪楼集》卷 16

续表

地　　点	时　　间	出　　处
德兴县学	大德九年（1305 年）	《芳谷集》下
德兴县学	至大二年（1309 年）	《芳谷集》下
建昌路学	泰定元年（1324 年）	《吴文正集》卷 36
瑞州路学	后至元元年（1335 年）	《申斋集》卷 6
南康路学	至元十三年（1276 年）	《申斋集》卷 6
吉安路学	至顺元年（1330 年）	《申斋集》卷 6
吉水州学	至治三年（1323 年）	《申斋集》卷 6
宁都州学	至正八年（1348 年）	《危学士全集》卷 6
龙泉县学	至元二十四年（1287 年）	《巴西邓文原先生集》
龙泉县学	延祐三年（1316 年）	《巴西邓文原先生集》
常州路学	延祐元年（1314 年）	《巴西邓文原先生集》
广德路学	延祐元年（1314 年）	《巴西邓文原先生集》
澧州路学	元贞元年（1295 年）	《姚文公牧庵集》
兰溪州学	至治元年（1321 年）	《吴礼部文集》卷 12
兰溪州学	泰定四年（1327 年）	《吴礼部文集》卷 12
宁国路学	皇庆中	《吴礼部文集》卷 12
东阳县学	至顺三年（1332 年）	《吴礼部文集》卷 12
婺源州学	延祐元年（1314 年）	《吴礼部文集》卷 12
婺源州学	后至元元年（1335 年）	《吴礼部文集》卷 12
池州路学	后至元四年（1338 年）	《吴礼部文集》卷 13
永春县学	至正十二年（1352 年）	《圭峰先生文集》下
永春县学	至正十五年（1355 年）	《圭峰先生文集》下
三华县学	至正九年（1349 年）	《圭峰先生文集》下
惠安县学	至元三十年（1293 年）	《圭峰先生文集》下
惠安县学	至顺元年（1330 年）	《圭峰先生文集》下

续表

地　点	时　间	出　处
惠安县学	至正元年（1341 年）	《圭峰先生文集》
惠安县学	至正四年（1344 年）	《圭峰先生文集》
醴泉县学	大德六年（1302 年）	《勤斋集》卷 1
海盐州学	至正六年（1346 年）	《元文类》卷 12
武昌路学	延祐四年（1317 年）	《元文类》卷 29
长兴州学	至治间	《元文类》卷 12
长兴州学	至正十年（1350 年）	《元文类》卷 12
长州县学	至正九年（1349 年）	《元文类》卷 12
鄞县学	泰定三年（1326 年）	《清容居士集卷》18
庆元路学	泰定二年（1325 年）	《清容居士集卷》18
昌国州学	泰定元年（1324 年）	《清容居士集卷》18
鄞县学	至大二年（1309 年）	《清容居士集卷》18
鄞县学	皇庆二年（1313 年）	《清容居士集卷》18
奉化州学	大德五年（1301 年）	《剡源文集》卷 1
奉化州学	至元二十九年（1292 年）	《剡源文集》卷 1
新昌州学	至元三十年（1293 年）	《道园学古录》卷 8
新昌州学	泰定二年（1325 年）	《道园学古录》卷 8
舒城县学	天历二年（1329 年）	《道园学古录》卷 8
慈利州学	大德六年（1302 年）	《道园学古录》卷 8
慈利州学	后至元二年（1336 年）	《道园学古录》卷 8
新喻州学	至元二十二年（1285 年）	《道园学古录》卷 8
新喻州学	后至元四年（1338 年）	《道园学古录》卷 8
抚州路学	后至元六年（1340 年）	《道园学古录》卷 35
旌德县学	后至元元年（1335 年）	《道园学古录》卷 35
抚州路学	后至元元年（1335 年）	《道园学古录》卷 35

续表

地点	时间	出处
分宜县学	后至元三年（1337年）	《道园学古录》卷35
袁州路学	后至元五年（1339年）	《道园学古录》卷36
万载县学	至治元年（1321年）	《道园学古录》卷35
万载县学	至顺二年（1331年）	《道园学古录》卷35
万载县学	后至元四年（1338年）	《道园学古录》卷35
都昌县学	泰定三年（1326年）	《道园学古录》卷35
都昌县学	后至元五年（1339年）	《道园学古录》卷35
松溪县学	至元十四年（1277年）	《宋文献集》卷7下
杭州路学	至正六年（1346年）	《宋文献集》卷7下
义乌县学	天历二年（1329年）	《宋文献集》卷7上
庐江县学	延祐三年（1316年）	《揭文安公全集》卷11
庐江县学	至顺二年（1331年）	《揭文安公全集》卷11
增城县学	至顺二年（1331年）	《揭文安公全集》卷11
富州修学	至元二十三年（1286年）	《揭文安公全集》卷11
富州修学	泰定四年（1327年）	《揭文安公全集》卷11
全州路学	泰定二年（1325年）	《揭文安公全集》卷10
建德县学	至顺元年（1330年）	《待志集》卷14
永新县学	延祐五年（1318年）	《待志集》卷14
永新县学	至顺二年（1331年）	《待志集》卷14
建德路学	元统元年（1333年）	《待志集》卷15
浦江县学	后至元元年（1335年）	《待志集》卷15
赣州路学	至正二十六年（1366年）	《云阳李先生全集》卷7
泉州路学	后至元元年（1335年）	《安雅堂集》卷7
庆元路学	至元十九年（1282年）	《安雅堂集》卷8
庆元路学	至元二十八年（1291年）	《安雅堂集》卷8

续表

地　点	时　间	出　处
庆元路学	后至元四年（1338 年）	《安雅堂集》卷 8
海盐州学	后至元三年（1337 年）	《安雅堂集》卷 8
长州县学	后至元三年（1337 年）	《安雅堂集》卷 9
富阳县学	至正十年（1350 年）	《诚意伯文集》卷 8
诸暨州学	至正十五年（1355 年）	《诚意伯文集》卷 9
歙县学	至正二十一年（1361 年）	《文宪集》卷 2
永丰县学	至正八年（1348 年）	《云阳李先生文集》卷 7
静江路学	至大三年（1310 年）	《奥西金石略》卷 14
归安县学	天历元年（1328 年）	《金石文跋尾》卷 18
松江府学	至正三年（1343 年）	《金石文跋尾》卷 18
嘉定州学	至正二十一年（1361 年）	《金石文跋尾》卷 18
杭州路学	至正十五年（1355 年）	《金石文跋尾》卷 18
庆元路学	至正二十一年（1361 年）	《金石文跋尾》卷 18
饶州路学	元贞二年（1296 年）	《金石文跋尾》卷 18
静江路学	延祐三年（1316 年）	《奥西金石略》卷 14
句容县学	至大元年（1308 年）	《句容金石志》卷 6
句容县学	至正二年（1342 年）	《句容金石志》卷 6
句容县学	至正七年（1347 年）	《句容金石志》卷 6
杭州路学	至正十四年（1354 年）	《武林石刻记》卷 2
杭州路学	至正二十二年（1362 年）	《武林石刻记》卷 2
新昌县学	至元二十九年（1292 年）	《越中金石记》卷 7
新昌县学	至元三十一年（1294 年）	《越中金石记》卷 7
新昌县学	大德二年（1298 年）	《越中金石记》卷 7
萧山县学	至元二十九年（1292 年）	《越中金石记》卷 7
绍兴路学	至治元年（1321 年）	《越中金石记》卷 8

续表

地　点	时　间	出　处
绍兴路学	至元二十九年（1292年）	《越中金石记》卷8
绍兴路学	元贞二年（1296年）	《越中金石记》卷8
绍兴路学	至治三年（1323年）	《越中金石记》卷8
绍兴路学	泰定二年（1325年）	《越中金石记》卷8
上虞县学	至元三十一年（1294年）	《越中金石记》卷8
上虞县学	大德十一年（1307年）	《越中金石记》卷8
上虞县学	至治元年（1321年）	《越中金石记》卷8
上虞县学	至治三年（1323年）	《越中金石记》卷8
会稽县学	大德五年（1301年）	《越中金石记》卷8
会稽县学	天历二年（1329年）	《越中金石记》卷8
萧山县学	后至元四年（1338年）	《越中金石记》卷9
会稽县学	至正四年（1344年）	《越中金石记》卷9
会稽县学	至顺三年（1332年）	《越中金石记》卷9
余姚州学	至正六年（1346年）	《越中金石记》卷10
余姚州学	后至元二年（1336年）	《越中金石记》卷10
上虞县学	至正十一年（1351年）	《越中金石记》卷10
绍兴路学	至正十年（1350年）	《越中金石记》卷10
绍兴路学	至正十九年（1359年）	《越中金石记》卷10
嵊县学	至正二十三年（1363年）	《越中金石记》卷10
会稽县学	至正二十三年（1363年）	《越中金石记》卷10
遂安县学	大德九年（1305年）	《严州金石录》
遂安县学	至治三年（1323年）	《严州金石录》
处州路学	后至元三年（1337年）	《两浙金石志》卷14
嘉兴路学	大德三年（1299年）	《两浙金石志》卷14
嘉兴路学	大德十年（1306年）	《两浙金石志》卷14

续表

地　　点	时　　间	出　　处
庆元路学	至大二年（1309年）	《两浙金石志》卷14
庆元路学	皇庆二年（1313年）	《两浙金石志》卷14
嘉兴路学	延祐四年（1317年）	《两浙金石志》卷15
归安县学	泰定三年（1326年）	《两浙金石志》卷15
嘉兴路学	至顺二年（1331年）	《两浙金石志》卷15
嘉兴路学	至正六年（1346年）	《两浙金石志》卷17
长兴州学	至正六年（1346年）	《两浙金石志》卷17
归安县学	至正十一年（1351年）	《两浙金石志》卷17
乌程县学	至正十二年（1352年）	《吴兴金石记》卷16
归安县学	至正二十二年（1362年）	《吴兴金石记》卷16
缙云县学	至元二十一年（1284年）	《括苍金石志》卷9
丽水县学	大德元年（1297年）	《括苍金石志》卷9
处州路学	大德五年（1301年）	《括苍金石志》卷9
缙云县学	至正元年（1341年）	《括苍金石志》卷2
松阳县学	元统二年（1334年）	《括苍金石志》卷3
温州路学	延祐元年（1314年）	《东瓯金石志》卷9
永嘉县学	至顺二年（1331年）	《东瓯金石志》卷10
永嘉县学	延祐三年（1316年）	《东瓯金石志》卷10
休宁县学	至元二十八年（1291年）	《安徽金石略》卷2
休宁县学	大德五年（1301年）	《安徽金石略》卷2
黟县学	至大四年（1311年）	《安徽金石略》卷2
绩溪县学	后至元二年（1336年）	《安徽金石略》卷2
绩溪县学	大德十年（1306年）	《安徽金石略》卷2
休宁县学	至正五年（1345年）	《安徽金石略》卷2
兴国路学	至元二十五年（1288年）	《湖北金石志》卷13

续表

地　点	时　间	出　处
兴国路学	至正元年（1341 年）	《湖北金石志》卷 14
兴国路学	至正七年（1347 年）	《湖北金石志》卷 14
兴国路学	至正三年（1343 年）	《湖北金石志》卷 14
乌程县学	至正三年（1343 年）	《万历湖州府志》
嘉兴府学	至正二十三年（1363 年）	《嘉靖嘉兴府图记》
邵武县学	至元二十年（1283 年）	《嘉靖邵武府志》
邵武县学	至正九年（1349 年）	《嘉靖邵武府志》
邵武县学	至正十三年（1353 年）	《嘉靖邵武府志》
泰宁县学	至元二十七年（1290 年）	《嘉靖邵武府志》
建宁县学	至正二十六年（1366 年）	《嘉靖邵武府志》
赣州府学	元贞二年（1296 年）	《天启赣州府志》
赣州府学	至正三年（1343 年）	《天启赣州府志》
安远县学	大德中	《天启赣州府志》
宁都州学	延祐三年（1316 年）	《天启赣州府志》
集庆路学	至元二十五年（1288 年）	《万历应天府志》
海盐州学	至正二年（1342 年）	《天启海盐县图经》
淳安县学	至正元年（1341 年）	《万历续修严州府志》
淳安县学	至正十一年（1351 年）	《万历续修严州府志》
寿昌县学	至元中	《万历续修严州府志》
分水县学	至正中	《万历续修严州府志》
余杭县学	后至元四年（1338 年）	《万历余杭县志》
温州路学	至正十七年（1357 年）	《万历温州府志》
乐清县学	至正十二年（1352 年）	《万历温州府志》
平阳州学	至正十六年（1356 年）	《万历温州府志》
仁和县学	至元中	《成化杭州府志》

续表

地　点	时　间	出　处
海宁州学	大德间	《成化杭州府志》
海宁州学	至正六年（1346年）	《成化杭州府志》
海宁州学	至正十二年（1352年）	《成化杭州府志》
于潜县学	至元二十九年（1292年）	《成化杭州府志》
昌化县学	延祐中	《成化杭州府志》
海宁县学	大德七年（1303年）	《成化杭州府志》
东阳县学	至元二十七年（1290年）	《万历金华府志》
义乌县学	天历二年（1329年）	《万历金华府志》
义乌县学	至正元年（1341年）	《万历金华府志》
永康县学	至元二十九年（1292年）	《万历金华府志》
永康县学	延祐五年（1318年）	《万历金华府志》
武义县学	至元十六年（1279年）	《万历金华府志》
蒲江县学	后至元四年（1338年）	《万历金华府志》
台州路学	延祐间	《弘治赤城新志》
台州路学	泰定初	《弘治赤城新志》
嘉兴路学	后至元五年（1339年）	《弘治嘉兴府志》
乌程县学	后至元三年（1337年）	《弘治湖州府志》
常州路学	至正十五年（1355年）	《成化重修毗陵志》
常州路学	延祐元年（1314年）	《成化重修毗陵志》
常州路学	至正九年（1349年）	《成化重修毗陵志》
武进县学	天历间	《成化重修毗陵志》
无锡州学	至元中	《成化重修毗陵志》
宜兴县学	至元中	《成化重修毗陵志》
歙县学	至大三年（1310年）	《弘治徽州府志》
南昌县学	元统二年（1334年）	《嘉靖江西通志》

续表

地　点	时　间	出　处
新建县学	元统初	《嘉靖江西通志》
进贤县学	元至正十年（1350年）	《嘉靖江西通志》
奉新县学	至元中	《嘉靖江西通志》
武宁县学	至治三年（1323年）	《嘉靖江西通志》
浮梁州学	元皇庆间	《嘉靖江西通志》
安仁县学	至正二十年（1360年）	《嘉靖江西通志》
玉山县学	大德间	《嘉靖江西通志》
铅山州学	皇庆间	《嘉靖江西通志》
永丰县学	延祐四年（1317年）	《嘉靖江西通志》
建昌州学	后至元二年（1336年）	《嘉靖江西通志》
江州路学	后至元六年（1340年）	《嘉靖江西通志》
德化县学	至元三十年（1293年）	《嘉靖江西通志》
德安县学	至大四年（1311年）	《嘉靖江西通志》
瑞昌县学	至元二十九年（1292年）	《嘉靖江西通志》
建昌路学	至正六年（1346年）	《嘉靖江西通志》
南丰县学	延祐三年（1316年）	《嘉靖江西通志》
南城县学	大德间	《嘉靖江西通志》
新城县学	至正三年（1343年）	《嘉靖江西通志》
广昌县学	泰定间	《嘉靖江西通志》
抚州路学	泰定、至正中	《嘉靖江西通志》
临川县学	延祐间	《嘉靖江西通志》
崇仁县学	至元二十一年（1284年）	《嘉靖江西通志》
崇仁县学	延祐间	《嘉靖江西通志》
金溪县学	大德间	《嘉靖江西通志》
金溪县学	延祐、至正中	《嘉靖江西通志》

续表

地　　点	时　　间	出　　处
宜黄县学	至正四年（1344 年）	《嘉靖江西通志》
清江县学	至正间	《嘉靖江西通志》
庐陵县学	延祐间	《嘉靖江西通志》
庐陵县学	至正中	《嘉靖江西通志》
太和州学	至正十一年（1351 年）	《嘉靖江西通志》
龙泉县学	至元二十二年（1285 年）	《嘉靖江西通志》
永新县学	至正中	《嘉靖江西通志》
上高县学	后至元五年（1339 年）	《嘉靖江西通志》
新昌州学	大德五年（1301 年）	《嘉靖江西通志》
新昌州学	至正二十八年（1368 年）	《嘉靖江西通志》
分宜县学	后至元二年（1336 年）	《嘉靖江西通志》
云都县学	至元间	《嘉靖江西通志》
信丰县学	大德间、至大间	《嘉靖江西通志》
会昌州学	至正间	《嘉靖江西通志》
宁都州学	至元间	《嘉靖江西通志》
上独县学	至元十二年（1275 年）	《嘉靖江西通志》
上独县学	至元二十一年（1284 年）	《嘉靖江西通志》
临桂县学	皇庆间	《嘉靖广西通志》
临桂县学	至正三年（1343 年）	《嘉靖广西通志》
兴安县学	至正间	《嘉靖广西通志》
阳朔县学	延祐六年（1319 年）	《嘉靖广西通志》
全州路学	至正十年（1350 年）	《嘉靖广西通志》
灌阳县学	至治间、至正间	《嘉靖广西通志》
洛容县学	元贞元年（1295 年）	《嘉靖广西通志》
宾州县学	皇庆中	《嘉靖广西通志》

续表

地　点	时　间	出　处
庆远府学	至正十年（1350年）	《嘉靖广西通志》
平乐府学	至正十二年（1352年）	《嘉靖广西通志》
贺州县学	至正初	《嘉靖广西通志》
荔浦县学	至正九年（1349年）	《嘉靖广西通志》
梧州路学	至元二十四年（1287年）	《嘉靖广西通志》
郁林州学	至正三年（1343年）	《嘉靖广西通志》
兴业县学	至治三年（1323年）	《嘉靖广西通志》
贵州学	延祐六年（1319年）	《嘉靖广西通志》
贵州学	大德九年（1305年）	《嘉靖广西通志》
横州学	至正间	《嘉靖广西通志》
广州路学	至元三十一年（1294年）	《嘉靖广东通志初稿》
广州路学	延祐五年（1318年）	《嘉靖广东通志初稿》
广州路学	泰定元年（1324年）	《嘉靖广东通志初稿》
南海县学	至元三十年（1293年）	《嘉靖广东通志初稿》
东莞县学	至元间	《嘉靖广东通志初稿》
香山县学	至元二十二年（1285年）	《嘉靖广东通志初稿》
清远县学	至正元年（1341年）	《嘉靖广东通志初稿》
阳山县学	后至元二年（1336年）	《嘉靖广东通志初稿》
连州县学	至治三年（1323年）	《嘉靖广东通志初稿》
惠州路学	至元二十九年（1292年）	《嘉靖广东通志初稿》
归善县学	泰定元年（1324年）	《嘉靖广东通志初稿》
龙川县学	延祐五年（1318年）	《嘉靖广东通志初稿》
长乐县学	至元二十七年（1290年）	《嘉靖广东通志初稿》
长乐县学	至顺初	《嘉靖广东通志初稿》
潮州路学	至元二十一年（1284年）	《嘉靖广东通志初稿》

续表

地点	时间	出处
潮州路学	至顺元年（1330年）	《嘉靖广东通志初稿》
程乡县学	大德元年（1297年）	《嘉靖广东通志初稿》
德庆州学	至元二十一年（1284年）	《嘉靖广东通志初稿》
泷水县学	大德间	《嘉靖广东通志初稿》
乾宁安抚司学	至大二年（1309年）	《嘉靖广东通志初稿》
乾宁安抚司学	泰定四年（1327年）	《嘉靖广东通志初稿》
乾宁安抚司学	至正十一年（1351年）	《嘉靖广东通志初稿》
乾宁安抚司学	至正十九年（1359年）	《嘉靖广东通志初稿》
澄迈县学	大德间	《嘉靖广东通志初稿》
澄迈县学	皇庆二年（1313年）	《嘉靖广东通志初稿》
澄迈县学	天历间	《嘉靖广东通志初稿》
文昌县学	至顺三年（1332年）	《嘉靖广东通志初稿》
昌化县学	至元二十一年（1284年）	《嘉靖广东通志初稿》
昌化县学	元贞元年（1295年）	《嘉靖广东通志初稿》
昌化县学	大德间	《嘉靖广东通志初稿》
万安军学	大德元年（1297年）	《嘉靖广东通志初稿》
万安军学	泰定元年（1324年）	《嘉靖广东通志初稿》
万安军学	后至元三年（1337年）	《嘉靖广东通志初稿》
吉阳军学	泰定三年（1326年）	《嘉靖广东通志初稿》
醴陵州学	大德中	《光绪湖南通志》
醴陵县学	天历中	《光绪湖南通志》
茶陵州学	至元中	《光绪湖南通志》
衡州路学	至正间	《光绪湖南通志》
永州府学	至正二年（1342年）	《光绪湖南通志》
宝庆路学	至元中	《光绪湖南通志》

续表

地　点	时　间	出　处
邵阳县学	至元中	《光绪湖南通志》
平江州学	至元中	《光绪湖南通志》
常德路学	延祐中	《光绪湖南通志》
武陵县学	至正中	《光绪湖南通志》
桃源县学	延祐中	《光绪湖南通志》
泸溪县学	至大初	《光绪湖南通志》
辰溪县学	至正中	《光绪湖南通志》
黔阳县学	至正中	《光绪湖南通志》
桂阳州学	泰定中	《光绪湖南通志》
汉川县学	大德元年（1297 年）	嘉靖《湖广图经志书》
汉川县学	至正元年（1341 年）	嘉靖《湖广图经志书》
孝感县学	至元二十年（1283 年）	嘉靖《湖广图经志书》
孝感县学	延祐四年（1317 年）	嘉靖《湖广图经志书》
孝感县学	至治元年（1321 年）	嘉靖《湖广图经志书》
应山县学	延祐七年（1320 年）	嘉靖《湖广图经志书》
应山县学	至正四年（1344 年）	嘉靖《湖广图经志书》
中兴路学	至元十六年（1279 年）	嘉靖《湖广图经志书》
中兴路学	大德四年（1300 年）	嘉靖《湖广图经志书》
江陵县学	至元三十年（1293 年）	嘉靖《湖广图经志书》
江陵县学	至治年间	嘉靖《湖广图经志书》
公安县学	大德八年（1304 年）	嘉靖《湖广图经志书》
石首县学	至大元年（1308 年）	嘉靖《湖广图经志书》
石首县学	元统元年（1333 年）	嘉靖《湖广图经志书》
监利县学	至元十三年（1276 年）	嘉靖《湖广图经志书》
监利县学	泰定三年（1326 年）	嘉靖《湖广图经志书》

续表

地　点	时　间	出　处
监利县学	元统二年（1334年）	嘉靖《湖广图经志书》
潜江县学	至元三十年（1293年）	嘉靖《湖广图经志书》
长林县学	泰定二年（1325年）	嘉靖《湖广图经志书》
当阳县学	至元末	嘉靖《湖广图经志书》
当阳县学	元统元年（1333年）	嘉靖《湖广图经志书》
夷陵州学	至元十六年（1279年）	嘉靖《湖广图经志书》
谷城县学	至元二十六年（1289年）	嘉靖《湖广图经志书》
谷城县学	至正二年（1342年）	嘉靖《湖广图经志书》
京山县学	至元十四年（1277年）	嘉靖《湖广图经志书》
京山县学	至正五年（1345年）	嘉靖《湖广图经志书》
景陵县学	后至元三年（1337年）	嘉靖《湖广图经志书》
平江县学	泰定二年（1325年）	嘉靖《湖广图经志书》
常宁州	泰定元年（1324年）	嘉靖《湖广图经志书》
酃县学	至元二十三年（1286年）	嘉靖《湖广图经志书》
酃县学	大德六年（1302年）	嘉靖《湖广图经志书》
蓝山县学	泰定二年（1325年）	嘉靖《湖广图经志书》
蓝山县学	至元二十四年（1287年）	嘉靖《湖广图经志书》
道州路学	至正五年（1345年）	嘉靖《湖广图经志书》
道州路学	至正八年（1348年）	嘉靖《湖广图经志书》
彬州路学	至正四年（1344年）	嘉靖《湖广图经志书》
永兴县学	至元十三年（1276年）	嘉靖《湖广图经志书》
永兴县学	大德元年（1297年）	嘉靖《湖广图经志书》
兴宁县学	至正五年（1345年）	嘉靖《湖广图经志书》
天临路学	至元十四年（1277年）	嘉靖《湖广图经志书》
湘乡州学	皇庆二年（1313年）	嘉靖《湖广图经志书》

续表

地　点	时　间	出　处
湘乡州学	泰定四年（1327 年）	嘉靖《湖广图经志书》
湘乡州学	后至元四年（1338 年）	嘉靖《湖广图经志书》
安化县学	至元二十三年（1286 年）	嘉靖《湖广图经志书》
茶陵州学	后至元四年（1338 年）	嘉靖《湖广图经志书》
新宁县学	延祐二年（1315 年）	嘉靖《湖广图经志书》
辰州路学	至正八年（1348 年）	嘉靖《湖广图经志书》
卢溪县学	至大三年（1310 年）	嘉靖《湖广图经志书》
黔阳县学	后至元三年（1337 年）	嘉靖《湖广图经志书》
德兴县学	大德九年（1305 年）	嘉靖《江西通志》卷 8
德兴县学	至大二年（1309 年）	嘉靖《江西通志》卷 8
新昌县学	至顺二年（1331 年）	嘉靖《江西通志》卷 30
静江路学	至元十六年（1279 年）	嘉靖《广西通志》卷 24
静江路学	至大四年（1311 年）	嘉靖《广西通志》卷 24
静江路学	天历元年（1328 年）	嘉靖《广西通志》卷 24
静江路学	延祐七年（1320 年）	嘉靖《广西通志》卷 24
静江路学	后至元四年（1338 年）	嘉靖《广西通志》卷 24
静江路学	至正元年（1341 年）	嘉靖《广西通志》卷 24
静江路学	至正十三年（1353 年）	嘉靖《广西通志》卷 24
海盐州学	延祐二年（1315 年）	嘉靖《嘉兴府图记》卷 5
邵武县学	至顺元年（1330 年）	嘉靖《邵武府志》卷 7
吴县学	至正九年（1349 年）	嘉靖《吴邑志》卷 5
平江路学	大德二年（1298 年）	嘉靖《吴邑志》卷 5
平江路学	延祐七年（1320 年）	嘉靖《吴邑志》卷 5
平江路学	延祐二年（1315 年）	嘉靖《吴邑志》卷 5
平江路学	至治二年（1322 年）	嘉靖《吴邑志》卷 5

续表

地　点	时　间	出　处
平江路学	至正十五年（1355 年）	嘉靖《吴邑志》卷 5
福州路学	大德八年（1304 年）	弘治《八闽通志》卷 44
福州路学	皇庆元年（1312 年）	弘治《八闽通志》卷 44
福州路学	延祐四年（1317 年）	弘治《八闽通志》卷 44
福州路学	泰定三年（1326 年）	弘治《八闽通志》卷 44
福州路学	泰定五年（1328 年）	弘治《八闽通志》卷 44
福州路学	至正十五年（1355 年）	弘治《八闽通志》卷 44
闽县学	至元二十年（1283 年）	弘治《八闽通志》卷 44
闽县学	元贞元年（1295 年）	弘治《八闽通志》卷 44
闽县学	大德七年（1303 年）	弘治《八闽通志》卷 44
闽县学	大德十一年（1307 年）	弘治《八闽通志》卷 44
闽县学	至大三年（1310 年）	弘治《八闽通志》卷 44
闽县学	泰定二年（1325 年）	弘治《八闽通志》卷 44
侯官县学	至大二年（1309 年）	弘治《八闽通志》卷 44
侯官县学	延祐五年（1318 年）	弘治《八闽通志》卷 44
长乐县学	至治元年（1321 年）	弘治《八闽通志》卷 44
长乐县学	至正十二年（1352 年）	弘治《八闽通志》卷 44
福清州学	元贞元年（1295 年）	弘治《八闽通志》卷 44
福清州学	大德三年（1299 年）	弘治《八闽通志》卷 44
福清州学	延祐五年（1318 年）	弘治《八闽通志》卷 44
福清州学	泰定四年（1327 年）	弘治《八闽通志》卷 44
福清州学	至正九年（1349 年）	弘治《八闽通志》卷 44
福清州学	至正十二年（1352 年）	弘治《八闽通志》卷 44
古田县学	元贞元年（1295 年）	弘治《八闽通志》卷 44
古田县学	延祐七年（1320 年）	弘治《八闽通志》卷 44

续表

地　点	时　间	出　处
古田县学	至治二年（1322年）	弘治《八闽通志》卷44
永福县学	泰定二年（1325年）	弘治《八闽通志》卷44
永福县学	至顺元年（1330年）	弘治《八闽通志》卷44
闽清县学	至元三十一年（1294年）	弘治《八闽通志》卷44
闽清县学	泰定三年（1326年）	弘治《八闽通志》卷44
罗源县学	延祐五年（1318年）	弘治《八闽通志》卷44
罗源县学	泰定三年（1326年）	弘治《八闽通志》卷44
罗源县学	至正三年（1343年）	弘治《八闽通志》卷44
建宁路学	泰定二年（1325年）	弘治《八闽通志》卷44
建宁路学	至正二十年（1360年）	弘治《八闽通志》卷44
松溪县学	至大三年（1310年）	弘治《八闽通志》卷44
松溪县学	至正七年（1347年）	弘治《八闽通志》卷44
松溪县学	至正十四年（1354年）	弘治《八闽通志》卷44
崇安县学	至元十六年（1279年）	弘治《八闽通志》卷44
崇安县学	至治二年（1322年）	弘治《八闽通志》卷44
崇安县学	至正十二年（1352年）	弘治《八闽通志》卷44
泉州路学	大德三年（1299年）	弘治《八闽通志》卷44
泉州路学	至正十年（1350年）	弘治《八闽通志》卷44
南安县学	延祐、泰定间	弘治《八闽通志》卷44
南安县学	元统二年（1334年）	弘治《八闽通志》卷44
南安县学	至正十七年（1357年）	弘治《八闽通志》卷44
南安县学	至正二十三年（1363年）	弘治《八闽通志》卷44
惠安县学	元贞元年（1295年）	弘治《八闽通志》卷44
惠安县学	至正二十四年（1364年）	弘治《八闽通志》卷44
漳州路学	延祐三年（1316年）	弘治《八闽通志》卷45

续表

地　点	时　间	出　处
漳州路学	天历二年（1329年）	弘治《八闽通志》卷45
龙溪县学	大德二年（1298年）	弘治《八闽通志》卷45
龙岩县学	大德三年（1299年）	弘治《八闽通志》卷45
龙岩县学	至正十七年（1357年）	弘治《八闽通志》卷45
连城县学	至正二十二年（1362年）	弘治《八闽通志》卷45
延平路学	天历二年（1329年）	弘治《八闽通志》卷45
尤溪县学	至正元年（1341年）	弘治《八闽通志》卷45
沙县学	至正二十一年（1361年）	弘治《八闽通志》卷45
顺昌县学	至顺二年（1331年）	弘治《八闽通志》卷45
邵武路学	延祐四年（1317年）	弘治《八闽通志》卷45
邵武路学	泰定元年（1324年）	弘治《八闽通志》卷45
邵武路学	至正四年（1344年）	弘治《八闽通志》卷45
泰宁县学	后至元六年（1340年）	弘治《八闽通志》卷45
泰宁县学	至正二十七年（1367年）	弘治《八闽通志》卷45
光泽县学	后至元六年（1340年）	弘治《八闽通志》卷45
兴化路学	大德六年（1302年）	弘治《八闽通志》卷45
兴化路学	至顺二年（1331年）	弘治《八闽通志》卷45
兴化路学	至正八年（1348年）	弘治《八闽通志》卷45
兴化路学	至正十年（1350年）	弘治《八闽通志》卷45
兴化路学	至正二十年（1360年）	弘治《八闽通志》卷45
蒲田县学	至顺二年（1331年）	弘治《八闽通志》卷45
仙游县学	至正二十五年（1365年）	弘治《八闽通志》卷45
福宁州学	至元二十六年（1289年）	弘治《八闽通志》卷45
福宁州学	至元二十九年（1292年）	弘治《八闽通志》卷45
福宁州学	大德十一年（1307年）	弘治《八闽通志》卷45

续表

地点	时间	出处
福宁州学	延祐四年（1317年）	弘治《八闽通志》卷45
福宁州学	至治三年（1323年）	弘治《八闽通志》卷45
福宁州学	至正十年（1350年）	弘治《八闽通志》卷45
福安县学	皇庆元年（1312年）	弘治《八闽通志》卷45
福安县学	至正三年（1343年）	弘治《八闽通志》卷45
鄞县学	至元十九年（1282年）	《至正四明续志》卷7
鄞县学	至元二十八年（1291年）	《至正四明续志》卷7
奉化州学	延祐七年（1320年）	《至正四明续志》卷7
奉化州学	至顺二年（1331年）	《至正四明续志》卷7
慈溪县学	元贞二年（1296年）	《至正四明续志》卷7
慈溪县学	后至元五年（1339年）	《至正四明续志》卷7
象山县学	后至元二年（1336年）	《至正四明续志》卷7
象山县学	至正元年（1341年）	《至正四明续志》卷7
集庆路学	大德五年（1301年）	《至正金陵新志》卷9
集庆路学	大德七年（1303年）	《至正金陵新志》卷9
集庆路学	至大二年（1309年）	《至正金陵新志》卷9
上元县学	后至元五年（1339年）	《至正金陵新志》卷9
句容县学	至元三十年（1293年）	《至正金陵新志》卷9
句容县学	后至元二年（1336年）	《至正金陵新志》卷9
溧水县学	元贞元年（1295年）	《至正金陵新志》卷9
溧阳州学	大德五年（1301年）	《至正金陵新志》卷9
溧阳州学	大德十一年（1307年）	《至正金陵新志》卷9
溧阳州学	至治元年（1321年）	《至正金陵新志》卷9
镇江路学	延祐二年（1315年）	《至顺镇江志》卷11
镇江路学	天历元年（1328年）	《至顺镇江志》卷11

续表

地　点	时　间	出　处
镇江路学	至元十五年（1278年）	《至顺镇江志》卷11
镇江路学	延祐六年（1319年）	《至顺镇江志》卷11
镇江路学	元贞元年（1295年）	《至顺镇江志》卷11
镇江路学	至大元年（1308年）	《至顺镇江志》卷11
丹徒县学	延祐六年（1319年）	《至顺镇江志》卷11
金坛县学	大德三年（1299年）	《至顺镇江志》卷11
奉化州学	至元二十二年（1285年）	光绪《奉化县志》卷8
奉化州学	延祐二年（1315年）	光绪《奉化县志》卷8
慈溪县学	至大三年（1310年）	光绪《慈溪县志》卷4
慈溪县学	皇庆二年（1313年）	光绪《慈溪县志》卷4
慈溪县学	至正六年（1346年）	光绪《慈溪县志》卷4
慈溪县学	至正十六年（1356年）	光绪《慈溪县志》卷4
昌国州学	至元二十一年（1284年）	《大德昌国州图志》卷2
昌国州学	元贞元年（1295年）	《大德昌国州图志》卷2
庆元路学	延祐六年（1319年）	乾隆《宁波府志》卷9
鄞县学	至正二十三年（1363年）	乾隆《宁波府志》卷9
象山县学	大德五年（1301年）	乾隆《宁波府志》卷9
定海县学	泰定元年（1324年）	乾隆《宁波府志》卷9
庆元路学	元贞二年（1296年）	《延祐四明志》卷13
广州路学	元贞元年（1295年）	《大德南海志》卷9
广州路学	泰定三年（1326年）	《大德南海志》卷9
增城县学	至元二十五年（1288年）	《大德南海志》卷9
南康县学	大德十一年（1307年）	同治《南安府志》卷5
南康县学	至正七年（1347年）	同治《南安府志》卷5
余姚州学	至元十四年（1277年）	光绪《余姚县志》卷10

续表

地　点	时　间	出　处
余姚州学	至元二十八年（1291年）	光绪《余姚县志》卷10
余姚州学	至正二十三年（1363年）	光绪《余姚县志》卷10
山阴县学	至正二年（1342年）	嘉庆《山阴县志》卷19
山阴县学	至正五年（1345年）	嘉庆《山阴县志》卷19
嵊县学	元贞二年（1296年）	同治《嵊县志》卷5
嵊县学	后至元二年（1336年）	同治《嵊县志》卷5
嵊县学	至正五年（1345年）	同治《嵊县志》卷5
嵊县学	至正九年（1349年）	同治《嵊县志》卷5
萧山县学	后至元四年（1338年）	民国《萧山县志稿》卷10
松江府学	元贞元年（1295年）	崇祯《松江府志》卷23
松江府学	至正十年（1350年）	崇祯《松江府志》卷23
松江府学	至正十九年（1359年）	崇祯《松江府志》卷23
松江府学	延祐七年（1320年）	崇祯《松江府志》卷23
华亭县学	至大初	崇祯《松江府志》卷24
华亭县学	延祐六年（1319年）	崇祯《松江府志》卷24
华亭县学	至正九年（1349年）	崇祯《松江府志》卷24
华亭县学	至正三年（1343年）	崇祯《松江府志》卷24
上海县学	元贞元年（1295年）	崇祯《松江府志》卷24
上海县学	大德六年（1302年）	崇祯《松江府志》卷24
上海县学	至大三年（1310年）	崇祯《松江府志》卷24
上海县学	至正七年（1347年）	崇祯《松江府志》卷24
徽州路学	至元十五年（1278年）	弘治《徽州府志》卷5
徽州路学	至元二十八年（1291年）	弘治《徽州府志》卷5
徽州路学	大德四年（1300年）	弘治《徽州府志》卷5
徽州路学	后至元四年（1338年）	弘治《徽州府志》卷5

续表

地　点	时　间	出　处
绩溪县学	至元二十七年（1290 年）	弘治《徽州府志》卷 5
绩溪县学	延祐五年（1318 年）	弘治《徽州府志》卷 5
绩溪县学	至正八年（1348 年）	弘治《徽州府志》卷 5
婺源州学	泰定元年（1324 年）	弘治《徽州府志》卷 5
婺源州学	至正十二年（1352 年）	弘治《徽州府志》卷 5
祁门县学	至元中	弘治《徽州府志》卷 5
祁门县学	至顺三年（1332 年）	弘治《徽州府志》卷 5
黟县学	元贞元年（1295 年）	弘治《徽州府志》卷 12
歙县学	至正四年（1344 年）	弘治《徽州府志》卷 12
婺州路学	延祐元年（1314 年）	万历《金华府志》卷 26
武义县学	至元二十四年（1287 年）	万历《金华府志》卷 26
武义县学	至正三年（1343 年）	万历《金华府志》卷 26
武义县学	至正五年（1345 年）	万历《金华府志》卷 26
嘉兴路学	至元二十八年（1291 年）	弘治《嘉兴府志》卷 7
平江路学	至正十五年（1355 年）	嘉靖《吴邑志》卷 5
台州路学	至元十三年（1276 年）	弘治《赤城新志》
临海县学	至元十三年（1276 年）	弘治《赤城新志》
黄岩县学	至元十三年（1276 年）	弘治《赤城新志》
宁海县学	至元二十六年（1289 年）	弘治《赤城新志》
常州路学	延祐元年（1314 年）	成化《重修毗陵志》
德兴县学	至大二年（1309 年）	嘉靖《江西通志》
崖州学	至正五年（1345 年）	嘉庆《广东通志稿》
琼山县学	至正中	嘉庆《广东通志稿》
上海县学	至元二十九年（1292 年）	崇祯《松江府志》卷 24
池州路学	至元三十一年（1294 年）	吴师道《吴礼部文集》卷 12

续表

地　点	时　间	出　处
杭州路学	大德七年（1303年）	黄溍《黄文献集》卷7
海宁州学	至大二年（1309年）	成化《杭州府志》卷23
永春县学	延祐四年（1317年）	弘治《八闽通志》卷44
温州路学	延祐四年（1317年）	万历《温州府志》卷9
连江县学	皇庆二年（1313年）	弘治《八闽通志》卷44
池州路学	延祐五年（1318年）	吴师道《吴礼部文集》卷12
连江县学	致和元年（1328年）	弘治《八闽通志》卷44
永春县学	泰定元年（1324年）	弘治《八闽通志》卷44
嘉定州学	至大三年（1310年）	万历《嘉定县志》卷33
嘉定州学	泰定二年（1325年）	万历《嘉定县志》卷3
嘉定州学	至顺元年（1330年）	万历《嘉定县志》卷3
嘉定州学	至正十七年（1357年）	万历《嘉定县志》卷3
宁国路	至顺元年（1330年）	吴师道《吴礼部文集》卷12
连江县学	至正二十一年（1361年）	弘治《八闽通志》卷44
庆元路学	至正七年（1347年）	阮元《两浙金石志》卷17
庆元路学	至正九年（1349年）	阮元《两浙金石志》卷17
宜黄县学	至元十五年（1278年）	吴澄《吴文正集》卷36
广州路学	至元十六年（1279年）	嘉庆《广东通志稿》卷16
程乡县学	至元二十九年（1292年）	嘉庆《广东通志稿》卷16
南城县学	大德九年（1305年）	嘉靖《江西通志》卷16
吉安路学	大德十一年（1307年）	刘将孙《养吾斋集》卷15
临川县学	至大中	吴澄《吴文正集》卷36
南康县学	至大元年（1308年）	同治《南安府志》卷5
武昌路学	延祐四年（1317年）	苏天爵《元文类》卷29
曲江县学	延祐中	嘉靖《广东通志初稿》卷16

续表

地　　点	时　　间	出　处
崇仁县学	泰定四年（1327 年）	吴澄《吴文正集》卷 50
南康县学	泰定二年（1325 年）	同治《南安府志》卷 20
赣州路学	至顺二年（1331 年）	刘岳申《申斋集》卷 6
乐安县学	后至元元年（1335 年）	虞集《道园学古录》卷 35
程乡县学	至正二十六年（1366 年）	嘉靖《广东通志初稿》卷 16
兴安县学	至元间	嘉靖《广西通志》卷 24
灵川县学	至元二十一年（1284 年）	嘉靖《广西通志》卷 24
平乐府学	至元十六年（1279 年）	嘉靖《广西通志》卷 24
卢溪县学	至元中	光绪《湖南通志》卷 62
汉川县学	至元中	嘉靖《湖广图经志书》卷 3
义宁县学	元贞元年（1295 年）	嘉靖《广西通志》卷 24
静江路学	大德元年（1297 年）	嘉靖《广西通志》卷 24
北流县学	大德二年（1298 年）	嘉靖《广西通志》卷 24
泷水县学	大德中	嘉靖《广东通志初稿》卷 16
德庆路学	至元二十一年（1284 年）	嘉靖《广东通志初稿》卷 16
汉川县学	后至元五年（1339 年）	嘉靖《湖广图经志书》卷 3
乾宁安抚司学	皇庆元年（1312 年）	嘉靖《广东通志初稿》卷 16
会同县学	皇庆元年（1312 年）	嘉靖《广东通志初稿》卷 16
卢溪县学	至大四年（1311 年）	嘉靖《湖广图经志书》卷 17
贺州学	至正十六年（1356 年）	嘉靖《广西通志》卷 25
北流县学	至正二十六年（1366 年）	嘉靖《广西通志》卷 25
永州路学	至正二十七年（1367 年）	隆庆《永州府志》卷 8

第三章

元代教育制度（一）

现代意义上的“教育制度”，根据《辞海》的解释，是指根据国家的性质制定的教育目的、方针、各级各类教育机构和设施的总称。教育制度除了包括一个国家的各级各类的教育机构体系以外，还包括各级教育行政机构。根据这一理解，教育制度由两部分组成：一是以教育目的、方针为主导，保证教育发展方向和正常运行的规则或法令；一是教育正常发展所需要具备的行政管理机构、各级教育机构和教学设施。可以说，二者的有机结合，就是一个国家教育制度的内容。

中国古代的教育制度虽然与现代意义上的教育制度有较大的区别，但古代教育制度同样应该包括这两个方面的内容。具体地说，中国古代教育制度应该包括三部分：教育管理制度、祭祀制度以及学校教育制度。教育管理制度包括国家、地方政府以及教育行政机构对教育事业的管理制度以及各级各类学校内部管理制度两个方面，它是为了贯彻执行国家教育方针、教育目的以及为了遵循教育发展规律而建立起来的一套制度体系，是前面所说的教育制度的两部分内容的有机结合。祭祀制度是中国古代儒学教育特有的制度之一（这里所说的祭祀指文庙祭祀），中国从唐朝地方儒学开始广泛建立以来，就形成了庙学合一的体制，学校中有庙有学，“由学尊庙，因庙表学”，祭祀在学校进行，不仅学校师生参与，负有教育管理责任的地方官吏、地方监察官吏、地方儒士都必须参与祭祀活动。可以说，文庙祭祀制度是中国古代重视祭祀的传统在教育上的反映，因此，文庙祭祀是中国古代教育制度的主要内容之一。学校教育制度简称学制，是各级各类学校的性质、任务、入学条件、学习年限以及他们之间纵向和横向的联系的总称，具体包括学生来源、数量、待遇、出路、教学内容、方法、各种仪式以及学校生活等。本课题探讨的是元代各级地方儒学（或官学）的教育制度，其他教育形式不包括在内。

元代教育制度是有关教育史、蒙元史学界关注较多的一个问题，研究成果很多。毛锐礼、沈灌群主编《中国教育通史》第 3 卷，陈学恂主编《中国教育史研究》宋元部分，李国钧、王炳照主编《中国教育制度通史》第 3 卷，李才栋等编写的《中国教育管理制度史》等教育史专著中都有元代教育制度的内容。① 研究论文有胡务《元代庙学的组织和管理》、王立平《元代地方官学的生员及其学习生活》等，本人也有《元代庙学考辨》、《元代江南儒学的小学与大学考》等文章探讨这一问题。② 前人的研究成果仅就学校管理、学生学习生活、学校教育等个别方面进行了探讨，很多问题还没有涉及。一些教育史的专著虽然对元代教育史的内容进行了比较全面的论述，但由于不注意吸收前人成果、史料挖掘不深等明显缺陷，值得商榷的地方很多；一些领域还没有涉及，不能反映元代教育制度的全部内容，特别是在祭祀制度这一点上，几乎还没有学者将这一制度列入教育制度的范畴。因此，本人认为，通过对

---

① 论及元代教育制度的专著还有程方平《辽金元教育史》、欧阳周《元代教育史》等。

② 出处分别见：《中国史论集》，天津古籍出版社 1994 年版；《固阳师专学报》1996 年第 1 期；《内蒙古大学学报》2002 年第 2 期；《内蒙古大学学报》2003 年第 3 期。

元代教育制度的研究，有必要对中国教育史的理解和架构进行重新探讨，使中国古代教育史的学术架构更加符合历史的本来面目。有关前人的观点，将在文中分别讨论。

一、有关“庙学”的考辩

宋元以来的地方学校就有庙学之称，直到今天，仍有一些学者使用庙学的概念，但在有关庙学的理解上，目前学术界有一些不同的看法。因此，理清什么是庙学，庙学与儒学的关系如何，对研究元代儒学教育制度具有重要意义。本节主要对庙学的概念进行辨析，附带论述元代庙学与儒学的关系。

关于庙学，台湾出版的《中文大辞典》解释为：设于庙内之学校。那么，这种解释是否符合元代庙学的实际情况呢？目前国内外一些学者基本上持肯定的态度。日本学者牧野修二认为：“庙学（元代）即郡县学，它是以文庙（先圣庙、宣圣庙、孔子庙）为精神中枢，并依附于文庙而设置的儒学。”① 学者胡务也认为：庙学即儒学，② 是依附于孔庙传授儒家理论为宗旨的学校。③ 类似的观点在宋代教育史研究中也有反映，顾宏义在研究了宋代两浙地区的教育制度以后，就认为宋代在州县学外另设庙学的说法“大可商榷”，庙学就是当时的州县学。④ 同时，也有一些学者提出了与此不同的意见。程方平在《辽金元教育史》中认为：元代存在着“确确实实的庙学”，它与地方学校不同，是“一种类似佛教俗讲的教育形式”，它是“以祭奠为中心的一种暂时性的教育，类似于今天的讲习班，讲座等形式”。1994 年版的《中国全史·元代教育史》（欧阳周著）、2000 年版的《中国教育史研究》（陈学恂主编）

---

①（日）牧野修二：《论元代庙学和书院的规模》，《齐齐哈尔师院学报》1988 年第 4 期。

② 胡务：《元代庙学的兴建和繁荣》，《元史论丛》第 6 辑。

③ 胡务：《元代庙学的建筑结构》，《元史论丛》第 8 辑。

④ 顾宏义：《教育政策与宋代两浙教育》，湖北教育出版社 2003 年版，第 81 页。

也持类似的观点。林拓的《文化的地理过程分析》在承认元代庙学与官学合一的同时，也认为元代庙学有广义和狭义之分，认为狭义庙学是“以祭奠活动为中心，具有短期讲习性质”的教育形式。① 毛礼锐、沈灌群主编《中国教育通史》第3卷（1995年第2版）则有专门篇幅重复关于元朝存在“与地方学校不同”的庙学理论。② 那么，元代的庙学到底是什么样的教育形式，它与儒学的关系如何？

元代有关庙学的史料很多，笔者仅在元人文集以及各地金石碑传中，就检索到很多处，现选出几条摘录如下：

张伯淳《处州路重修儒学教授厅记》：“余友天台童君教处学三年，废必兴，弊必革……于是庙学严整。”③

陆文圭《江阴州重修学记》：“皇庆改元暨阳，庙学告成，孰成之，东平曹侯也。”④

程钜夫《大元国学先圣庙碑》：“至元四年，作都城，画地宫城之东为庙学基。”“成宗建庙学。”⑤

卢挚《陕西等处转运盐使司作新孔子庙记》：“今有庙学，亦尚昭圣治哉。”⑥

翟祺《藕泽村孔庙记》：“藕泽里之有庙学，有藕塘宋思约者……自输己材，创建庙学。”⑦

《吉水州修学记》：“吉水乡校自至元中，县令多东鲁儒生，凡致美于庙学者，靡不毕用其至。”⑧

《武卫新建宣圣庙碑》：“吾卫庙学未立，师弟子教学无所……

---

① 林拓：《文化的地理分析过程》，上海书店出版社2004年版，第86页。

② 毛礼锐、沈灌群主编：《中国教育通史》第3卷，山东教育出版社1987年版，第296～297页。

③ 张伯淳：《养蒙文集》卷3。

④ 陆文圭：《墙东类稿》卷7。

⑤ 程钜夫：《雪楼集》卷6。

⑥ 胡聘之：《山右石刻丛编》卷28。

⑦ 胡聘之：《山右石刻丛编》卷39。

⑧ 刘岳申：《申斋集》卷6。

乃以庙学告成请于上。"①

以上所引史料中的"庙学"分别指的是：处州路学、江阴州学、国子学、陕西等处转运盐使司儒学、藕塘里社学、吉水县学（吉水后改为州）、武卫军（元京师侍卫亲军之一部）儒学。此外，据《山左金石志》，山东东路都转运盐使司下辖的十九所盐场之一的西由盐场的儒学也称庙学。② 由此可见，元代庙学的范围非常广泛，它几乎可以指元代出现的一切形式的儒学。胡务"庙学即儒学"的提法是有道理的，而程、欧阳二先生所提出的"与地方学校不同的""确确实实的庙学"，则没有史料根据。

那么，为什么元代将儒学称为庙学？这主要归因于元代的儒学教育体制。

"庙学"一词由来已久，元朝理学家许谦在《诗集传名物钞》中对蔡邕、贾奎等东汉学者将"庙学、明堂、灵台为一"提出批评。③ 比许谦更早的东晋杜预《春秋释例》中《庙室例》第18《释例》中也认为"太庙有八名，其体一也。肃然清静谓之清庙，行禘祫、序昭穆谓之太庙，告朔行礼谓之明堂，行乡射、养国老谓之辟雍，占云物、望氛祥谓之灵台，其四门之学，谓之太学。其中室谓之太室，总谓之合宫。诸儒皆以庙学为一，郑氏以为异处"④。这样看来，"庙学"一词可能出现在中国上古时期，到汉代诸儒已经不能知其详，出现了一些争论。北魏宣武帝时期，司空王怿提出在京师修明堂、辟雍的建议，宣武帝召诸臣讨论，大臣封轨的奏章中有"庙学之嫌"之句。⑤ 大臣贾思伯也提出"蔡子庙学之议、子干灵台之说、裴逸一屋之论及诸家纷纭，并无取焉"的建议。⑥ 可见，西晋时对于庙学的概念已经更加模糊。因此，庙学一词最早出现于何时，现在已经不好考证，胡务认为"庙学"一词最早出

① 虞集：《道园学古录》卷23。
② 《西由场新建庙学记》，《山左金石志》卷22。
③ 许谦：《诗集传名物钞》卷7，四库全书本。
④ 杜预：《春秋释例》卷3，四库全书本。
⑤ 魏收：《魏书》卷32《封懿传》。
⑥ 魏收：《魏书》卷72《贾思伯传》。

现在唐代文学家韩愈所作的《处州孔子庙碑》中的“惟此庙学，邺侯所作”之句，① 显然是错误的。不过，唐朝地方儒学大规模建立后，韩愈以“庙学”称当时新兴的儒学，给“庙学”一词新的含义，这一点是应该肯定的。

唐朝以来，文献中有关庙学的记录逐步增加。据《崇仁县孔子庙碑》载，唐开元（713～741年）年间，“定孔子为先圣，庙而衮冕南面，每岁春秋祀焉，由是庙学之礼益备，凡有学者必有庙，示其尊也”。② 可见，我们今天所说的庙学之制起源于唐朝，它是庙与学二位一体的有机结合。孔子庙是祭祀先圣孔子的场所，学校是传授以孔子为代表的儒家经典的地方，二者的合二为一是中国古代的儒学教育与重视祭祀的传统（“天下大事，惟在祀戎”）的结合，表明了唐以来儒学教育的初步完善。这种唐代出现的庙学，至宋代逐渐增多，并成为定制。宋仁宗庆历年间（1041～1048年）诏天下皆立学，于是“凡郡邑无不有学，学无不有大成殿”。③ 上述情况，可以从宋元的方志中得到印证，宋宝庆年间（1225～1227年），庆元府（今浙江省宁波一带）所辖的六县的县学均为庙学。④ 宋镇江府（今江苏镇江市）所辖的三县学包括府学在内也全为庙学。⑤

元代庙学如何？首先看一下元人对庙学制度的看法。元代著名教育家程端礼认为：“孔子庙遍天下，其制度沿革多不同，然皆所以尊崇圣人而阐明其道，使君子小人有所瞻仰感化，同归于学则一而已矣。是故殿廷庑门有常度，容貌佩服有常仪，尊垒簠簋有常数，师弟子有常员，祭祀有常礼，苟奉天子之命、司牧民之寄者必有志于其间也。”⑥ 元著名文士，曾任国子祭酒、翰林直学士的虞

① 胡务：《元代庙学的建筑结构》，《元史论丛》第8辑。
② 吴澄：《吴文正集》卷50。
③ 刘埙：《南安路大成殿记》，《水云村稿》卷3。
④ 《宝庆四明志》卷2《学校》，宋元方志丛刊本。
⑤ 俞希鲁：《至顺镇江志》卷11《学校》。
⑥ 程端礼：《枣强县学修饰两庑及从祀先贤像记》，《畏斋集》卷5，四明丛书本。

集认为："夫庙无与于学也，然而道统之传在是矣，学于此者诵其诗，读其书，习礼明乐于其间，诚其道也。"① 上述看法反映了元人对庙学合一认识的深入。实际上，元政府对庙学的发展可以说是比较重视的，元代曾多次下达儒户免役和禁止骚扰庙学的诏令，南宋遗留下来的学田得到承认，南宋的一套学校管理和祭祀制度也得到继承和发展。这样，元代的庙学在前代的基础上逐渐发展起来；"自国都郡县皆建学，学必有庙，以祠先圣先师，而学所以学其学也。"② 而庙学之制"莫备于今，诏书屡下，风厉作成，视昔有加，可谓盛焉"。③ 元代庙学的发展表现在庙学制度推广到更广阔的区域和范围。在以前庙学影响从未达到的边疆地区，一些庙学建立起来，如云南在至元十三年（1276 年）"创建孔子庙、明伦堂，购经史，授学田"。④ 在距上京七百里的弘吉剌部驸马封地全宁路，泰定二年（1325 年）"皇姑鲁国大长公主和驸马济宁王创建庙学"。⑤ 庙学在元代也推广到一些特殊的区域，如军队驻地、转运司治所、盐场以及乡里，等等。当然，由于各地情况不同，有一些地区存在有庙无学的现象，如山西的潞城县、垣曲县等，但这些地区后来逐步建立学校，完善了庙学制度。⑥

元代庙学的结构如何？这是认识庙学的一个重要问题。可以说，元代庙学的建筑结构是比较完善的，典型的庙学是国子学和地方路、州和县的官学，由于是政府办学，学田有一定的保障，经费相对充足，因此，其庙学的各项设施也比较完备。元代庙学有三部分：庙（也称礼殿、大成殿、夫子庙、文庙等）、学宫以及其他辅助设施。"庙以观其礼，学以育其士"，⑦ 而教学辅助设施则是庙和学实现其职能的必要条件。元人虞集在其文集中将这三部分称为：

---

① 虞集：《新昌州重修儒学宣圣庙记》，《道园学古录》卷 8。
② 虞集：《南康路都昌县重修儒学记》，《道园学古录》卷 36。
③ 黄溍：《义乌县学明伦堂记》，《金华黄先生文集》卷 9。
④ 《元史》卷 125《赛典赤·瞻思丁传》。
⑤ 《满洲金石志》卷 4《全宁路新建庙学记》。
⑥ 胡聘之：《山右石刻丛编》卷 28《潞城修学记》；卷 29《垣曲文庙记》。
⑦ 胡聘之：《山右石刻丛编》卷 33《高平归正学田记》。

礼殿、学宫和学都。① 庙位于学校的中心，一般是前庙后学、右庙左学（元人尚右）以示尊崇（元代也有左庙右学的例子）。庙内塑孔子像，正中南面而坐，孔子以下为四配（颜子、曾子、子思、孟子）东坐西向，② 十哲分列左右。庙的东西两边有从祀廊庑，绘七十二子像（后增至一百零五人）于其中。由于绘画时间久易模糊不清，北方一些庙学将画像画在布帛上，祭祀时挂出，平时收藏，元中后期江南很多地方则将绘画改塑像。学宫由明伦堂（名称不一）、学斋及尊经阁组成。明伦堂居中为讲堂，学斋位于东西二庑之中，数量为偶数对称排列，是诸生修业诵习之所。也有一些学校将学斋设于学校东西两侧的僻静之处，以利于诸生修习。尊经阁在明伦堂之后，为学校藏书庋经之所。庙学的第三部分为辅助设施，包括会食之堂、仓庾（库）、直舍（宿舍）、学官之厅、浴室（湢）、碑亭、杏坛等。庙学周围有围墙，外为棂星门，内有学门，学门里面凿湖为泮池，池上修桥通往孔子庙。关于元代庙学建筑结构将在以后章节进行专题探讨，这里不再展开论述。

除国学及地方路、州、县庙学以外，元代还有其他形式的庙学，如社学、义塾、军队及转运司庙学等。它们有的为私人办学，有的虽是官办，但分布不广、数量较少，因此，其庙学的规模远逊于国学及地方路州县学。

上一章已经论述，元代社学的数量很大，至元二十三年（1286年）大司农司上奏说，全国有社学 20 166 所。五年以后的至元二十八年（1291 年），社学数量增至 21 300 余所。③ 但有关元代社学的详细史料并不多见。据《藕泽村孔庙记》，该村的社学“正殿两庑轮焕晕飞，流丹耀碧，像貌俨然，门皆悉备”，其西边“文构讲堂，为弦诵之所”。此处社学虽然简陋，但是有庙有学，“春秋教

① 虞集：《奉元路重修先圣庙记》，《道园学古录》卷 35。

② 孔庙中四配东坐西向，最早出现于北宋，此后延续下来，元朝礼部经过讨论，仍然维持东坐西向的制度，具体内容请参考第 4 章。

③ 宋濂：《元史·世祖纪》卷 14、卷 16。

以礼乐，冬夏教以诗书”，春秋二祀则“行释奠之礼”。① 因此，可以说它具备了庙学的功能。

元代的京师驻军及地方驻军中，都有设置庙学的记载。据《元史·职官志》元代侍卫亲军诸卫中有儒学教授一职的设置。由于“凡卫必有营，营有城郭、楼堞、门障、关禁、官治、行伍庐舍、库庚衢巷，而特立先圣孔子之庙，儒学在焉”。驻地在涿州的武卫庙学，“广袤八十亩”，有“礼殿以奉先圣像，颜子、曾子、子思、孟子配从祀，十哲分位殿中东西乡（向），七十二弟子绘庑下”，其“讲堂、斋庐、庖廪、垣墉、门术皆如常制”。② 位于湖广行省南部的武冈路儒林乡的城步寨，是元政府屯兵以镇抚苗、侗等少数民族的八十四团之一部的驻地。皇庆二年（1313 年）这里也建立起庙学，“正殿、讲堂、门径斋庑、墙垣、厨壁，内外完具，先圣先师十哲从祀塑绘有严，庙貌相称”。③

义塾也是元代分布较广的一种庙学形式，它是由私人捐资修建，因为其规模不大，并大多处于州县治所以外的乡里，一般方志将其作为社学对待。义塾在教学方面与社学并不相同，它是“延儒师，招来学”，④ 与书院相似。义塾的建筑规模不大，如上海横溪义塾：有礼殿供奉孔子及四哲像，“设两斋栖师弟子，具祭器，严春秋二丁”。⑤ 安福州的安田义塾也是“构礼殿奉先圣先师，设堂立斋舍，门庑庖廪悉具”。⑥ 而嘉兴县的戴氏义塾规模较大“广袤可二十亩”，有“先圣先师之殿峙其中，论堂踞其后，斋庐翼其旁，邃庑穹门下至庖湢库庾直舍之属，为屋四十有五间”，并且其“图史之藏，什器之须戴悉毕备”。戴氏义塾设有围墙，并种花木、引溪水于校园，环境非常幽雅。⑦

① 胡聘之：《山右石刻丛编》卷 39。

② 虞集：《道园学古录》卷 23。

③ 嘉靖《湖广图经志书》卷 16《儒林书舍记》。

④ 崇祯《松江府志》卷 23《学校》。

⑤ 戴良：《上海横溪义塾记》，《九灵山房集》卷 11。

⑥ 吴澄：《安福州安田里塾记》，《吴文正集》卷 41。

⑦ 黄溍：《金华黄先生文集》卷 10。

元代的转运盐使司及其下属盐场也有创办庙学的记载。据《陕西等处都转运盐使司新作孔子庙碑》载，在其治所山西（属中书省辖区）运城县的路村，大德三年（1299 年）建立了庙学，内有礼殿，塑先圣先师之像，“置讲堂后以居师生”。① 庙学有围墙和棂星门，庙学设施基本完备。

由此可见，“庙学”这一称谓与宋元以后儒学教育的庙学合一的体制有关。首先庙学化的是国学和地方官学。受其影响，元代的一些社学、义塾等也建立起孔子庙，将祭祀与教学结合起来，成为庙学的组成部分。那么，元代众多的书院算不算庙学？胡务认为，书院从广义上说应该算作庙学，但书院与庙学在元代有一些区别。这种看法是符合实际的，元代的史料中至今还没有发现将书院称作庙学的记载。

程、欧阳二先生在《辽金元教育史》和《元代教育史》中有关庙学的观点，依据史料为《庙学典礼》卷 1《官吏诣庙学烧香讲书》。现将《庙学典礼》中的这段史料摘引如下，以便分析：

> 各路遍行所属，如遇朔望，自长次以下正官同首领官率领僚属吏员，俱诣文庙烧香。礼毕，从学官主善诣讲堂，同诸生并民家子弟愿从学者讲议经史，更相授受。日就月将，教化可明，人材可冀。

这则史料非常清楚地说明朔望讲书的地点是在讲堂而不是庙里。所谓“诣文庙烧香”，实际上是到庙学中的文庙烧香，也就是到路州县学的文庙烧香，然后至讲堂（一般称明伦堂）讲书。所以说它“是在孔庙中进行的”，“是一种类似佛教俗讲的教育形式”，② 是没有史料根据的。为了更清楚地说明这一点，现引绍兴路学在至元二十九年（1292 年）订立的《学式》中的“朔望讲

① 卢挚：《陕西等处都转运盐使司新作孔子庙碑》，《山右石刻丛编》卷 28。

② 程方平：《辽金元教育史》，重庆出版社 1993 年版，第 30 页。

书”以说明之：

> （朔望）殿谒退，升明伦堂，诸司存官与乡之有齿德者列坐，诸生从其后，大小学生班立，推一人唱揖平身，鸣鼓，请讲书。朔旦教授升讲座，望日正录轮讲，另立于坐之西口，演绎经旨不用讲义。文字讲毕，大小学（先）讲所习四书命题，课口义、诗对，定其优劣，以示激励。①

这则史料除了说明讲书是在路学中进行以外，尚有两点值得注意：第一，朔望除了讲书以外，还测试大小学生徒；第二，史料中未提民家子弟或一般老百姓听讲的问题，那么，朔望讲书是不是像程、欧阳二先生认为的那样，是一种具有广泛的群众性的“类似于今天讲习班或讲座”的、面向群众的教育呢？我看未必。庙学中讲堂的空间是有限的，如镇江路学讲堂（称成德堂）为五间；②庆元路奉化州讲堂（称彝训堂）为五间，鄞县为三间。③ 参加讲书的诸官员僚属、乡贤、学官以及大小学生员动辄百人，官员僚属、乡贤、学官要“以次列坐”，大小学生只能“班立”，即使这样，很多地方的生徒也不能全部容下，何况一般老百姓？况且讲书是学校教学活动的一部分，不是节日庆祝活动，它需要庄严肃穆，当时没有扩音设备，因此不适合更多的人参加。所以，元代史料中很少有关一般百姓参加朔望讲书的例证。这样看来，元代庙学的朔望讲书不是面向一般百姓的社会教育。如果说庙学多少有点社会教育的因素，这只能表现在庙学春秋二祀这样大的祭祀活动中，老百姓可以从“四方来观”并“失喜赞叹，以为衣冠礼乐尽在是矣”，④ 从中得到感染，受到激励，这与“社会教育”又差之甚远。至于朔望讲书的详细内容，本文将在后面的祭祀制度中详细讨论。

---

① 《越中金石记》卷 7《绍兴庙学图 · 至元壬辰重定学式》。
② 俞希鲁：《至顺镇江志》卷 11《学校》。
③ 袁桷：《延祐四明志》卷 13《学校考》。
④ 元好问：《东平府新学记》，《遗山先生文集》卷 33。

从上面的论述中，可以得出下面的结论：儒学即是庙学，二者的内涵是一致的，只不过前者偏重教育的实质内容，后者偏重教育的祭祀形式。元人也经常将二者作为同一概念使用。需要说明的是，虽然儒学可以与庙学互用，但从儒学教育的角度来看，使用“儒学”这一概念更符合本课题的研究主题，因为元代的医学、蒙古字学也是庙学合一，这类学校与地方儒学是不一样的，但是称其为“庙学”同样有道理。① 单纯使用庙学表示儒学教育，会造成概念上的混乱。

二、元代儒学管理制度

两宋以来，中国各地的官办儒学普遍建立起来。元朝统一以后，出于对儒士笼络和控制的需要，元政府加强了对地方儒学的管理，在宋代儒学管理制度的基础上，建立了一整套更加严格的儒学管理制度，形成了一种多层次、多渠道的儒学管理系统。本文将在前人研究的基础上，对这一系统进行深入的考察和探讨。

前面已经说明，儒学的管理一般分为外部行政管理以及内部学校管理两个部分，元代儒学的行政管理又分为中央和地方两个层次。中央的管理机构为集贤院、国子监，它主要从全国的角度对儒学的政策、钱粮以及学官考核方面进行宏观管理。地方儒学管理机构有行省儒学提举司、江南行御史台下属的诸道肃政廉访司（初称提刑按察司）以及路、府、州、县地方政府，这些机构管辖儒学的祭祀、教学、学田、钱粮、学校建设等具体问题，管辖范围非常广泛。地方监察机构及官府的介入，使元代儒学教育出现了严重的官学化倾向。本节主要考察元代儒学教育的行政管理系统的情况，儒学的内部管理将在后面有关学官的章节中讨论。

---

① 元朝各地一般在医学中建立三皇庙，在蒙古字学建立帝师庙，有专门的祭祀活动，教学方式也是庙学合一。

（一）中央儒学管理机构——集贤院

元朝建立以前，大蒙古国政府并没有专门管理儒学教育的机构，儒学被认为是一种宗教，设立少数三教提领负责管理，由于佛、道都有专门的管理机构，三教提领很难插足，于是，三教提领主要管理儒学。元朝建立以后，设立翰林兼国史集贤院。至元二十二年（1285 年），集贤院、国史院分立。集贤院为元代儒学教育的最高管理机构。元政府规定：

> 集贤院，秩从二品，掌提调学校，征求隐逸，召集贤良，凡国子监、玄门道教、阴阳祭祀、占卜遁道之事悉隶焉。①

这里所说的学校，当然包括儒学。至元二十年（1283 年），桑哥“钩考”江南儒学学田羡余，就是以集贤院的名义进行的，这说明了集贤院与地方儒学的隶属关系。集贤院对儒学的管理为宏观管理，它一般不参与儒学的具体事务。这种宏观管理主要表现在以下几个方面：

第一，制定儒学的基本制度及有关儒学的各项政策。集贤院是儒学基本政策及制度的决策者之一（当然，集贤院的决策需要皇帝批准，才能生效）。至元二十一年（1284 年）元政府决定撤销江南各道提举学校官的文件就是吏部、礼部同翰林兼集贤院“一同讲究”的。② 至元二十四年（1287 年）有关江南学官格例、荐举茂异生员、儒户免差等政策也是集贤院议定。至元二十五年（1288 年）的《学官格例》同样是礼部与集贤院“一同议拟”。③ 这样的例子很多。

第二，掌管儒学的钱粮事宜。集贤院不直接管理儒学的钱粮收支以及使用，但各地儒学提举司需要将所辖“俱各掌管学田钱粮，

---

① 《元史》卷 87《百官志三》。

② 《庙学典礼》卷 1《革提举司文资正官提调》。

③ 《庙学典礼》卷 2。

每年造册，申监（国子监）呈院”①。

第三，考校学官。元政府规定，考满学正、山长需“录连所业文字移集贤院考校，中式，于教授内定夺”②。

集贤院对地方儒学的宏观管理，有时需要其他机构的参与，如国子监、礼部、御史台或中书省，最终的决策权还是皇帝，这是由中央集权的政治制度决定的。

（二）地方儒学的管理机构

地方儒学的管理机构包括儒学提举司、诸道肃正廉访司、地方官府等。他们掌管儒学的具体事务，包括校舍筹建，学田学产管理，学官的选任、考课以及儒学与外界的诉讼等问题，因此是元代地方儒学的直接管理机构。

1. 儒学提举司

儒学提举司是宋元以来随着中国地方儒学的发展而出现的专门管理地方儒学教育的机构。它不仅管理儒学的日常教学活动，还负责制订教育政策、教育制度以及规划地方儒学的收支、管理学田等事宜。此外，儒学提举司还负责审查著述文字、科举（乡试）、举荐人才、考察、选拔、任命学官学职以及有关地方风化等诸多事宜。因此，考察宋元以来儒学提举机构的发展及延续情况，不仅对研究宋元教育管理制度具有重要意义，对认识由宋到元地方社会的发展变化情况以及宋元儒学文化的发展情况同样具有重要的参考价值。

有关儒学提举司的研究，目前还没有得到学术界的重视，业师李治安先生在《行省制度研究》中涉及儒学提举司，但因为他研究的重点是行省制度，不是元代教育，所以没有对儒学提举司展开论述。李国钧、王炳照主编，乔卫平著《中国教育制度通史》第3卷，将行省儒学提举司、江南诸道儒学提举司、诸路提举学校官作

---

① 《庙学典礼》卷3《教授任满给由》。

② 《庙学典礼》卷4《山长充教授廉访司体覆》。

为并立的元代地方教育管理机构,① 没有发现这三者之间的内部联系和时间上延续关系。实际上，它们是同一个制度的不同发展阶段，无论如何不能成为三种并列的教育管理机构。此外还有一些教育史的专著，只是泛泛地涉及这一问题,② 目前还没有关于儒学提举司制度的专门研究。这里结合宋、元两代儒学提举司的沿革情况，探讨儒学提举司在元代儒学教育中的作用。

(1) 儒学提举司的产生和沿革

中国古代最早设立的管理地方儒学的专门机构是宋朝的提举学事司，元代儒学提举司制度的产生应该与宋朝的提举学事司制度有渊源关系，因此，这里首先探讨宋朝的提举学事司的情况。

《宋史·职官志》记载：

> 提举学事司：掌一路州县学政，岁巡所部，以察师儒之优劣，生员之勤惰，而专举刺之事。崇宁二年置，宣和三年罢。③

从上面可以看出，宋朝提举学事司是以路为单位设立的专门管理儒学教育的机构，不过提举学事司成立仅仅 18 年即遭废除，这与当时的客观情况有关。徽宗继位后，任命蔡京为相，大力发展教育事业，推行三舍法，兴建地方儒学，使宋代的儒学教育发展到高峰，为了加强对地方儒学的管理，提举学事司应运而生。但三舍法的实行，同样给宋朝带来严重的财政负担。宣和年间，宋朝相继出现了宋江、方腊起义，政局开始动荡。另外，宣和二年（1120 年）宋金联合灭辽以后，宋朝开始面临金朝日益严重的军事威胁。这种情况使宋朝关注的重点转向防御金朝进攻，教育自然不再是宋朝关

① 李国钧、王炳照主编：《中国教育制度通史》，山东教育出版社 2000 年版，第 482~485 页。

② 李才栋等编：《中国教育管理制度史》，江西教育出版社 1996 年版，第 321 页。

③ 《宋史》卷 167《职官七》。

注的重点，提举学事司由此遭到废除。

宋朝废除提举学事司以后是否又重新设立？《宋史·职官志》以及马端临《文献通考》等都对这一问题明确做出否定的回答。《淳熙三山志》对有关福州路提举学事司的情况记载道："崇宁三年，诏诸路置提举学事。四年始建司州南街东，旧都作院地也。五年正月罢，七月复置。宣和三年罢。"① 同样没有提到此后的情况。但从清朝开始，就有一些学者对上述记载表示怀疑，提出南宋仍然存在提举学事司的看法，清代纪昀等编撰的《钦定历代职官表》中，就认为宣和三年（1121 年）废除提举学事司以后，南宋复设之。从史料看，清代学者的看法是有史料根据的，很多史料可以说明这一点。据《宋史·高宗本纪》，绍兴十三年（1143 年）七月，"命诸路有出身监司一员，提举学事，九月，诏诸州守贰提举学事，县令佐之"。绍兴十六年（1146 年）五月，命诸路漕臣兼提举学事。② 这样看来，绍兴十三年（1143 年）以后，提举学事的职务开始由地方监察和行政官员、转运官兼任。既然提举学事一职由其他官吏兼任，提举学事司机构是否还存在？答案是肯定的。南宋绍兴二十一年（1151 年）大理寺主簿丁仲京就上书："凡学田为势家侵佃者，命提学官觉察。"③ 庆元二年（1196 年），吏部尚书叶翥也上书道："士狃于伪学，专习语录诡诞之说、中庸、大学之书，以文其非……请令大学及州军学，各以月试合格前三名程文，上御史台考察，大学以月，诸路以季，其有旧习不改，则坐学官、提学司之罪。"④ 淳熙八年（1181 年），陈傅良在有关桂阳军的奏折中也提出："以县令佐兼管干赡学钱粮事，措置应付，专委本路提举学事司，常切点检。"⑤ 这样看来，虽然《宋史·职官志》、《文献通考》中没有明确的记载，南宋的提举学事官和提举学事司

---

① 《淳熙三山志》卷 25《秩官类六·提举学事》。

② 《宋史》卷 30《高宗本纪》。

③ 《宋史》卷 173《食货一》。

④ 《宋史》卷 156《选举二》。

⑤ 陈傅良：《止斋先生文集》卷 19《贵阳军乞划一状》，四部丛刊初编本。

还是存在的。①

宋代提举学事司是在宋徽宗继位以后大力发展教育的情况下出现的，在当时的教育管理方面起着重要的作用。如刘玮翁源人，宋崇宁初，"置广南东路提举学事司，岁察师儒优劣，诸生勤惰，命玮充之。其教士子，立课程，稽实行，崇信让，虽乡曲一无所私"。② 如果教育水平下降，提举学事司官员要受到处罚。崇宁元年（1102 年），因为"贡士至辟雍不如令者，凡三十有八人，皆罢归，而提学官皆罚金"③。

元世祖忽必烈即位以后，设立诸路提举学校官（简称提学官或提学）作为当时北方管理地方儒学教育的机构。中统元年（1260 年），宋子贞"请建国学教胄子，敕州郡提学课试诸生，三年一贡举，有旨命中书次第施行之"。④ 王鹗也向世祖提出："学校久废，无以作成人材，宜选博学洽闻之士，提举各路学校，严加训诲，以备他日选用。"结果"上可其奏，为立十路提举学校官"。⑤有关十路提举学校官的设立情况，赵琦在其博士论文《大蒙古国时期儒士的处境及文化传承》中，考证出在燕京路、平阳路、真定路、怀孟路、益都路、济南路、大名路、河南路、兴元路（京兆）做过提举学校官的十二人，使我们了解到当时设立十路提举学校官的情况。⑥

至元六年（1269 年）元政府规定，钦授宣命的提举学校官"见用从六品印信勾当"，⑦ 规定了提学官的品级。很多当时知名儒

① 有关宋代提举学事司的情况，顾宏义在《教育政策与宋代两浙教育》的第 117～118 页有论述，可以参考。

② 康熙《广东通志》卷 44《人物志一》。

③ 《宋史》卷 157《选举三》。

④ 《元史》卷 159《宋子贞传》。

⑤ 苏天爵：《元朝明臣事略》卷 12《内翰王文康公》。

⑥ 赵琦：《大蒙古国时期儒士的境遇与文化传承》，内蒙古大学博士论文打印稿，第 180～183 页。

⑦ 《庙学典礼》卷 1《设提举学校官及教授》。

士做过提学官，如许衡被任命为京兆提学，① 敬俨则做过中都提学。② 元政府最初设立提举学校官是按路设立的。至元十七年（1280年），又设立了诸道的提举学校官，于是“一道既设提举学校官，各路又设提学与教授并为学官”，造成了提举学官的重叠冗滥，再加上“各处保充学官者，其学问才德往往不厌人望”。于是，至元二十一年（1284年）元政府宣布革罢诸道、路提举学校官，令地方文资正官提调学事。③

至元二十三年（1286年），前宋太学生叶李（字太白，杭州人）被忽必烈诏至大都，他上书力主重设儒学提举司。认为“各道儒学提举及郡教授，实风化所系，不宜罢”。④ 忽必烈采纳了他的建议，第二年，于江淮以南的江南地区“随各道按察司置司去处，设立儒学提举司。提举正副各一员，提举从五品，副提举正七品”。⑤

上述诸道儒学提举司设立的情况，可以从一些史料中得到印证。《大德昌国州图志》卷2《学校》记载道：

> 至元十七年，各道设提学司，实五品官。

《至正金陵新志》也记述了江东道儒学提举司的情况，指出：

> 江东道儒学提举司，五品衙门，有印。设提举、副提举各一员，首领官、都目一员。初至元二十一年，建康路设提举学校官与教授同管学事，二十三年四月革罢，改设江东道儒学提举司衙门。二十四年二月十五日设各道儒学提举司，将提学司革罢。江东道儒学提举李浩、副提举郭某于路学置司。三十一

---

① 《元史》卷90《百官六》。

② 《元史》卷175《敬俨传》。

③ 《庙学典礼》卷1《革提举司令文资正官提调》。

④ 《元史》卷173《叶李传》。

⑤ 《庙学典礼》卷2《左丞叶李奏立太学、设提举司及路教迁转格例、儒户免差》。

年随省设立儒学提举司，总摄各路儒学，江东道提举司于元贞元年二月内革罢。①

上述史料中有关诸道儒学提举司设立的情况以及官署设于路儒学的记载，说明了当时的儒学提举与儒学的密切关系。

元成宗即位以后，儒学提举司制度发生了更大的变化。元贞元年（1295 年）的圣旨中指出："儒学提举司各省存留一个，其余宣慰司有的罢了者。"② 这样，诸道儒学提举司被废除，儒学提举司的数量大大减少，只是在行省所在地设立。实际上，诸道儒学提举司革罢以后，当时也只有江南三行省设立了儒学提举司，其他行省在此后的很长时间才陆续设置，如四川等处儒学提举司在皇庆元年（1312 年）设立，云南儒学提举司在延祐元年（1314 年）设立，甘肃儒学提举司在延祐三年（1316 年）设立。③ 在元朝的腹里地区，则任命大都路儒学提举、副提举二人，品秩与行省儒学提举一样，负责管辖腹里的儒学教育事宜。④

元成宗以后，儒学提举司制度基本固定下来，有元一代，这一制度基本上没有发生变化。元代儒学提举司权力的增削，数量的减少，是元朝教育发展实际情况的反映。首先，宋元期间教育的官学化日益明显，地方行政官、监察官在教育管理方面的职责逐渐增强，当管理各级官学的权力归地方行政系统、监察系统所掌握时，专门管理教育的提学官、儒学提举司等就成为可有可无的了。其次，元代儒学提举司管理教育职能的淡化，还与元朝统治江南的特点有关。元朝是一个由蒙古民族建立的政权，元朝鼓励儒学的政策主要是为了消弭士人的反抗情绪，维护社会的稳定。当这一目的达到后，就会对其进行控制，使其为元政权服务。儒学提举皆任命汉人，不被蒙古贵族所信任。因此，元政权不会让其长期独立掌管儒

① 张铉：《至正金陵新志》卷 6 上《官守志一》。

② 《庙学典礼》卷 4《设立随省儒学提举司》。

③ 《元史》卷 24、卷 25《仁宗纪》。

④ 《元典章》卷 7《吏部一·官制一·职品》。

学，儒学提举司由十处变为三处，管理儒学的权力逐渐削弱也在情理之中。第三，根据业师李治安教授的意见，这种情况的出现，也与行省、宣慰司制度的整合有关。世祖末年以后，行省制度逐渐规范化，将儒学提举司由十处减为三处并使之位于行省的治所，便于朝廷的控制。另外，元朝儒学教育的处境比宋代要困难得多，儒学经常遭到地方寺庙、豪强等势力的侵夺，再加上行省范围广阔，没有实际职权的儒学提举司很难起到保证儒学正常运行的作用，所以需要地方监察机构、地方政府参与对儒学教育的管理。

从元代儒学提举司的产生和沿革情况可以看出，元朝最初设立诸路提举学校官，后又在叶李建议下，参考宋制设立诸道儒学提举司，最后确定在行省设立儒学提举司“总摄”儒学，主要管理权交给监察机构——肃政廉访司和地方政府。元代儒学提举司制度既有对前朝的继承，也有自己的创见。

（2）儒学提举司的职责与权限

最初的提举学校官的职权，许衡提到“提学官，师表之任也，实风化人材之所自缘”。① 这里，许衡提到了元初提学官的职责主要是“仪刑多士，检正学业”，既有管理教育的职能，也有教学方面的职能。《元史·百官志》谈到忽必烈“乃召衡为京兆提学。秦人新脱于兵，欲学无师，闻衡来，人人莫不喜幸来学。郡县皆建学校，民大化之”。说明元初提学官与儒学教授的职责分工并不明显。

至元二十四年（1287 年）各道重设儒学提举司以后，儒学提举司对儒学的管理权有所增大，“儒学大小事务并从儒学提举司掌管”。② 这些事务包括下面几点：

第一，掌教学和推荐人才，“学官讲习，诸生经史，讲明治道，若有成材，申太学，呈省录用，有茂异之材，申集贤院奏闻召

---

① 许衡：《辞免京兆提学状》，《鲁斋遗书》卷 9，北京图书馆古籍珍本丛刊本。

② 《庙学典礼》卷 2《差设学官学职》。

用”。①

第二，“检点”钱粮。至元二十四年（1287 年），元政府规定：各道儒学提举司检点钱粮，毋令教授滥支。②

第三，任用学官。至元二十六年（1289 年），元政府规定各道儒学提举司除学正、山长需要保明呈覆上司转行省出给札付外，“其余学录、县学教谕以下，并从儒学提举司出给付身差役，并免体覆”。③ 就是说，各道儒学提举有任命学录、县教谕以下的学官的权力。另外，儒学提举司虽然不能直接任命学正、山长等较高一级的学官，但提举司的推荐在学正、山长的任命过程中，仍然起着重要作用。

诸道儒学提举司的这些职权，可以从元代的史料中得到印证。掌管儒学方面：江东道儒学提举司于路学置司“与教授同管学事”。海北广东道儒学提举同广州路学教授一同兴建了广州路学的养贤堂、养蒙堂、学廪（学仓），祭器库等。④ 至元十九年（1282 年）庆元路昌国州学增置明善、立礼二学斋时，须“本学申请于提举司”。⑤

任用学官方面的例子也很多，如儒士黄某“年甫三十，去游钱塘，儒学提举白公廷玉以公直饶州路（为饶州路直学）”。⑥ 儒士袁斗楠，字则成，“至元十七年，江西始建儒学提举司，首辟为邑教谕”。⑦ 儒士余珏，字玉甫，“至元间，江东道儒学提举司授信州路贵溪县儒学教谕，不赴。会抚州路宜黄县儒学缺官，江西道儒学提举司命摄其事”⑧。杭州路昌化县儒士陈斗龙事母甚孝，乡先

① 《庙学典礼》卷 2《儒户免差》。

② 《庙学典礼》卷 2《学官职俸》。

③ 《庙学典礼》卷 2《差设学官学职》。

④ 《大德南海志》卷 9《学校》。

⑤ 《大德昌国州图志》卷 2《学校》。

⑥ 黄枢：《故徽州路婺源州同知金公行状》，《后圃黄先生文集》，北京图书馆古籍珍本丛刊本。

⑦ 程钜夫：《雪楼集》卷 22《故常州路儒学教授袁君墓志铭》。

⑧ 吴澄：《吴文正集》卷 70《故儒学教谕余府君墓表》。

生孙朝瑞将其事迹“移提学，得推择为宗晦书院山长”。①

诸道儒学提举司的权力在至元二十七年（1290年）以后逐渐削弱。先是这一年十月，江南行御史台以“儒学提举司保用学官，多不行移体覆或于已差之后方移文，中间不应者往往有之”为由，要求儒学提举司任免学官之前，要移文按察司体覆。② 至元三十一年（1294年）元世祖下达圣旨，强调地方文资正官提调学校。③ 这说明元政府正逐步将儒学管理的有关权力交给地方政府。

元贞元年（1295年）十一月元政府以“学官与夫提举司官务以滥保人员、分差教谕专为己任，于人品之贤否，学校之兴废何可究心”为由，命文资正官兼提举学校职衔，这又是对儒学提举司权力的一次削弱。大德四年（1300年）元政府又以提举司滥设学官为由，将“提举司所设人员截日割去”，教谕以下学官、学职都由行省任命。④ 这样，儒学提举司任免县学教谕以下学官的权力被取消。

大德以后，行省儒学提举司基本上固定下来。关于诸行省儒学提举司品秩、职权及设置情况，《元史》、《至正金陵新志》都有记载。

《元史》：

> 儒学提举司，秩从五品，各处行省所署之地皆置一司，统诸路、府、州、县学校祭祀教养钱粮之事，及考较呈进著述文字。每司提举一员，从五品，副提举一员，从七品，吏目一人，司吏一人。⑤

《至正金陵新志》：

---

① 胡长孺：《陈孝子传》，《元文类》卷69。
② 《庙学典礼》卷3《按察使王朝请务申明体覆》。
③ 《庙学典礼》卷4《正官学官训诲人材、议贡举、拨学田》。
④ 《庙学典礼》卷6《行省差设教谕》。
⑤ 《元史》卷91《百官志七》。

（至元）二十一年，随省设立儒学提举司，总摄各路儒学。①

从上述记载可以看出，诸行省儒学提举司的职责和权限主要有两点：一是统辖各路儒学的祭祀、钱粮、教养等日常事物；二是考校呈进著述文字。

从史料看，关于儒学提举司统辖各路儒学，主要包括下列内容：

第一，筹建、修葺儒学、书院等教学设施。元贞元年（1295年）九月，浙西道儒学副提举朱子昌在看到当地儒学校舍荒废时，自述道："余职儒司，因士心，从舆论，不容以芜陋辞。"② 延祐三年（1316年）四川行省成都路筹建紫岩书院，四川儒学提举彭参"乃身任之"。③ 至正四年夏，江浙行省儒学提举班惟志积极筹划整修杭州路学，"度木简材"。不久李祁被任命为副提举，与班惟志一起"亟命学正、录、直学等，揆日庀工"。④ 柳贯任江西儒学提举期间，龙兴路学久废，"公为新其栋宇，聘名儒为学者师，士风以之复振"。⑤ 这些例子说明了儒学提举司在儒学、书院基础设施建设方面的职责。

第二，管理、维护各地儒学、书院的学田、学产。元初江西行省分宜县学田被临寺僧人侵占，久议不决。延祐年间，"行省儒学提举范君汇，悉以其实告藩垣大臣"，不久"田归学如初"。⑥ 湖广行省丹阳书院没有学田，地方官计划以附近天门书院学田分与之，"移檄儒司上之省，省下之郡，郡太守主之，力竟如宪府初

① 张铉：《至正金陵新志》卷6《官守志》。
② 钱谷：《重建儒学记》，《吴都文粹续集》卷6。
③ 张养浩：《勅赐成都紫岩书院记》，《归田类稿》卷5。
④ 黄溍：《杭州路儒学兴造记》，《金华黄先生文集》卷10。
⑤ 黄溍：《翰林待制柳公墓表》，《金华黄先生文集》卷30。
⑥ 欧阳玄：《分宜县学复田记》，《圭斋文集》卷6。

议，俾天门书院归田于丹阳以亩计凡四百”。① 至正元年（1341年）刘鹗（字楚奇，吉安路永丰县人）为湖广等处儒学副提举，“时学田若干亩为有力者所据，垂三十年而不能复，前任是职者往往不敢举正。公至首建言省宪，以身任之，尽复其田”。② 延祐年间，柯谦为江浙儒学提举时，江浙行省“学田所入制于有司，职教者莫敢触毫发，或廊屋坏，日膳不充，皆坐视，甚病焉”，柯谦“声于朝，有司始不能与”。③ 处州路学田若干亩“为僧据有数十年，历数校官无有一敢明者，亦闻而复之”。④ 柳贯在任江西儒学提举期间，龙兴路“道士做庙屋侵学地，东湖书院田为僧所据者二百三十亩，悉夺而归之”，当时“吏循旧比，以例卷进，岁为米八十石，公斥去，后来莫有敢追袭其故者”。江西省有不在籍书院数十所，“旧设主领一员司其金谷之出纳，公令勿设而以其事分隶所在学官”。⑤

第三，统辖儒学、书院日常教学工作或亲自讲学。统辖各地儒学书院的日常教学活动，是儒学提举司的基本职责之一，很多史料可以说明这一点。如白廷为江浙儒学提举司副提举，“时邓文肃公文原实为之长，与先生志气胶合，举刺得宜，文化大行”。⑥ 萧泰登（字则平）在大德年间为江西儒学提举，“儒者用废已久，新旧持短长，科举律令交排，鄙不中节。至，则择知名士，礼致之，导诱后生，斟酌可能行者为绳准”。⑦ 柳贯为江西行省儒学提举，丰城县学官不称职，“士子因持其短长交互攻讦，公折片言而各当其罪，莫不深服”⑧。元统初黄清老为湖广行省儒学提举，“湖湘之

① 吴澄：《丹阳书院养士田记》，《吴文正集》卷37。

② 刘鹗：《惟实集》附录《元故中顺大夫，海北广东道肃政廉访司副使刘公墓志铭》。

③ 张养浩：《江浙等处儒学提举柯君墓志铭》，《归田类稿》卷13。

④ 张养浩：《江浙等处儒学提举柯君墓志铭》，《归田类稿》卷13。

⑤ 黄溍：《翰林待制柳公墓表》，《金华黄先生文集》卷30。

⑥ 宋濂：《元故湛渊先生白公墓铭》，《宋学士文集》卷35。

⑦ 袁桷：《清容居士集》卷34《萧御史家传》，四部丛刊初编本。

⑧ 黄溍：《翰林待制柳公墓表》，《金华黄先生文集》卷30。

间，士尚文辞。公申严课试经训，远近知劝”。① 此外，儒学提举皆为硕儒饱学之士，在提举司日常工作允许的情况下，儒学提举还亲自到儒学讲学传道。如江西儒学提举贡奎“与诸生讲说文谨，其言绎绎有理”。所以，“士之履衡满户外，其及门者，亦进不怠以止”。② 杨刚中任江浙儒学提举“以洛闽之说教学者”，③ 雷机为湖广行省儒学提举“月书季考，具有成法”。④

第四，推荐、管理各地学官。虽然各地儒学学官归吏部或行省任命，儒学提举司没有任命学官之权，但儒学提举司对下属学官有荐举之权，向行省推荐学官人选。如浙江儒士赵桀（字卫道）在大德三年（1299 年）被江浙儒司举为昌化教谕。⑤ 对于不属于学官系统的儒学训导，儒学提举司则有权任命，如婺州路义乌县儒士王良玉（字怀璞）就在至正年间乡试中选以后，“儒学提举司因用为婺学训导”。⑥ 另外，学官的升转除须经过行省批复以外，也要经过儒学提举司的批复。这在元人郭畀日记中，可以体现出来。郭畀为镇江路儒学学录，大德十一年（1307 年）任满待迁学正或山长。他擅长书画，通过关系到江浙行省的所在地杭州活动，想尽快得到升转。在杭州，他曾三次到儒学提举司去活动，最后事情没有办成。⑦ 黄清老为湖广儒学提举，“吏白广海学官或有冒滥，当核实之。公曰，三苗久阻声教，今方会同，中国士夫冲犯瘴疠，往为之师，甚可矜念，吾何忍于逆诈乎？”⑧ 这里，吏员将广海学官或有

---

① 苏天爵：《元故奉训大夫湖广等处儒学提举黄公墓碑》，《滋溪文稿》卷13。

② 马祖常：《集贤直学士贡文靖公神道碑》，《石田文集》卷 11。

③ 《宋元学案》卷 82《北山四先生学案》，中华书局 1986 年版。

④ 何乔远：《闽书》卷 92《建宁府·英旧》，福建图书馆藏明崇祯刻本。

⑤ 杨维桢：《赵公卫道墓志铭》，《东维子文集》卷 24。

⑥ 方孝孺：《常山教谕王府君行状》，《逊志斋集》卷 21，四部丛刊初编本。

⑦ 郭畀：《客杭日记》，笔记小说大观本，江苏广陵古籍刻印社 1984 年版。

⑧ 苏天爵：《元故奉训大夫湖广等处儒学提举黄公墓碑》，《滋溪文稿》卷13。

冒滥的情况直接向儒学提举司反映，要求核实，说明儒学提举司有管理各地学官的权力。

第五，儒学提举司有责任推进各地有益于文教、风化习俗的活动。这些活动有的与教育有直接关系，如柯谦为江浙儒学副提举，当时，“南纪多故，防范未周，征役漫及学者，浸致废业。君授诏旨白行省，遂复旧焉”。① 有的与教育没有直接的关系，如贡奎（字仲章，宣城人）在延祐元年（1314 年）为江西等处儒学提举，次年他就官时，见提举司“列械置庭，胥旁午走系数人立，吏持牍诣公署曰：‘是学校吏报事衍期者。’公斥之曰：‘金谷钩稽，犴狴木索，职有司事者尔。吾以天子命提举儒学，教吾职也，刑何以为悉?’命释，系以械属县官”。② 另外，儒学提举司有时还接受行省任命的特殊任务，如问案等，萧泰登为江西儒学提举期间，“省檄虑囚”。③ 柳贯为江西儒学提举，“南康仓吏坐飞粮，株连逮系者百余家，省宪二府檄先生谳其狱，先生为钩擿隐伏，平反者甚多”。他在任职期间，“葺汉先贤徐孺子墓，立宋高士苏云卿祠，古碑碣所记有关于名教者，必访求而重刻焉，凡可以扶世导民者，无不为也”。④

第六，参与或主持行省乡试。元朝皇庆二年（1313 年）下诏恢复科举，次年，江南进行了第一次乡试。乡试虽然主要由行省、廉访司负责筹备，但主考官需要聘请名儒，儒学提举由于在儒学中的地位，很多在职期间或退休以后，被聘请为主考官，主持行省乡试。延祐元年（1314 年）江浙行省的乡试，就由江浙儒学提举邓文原主持。⑤ 其他儒学提举在职期间或任满以后被聘为主考官，主持乡试的例子也很多。如龚璛在任江浙儒学副提举期间，两主江浙乡试。柳贯在江西儒学提举致仕后，主持过江浙行省的乡试。贡奎

① 张养浩：《江浙等处儒学提举柯君墓志铭》，《归田类稿》卷 13。

② 马祖常：《集贤直学士贡文靖公神道碑》，《石田文集》卷 11。

③ 袁桷：《清容居士集》卷 34《萧御史家传》。

④ 黄溍：《翰林待制柳公墓表》《金华黄先生文集》卷 30。

⑤ 黄溍：《岭北湖南道肃政廉访使赠中奉大夫江浙等处行中书省参知政事护军追封南阳郡公谥文肃邓公神道碑铭》，《金华黄先生文集》卷 26。

曾任江西儒学提举，也两次主持乡试。黄清老为湖广行省儒学提举，“每宾兴之岁，藩省大臣屡请公校文，去取精详，士论推服”。①

关于儒学提举司考校呈进著述文字，主要包括二点：

首先，参加审查将要付梓的著述。至治元年（1321 年）闰五月，江西行省准备刻印当地儒士太宁先生的《春秋》注本，江西儒学提举司命当地丁忧在家的官员设局校勘，这说明了儒学提举司在考校著述文字方面的责任。② 元朝大德年间湖广行省常德路刊刻儒士王申子的《大易缉说》时，首先由常德路推官田泽将作者“寓居慈利州天门山，隐处幽深，无心求仕垂三十年，始成此书”的情况以及该书的价值、刊刻意义等写成文状与原书一起，上报湖广行省以及湖北道肃政廉访司。当年十一月，行省回复，应将文稿送到湖广儒学提举司考校，儒学提举司经过考校得出结论，此书“得千百载经纬图书之秘要，发圣人设卦系爻之本旨”以及“有补于世教，有益于后学”。至大元年（1308 年）三月，湖广行省将有关材料报送中书省，中书省送礼部，礼部行移翰林国史院审查、考校。在翰林集贤院得出该书“言辞条达，旨意详明”，“非末学剽窃，以干仕进者”的结论以后，《大义缉说》才得以在本路儒学刻印。同时对作者进行“于山长、学正内委用”的奖励。③《大易缉说》刻印审查的过程中，儒学提举司起了其他机构不可替代的作用。

其次，主持朝廷安排的书籍的出版与印刷。至正七年（1347 年），李祁为江浙儒学提举时，“朝廷命来镂宋、金二史于杭，且命儒司官佐董其事”。④

需要说明的是，儒学提举司作为地方儒学的管理机构，与行省

---

① 苏天爵：《元故奉训大夫湖广等处儒学提举黄公墓碑》，《滋溪文稿》卷13。

② 许有壬：《至正集》卷 75《公移 · 丁忧委差》。

③ 王申子：《大易缉说》附录《续刊大易缉说始末》。

④ 李祁：《云阳集》卷 9《书郝氏紫芝亭卷后》。

各路府州县儒学之间的上下级关系是明显的。但随着儒学的官学化增强，教育的管理也出现了多层次、多渠道的儒学管理体系。地方官、廉访司官对儒学的管理和控制加强了，形成了“有司主学，风纪励其怠”① 的局面，而专门管理儒学的儒学提举司在儒学的管理中却不处于重要地位。从掌管祭祀来看，元政府在至元六年（1269 年）规定地方正官同首领官率僚属至文庙烧香，与学官、儒士讲议经史。② 元人文集及方志中更有大量的地方长官与肃政廉访司官参加祭祀活动的记载，而儒学提举以长官身份参加儒学春秋、朔望祭祀活动，虽然在至元二十九年绍兴路儒学制订的《学式》里面有规定，但史料中有关实例并不多见。③

从掌管学田、钱粮来看，元中后期，元政府已规定学校钱粮由儒学自身掌管，这一规定基本得到执行，虽然有一些地方政府仍然掌握儒学的钱粮，甚至学官“用钱五十缗以上必禀于州”。④ 但这些钱粮一般还是由儒学、书院本身掌握，而不是由儒学提举司控制，儒学提举司只是有责任帮助收回被侵占的学田，至于儒学的收支、经费的使用，儒学提举司并不能干涉。柳贯为江西等处儒学提举司时，行省“书院不在籍于官者，无虑数十，旧设主领一员司其金谷之出纳”。⑤ 这里儒司掌管的是不在官籍书院的钱粮，一般儒学或在官籍书院则不在其管理之内。

至于修缮儒学设施、管理选任学官、乡试、考校著述文字等方面，儒学提举司一般只是配合行省、路总管府、肃政廉访司或与这些机构合作开展工作。儒学提举司对儒学管理的范围和力度，一般取决于儒学提举个人的能力和社会责任心，因此元人柳贯认为儒学

① 许有壬:《彰德路儒学营修记》,《至正集》卷 37。

② 《庙学典礼》卷 1《官吏诣庙学烧香》。

③ 关于儒学提举参加儒学祭祀，至元二十九年绍兴路学制定的学制中有规定，但在有关儒学提举的史料中，这种情况很少，或许至元间诸道儒学提举参与儒学祭祀活动。诸行省儒学提举司设立后，由于统辖儒学众多，对其参与儒学祭祀才没有硬性规定。

④ 陈旅:《海盐州新儒学记》，嘉靖《嘉兴府图记》卷 5《邦制·学校》。

⑤ 黄溍:《元故翰林待制柳公墓表》,《金华黄先生文集》卷 30。

提举司“曹务甚简”。① 元人蒲道源在《辞陕西儒学提举闲居言志》中写道：

布谷声中雨散丝，晓窗浓睡正炊时。春来暖透黄绸被，老去甜归白粲糜。仕及引年何况病，官虽闲局亦当辞。为予多谢门前客，莫怪慵夫应接迟。②

蒲道源将儒学提举说成是“闲局”，反映了儒学提举司在元代儒学管理中的地位和作用。类似的情况还可以在元人吴澄的资料里得到反映，这里不再列举。

儒学提举司虽然不直接参与儒学事务，但儒学提举凭着其在官府中的威望（大部分任职过中央翰林集贤院、国子监）、在儒士集团中的地位以及个人的能力，仍然能给儒学做很多有益的事情，这可以从前面引述的有关资料中得到证实。

2. 地方监察机构——诸道肃正廉访司

元人刘应奎指出：

圣元蒙古，天人振武朔土，混一区宇，前代所无。倒载干戈之日，即以文德为治，内而京师，外而府州县，莫不有学。爰庙庭以奉先圣，设教职以主师席，膳学有公廪，教养有常法。其勉励也，则归之风宪；其提调也，则付之有司。③

元著名文人许有壬也指出：

国制，有司主学，风纪励其怠。④

---

① 柳贯：《提举司厅壁题名序》，《柳待制文集》卷17。

② 蒲道源：《闲居丛稿》卷6。

③ 刘应奎：《常林儒学记》，嘉靖《湖广图经志书》卷6《荆州府·艺文》。

④ 许有壬：《彰德路儒学营修记》，《至正集》卷37，元人文集珍本丛刊本。

上述两则史料明确地说明了元代的监察机构与地方官府的儒学管理职能，下面将元代监察机构对儒学的管理情况考察如下。

元朝在地方设置监察机构——江南行御史台和陕西行御史台，下辖诸道肃政廉访司，掌各地的监察事宜。在北方腹里地区，也同样设立诸道肃政廉访司，掌腹里各地的监察。勉励儒学就是诸道肃政廉访司的任务之一，元人虞桀对廉访司对儒学的“勉励”解释说：“部使者以时按□，则勉其有成而励其不及，此国家之制也。”① 监察机构对儒学的监督，主要表现在下述几方面：

第一，按部巡查督促。肃政廉访司定期派人巡查各地，有时是其长官廉访使、副使（称宪佥或部使者），有时也派吏员。每到一处，巡查人员一般要到当地的儒学“殿谒”行礼，然后召集学官、诸生询问学校发展中的问题、困难，并亲自视察儒学。如果发现问题，一般要责成路州县长官或学官着手解决。如天历二年（1329年）廉访司佥宪杨奂至汉阳府学（属湖广行省），时府学围墙已坏，鸡犬不禁。杨奂“谒庙嗟讶，力欲缮完，商工计财费等”。②岭北湖南道宪佥黑的哥，按部至宁远县（永州路），诣庙舍莱礼成，即“升堂坐阅诸生讲辩，既勖励，复登（明伦堂）”，指出县儒学大成殿中从祀诸贤画像不合礼制，命他们改之。③ 延祐五年（1318年），廉访司宪佥某巡查到常宁州学，“至学勉励。首以肄业生员为问，咸答以学廪不足”，于是宪佥催促常宁州达鲁花赤爱也祖丁等商议解决办法。延祐七年（1320年），湖南道宪佥李仲杰“按临是郡，见增置学田文牍，称赏不已”，遂命刻石以记。④ 后至元元年（1335年），廉访副使李端（字彦方）至庆元路，“十月朔，谒先圣庙，升论堂，进诸生，问所以为学，历举格言大训，勉励淳切，闻者竦息佩服，退则欣然有得也”。⑤

---

① 虞桀：《重修文庙记》，《湖广图经志书》卷15《长沙府·艺文》。

② 许有壬：《汉阳府新筑宫墙记》《至正集》卷41。

③ 佚名：《兴举学校记》，嘉靖《湖广图经志书》卷13《永州府·艺文》。

④ 郑梁：《常宁州增置学田记》，嘉靖《湖广图经志书》卷12《衡州府·艺文》。

⑤ 虞师道：《元庆元路学涂田碑》，《两浙金石志》卷16。

第二，直接参加儒学的祭祀教学活动。这方面史料很多，大德年间的杭州路学，“月朔十五日，部使者入郡庙学谒先圣先师，郡守以下无敢不至”。① 江浙行省的台州路学在至元十三年（1276年）、二十六年（1289年）两毁于兵，路学破败不堪，在这种情况下，每月朔望日，“部使（肃政廉访使）、府侯至，坐直舍如斗大，余皆立灌莽中”，进行释奠。②

第三，接受儒学申诉，解决困难。福州路儒学学田为豪民所侵“岁入之数，日以耗损”，廉访使沙木斯迪音闻之慨然曰“（福州路）宪治所在，敢尔乎！”于是命地方官按图复之。③ 后至元元年（1335年）廉访副使李端至庆元路时，路学涂田若干亩为附近育王大慈寺僧人所侵夺，诸生诉于李端，“宪部洞悉兹弊，檄帅阃经理考核，僧惧罪及，始自实于官厅”。④

第四，主持儒学的建设、拨学田。如大德年间廉访副使高继显拨府学学田七顷给上海县学。⑤ 延祐五年（1318年）平江路学遭飓风袭击，尊经阁被毁，部使者邓文原等重修之，“即其地造阁三间，两翼三檐，二十八楹”。⑥ 类似的例子还有很多，兹不多举。

总之，元代地方监察机构——诸道肃政廉访司与当地儒学有密切的关系，廉访使地位高于路府州县长官，因此更加有能力解决当地政府无法解决的问题，廉访使定期巡视更有利于发现儒学弊端，督促其改正。因此，廉访司管理儒学对儒学的正常发展是有利的，是元代我国儒学管理制度不断完善的反映。这一制度被以后的明朝所接受，影响很大。

---

① 陈旅：《婺源州学正余志贤之官序》，《安雅堂集》卷6。

② 程钜夫：《台州路学讲堂记》，《雪楼集》卷11。

③ 贡师泰：《福州路儒学复田记》，《玩斋集》卷7。

④ 虞师道：《元庆元路学涂田碑》，《两浙金石志》卷16。

⑤ 臧梦解：《至大舍田迁学记》，崇祯《松江府志》卷213《学校》。

⑥ 嘉靖《吴邑志》卷5《学校》，天一阁明代方志选刊续编影印明嘉靖刻本。

3. 路府州县地方政府

元代路府州县地方政府也有对儒学管理的职权，元人蔡图说：

> 皇朝右文，其制，天下郡邑学专典于守若令，俾得丙其弘纲，匡其要绪，培饬其素业所未逮。继而，廪稍管键，悉掌其合闭也。①

这说明地方政府对儒学的管理范围比较广泛。具体说来，有下面几点：

第一，修整校舍。校舍的修整是使儒学得以正常发展的必要条件。我国历代都很重视这一问题，将它看成是有关风化的大事。元代儒学地位不高，学校虽有学田收入，但经常被豪民、寺院、驻军等侵夺，学田收入很难顺利的入学。元政府对学田收入控制很严，虽然屡次下令将学田收入归儒学支配，但在很多地方，官府仍然掌其收入，学官无权使用，再加上学官制度弊端很多，学官不称职、贪污等现象非常严重，儒学重建、整修花费很大，靠学校本身的组织、筹划很难完成，需要地方政府长官的支持与帮助。元代儒学修建的例子中，很大一部分都是在地方长官的主持下完成的。至正年间，张宗颜为袁州路总管，时袁州路学长期不修，弊坏不堪。幕僚官严仲毅“乃躬督学赋之入，无敢补遗”，修整期间“自一木、一石、一工、一役，佣估之直，亲给以时，不及吏手，如治家事。画诺之暇日，必至焉，略无风雨之间”，因而这次修整“用约而利周，敏成而固久”。② 至正年间，建宁路松溪县儒学遭兵燹。至正十四年（1354 年）县令凌说（吴兴人）来任职，他认为“学校兴废，长民者之责也”，于是“既命钩考簿书，征理历年赡学田租在豪民黠吏之手者”。学校建设开始时，侯说“躬莅教护属工而课其章程”。工程完工后，他又为县学范铜铸祭器，其他教学设施也“靡不完具”。因此，松溪县儒学“佩衿来集，弦诵相闻，馈膳之

① 蔡图：《新昌县文庙记》，嘉靖《江西通志》卷 30《瑞州府》。
② 虞集：《袁州路儒学新建奠经阁记》，《道园学古录》卷 36。

须亦无乏绝”。①

第二，管理儒学的学田及收入。前面已经论述过，虽然元政府三番五次下令学田及收入归之儒学管理与支配，以用于春秋祭丁、朔望祭祀、学官薪俸、生员廪膳及贫老之士的养老等目的，但由于各地情况不同，这一政策执行得很不彻底。一些经济较发达、儒学基础雄厚的地区这个政策执行得相对较好，如江浙行省庆元路，路学及州县学的学田学产悉归儒学经理，在支配上，儒学也有较大的自主权。② 杭州路的儒学仓“就属府学官主管，收本学师生岁支俸粮，并朔望行香烛之费，仓在本学”。③ 另一种情况是少数地区儒户数量少，学官势单位卑，只好由路府州县的政府官吏代为收租。这些钱粮大部分储之有司，由地方官掌管，学校使用时，须得到地方官批准。如在元末的至正四年（1344 年）嘉兴府才“檄本学官自征租用”。④ 至正七年（1347 年）吴县学（属江浙行省平江路）“爰稽田籍，以复租额，移有司征之，岁果倍入”。⑤ 江西行省的吉安路学“钱粮虽多，府曹专役任钱粮之科，州县则吏胥移易侵贷，上下表里为弊，岁不给用”。⑥ 即使学校田粮已经交给当地儒学，地方官仍须对儒学的收支有检核监督之责。后至元年间，海盐州学（属江浙行省）教授“用钱粮五十缗以上，必禀与州”。⑦ 松江府学也有同样的规定。另外，儒学如何处理其钱粮，也须向地方官请示，由地方官出面办理。湖广行省宝庆路新化县在至顺元年（1330 年）当地饥荒时，出售学校的余粮以买田，这么平常的事情。县主簿张登仕也要首先至儒学主持拜谒先圣孔子的仪式，然后才

---

① 黄溍：《松溪县新学记》，《金华黄先生文集》卷 14。

② 袁桷：《延祐四明志》卷 14《学校考》，宋元方志丛刊本，中华书局 1990 年版。

③ 成化《杭州府志》卷 13《官属》，南京图书馆藏明成化刻本。

④ 杨维桢：《送嘉兴学吏许德明考满序》，《东维子文集》卷 5。

⑤ 嘉靖《吴邑志》卷 5《学校》。

⑥ 刘铣：《吉安兴学》，《桂隐文集》卷 1，文渊阁四库全书本，台北商务印书馆 1983 年版。

⑦ 陈旅：《海盐州重修庙学记》，《安雅堂集》卷 8。

"亲书阄定价"，县学始得以从容售粮。① 为此，元人李存抱怨说："彼释老者有田而不征与儒者同，而儒者之出纳，则刺史、县令得以稽考之，部使者又稽考之，小有不当则黜罚行焉，彼释老而有司未尝过而问其故，何哉？"②

地方官对学田的管理中，最重要的是帮助儒学恢复被侵学田。元代儒士羸弱，学田被侵之事时有发生，学官秩低权弱，一般很难解决问题，只好向上级反映情况。廉访司官只是定期巡查，大部分案件还是由当地政府解决。如至正六年（1346 年）江浙行省衢州路江山县学田十分之二为豪民所据，县达鲁花赤多尔济、县令詹道愈"力追复之"。③ 至正十一年（1351 年）江浙行省婺州路浦江县达鲁花赤阿年八哈为县学"归其侵疆"。④ 至正九年（1349 年）石天岳为湖广行省静江路荔浦县县尹，他"考其岁赋，究其侵欺。凡豪民之耕占影避者，悉明界畔以复之，顽佃之积累负逋，严加约束以征之，由是廪有余蓄"。⑤ 这样的例子在元人文集、石刻碑传及方志资料中很多。

第三，参加儒学的祭祀教学活动。元朝在至元六年（1269 年）就有"官吏诣庙烧香"的圣旨，这在《通制条格·学令》以及《庙学典礼》中都有记述。江南统一后，这一规定推广到全国儒学。至元二十九年（1292 年）绍兴路学重新制定的教学制度——"学式"中有"诸司存官、儒司、学官参加祭祀的规定。⑥ 元贞初年江南行御史台制定的学校制度则明确规定，由"学官申请本路文资正官诣学（有廉访司官处同到）"进行春秋二祭。⑦ 从史料看，这一规定得到了普遍的执行。从儒学较发达的江浙地区到比较

① 刘举：《赡学田记》，嘉靖《湖广图经志书》卷 16《"宝庆府"·艺文》。

② 李存：《送吴景汉赴宁国路儒学正序》，《鄱阳仲公李先生文集》卷 19。

③ 鲁贞：《江山县修学复田记》，《桐山老农集》卷 1。

④ 戴良：《浦江县学记》，《九灵山房集》卷 5。

⑤ 石天岳：《荔浦县重修学记》，嘉靖《广西通志》卷 24。

⑥ 《至元壬辰重订学式》，《越中金石志》卷 7《绍兴庙学图》。

⑦ 《庙学典礼》卷 5《行台坐下宪司讲究学校便宜》。

偏僻的湖广行省郁林州、横州所属的儒学，都可以发现地方长官、廉访司官参加儒学祭祀的记载。① 如庆元路象山县尹李天佑（子吉甫，高唐县人）“月朔率僚吏入学，听师生讲说经训，使知礼仪廉耻，而习俗亦少变焉”。② 地方长官参加的祭祀活动，有硬性规定的春秋祭丁、朔望祭祀。此外，儒学新建或修复、地方官上任以及学校有重大事件，按惯例，地方官都要到庙学释奠。只不过固定祭祀活动比较隆重，有固定的仪式和音乐（大成乐）的伴奏，普通的释奠只是殿谒行礼而已。

地方官参加教学活动元代也有明确规定。大德十一年（1307年），元政府规定“提调正官时一下学挑试生徒，其有讲说不通，文理不明，以次责罚”。③ 特别是对以儒见长的地方官来说，除“挑试”外，亲自与诸生讲经论道应该也是平常的事情。元政府关于地方官必须到庙学参加祭祀的规定，也给他们直接参加教学活动提供了机会。至正三年（1343 年），高志为吉安路（江西行省）庐陵县县尹，他“以育才成化者朝夕究心”亲自到儒学，教诲诸生，“读书明义理，修身积实行”，又于“职教训者讲论为学之次第，使八岁入小学，十五岁入大学者，皆卓然为古人之规程。由是士洗涤琢磨，始彬彬然知慕三代之风”。④ 延祐年间，张方（东平人）为南安路总管，他“时入学而视必恭、必虔，无或懈惰”。为了发展南安路儒学教育，他“于士类中，择其知孔圣之道者讲求其意，条陈其目，俾不废乎其所已学，而兼进乎其所未学……于经则明，于修则修。”于是南安路学“士风丕变，民风亦丕变”。⑤ 后至元六年（1340 年）庆元路总管王元恭重视儒学，他亲至路学“月书季考，循习故常，严堂试为赏格，士知所自励”。⑥ 江浙行省

① 嘉靖《广西府志》卷 35《学校》，伯隽鲁哥《郁林州学记》；张昉《横州学记》。

② 苏天爵：《故承务郎象山县尹李侯墓碑》，《滋溪文稿》卷 18。

③ 《通制条格》卷 5《学令》。

④ 刘铣：《吉安兴学》，《桂隐文集》卷 1。

⑤ 吴澄：《南安路儒学大成乐记》，《吴文正集》卷 36。

⑥ 朱文刚：《元庆元路总管王元恭去思碑》，《两浙金石志》卷 17。

泉州路永春县尹卢琦“乃作新（学）宫，延师儒，课子弟，月书季考，皆自临较”。① 温州路达鲁花赤铁木列思崇儒重士，“檄四邑文士试于郡庠”，“课取诸士，皆得其人，学者知劝”。② 龙兴路（江西行省）富州知州陈元凯“招学徒，兴文治”，经常“单车诣学，训勉诸生，讲求民瘼，询考政事利害得失而罢行之，一时善治翕然”。③ 这样的例子，还可以举出很多。

上面所说的地方官，一般来说是指地方正官，包括各级达鲁花赤、路总管、知府、知州、县尹等，那么，有没有专门负责管辖儒学的官吏？建康路学在大德六年（1302年）发生火灾，祭器大部分被毁，于是“台察上下议论佥同，遂命提学官本路治中也先普化购铜，访得冶金之技工者”。④ 这里提到建康路治中也先普化是建康路提举学校官。数年以后，教授张拱辰到任，看到祭器不合仪式，于是“退谋之提学官治中梁侯也先普化”。⑤ 这说明治中梁也先普化此时仍然是建康路的提学官。这样看来，从建康路来看，路一级政府的治中，可能是专门负责教育的官员，不过由于其他路的史料没有发现治中“提学”的现象，这种推论还有待于史料证实。

地方官提调儒学，在元朝江南地区儒学地位不高的情况下给儒学的发展提供了政治、经济等各种保障，对儒学的生存及发展可以说起了很大的作用。许多地方官还通过亲自参加儒学的祭祀、教学活动，勉励儒学、规范教学制度，这对儒学本身发展及全社会崇儒重教的社会风气的形成，都有重要意义。但从另一方面来说，地方政权过多参加儒学的管理，使儒学失去了自我发展的能力，儒学变得更加依赖地方官，当地方官不重视儒学时，它的发展就会受到影响。元代的吏治比较混乱，官员素质也是与宋、明、清等朝代无法相比的，这就造成了儒学发展的不稳定性，相当一部分儒学都出现

---

① 何远乔：《闽书》卷89《英旧》。

② 万历《温州府志》卷9《治行》，温州图书馆藏明万历刻本。

③ 嘉靖《江西通志》卷4《南昌府·名宦·元》。

④ 严观：《江宁金石记》卷6《建康路文庙祭器记》，宣统二年刻本。

⑤ 严观：《江宁金石记》卷6《建康路学祭器总数之记》。

过废坏不治的现象。元代地方官不重视儒学导致儒学废坏的例子，可以举出很多。元代著名文人许有壬抱怨说："国制，有司主学，风纪励其怠，而天下主者视为切己，一弊必修，一坠必举者有几？蔑教典，习故常，身虽致而目不一故者，众也。"①

以上论述的是元代儒学的管理系统，之所以称"系统"，是由于元代的儒学管理头绪很多，呈现出明显的多元化：中央有集贤院、国子监，地方有儒学提举司、地方监察机构、路府州县官府等。这些管理机构中，集贤院制定全国的儒学政策，与儒学的关系比较疏远。其他三家机构都有管理儒学的职能。儒学提举司"总摄"，肃政廉访司"勉励"，路府州县正官"提调"。虽然三方同儒学之间关系的措辞不同，正如以上所论述的，它们的职责分工并不明确。它们之间对儒学的管理在很多方面是重叠交叉的。看不出元代儒学的管理系统是一个真正分工明确、职责分明的有机系统。这反映了元代儒学教育管理的一个主要特点——管理的多元化。

元代儒学教育管理多元化是由诸多原因造成的。

首先，儒学教育管理的多元化是由元代社会特点决定的，元初蒙古统治者对儒学及儒士并不了解，仅把它作为一种为蒙古大汗"告天祝寿"的宗教对待，立儒户户籍，免儒户差役，应该说是比照僧、道、也里可温（基督教）、答失蛮（伊斯兰教）等宗教户计而实行的优待政策。元世祖以后，随着对儒学及儒士认识的深化，儒士在国家统治中的作用也日益表现出来。儒士成为国家政权不可缺少的一部分。因此，如何控制儒士阶层，使其为元政权服务，成为蒙古贵族文教政策的出发点。江南统一以后，文教政策变得更加重要，因为江南儒学非常发达，儒士数量众多，虽然江南儒士入元以后已经失去其政治地位，但他们在江南地区仍然有很大的影响，他们的思想言行以及对元政府的态度直接关系到江南的稳定。因此，元政府在全国范围内，对儒学实行了既笼络又控制的政策。江南定儒籍，恢复学田，儒士免役以及颁布崇儒法令都是笼络政策的

---

① 许有壬：《彰德路儒学营修记》，《至正集》卷37。

表现。至元二十四年（1287年）元政府接受叶李建议，复设儒学提举司，也具有上述笼络的性质。儒学提举司设立后，儒学“师生鼓舞相语，以为平日语所不及，一旦与行省、台院、廉访、转运者同有是掌，卑于名而尊其实，其职反若居宣慰职军民者上，自十三年平宋后所无”。① 当初的实际情况也是这样，诸道儒学提举司“掌管儒学大小事务”，一度形成了以儒治儒的局面。这种情况同元政府控制儒学的初衷是不相符的，于是，地方文资正官、廉访司官吏在儒学管理中的地位逐渐增强，而儒学提举司的很多权力则被剥夺，形成了儒学提举司、肃政廉访司、地方官府共同管理儒学的局面。

其次，元代儒学管理的多元化与元初儒学的处境也有关系。在元政权中，蒙古、色目贵族属特权阶层，而汉人、南人地位较低。元初，儒士比较低下的社会地位使儒学的生存环境更加艰难，学田被侵、学产被夺、学校荒废的现象比比皆是。因此，元政府既然允许并鼓励儒学发展，就需要权势较大的地方官府以及肃政廉访司，作为儒学发展的支持者和保护者，仅靠以儒士治儒学的办法的话，儒学的生存会更加困难。事实上，诸道肃政廉访司以及各路府州县官府也确实为儒学的发展做了很多工作和贡献。

元代对儒学的多元化管理，在很大程度上保证和促进了儒学的发展，这是应该肯定的。同时它也使儒学过分依赖官府，其自身的发展则失去活力，儒学成了地地道道的官学。更应该指出的是，廉访司及地方官直接对儒学管理，使在元以前倍受尊敬的学官地位下降，元人聂炳抱怨说：地方官“视学校为莞库，视师儒为属吏，迫乎控御如遇诸冗僚，暇则按历布、算斗粟，贯强一有纬画，大挫小辱，立中奇祸，借曰位学官者或自取，然岂恺悌忠厚之道哉?”② 这种情况既降低了儒学的地位，也会使社会风气向着更加不利于儒学的方向发展。

元朝儒学管理的多元化，说明元朝对儒学教育的管理和控制加

---

① 姚燧：《龙兴府学奎章阁记》，《天下同文集》卷6。

② 聂炳：《刘侯兴学记》，嘉靖《湖广图经志书》卷4《黄州府·艺文》。

强了，符合中国封建社会后期儒学教育官学化的趋势。有的观点认为元朝“由分道取代路级教育机构，再由行省取代分道教育行政管理机构，教育行政管理权逐步上移”，造成了元世祖以后“行省以下的教育管理机构长期处于空白状态，是地方教育事业混乱不振的原因之一”。① 这种观点没有看到元代儒学管理的多元化特征，特别是地方监察机构、地方政府在学校管理方面的重要作用，很明显是错误的。

① 李国钧、王炳照主编：《中国教育制度通史》第3卷，山东教育出版社2000年版，第485页。

第三章
元代教育制度（二）

唐宋以来，儒学祭祀与学校教育结合在一起，形成了庙学合一的固定体制，文庙一般修建在儒学里面，儒学祭祀与教学一样，成为其日常活动的一个重要内容。教学旨在传授儒家文化，祭祀则是弘扬儒家文化的精神，“由学尊庙，因庙表学”。① 儒学祭祀被赋予了更加丰富的职能，成为中国古代儒学教育制度的重要内容之一。

有关元代儒学祭祀制度研究，目前还没有引起学术界的重视，一般研究中国教育史的学者将它排斥在教育史的研究内容之外，只谈教育，不谈祭祀，这是不符合历史发展的实际情况的。这种孤立地研究教育的思维，割裂了中国古代教育的整体性，对教育史研究的深入造成了损害。因此，非常有必要对中国教育史进行重新理解和建构，将庙学合一作为理解中国唐宋以来儒学教育的基础。本章对元代儒学祭祀开展的情况、祭祀制度以及祭祀的影响等内容进行初步的探讨。

---

① 元明善:《武昌路学记》,《元文类》卷29。

一、元代以前中国地方儒学祭祀制度回顾

我国远古时期就有以春秋祭丁（或称释菜）对先贤先师进行祭祀的传统。《周礼》中就有关于春秋祭丁的记载，说明我国对文化、教育有贡献的人物进行祭祀的制度产生于西周或更早的时代，只是到后来，学校的祭祀才演变成对孔子的祭祀。

据史料记载，最早的孔庙于鲁哀公十七年（公元前478年）建于曲阜孔子故宅，此后很长一段时间，孔庙祭祀“未出阙里”。北魏孝文帝开始在太和十三年（489年）于京城（洛阳）建立孔庙。① 唐贞观二年（628年），唐太宗诏令停祭周公，升孔子为先圣，以颜回配，② 于是儒学祭祀之礼逐步完备。贞观四年（630年）诏州县皆立孔子庙，这是地方建立孔庙的开端，儒学祭祀制度逐步由京师推广到全国。宋代的儒学祭祀已经成为中央和地方固定的制度，据台湾学者黄进兴的研究，“迄元代为止，孔庙间逢战乱，容有停祀或破坏，祭祀礼仪却日增月益，尊崇有加”。③

早期孔庙祭祀只是在孔子的故乡曲阜阙里进行，影响不大。北魏有“孔庙既成，释奠告始”的记载，④ 但具体情况目前还不清楚。在作为教育机构的学校里祭祀孔子，大致出现在隋朝，《隋书·礼仪志》有：

> 隋制，国子寺每岁以四仲月上丁，释奠于先圣先师。年别一行乡饮酒礼。州郡学则以春秋仲月释奠。

唐朝贞观年间，诏地方建立孔子庙。开元二十八年（740年），

---

① 魏收：《魏书》卷7《高祖纪下》。

② 欧阳修：《新唐书》卷15，中华书局1975年版。

③ 黄进兴：《道统与制统之间：从明嘉靖九年（1530年）孔庙改制谈起》，台湾《中央研究院历史语言研究所集刊》第61本，1993年11月。

④ 魏收：《魏书》卷56《郑义传》。

又“诏春秋二仲上丁，以三公摄事。若会大祀，则用中丁。州县之祭上丁”。① 唐代礼制典籍《大唐开元礼》对儒学祭祀的仪式进行了详细的记载，这说明唐朝儒学祭祀已经开始形成制度，唐代的其他史料中也有一些关于儒学祭祀的例证，如：

曹华为沂州刺史，“乃躬礼儒士，习俎豆之容，春秋祭丁于孔子庙，立学讲经，儒冠四集”。②

李椅大历年间为福州都督府都督，他“每岁二月上丁，习舞释菜。先三日，公斋戒肄礼，命博士率胄子修祝嘏，陈祭典。释菜之日，叠器用币，笾豆在堂，樽垒在阼，公玄端赤舄，正词陈信……八月上丁如初礼”。③

唐朝地方儒学开始祭祀，这一点是肯定的。不过，由于唐朝还没有实行学田制度，学校没有固定的经费来源，所以，儒学祭祀举行起来非常困难，刘禹锡就曾经上书宰相府，要求罢除儒学祭祀。他在《奏记丞相府论学事》中写道：

> 今之校庠，不闻弦歌，而室庐圮废，生徒衰少，非学官不欲振举也，病无资财以给其用……凡学官春释奠于其先师，斯礼止于辟雍、泮宫，非及天下也。今四海郡县咸以春秋上丁，有事孔子庙，其礼不应于古，且非孔子意也……乞下礼官、博士详议典制，罢天下县邑牲牢衣币。④

宋朝儒学祭祀的制度趋于完备，据《宋史·礼志八》载，大中祥符二年（1009年），宋朝诏太常礼院定州县释奠礼器数量，此后，儒学祭祀制度在熙宁、政和年间几经变化，至南宋时固定下来。宋朝各地儒学祭祀的例子更多，如：

郑民彝（字德常）北宋中期为常州宜兴县知县，县学“春秋

---

① 欧阳修：《新唐书》卷15《礼乐》。

② 刘昫：《旧唐书》卷162《曹华传》。

③ 独孤及：《昆陵集》卷9《福州都督府新学碑铭》。

④ 刘禹锡：《刘梦得文集》卷25，四部丛刊初编本。

祭丁，簠笾簋彝，灿然靡不适礼之中”。①

石牧之为天台县令，“春秋祭丁，入而行礼，生徒与事，品物如制”。②

抚州宜黄县庆历年间，“春秋祭丁之事，以著于令，则常以庙祀”。③

金朝在中原建立统治以后，严格实行儒学祭祀制度，金朝政府规定：

> 普天之下府帅州县，有乡庠废毁，悉出府库钱为之修完，以洁春秋之奠。④

从史料看，金代儒学很多荒废，发展困难，但春秋祭丁的制度基本上没有受到影响，例如：

济阳县大定十四年（1174 年）以前没有儒学，“凡二仲月释奠，□官以著令不敢废，期至，借屋行礼，或僧房，或驿舍，无有定处”。⑤

文登县儒学金代毁于战火，“春秋祭丁，荐祼无所，权于县厅事”。⑥

莱州胶水县儒学荒废，“春秋祭丁，旋行起搭幕次，方始扫除，俟行礼毕，复旧如斯”。⑦

进入元朝，地方儒学祭祀不仅继承下来，还更加受到重视。元

① 王珪：《秘书省著作佐郎郑君墓志铭》，《华阳集》卷 52。

② 陈襄：《天台县孔子庙记》，《古灵集》卷 18。

③ 曾巩：《宜黄县县学记》，《南丰先生元丰类稿》卷 17，四部丛刊初编本。

④ 李图：《金莱州胶水县重修宣圣庙碑》，《平度州志》卷 24，道光二十九年刻本。

⑤ 《济阳县创建先圣庙碑》，《山左金石志》卷 20，嘉庆二年刻本。

⑥ 《文登县新修县学碑》，《山左金石志》卷 19。

⑦ 李图：《金莱州胶水县重修宣圣庙碑》，《平度州志》卷 24。

人余阙记述道："皇元之兴，诸事未遑，即定著孔庙祭祀之礼"，①反映了元代对祭祀的重视。中统二年（1261年）六月，元世祖下诏：

> 宣圣庙及管内书院有时，岁时祭祀，月朔释奠。②

这里的"岁时致祭，月朔释奠"当然是指儒学祭祀。至元三十一年（1294年），世祖又下圣旨：

> 赡学地土产业及贡士庄田，外人毋得侵夺，所出钱粮供春秋二丁。③

此后，这一圣旨多次被元政府重申，说明早在元朝统一中国以前，儒学祭祀已经作为固定的制度在北方实行。元朝儒学祭祀分为春秋祭丁、朔望祭祀、殿谒（或庙谒）、乡饮酒礼等形式，下面将具体情况探讨如下。

二、元代儒学春秋祭丁制度

春秋祭丁是元代规模最大、影响最广的儒学祭祀制度，现将这一制度考察如下。

（一）元初春秋祭丁的举行情况

元朝统一以前，蒙古军在灭金的过程中，进行了残酷的烧杀掳掠，中国北方社会遭到严重破坏，各地的儒学大多荒废，儒学祭祀受到很大影响。太宗窝阔台时期，北方地区逐步被蒙古占领，蒙古贵族通过投降的汉世侯对中原实行间接统治，于是，在一些汉世侯

---

① 余阙：《汉阳府大成乐记》，《青阳先生文集》卷3，四部丛刊续编本。
② 《元史》卷4《世祖纪一》。
③ 《元典章》卷31《崇奉儒教事理》。

的主持下，北方儒学的祭祀开始举行。庚子年（1240 年）世侯严实去世，其子严中济参议东平路事，他召集前金进士康晔、王磐为东平学官，“春秋祭丁，随季程试，必亲临之”。癸卯年（1243 年）真定路的赵州州学建立，“八月上丁，诸生释菜如礼”。① 金源儒士元好问记录了乙卯年（1255 年）东平府学的春秋祭丁情况：

> 八月丁卯，侯率僚属诸生舍菜于新宫。玄弁朱衣，佩玉舒，徐衅落之，礼成而飨献之仪具，八音洋洋复盈于东人之耳。四方来观者皆大喜称叹，以为衣冠礼乐尽在是矣。②

戊午年（1258 年）世侯张柔在保定开府时，重修庙学，新学告成后，“迎神于庙，释奠以落之”。③ 另外，一些未受战火摧残的地区，春秋祭丁也照常举行。如燕京附近的安平县有“小燕城”之号，“士子不下数十辈，视他邑文风又先盛”，于是“每春秋丁、朔望，吾夫子行祀于诸儒之家，以为故事”。④ 值得注意的是，北方儒学春秋祭丁制度一开始就得到忽必烈的支持。甲辰年（1244 年）王磐被招至开平，与忽必烈一起举行释奠礼，苏天爵记述了这次释奠的情况：

> 公北行时，故人马云汉以宣圣画像为赠，即达北庭，适值秋丁，公奏行释奠礼。上悦，即命办其事。公为祝文，行三献礼，礼毕，进胙于上。上既饮福，熟其胙，上下均之，其崇敬如此。自是春秋二丁以为常。⑤

这次秋丁举行的释奠仪式虽然比较简略，但它对忽必烈继位以

① 元好问：《赵州学记》，《遗山先生文集》卷 32。

② 元好问：《东平府新学记》，《遗山先生文集》卷 32。

③ 苏天爵：《万户张忠武王》，《元朝名臣事略》卷 6。

④ 吴汝纶：《元安平县庙学记》，《深州风土记》卷 11，光绪二十六年文瑞书院刻本。

⑤ 苏天爵：《内翰王文康公》，《元朝名臣事略》卷 12。

后儒学祭祀的推行，产生了一定的影响。中统二年（1261年）关于儒学、书院“岁时祭祀，月朔释奠”的诏书颁布以后，忽必烈于“八月丁酉，命开平守臣释奠于宣圣庙”。① 此后，春秋祭丁制度在北方儒学开始普遍举行。这一时期春秋祭丁的记载很多，如：

至元初年，壶关儒学“兵后焚毁殆尽，惟正殿岿然独存”。这种情况下，春秋祭丁在“雉□拨块”的环境中进行。②

至元初年，平度县儒学常年失修，“上雨旁风，日敝月坠”，再加上“厥邻侵蚀”，造成了“春秋荐献殆不能容”的局面，即使这样，每年平度县都要进行春秋祭丁。③

至元二十四年（1287年），云南大理建成儒学，从此“每遇春秋二丁，告朔既望，僚属、学官、诸胥、子弟环列于殿□之下，礼毕明经，观者如堵”。④

至元年间，程思廉为云南行御史台中丞，他在中庆府（昆明）“乃举春秋释菜之礼，于治所中庆府集行省、（行）台以下诸官百余人，公服以行礼”。⑤

元初莘县儒士赵某为县学教谕。当时正值丧乱之余，“文事废弛，春秋祭丁，无从取办。君择后进十数上名于官，复其身。人始知劝，由是学徒向方，庙祀如礼”。⑥

至元十七年（1280年）安肃高林里孔子庙圮坏，里人刘祯率里中大姓重修之，并且置备祭器，以备春秋祭丁，“且为乡约春秋祭丁之礼，俾可以继”。⑦

绛州太平县至元八年（1271年）建学，“以至元癸酉（1273

---

① 宋濂：《元史》卷76《祭祀五》。

② 胡聘之：《壶关文庙士哲记》，《山右石刻丛编》卷26，光绪二十七年刻本。

③ 李图：《元至元重修县学碑》，《平度州志》卷24，道光二十九年刻本。

④ 王昶：《元大理新修文庙记》，《金石萃编未刻稿》，民国七年罗振玉影印本。

⑤ 王思廉：《河东廉访使程公神道碑》，《元文类》卷67。

⑥ 吴澄：《教谕刘君墓碣》，《吴文正集》卷74。

⑦ 刘因：《高林孔子庙记》，《元文类》卷28。

年）秋八月释菜之礼，用安神栖，邦人向化”。①

元朝统一江南，对江南的破坏虽然比北方小，但儒学的正常活动同样受到战火的影响，相当一部分儒学或书院荒废，但儒学春秋祭丁同样没有中断。如元初的南安路学，虽然“学计素薄”，“师生廪膳常不给”，但儒学的春秋祭丁照样举行。② 绍兴路新昌县学“春丁会邑士于明伦堂”。③ 湖广行省的道州路“每岁春秋二仲上丁，郡侯率教授、山长各以其职事，命生徒祀先圣于郡学”。④ 处州路松阳县儒学“学官二丁释奠如礼”。⑤ 襄阳路儒学在战后不久恢复，也是“朔望、春秋奠荐”。⑥

需要指出的是，元初春秋祭丁作为一个制度被元政府规定下来，“释奠仪式著于令典”。⑦“申命台宪、守令勉励而兴举之，是以有司行祀典勿敢缺”。⑧ 因此，“丁祀，有司奉行固不敢不至”。⑨但元初由于战争的破坏，不论是北方还是江南的儒学发展都非常困难，春秋祭丁涉及人物较多，花费不菲，也给儒学带来不小的负担，所以，这一时期儒学的春秋祭丁从内容和形式上都比较简略。上面所列举的元初北方、江南、云南的春秋祭丁，都是在非常简陋的条件下进行的。其他例子还很多，如光州学礼殿、祭器“一切敝旧，取具假借，岁春秋祭丁，官及属，师及弟子，致齐无次”。⑩

---

① 胡聘之：《绛州太平县重建文庙贤廊碑》，《山右石刻丛编》卷25。

② 刘岳申：《南安路重修庙学记》，《申斋集》卷5。

③ 杜春生：《越中金石记》卷7，《新昌县学重建大成殿记》，詹波馆刻本。

④ 欧阳玄：《道州路重修濂溪书院记》，《圭斋文集》卷5。

⑤ 张伯淳：《处州路松阳县重修儒学记》，《养蒙文集》卷5。

⑥ 姚燧：《襄阳庙学碑》，《姚文公牧庵集》，北京图书馆古籍珍本丛刊本。

⑦ 杨世沅：《大乐礼器碑》，《句容金石记》卷6，北京图书馆出版社2000年版。

⑧ 同治《南安府志》卷30《庙学》附张知止《南康县学重修庙学记》，同治七年刊本。

⑨ 张铉：《至正金陵新志》卷9《学校》。

⑩ 马祖常：《石田文集》卷10《光州孔子庙碑》。

睢州仪封县没有县学，“岁时假公舍而释菜焉”。① 绍兴路新昌县学在宋末就被焚毁，元初“二丁寓祭于县厅”。② 宝庆路武冈县庙学卑陋，“朔望拜谒，春秋奠祀，使人玩怠，莫知肃虔”。③ 荆州路长林县元初没有县学，“朔望春秋，附庸州庠”。④ 德安路应山县儒学因陋就简，“春秋朔望，主者应故事而已”。⑤

（二）元代中后期文庙“礼”、“乐”的完备

元代中后期，社会安定，经济发展，儒学教育进入发展阶段，作为“朝廷重典”的春秋祭丁制度逐步完善，最直接的表现就是祭器的完备和大成乐的普及。

祭器也称礼器，是儒学祭祀必备的器具。据清代学者阮元考证，文庙礼器肇自汉，但地方儒学铸造礼器，开始于南宋。⑥ 元初各级儒学所有的祭器主要承袭于前代，种类、数量互不统一。如镇江路学祭器皆木器，⑦ 绍兴路学的祭器有陶器、木器和竹器，⑧ 广州路学祭器铸锡为之，⑨ 绍兴路新昌县学皆石器，⑩ 涿州路学祭器皆以陶器为之。⑪ 除了祭器质地不同外，朝代更替之际，祭器损失

---

① 王恽：《睢州仪封县创建庙学记》，《秋涧先生大全文集》卷39，四部丛刊初编本。

② 民国《新昌县志》卷5《礼制·学宫》附《元贞元年重建大成殿记》，民国八年铅印本。

③ 张图南：《重修儒学记》，嘉靖《湖广图经志书》卷16《宝庆府·艺文》。

④ 刘应奎：《长林儒学文庙记》，嘉靖《湖广图经志书》卷6《荆州府·艺文》

⑤ 石抹允：《应山重修孔子庙记》，嘉靖《湖广图经志书》卷5《德安府·艺文》。

⑥ 阮元：《两浙金石志》卷16《元嘉兴路学铜爵识》后附《考释》。

⑦ 俞希鲁：《至顺镇江志》卷11《学校》，江苏古籍出版社1999年版。

⑧ 《越中金石记》卷7《绍兴路庙学图》。

⑨ 《大德南海志》卷9，宋元方志丛刊影印元刻本，中华书局1990年版。

⑩ 叶载采：《文庙祭器记》，《新昌县志》卷5。

⑪ 揭傒斯：《涿州孔子庙礼器记》，《揭文安公全集》卷10。

破坏也非常严重。进入元朝，由于年代久远，“旧有所存者，岁久朽弊，简陋弗完”。① 庆元路昌国州儒学大德年间，祭器还“多缺损，未有能新之者”。② 元朝中期以后，随着儒学祭祀的广泛开展，儒学开始重视祭器的铸造，天宁路总管郭友直就认为：

> 教养所以兴学，礼器所以将诚，教养偏废则学不兴，礼器不备则诚不尽，皆守臣效职之所以尽其责也。故学有钱粮以充其岁用者，赡师生，供祀事而已……然有其礼无其器，樽俎不足供于前，丰洁无以陈于上，则虽致敬以有礼，而祀之诚有不尽者矣。教养兼举，礼器兼备，贤守之自责，固如是之用心也。③

这里，郭友直将祭器的完备与儒学的教养同样看待，反映了元人对儒学祭器的重视。基于这种认识，在元朝中后期儒学处境有所改善的情况下，各地儒学普遍铸造祭器，以完善儒学祭祀，铜成为铸器时通用的原料。如元贞元年（1295 年）湖广行省澧州路“范金为祭器二百七十有二，竹木发漆之具三百有四”。④ 永州路“幕工于庐陵”，“范尊、垒、豆、洗、爵、坫、簠、簋一百四十有二，笾、俎、篚、幕亦一新之”。⑤ 绍兴路新昌县儒学在至治元年（1321 年）“范金合土”为祭器。至大元年（1308 年）嘉兴路学以铜铸祭器。⑥ 元代有关儒学铸造祭器的史料很多，现将有代表性的记载列举如下：

至大二年（1309 年），栾城县学“以钱五百缗具祭器”。⑦

---

① 袁桷：《延祐四明志》卷 13《学校考》。

② 《大德昌国州图志》卷 2《学校》，宋元方志丛刊本。

③ 郭友直：《儒学田土祭器碑记》，《湖广图经志书》卷 4《黄州府·艺文》。

④ 姚燧：《澧州庙学记》，《姚文公牧庵集》，北京图书馆古籍珍本丛刊本。

⑤ 张三翁：《府学祭器记》，康熙《永州府志》卷 19《艺文二》。

⑥ 《越中金石记》卷 16《元嘉兴路学器物款识十四种》。

⑦ 沈涛：《常山金石志》卷 18《栾城县学田识》，道光二十二年刻本。

皇庆二年（1313年），张拱辰为集庆路学教授，“购铜招旧匠开冶”，共铸祭器1418件，“器至是而始备”。①

泰定四年（1327年），涿州学官曹明则“驰数千里至庐陵”，为州学作祭器。②

后至元四年（1338年），临江路新喻州“范铜为祭器”。③

后至元四年（1338年），景陵县儒学范铜而铸造祭器一百五十余件。④

后至元五年（1339年），慈溪县学教谕季仁寿“得补租钱一千二百余贯，以造祭器之未完者”。⑤

后至元五年（1339年），句容县学用铜铸造祭器一百五十一件。⑥

至正二年（1342年），象山县尹穆卜颜帖木儿为象山县学“重置祭器”。⑦

至正十四年（1354年），松溪县“范铜为祭器”。⑧

元末张潜为开化县令，“凡学之具器故所无者，悉具，春秋祭丁，莫不精恪承事，神人以和”。⑨

除了规模较大的官学以外，一些县以下的基层儒学也有铸造祭器的记载。如延祐三年（1316年），江西佥宪任蒙古岱至庐陵，为东阿县铜城镇夫子庙“范金为簠、簋、尊、爵、玷、勺、罍、洗凡四十有一，乡鼎七，仍竹木为笾豆二十有四，以乡人父兄子弟春秋祭丁其中”。⑩

---

① 《至正金陵新志》卷9《学校志》。
② 揭傒斯：《涿州孔子庙礼器记》，《揭文安公全集》卷10。
③ 虞集：《新喻州重修宣圣庙学记》，《道园学古录》卷35。
④ 景坤厚：《景陵儒学记》，嘉靖《湖广图经志书》卷11《沔阳府·艺文》。
⑤ 程郇：《重修县学记》，《至正四明续志》卷7《学校志》。
⑥ 杨世沅：《大乐礼器记》，《句容金石记》卷6。
⑦ 《至正四明续志》卷7《学校》，宋元方志丛刊本。
⑧ 黄溍：《松溪县新学记》，《金华黄先生文集》卷14。
⑨ 鲁贞：《修开化县学记》，《桐山老农集》卷1。
⑩ 刘岳申：《东阿县铜城镇夫子庙碑》，《申斋集》卷7。

元朝中后期儒学文庙春秋祭丁制度完善的另一重要表现就是大成乐的推广与普及。祭祀用乐是中国古代的传统制度，儒学祭祀使用的大成乐出现于宋朝，明朝学者郑真记载：

> 宋咸淳三年（1267年），度宗幸太学，诏升曾参郕国公，孔伋沂国公，配享先圣孔子庙廷。时厚斋公权直学士院，乐章实其撰著。①

这则史料反映了南宋王应麟（厚斋）创制大成乐的情况。

元朝建立后，祭祀礼乐基本上沿袭前代，吴澄就指出："世祖皇帝于京师首善之地，肇创国子监学，春秋祭丁，以前代之乐行事，列郡遵而行之。"② 但大成乐"惟春秋二丁释奠则用"。③ 不过，元初由于儒学处境困难，大成乐并没有得到广泛推行，"令虽具，而吏亦鲜能应诏制，春秋奠荐，类以鼓吹行事"。④ 很多儒学以俗乐行之，更多的地方儒学春秋祭丁则没有乐，如汉阳府"孔子庙祀旧亦用俗乐"。湘乡州至正二年（1342年）"大成乐不备"。⑤ 彬州路皇庆二年（1313年）大成乐"未之建也"。⑥ 至大三年（1310年）常德路"雅乐未作"，春秋祭丁使用俗乐，"淫哇是奏，郑声嘈杂"。南安路学在延祐以前"大成乐未备"。⑦ 至治二年（1322年）以前新昌县儒学也是"释奠独未有乐"。⑧

对于儒学祭祀使用大成乐，元代许多学者都是极力提倡的，学

---

① 郑真：《荥阳外史集》卷37《录王厚斋郕国沂国配食大成乐章》。
② 吴澄：《南安路儒学大成乐记》，《吴文正集》卷36。
③ 张铉：《至正金陵新志》卷9《学校志》。
④ 余阙：《汉阳府大成乐记》，《青阳先生文集》卷3。
⑤ 杨继祖：《奠大成乐记》，嘉靖《湖广图经志书》卷15《长沙府·艺文》。
⑥ 郑鸣凤：《大成乐记》，嘉靖《湖广图经志书》卷14《彬州府·艺文》。
⑦ 同治《南安府志》卷5《庙学》，同治七年刊本。
⑧ 王应及：《新昌县儒学大成乐记》，民国《新昌县志》卷5《礼制·学宫》。

者吴澄指出：孔子“至唐开元而服衮冕之服，正南面之位，祀以王礼，遂为定制。凡释奠者必大合乐，因古释奠之名，损益其礼，以祀夫子。祀必用乐者，仿古也”。① 学者周仁荣也认为：“乐修于学，可以通神明，美教化，移风俗。”② 在一些学者的提倡下，元朝中后期，很多地方开始置备大成乐器，用于文庙春秋祭丁，如：

大德七年（1303 年），集庆路学置大成乐，选诸生肄习，用于春秋祭丁。③

常德路学于至大三年（1310 年）置大成乐。④

彬州路学（湖广行省）皇庆二年（1313 年）置大成乐。⑤

延祐年间，真定路儒学正张在（字文在）置办大成乐器，数月完成。⑥

延祐年间，松江府“始备大成之乐”。至正十九年（1359 年），府学“征乐师以教生徒。”⑦

至治元年（1321 年），溧阳州儒学教授孔涛置雅乐（大成乐）。⑧

至治二年（1322 年），新昌县儒学置办大成乐器。⑨

至治三年（1323 年），吉水州置备大成乐器。⑩

泰定元年（1324 年），“嘉定州儒学大成乐成”。⑪

泰定元年（1324 年），安丰路儒学“遣学正及生（员）二人，

---

① 吴澄：《南安路儒学大成乐记》，《吴文正集》卷 36。

② 周仁荣：《大成乐记》，钱谷《吴都文粹续集》卷 7。

③ 张铉：《至正金陵新志》卷 9《学校志》。

④ 史节翁：《新置大成乐记》，嘉靖《湖广图经志书》卷 15《长沙府·艺文》。

⑤ 郑鸣凤：《大成乐记》，嘉靖《湖广图经志书》卷 14《彬州府·艺文》。

⑥ 苏天爵：《濮州儒学教授张君墓志铭》，《滋溪文稿》卷 14。

⑦ 崇祯《松江府志》卷 23《学政》。

⑧ 张铉：《至正金陵新志》卷 9《学校志》。

⑨ 王应及：《新昌儒学大成乐记》，民国《新昌县志》卷 5《礼制·学宫》。

⑩ 刘岳申：《吉水州修学记》，《申斋集》卷 6。

⑪ 周仁荣：《大成乐记》，钱谷《吴都文粹续集》卷 7。

作雅乐诸器于吴中”。①

泰定年间，衡州路常宁州儒学置大成乐，“征乐师，招弟子员俾肄习之”。②

元统元年（1333 年）建德路儒学制造大成乐器，“师弟子朝夕肄习”。③

后至元二年（1336 年），澧州路慈利州学“作雅乐，备登歌之工，八音之器，使诸生肄焉，有祀于先圣先师则用之”。④

湘乡州学（属湖广行省天临路）于后至元四年（1338 年）始置大成乐，至正二年（1342 年）完成。⑤

后至元四年（1338 年），临江路新喻州儒学“为雅乐之器”。⑥

至正十六年（1356 年），昆山州学“大修孔子庙……理大成乐”。⑦

至正十六年，嘉定州置备大成乐。⑧

以上列举的一些地方置备大成乐例子，反映了元朝中后期大成乐逐渐普及的情况。大成乐的设置，使本来就比较隆重的春秋祭丁更加庄严、肃穆，春秋祭丁在地方社会中的影响增加了，很多史料反映了在大成乐伴奏下春秋祭丁的盛况。如常德路至大三年（1310 年）乐成，次年春丁释奠，“戛音既作，合奏乃宣，歌声、乐声交倡修举，八音克协，洋洋在上，神若来格”。⑨ 湘乡州至正二年（1342 年）八月朔日大成乐成，“越三日丁卯，行舍奠礼”，这一

---

① 马祖常：《安丰路孔子庙碑》，《石田文集》卷 10。

② 石克明：《大成乐庭记》，嘉靖《湖广图经志书》卷 12《衡州府·艺文》。

③ 柳贯：《建德路学新制乐器记》，《柳待制文集》卷 15。

④ 虞集：《澧州路慈利州修儒学记》，《道园学古录》卷 35。

⑤ 杨继祖：《奠大成乐记》，嘉靖《湖广图经志书》卷 15《长沙府·艺文》。

⑥ 虞集：《新喻州重修宣圣庙儒学记》，《道园学古录》卷 35。

⑦ 杨维桢：《昆山州学宫碑》，钱谷《吴都文粹续集》卷 5。

⑧ 杨维桢：《嘉定州修学记》，钱谷《吴都文粹续集》卷 6。

⑨ 史节翁：《新置大成乐记》，《湖广图经志书》卷 18《常德府·艺文》。

天，“天气清明，人神孚感，登歌以节，八音随之，升降以仪而大礼毕”。① 常宁州泰定年间大成乐完备，于是“庙学之制益弘，降登之序有容，春秋祭丁，礼乐明备，神人以和”。② 元中期汉阳府学大成乐成，“八月丁丑有事于学宫，人声在上，乐奏于下，翕如纯如，疾舒以度。观者咸作而叹曰：礼乐之用大哉！”③ 元统元年（1333 年）秋，建德路学大成乐成，“上丁释奠，出而荐之，音节允谐，仪文毕举，官师在位，诸生缀行，莫不竦耳动心，知召和之有道而致飨之有容”④。

大成乐设立，是元代儒学祭祀制度完善的表现。春秋祭丁演奏大成之乐不仅使祭祀制度更加完备，也扩大了儒学祭祀在社会中的影响。

（三）元代春秋祭丁礼仪制度

元代初年虽然“释奠仪式著于令典”，但文庙春秋祭丁的具体制度缺乏记载，大致沿袭宋金旧制。至元十三年（1276 年），“中书省命春秋祭丁，执事官各公服如其品，陪位诸儒襕带唐巾行礼”。⑤ 这说明此时的春秋祭丁已经有固定的礼仪制度。元朝统一以后，各地开始参照旧制，重新制定儒学春秋祭祀制度。至元二十九年（1292 年）绍兴路制定了新的“学式”，其中包括有关春秋祭丁的内容。下面以《越中金石记》为主并参照其他史料，对有关文庙春秋祭丁的礼仪制度概述如下：

春秋祭丁的时间，宋朝时一般是在春秋二仲月的上丁日，元朝继续沿袭这一规定，《元史·祭祀志》记载：京师孔子庙祭祀在“春秋二仲月上丁，有故改用中丁”。地方儒学的春秋祭丁也是如此。

---

① 杨继祖：《奠大成乐记》，《湖广图经志书》卷 15《长沙府·艺文》。
② 石克明：《大成乐庭记》，《湖广图经志书》卷 12《衡州府·艺文》。
③ 余阙：《汉阳府大成乐记》，《青阳先生文集》卷 3。
④ 柳贯：《建德路学新制乐器记》，《柳待制文集》卷 15。
⑤ 宋濂：《元史》卷 76《祭祀五》。

祭祀的参加者为地方官、肃政廉访司官、儒学提举司官、政府吏员、学官、大小学生员以及地方耆旧。祭祀时，“献（官）、从祀（官）俱以诸司存官为之”,① 地方官吏分别担任祭祀的初献官、亚献官、终献官、纠弹、执礼者、祝、乐师、赞者等。

对“释奠服色”，元朝也有具体规定。至元十年（1273 年），中书省鉴于当时“外路官员、提学（官）、教授每遇春秋二丁，不便常服以供执事，于礼未宜”的情况，经过讨论，规定：“自今以往，拟合令执事官员各依品序穿着公服，各处陪位诸儒，亦合衣襕带，冠唐巾，以行释菜之礼。”② 全国统一以后，江南祭祀制度直接承袭南宋，释奠的“服色”与至元十年（1273 年）的规定不同，元政府对此采取了宽容的态度，并没有强制统一。史料记载，当时建康路学祭祀，陪位诸儒就没有按照规定，置备襕带、唐巾。这种情况上报到御史台，御史台在下发的公文中指出：江南春秋祭丁，诸儒“衣深衣，执事陪位，行之已久，考之于古，允谐礼文”。因此，“江南路分合令献官、与祭官员，依品序各具公服，执事斋廊人员，衣襕带，冠唐巾”，而陪位诸儒，“南北士服，各从其便”。③

上文已经提到，春秋祭丁以大成乐伴奏，整个祭祀过程庄严、肃穆。

《元史·祭祀志》详细介绍了京师春秋祭丁的礼制、乐制的情况，至于地方儒学春秋祭丁的礼乐仪式，应该比较简略一些。据《越中金石记》卷 7 记载的元朝绍兴路《至元壬辰重订学式》，春秋祭丁的释奠仪式主要分为以下步骤：

第一，释奠前的准备。释奠“前二日，习仪；前一日，涤濯陈设，是夕，遂宿斋，诸儒生并集于学，戒无得群饮”。献官及陪位官在子时至儒学，儒生按照年龄大小“班立”于大成殿之下，小学生员居其后。站定后，献官以及纠弹升阶，东西相向立于大成

---

① 《至元壬辰重定学式》,《越中金石记》卷 7。

② 《秀才祭丁当备唐巾襕带》,《元典章·礼部二·服色》。

③ 《秀才祭丁当备唐巾襕带》,《元典章·礼部二·服色》。

殿之前。

第二，辟户（开启大成殿门）。一切准备妥当以后，赞者喊“辟户”，于是，殿门打开，初献官进殿，视礼器陈设是否合制，拜、兴，平身，回原来位置。

第三，行礼。祝者先从西阶进殿，赞者引初献官进庙，至先圣先师（孔子）位前，再拜“焚香进币，奠币进爵，奠爵读祝”。祝文一般请名人写，内容是赞美孔子，有固定的格式。祝文读毕，再至配位行礼如初。然后是亚献官、终献官进庙行礼、释奠。其间，每一个仪式都要赞者先唱，“俱以声尽为节”。

第四，合户。行礼以后，初献官至大成殿东序“饮福受胙”，执事者各就位。除初献官以外，所有参加祭祀人员复拜如前仪，祭品摆列整齐，合户（关闭殿门）。诸人出庙门外，“献官以下与执事者相向，序礼中庭”，诸生环立庑外，圆揖而退。

第五，“礼成饮酒”。由地方政府所在地的录事司官员主持。大成殿行礼完毕，撤祭品牲物，安排厨房做饭，在明伦堂布置酒席。正午，参加祭祀的献官、诸司官、儒司官、学官（教授、学正、学录等）以及当地知名乡绅耆儒，于席中坐定。提举司、路府州县吏员，则雁行立于一侧，上司约束之，“必令整肃”。生员则退居所属学斋，由执事者分给胙肉酒米。整个仪式在参加者酒足饭饱之后结束。

春秋祭丁是儒学最大的祭祀活动，同时它更是一种社会文化活动。由于主持这一活动是当地政府首脑，一般官员、僚属、学官、儒士、大小学生员都要参加，老百姓也可以从旁观瞻，因此在当时社会的影响是可以想见的。它对崇儒重道的社会风气的形成，也不无裨益。特别是在元朝儒士地位下降，儒学发展困难的情况下，这一活动对增加儒士的自我认同意识，增加儒士的自豪感，意义更加明显。所以，元初儒士大多对儒学春秋祭丁表示支持，并积极参加这一活动，如赵若焕（字尧章）为宋宗室，元朝隐居，不问政事，但每年“邑校春秋祭丁，斋宿陪位甚谨”。①

---

① 吴澄：《故逸士赵君墓志铭》，《吴文正集》卷76。

三、元代儒学朔望祭祀制度

朔望祭祀是儒学在每月的朔（初一）、望（十五）日举行的祭祀、讲经等活动。朔望祭祀是元朝儒学祭祀的重要形式之一，因为这一活动举行的次数多并且包括“讲书”的内容，所以其影响已经超过了单纯儒学祭祀的范畴。

（一）元代朔望祭祀的情况

在中国古代，每月的朔望日是比较重要的日子，一些重要的祭祀、纪念活动，大多安排在这两天进行。宋代的朔望日是臣僚朝拜皇帝的日子，民间百姓一般要到家庙祭祀祖先。宋朝时，一些地方官、学官出于对儒学教育的重视，开始在朔望日到儒学的文庙（或先贤祠堂）释奠行礼，礼毕，召集儒学（或书院）生员讲议经史。宋淳熙年间，绍州教授寥德明“月日朔望，率诸生拜谒”。①北宋元祐年间，杨忠惠（字敦夫）“知洋州，召郡人朔望率诸生释菜于先圣，退而环坐，执经讲论，课试能否，于是，旧俗一变”。②嘉定十四年（1221年），宇文峒为转运使兼县令，“朔望造学宫”。③嘉定年间，吴某为四川宣谕使于成都，“朔望必至学宫，亲与诸生周旋。又择知经者，俾与诸生陈说大义”。④南宋绍熙初年，陆象山知荆门军“朔望及暇日诣学，讲诲诸生”。⑤南宋王十朋知湖州，“朔望会诸生学宫，讲经询政”。⑥南宋魏了翁知眉州，“朔望诣学宫，亲为讲说，诱掖指授”。⑦

---

① 朱熹：《韶州州学濂溪先生祠记》，周敦颐：《周元公集》卷6。

② 吕陶：《朝奉大夫知洋州杨府君墓志铭》，《净德集》卷22。

③ 度正：《中江县重修学记》，《性善堂稿》卷10。

④ 度正：《敷文阁直学士安抚制置使长沙吴公生祠记》，《性善堂稿》卷11。

⑤ 杨简：《象山先生行状》，《慈湖遗书》卷5。

⑥ 脱脱：《宋史》卷387《王十朋传》。

⑦ 脱脱：《宋史》卷437《魏了翁传》。

由于一些地方官对朔望祭祀的大力提倡，在宋代特别是南宋以后，朔望祭祀逐步被地方儒学或书院接受下来，成为约定俗成的制度，即使没有地方官的参与，一些儒学或书院的朔望祭祀也是照样进行，如南宋的广平书院，“春秋舍菜先圣，岁时、朔望谒祠，齿拜讲说”。① 不过，从目前的史料中，并没有发现两宋朝廷有关朔望祭祀的任何规定，说明了宋代地方儒学或书院虽然出现了朔望祭祀，但大多是个别官员或个别儒学、书院的个体行为，并没有得到朝廷的认可和推广，形成固定的制度。以政府的名义将地方儒学或书院的朔望祭祀制度颁行天下，出现在元初。

中统二年（1261 年）元世祖下诏：“宣圣庙国家岁时致祭，诸儒学月朔释奠，常令洒扫修洁。”这是元朝政府有关朔望祭祀的最早法令。不久，由儒臣根据当时情况制定的《宣圣庙告朔礼》正式颁布。至元六年（1269 年），元政府又颁布《朔望讲经史例》，规定各路：“如遇朔望日，长次以下正官同首领官率领僚属吏员俱诣文庙烧香，礼毕从学官主善诣讲堂，同诸生并民家子弟愿从学者讲议经史，更向授受。”② 这一诏令除了将朔望祭祀与朔望讲经联系起来以外，更为重要的是规定了地方官、按察司（后为肃政廉访司）官朔望率僚属到学校参加祭祀、讲经的制度，对朔望祭祀制度的推行起了重要作用。从史料看，元初朔望祭祀制度确实在各地儒学、书院得到广泛的开展。现将元初朔望祭祀的情况考察如下：

大蒙古国时期，北方金源士人就有在民间进行朔望祭祀的记载，如在真定之属县获鹿，其里曰阎同，儒士高健就“慕学聘儒先生讲道于家，春秋丁日及月朔望，悬先圣画像，行释奠释菜礼”。③ 寿光县学在蒙金战争中被毁，“衣冠之堂化为荆棘之地，讲诵之所变为瓦砾之场”，但当地耆旧王英等“率月会诸人，就学宫

① 王应麟：《广平书院记》，《四明文献集》卷 1。
② 《元典章》卷 31《礼部四 · 儒学》。
③ 危素：《太行书院先贤祠记》，《危学士全集》卷 6。

遗址以行酹祭之礼”。①

元世祖中统二年圣旨以后，尽管当时中国北方儒学尚未从战火中完全恢复，儒学的朔望祭祀活动还是逐步开展起来。如至元壬辰（1292年），寿昌县学“朔望奠拜，欢鼓升堂，民改视易听”。②即使远在边陲的云南大理，至元年间“朔及望，僚属学官、诸胥弟子环列于殿□之下，礼毕明经，观者如堵”。③

江南统一之初，儒学受到一定的破坏，儒士社会地位下降，儒学发展困难。于是，一些儒士以维护传统文化的生存为己任，朔望进行祭祀活动，以增加儒学的影响。元初，儒士方景山与吴思齐，“率其徒为讲经社，得思陵所□夫子像，揭于庭，朔望拜，进退兴俯殊习”。④元朝在江南的统治稳定以后，江南地方官开始执行元政府的诏令，进行朔望祭祀。元初台州路儒学毁于兵火，“朔日月半，部使、府侯至，坐直舍如斗大，余皆露立灌莽中”，进行朔望祭祀。⑤至元二十六年（1289年）七月，山阴县儒学“作讲堂直舍，朔望行礼于其中，讲说亦不废”。⑥元初蒲田县学建成，“官吏师生，朔望奠谒”。⑦

元朝中期以后，随着儒士户籍的编订以及有关儒学的各项文教政策的推行，朔望祭祀制度也逐步规范和严格。元贞元年（1295年），元政府颁布《行台坐下宪司讲究学校便宜》，规定：

在籍儒士，凡遇朔望，不犯红日，并需诣学，亲笔书名，陪拜听讲。雍容就列，不得喧哗。如有事故者，先期具状，经

---

① 《元达鲁花赤兴哥撒里重修宣圣庙碑》，民国《寿光县志》卷13。

② 何梦桂：《寿昌县学记》，《潜端集》卷9。

③ 王昶：《元大理新修文庙记》，《金石萃编未刻稿》，民国七年罗振玉影印本。

④ 谢翱：《鲁国图诗并序》，《晞发集》卷8。

⑤ 程钜夫：《台州路学讲堂记》，《雪楼集》卷11。

⑥ 舒岳祥：《宁海县学记》，《阆风集》卷11。

⑦ 黄仲元：《莆田县庙学圣像记》，《蒲阳黄仲元四如先生文稿》卷1。

学官给假附簿以凭稽考。①

对于朔望讲经，这个文件也进行了具体的规定，除了学官、职事登堂讲说以外，一般儒士也要“供月课”。儒学生员要在讲经以后，抽签选择数人，进行考核，“文理不通”者要受到降供甚至开除儒籍的惩罚。大德三年（1299年）三月朔日，浙东海右道肃政廉访司官员到婺州路检查朔望祭祀执行的情况，发现“本学职员”缺席达八十人，讲说时“有不通者十余辈”，认为这是学官教诲无方，儒生怠慢所至。于是，同年四月，元政府又颁布了《宪司举明学校规式》，规定对朔、望日不到学校陪拜听讲的儒士，进行罚款等处罚，并强调，前宋进士必须“逐月朔望，轮流讲经”。《宪司举明学校规式》在强调儒士必须参加朔望祭祀的同时，对朔望祭祀制度进行了更加严格的规定。②

元朝对朔望讲经的严格要求，使地方官和儒士都对之奉行唯谨，元朝中后期的朔望祭祀成为地方儒学的一项重要制度。如大德年间的杭州路，“月朔、十五日，部使者入郡庙谒先圣先师，郡守以下无敢不至”。③ 现将此后各地儒学朔望祭祀的记载举数例如下：

大德年间，李天祐为庆元路象山县尹，“月朔率僚吏入学，听师生讲说经训，使知礼仪廉耻”。④

至大元年（1308年），许商孟为长山县尹，“治事之外，旦至庙学观诸生讲授，课其进退”，同时“凡县吏皆肄业如生徒”。⑤

泰定年间的淮安路，总管赵宗道“遇朔望，效□嵩呼，展拜先圣，拾级升堂。□诸生府吏援引经训，诲以忠孝，叠叠弗绝”。⑥

元统年间，建德路总管王昱“每旦望入学，延见章逢，语及

① 《庙学典礼》卷5。
② 《庙学典礼》卷5。
③ 陈旅：《婺源州学正余志贤之官序》，《安雅堂集》卷6。
④ 苏天爵：《故承事郎象山县尹李侯墓碑》，《滋溪文稿》卷18。
⑤ 刘敏中：《长山县学田记》，《中庵先生刘文简公文集》卷1。
⑥ 《淮安路儒学修造记》，《淮阴金石仅存录》卷25。

仁义则谆谆析理，纳之于善言”。①

至正元年（1341年），屯留县藕泽村宋思约创建社学，“朔望躬率其徒行释奠之礼”。②

至正年间，在集庆路学，“朔望祀享，行台官躬视礼仪，监察御史时至勉励，公卿大夫居江左者，率遣弟子就学”。③

至正五年（1345年），荆州路夷陵州儒学“延师会友，旦望讲诵如仪”。④

至正年间，阳城县尹赵绳祖（字嗣宗）“每于朔望之旦，临政之暇，舍菜于庙厅，讲于堂，躬自勉励，不期年而民化之”。⑤

至正年间，定县儒学“朔望严立课簿，讲诵之音”不绝。⑥

元末的山阴县，“月朔望拜谒礼毕，集生徒讲经术，论道理，开陈孝悌忠信，观者莫不喜悦，期教化之有成于兹县也”。⑦

上述例子说明了元朝中后期儒学朔望祭祀制度普遍实行的情况。

（二）元代朔望祭祀礼仪制度

前面已经指出，中统二年元政府颁布了文庙“告朔礼”，⑧ 从此北方就有了固定的朔望祭祀制度。元朝统一以后，各地儒学对朔望祭祀制度进行了修订，现根据“告朔礼”和至元二十九年（1292年）绍兴路学的“学式”对朔望祭祀礼仪制度的记载，将这一制度表述如下：

朔望祭祀于每月的朔（农历初一）、望日（农历十五）在各级儒学进行。

---

① 柳贯：《建德路新制乐器记》，《柳待制文集》卷15。
② 《藕泽村孔庙记》，《山右石刻丛编》卷39。
③ 张铉：《至正金陵新志》卷9《学校志》。
④ 俞焯：《夷陵州儒学记》，《湖广图经志书》卷6《荆州府》。
⑤ 《阳城县尹赵侯兴学之记》，《山右石刻丛编》卷38。
⑥ 民国《定县志》卷20《金石篇》，民国二十三年刻本。
⑦ 刘基：《山阴县孔子庙碑》，《刘基集》卷12，第174页。
⑧ 《元典章》卷31《礼部四·儒学》。

朔望祭祀的参加者主要有：地方官、廉访司官、学官、地方耆旧以及大、小学生员。祭祀的仪式与春秋祭丁相比，有些简略，因此，有些史料称其为“朔望释菜”。但是，由于它既祭祀又讲经和考核生员，并且每月两次，所以在元朝的儒学祭祀中显得格外重要。

中统二年，元政府议定的朔望祭祀的具体仪式。大致如下：

先放圣寿辇于宣圣右边（曾孟位上）香案，具下祝案，置祝板于上。每朔旦，日未出，设立献位阶下，诸生列位于后。赞者在前先二拜，自东阶升殿，喝“摆班”，又喝“班齐”。次喝，初献官以下皆拜、再拜，两拜毕，平立。执事者引三献官升殿，自东阶分献官、诸从祀位如殿上仪，初献立宣圣位前，亚、终献立颜孟、十哲位前。赞者喝“再拜”，俱再拜，拜毕，就跪，三祭酒，再拜具；亚、终献以如之。礼毕，三献官诣圣寿位前，先再拜，跪上香，就跪，祝香读祝讫，三奠酒毕，就拜，具再拜，礼毕，降至西阶复位。赞者喝“初献官以下皆再拜、两拜！”礼毕，诸生与献官员［圆］揖，诣讲堂讲经。①

上述仪式是元初北方儒士根据当时的具体情况并参照金朝制度制定的，元世祖时期在北方普遍实行。

江南统一以后，江南各地儒学根据宋朝朔望祭祀的有关习俗以及元政府的有关规定，重新制定了朔望祭祀的礼仪制度。绍兴路至元二十九年（1292 年）重修制定的“学式”中有关朔望祭祀规定如下：

黎明，诸生深衣入学，闻鼓班立殿下，执事者东向立。赞者请行礼，班首就褥位，执礼者与掌仪先再拜，升阶东向立，唱：“鞠躬、拜、兴，拜、兴、平身！”俱以声尽为节。次唱：

---

① 《元典章》卷 31《礼部四 · 儒学》。

"执事者各执乃事！"赞者、班首诣盥洗、爵洗所，升阶诣酌尊所，实酒诣先圣师前，跪，焚香进爵，三祭酒，挽伏，兴，复位。执礼者唱："执事者各复位！"鞠躬、拜兴如前仪。礼毕，殿下东西立，圆揖退。①

以上所引史料，记述了绍兴路学"学式"中规定的朔望祭祀仪式。与中统二年仪式相比，有一些明显的变化：首先将"圣寿辇"从殿中撤出，仪式中向"圣辇"行礼的内容也相应删除。其次，规定"诸生深衣入学"，说明祭祀中，参加人员要统一着装，这与上面的春秋祭丁统一服色的规定是一致的，反映了祭祀仪式的规范化。再次，绍兴路学的朔望祭祀免除了读祝文的内容，只行礼，不读祝文，反映了祭祀礼仪的简化。

特别重要的是，绍兴路的"学式"中对以前规定比较简单的朔望讲经内容，进行了详细的规定，反映了讲经在元世祖至元末年以后，已经成为与祭祀同等重要的内容。朔望讲经的具体规定如下：

殿谒退，升明伦堂，诸司存官与乡之有齿德者列坐，诸生从其后，大小学生员班立，推一人唱揖，平身，鸣鼓，请讲经。朔旦教授升讲座，望日正、学录轮讲。别位于坐之西，口演经旨，不用讲义文字。讲毕，大小学生先讲所习四书，命题课口义及诗对，定其优劣，以示激励。

从中统到至元儒学文庙朔望祭祀礼仪制度的变化可以看出：朔望祭祀仪式中，祭祀的内容在精简，而讲经的内容逐步增加，这反映了元朝儒学的庙和学、祭祀与教学正在逐步地结合起来，体现出庙学合一的特点。元人俞德邻记述了元初朔望祭祀以后讲经的盛况：

① 《至元壬辰重定学式》，《越中金石记》卷7。

每旦望殿谒毕，冠佩宪宪，揖让而升，师氏居皋比，横经析礼，正录师长论陪讲以序，郡将众文武官环坐悚听，已各趋出。①

元朝中期以后，元政府加强对儒士的控制，文庙朔望祭祀中有关讲经和考核的规定更加严格。考试对象除大小学生员外，也考查在籍儒士的学业。前引大德三年（1299年）江南行御史台颁布的《行台坐下宪司讲究学校便宜》和《行台坐下宪司举明学校规式》中，规定了儒士朔望诣学陪拜听讲并且亲自讲论的制度。对于儒学生员的考试，这里同样进行了严格的规定：每月朔日，学官预先出题三章，揭示廊庑，听其讲究精熟。置立签筒，写上全部生员姓名。至望日，学官讲经完毕，则通过抽签让生员至案前讲说朔日的题目，以后考核内容以此类推，三次讲说文理不通者，要受到降供（罚俸）甚至除名、除籍（儒户户籍）的处罚。这说明了元朝朔望祭祀制度中，有关讲经和考核的内容进一步加强和规范化。很多史料也反映了这一点，至元二十三年（1286年），夏严明（扬州人）为湖州路归安县县尹时，"朔望章甫合集，释菜竣事，列坐于堂，命诸儒讲解经籍，百里之内，弦诵洋洋，蔼然有邹鲁风"。② 至正六年（1346年），魏信为湖州路归安县县尹时，"朔望俾曹吏亦于讲习而私淑焉"。③ 延祐初，徐杰（东平人）为嘉兴路总管，他"遇朔望则率僚属吏士拜庙听讲，无倦容"。④

（三）元代朔望祭祀制度的影响

儒学朔望祭祀在元朝中后期逐步成为一个基本制度。这一制度的实行，对元代儒学教育本身的发展、儒士及学官的生活以及地方

---

① 俞希鲁:《至顺镇江志》卷11《学校》。
② 刘元佐:《归安县尹夏侯重修庙学碑》,《吴兴金石记》卷16。
③ 储唯贤:《归安县修学碑》,《吴兴金石记》卷16。
④ 陈良弼:《嘉兴路重修庙学碑》,《两浙金石志》卷15。

政治等方面，产生了多方面的影响。

首先，朔望祭祀制度规范了儒士、学官以及大小学生员的考核、奖惩机制，完善了元代地方儒学的教育制度，这一点可以从前面提到的一些规定中看出。另外，朔望祭祀的制度，基本上保证了地方长官、廉访司官每月至少有两次的机会到学校来，加强了儒学与地方政权之间的联系。一方面地方官、廉访司官可以亲自到儒学讲学、勉励，提高儒士、生员学习和学术研究的热情；另一方面，儒学发展中出现什么具体问题和困难，地方官、廉访司官也可以尽早地发现，帮助解决。本文在前面已经列举了很多地方官、廉访司官通过朔望祭祀，到儒学勉励、教诲生员，发展教育，改良社会风气的例子。另外，地方官到学校后，看到儒学破败，筹资修建学校、增加学田、改善办学条件的例子也很多。如大德九年（1305年），张璘为井陉县尹，此年“冬朔，祭毕，会僚属与诸生耆老”，讨论迁修文庙事宜。① 至正年间，察罕不花为湖州路归安县达鲁花赤，他“朔望俾曹吏亦与讲习而私淑焉，复增租田以裨廪膳”。②大德五年（1301年），廉访使赵兴祖来到广州路东莞县学。十一月，他率僚吏“拜孔子庙”，感到儒学“芜秽若是”，于是“饬县令彭振”，负责修复县学。③

其次，朔望祭祀对缓和阶级矛盾、民族矛盾，改良地方政治，起着积极的作用。对一些贤能的官员来说，它可以作为体察民情、优化统治、交流感情的一种手段。如至顺二年（1331年），庐江县尹成克敬“祗谒先圣先师，退即明伦堂，学官以下依次列坐，历问风俗臧否，吏民所疾苦，今古贤士孰贵孰孝”。④ 至正九年（1349年），郭文煜（字彦达，大梁人）为余姚州知州，他“首谒孔子庙，升论堂，进诸老而问焉”。⑤ 至正五年（1345年），处州

① 《井陉县迁修文庙记》，《常山金石志》卷17。

② 《归安县修学碑》，《吴兴金石记》卷16。

③ 《修东莞学记》，民国《东莞县志》卷91，民国十六年铅印本。

④ 揭傒斯：《卢江县学明伦堂记》，《揭文安公全集》卷11。

⑤ 孙元蒙：《余姚州儒学复田记》，《越中金石记》卷10。

路长兴州知州鲁得之至长兴州，他“朔望必际学，宣布教条，凡系风纪者，与淳师老德讲行之”。① 另外，就儒士、学官来说，由于地方官参加朔望讲经，给了他们一个同上级交流的机会，有些学官通过讲经讽议时政。后至元五年（1339 年）有分宪老老公到松江府“检踏灾伤，以复熟粮为急”。学官陆宅之于是讲“省刑罚、薄税敛”，使老老公“变色而作”。钱某为松江府学训导，行刑官至，他讲恤刑罚，讲毕，行刑官则“称赏不已”。② 元至正末年，丰叔良为苏州训导，“朔望会讲，升降周旋，宛如承平时。方人心惶扰，见庠序修举，衿佩趋跄，恬不解散，遂稍稍自安”。③

但是，就学官、儒士来说，朔望祭祀并不是一件轻松的事情。由于祭祀和讲书都要进行，参加人员早晨入学，到晚上才能结束有关仪式，其劳累之状自然不言而喻。如至元年间，曹士开为暨阳幕长，“朔望辄率府司县吏，诣学讲习经史，继以夜分，秉烛而归”。在讲书的过程中，“惰弗省者听之，往往引睡”。更值得注意的是，朔望祭祀成为制度以后，讲经的不仅是学官，有时“所属上司官或省宪官至自教授、学官及学宾、斋谕等皆说一书”。由于地方官文化水平不一，能亲自讲论的不在多数，大多数只是听讲。但对学官来说，讲不好就会得罪上司，影响自己的宦业，甚至会发生悲剧。元末松江府学的讲经就“往往连义多矣”。泰定元年（1324 年）“开吴淞江，省台宪僚咸集”，当时治书御史刘泺源首谒先圣先师，然后到讲堂听讲经。这一年为闰年，儒士詹肖岩讲《尧典》：“三百有六旬有六日，以闰月定四时成岁。”结果，刘御史对讲经内容非常不满，当堂申斥曰：“学校讲说，虽贱夫皂隶、执鞭坠镫之人皆令通晓，今乃稽算度数，何为？”儒士讲说儒经，让贱夫皂隶之流通晓，谈何容易！经过这位御史的当堂训斥以后，詹肖岩受到很大打击，不久“悒悒而卒”。至正元年（1341 年）知府杨某锐意浚河，当时佥宪某来到府学，学官王玉岩讲禹别九州，随

① 杨维桢：《元长兴州重修学宫碑》，《两浙金石志》卷 17。
② 陶宗仪：《南村辍耕录》卷 30《学宫讲说》。
③ 陶安：《陶学士集》卷 14《送丰叔良序》。

山浚川，他的用意是赞美知府的浚河之举，结果，佥宪认为他是借大禹的故事讽刺自己，不悦而罢。至正十七年（1357年）张士诚派周仁为姑苏（苏州）守，学官王可权讲君子道长，小人道消，结果，周仁以为是在讥讽他，停发所有学官及执事人员的月俸。①

对于一般儒士来说，由于朔望祭祀带有很强的强制性，不能缺席，因此也会成为他们的一个沉重负担。儒士赵抙谦在给友人的一封信中诉苦说：

> 年来不幸父母顾背，单只形影，转觉贫甚，不免离次。授徒为衣食计，寓地去家五里，近朔望时祭，经奔道途，言之泪辄交横。②

儒士陈栎也在信中叙述了类似的情况，他在《寄吕教授求移籍启》中说：

> 窃惟州县立学，虽有远近之殊，国家待儒，初无彼此之异。惟自嗟于困顿，难常窘于奔波，必将适百里而宿舂粮，始能每一月而陪释菜。

由于他有病在身，所以经常因为迟到或缺席“默默而遭谴诃”，所以他请求学官将其儒籍移到县学，以免旅途颠簸之苦，等病好以后，再将儒籍移到郡学。③ 上述两例说明了朔望祭祀对儒士生活的影响。

就是对朔望祭祀是否有利于儒学教育的问题，一些人也提出了质疑。元末，曾任嘉兴路总管的陈宗义（字子方）就认为：

> 朔望相率入谒庙廷，退坐论堂，引师弟子抄取儒先成说，

---

① 陶宗仪：《南村辍耕录》卷30《学宫讲说》。

② 赵抙谦：《赵考古文集》卷1《答林左民书》。

③ 陈栎：《定宇集》卷11《寄吕教授请移籍启》。

敷陈一过，则掉臂而去。如是以为故事，而欲学校有成，其可得乎？①

儒士戴表元也对朔望讲经的效果表示怀疑，他认为：

讲之为言，义兼师友，主于反复辨难以成其说……今之讲师，朔望抽方尺之纸，书陈说累百言，忽然临高朗诵，听者漫不知何语，以为故事不可废而已，固不敢望有所激发开悟。②

他在《题王教授清湘讲义》一文中也说：

古之经师，与其门人弟子群居，有辨疑问难，授者无强聒之烦，而听之者易入。非如今人，书盈几之纸，临容丈之席，无疑而游谈，不问而寝语者也。然诚知其无益，而岁时朔望，庠校之间有不敢废，以为不尔，则益无所事而已。③

上述史料反映了元人对于这一制度的思考。

正是由于朔望祭祀制度在元朝广泛实行的同时，也引起了一些争议。明朝初年，明太祖曾经宣布废除朔望祭祀制度，将朔望日改为考察生员射箭、臂力的日子，④ 可能反映出明朝对这一制度弊端的修正。但有明一代，朔望祭祀见于史料记载的同样存在，如段云鸿嘉靖四十三年（1564 年）知贺县，“朔望讲经，惠以纸笔，岁终贫儒，量为资助薪米，士民感悦不忘”。⑤ 清朝有关记载也很多，如康熙年间，姜华林为乐陵县令“朔望释奠学宫，与士子讲论经义，以季考其业而上下其等第，士益自兴起”。⑥ 清朝国子学同样

① 徐一夔：《始丰稿》卷 2《嘉兴路新建儒学记》。
② 戴表元：《剡源戴先生文集》卷 19《题徐山长讲义》。
③ 戴表元：《剡源戴先生文集》卷 19。
④ 《国初学制》，《湖广图经志书》卷 1《本司·艺文》。
⑤ 汪森：《粤西文载》卷 66《名宦传》。
⑥ 姜宸英：《湛园集》卷 2《族侄华林升平阳郡丞序》。

进行朔望祭祀，规定国子祭酒“朔望讲经而启迪之”,① 这说明了元代文庙朔望祭祀制度对后来的影响。

四、元代儒学的殿谒（或庙谒）制度

元代儒学祭祀除春秋祭丁、朔望祭祀以外，还有一些非固定的祭祀活动，当儒学或地方社会发生大事的时候，如地方官上任、廉访司官巡行至郡县，学校新建、整修，学产的增置等，地方官一般要率僚属与学官、儒学生员一起到文庙拜谒、行礼，这种祭祀活动一般称为殿谒或庙谒。② 殿谒或庙谒虽然不是元政府规定的正式的祭祀制度，也不是强制性的，但它在元朝已经形成了惯例，不仅举行的次数较多，也产生了一定的影响。

地方官遇有政治、文教方面的大事，到儒学文庙行礼祭祀之习，在元朝以前就存在。如唐朝李椅任福州都督府都督，“公之始至也，未及下车，礼先圣先师”。③ 宋朝地方儒学建成后，也有到儒学新文庙行礼的记载，宋代王十朋记载了某县新建儒学，“新学告成，祀事既毕”。④ 嘉熙元年（1237 年）许巨川（字东甫）为东莞县尹，“始庙谒，喟庠序圮陋，授监河张君朴庀缮其事”。⑤ 金朝儒学殿谒的记载也比较多。如金明昌二年（1191 年）秋，张邦彦为解州闻喜县县令，“至则□诣乡校，首谒先圣先师”。⑥ 金明昌四年（1193 年）石玠为棣州防御史，到任后，“亦既殿谒”,⑦ 金贞

① 梁国治：《钦定国子监志》卷 29《官师二 · 典守》。

② 宋元以来的史料中，有时也把朔望日在儒学孔庙进行的祭祀称为庙谒或殿谒。本文所说的庙谒或殿谒仅指除了春秋祭丁和朔望祭祀以外，儒学在平时进行的孔庙祭祀活动。

③ 《福州都督府新学碑铭》，独孤及：《昆陵集》卷 9。

④ 王十朋：《梅溪王先生文集 · 诗文前集》卷 2《县学落成百韵》，四部丛刊初编本。

⑤ 《东莞县学经史阁记》，李昴英：《文溪集》卷 1。

⑥ 《闻喜重修庙学记》，《山右石刻丛编》卷 23。

⑦ 《棣州重修庙学记》，《山右石刻丛编》卷 20。

元三年（1155年），韩希甫为京兆尹，“视事之三日，谒奠于文宣王，酌献礼毕，见诸生于学”。① 金大定年间，王遵古为守博州，“既下车，谒宣圣庙”。② 宋、金殿谒的流行，对元朝的殿谒制度产生了重要的影响。

元朝有关殿谒的记载很多，主要有三种情况：

第一，新的地方官上任以后，按惯例一般到当地儒学文庙释奠行礼，举行殿谒，以表明其重礼制、兴教化的态度，同时，地方官通过举行殿谒，也能树立在当地百姓及同僚下属之间的威望。这样的例子较多。如至元二十九年（1292年）刘士泾为延安路宜川县县尹，“下车之日，恭谒宣圣”。③ 至正八年（1348年），石郁为中山府知府，“首瞻庙学”。④ 至正十八年冬（1358年），康里庆童为江南行御史台御史大夫，时南台已迁至绍兴路。第二年春，他“爰率僚佐，祇谒先圣，行释菜礼”。⑤ 至正九年（1349年），侯文煜为绍兴路余姚州知州，他“首谒孔子庙，升论堂”。⑥ 延祐二年（1315年），杨景行为赣州路会昌州判官，他莅事后即“款谒学官（宫）”。⑦ 皇庆元年（1312年），曹定国为江阴州知州（江浙行省）“下车祇谒先圣，延问诸生”。⑧ 至正十年（1350年），丁良卿为杭州路富阳县县尹，“庙谒之明日，集诸儒于讲堂”。⑨

第二，元朝肃政廉访司官巡行至某地，一般也进行殿谒，以表明其“勉励学校，宣明教化”的态度。如大德二年（1298年），廉访副使拜降以及廉访司佥事王焕，巡行至绍兴路萧山县，至县学殿

---

① 王昶：《京兆府重修府学记》，《金石萃编》卷154。
② 王昶：《博州重修庙学记》，《金石萃编》卷155。
③ 王昶：《元延安路重修宣圣庙记》，《金石萃编未刻稿》。
④ 《中山府庙学纪略》，民国《定县志·金石篇》。
⑤ 朱镡：《御史大夫康里公勉励学校记》，《两浙金石志》卷18。
⑥ 孙元蒙：《余姚州学覆田记》，《越中金石记》卷10。
⑦ 刘将孙：《会昌州修儒学记》，《养吾斋记》卷15。
⑧ 陆文圭：《江阴重修学记》，《墙东类稿》卷7。
⑨ 刘基：《杭州路富阳县重修文庙学宫记》，《刘基集》第3卷，第130页。

谒。① 湖南宪佥黑的哥巡行至道州路宁远县（湖广行省）“首诣庙，舍菜礼成……退升堂坐阅诸生讲辩”。② 后至元三年（1337年），湖广廉访司官姚子徵按部至衡州路，“首谒宣圣，入学引试诸生，勉励切至，凡有关于名教废弛而未备者，悉加振举”。③ 大德四年（1300年）浙东肃政廉访司佥事王焕巡行至奉化州，“诸生相殿谒事毕，坐彝训堂上，举凡学之事，废宜兴，圮宜修，唯所划”。④

第三，儒学或书院有重大的事件，如学校新建、改建完成、学官上任等，地方官一般也到儒学，同学官一起主持文庙殿谒。至元七年（1270年），京兆府重修宣圣庙，“爰择吉日，舍菜告成”。⑤ 皇庆二年（1313年）湖广行省彬州路学置备大成乐，这年十二月甲子“行释奠礼”。⑥ 泰定三年（1326年），湖州路归安县新儒学成“舍菜以落之”。⑦ 延祐三年（1316年），湖州路总管郝鉴亲自率领官属，夺回归安县安定书院被当地僧人强占的学田，为表示庆贺，他“携同僚及诸生行释菜礼”。⑧ 至正六年（1346年），南安路南康县重修儒学，“释菜以落其成”。⑨ 至正十六年（1356年），慈溪县尹率众重修县学，“役成，君既率士者行释菜礼”。⑩ 至正十一年（1351年），嘉兴路嘉兴县重修庙学，“行释菜礼告厥成功，观者敬叹”。⑪

殿谒要举行什么样的仪式？由于这方面的记载比较简略，目前

---

① 张伯淳：《元重建萧山县儒学大成殿记》，《两浙金石志》卷14。

② 佚名：《兴举学校记》，嘉靖《湖广图经志书》卷13《永州府·艺文》。

③ 杨伟：《进士题名记》，《湖广图经志书》卷12《衡州府·艺文》。

④ 任士林：《奉化州新修学记》，《奉化县志》卷8，光绪三十四年刊本。

⑤ 王昶：《元京兆府重修宣圣庙记》，《金石萃编未刻稿》。

⑥ 郑鸣凤：《大成乐记》，嘉靖《湖广图经志书》卷14《彬州府·艺文》。

⑦ 邓文原：《归安县建学碑》，《吴兴金石记》卷15。

⑧ 《郝中议生祠碑》，《吴兴金石记》卷14。

⑨ 张知止：《南康县学重修庙学记》，《南安府志》卷20《艺文三》，同治七年刻本。

⑩ 《慈溪县志》卷4《学校》，光绪二十五年刊本。

⑪ 崇祯《嘉兴县志》卷2《建置·庠序》。

还不能知其详。至元七年（1270年），京兆府新修宣圣庙，举行殿谒，时人记述道："诸生济济，骏奔在庙，礼殿高明，法庭宏敞，周庑深□，重门洞澈，边豆有嘉，笙镛间作，进退周旋，登降揖让，三献而退。里之民观礼识古，剔耳刮目，愉愉怿怿，有感道怀和之意。"① 元贞元年（1295年），章丘县学建成，儒士刘敏中记下了殿谒释菜的情况："既成，尹率僚属师生奉像设妥其位，行三献之礼以告，则陛宇廓然，神灵肃然，尊洗豆笾秩而哗然，盖降登有余容而盥荐有加虔焉。邑之耆老壮穉则皆瞻耸改观，鼓舞咨嗟。"②

从上面的史料中可以发现，元代殿谒同样是由地方官率僚属、学官以及生员进行，祭祀前要陈列祭器，祭祀时同样要行三献之礼，还有乐器的伴奏。老百姓可以从旁观瞻，因此，应该说殿谒还是比较隆重的，在地方也会产生一定的影响。

殿谒的举行，保证了地方官、廉访司官有较多的机会接触儒学，从而了解地方儒学的实际发展情况，这对地方儒学发展是有利的。在儒学或书院发展困难、学舍荒废的情况下，地方官、廉访司官在殿谒时能直接发现儒学或书院的运行情况，尽快帮助儒学兴复。本文上面已经列举了很多殿谒的例子，大部分都包含地方官、廉访司官勉励诸生，兴复儒学的内容。另外，殿谒或庙谒制度，也被元朝以后的明朝继承下来，明朝有很多有关殿谒的记载，如洪武五年（1372年），太平府当涂县重建县学，"庙与学俱成，集邦人士殿谒，行释菜礼，民环观之"。③ 洪武十五年（1382年）陈玉为福州知府，"既庙谒，帅师生环而瞻之"。④ 成化三年（1467年），监察御史陈士贤"奉勅提督学政，饬敝起坠，文教诞兴。越明年秋，行部至邑，既庙谒，进诸生问业"。⑤ 成化十七年（1481年），

---

① 王昶：《元京兆府重修宣圣庙记》，《金石萃编未刻稿》。

② 刘敏中：《章丘重修大成殿记》，《中庵先生刘文简公文集》卷1，北京图书馆古籍珍本丛刊本。

③ 孙作：《太平府当涂县重建庙学记》，《沧螺集》卷3。

④ 李东阳：《重建福州府学孔子庙记》，《怀麓堂集》卷67。

⑤ 黄仲昭：《兴化县科第题名记》，《未轩文集》卷3。

李汝嘉为衢州知府，“下车庙谒”。① 这说明了明朝对殿谒制度的择从。

五、元代儒学的乡饮酒礼制度

乡饮酒礼也是元朝儒学进行的一种祭祀制度，它是在春节前后或科举（乡试）以后举行的一种祭祀活动，② 也有的乡饮酒礼是一些儒士自发形成的祭祀或纯粹聚会活动，与儒学关系不大。但是，大部分的乡饮酒礼包含在儒学文庙祭祀、行礼的内容，所以这里将它作为儒学祭祀制度之一进行探讨。由于乡饮酒礼的历史非常久远，元代的乡饮酒礼又是对南宋的直接继承，所以本节首先追述乡饮酒礼的形成和发展过程，并对宋代特别是南宋的乡饮酒礼情况、礼仪制度进行详细考察，不如此，很难将元代乡饮酒礼的情况解释清楚。

（一）宋代以前的乡饮酒礼

乡饮酒礼是我国古代比较盛行的一种礼制，《周礼》中就有关于乡饮酒礼的记述，说明它在西周或西周以前就已经在我国广泛存在。关于乡饮酒礼的内容，唐朝学者贾公彦在《仪礼注疏》中解释道：

> 凡乡饮酒之礼，其名有四案：此宾贤能谓之乡饮酒一也；又案乡饮酒义云，六十者坐，五十者立侍，是党正饮酒，亦谓之乡饮酒，二也；乡射州长，春秋习射于州序，先行乡饮酒，亦谓之乡饮酒三也；案乡饮酒义又有乡大夫士饮国中贤者，用

① 章懋：《衢州府重修儒学记》，《枫山集》卷4。

② 宋朝科举以后举行的乡饮酒礼，一般在试院进行。元朝由于科举长期废置，地方试院基本荒废，乡饮酒礼一般在儒学和官衙举行。不过此前是否到文庙进行祭祀，目前还不能肯定。

乡饮酒四也。①

从以上记述的乡饮酒礼的四种形式可以看出，乡饮酒礼是一种在地方举行，以主张宾贤、敬老、谦让为主要内容，推广教育、教化的礼仪制度。乡饮酒礼与选举、教育以及教化、习俗有密切的关系。由于乡饮酒礼在社会稳定方面的特殊作用，中国汉代以后的王朝，都有举行乡饮酒礼的记载。汉朝以后，“国学之法立，而乡射饮酒、合乐、养老、考艺、选言之政，皆于是乎出”。② 于是，乡饮酒礼逐步和太学、地方儒学联系起来，

据史料记载，西汉时，诸儒就“修其经艺，讲习大射、乡饮之礼”。③ 至东汉，“上始率群臣躬养三老、五更于辟雍，郡、县、道行乡饮酒于学校”。④ 晋武帝于泰始六年（270 年）冬十一月，“幸辟雍，行乡饮酒之礼”。⑤ 另外，一些地方长官为了稳定社会秩序，也举行乡饮酒礼。如东汉李中任丹阳太守时，“丹阳越俗，不好学，嫁娶礼仪衰于中国。乃为起学校，习礼容，春秋乡饮”。⑥

隋唐时期，随着科举的兴起和繁荣，教育得到迅速发展，乡饮酒礼逐步与地方学校联系起来，在各级学校举行，形成了固定的制度。据《隋书·仪礼志》：“隋制，国子寺每岁以四仲月上丁，释奠于先圣先师。年别一行乡饮酒礼。州郡学则以春秋仲月释奠，州郡县亦每年于学一行乡饮酒礼。”唐朝贞观六年（632 年），唐太宗诏天下行乡饮酒。⑦ 于是，各地乡饮酒礼的举行逐步增多，如唐大历年间李椅任福州都督府都督，每岁终，“博士以逊业之勤惰，覃思之精粗，告于公，敛其才，进其等而贡之于宗伯。将进，必以乡饮酒礼礼之。宾主三揖，受爵于两壶之间，堂下乐作，歌以发德、

---

① 贾公彦：《仪礼注疏·原目》。

② 程郇：《慈溪县重修县学记》，《至正四明续志》卷 7《学校志》。

③ 司马迁：《史记》卷 121《儒林列传》，中华书局 1959 年版。

④ 《后汉书》卷 14《礼仪上》，中华书局 1965 年版。

⑤ 房玄龄：《晋书》卷 3《武帝纪第三》，中华书局 1974 年版。

⑥ 《后汉书》卷 51《李中传》。

⑦ 欧阳修：《新唐书》卷 2《太宗本纪》，中华书局 1975 年版。

鹿鸣、南陔、由庚、嘉鱼、南山、有台，以将其厚意。由是海滨之人，以不学为耻。州县之教，达于乡党，乡党之教，达于众庶矣”。① 裴耀卿在任地方官时“率当州所管县，一一与百姓劝导行礼，奏乐歌，至白华、华黍、由庚等章，言孝子养亲，及群物遂性之义，或有泣者，则知人心有感，不可尽诬”。② 唐朝乡饮酒礼虽然开始在地方举行，但“唯有科举之日，略用其仪，闾里之间，未通其事”。③ 乡饮酒礼只是在科举时举行，影响不大。

北宋朝乡饮酒礼最初也是在科举时举行，“后世腊蜡百神，春秋习射，序宾饮酒之仪，不行于郡国。惟贡士日，设鹿鸣宴，犹古者宾兴贤能，行乡饮之遗礼也”。④ 在地方，则存在一种岁末会拜之习，“以岁之元日或冬至，太守率乡之士大夫，释菜于先圣先师，而后会拜堂上，长幼有序，登降有仪，摈介有数，仿古乡饮酒礼”。⑤ 宋楼钥记述道：“时正旦，合乡之士夫于邑庠，谒先圣先师及先贤之祠，序齿讲拜，升堂举酒，略如乡饮之仪。”⑥ 在文化比较发达的明州（也称四明，元朝为庆元路，位于今浙江省宁波市），这种会拜的习俗由来已久，“凡岁之元日、冬至，必相与谒先圣先师，而后以序拜于堂上”。建炎末年，金军攻入江南，焚毁当地儒学，从此“礼废不讲”。⑦ 不久，郑耕老（字谷叔）教授明州学，“科举之外者，更营学区，取田以供乡饮费”。⑧ 绍兴八年（1138 年），明州府新儒学建成，太守仇愈“复举故事，益以酒三行之礼”，以示庆贺。两年以后，仇愈以官田 106 亩作为此后举行

---

① 独孤及：《昆陵集》卷 9《福州都督府新学碑铭》。
② 裴耀卿：《请行礼乐化导三事表》，姚铉：《唐文粹》卷 25。
③ 裴耀卿：《请行礼乐化导三事表》，姚铉：《唐文粹》卷 25。
④ 脱脱：《宋史》卷 114《礼志》，中华书局 1977 年版。
⑤ 《宝庆四明志》卷 2《学校·乡饮酒礼》。
⑥ 《朝请大夫吴公并硕人姚氏墓志铭》，楼钥：《攻媿集》卷 108。
⑦ 王伯庠：《乡饮酒记》，《延祐四明志》卷 14《学校考下》。
⑧ 《奉议郎郑公墓志铭》，叶适：《水心先生文集》卷 15。

乡饮酒礼的费用开支来源。① 后来郡人林保“登朝取式以奏”,② 得到批准。绍兴十三年（1143 年），南宋政府“颁乡饮酒仪于郡国”。③ 并且以“国子祭酒高闶，草具其仪”,④ 绍兴十七年（1147 年）又命州县每三岁一行乡饮酒礼。⑤ 于是，乡饮酒礼“遂行它郡”。但是，南宋乡饮酒礼的举行并不顺利，绍兴二十六年（1156 年）四月南宋政府宣布“罢乡饮酒举士法”。⑥ 乡饮酒礼举行九年即遭罢弃。

南宋罢行乡饮酒礼，其中原因并不难发现。乡饮酒礼只是地方儒士之间的一种会拜、交流活动，在当时国家的礼制体系中不占重要地位。乡饮酒礼将地方众多儒士会聚起来，虽然有利于提高儒士在社会中的地位，对地方社会的稳定也有积极作用，但如此众多儒士会聚，如果他们议论政治得失、抨击时政的话，也会对朝廷形成非常大的压力。因此就南宋朝廷看来，乡饮酒礼有得有失。更为重要的是，举行乡饮酒礼花费不菲，各地财政情况不同，如果划一，势必给一些地方造成负担。事实上，南宋朝廷颁布乡饮酒礼的诏令以后，很多地方并没有举行。鉴于这种情况，南宋朝廷进行了灵活的处理，在诏罢乡饮酒礼的同时，宣布“州县犹听其便”。⑦

明州乡饮酒礼的情况此后经历了一些曲折。宋朝宣布罢乡饮以后，“明州行之如初”，不久，仇悆将所置田产用于养士，乡饮酒礼遂辍。乾道三年（1167 年），张津为明州太守，积极推动乡饮酒礼的恢复。次年，他以鄞、昌国二县没官之田 260 亩、山地 249 亩归州儒学，作为恢复乡饮酒礼的物质保障。这一年年底，乡饮酒礼恢复举行。嘉定七年（1214 年），太守程覃“辍楮券二千缗，附定海水军库，岁责称贷之息侑费”。时隔不久，又出现了财力不足的

---

① 王伯庠：《乡饮酒记》,《延祐四明志》卷 14《学校考下》。

② 《延祐四明志》卷 14《学校考下》。

③ 《宋史》卷 30《高宗本纪七》。

④ 《宋史》卷 114《礼志》。

⑤ 《宋史》卷 30《高宗本纪》。

⑥ 《宋史》卷 31《高宗本纪七》。

⑦ 王伯庠：《乡饮酒记》,《延祐四明志》卷 14《学校考下》。

情况，乡饮酒礼虽然照样进行，但“无复旧典”。到宝庆三年(1227年)年底，太守胡榘议行乡饮酒礼时，有关经费只有八百缗，郡儒士、官吏、百姓捐资相助，乡饮酒礼才得以顺利举行，但“升歌合乐之仪”，还是“未遑搜举”。淳祐六年（1246年），太守颜颐仲“搜举旧典，增造礼器”，明州乡饮酒礼才兴盛起来。①

景定五年（1264年）正月，宋理宗重新下诏郡邑行乡饮酒。②这时南宋已经到了末期，内部矛盾激化，北方元朝南侵的压力越来越大，宋朝此举的目的可能是利用乡饮酒礼稳定地方，延缓其灭亡。这一时期乡饮酒礼的情况，目前还不清楚。

南宋除了明州的乡饮酒礼普遍举行以外，其他地区也有一些有关乡饮酒礼的记载，现将有关记载列举如下：

北宋元丰年间，楚州山阳人王积（字仲车）尝患乡饮之礼世久不见，率郡守举行其仪，闾巷乡老皆使与饮。③

北宋时，王沿知成德军，建学校，行乡饮酒礼。④

元丰八年（1085年），杨存（字正叟，一字存之）为循州长乐县令，“长乐，二广穷处也，士不知学。公首延士子，修学校，与诸生行乡饮酒礼，民风一变，声最诸邑”⑤。

绍定年间，孙子秀知金坛县，崇学校，明教化，行乡饮酒礼。⑥

宝庆年间，洪天锡知古田县，行乡饮酒礼。⑦

绍兴年间，龚茂良为广东提刑，“置番禺、南海县学，既成，释奠行乡饮酒以落之”。⑧

---

① 《宝庆四明志》卷2《学校·乡饮酒礼》。

② 《宋史》卷45《理宗五》。

③ 徐积：《左朝散郎徽猷阁待制提举杭州洞霄宫赐紫金鱼袋王资深撰行状》，《节孝集》卷32。

④ 《宋史》卷300《王沿传》。

⑤ 杨万里：《中奉大夫通判洪州杨公墓表》，《诚斋集》卷122。

⑥ 《宋史》卷424《孙子秀传》。

⑦ 《宋史》卷424《洪天锡传》。

⑧ 《宋史》卷385《龚茂良传》。

嘉定初年，魏了翁知眉州，“乃尊礼耆老，简拔俊秀，朔望诣学宫，亲为讲说，诱掖指授，行乡饮酒礼以示教化，增贡士员以振文风……俗为之变”。①

绍兴十年（1140年），向子贲宰安福，“因射乡饮酒而识尊卑长幼之序”。②

绍兴十三年（1143年），桐川新学告成，知军洪兴祖（字应善）“肃宾佐生师耆老，行乡饮礼落之”。③

嘉定十二年（1219年），纪极（字极之）知乐平邑，“下车修乡校，训生徒，行乡饮酒礼，使知长幼之序，兴礼逊之教，人以为迂，久而皆化之”。④

庆元六年（1200年），梅州贡院建成，十二月朔，太守刘涣行乡饮酒礼。⑤

乾道七年（1171年），龚茂良为广州太守，重修广州府学，“释菜乡饮礼以落之”。⑥

叶颙（字子昂）为兴化军仙游县县令，“诏行乡饮酒。是礼久废，县官无习闻者，公举行之，登降献酬，少长有序，得三代遗意”。⑦

绍兴二十六年（1156年），“朝廷行乡饮酒礼，江西新淦县尹黄君钺，与人士约试毕而后行礼”。⑧

嘉定十三年（1220年），余杭行乡饮酒礼。⑨

从以上所列举的乡饮酒礼举行的情况可以看出，宋代乡饮酒礼是地方上以儒士阶层为主的活动，是在地方儒学中进行，因此，它

① 《宋史》卷437《魏了翁传》。
② 王庭珪：《安福县重修学记》，《卢溪文集》卷35。
③ 葛胜仲：《军学记》，《丹阳集》卷8。
④ 刘宰：《纪通判行述》，《漫塘集》卷33。
⑤ 周必大：《梅州贡院记》，《文忠集》卷58。
⑥ 王十朋：《广州重建学记》，《梅溪王先生文集·后集》卷26。
⑦ 杨万里：《宋故尚书左仆射赠少保叶公行状》，《诚斋集》卷119。
⑧ 杨万里：《夫人邹氏墓志铭》，《诚斋集》卷130。
⑨ 黄干：《赵季仁习乡饮酒仪序》，《勉斋集》卷21。

与地方儒士社会群体之间有着密切的关系。宋代各地文化发展不一，儒士的数量、影响也有一定差别，再加上乡饮酒礼确实需要不小的花费，因此各地乡饮酒礼的举行情况也有较大差别。

(二) 南宋乡饮酒礼的礼仪制度

宋代乡饮酒礼的礼制，据《宋史》：

> 绍兴十三年，比，部郎中林保乞修订乡饮仪，制遍下郡国。于是国子祭酒高闶，草具其仪，上之。

但高闶制定的礼制遭到很多儒士的质疑，庆元中，朱熹以《仪礼》为根据改订，学者皆尊用之。① 具体的仪式是：

> 其主，则州以守，县以令，位于东南。宾以里居年高及致仕者，位于西北。僎则州以倅，县以丞或簿，位东北。介以次长位西南，三宾以宾之次者，司正以众所推服者，相及赞以士之熟于礼仪者。
>
> 其日，质明，主人率宾以下，先释菜于先圣先师，退各就次以俟，肃，宾介与众宾既入，主人序宾祭酒，再拜，诣罍洗，洗觯，至酒尊所，酌，实觯，授执事者。至宾席前，跪以献宾，宾酬主人，主人酬介，介酬众宾，宾主以下各就席坐，讫，酒再行，次沃洗。赞者请司正扬觯致辞，司正复位，主人以下复坐，主人兴，复至阼阶楣下，僎从宾介，复至西阶下立，三宾至西阶立，并南向，主人拜宾，介以下再拜，宾介与众宾先自西趋出，主人少立，自东出。宾以下立于庠门外之右，东向；主人立于门外之左，西向。僎从主人再拜，宾介以下皆再拜，退。②

---

① 《宋史》卷114《礼志》。
② 《宋史》卷114《礼志》。

从以上的记述可以看出，乡饮酒礼的主要人物是主人与宾客。主人一般为地方正官充任，宾客则是民间耆老、致仕官员、一般儒士担任。参加主持仪式的还有：僎、介、三宾、司正、赞者等。举行乡饮酒礼以前，地方官一般要召集地方耆老讨论具体的礼仪，然后要召集有关人员习礼、筹集所需资金，进行必要的物资准备，最后是行礼，举行具体的仪式。宋人李昴英对广州进行乡饮酒礼的过程进行了详细地记述，内容如下：

> 方公大琮之镇南服也，一年政优，二年化周［州］，将古饮其州，命宾佐日在泮与领袖士讨论之。始定宏纲，细节必考，起人习之，未旬而熟。谋宾介，得顾君梅、陈君应辰，僎则常平使者王公铎。乃二月十有二日，质明，凡在位者颙其幅巾，粲其深衣，大带垂垂，方屦几几，以次即其席。惟献者、酬者、执其事者交际应接，主人拜凡七十有奇，爵于上篚焉，取于东荣焉，洗于尊前焉，实于席前焉，授与其它，进退升降无算，手献宾主人之党二百三十人，辩，又疑立观二百三十人，旅酬辩，既撤俎，始膝席座，以燕漏过三十刻，强有力者犹不胜，公静专肃庄以至，送于庠门。①

从目前的史料看，宋代乡饮酒礼主要有三种类型：

第一，在岁末由地方官主持，地方儒士、耆旧参加的乡饮酒礼，一般在元日，即正月初一进行，参加者多，场面壮观。嘉定九年，镇江金坛县举行乡饮酒礼，“即具为书，尽致乡党之士，期以岁三日，毕会于学。是日辛巳，质明冠带而会者凡若干人，自耆老缙绅，皆入门而鞠躬，就列而祇肃，闻戒而謦息，熏然其和，秩然其序，退而充充然如有得”。② 孙应时在对绍兴的乡饮酒礼记述道：“方春之中，风和日明，搢绅韦布，訚訚济济，卒事无缺，观听肃

① 李昴英：《广帅方右史行乡饮酒记》，《文溪集》卷1。

② 刘宰：《乡饮酒仪序》，《漫塘稿》卷19。

然。"① 乾道三年（1167 年）。明州举行乡饮酒礼，"是日也，教授率三老侑坐，献酬于守佐。礼成拜既，风动千里，莫不砥砺澡涤"。② 宝庆三年（1227 年）十二月，四明郡守胡榘议定与正月人日（初七）行乡饮酒礼，届时"六邑风动欢愿，齿列凡一千五百余人"。淳祐六年（1246 年），四明再行乡饮酒礼，参加者达三千余人，花费官币 54 770 贯。可见当时规模之宏大。③ 就是儒学并不发达的嘉兴，"绍兴明年春，行乡饮酒礼，预者百余人"。④

对于儒士等参加者来说，参加如此宏大的圣典，应该是非常激动和自豪的，一些人欣然赋诗以记之。四明郡守颜颐仲在淳祐六年（1246 年）的乡饮酒礼中写道：

> 王春人日喜阴晴，文物衣冠萃四明，礼乐几年今一见，主宾百拜酒三行。人心天理顿兴起，士习民风悉变更。太守自惭才德薄，纲维全赖老先生。⑤

刘宰在乡饮酒礼之后也激动地写道：

> 大夫举酒属青衿，八十衰翁亦许临。要向席间明厚意，敢辞酒半效狂吟。持身勿使亏名义，学古还须探圣心。元日习乡君解否，须知齿发易骎骎。⑥

宋孙应时也写道：

> 璧字尘埃四十年，满堂欢喜会群贤。是非不用论今昨，礼乐从知有后先。酒外山川如动色，诗成金石迭相宣。分阳令尹

① 孙应时：《余姚乡饮酒仪序》，《烛湖集》卷 10。
② 王伯庠：《乡饮酒记》，《延祐四明志》卷 14。
③ 《宝庆四明志》卷 2《学校》。
④ 《至元嘉禾志》卷 23《重修学记》。
⑤ 《宝庆四明志》卷 2《学校》。
⑥ 刘宰：《代谭与可谢石大夫乡饮酒》，《漫塘集》卷 2。

强人意，乡饮彬彬更可传。①

对于那些有资格参加乡饮而由于其他原因没有参加的儒士来说，后悔、惋惜的心情就特别强烈，儒士李彭在安慰因足疾未能参加乡饮的儒士杨某的诗中写道：

云汉昭回泮水边，诸生拜舞鳝堂前。老翁七十荷衣绿，弟子三千桂魄圆。乐正足伤何必虑，伏生口授尚能传。墨池载酒容他日，门外侯芭也可怜。②

第二，在儒学、贡院新建或改建完成，为了庆贺而举行的乡饮酒礼，还包括地方官上任，为振兴士风而临时举行的乡饮酒礼。由于它是临时举行，所以没有固定的时间，礼仪稍显简略，上面所列举的乡饮酒礼中，相当一部分就属于这种类型。此外还有一些例子，陈造记述了高邮贡院落成时，当地举行乡饮酒礼的盛况：

高邮贡院既成，太守陈公与客落之。五月七日，合见大夫与寓公二十二人。阅二日，郡邑学职、贡士二十八人行乡饮酒礼。设肴，齐豆笾，备揖逊，仪矩翼翼，肃肃怡怡如也。集以午，散以酉。主客得醉，乐不失节。校士有所创见，于今而是集之盛，岂徒尔哉！③

王十朋也兴奋地记述了一次在县学进行的乡饮酒礼情况："新学告成，祀事既毕，贤大夫与邑之多士，讲乡饮酒礼，无愧鲁泮风，真一时伟观也。"④ 李弥正记述了绍兴年间无锡县学建成后，

① 孙应时：《壬子元日遂安县学讲书齿饮前此四十三年钱建为令尝有此集题名在壁是日詹本仁有诗余和其韵》，《烛湖集》卷18。

② 李彭：《泮宫曝书》，《日涉园集》卷8。

③ 陈造：《高邮贡院落成诗序》，《江湖长翁集》卷23。

④ 王十朋：《县学落成百韵》，《梅溪王先生文集·前集》卷2。

当地乡饮盛况："里之大夫士释菜于先圣，退乡饮酒于讲堂。主宾尊升降献酬，耆耋壮稚，成叙在位。觞豆静，嘉殽核，旅美扬觯，致戒情文具尽。礼成，拜，送于庠门之外。观者如堵，嗟咨欢欣，喜王化之复行。"① 宋刘一止有诗记录了会稽太守到任后在儒学举行乡饮酒礼的情况：

清晓传呼振戟衣，泮林云日炫旌旗。风尘贴妥投戈后，色笑雍容劝学时。先世流芳今有继，圣暇图旧正畴咨。王褒愿草得贤颂，可但中和宣布诗。②

第三，宋代英宗治平二年（1065 年）正式确立了三年一次的贡举之法，贡士期间举行乡饮酒礼。由于席间必奏《鹿鸣》之乐，所以也称鹿鸣宴（筵）。参加者包括贡士、考官、地方官等，三年一次，比较有规律。宋王廷珪记录了乾道年间，庐陵举行的一次这种类型的乡饮酒礼情况：

乾道四年戊子，宾兴之秋，乃遇临安钱侯，吏部绾铜虎，适至，阅仕版见峨冠侈袂，争锋而入棘围者至八千人，拔其尤而升者六十八人。侯乃修故事，举坠典，以乡饮酒礼设宾主，陈俎豆，合乐张宴，歌鹿鸣之诗，叙长少焉。太守即席赋诗，乡先生胡侍讲、周舍人、贡首刘怀英等六十八人，皆属和。州民耆老聚观，以为荣，咸称颂太守之美，使此州文物益大张阐，真稀阔盛事，前所未有。③

宋代乡饮酒礼盛于南宋，南宋乡饮酒礼则以浙江东部的四明为最。除了四明诸郡县的乡饮酒礼成为制度经常举行以外，南宋其他地区只是偶尔行之，并没有形成固定的制度，主要原因，还是缺乏

---

① 李弥正：《无锡县学之记》，《无锡县志》卷 4，宋元方志丛刊本。
② 刘一止：《谢会稽守翟内相临学行乡饮酒之礼》，《苕溪集》卷 5。
③ 王庭珪：《跋钱吏部燕举人诗》，《卢溪文集》卷 50。

固定的资金来源。四明在绍兴年间，开始设立专门的土地，以其收入作为乡饮酒礼的主要经费。即使这样，还经常需要政府出钱或乡人、地方官集资才能举行。宝庆三年（1227 年）四明举行乡饮酒礼时，专门经费只有八百缗，乡人厉氏助钱五十缗，郡士助百缗，地方官蔡范助百缗，典礼才得以顺利进行。四明是宋代商品经济和海外贸易发达的地区，经济基础雄厚，同时，这一地区也是南宋文化发达地区，儒士数量多，儒学教育发达，因此能基本保证乡饮酒礼的供应。其他地区举行乡饮酒礼恐怕就要困难一些。嘉定九年（1216 年），镇江举行乡饮酒礼时，“凡供障咸出赵氏大夫”之门，① 典礼才得以举行。其他如广州等边疆地区，举行乡饮酒礼恐怕就更加困难。不过，乡饮酒礼在地方教育、教化、风俗以及社会稳定等方面的积极作用是明显的，这一点宋代各级官僚都有共同的认识。宋人李昴英就指出：“若夫乡饮酒，昔人岁时讲之常，尚贤而人趋善，先齿而人兴逊，俗以义，世道以升，此礼更千万世当如一日。”② 所以，尽管举行乡饮酒礼困难很大，宋代地方官还是在很多场合举行之。

（三）元代乡饮酒礼的实行情况

元朝的统一，使中国社会发生了深刻的变化，对乡饮酒礼也产生了非常大的影响。从北方来看，蒙古在灭金的过程中，实行残酷的掳掠、屠杀政策，金代儒士被杀、被掳的很多。蒙古灭金以后，虽然采取措施，编订儒户户籍，免除儒士徭役等，但有元一代，北方儒户总数大致为三千八百多户，地位和处境更是大不如以前。因此，已经没有举行乡饮酒礼的条件。就江南来说，虽有儒户近十万，但元代儒士集团的衰落已经非常明显。统一战争对江南儒士造成一定程度的冲击，统一以后，元朝异于以往汉族王朝的统治方式，使儒士处境大大恶化。江南儒士属于元朝政治地位最低的南人，在政治上受到歧视。科举长期废除，断绝了江南儒士与元朝国

---

① 刘宰：《乡饮酒仪序》，《漫塘稿》卷 19。

② 李昴英：《广帅方右史行乡饮酒记》，《文溪集》卷 1。

家政权的联系，一般儒士只能做江南地方政府的吏员或学官，大量的儒士因为入仕无门而隐居乡里，流落民间。在这种情况下，以往科第、仕宦之家纷纷破产，相当一部分儒士陷入贫困的境地，一些只好改业务农、经商以及从医、占卜等。这就使南宋举行起来就比较困难的乡饮酒礼，在元代更加艰难。

即使这样，元代仍然有一些有关乡饮酒礼的记载，现将元朝乡饮酒礼的情况，分三个方面探讨如下：

1. 元朝官方举行的乡饮酒礼

正如以上所言，元朝中国社会发生的巨大变化，使乡饮酒礼的举行遇到很大困难。由于长期荒废，乡饮酒礼成为少数儒士的美好回忆。庆元路奉化儒士戴表元写道："余自龆齿，实尝从父兄居游庠序间，见魁儒巨公无虑百数，皆修衣冠，隆阀阅。岁时燕髦序座，谈古今久近文献，亦或雌黄当世人物。孩稚辈立听不倦，归必充然有得。以余之愚，至今犹能缕缕记忆本末如昨日也。"① 在大多数地区，乡饮酒礼已经被遗忘。元人吴师道在谈到他的家乡婺州路兰溪县的乡饮酒礼时，失望地指出：

> 比年诸父沦丧，衣冠道消，出里闬无言与儒者。时时翻阅故藏，则因近里中火后，散佚已多，俯仰四十年，欲质其事而无从。或子孙仅存者，率迁业变习，问之茫然，反笑怪其不切。尝发策校庠，举数人为问，亦无有能言之者，可胜叹！②

虽然出现这样的情况，一些地方官、儒士还是在为举行乡饮酒礼而努力和奔走。元初王恽在向元世祖所上奏章中指出："教之以礼让，谨之以庠序，观之以乡饮，教之以冠婚丧祭，民将目击而心谕，安行而有得。"③ 在这里，王恽提出了举行乡饮酒礼的问题。

---

① 戴表元：《奉化州学兴筑记》，光绪《奉化县志》卷8《学校上》，光绪三十四年刊本。

② 吴师道：《敬乡前录序》，《礼部集》卷15。

③ 王恽：《上世祖皇帝论政事书》，《秋涧先生大全文集》卷35。

儒士熊禾在给当地肃政廉访使严某的诗中写道：“南方尚秉礼，文风未云衰。释奠古雅乐，乡饮旧汉仪。表章在正学，舍鲁将安之。愿言假良遇，制作逢昌时。”① 同样提出来举行乡饮酒礼的建议。所以元朝初中期，虽然很多地方乡饮酒礼遭到废弃，但仍有一些地方举行乡饮酒礼的记载。现将有关记载列举如下：

元初无锡县学荒废，地方官以儒士虞荐法为县学学官，虞荐法上任后，“乡饮酒久废，赞使邑长行之”。②

元初，乌古孙泽为兴化路总管，他“兴学校，召长老及诸生讲肄经义，行乡饮酒礼，旁郡闻而慕之，兴化故号多士，士咸知向慕”。③

元初，周仁荣（字本心）署美化书院山长，“美化在处州万山中，人鲜知学，仁荣举行乡饮酒礼，士俗为变”。④

元初，孙泽（字润甫）为兴化路总管，当时战争刚过，“过军屯聚，毁斋舍为马厩，书籍焚荡无遗。公下车禁止，驱出兵卒，泛扫堂宇，招延秀异，分汰学职，刊补书版，就道化堂行乡饮酒礼，与乡之父兄子弟，幅巾深衣，从容于俎豆之间。观者太息，以为复见升平”。⑤

元初，王元善为庆元路昌国县尹，“始至，即修学宫，行乡饮酒礼”。⑥

至元二十年（1283 年）春，肃政廉访使马德昌，在庐陵（吉安路）行乡饮酒礼。⑦

元贞元年（1295 年）八月，处州路总管李多尔济任内“与士与民无不尽乃心力，如旷举乡饮，使郡人知有礼让”。⑧

① 熊禾：《上严廉访十首·其九》，《勿轩集》卷 7。
② 《无锡县志》卷 4 下韩性《薇山先生虞公墓志铭》。
③ 宋濂：《元史》卷 163《乌古孙泽传》。
④ 《元史》卷 190《儒学二》。
⑤ 陆文圭：《中大夫江东肃政廉访使孙公墓志铭》，《墙东类稿》卷 12。
⑥ 邓文原：《故建昌路南城县尹王君墓志铭》，《巴西邓先生文集》。
⑦ 刘辰翁：《乐丘处士墓志铭》，《须溪集》卷 7。
⑧ 张伯淳：《处州演政堂记》，《养蒙文集》卷 3。

大德十年（1306 年）闰正月间，“盱（盱眙?）庠奉宪令，将以姑洗行乡饮”。①

大德十一年（1307 年）五月，江西廉访副使蒋元祚在江西行省吉安路行乡饮酒礼。②

至大四年（1311 年）正月初五日，奉化州判官程时敏，根据浙东道廉访副使赵宏伟的建议，“于儒学讲行斯礼（乡饮酒礼），礼毕，各为歌诗以记之”。③

至大二年（1309 年），马致远为庆元路奉化州知州，“二月既望，申明乡饮，金举宾介，尊德尚齿，合七百余人会于泮宫，俎豆铣铣，衣冠济济，以陶成士君子之风然”。④

元朝初、中期的乡饮酒礼是在儒士处境恶劣、地位下降以及地方儒学教育发展困难的情况下进行的，对提高儒士的社会地位，改善儒士的处境以及发展地方儒学教育都有积极意义，因此得到广大儒士的好评，成为地方儒士的一大盛事。王恽在乡饮后写道：“春晚衡门厌雀罗，临流来咏舞雩歌。喜从多士明乡饮，趁此春风扇物和。”⑤ 反映了当时的儒士对乡饮酒礼的高度评价。儒士刘将孙记录了江西行省吉安路在大德十一年（1307 年）举行乡饮酒礼的盛况：

> 大德十一年丁未五月乙酉，江西廉访副使南阳澹然蒋公元祚，分治吉、赣、南安，适留庐陵，吉蠲月望，捐奉展牲，府侯寮寀，骏奔走在庙，荐币致告，以昭崇丕，显休命。及礼成，合燕堂上文武髦俊，山谷衣冠列坐，先后者百数十人。盖礼严于蜡宾，而事巨于乡饮，则是岁之腊也。在泮之士乃赓载歌。⑥

---

① 刘壎：《水云村稿》卷 13《乡饮酒议》。

② 刘将孙：《吉州路重修儒道碑记》，《养吾斋集》卷 15。

③ 袁桷：《延祐四明志》卷 14《学校考下》。

④ 《建尊经阁增置学田记》，光绪《奉化县志》卷 8《学校上》。

⑤ 王恽：《秋涧咸水湖大全文集》卷 18《和韵三首》。

⑥ 刘将孙：《吉州路重修儒道碑记》，《养吾斋集》卷 15。

刘将孙在乡饮期间写诗赞叹道：

> 皇华嘉惠礼行嘉，坐觉东风转柳芽。诸老如归周北海，穷乡相会鲁东家。豆笾自古称为圣，风雅遗音诵敢哗。莫笑陈人衰已久，雍容宾席岂非华。①

吉安路乡饮酒礼的举行，使当地儒士颇受鼓舞，一些前朝遗民、隐士也以到场为荣。如当地隐士梅所王公，是南宋景定年间进士，宋亡，“公杜门不纳，自是栖遁浮沉，无意人世。前后廉车屡选教诸邑，不肯起。独为乡饮一来，公风致，端粹表里如一，言若不出口而怡然顺理”。②

元朝后期，特别是至正年间，元朝各种矛盾日益尖锐，农民起义大规模爆发，元朝对江南的控制能力大大削弱。在这种情况下，元朝中央和地方统治者开始逐步认识到儒士集团在社会稳定中的重要作用，力图通过乡饮酒礼等形式，争取江南儒士的支持，稳定在江南的统治。至正初年，宣文阁学士、经筵官巙巙“请行乡饮酒于国学，使民知逊悌”。③ 于是乡饮酒礼在元末的江南，表现出复兴的迹象。现将元末乡饮酒礼的情况列举如下：

至正元年（1341 年），蒙古伯牙吾氏泰不华（字兼善）为绍兴路总管，他“行乡饮酒礼，教民兴让，越俗大化”。④

至正二年（1342 年），庆元路总管王元恭在庆元路学行乡饮酒礼。⑤

至正三年（1343 年），绍兴路总管兼善达公，“以礼币招行乡饮”。⑥

---

① 刘将孙：《和马佥事乡饮韵》，《养吾斋集》卷 6。

② 刘将孙：《梅所王公墓志铭》，《养吾斋集）卷 31。

③ 《元史》卷 143《巙巙传》。

④ 《元史》卷 143《泰不华传》。

⑤ 程端礼：《庆元乡饮小录序》，《畏斋集》卷 3。

⑥ 程端礼：《畏斋集》卷 1。

至正四年（1344 年），浙东道宣慰都元帅兼蕲县翼上万户府谔勒哲图，拜浙东道宣慰使都元帅，他“行乡饮以敦礼让之风”。①

元末，东阳县“礼行乡饮，事宾有主，诗歌合乐，献酬明序”。②

元末，礼部侍郎台哈布哈出守越，作新学校，行乡饮酒礼。③

元末，“余姚州守郭侯文煴，州长哇公，方以尊贤下士为务……明年举行乡饮酒礼，士风为之丕变”。④

元末乡饮酒礼的情况还可以从庆元路（四明）乡饮的复兴得到说明。

进入元朝以后，庆元路乡饮酒礼制度遭到破坏，仅有昌国州、奉化州各有一次举行乡饮酒礼的记载。由于乡饮酒礼“旷未举行，每岁但于正月二日序拜，仍置酒三行”，元朝末年，用于乡饮的土地“或至埋没，积弊既深，古意浸泯”。至正元年（1341 年），庆元路总管王元恭命令讨论乡饮酒礼仪式，参加讨论的有当时著名学者程端礼、郑觉民、王叔载等。⑤ 经过讨论，采纳程端礼的意见，于至正二年（1342 年）正月人日（初七）举行。⑥ 程端礼记下了当时行礼的盛况如下：

> （至正二年正月）郡庠会者近千人，齿德先后之有序，献酬揖让之有仪，鹿鸣、鱼丽、关雎、鹊巢之合奏，间歌衎衎秩

---

① 程端礼：《故中奉大夫浙东道宣慰都元帅兼蕲县翼上万户府谔勒哲图公行状》，《畏斋集》卷 6。

② 陈樵：《鹿皮子集》卷 1《东阳县学晖映楼赋》。

③ 黄溍：《明威将军管军上千户所达噜噶齐逊都台公墓志铭》，《金华黄先生文集》卷 35。

④ 乌斯道：《春草斋集·文集》卷 5《嘉兴学正李君文衍墓志铭》。

⑤ 黄溍：《金华黄先生文集》卷 33《将仕佐郎台州路儒学教授致仕程先生墓志铭》中有：“先生归后，郡守王侯元恭踵门礼请先生为学者师，帅阃及旁郡广行乡饮酒礼，皆俟先生讨论而后定。”明人贝琼《清江诗集》卷 28《求我集序》中指出：“故处州路儒学教授四明郑公觉民……至正中，太守王元常（恭）议行乡饮酒礼，公与同里王叔载，共定其仪，习而行之。”

⑥ 《至正四明续志》卷 8《学校》。

秩，乐备礼成，莫不感动叹嗟，以为自有耳目未之见闻。归以相语，孝弟之心，油然而生。①

此后，庆元路还有一些有关乡饮酒礼的记载，如至正十一年（1351年），江南浙西道肃政廉访使酬德镇守鄞县，“增乡饮田以敦礼让”。② 巡盐万户郝某到庆元路，“行乡饮酒礼，俟为僎，揖让升降，动容周旋，皆中仪则，礼成乐备，观感悦服”。③

这种由政府官员举办的乡饮酒礼，规模大，影响广泛，深得儒士的称赞。儒士程端礼在至正三年（1343年）参加了绍兴路总管举办的乡饮酒礼后，兴奋地写诗赞叹道：

> 礼成发会稽，主送宾筵秩。雪晴宿霭收，诸峰春笋出。舟下七里滩，帆张如箭疾。圆月正高悬，极目天水一。柔橹和欸乃，净练破荡潏。真同泛剡情，不羡承槎术。共载得才彦，剧谈夜连日。史册三千年，毫厘穷得失。饮江酌北斗，浩气逾崒嵂。兹游不可忘，后会那能必。④

一些儒士则将乡饮酒礼与风化、斯文联系起来，阐述对乡饮酒礼的观点。元人舒頔有诗写道：“青衿济济集学宫，坫爵升堂典则同。历代相传乡饮酒，清朝复继古人风。衣冠礼乐从先进，齿序耆耄喜再逢。立懦厉顽敦薄俗，斯文矜式藉群公。”⑤ 这反映了元代儒士希望通过乡饮酒礼化民成俗的愿望。

2. 元代民间儒士举行的乡饮酒礼

元朝虽然乡饮酒礼长期不举行，一些儒士对之仍然非常向往，

---

① 程端礼：《庆元乡饮小录序》，《畏斋集》卷3。

② 贡师泰：《江南浙西道肃政廉访使酬德公德政碑》，《玩斋集》卷9

③ 程端礼：《送巡盐万户郝公序》，《畏斋集》卷3。

④ 程端礼：《畏斋集》卷1《至正癸未春，绍兴总管兼善达公，以礼币招行乡饮。回至七里滩舟中，同陈君王叔载、郑以道、孙子材、侄季武、王敬中，取山谷诗“一江明月趁渔船”之句为韵，得一字》。

⑤ 舒頔：《郡庠乡饮酒赋唐仲实》，《贞素斋集》卷7。

“能追忆乡饮堂事如昨日”,① 于是，一些地方又恢复了岁末儒士会拜的仪式。除了以上所述的庆元路以外，镇江路也有岁末入学会拜之俗。② 除了这种儒士自发地举行的较大规模的会拜以外，元代民间儒士还有自发举行乡饮酒礼的情况。这种类型的乡饮酒礼只有少数儒士参加，规模和影响都不能与地方的乡饮酒礼相比，但它反映了儒士在处境不利的情况下，坚定信仰，以道自任的乐观态度。这种形式的乡饮例子在北方和江南地区都能找到一些。如解州儒士岐裕斋，至元之初，隐居不仕，以学行鸣于时，人称为裕斋先生云。他“尝于所居西南，建孔颜曾燕居堂及学，岁时率乡人修祀事，习礼仪，叙乡饮少长之节，教树畜，敦行谊，乡人翕然臻向”。③ 学者家铉翁记述了至元十五年他在大都附近游历时看到的乡饮酒礼的情况：

> 岁戊寅，自燕徙瀛三阅寒暑，与其里人游。纵观其俗，尚所异尊老贵德，崇俭尚让，而好学其俗然也。岁正月，父老夙戒里中子弟，少长咸集，乃推其父祖行者俾坐中席，相与罗拜于前，既又推其兄行者俾坐右席，复相与罗拜于左。拜已，奉觞为寿，更劝酬莫不尽敬。长者不嫌其为傲，少者不以为卑屈，有古者乡饮之遗意焉。④

类似的例子还可以在元人余阙的记述中找到，他在《梯云庄记》一文中记载了山西一带民间儒士举行乡饮酒礼的情况：

> 晋地土厚而气深……其为俗，特不尚儒。周行郡邑之间，环数百里、数百家之聚，无有一人儒衣冠者。独杨黄许氏，以儒称于乡。三时力田，一时为学。褒衣博带，出入里巷之间。

① 牟巘：《觉非斋说》，《牟氏陵阳集》卷14。
② 俞希鲁：《至顺镇江志》卷3《风俗·岁时》。
③ 冯从吾：《元儒考略》卷1。
④ 家铉翁：《则堂集》卷1《近古堂记》。

其族数十家化之，皆敦于礼，每岁时上冢，族人各具酒馔，群至墓下，推长者一人主祀，以次奠荐。既竣，长者坐，少者以序罗拜之，然后皆坐相与行献酬之礼。子弟有为小不善者，则长者进而诮让之，众皆进曰："长者言然，请改是乃已。"至于再，至于三而终不能改也，则众相与摈绌之，不与同祭祀。如是者已三世矣。①

郑玉对类似的乡饮酒礼也有记载，他在《荆山乡饮酒序》一文中指出：

邑东坦头汪氏，以每岁暮春率其乡人子弟，携尊俎，载酒肴，会于荆山惠果之精舍。酒行既毕，分韵赋诗，且名之曰乡饮焉。②

这种乡饮酒礼形式一般仅限于家族、邻里之间。此外，也有儒士同志者之间的乡饮酒活动，元人郝经在《率义会序》一文中记述道：

兵乱以来，三十余年生聚，教育将复治平之旧。俊茂辈出，往往露头角，以气相许，而合为君子之朋。一日，相率过余曰：我辈十余人，欲以古井田乡饮之义，岁时群聚，凡吉凶宾嘉，相侑而不相悖，不尚华靡，不为骄奢，义则相勉，而过则相告。其有不如约者，则会义而合攻，是可行乎？余应之曰：是相率而为义者，其谁曰不可。乃名之曰率义会。③

这种元代北方儒士的乡饮活动，在元代的江南同样可以见到，如儒士陈善，"遇宗族以仁厚，与同闬诸老，月为乡饮以相乐，扁

---

① 余阙：《梯云庄记》，《青阳先生文集》卷3。
② 郑玉：《荆山乡饮酒序》，《师山集·遗文》卷1。
③ 郝经：《率义会序》，《郝文忠公陵川集》卷30。

所居堂曰庸斋”。① 儒士蒋玄（字子晦）“每岁冬至，杀牲置酒，会长老俊义行乡饮礼，府君为之讲说，嘉谟伟行，使听之。曰：为父兄子弟当如是，乡民莫不化服。”② 儒士陈文昭，于昌国州创立岱山书院，“严师弟子之职，暇日复与其里人，聚石为台，陈簠簋爵斝，盛升降揖让如乡饮酒礼，父老见而荣之，争令子弟为学”。③

除了这种定期举行的儒士之间的乡饮活动以外，元代儒士举行的不定期的乡饮活动更多，元代儒士燕饮、集会非常普遍，其中，一些燕饮就可以看作儒士之间的乡饮活动。元人揭傒斯记述了一次发生在大都的乡饮活动：

> 城南兹集，得朋之义盖备焉。以仆愚憨，亦俾在列。肴核维旅，酒醑惟旨，威仪有数，长幼有节。举盏更属，以亲以友，比往风后，若劝若惩，杂以谈谐，终归雅则。残月既堕，白露在庭，觞酌未阑，赋诗斯举。饮者既不知其醉，而不饮者若素嗜焉。宾既不知其主，而主者亦自忘焉。居而殊方，出乃合辙，新知旧好，胶然靡间。④

元人王恽记述了南墉地区的儒士行射礼（古代乡饮酒礼的一种）活动：

> 近岁南墉诸君于二仲月肄诸射事，予虽不敏，亦从事其间。呜呼！乡饮废而长幼之序乖，大射废而君臣之义缺。今之去古也远矣，欲人之知礼也，难矣！兹射也，匪曰嬉游为乐，将少长是序。匪曰侥幸为得，将心体是正。匪曰致远为功，将中鹄为善。匪胜已是怨，反诸已为贤。匪酒醴是嗜，而辞让为恭。匪多算为能，而进退可度。夫如是，其于修盛德，远不

---

① 杨维桢：《元故陈处士墓志铭》，《东维子文集》卷 26。
② 宋濂：《东阳贞节处士蒋府君墓铭》，《宋学士文集》卷 75。
③ 戴良：《元中顺大夫秘书监丞陈君墓志铭》，《九灵山房集》卷 23。
④ 揭傒斯：《城南宴集诗后序》，《揭文安公全集》卷 8。

> 肖，习威仪，复乡饮而适世用，不由斯而有渐乎？①

元朝各地儒士在社会地位下降、处境不利的情况下，自发举行乡饮酒礼，反映了他们希望恢复中国古代传统、振兴儒学的强烈愿望。儒士们对传统文化的向往和执著，是元朝儒学在不利的情况下，仍然能够发展和传承的重要原因。

3. 元代科举时举行的乡饮酒礼

乡饮酒礼与科举关系密切，唐宋以来，科举之日举行乡饮酒礼（也称鹿鸣宴）成为定制。元朝统一后，科举废除，与科举有关的乡饮酒礼也完全废除。皇庆二年（1313年），元仁宗下诏举行科举，次年，科举在全国范围内举行，在全国产生了很大的反响，与科举有关的乡饮酒礼也开始举行。参加乡饮酒礼的主要是以举人、考官、地方官为主，所以，与地方岁末举行的乡饮酒礼相比，规模不大，影响也不如前者。但是，因为元代科举曾经长期中断，恢复以后，科举的名额很少，在加上以四族群等级划分观念的影响，汉人和南人受到很多限制，科举的竞争非常激烈。因此，能够科举成功，取得参加乡饮的资格非常困难。这样，对举办乡饮酒礼的地方官以及进入乡试或会试的儒士来说，乡饮酒礼的分量更加沉重。

延祐元年（1314年），江浙行省乡试，庆元路有二人中选。元人程端礼记述了当时的庆元路举行乡饮酒礼的情况：

> 是岁，浙帅马公铸，命郡守酌古今之礼，盛燕享于泮宫，以宾兴之。方伯连帅文武僚佐与学之耆德咸在，工歌鹿鸣，琴瑟笙磬，雍雍秩秩，有三代遗风，观者啧啧嗟异，谓数十年无此举，而他郡亦无有礼仪如是之盛也。②

程端礼还记录了庆元路在至正元年（1341年）举行的另一次乡饮酒礼的情况：

---

① 王恽：《南墉诸君会射序》，《秋涧先生大全文集》卷41。
② 程端礼：《四明鹿鸣宴序》，《畏斋集》卷4。

五月二十三日，集二州四县之士，试于泮，以入优等者十人，暨考官而次一十四人，宴于泮。礼意优渥，即席以“纵横礼乐三千字，独对丹墀日未斜”分韵为诗。①

元朝末年爆发了大规模的农民起义，在社会动乱的情况下，乡试以及乡饮酒礼仍然照常进行，至正十八年，江浙行省会试，选中“左右两榜凡三十有六人，备榜十有五人，郡守谢节，既以鹿鸣典故宴士”。②

乡试以后，各考区乡贡进士至京师会试。由于乡饮酒礼只是在乡贡时候举行，会试以后，除了元朝中央安排进士会饮以外，旅京的同乡、亲友也要举行盛大的类似乡饮酒礼的庆祝活动。程端礼记述道：

至正十一年春，天下乡贡进士云会于京师，群试于礼部。于时，江浙行省与计偕者四十有三人，前举二人，由胄监者六人。既试，江浙之仕于朝及客于京师者，相率持金钱，具牢礼，张国西门外咸宜里之荣春堂，以燕劳之。喜国家之得贤，乐郡县之多士，敦契好，昭斯文也。乃二月九日，春和景明，道无流尘，襜衣峨冠，车马阗咽。主宾升堂，揖让有礼，斑白在上，俊彦就列，杯行乐作，气酣情孚。服轩冕者不以崇尚自矜，被韦布者能以德义相尚，雍雍愉愉，恳款深厚，有古乡饮酒之遗风焉。③

虽然典礼是在京城进行，但是参加者都是同乡人士，仍然具有“乡饮”的色彩。

乡饮酒礼是一种以儒学为中心的祭祀制度，也是一种社会文化

---

① 程端礼：《宴贡氏诗序》，《畏斋集》卷4。
② 杨维桢：《乡闱纪录序》，《东维子文集》卷5。
③ 程端礼：《江浙进士乡会小录序》，《畏斋集》卷3。

活动，他的功能是多方面的。元人郑玉写道：

> 使其乡之人，知古人之为乡饮酒也，非专为饮食也。宾主有揖让之仪，乐歌有出入之度，听政有坐立之分，笾豆有多寡之数，其义各有在也。其于酬酢之间，议论之际，尊者所以语其卑，老者所以告其少，必有以明乎敬让之道，而发其孝悌之心，则亦庶乎其可矣。①

郑玉在这里论述了乡饮酒礼对社会形成尊贤、敬老、礼让等社会风气的作用。这是乡饮酒礼的最基本的功能，历代统治者举行乡饮酒礼，目的就是发挥乡饮酒礼的这一功能。其次，乡饮酒礼为地方官与儒士之间的交流提供了机会，有利于加强地方政权与地方儒士社会之间的联系，从而提高儒士的社会地位，推动地方文化、教育等事业的发展。最后，乡饮酒礼可以振奋士气、士风，提高儒士的自豪感和自信心。地方官以主人的身份与地方儒士行揖让之礼，对一般儒士来说，确实是莫大的鼓舞。特别是在元朝儒士地位下降，处境困难的情况下，乡饮酒礼在这一方面的作用更加明显。

儒学祭祀制度是元代教育制度的一项重要内容，元代既有固定的春秋祭丁、朔望祭祀、乡饮酒礼，也有不定期的殿谒或庙谒，这种情况充分反映了元朝儒学庙学合一的特点，这一特点在唐宋开始出现，在元朝正式形成，并对后来的明清王朝产生了较大的影响。

元代儒学祭祀对教育的发展是有利的，充分体现了庙和学的统一。元朝学者元明善将儒学祭祀与教学的关系总结为："由学尊庙，因庙表学。"② 学者吴师道也认为："庙以崇圣神，学以广师生，当别而不混，严而不亵。"③ 庙和学的有机结合，是唐宋以来中国教育发展和完善的表现。

---

① 郑玉：《荆山乡饮酒序》，《师山集·遗文》卷1。

② 元明善：《武昌路学记》，《元文类》卷29。

③ 吴师道：《池州修学记》，《吴礼部文集》卷13。

不过儒学祭祀需要花费大量的钱粮，给儒学带来一定的经济负担，如果过分重视祭祀，也会影响儒学的正常发展。元代很多儒学为祭祀疲于应付，一些儒学只有得到官币的资助，才能进行例行祭祀活动，如上都儒学，由于当地自然条件恶劣，学田收入有限，再加上“兵民豪夺”，“春秋祭丁，天子特颁香币”，才能顺利进行。① 元中期以后，面对儒学出现的过分注重祭祀的现象，一些有识之士提出了尖锐的批评。曾为学官的朱德润认为“庙礼盖始于梁世，用浮屠之法，近代因之，恬不为异。今则兴学者以修造祠像为先务，而以教养次之，是可嗟也”。② 元荆门知州聂炳批评说：“世之所谓兴举学校者，不过丹艧庙貌，粉饰虚文，鄙俗相侉，若浮屠老氏之所为，枵枵然号于人曰报本者，岂知本哉？”③ 元辽阳行省参知政事杨仁风也对元代惟庙貌精舍之惟严，丁祭朔望之惟谨，表示忧虑，认为如果这样下去，“中人之材三年能有成乎？”④

这些批评反映了元人对儒学祭祀的思考。一些有识之士则直接提出简化祭祀仪式的建议，主张将节省下来的经费用于开展教育。儒士谢应芳就提出：“释菜之礼以诚以敬，毋事繁文，尤不用世俗楮镪如贿赂。”⑤ 这种观点在元朝确实得到了响应，至正三年（1343 年），吉安路总管高志对路学进行大规模的改革，其中重要措施之一就是废除专职的礼生，让一般生员习礼，祭祀时以生员“引赞进退”。⑥ 虽然这一措施目的在于节省祭祀开支，同时注重生员的全面发展，但也反映了简化祭祀仪式的努力。

不过，上述改革在元朝只是个别现象，并没有完全改变元朝儒学注重祭祀之习。有元一代，儒学祭祀礼仪日增月益，尊崇有加。

元朝儒学祭祀受到尊崇的原因是复杂的。

---

① 苏天爵：《上都庙学碑阴记》，《滋溪文稿》卷 2。

② 朱德润：《送长州教谕序》，《存复斋文集》卷 4。

③ 聂炳：《刘侯修学记》，嘉靖《湖广图经志书》卷 4《黄州府·艺文》。

④ 杨仁风：《潞州斯文楼记》，《山右石刻丛编》卷 29。

⑤ 谢应芳：《与林掌教论建先贤祠书》，《龟巢集》卷 12，四部丛刊三编本。

⑥ 刘铣：《吉安兴学》，《桂隐文集》卷 1，文渊阁四库全书本。

首先，元代儒学地位不高，学产经常受到侵夺。在这种情况下，不论是一般的儒士，还是南北方的汉族地方官，都力图通过儒学祭祀这样一种形式，强化儒学在地方社会中的地位。因此，很多汉族地方官利用他们手中掌握的有限的权力通过各种儒学祭祀活动勉励儒学的发展，并以此来强化他们统治的合理性。另外，通过儒学祭祀，这些官吏也可以亲自参与儒学的各项活动，并给儒学切实的帮助。

其次，就少数蒙古、色目官吏来说，他们中绝大部分虽然不懂儒学，但江南的安定与儒士集团有一定的关系。因此，表现出重视儒学的姿态，有利于他们统治的稳定。他们不可能真正参与到儒学教育中去，只能通过严格和完善儒学祭祀活动来表明他们对当地社会的认同，所以，蒙古、色目官僚也有一些积极支持儒学的祭祀，这种情况在元后期大规模农民起义爆发，社会极不安定的情况下，表现更加明显。

另外，元政府多次下令地方官重视儒学，是以“有司修祀典勿敢缺”,① 地方官竞相以此表示政绩。这种情况也助长了元代儒学注重儒学祭祀的风气。

① 张知止:《南康县学重修庙学记》，同治《南安府志》卷20。

第三章
元代教育制度（三）

儒学教学制度是研究教育制度的重要方面，对认识一个朝代的教育组织和实施的情况、教育发展水平、人才培养情况等内容至关重要。有关元代教学制度的研究成果，前面已经指出，从这些研究成果来看，对于这一问题的研究目前还没有取得令人满意的进展。大部分研究成果由于对史料挖掘不深，表现出空洞不实、泛泛而谈，甚至出现张冠李戴的错误，通论性的成果较多，专题性的研究缺乏。本节主要对元代教学制度进行专题考察，探讨的内容包括：元代小学与大学二级教学体制的教学内容、方法，生员数量、待遇、出路，游学以及元代教学制度的特点等。

一、元代儒学小学教育

我国古代教育有小学与大学之分，生员八岁入小学，十五岁入大学，是先秦以来中国儒学教育的一个基本制度，这符合中国古代教育思想中“因材施教”原则。小学以正义、辨音、训诂为基本教育内容，并兼及书法、诗对、礼乐及儒学经典，是大学教育的基础。由于小学教育面向基础的特点，此后也将文字辨音、正义、训诂等为主的学问称为小学。另外，由于小学进行的是启蒙教育，中国古代也将小学称为蒙学。小学与大学的分开设立，使儒学教育更能符合循序渐进、因材施教的教学原则，是中国古代教育制度的发展和完善。法国汉学家谢和耐（Jacques Gernet）在《童蒙教育(11~17世纪)》的长文中，对中国宋朝到清朝的小学教育进行过非常有价值的研究，但他的研究属于通论性的，关注的重点是小学童蒙教育的内容和形式，对元代小学教育的发展情况、教育制度并没有给予多大的关注。①

儒学大、小学分级教育出现在宋朝。据顾宏义的考证，宋仁宗至和初年，两浙地区的儒学就开始设立小学，到宋朝庆历年间，小学已经普遍建立起来。② 类似史料我们可以找到很多，如宋淳熙年间，四明（元为庆元路）府学即立"养正斋以处小学，诸生则分隶诸斋矣"。四明府定海县在嘉定八年（1215年）"辟小学斋曰求益"。鄞县为四明府依郭县，"郡既有学，则县宜为小学，故以此意名斋堂，选里之未成童父兄贫而不能教者，十三岁以上为一等，十二岁以下为一等，岁养二十员，命郡学职两员，各以所业训之"。③ 嘉兴府海盐县（元朝元贞元年升州）在宋绍熙年间也置小学。④ 此外，宋代平江府学（元平江路学）、嘉兴府学（元嘉兴路学）都建立了小学。宋代小学一般不单独建立，而是附于州县学，元代基本上继承了这一制度，在各级地方官学中，附设小学。

（一）元代儒学小学的建立

元初，由于统一战争的破坏以及改朝换代后儒学处境的恶化，各地儒学发展比较困难，小学也大多荒废，如庆元路昌国州"州

---

① 文章发表在《法国汉学》第八辑，中华书局2003年版，第99~154页。

② 顾宏义：《教育政策与宋代两浙教育》，湖北教育出版社2003年版，第85页。

③ 《宝庆四明志》卷2《学校》。

④ 嘉靖《嘉兴府图记》卷5《邦制四·学校》。

庠就有小学，颓圮弗治，草蔓湮塞”，① 嘉兴路在宋咸淳年间建小学，至元二十一年（1284 年）时却“以小学为缺”。②

元朝儒学内小学的普遍设立，是在至元二十八年（1291 年）以后。这一年，元世祖“令江南诸路学及各县学内，设立小学，选老成之士教之，或自愿诏师，或自受家学于父兄者，亦从其便”。③ 这一文件的颁布对儒学小学的设立起了明显推动作用。元贞元年（1295 年），庆元路昌国州判官冯福京在州学内建育德堂，专以为训蒙之所，“请乡之耆宿郭荐、应季挺任教导焉”。④ 至元二十九年（1292 年），奉化县尹（时未升州）丁济“创养正堂教育小学”。庆元路小学在至元二十八年（1291 年）教授吴宗彦“奉上司明文，设立小学，相副教授史复伯率族人，以本族五乡砌序拜亭，拨入本学建立，扁曰养蒙堂”。⑤ 大德五年（1301 年）建康路（后为集庆路）溧阳州“设小学斋”。⑥ 至元二十八年（1291 年）镇江路学教授昌士气“立小学”。⑦ 至元三十一年（1294 年）广州路学立养蒙堂“扁曰立教”，作为小学斋。⑧ 至元二十八年（1291 年）朱葵为太平路学教授，重建学校，新学校中有“小学之序”。⑨ 元贞二年（1296 年），太平路再次重修路学，“创小学于学门之东”。⑩ 另外，我们还可以在福州路、江阴州、闽县等地区发现建立小学的记载。

元朝各地儒学中正式设立小学是在至元二十八年（1291 年）

---

① 《大德昌国州图志》卷 2《学校》。

② 《至元嘉禾志》卷 7《学校》。

③ 《元史》卷 81《选举志一》；《庙学典礼》卷 3《按察副使王朝请俣申请建立小学》。

④ 《大德昌国州图志》卷 2《学校》。

⑤ 《延祐四明志》卷 13《学校考》。

⑥ 《至正金陵新志》卷 9《学校志》。

⑦ 《至顺镇江志》卷 11《学校》。

⑧ 《大德南海志》卷 9《学校》。

⑨ 徐乃昌：《太平路修学记》，《安徽通志稿·金石古物考五》。

⑩ 徐乃昌：《太平路重修儒学记》，《安徽通志稿·金石古物考五》。

以后。不过，此前很多儒学就已经建立了小学，如江浙行省的嘉兴路在至元二十一年（1284 年）就“以小学为缺，典请于郡，增置一斋，曰蒙正，以教乡人少俊者”。① 值得注意的是，在有关史料中，北方儒学设立小学的记载不多，从北方人物的传记来看，他们接受小学教育大多是在民间私学或家塾中进行的，为什么会出现这种现象？目前还没有合理的解释。本节所探讨的儒学小学的教学制度是指官学里面的正式小学的教学制度，因此，所涉及的范围主要元代江南地区为主。

（二）元代儒学小学的教学活动

元代小学的生员主要为儒户子弟。除了儒户子弟以外，“民之俊秀”在八岁以上，也可以进入儒学的小学学习。至元三十一年（1294 年），元政府规定了小学生员的数量，上路 30 人，下路 20 人，② 实际人数基本与规定相符。如嘉兴路（上路）学，就“集小学三十余生”。③

1. 元代儒学小学的情况

关于元代小学的情况，绍兴路在至元二十九年（1292 年）有专门的规定：

> 至元辛卯（至元二十八年，1291 年）廉访分司命复设养蒙斋于东庑，俾儒士及凡民之俊秀，八岁以上入小学。给早晚膳，选才堪模范者二人教之，月廪各米一石。来学者具束修，贫不能致者，勿强。日讲授朱文公集注《四书》、《小学》书等，成诵覆说，课以口义、诗对，书用颜字为准，正、录以时程试而察其勤惰。④

---

① 《至元嘉禾志》卷 7《学校》。

② 《庙学典礼》卷 5《行台坐下宪司讲究学校便宜》。

③ 李金吾：《嘉兴路儒学复田碑》，《两浙金石志》卷 14。

④ 《越中金石记》卷 7《至元壬辰重定学式》。

从上面的史料，我们可以发现元代儒学小学教学制度的基本情况。首先，儒学的小学有固定的教学场所，与儒学大学的学斋不相混淆。小学学斋的名称一般都是带有启蒙意义的称呼，如上引史料中的绍兴路学的小学斋称养蒙斋，《至顺镇江志》记载镇江路小学称“正蒙”。《延祐四明志》记载庆元路学小学斋称说礼、兴贤，庆元路昌国州学称育德堂，奉化州学称养正堂。其次，元朝小学有专门的教师，儒学一般设教师二人教小学。小学教师的要求也比较严格，如绍兴路学规定“选才堪模范者二人”教小学，① 昌国州选“乡之耆宿郭荐，应季挺任教导”。② 小学教师的月廪为米一石。第三，小学生入学要交束修（学费），但“贫不能至者，勿强”。③ 第四，小学教学内容、使用的教材都有严格规定。学习内容为：《小学》、《四书》、习字等。所用教材包括朱熹所订小学书、朱熹集注本《四书》、颜真卿字帖等。上引史料没有提到学习礼、乐的内容，从许衡、程端礼等教育家的史料以及法国汉学家谢和耐的研究来看，元代小学的教学内容应该包括这方面的内容。最后，元代小学由儒学的学正、学录等相关学官负责考核和管理。

2. 元代儒学小学的教学过程

元贞元年（1295 年）江南行御史台颁布了有关小学教育制度的规定细则，这就是现保存于《庙学典礼》的《行台坐下宪司讲究学校便宜》（以下简称《便宜》），这一文件的颁布和实施，标志着元代小学教学制度的完善。下面根据这一文件，探讨元代小学具体的教学情况。

第一，元代小学教室座位的布置与教学前的准备。《便宜》中对有关内容记述道：

> 坐次，师席居中，左右以次设书桌（以右为上），诸生序齿两两相对，直（值）日设坐师席南两端，钟设于师席右，

---

① 《越中金石志》卷 7《至元壬辰重定学式》。

② 《大德昌国州图志》卷 2《学校》。

③ 《越中金石志》卷 7《至元壬辰重定学式》。

（诸生）名牌设于师席左。直（值）日所掌诸物：直（值）日名牌（上书直日轮次，名姓用毕，纸糊复书）、钟、签筒、砚、水瓶、手牌（上书安详、恭敬）、箕帚、书桌、界方（?）、香炉、火炉、诸生所说书名牌（人名以上书姓名，诸生至，各认名，依次挂）。直日所掌诸事：清晨洒扫温诵旧书，专监视，诸生不如法者，举之；诸生晨参、讲书、会食、习字、呈押、试书、暮归，并鸣钟、喝揖。

第二，授课内容及时间安排。《便宜》规定：

所讲读书合用朱文公《小学》书为先，次及《孝经》、《论语》。早晨合先讲小学书，午后随长幼、敏钝分授他书。《孝经》合用文公勘误本，《语》、《孟》（即《论语》、《孟子》）用文公集注，《诗》(《诗经》)、《书》（书经）用文公集传订定传本讲说，诸生所习字，合用唐颜尚书（颜真卿）字样，写大小两样。

第三，每天教学过程及仪式，《便宜》规定了每日必须进行的步骤以及仪式，主要有：

晨参：清晨诸生毕至，师就坐，直日鸣钟一声，诸生依次出门外，序立。第二声，诸生以次自正门东方入北面上重行立。第三声，喝揖，诸生齐揖，班首自西折旋至师前，进三步，拱手问先生安否（师云如常），复退三步，揖，折旋如本位。直日喝圆揖，诸生圆揖；喝就位，诸生各就位（中有兄弟、叔侄同学，候就位后，卑幼者就尊揖）。

讲书：直日与侍立各一人，以《小学》书及签筒，置于书桌毕，与堂中诸生北面重行立，鸣钟一声，喝诸生齐揖，拱立。初开讲日，师先讲《小学》书第一章。次日，诸生齐揖毕，侍立取签置师前桌上。（师）呼其上姓名，闻呼者出班，自东方折旋入本位。或抽三四签，惟师意，毕，师复讲授第二章，讲毕，鸣钟，喝揖，诸生齐揖，毕，喝复位，诸生各就位。

诵书：诸生就坐，诵所授书，或未通晓，起立拱手问师，(师)再说。或斋长先通，师令询问诸生通否，勿要熟讲精思，毋得率略。

会食：早食至，直日鸣钟喝揖，诸生齐揖就食。毋得语言、咳唾，伺食具毕，喝揖，齐揖，以次退。就庭中以序行，步务为舒徐，毋得跳踯戏笑。少顷，直日鸣钟，各就位，午食亦如之。

习字：直日取砚，各置诸生桌上，满贮水，诸生各取笔墨，习大字一纸，小字一纸，务要模仿精工，字画端谨，通晓前贤笔法，毋得率略及有浥污，写毕，直日收砚（非写字时，不得置砚），敛诸生书纸于师前，以次呈押毕，复散于诸生位。

试书：直日鸣钟，诸生各执书重行立于师前，以次就试。当试者以两手执书册度于师，或自执，或令斋长右立执之，试者揖毕，拱立，念书毕，复揖，向前取书册而退。俱毕，以次授诸生书。

授书：以所读书分班次，如十人读《论语》，则十人为一班。直日鸣钟，序立如前仪，就师席前听授讲毕，齐揖，以次退，就坐，熟诵精思，或有疑问，如上仪。

出入：出则执手牌，入则置直日位。

暮归：如清晨仪，但班首于师前道先生安置、圆揖毕，以次出外。序其卑幼，各揖尊者，直日执诸生名牌，从上喝名，两两而退。其有成童，愿宿斋者，从便讲读。

上述史料，比较详细、生动地反映了元代小学生一天的学习生活。中国古代教育注重尊师、尊长等道德、伦理教育，通过繁琐的仪式，使儿童在小学期间就形成重礼、尊师、尊长之习。晨参、讲书、诵书、会食、习字、试书、授书、暮归都必须举行一定的仪式，教师讲书时，学生需要拱立。这一方面是从日常行为方面，强化儒家思想、伦理，另一方面也是旨在磨灭儿童活泼好动的天性，使之成为儒家理想中的君子。小学生除了学习小学方面的知识以外，还要学习儒家经典和书法，早晨到学校，晚上才能结束学习，对儿童来说，负担不轻。另外，元代儒学小学的管理是比较严格的，不能随便出入。这些有关小学教育的规定，是元政府以江南行御史台名义颁布的，应该是在全国特别是江南地区得到广泛的推广和实施。常熟州有则史料反映了当地儒学小学的情况：至大二年（1309 年），韩居仁（字君美）为知州，鉴于该州儒学“大学课讲已有定式，独小学晨星□□欤”的弊端，“增广员额，申严规矩，肄业者从本州畀以公凭。不旬月间，童冠云集，遂至五十余人。日给师生二膳，卯而入，尽酉而出，弦诵之声，朝莫不辍”。①

元代北方虽然没有发现儒学设立小学的记载，但教育家许衡在国子学期间的小学教育情况，同样能使我们对北方小学的教育有所了解。据苏天爵的《左丞许文正公》的记载，许衡教小学，先从《小学》开始：

> 先生教诸生习字，必以颜鲁公为法……先生欲以蒙古生习学算术，遂自唐尧戊辰距至元壬申，凡三千六百五年，编其世代，历年为一书，令诸生诵其年数而加减之……诸生读书之暇，先生令蒙古生年长者习拜及受宣拜诏仪，释奠、冠礼时亦习之。小学生有倦意，令习跪拜、揖让、进退、应对之节，或投壶习射，负者罚读书若干遍。②

许衡进行小学教育时，在教授小学知识、习字、礼仪、儒家经典的同时，还学习算术，中间进行投壶习射等游戏活动，增加学习兴趣，这一点与江南儒学的小学教育基本相同。

3. 元代儒学小学的教学方法

元代在小学的教学方法方面成绩比较明显，教育家程瑞礼在池

---

① 《常熟州重修庙学记》，《江苏省通志稿·金石》。

② 苏天爵：《元朝名臣事略》卷 8《左丞许文正公》。

州路建德县儒学任教期间，将有关教学方法写成《程氏家塾读书分年日程》一书，被称为中国教育史上第一部教学计划。书中记述的小学的教学方法代表了元代在教学方法方面的成就。这本书以元朝国子监的名义“颁示郡邑校官为学者式”。① 许衡在国子学教小学时，也同样发明了一些实用的教学方法，现根据程端礼、许衡的教学理论及教学活动，将元代小学的教学方法概述如下：

其一，背诵法。背诵是我国古代常用的教学方法，小学生的年龄阶段记忆能力很强，小学学习的基础知识及基本经书，也需要非常熟练掌握，因此背诵成为中国古代小学常用的教学方法。程端礼总结了背诵法的步骤和要领如下：所读内容按生员不同情况分段，然后熟读和背诵。每段文字“必看读百遍，倍（背）读百遍，又通倍（背）读二三遍”。

其二，检查法。上面所引小学的教学过程中就有“试书”的内容，说明元代小学教育将学习检查作为教学的一项重要内容之一。程端礼也认为，学过的内容每日都要检查，以了解学生掌握情况，每日“师试倍（背）读昨日书”又“试说昨日已说书”。

其三，讲授法。“讲书”是元代小学教育的一个重要内容，程端礼在教学过程中就主张教师将所授书分成小段，每日讲授。讲授严格按照朱熹所解字训、句意，然后引导学生读朱熹的注，再读正文，反复玩索，以理解其中的意义。许衡也非常注意讲授的方法，他还联系现实，引导学生将经典的要求诉诸行动。苏天爵记述道：

> 先生讲书，章数不务多，唯肯款周折，若未甚领解，则印证设譬，必使通晓而后以。尝问诸生：“此章书义若推之自身，今日之事有可用否？”大凡欲其践行而不贵徒说也。②

其四，复习法。元代小学通过每日的测试，引导学生复习以往学习的内容。另外，程端礼还主张利用晚上的时间，复习学过的内

① 《元史》卷190《儒学二》。

② 苏天爵：《元朝名臣事略》卷8《左丞许文正公》。

容。方法是：双日之夜“倍（背）读凡平日已读书一遍，倍（背）读一二卷或三四卷，随力所至，记号起止，以待后夜续读、倍（背）读”。单日之夜则玩索最近读过的经书，“涵泳思索，以求其通”。

元代教学方法的原则，程端礼概括为：“宽著期限，紧著课程。”就是说，一方面给学生以足够的时间，掌握学习的内容；另一方面抓紧每一节课的教学，让学生在每一节课上，学到更多的东西。元代小学的教学方法，体现了学校教育的一些基本原则：

首先是循序渐进的原则。小学生员首先读基础书（小学书），然后再读经。读小学书时只要求背诵，但随着小学基础知识的增加，开始讲解经义，并启发学生思考。最后教以写诗、作文，这符合由易到难、由学习到运用这样一条循序渐进的规律。

其次是因材施教的原则。根据儿童的特点，小学在课程中间安排一些课间休息，让儿童“暂歇少时，复令入学”。小学并不严格规定儿童读多少经文，教师将对儿童所授经文分段，分别传授。在传授的过程中，教师也注意根据每个学生的情况传授经文的数量，这符合因材施教的教学原则。①

4. 元代儒学小学的考核

大德元年（1297 年），江浙行省规定了小学的课试之法，除每日固定的测试以及朔望讲书以后的测试以外，每月的初三日、十六日考试，由“正录出题，教授考校，取中合格者前三名支赏”。②小学生“年及学进者，升大学；学无成而不率教者，罚，甚者，黜；进德修业者，视其优劣而表劝之”。③

二、元代儒学大学教育

元代的儒学教育以大学为主，小学只是儒学附设的教育形式。

---

① 以上有关程端礼的内容均见于《程氏家塾读书分年日程》卷 1。

② 《庙学典礼》卷 5《行省坐下监察御史申明学校规式》。

③ 《越中金石志》卷 7《至元壬辰重定学式》。

文献中所学的儒学在没有特别指明的情况下，一般是泛指大学。因此，大学是元代儒学教育的关键阶段，大学教育在元代整个教育体系中，一般都占重要地位。元教育家程端礼认为："自十五志学之年，即当尚志，为学以道为志，为人以学为志。"① 这表明了大学教育的重要性。另外，由于大学教育的结果直接影响到国家对人才的需求以及学生个人的前途，所以大学教育与社会政治、经济、文化等发展情况联系紧密，国家政治、经济等因素的变化，自然也会影响到大学教育的变化。与小学教育相比，大学教育更加复杂和多变。

（一）元代儒学大学的情况

与宋代相比，元代儒学的发展环境不佳，处境困难，在加上儒学官学化的影响，儒学的发展很大程度上取决于地方主管官吏、监察机构和学官。一个地方的官员人事调整，就可能使儒学的发展出现波动，因此元代儒学教育发展不稳定，并且各儒学教学水平差异也很大。如至元二十八年（1291 年）吴县县学由于学官不负责任，将学校"视为传舍，日不加葺，田畴多荒；会计不当，又称贷而益之。士廪无继，则众散而去，弦歌之音不闻久矣"。② 湖广行省的蕲春县，县学在郡城东北，"原素无恒产，儒之在籍者二十有八家，多贫不能自振，于是学舍倾圮，弦诵寂寥"。③ 常州路的武进县"学独缺，教授虽设，祀事率附郡学，教无所施"。④ 而潜江县学于延祐七年（1320 年）在地方官主持下重建后，"绘塑宫墙焕然一新，又妙选弟子员入学肄业，复增膳学田粮，令师生可以自守"，⑤ 儒学教育很快发展起来。后至元四年（1338 年），王元纲（字彦常）为铅山州知州，"侯即岁首，遍劝乡社，令秀士入学，

---

① 程端礼：《程氏家塾读书分年日程》卷 1。

② 陆文圭：《墙东类稿》卷 7《吴县学田记》。

③ 《湖北金石志》卷 14；危素《危学士全集》卷 9《蕲春县兴学颂》。

④ 《武进县学记》，《江苏省通志稿·金石二十二》。

⑤ 甘云鹏：《潜江贞石志》卷 1《元潜江重修儒学碑记》，崇雅堂丛书本。

朔望亲为讲试，咸知自奋”。他又为学校增学租，买书籍，很快改变了铅山州教育的落后面貌。① 至正十六年（1356年），嘉定州重建儒学，“追理学阻以廪生徒，广购书籍以资经训，礼致五经师，日与弟子员讨辩道义，磨励忠孝”。嘉定州儒学教育在元末动荡的环境中得到发展。② 类似的例子在元代非常普遍。上述儒学发展的不稳定性，对元代儒学教育产生了直接影响，也可以说是元朝教育的一个发展特点。

元代儒学大学生员由“小学生年及学进者”升转而来。元代规定，生员“三十岁以下者，各个坐斋读书”。③ 说明大学生员的年龄一般在15～30岁之间。30岁以上者称为儒士，不属生员。大学生员在儒学的学习年限，史料则没有明文规定。有关大学生员的情况，将在后面详细探讨。

元代儒学大学的教师是儒学各级学官以及儒学聘请的训导。教学是元代学官的主要责任之一，学官讲学是儒学中比较平常的事情，绝大多数学官都能以教书育人为己任，在儒学教育中发挥主要作用。如教谕张恕（婺州路浦江人）“用荐者教授武陵，迁婺之东阳，处之庆元（县）。公所至皆以兴学为己任，召集弟子员危坐堂上，列郡圣人之书为之敷绎大义，皆充然有得”。④ 延平路教授刘少谌“年七十受朝命为延平路教授”，任职期间，“绳检诸生作古文……学务振举”。官满后，“诸生不容其去，复留授业三年”。⑤ 此外，由于学官掌儒学大小事务，公务较多，不能承担全部的教学任务，所以，各级儒学一般都聘一些知名儒士作为专职教师。如松江府学在至正二十一年（1361年）“置五经斋，聘专经之师五人以授之”。⑥ 绍兴路会稽县学“礼士之有行义文学者为之师，丰其廪，

① 程端礼：《铅山州修学记》，《畏斋集》卷5。

② 《嘉定州重建儒学记》，《江苏省通志稿·金石二十四》。

③ 《庙学典礼》卷5《行省坐下监察御史申明学校规式》。

④ 宋濂：《故处州路庆元县儒学教谕张公墓志铭》，《文宪集》卷19（四部丛刊《宋学士文集》未收录）。

⑤ 吴澄：《故南平路儒学教授南丰刘君墓志铭》，《吴文正集》卷71。

⑥ 周伯琦：《元至正重修庙学记》，崇祯《松江府志》卷23《学政》。

严其规”。① 余姚州至正八年（1348 年）“小学有师而大学弗置，于教有缺焉”，于是“以众所推，郑君彝、赵君田浩主大、小学”。② 出于教学的需要，一些儒学设立了固定的训导一职，掌教学。据乾隆《绍兴府志》，元绍兴路下属州县学中，有 12 人被聘任过训导。③ 由于元朝学校发展不稳定，教师的水平也是参差不齐，使得学生对教师的依赖性增强，如教育家程端礼就记述了他与郑景尹在铅山州州学任学官时，与州学学生的良好关系：“余（程端礼）以衰病辞去，凡余所教诸子不屑从他师，尽归景尹卒业。今年，景尹又以教浮梁去，诸生不屑从他师，至于痛哭而散。”④ 黄清老年轻时做建阳县学官，“年始踰冠，士已推服……四方之士亦有不远千里而至者”⑤。

（二）元代儒学大学的教学过程

有关元代儒学的大学教学过程，元政府在大德元年（1297 年）的《行省坐下监察御史申明学校规式》中规定，大学生员“食后出课、习字、说书，午前读书，午后供课呈教授，晡后书名会食，课辩方许放学”。⑥ 这里虽然没有像小学那样规定每天教学的具体步骤和礼仪，但大体教学过程还是十分清楚的，即出课、习字、说书、读书、供课、会食等。

儒士成廷珪有一首诗也反映了元代儒学大学每日教学过程的情况，该诗写道：

大学小学列六斋，先生讲席多英才。
公堂昕鼓会食罢，门榜月录分题来。

---

① 李祁：《会稽县重修儒学记》，《越中金石记》卷 9。
② 郭文煜：《余姚州儒学增造记》，《越中金石记》卷 10。
③ 乾隆《绍兴府志》卷 29《职官志·学官》，乾隆五十七年刊本。
④ 程端礼：《送教授郑君景尹赴浮梁任序》，《畏斋集》卷 4。
⑤ 苏天爵：《元故奉训大夫湖广等处儒学提举黄公墓碑铭》，《滋溪文稿》卷 13。
⑥ 《庙学典礼》卷 5。

> 清时如此教养备，老夫一见心神开。
> 束书胡为赋归去，石田未必荒苍苔。①

这里的“公堂昕鼓会食罢，门榜月录分题来”同样反映出元代儒学的大学会食、试书等仪式的情况。

另外，在有关镇江路学的一则碑文中，记述了至正七年（1347年）该路学“肇榜学规于堂”，主要内容是：

> 教授总纲纪，正录绳衍□□导诲学□□□□节，长谕举斋程，诸生勤课诵，每旦，学官辈列作，诸生序堂下三揖，肩随而□□□如之□□□□□□□堂试，贡其优课赴秋闱，赆以旅费。②

从该学规的内容看，大学生员每天同样也要进行序拜、堂试等仪式，具体形式看样子比小学生员简略一些，具体内容还有待探讨。

（三）元代儒学大学的教学内容

元代儒学大学的教学内容受当时社会的影响，比较复杂。元朝建立之初，北方儒学大学教育主要承袭金朝，由于金朝科举以词赋、经义为主，儒学教育大多重视词赋章句，元人苏天爵写道：“国家初有中夏，士踵宋、金余习，以记诵辞章相夸尚。”③ 刘铣也写道：儒学“多事章句记诵之习，或经旨未明，躬行未粹者有之”。④ 元初以金源进士为代表的词赋派，是这种教育倾向的支持者。宪宗五年（1255年）廉希宪宣抚关中，推荐许衡为京兆提学官，往返六七次，许衡坚决推辞，可能就是对京兆一些词赋派学者

---

① 成廷珪：《送娄所性归溧水》，《居竹轩诗集》卷3。
② 《镇江路学丁亥记实》，《江苏省通志稿·金石二十三》。
③ 苏天爵：《内丘林先生墓碣铭》，《滋溪文稿》卷14。
④ 刘铣：《吉安兴学记》，《桂隐文集》卷1。

的教学感到不满。忽必烈时期，以金源进士为主的词赋派和以窦默、姚枢、许衡为代表的理学派在对待科举方面的严重分歧，对北方的教育发展产生了非常大的影响。① 至少在许衡为国子祭酒以前，北方儒学的大学教育是以章句之习为主要内容的。这种情况的改变与许衡、刘因等北方学者对理学的强调分不开的。壬寅年(1242年)，许衡从姚枢那里得到朱熹等人的理学著作，聚从学者曰：

> 昔所授受，殊孟浪也。今始开进学之序，若必欲相从，当弃前日所学章句之习，从事于小学，洒扫应对，以为进德之基。不然，当求他师。②

许衡的这种言论，反映了他对当时盛行的章句教育的反感。此后，许衡在京兆、怀孟路从事教育，推行他的教育主张，在北方产生了一定的影响。世祖初年，许衡为国子祭酒，将他的教育理论在国子学推行，对地方儒学教育的影响自然也是不言而喻的。此后，理学家朱熹等人注释的儒家经典逐步成为北方儒学的重要内容。元人苏天爵记述了北方儒学教育内容转变的情况：

> 许文正公始以孔孟之书、程朱之训倡明斯道，一时师友讲习若河、汾、伊、洛之盛。刘文靖公继之，士皆知趋正学，不为异术他歧所惑。③

上述史料反映了元代北方大学教育由章句记诵向理学传承转变的情况。江南的儒学教育在南宋已经比较成熟，进入元朝以后，教育内容变化不明显。

元初儒学大学教学的另一种倾向就是将吏业作为大学教学的内

① 有关两派分歧的详细情况，可参考安部健夫《元代的知识分子和科举》。

② 苏天爵：《元朝名臣事略》卷8《左丞许文正公》。

③ 苏天爵：《内丘林先生墓碣铭》，《滋溪文稿》卷14。

容。这种教学倾向与当时社会现实有关，元人苏天爵写道：

> 昔者国家既定天下，乃置官府以成庶功，而军旅、章程、食货、刑狱、缮作之事日以兴矣，必需刀笔简牍记载施行，世之豪杰有用之士群起而趋之。①

苏天爵的记载说明，元政权建立之初需要大量处理国家具体事务的吏员，导致了民间子弟纷纷学吏的局面，以致出现了“凡子弟之有志禄仕者，苟非藉世胄之资，其不由刀笔发身，则不能以达”② 的局面，这种局面对儒学大学教育的影响是可想而知的。很多儒学“以文墨教子弟，（诸生）上者华而鲜实，下者习字画以资刀笔，官司应酬、廪粟之外，别无它用心”。③ 从元代史料来看，元代习吏有两种方式：一种是学于民间，类似于民间的职业教育或职业培训。苏天爵记载道：“今学者仅能执笔晓书数，其父兄已命习为吏也。”④ 这里所说的习吏，应该是在民间习吏。类似的例子也很多，如傅杰“幼嗜读书，晓畅大义，稍长，应门不得卒业，更习章程以应时用”。⑤ 元朝儒学的学门一般称为应门，这里的“应门”应是指儒学，既然儒学没有毕业就去学吏，当然是在民间。另一种是在儒学里学吏。从史料来看，儒学大学教习吏业，在北方、江南都有，上引刘基的资料就说明了元末儒学教授吏业的情况，苏天爵也记述道：“江南既归版图，后生渐趋刀笔之习。”⑥ 类似的例子还很多，如黄清老少年就学于邵武路学时，“同舍生或趋

---

① 苏天爵：《元故奉元路总管致仕工部尚书韩公神道碑铭》，《滋溪文稿》卷12。

② 傅若金：《送习文质赴辟富州吏序》，《傅与砺文集》卷5。

③ 刘基：《沙班子中兴义塾诗序》，《刘基集》第68页。

④ 苏天爵：《新城县庙学记》，《滋溪文稿》卷4。

⑤ 胡聘之：《山右石刻丛编》卷36《大元敕赐故礼部尚书赠中奉大夫河南江北等处行中书省参知政事护军追封河东郡公傅公神道碑》。

⑥ 苏天爵：《元故少中大夫江西湖东道肃政廉访使赵忠敏公神道碑》，《滋溪文稿》卷10。

世所尚，为吏以事进取”。① 北方儒学教授吏业的情况也有，如定陶县儒学就有“富室子弟或饵笔习吏，觊免徭役”的情况。② 元代儒学这种习吏现象的盛行，使一些儒士、学者非常不满，认为这是急功近利、蔑视传统的表现，他们担心这种教育会使整个社会产生轻视理学和道德修养之习，导致文风泯灭和斯文扫地。李庭有诗写道：“早知刀笔胜儒冠，不向寒山翻故纸。”③程端礼更是表现了他的不满和担心，他有诗写道：

久矣文风坠，嗟哉士习移。
渠渠空夏屋，琐琐竞刀锥。
子弟多无赖，典刑谁复师。
斯文终未丧，识者有余悲。④

元朝大学中教习吏业，是为了满足当时社会发展的需要，反映了元代教育面向现实的实用主义特点。今天看来，它对满足社会对吏员的需求，起到了积极作用，同时对儒学生员毕业后的就业，也产生了好的影响。正是由于它满足了社会的需要和生员就业问题，元代儒学教习吏业虽然受到多方面的批评，仍然在整个元代存在下来，对元代教育的发展产生了一定的影响。但是，儒学教习吏业，既不符合许衡主张的为学“明体达用”、“存心养性”的教育原则，⑤ 也不符合程端礼为代表的江南理学派的“正其谊不谋其利，明其道不计其功”的教育原则，⑥ 所以受到众多的非议和责难。一些地方官也在当政期间在儒学加强理学教育，如太平路总管贾焕

① 苏天爵：《元故奉训大夫湖广等处儒学提举黄公墓碑铭》，《滋溪文稿》卷13。

② 苏天爵：《故曹州定陶县尹赵君墓志铭》，《滋溪文稿》卷18。

③ 李庭：《赠王寿之》，《寓庵集》卷1。

④ 程端礼：《送陈希静四明学官任满三十韵》，《畏斋集》卷2。

⑤ 欧阳玄：《许先生神道碑》，道光《河内县志》卷21《金石志下》，道光五年刻本。

⑥ 程端礼：《程氏家塾读书分年日程》，《卷首·纲领》。

（字华甫）为了使“孝悌忠信不可一息忘，礼仪廉耻之归不可不目存而心在”，于是让“举郡之民各列其辞于门右，出观而入省，民于是知以善为俗”。他又命儒学诸生“合经与注必通习而修诵之，日习月程，律以赏罚，每泛呼其人，乱抽厥帙以问”。①

在教育家许衡、程端礼等人的积极推行和元朝中央、地方政府的大力提倡之下，儒学大学以程朱理学为主要内容的制度逐步建立起来。特别是在元朝恢复科举以后，规定科举内容以朱熹等理学家注释的儒家经典为根据，程朱理学教育在儒学的大学中，开始居于统治地位。不过由于科举的实行，一些受到许衡批评的宋金遗习又反映出来，程端礼对此批评道：

> 方今学校教法未立，不过随其师之所知、所能，以之为教为学。凡读书才挟册开卷，已准拟作程文用则，是未明道已计功，未正谊已谋利。其始不过因循苟且，失先后本末之宜而已，岂知此实儒之君子小人所由以分，其有害士习乃如此之大，呜呼！先贤教人格言大训，何乃置之无用之地哉？②

程端礼在另一篇文章中将这种教学风气与政治腐败、世风日下联系起来：

> 奈何俗学虽日读其书，其志在于剽窃语言以作程文。故资正谊、明道之书，以助其谋利计功之私而已，甚者至于兜题作义，全经且不尽读，况传注乎？士习日趋于见小欲速务外，为人终身陷于小人，儒而不自知。读书既无真知自得之实效，穷不能独善达，何望其兼善宜？其任州县者，离道失望，贪酷罢软而不自知愧也，滔滔流俗，孰与虑此？……学校之教法不立，弊宜然也。③

---

① 《太平路修学记》，《安徽通志稿·金石古物考五》。
② 程端礼：《程氏家塾读书分年日程》卷2。
③ 程端礼：《送冯彦思序》，《畏斋集》卷4。

程端礼所批评的教育现象，可以说是中国科举制度的副产品，元代学官整体素质不高，在这方面的表现可能更加明显。

虽然元代儒学教学内容出现了某些变化，不过，总的看来，儒学的教学内容当然还是以儒家经典为主，包括：四书、诸经、诗赋、史、通鉴、书法等。最初学生按治经、治赋分班，元中期科举恢复后，考试以明经为主，四书、五经成为大学生员学习的主要内容，于是，一些学校设五经师，以五经分班讲授。大学生员学习科举之文在元代的儒学也非常普遍。特别是延祐科举恢复之后，各儒学在原来重视读经的基础上加强了科举之文的教学。著名教育家程端礼就曾“本之晦庵（朱熹）、西山（蔡元定，字季通，朱熹门人）教人之意，酌以今日取士之法，为言一编，以行于世，世守其辙者往往有成”。①

元代大学所用教材，孔齐《至正直记》记载了元代江西儒学下列几种：《四书集注》、《经传》、《通鉴详节》、《诗苑丛珠》以及《礼部韵略》等，② 除了《礼部韵略》属于工具书以外，其他应该是江西儒学的教材。程端礼在《程氏家塾读书分年日程》中，除了上面的四书、诸经以外，还提到韩文（韩愈的文集或选集），可能是将韩愈的文章作为科举范文来讲授。

（四）元代儒学大学的教学方法

根据程端礼、许衡等人的教学实践，大学生员的教学方法除仍然选择使用小学用过的背诵、讲授、检查、复习等方法以外，更多使用下列方法：

其一，抄读法。主要用于学习《周易》、《尚书》、《诗经》、《礼记》、《春秋》等儒家经典。方法为：先手抄全篇正文，读之。另外用纸分段抄正文，每段正文下低一字抄朱熹等人的注疏。低一字抄朱熹有关本段的语录、文集。低三字抄诸儒之说。通过抄读，

---

① 程端学：《送蒋远静山长序》，《积斋集》卷3。

② 孔齐：《至正直记》卷2《江西学馆》。

反复思考经文含义。

其二，看读法。主要用于读《资治通鉴》及韩愈文集。通过看读，熟悉历代的人和事以后，再对历代治乱兴衰反复考究。对于韩愈等人的文章“需反复详看”，先看主题，以明确一篇之纲领，次看叙述，体会文中抑扬轻重、运意转换、演证开合等写作方法，目的是学习作文。

其三，训练法。大学期间，生员已读完经、史等课程，训练写作以应付科举考试是大学教学的重要内容之一，教学方法从“学”转到了“练”。①

许衡在教学过程中还注意实行启发、引导的教学方法，鼓励学生发现问题，独立思考。苏天爵记载：

> 先生说书，章数不务多，惟肯款周折，若未甚领解，则引证设譬，必使通晓而后已。尝闻诸生：“此章书义若推之自身，今日之事有可用否？”大凡欲其践行而不贵徒说也……及见学者有疑问，先生喜气溢于眉宇。

与程端礼的教学方法不同的是，许衡在教学过程中主张宽松的教学方法，他认为：

> 今日学中大体虽要严密，然就中节目需要宽缓，大概人品不一，有夙成者，有晚成者，有可成其大者，有可成其小者。且一事有所长，必一事有所短，千万不同，遽难以强之矣。②

许衡的这些教学方法虽然是他在国子学教学中使用的，但这些方法也会对地方儒学产生影响，特别是在北方的儒学教育实践中。

---

① 程端礼：《程氏家塾读书分年日程》卷1、卷2。

② 苏天爵：《元朝名臣事略》卷8《左丞许文正公》。

（五）元代儒学大学的考课制度

儒学生员的考课制度，在宋代就趋于严密，“每岁春秋有补试，中者，学官而试能否，方许入学行供；岁有月试，校其优者升为学职；月有旬试，学官亲书批点，以示文法”。① 元代继承了宋代考课的传统，有元一代，各地儒学中普遍推行考课制度，考试的方法也更加严格、完备。至元年间，嘉兴路学“月有书，季有考，朔望、（初）三、（初）八有讲”。② 至正初年，平江路达鲁花赤禄实“增弟子员，礼聘明师，用月书季考之法程试之”。③ 至正五年（1345 年），嘉兴路总管秃坚董阿良臣“延招有德行文学者为训导，以诲诸弟子，又礼请江浙提举学校官仿科举式以会诸郡能文之士”。④ 至正三年（1343 年）吉安路总管高志在路学进行改革，“立课习饮膳定规于石，使后之典教化者恪有所守”。⑤ 元末镇江路“选官民子弟八十人朝夕肄业，延名儒春秋堂试，取业优者宾兴于乡，耆宿就食于学，医卜杂流则去之，儒吏待补于郡，行能清慎则进之。于是文物之盛，课试之严可谓备矣”。⑥

有关朔望具体的课试之法，元政府在元贞初年作了详细的规定，根据《庙学典礼》的《行台坐下宪司讲究学校便宜》，具体内容如下：“每月朔日，学官预先出题三章，揭示廊庑，听其讲究精熟，置之签筒，遍写该生员名姓。至本月望日，待讲书完毕，请学官临时抽签，引致案前，当众将朔日题目讲说。”生员的讲说有三次文理不通者，要受到“降供一季”的处罚，并交给本学教导训诲，降供满日复试，直至满意为止。至于朔望以外的考试，各地儒学并不统一。

元代严格课试制度，虽然有利于督促被试者努力学习，但月书

---

① 崇祯《松江府志》卷 23《学政》。

② 《至元嘉禾志》卷 7《学校》。

③ 陈基：《平江路达鲁花赤西夏禄实公纪绩碑颂》，《夷白斋稿》卷 12。

④ 李祁：《元嘉兴路兴举学校碑》，《两浙金石志》卷 7。

⑤ 刘铣：《吉安兴学》，《桂隐文集》卷 1。

⑥ 苏天爵：《镇江路新修庙学记》，《滋溪文稿》卷 3。

季考皆背诵朱熹等人的成说，不利于学者独立思考，这一点元代就有人提出过批评。宁国路儒学教授龚璛就批评道："月讲季试……据案而颂成说，曷若疑难答问之为益？糊名而校艺，曷若课其功而订正之为警切笃实。"① 这反映了元人对这一制度的思考。

三、元代儒学生员的数量与待遇

元朝对儒学的小学生员、蒙古字学生员数量有规定，但对儒学大学生员数量并没有具体规定。从元朝教育的发展情况看，北方儒户仅三千八百余户，子弟数量有限，很多金代的习儒之家被划入军户等其他户籍，他们的子弟入学接受教育的比例也不会多，虽然军队、边疆很多地方建立了教育机构，这里儒学生员的数量可能更少，上都路学就是因为没有或很少有生员，才被作为国子学上都分学的肄业之处。

江南的情况虽然比北方要好，有儒户近十万户，但有元一代儒学教育发展的条件依然比较严峻。儒学发展困难，儒士地位不高，士失所养，以至于江南士人中很多对儒学失去了兴趣。"士废学悉趋时所尚，间有不随其所趣，则群聚而缩鼻，人不韦（伟）贤经，一切扫地于祝氏矣。"② 这种情况对儒户子弟入学读书产生了影响。"儒家之子弟，或制于力弃而他习"③ 或"学者仅能执笔晓书数，其父兄已命习为吏也"。④ 此外，江南私学、义塾比较发达，物质条件相对优越并且有一些名士任教，所以很多人选择到这些地方肄业，这也影响了各地儒学的学生数量。

针对这种情况，元政府多次下令，要求儒户遣子弟入学。至元二十八年（1291年），元政府要求"各处儒户子弟，于学舍就师读

---

① 龚璛：《重修讲堂记略》，嘉庆《松江府志》卷30《学校志》。

② 邓文原：《建尊经阁增置学田记》，光绪《奉化县志》卷8《学校上》，光绪三十四年刻本。

③ 《越中金石志》卷7《至元壬辰重定学式》。

④ 苏天爵：《新城县庙学记》，《滋溪文稿》卷4。

书”，有“自愿招师或自从其父兄，令听其便”。① 大德十年(1306 年)，元政府再次规定：“在籍儒士不遣子弟入学，别习他业，量事轻重，申各处提举官究治。”② 这种强制性的规定效果如何，目前还不得而知。

关于儒学的招生，至元二十九年（1292 年）元政府有如下规定：

> 诸州府直隶者，有受敕之教授，仰本路官将管下免差儒户内选拣有余闲年少子弟之家，需要一名入府、州学，量其有无，自备束修，从教授读书，修习儒业。若无余闲子弟可以读者，不得桩配……非儒户而愿从学者，并听。秋季本司参佐同本学官就学试验，择学业有成，名子弟近上者，充府、州学生，仍申本州照会，标入学生之籍，依旧住学肄业。③

上述文字说明了路（府）、州儒学学生的来源及入学办法，比路（府）、州低一级的县学生员按此推论，可能是在府州学生录取以后，按同样的方法在本县系籍儒户或民间子弟中录取。不过，各级儒学录取多少学生，则不见于元政府文件的规定。大德十年(1306 年)，元政府有文件规定：“学粮赡养师生，天下通例，生员多寡，各随所宜。”④ 这样看来，元代各级儒学对于生员数量，并没有统一的标准，主要根据学校学粮的收入而定。天启《海盐图经志》记载，元嘉兴路海盐州学“额设十五人，其盛也，至五十人爰饩于学”。⑤ 这可能是地方的个别规定，在执行的过程中，海盐州并没有严格限制生员人数。

元朝儒学生员“各随所宜”的特点，还可以从各地儒学多少

① 《庙学典礼》卷 3《按察司王朝请设立小学》。
② 《通制条格》卷 5《学令》。
③ 《庙学典礼》卷 1《岁贡儒吏》。
④ 《通制条格》卷 5《学令》。
⑤ 天启《海盐县图经》卷 2《方域篇 · 学校》。

不等的生员数量中表现出来。据史料记载，元大德间，嘉兴路学有经生 24 人、乐生 32 人、小学 30 余生，学生总数 86 人。① 松江府学在至正二十三年（1363 年）有弟子员 150 人。② 建康路学（集庆路）“生徒常二百人”。③ 镇江路学“选官民子弟八十人，朝夕肄业”。④ 至正九年（1349 年），庆元路鄞县学“增置弟子员百余人”。⑤ 至正三年（1343 年），江西行省吉安路学弟子员达 120 人。⑥ 至正七年（1347 年），镇江路“诸生七十二人，蒙古十”。⑦

上述所引资料是这些儒学在繁荣时期的数目，不能说明元代儒学生员的实际数量。胡务得出结论说：元代学校生员数“一般为一百多人”⑧ 未免过于乐观。元代儒学发展并不稳定，儒学旋兴旋废现象很多，其生员数也应该是变化无常的。影响儒学学生数量因素很多，主要有两点：一是儒学收入的情况。元代儒学收入来源是学田，学田多，管理严格，自然就可以有能力供养更多的生员，否则，士无所养，学校生员当然要减少。如平江路吴县学至元末“田畴多荒，会计不当，有称贷而益之，士廪无继，则众散而去”。⑨ 沂州黎丘县学在大德三年（1299 年）“殿宇虽完，榱题破损，讲堂虽具，斋室未基，行礼虽严，祭器未备，学官虽设，生徒竟无”。⑩ 而嘉兴路学在大德五年（1301 年）左右收复学田，加强管理之后，路学收入大增，生员达到 84 人。⑪ 二是游学。元代允许生员游学，儒学还给游学之人以生活供应，因此，更造成了儒学

① 李金吾：《元嘉兴路学田复租碑》，《两浙金石志》卷 14。
② 周伯琦：《重修庙学记》，崇祯《松江府志》卷 23《学政》。
③ 《至正金陵新志》卷 9《学校志》。
④ 苏天爵：《镇江路新修庙学记》，《滋溪文稿》卷 3。
⑤ 许广大：《元修鄞县学碑》，《两浙金石志》卷 17。
⑥ 刘铣：《吉安兴学》，《桂隐文集》卷 1。
⑦ 《镇江路学丁亥记实》，《江苏省通志稿 · 金石二十三》。
⑧ 胡务：《元代的庙学》，南开大学硕士论文打印稿。
⑨ 陆文圭：《吴县学田记》，《墙东类稿》卷 7。
⑩ 《黎丘重建庙学之碑》，道光《临邑县志》卷 14，道光十七年刻本。
⑪ 李金吾：《元嘉兴路学田复租碑》，《两浙金石志》卷 14。

生员数目起伏不定。至正三年，吉安路学在总管高志主持下进行教育改革，儒学繁荣一时，于是“四方闻其风，深山穷谷之士，多峨缨鼓策而来，若徐藤淮杨、江浙广海暨色目公卿之子”，咸来就学。① 余姚州在至正三年（1343 年）进行学制革新，聘名士主学，于是，“师道既立，教养一新，负笈而来于于也”。② 此外，学官的声望、品行、教学能力、地方官的重学与否以及教学设施是否完备等情况，都可能影响到儒学生员的数量。因此，在目前没有更多的统计资料的情况下，元代儒学生员的实际数量很难确定。

元代儒学生员有固定的供应，至元二十九年（1292 年）绍兴路萧山县在重修儒学中，以“师弟子月入粟布用佐余费”。③ 绍兴路学在至元二十九年定（1292 年）生员月廪各米一石。诸生每月朔望日在学校会餐，诸生家贫或“无依倚者”平时可以在学校会食，由“各斋长谕先莅姓名，而正录时纠其冒滥”。④ 至正七年（1347 年），镇江路学“日供钞至元百文，以革庖弊”。⑤

生员待遇中最重要的是免役问题。这一问题同元代儒户免役问题一样，比较复杂。成宗大德年间，曾任监察职务的著名文人刘敏中上书云：“生员入学者，与免本身杂役；能通一经者免本身差发；通二经及成功课者，除免本身差役外，本户杂泛全免。三年无成者，依旧当役。”⑥ 元政府是否同意了刘敏中的请求，现在不得而知。但元中后期诸生免役的记载，亦多见于史书。至正十九年（1359 年），御史大夫康里庆童为绍兴路学生员“复其家”。⑦ 至大二年（1309 年），徒善政为襄阳路谷城县县尹，他“择编民子弟之俊秀者，蠲其庸调，使之就学”。⑧ 至正元年（1341 年），汉川县

① 刘铣：《吉安兴学》，《桂隐文集》卷 1。
② 郭文煜：《余姚州儒学增造记》，《越中金石记》卷 10。
③ 《萧山县修文庙碑阴记》，《越中金石记》卷 7。
④ 《至元壬辰重定学式》，《越中金石记》卷 7。
⑤ 《镇江路学丁亥记实》，《江苏省通志稿·金石二十三》。
⑥ 《中庵先生刘文简公文集》卷 15。
⑦ 朱镡：《御史大夫康里公勉励学校碑》，《越中金石记》卷 10。
⑧ 马景亮：《谷城修学记》，嘉靖《湖广图经志书》卷 8。

县尹杨观“阅生徒有力役在官者，檄所司弛之”。① 天历二年（1329年），彰德路规定：“凡诸生隶学者，悉捐杂徭，勿令与凡民等。”② 可见，元代儒学生员一般取得了免役的待遇，但“复其身”与“复其家”是不同的。当然，对儒户的子弟，不存在“复其家”的问题，但对一般民间子弟来说，“复其家”意味着编入儒户户籍，这在户籍制度较严格的元朝，恐怕不容易做到。但也不能排除部分地区确实存在这样的情况，第一章中已经引用过的湖广行省常宁州重编儒户户籍时，将州中的“故家”与“后进之俊秀”一起编入儒籍，可以作为旁证。

四、元代儒学生员的游学

游学，是中国古代比较常见的一种求学方式，尽管历代对游学的政策不同，但游学现象在从先秦到清朝的历代史料中都有记载。如司马迁“二十而南游江淮，上会稽，探禹穴”，③ 西汉经学家郑玄也是“游学周秦之都，往来幽、并、兖、豫之地”。④ 对一般百姓之家来说，游学成为他们使子弟做官显达的重要途径之一，如西汉丞相陈平，少时家贫，“独与兄伯居，伯常耕田，纵平使游学”。⑤ 从史料来看，游学在春秋战国时期就开始盛行，此后各代都不同程度地存在游学的现象。北宋在部分时期对游学是坚决禁止的，但并没有杜绝游学现象；南宋时期，游学又大量出现。⑥ 元朝是蒙古族统治的封建王朝，蒙古政权在用人理念上与中原传统王朝不同。科举长期废弛，使元朝儒士依靠科举做官的途径基本断绝，

① 黄清老：《汉川县儒学记》，嘉靖《湖广图经志书》卷3《汉阳府·艺文》。

② 《彰德路儒学创置雅乐重建讲堂记》，《安阳县金石录》卷10。

③ 《史记》卷130《太史公自序》，中华书局1959年版。

④ 《后汉书》卷35《郑玄传》，中华书局1965年版。

⑤ 《史记》卷56《陈丞相世家》。

⑥ 顾宏义：《教育政策与宋代两浙教育》，湖北教育出版社2003年版，第143页。

于是，在大规模游仕之风盛行的同时，元代儒士的游学之风也开始盛行。蒙古政权在思想文化方面的控制比较松散，在教育管理方面亦比较宽松，对于外地的游学之士，一般官学不仅不禁止，而且慷慨地提供各种有利条件，包括饮食、住宿等，对他们的来去，也不进行限制。同时，元代的一些民间授徒的学者和条件较好的书院、义塾等也公开接纳游学之士。在这种情况下，元代游学之风盛行一时。

元代儒士出游，一般有两种目的——游学与游仕。关于游仕现象，台湾学者丁昆健已经有专文论述，这里不再涉及。① 目前有关游学的研究还没有引起学术界重视，李国钧、王炳照主编的《中国教育制度通史》（第 3 卷）提出游学问题，② 但没有深入探讨。在此对元代有关官学和私学的游学情况、游学者的生活以及元代游学现象出现的原因等问题进行初步的探讨。

（一）元代游学概况

蒙古灭金不久，就实行了编订儒户户籍、儒户免役的政策。元世祖忽必烈即位，开始制定一系列保护和支持儒学教育发展的文教政策。至元十六年（1279 年）元朝统一全国，元世祖在将北方实行的文教政策推行全国的同时，根据江南儒学在南宋发展的情况，制定了有关学田政策，明确宣布前朝留下来的学田归儒学掌管，作为各地学校的办学经费。这些措施的实施，基本上保证了元代儒学教育的正常发展。在有关文教政策逐步实施的同时，元朝支持游学的政策也逐渐明确，至元二十年（1283 年）绍兴路学在陈述学校收支情况时说：

> 所有每岁支用项目，除春秋祭祀、修造文庙外，学官、学职月有请粮，诸斋生员日行二膳，游学之人无所归者亦日有以

---

① 丁昆健：《从仕宦途径看元代的游士之风》，《蒙元的历史与文化——蒙元史学术研讨会论文集》，台湾学生书局 2001 年版。

② 该书由山东教育出版社 2000 年出版。

赡之。①

这则史料说明了元初一般学校已经将游学之人的供应，纳入儒学正常开支的一部分。元世祖末年，江南很多儒学对有关游学的一些细节问题做了具体的规定，至元二十九年（1292年）绍兴路学制定的学校制度——“学式”中，有下面内容：

远方士友及游学者，亦升堂会食，馆以斋房寝息之具，时加点检。既不限其来，而有故迟留及贫未有依归者，去住亦从其便。②

这则史料说明，元代儒学对游学的政策是比较优厚的，既供给食宿，又不限制来去。绍兴路学把游学之人的待遇在“学式”中规定下来，说明元代有关游学的待遇已经制度化。元世祖以后，有关游学政策记载不多，不过，至正七年（1347年）镇江路学制定的学校管理制度规定：生员“仕及出游再月者，罢给”，③说明这时仍有儒生到外面游学的现象。松江府学在至正二十一年（1361年）“定赏格以试游士”。④说明元末的一些儒学对游士的政策已经由元初仅仅供应食宿，变为开始对游士的学业进行考核和监督。

除了官办儒学支持游学以外，一些民间力量创办的书院、义塾也同样支持游学。另外，一些知名的儒士在闲居期间，也接纳一些远方慕名而来的游士作为学生。对于大部分因为入仕无门而建立私学以谋生的一般儒士来说，更加愿意接受游学学生，以保证他们的

① 《庙学典礼》卷1《都省复还石国秀等所献四道学田》，文渊阁四库全书本。

② 杜春生：《越中金石记》卷7《至元壬辰重定学式·客供》，辽金元石刻文献全编影印詹波馆刻本，北京图书馆出版社2004年版。

③ 《镇江路学丁亥纪实》，《江苏省通志稿·金石二十三》辽金元石刻文献全编影印民国十六年影印本。

④ 周伯琦：《元至元重修庙学记》，崇祯《松江府志》卷23《学政》，日本藏中国罕见地方志丛刊影印明崇祯三年刻本，书目文献出版社1991年版。

生活来源。与官学及部分书院、义塾不同的是，游学之人生活费用需要自理并且需要缴纳一定数量的束修（学费）。

元朝对游学的优惠政策，再加上南北一统、社会安定带来的客观有利条件，使游学现象在元朝盛行起来。儒士不仅通过游学增加知识，拓展见闻，一些启蒙教育也是通过游学完成，这样的例子很多。如：

永平儒士王孚（字公信）“游学洙泗之间，学益进，所至，人师礼之”。①

蒙古捏古台氏忽都达（字通叟）“幼警敏，笃孝于亲，比长，雅好儒术。游学湖湘间，从名师受经史而究其大义，肆笔成文，咸造于理。侪辈敬叹，自以为莫及”。②

余姚儒士王士毅（字子英）“天质秀敏，自幼出游学，辄与凡子殊”。③

儒士吴举（字子庸）“笃于教子，既延致名师于家，又饬礼币使之游学”。④

旷奎，吉安路安成州人，幼读父书，弱冠游学四方。⑤

荆干臣，东营人，能折节读书，自幼年游学于燕。⑥

刘宗道，汴梁路儒士，奉亲命游学江南，肄业明道精舍。⑦

盖苗，字耘夫，大名元城人。幼聪敏好学，善记诵，及弱冠，

---

① 虞集：《王公信墓志铭》，《道园学古录》卷19四部丛刊初编本。

② 黄溍：《嘉议大夫婺州路总管兼管内劝农事捏古台公神道碑》，《金华黄先生文集》卷27，四部丛刊初编本。

③ 戴良：《王先生墓志铭》，《九灵山房集》卷23，四部丛刊初编本。

④ 苏伯衡：《故庸斋吴君墓志铭》，《苏平仲文集》卷14，四部丛刊初编本。

⑤ 王恽：《送旷秀才奎东还庐陵》，《秋涧先生大全文集》卷23，四部丛刊初编本。

⑥ 李庭：《寓庵集》卷4《送荆干臣序》，藕香零拾丛书本，中华书局1999年版。

⑦ 程端礼：《送刘宗道归夷门序》，《畏斋集》卷4，丛书集成续编影印四明丛书本，上海书店出版社1994年版。

游学四方，艺业大进。①

王思诚，字致道，兖州嵫阳人。天资过人，七岁从师授《孝经》、《论语》，即能成诵。家本业农，其祖王佑诟家人曰："儿大不教力田，反教为迂儒邪！"思诚愈自力弗懈，后从汶阳曹元用游，学大进，中至治元年进士。②

吴直方，字行可，婺州路浦江人。幼年多病，有相者对他说："子貌广贵，甚疾且亡害，何不游学以畅其怀乎？能如吾言，病不药而自已。"于是，乃入郡城习吏事于帅阃。③

杨维贞年幼时，其父"期以重器……俾游学甬东"。④。

（二）元代游学的主要方式

元代儒士游学，主要通过四种方式：到地方各级儒学（官学）游学，到国子学游学，到书院、义塾游学，民间拜师求学。现将这四种游学形式的情况考察如下：

1. 元代各级儒学的游学情况

元代各级儒学，特别是江南的一些儒学，不仅规模大，教学水平高，而且教学设施完备，学校一般都有学田供应学校的日常开支。因此，到各级儒学游学不仅可以学到知识，还可以解决日常生活问题，这对游学之士的吸引力是很大的。从各级儒学来看，是否有游学之士从远方负笈而来，是衡量一个儒学办学成功与否的重要指标，当然也关系到学官和地方官的政绩问题。因此，元代一般儒学都对游学之人持欢迎态度，一些有名声的游学之士，则成为儒学争取的对象。孔子后裔孔森（字英夫）指出："吾族人昆弟类出，

---

① 《元史》卷185《盖苗传》。

② 《元史》卷183《王思诚传》。

③ 宋濂：《故集贤大学士荣禄大夫致仕吴公行状》，《宋濂全集》，浙江古籍出版社1999年版，第293页。

④ 宋濂：《元故奉训大夫江西等处儒学提举杨君墓志铭》，《宋学士文集》卷16，四部丛刊初编本。

游学四方，所至学校官莫不折节而迎，适馆授业不敢后。”① 这里，孔氏子弟游学受到欢迎，当然与其“圣裔”的出身有关。

从史料来看，元代江南儒学的游学比较流行，很多儒学都有关于游学情况的记载，至元年间，学者张䇓被延致江宁（今南京市）学官，俾子弟受业，“中州士大夫欲淑子弟以朱子《四书》者，皆遣从䇓游……其在维扬（今扬州），来学者尤众，远近翕然，尊为硕师”。② 元贞元年（1295年）浮梁州学“聘耆德为弟子师”，修整学校，革新学政，出现了“编民佐吏咸竟于学”的局面，于是游学之士“来者未有止也”。③ 宁国路宣城县名儒魏彦明“以《春秋》之学教授诸生”，至其为师，“则旁郡邻邑之秀，从之如云，而学《春秋》者，因以大震”。④ 元代的澄城县学也有“自远方而来者藏修息游于其中”。⑤ 至正四年（1344年）吉安路总管高志对路儒学进行整顿，完善制度，于是“四方闻其风，深山穷谷之士，多峨缨鼓箧而来。若徐、滕、淮、扬，江浙、广海及色目公卿之子弟，为员积百二十有奇，讲诵彻旦，至正四年应乡试者五十有奇”。⑥ 上述例子反映了元朝各级儒学游学的盛行情况。

元代江南儒学中的游学者，既有江南士人，也有大量的北方儒士，上文提高的刘宗道就是“奉亲命游学江南”。元代科举恢复以后，为科举而游学成为北方游士到江南游学的一个重要动机，因为北方各地儒学教育水平不高，生员到江南儒学游学，再回北方参加科举，比较有利。如“艾实元晖，河南士之秀者也，去年从黄君希仲于庐陵郡（吉安路）学，学娓娓日有所进。六月望，告别于

① 吴一夔：《故元松江府儒学教授孔君墓志铭》，《始丰稿》卷13，文渊阁四库全书本。

② 《元史》卷189《儒学一》。

③ 邓文原：《浮梁州重建庙学记》，《巴西邓先生文集》，北京图书馆古籍珍本丛刊影印清抄本。

④ 杨翮：《送钱生序》，《佩玉斋类稿》卷3，文渊阁四库全书本。

⑤ 《县学讲堂记》，咸丰《澄城县志》卷21《金石下》，辽金元石刻文献全编影印清咸丰元年刻本。

⑥ 刘铣：《桂隐文集》卷1《吉安兴学记》，文渊阁四库全书本。

其师友与常所往来者，将归河南就其乡试"。① 艾实（字元晖）是河南行省儒士，他游学江西吉安路学，后又回原籍参加乡试。上文提到的汴梁儒士刘宗道也是游学江南明道书院，回河南参加科举。②

2. 国子学游学情况

国子学是全国最高学府，不仅当时很多知名学者在这里任教，而且国子学又是高官显贵子弟的汇聚之所，到国子学读书，既可以学习知识、学成做官，又能交结权贵，为以后的宦业创造条件，因此，到国子学游学成为元朝游学之士的向往。元人陈高写道：

> 朝廷稽官以建国学，其师儒皆极天下选。下自公卿、大夫、士之子，与凡民俊秀，咸入而学焉。弦诵之教必勤，肄习经传之旨必极，讲明周旋揖逊必中规矩，祭式献酬必正仪式，月考季试必严其程度，属词角艺必课其殿最。故其入而学焉者，率有以化质而成才，由是四方英敏之士，不远数千里鼓箧而逊志焉。其出跻膴，仕立勋业者，往往而见。盖国家所以造育人才之地，而子弟之欲就其业者不可以不游也。③

陈高的记述，反映了元代游学之士对国子学的向往，元代到国子学游学之士，既有北方儒士，也有江南儒士，见于史料记载的很多。如：

马祖谦，字元德，汪古人，马祖常之弟，少入乡校，弱冠，随其兄来京师游学，补国子生。④

郑宜中，"奉亲命游学燕京，用近臣荐补国子生"。⑤

---

① 刘铣：《送艾用济归河南就乡试》，《桂隐文集》卷2。

② 程端礼：《畏斋集》卷4《送刘宗道归夷门序》。

③ 陈高：《不系渔舟集》卷11《送章氏二生游国学序》，文渊阁四库全书本。

④ 苏天爵：《元故奉训大夫昭功万户府知事马君墓志铭》，《滋溪文稿》卷19，中华书局1997年版。

⑤ 苏伯衡：《遂初堂记》，《苏平仲文集》卷9。

卞琛，大名人，“世为农夫，早游学京师，得补国子生”。①

尹莘，汴梁洧川人，“至治初，游学于京师”。②

武恪，字伯威，宣德路人，“初以神童游学江南，吴澄为江西儒学副提举，荐入国学肄业”。③

刘克宽，字仲栗，“尝吏广平之成安县，不合去。已而游学京师”。④

郑深，字仲几，一字浚常，婺州路浦江人，“游学京师久之，会丞相别儿怯不花公出镇南服，命君从行”。⑤

伯颜，曾拜学者程端礼为师，从其游学，后“游国学三年”。⑥

不过，国子学毕竟是全国的最高学府，员额有限，“初国子生员，汉人朝官七品以上之子，听补二百人”。⑦ 一般百姓进入国学，“必由三品朝官举，而后补其员，限百人”。⑧ 因此，到国学游学非常困难，黄溍在一篇文章里感慨地记述了饶安道父子游学国子学的遭遇：

> 天子之学，以教国之贵游子弟，而田里之秀民亦得用举者受业其间。餐钱固不以烦县官，而满百人辄止。后至而久次者，必员有阙，乃得补其处，此今之定制也。予以非才忝预教事，饶君安道自临川携其子而来，既俾奉资堂上，以弟子礼见，顾以限于常员，未及执经就列与诸生齿，安道告予将与俱

① 《元史》卷194《忠义二》。

② 《元史》卷197《孝友一》。

③ 《元史》卷199《隐逸》。

④ 王沂：《送刘仲栗序》，《伊滨集》卷14，文渊阁四库全书本。

⑤ 宋濂：《故奉训大夫佥江东建康道肃政廉访司事郑君墓志铭》，《麟溪集》寅卷，北京图书馆古籍珍本丛刊影印明成化十一年刻本。

⑥ 程端学：《积斋集》卷3《赠国学生巴（伯）颜归觐序》，丛书集成续编影印四明丛书本，上海书店出版社1994年版。

⑦ 宋耿：《国子生杜俭墓志铭》，《燕石集》卷14，北京图书馆古籍珍本丛刊影印清抄本。

⑧ 王沂：《送张宗德序》，《伊滨集》卷15。

归，家食以需次……使之挈挈然，亟往亟返五千里不啻，何以能无销沮其志气乎？……使之旷日以俟，远者或十年，近者犹四三年，何以开发其聪明，而能蚤有知乎国家施教导民之初意？宜不若是，予所为太息而末如之何也。①

3. 元代书院、义塾的游学情况

元代书院得到长足的发展，不仅数量增多，一般书院的教学规模也明显扩大。义塾是元朝中后期兴起的一种民间教育形式，元代儒学教育发展不平衡，一些学校管理混乱，教学效果不理想，一些地方士绅、退休官员出资建立的义塾纷纷出现。义塾的创立，受到当时很多学者的好评，著名学者吴澄就认为："今日有路、府、州、县儒学，有旧设、新创书院不为不多……然教官例从省部注拟，何能一一得其人哉？（儒）学、（书）院之教有虚名而无实效，往往由此。"而义塾"选择师儒在已识鉴而无所牵制，虽未必有如淳古道德之师，然苟能得耆艾博硕之彦，引导有其方，熏渍有其渐，不坏之以速成，不害之以小利，亦庶几乎古焉"。②

书院、义塾有土地等收入来源，可以在物资供应方面支持游学，此外，不少书院、义塾还聘请名师讲学，吸引游学者，因此，元代书院和义塾的游学也比较盛行。仁宗年间，奉元（今西安）学者同恕被任命为奉元路鲁斋书院山长，"先后来学者殆千数"。③长芦县富民高伯川创中和书院，他"又以厚币聘师儒于四方，俾专讲席，而游学之士皆代其束修之费而廪给之"。④ 儒士王德秀以经商致富，于是"创延陵书院以待四方之游士，兴义学以教育乡里子弟"。⑤ 绍兴路诸暨州人白鹿生，"其外族曰方，建塾聘贤傅，

① 黄溍：《送饶安道序》，《金华黄先生文集》卷17。

② 吴澄：《梁溪义塾记》，《无锡县志》卷4下，宋元方志丛刊本，中华书局1990年版。

③《元史》卷189《儒学一》。

④ 王旭：《中和书院记》，《兰轩集》卷12，文渊阁四库全书本。

⑤ 陆文圭：《王德秀墓志铭》，《墙东类稿》卷13，丛书集成续编影印常州丛书本，上海书店出版社1994年版。

馆四方游学士”。① 平江路长州县儒士陆德阳建立甫里义塾（后改为甫里书院），“遣重币迎儒先生为时所信重（者），如陆君文圭、龚君璛、柳君贯者以为之师，户履至无所容。笔札、饮膳之物，惟所须而具。古灵陈公《制锦管见》及四明程君端礼《进学工程》，凡交游与来学者人予一帙。曰：观此亦足为仕、学之法矣”。② 大德十一年（1307年），嘉兴路崇德州的吴氏义塾“田为亩者三百，师生廪饩有度，讲肄有业”，因而，“同冠鼓箧而来者逾百员”。③ 这些史料说明了元代书院、义塾游学的盛况。

4. 民间拜师游学情况

元代名儒在地方有较高的社会地位，他们有的在元朝中央集贤院、国子学等机构任职，有的做了地方官，有的在路、府、州、县的儒学做学官，有的曾被聘为书院、义塾的讲师。他们在卸任以后，大都以传承道统为己任，开门讲学，广收门徒，成为名师，这就为游学者投奔名师提供了条件。从名师游学，不仅能学到学术的正传，而且能通过名人的关系，交游名人名士，为以后从学、从政创造条件，所以，元代从名人游学之风气很盛。白廷（字廷玉）为江浙儒学副提举，致仕以后，“远近学者檐簦相从者，殆无虚月”。④ 延祐初年，学者许谦隐居东阳八华山，“学者翕然从之，寻开门讲学，远而幽、冀、齐、鲁，近而荆、扬、吴、越，皆不惮百舍来受业焉”。⑤ 吴澄被任命为江西行省儒学提举，居三月，归于家。“士大夫皆迎请执业，而四方之士不惮数千里，蹑履负笈来学山中者，常不下数千人”。⑥ 温州学者李孝光隐居雁荡山五峰下，

---

① 宋濂：《白鹿生小传》，《宋学士文集》卷43。

② 黄溍：《元故徽州路儒学教授陆君墓志铭》，《吴冢遗文》卷2，台湾新文丰出版公司影印龙池山房秘本，四部丛刊本《金华黄先生文集》卷37亦收录，有缺文。

③ 邓文原：《吴氏义塾记》，《巴西邓先生文集》。

④ 宋濂：《元故湛渊先生白公墓铭》，《宋学士文集》卷35；《宋濂全集》，浙江古籍出版社1999年版，第1043页。

⑤ 《元史》卷189《儒学一》。

⑥ 《元史》卷172《吴澄传》。

“四方之士，远来受学，名誉日闻”。① 哈喇鲁学者伯颜（字宗道）辞官归家，“四方来学者，至千余人……至于异端之徒，亦往往弃其学而学焉”。② 元末学者杨维桢隐居钱塘，吴复（字见心）“遂舍妻子从予（杨维桢）游学”。③ 吴师道记载了中书省参政吕思诚（1293～1357年，字仲实）在退休以后，游学之人竞相从之的情况，最为典型：

> 郎中吕公仲实自中书解印，归冀宁，开门授徒，来者四集，几无以容。诸生争出钱买材，以斥大其居。一时兴起甚盛，声流闻京师。崔生者，其乡人也，公为少司成时，尝留受业，闻之，欣然命车戒途，若恐弗及。夫以公之文学议论，挺挺诸公间，而至刚之气、不挠之节，四方士莫不延颈愿见，况于亲炙之者乎。④

元代官学生员出路狭窄，一些人在官学肄业以后，仍需要到外地从名师游学。新安儒士杨惟肖为郡学弟子员，虽然他“月朝十五升堂会讲，进退揖让有度，发明详尽，众赏其超拔”，他肄业后仍需游学四川学者吕仁叔，从学《春秋》。泰定三年（1326年）他又游学京师，“从故翰林直学士文安谢公学《易》……君聪敏卓朗，且接贤士大夫多，学益恢拓庞肆”。⑤ 不仅一些汉人、南人儒士中间盛行从名士游学，一些蒙古学者亦重视这一点，曾任南台御史中丞的蒙古人月鲁不花，就曾游学知名学者韩性之门。⑥

以上记述，说明了元代儒士从名师游学之风的盛行。更有甚者，当老师做官以后，原来的学生不远千里追随到老师为官之地游

---

① 《元史》卷190《儒学二》。
② 《元史》卷190《儒学二》。
③ 杨维桢：《吴君见心墓铭》，《东维子文集》卷25，四部丛刊初编本。
④ 吴师道：《送崔生序》，《吴礼部文集》卷15，北京图书馆古籍珍本丛刊影印清抄本。
⑤ 宋耿：《乡贡进士翰林书写杨君墓志铭》，《燕石集》卷14。
⑥ 《元史》卷190《儒学二》。

学。如符离人刘建中就是典型的例子，其师杨某为江南行御史台御史，“建中不远数千里，实从之来，公或按部行郡，不得与建中俱，则又嘱之金陵名师，使不废其业”。① 元代拜名师求学的情况很多，现举例如下：

陈旅，字众仲，兴化莆田人，“稍长，负笈至温陵，从乡先生傅古直游，声名日著”。②

陈征，字明善，庐山人，“居吴中，尝从吴澄游学，务明理，不慕荣进，一时前辈若虞集、揭傒斯咸推重之”。③

谢肃，字原功，上虞人，至正八年（1348年）春到杭州游学，拜知名学者贡师泰于吴山舍馆，“先生受而不拒，列于弟子员后”。④

章子渔，“生而家贫，业卜筮以为养，壮始游学，登诸先达之门。若蜀郡虞公，武夷庄君本，皆器重之，既而以诗从东鲁黄君复圭游，有得焉”。⑤

民间拜师游学一般要求游学者向老师缴纳束修，因为大部分老师是靠教书维持生计的。此外，除了从名儒游学以外，元代一般在民间教书的儒士也接受外来的学生作为学徒，由于学问和名气有限，只能充当乡学师的角色，教授童子。宋濂就记述了他幼年在诸暨游学的情况：

> 始濂游学诸暨时，与乌伤楼君彦珍、浦阳宣君彦昭、郑君浚常、浚常之弟仲舒，同集白门方氏之义塾。塾师乃吴贞文公立夫，盖乡先生也。彦珍最先还，而濂与彦昭、浚常兄弟讲学将一期。当夜坐月白，俟公熟寝，辄携手出步月下，时皆美少年，不涉事，竞跳踉偃仆为嬉戏，或相訾謷，或角抵其力，至不胜乃止。独濂朴憨易侮，不敢时相逐为欢。⑥

---

① 杨翮：《送柳建中归觐序》，《佩玉斋类稿》卷3，文渊阁四库全书本。
② 《元史》卷190《儒学二》。
③ 雍正《江西通志》卷91《人物二十六·南康府》，文渊阁四库全书本。
④ 贡师泰：《玩斋集》卷首《谢肃序》，文渊阁四库全书本。
⑤ 甘复：《章子渔诗稿序》，《山窗余稿》，文渊阁四库全书本。
⑥ 宋濂：《故温州路总管府判官宣君墓铭》，《宋学士文集》卷61。

此外，元朝还有随家人做官游学的，主要是一些地方官的子弟，如王元肃与其兄王元辅，“早侍父母游学江南。其父有四方之役，而其母尤专意于教，俾从硕师良士游，业成而闻彰”。① 也有一些人是带着家属游学，由于缺乏生活来源，其处境非常艰难，元人陈栎自述道：“栎自七岁至十四岁，侍先君游学，年十五，饥驱之，僭为童子师。”②

（三）元代生员的游学生活

游学是元代比较盛行的教育形式之一，元代教育发展不稳定，学官之选比较混乱，造成各地教学水平参差不齐，影响了教育的发展。游学使求学者有机会自由选择学校和教师，这在某种程度上补充了元代教育发展的不足，提高了元朝整体教学水平，对教育发展是有利的。就游学之士来说，游学可以使他们得到在家乡得不到的教育，对他们个人的发展也是有利的，如前面提到的荆干臣，生长在东营豪族之家，“游学于燕，燕城方今人物之渊薮也，变故之后，宿儒名士往往而在，干臣日夕与之交，得以观其容止，听其议论，切磋渐染，术业益精。一旦崭然见头角，遂为明天子所知，依承风云出入禁闼”。③ 不过，对游学之人来说，离乡背井到外地求学并不是一件轻松的事情，除了官宦或富有之家的子弟可以从容为之，一般百姓或儒士之家的子弟则需要克服很多难以想象的困难。元人虞集在分析很多游士不能出游的原因时指出：

> 然以布衣陋巷，穷居终日，坐诵书史，安于闾里之近，无其志者有之矣；桑弧蓬矢有四方之志，而力不足以充之者有之矣；有其志，有其力，或仰事俯育，供给公上之类，又足以累

① 吴师道：《教经堂记》，《吴礼部文集》卷13。
② 陈栎：《定宇集》卷15《云萍小录》，文渊阁四库全书本。
③ 李庭：《寓庵集》卷4《送荆干臣诗序》。

之，无其时者有之矣。①

这里虞集指出的志（志向）、力（财力）、时（家庭拖累）是所有游学之士面临的问题。特别是对于边远贫困地区的求学之士来说，这种困难更大。孛术鲁翀之父为江西行省掾史，家境并不富裕，后其父去世，家益贫穷，他先后到了江西、京兆等地从名师游学。在京兆从萧𣂏游学期间，"寓其旁僧舍，攻苦食淡，人不能堪"。② 萧𣂏记载了甘肃定西州学生孙某求学的艰难情况：

"定西之为州，在陇右极边。习武尚气，土俗固尔，而有能使其子弟为学，而子弟又能笃志副所望者，咸可谓难矣。秀才孙生，以父命不远数百里，请肄于巩府之教授文君静卿先生之门。受六艺学，居郡序者数年，既而先生赴召王庭，解惑靡所，将东游长安而学焉。其二亲以为，方秋冬之交，旅寓非易，俟开岁议之，而生进取之意甚锐，即与同舍毛生冒霖潦不告而东。其父惧其不利于跋涉也，骑而追之，不能及。抵长安乃见之，以之归，不可，遂偕展束修之仪于韩君从善先生之席，执经而从事焉，从善亦尝称其可与进也。今年春，两生介仆，日所与游者云其囊资已竭，城中不可留，而亦不能归也，将寓诸郊而时质所疑焉。仆据义以辞之屡矣，而两生日与诸友偕来不辍。未几，毛生先归，而孙生之来益熟，乃分余土室以居，逮三月矣。③

对于到遥远地区游学的士人来说，资财耗尽是件非常尴尬的事情，为了解决旅途费用，一些游士选择了利用占卜、行医等手段作为收入来源，甚至有人靠乞讨求得一饱。元人仇远有《游士》诗

① 虞集：《送李仲永游孔林序》，《道园学古录》卷32。

② 苏天爵：《元故中奉大夫江浙行中书省参知政事追封南阳郡公谥文靖孛术鲁公神道碑铭并序》，《滋溪文稿》卷8。

③ 萧𣂏：《勤斋集》卷1《送孙秀才序》，文渊阁四库全书本。

写道：

> 游士登门索裹粮，尘埃冉冉化衣裳。
> 老夫也自饭不饱，童子聊沽酒共尝。①

即使经济方面不出现问题，对于一般百姓子弟来说，游学之路同样非常艰难，宋濂记述了他年轻时在诸暨州游学的情况：

> 始予游学诸暨之白湖……当是时，四方来者类多纨绔之子，喜眩文绣以自媚，人争悦趋之。独予之贫，短衣才能至骭，冷处前庑下，四壁萧然，谁复见顾者！②

除了经济穷困，遭人歧视以外，对家乡、亲人的牵挂也是折磨游学之士的一个因素。黄溍记述了他在钱塘游学时，因牵挂父母，担心不能尽孝而不久返回的情况：

> 始予既知学，颇思自拔于流俗，而患夫穷乡下邑，块焉独处，无从考质，以祛所惑。闻钱塘古会府，号称衣冠之聚，宿儒遗老，犹有存者，则籯粮笥书，逾涛江而西，幸而有所接识。然以违亲越乡，不能久与居与游间，获聆绪言之一二，终未至尽大观而无憾也。③

另外，学生游学外地，老师是否能接受，也是一个重要问题，所以，一般游学者在拜师以前，一般要请与其师关系密切之人写推荐信，以保证拜师成功。高丽儒士朴仲刚游学朱德润之门，就持当时翰林应奉张仲举（张翥）的推荐信来见，信中称他“性行淳谨，有志于学，今淮西监宪斡公克庄门人也”，要求朱德润“怜其贫，

① 仇远：《金渊集》卷5，文渊阁四库全书本。
② 宋濂：《陈子章哀辞》，《宋濂全集》第76页。
③ 黄溍：《金华黄先生文集》卷17《送汪生序》。

遂其请”。朱德润同意后，朴仲刚踵门问学，“且求讲朱氏集注《论语》、《大学》”，居数日，他又转到淮西游学。① 儒士凌子章准备游学澄江翁仁夫之门，他请求朱德润“作尺书”，以便他能够向翁仁夫“学其学，习吾习，益吾所未闻见”。② 胡章焕（字文）自乐平不远数百里游学吴师道之门，也是“介其宗人仲退文书，持所业诗文一编，纳拜欵谒，行古师弟子之礼”。③ 对于没有任何背景的一般儒士来说，想投拜名师之门并不容易，儒士林起宗（字伯使）久慕刘因大名，欲从刘因游学，无以为介，只好担簦负笈，“斋沐立于其门者三日”，刘因感其诚，“命序弟子之列”。④

游学之人的生活虽然比较艰苦，但大部分人出外游学，还是希望通过游学改善自己的处境。与游仕之人不同的是（通过交结权贵，获得推荐做官），他们改善自己处境的方式是学习知识，扩大自己的影响，为以后的做官显达创造条件。元人李祁在《赠刘天吉序》中说：

> 夫士之遇于时也，非徒安坐此室以俟夫人之知也，必其学问之充，闻见之广，而又加之以交游之多，援引之重，然后足以得名誉而成事功。⑤

这里李祁阐明了游学的基本目的，即从“学问之充，闻见之广”到“交游之多，援引之重”再到“得名誉，成事功”，这可能就是元代游学之士普遍的信念。从史料来看，确实有一些游学之人得到做官的机会，如儒士朱文选，早年丧父，“承夫人之训，游学江南。至顺三年，因得以儒服事今上皇帝（元顺帝）于桂林潜邸。

---

① 朱德润：《密阳朴质夫庐墓图记》，《存复斋续集》，涵芬楼秘笈本，北京图书馆出版社 2000 年版。

② 朱德润：《送凌子章游学序》，《存复斋续集》。

③ 吴师道：《吴礼部文集》卷 15《送胡生序》。

④ 苏天爵：《内丘林先生墓碣铭》，《滋溪文稿》卷 14。

⑤ 李祁：《云阳集》卷 5，文渊阁四库全书本。

明年，皇帝御极，入见于明仁殿，授忠显校尉、泰州万户府千户”。① 秦州儒士王弼（字良辅）“游学延安北，遂为龙沙（察罕脑儿）宣慰司奏差”。② 沈国祥，归安人，“少游学浦江，师事吴渊颖，为高弟”。揭傒斯知其名，会诏修三史，荐为纂修官。③ 即使有一些人没有在游学的过程中获得做官的机会，游学的经历也为他们以后的发展创造了条件，学者黄溍 、陈旅、宋濂、杨维桢都有游学的经历。但游学仅仅是一种求学经历，并不能保证游学者今后一生的出路，元代儒士社会地位下降，儒学并不是元政权用人的唯一标准。儒士出仕困难的现象，并不是游学能够解决的，即使学业有成，也不一定得到出仕的机会。如上饶儒生谢钧，从杨维桢游者十年，“通春秋五传学，其才日茂不已……尝以行艺书于党正，连试有司弗售”。④ 所以，与大部分游宦之人一样，有些游学之士最后也失望地发出“游学期身达，哀荣与愿违”的感叹。⑤

（四）元代游学盛行的原因及评价

游学在元代比较盛行，主要原因有以下几个方面：

首先，元代儒士游学主要是通过学习知识，为以后做官显达创造条件，元代各地教育发展不平衡，江南教育水平高于北方，在江南三行省中，江浙行省的教育水平又高于江西和湖广。所以，不仅北方儒士、生员愿意到江南游学，江南三行省范围内游学现象同样比较流行。儒士通过游学可以学到在本地学不到的知识，结识一些本地见不到的名儒硕学，为以后的援引提携创造条件。特别是元朝科举恢复以后，江南地区教育发达的江浙一代，成为众多游学者汇聚的中心，官学和民间私学的游学都非常盛行。就江南地区来看，江西、湖广等地的儒士到江浙游学，然后回原籍参加科举比较有

---

① 贡师泰：《安仁县太君蔡氏权厝志》，《玩斋集》卷10。
② 宋濂：《宋学士文集》卷12《王弼传》。
③ 董斯张：《吴兴备志》卷12《人物征五》，文渊阁四库全书本。
④ 杨维桢：《谢生君举北上序》，《东维子文集》卷8。
⑤ 释大䜣：《送人奔父丧二首》，《蒲室集》卷4，文渊阁四库全书本。

利，这使得一些学生选择到江浙地区的儒学游学。同时，科举乡试以行省为单位，乡试的校文者（阅卷官）一般是聘请当地名儒，这无疑增加了一般儒生从名儒游学的强烈愿望，由此推动了民间拜师游学的盛行。袁桷在《赠陈太初序》中说："今游之最多者，莫如江西，其拙游者，唯浙东。"① 其主要原因是江浙一带是儒学教育发达之地，无需游学的缘故，而江西教育比江浙行省相对落后，本地的教育状况不能满足当地求学者的需要。就元代的北方地区来看，由于教育发展水平不高，同样存在推动游学盛行的因素。

其次，前面已经交代，元代教育发展起伏较大，由于学田被侵，学校破败，导致士人失其养，无法进行正常的学习。在无法完成学业的情况下，一些生员只好到其他地区包括私学、书院、义塾中去游学。元代儒学对游学之士给予支持，供给其物资需要，不限制来去，并允许其与当地生员一样参加当地学校的有关考核，一些书院、义塾、私学同样也支持游学，这为游学提供了条件。

再次，元代儒士的处境比较艰难，很多人为了得到出仕的机会，游历天下，巴结权贵，形成了大规模的游仕之风（具体可参考丁昆健文），这种风气对游学产生了推波助澜的作用，与游仕者的动机一样，一些儒士希望通过游学改变自身的处境。

最后，从当时客观环境来看，元朝统一以前，南北分裂已经二百余年，南北儒士都有互相学习、交流的愿望。元统一以后相当长的一段时间，经济发展，社会安定，交通发达，这对游学非常有利。元人虞集写道："国家混一以来，有欲观夫徂徕之松、新甫之柏、瞻龟山之云、泳沂上之风者，川有舟航，陆有车马，不待赢粮，计日而可至。视前代分裂隔乱之世，欲往而不可得，则其游岂不快哉！"② 欧阳玄也指出："士生休明之代，区宇混一，意之所之，踪迹皆可以达。"③ 可以说，元朝统一给全国经济、文化交流带来的便利条件，为游学的盛行奠定了基础。

---

① 袁桷：《清容居士集》卷 23，四部丛刊初编本。

② 虞集：《道园学古录》卷 32《送李仲永游孔林序》。

③ 欧阳玄：《圭斋文集》卷 14《北行录》。

对于游学现象，一些人认可这种求学的方式，虞集在为游学者李栋写的序文中指出："径寸之珠，不鬻于三家之市；千里之马，不试于山径之蹊。楝之隘其间，而欲有所观乎四方，岂非内视而有余者哉？昔者君子将观于会通，以行其典礼，岂非有志者乎？"明确表示儒士应该游学以广其见闻。① 蒲道源对游学也有类似的观点，他在为其友罗寿甫游学送行的序文中写道："夫有可用之才居无可用之地者，君子之不幸也；无可用之才居有可用之地者，君子之所耻也。吾子孳孳力学，求免夫后日之所耻，皇皇远涉，思胜夫今日之不幸，可谓有志矣！② 程端礼则不赞成游学，认为游学之士"违亲越乡，群居族食"，造成"比闾无以考其行，州党无以施其教"，对教育发展不利，他指出："使其家衣食粗给，生读书之乡有父兄师友可资，非有甚不得已，又何必旷定省，费日力，以冒道途风尘之劳苦？"③与程端礼观点类似，仇远在同情游学之士的同时，也不赞成他们在外面漂泊，他的《游士》诗的后半部分写道："彼此身谋宁枉道，古今乐事是归乡。家徒四壁侯千户，梦里谁能较短长。"④ 也有人认为元代"尊师礼废，好士道息"，对游学的效果表示怀疑，坚决反对游学。周霆震在《送刘弘略远游序》一文中写道：

> 吾乡固多出者，而鲜以儒术闻。讣其足迹，所经殆将遍天下，至于山川形胜、人物气概、古今壮观、名贤志士之所从出，则茫然孰何，岂为不暇问？就使能问，亦不及知，徒追逐妄走而已。果若此，复何以出为哉？⑤

尽管元人对游学现象评价不一，但作为一种社会风气，游学的

① 虞集：《道园学古录》卷34《送李栋伯高序》。
② 蒲道源：《闲居丛稿》卷18《送罗寿甫北上序》，文渊阁四库全书本。
③ 程端礼：《畏斋集》卷4《送娄行所归安吉序》。
④ 仇远：《金渊集》卷5。
⑤ 周霆震：《石初集》卷6，文渊阁四库全书本。

出现是当时的社会环境造成的，反映了元代儒士在处境不利的情况下，改善自己生存环境的努力，是一种非常值得探讨的社会现象。从元代教育发展的角度来看，游学的盛行有利于全国范围内文化、教育的交流和发展，也在一定程度上弥补了元代不同地区教育发展不平衡造成的弊端，对提高元代官学、私学教学资源的利用效率，推动元代教育、文化的发展和整个社会进步做出了重要贡献，应该得到肯定。

五、元代儒学生员的出路

儒家思想主张“学而优则仕”。出仕任官，是一般儒学生员入学肄业的一个基本动因。所以，生员学成以后的出路问题，影响到儒学教育的发展。元代儒学分布广、数量大，生员人数可观，生员的出路问题表现得更加迫切。从现有资料看，元代儒学生员出仕的途径有四：荐举、做学官、辟属为吏以及科举。下面分别就四种途径考察如下：

第一，荐举。荐举是由地方儒学通过考试，将成绩优秀的学生上报地方路总管府及肃政廉访司（初为按察司），再由地方上报中央，合格以后，任用官职的选举制度。这一制度是元朝在科举废止的情况下实行的。元仁宗科举恢复以后，贡举制度继续实行。由于它实行的时间较长，被贡举的人数相对也较多，被贡举生员“有起诸生，位政府，秩六□，入侍禁垣，出任侯牧或专数路纠治之权，不一而止”①，因此它是元代儒学生员出仕的一条重要的途径。至元十九年（1282 年），元政府规定，各路“于系籍儒生内选试行艺修明，文书优赡，深通经史，晓达时务，可以从政者”，作为进行贡举的条件。贡举的名额，“按察司、上路总管府三年一次，贡二名，儒一名，吏一名；下路总管府二年一次，贡一名，儒吏递进”。② 至元二十三年（1286 年），元政府又规定“各道按察司每

① 王构：《锦江书院记》，嘉靖《江西通志》卷 8《饶州府》。

② 《庙学典礼》卷 1《岁贡儒吏》。

岁于书吏内”贡儒吏各一人，补为各部令史。① 这里，元政府强调“于书吏内（不是儒生）”，岁贡儒吏二人，说明按察司所贡儒吏已经与儒学生员无关。至大元年（1308 年）元政府又恢复了至元十九年的规定，继续由肃政廉访司诸路岁贡儒吏。② 那么，岁贡儒吏能够给元代儒学解决多少生员的出仕问题呢？萧启庆先生对元代全国岁贡儒吏的情况进行了统计和分析，据他的研究成果，元朝每年平均岁贡儒生 119.66 人，这个数字比宋金科举录取的进士数量要少（北宋每年平均科举录取进士 193.6 人，南宋 148.8 人，金源 148.5 人），但是，比元朝科举录取人数要多得多（元朝科举录取人数，全国每年平均23 人）③，这说明岁贡儒吏是元代儒学生员的最重要的出路。

第二，做学官。担任学官，是儒学生员出仕的另一条途径。元政府规定，生员只能任学官中最低的助教、直学等职，④ 其任用过程是“士人文雅纯慎者，举达路府而属分宪官试，可，始俾受府檄以充是职”。⑤ 生员任直学的例子很多，如会稽人（绍兴路）彭彦温游学至吴县（平江路）“吴学辟为学之司计”。⑥ 由儒学生员出身升任教谕、山长的也大有人在。宣城人汤子逸“由庠序发身”为集庆路上元县教谕，后又升明道书院代理山长。⑦ 歙县人刘彦明比较特殊，直接“由庠序选为建德路儒学正，会教授缺，进摄其事”。⑧ 但元代学官职位有限，并且升转困难，“五年十年不得升次以行其志，既得佐府邑，去老死不远者”。⑨ 以生员任学官，并不

---

① 《元史》卷 83《选举三》。

② 《元典章》卷 12。

③ 萧启庆：《元代的儒户——儒士地位演进史上的一章》，《元代史新探》第 29～30 页。

④ 《元典章》卷 9。

⑤ 朱德润：《送新安程伯义之吴江州直学序》，《存复斋文集》卷 5。

⑥ 杨维桢：《送彭彦温直学满代序》，《东维子文集》卷 5。

⑦ 杨翮：《赠明道书院山长汤子逸序》，《佩玉斋类稿》卷 5。

⑧ 柳贯：《刘彦明墓志铭》，《柳待制文集》卷 11。

⑨ 杨维桢：《送彭彦温直学满代序》，《东维子文集》卷 5。

是一条平坦的入仕之路。有关详细情况，将在以后有关学官的章节中专门论述。

第三，做州县吏员。元代儒学生员有少量的机会可以被地方官辟用为州邑的属吏。据杨翮记载，元皇庆间，“天子慨然欲以儒术变天下之俗，诏令若曰：郡县之史（吏），诸生其有愿为者，听。于是天下之愿为郡县史（吏）者，多托名诸生中矣”。① 既有诏令，儒学诸生在皇庆以后为吏者，估计不在少数。这样的例子也可以找到一些，如歙县儒生周能之“佐书郡府”，真定路李复之“用儒生推择为其郡史”。② 一些地方官为发展儒学，也推行过这一政策。如至正六年（1346 年）平江路达鲁花赤禄实“饬学官，增弟子员，礼聘名师，用月书季考之法程式之，录起中式（者），补郡曹吏”。③ 不过元代儒学生员入郡县为吏的情况，要看地方政府的需要来定，并不是固定的入仕途径。

第四，科举入仕。元代统一以后，科举长期废置，元仁宗初年恢复科举，但科举的规模很小，平均每年仅录取 23 人，这与宋、金两朝根本无法相比。元人程端学也认为：“昔之举士，选于州，今之举士，选于省。省领州数十，而登名者不当一州之数，是一州不一人。于是，有连数州不举者焉……进士百取其一，历试诸难而得选于省，奔走数千里会试京师，又三取其一，而二不偶，苟非持养于平日，不但为科举学者，孰免计较之私哉。”④ 需要指出的是，元代科举不仅录取名额少，还采取四等级分开考试、分开录取的制度，对文化水平较高的汉族儒生不利。由于元朝科举的局限性，科举已经不能成为元代儒学生员入仕的主要途径。

由上可以看出，元代儒学生员总体来说并不是没有出路，只是做官的出路很窄，一般只能做低级的吏员、学官。由于元朝的四等级划分，以及各地经济、文化发展水平不均的特点，北方儒学生员

---

① 杨翮：《送周能之郡曹序》，《佩玉斋类稿》卷 6。
② 杨翮：《送李复之郡曹调宁国序》，《佩玉斋类稿》卷 6。
③ 陈基：《平江路达鲁花赤西夏禄实公纪绩碑颂》，《夷白斋稿》卷 12。
④ 程端学：《送李晋仲下第南归序》，《积斋集》卷 3。

在做吏员、科举方面都优于江南儒学的生员。元代江南有十余万儒户，北方儒户仅三千八百多户，儒学生员的数量应该比北方要多很多，但在乡试名额方面，南人与蒙古、色目、北方汉人是一样的，均为75人，蒙古、色目和北方生员还有一些优惠。所以，元代儒学生员的出路困难问题，主要表现在江南。元代出现的大规模游士之风，主要也是在江南比较盛行，这是元代江南儒学生员没有出路的反映。实际上，即使大量生员出游，对解决他们的出路问题，并没有多大的帮助，正如丁昆健所言："游士生涯本是梦，僧多粥少，游士之得以如愿而仕进者，固有其人，但是向隅者尤多。倾家荡产而终于绝望于仕途者，比比皆是。至于在游之途中，因穷、病、盗而丧命者也不乏其人。"① 大多数最后只能空手而归。儒士滕玉霄"中年行天下四方燕、赵、齐、鲁、吴、越、交、广、河、海、江、淮、汶、济、漯间，穷年兀兀而不得以安其居，于学虽知乐之，而驰骛不暇"。② 儒学生员的处境，反映了元代儒学教育在江南的困境。很多人"恨读书无用"。③ 更多的人"废学悉趋时所尚"。④ 这给元代儒学教育的发展带来不利的影响，也不利于全国儒学教育的发展。

六、元代儒学教育制度的特点

元代儒学教育制度最初主要承袭宋、金。至元末年，随着元政府文教政策的推行，元代对儒学的各项制度进行了一些调整，新的儒学教育政策逐渐成形。实际上，任何朝代的儒学教育都是以儒家思想理念为核心的，儒学教育的指导思想及根本原则从根本上说是一致的，只是由于各代的统治特点、文教政策不同，儒学教育在外

① 丁昆健：《从仕宦途径看元代游士之风》，《蒙元的历史与文化》，台北学生书局2001年版，第653页。

② 藤玉霄：《山堂书院记》，《南安府志》卷20，清同治七年刊本。

③ 刘倬：《山堂书院记》，《南安府志》卷20，清统治七年刊本。

④ 邓文原：《建尊经阁增置学田记》，光绪《奉化县志》卷8。

在发展方面呈现出不同的特点，教学内容也有不同的侧重。元朝一方面实行儒户制度、优待儒士、鼓励儒学发展；另一方面又实行民族分化压迫政策，对汉人、南人实行多方面的限制和防范。这些情况对儒学教育制度产生了明显影响，使元代儒学的教育制度体现出一些不同于以往的特点：

第一，重视祭祀是元代儒学教育制度的一个特点。宋代虽有祭祀孔子的制度，但宋代儒学教育以培养生员的行为作为第一要务。大观元年（1107 年）宋徽宗颁布《学校八行八刑诏并条格》以孝、悌、睦、姻、任、恤、忠、和八行作为生员奖励、荐用儒学生员的准则，目的是“使人皆君子之归”。① 元政府则在儒学的祭祀方面大做文章。至元六年（1269 年）就规定地方官诣文庙烧香，并以政府名义颁布宣圣庙告祭仪式。此后又多次重申这一诏令，地方官奉行唯谨，儒学每年春秋、每月朔望都举行隆重的祭祀活动，廉访司官、地方官到儒学殿谒的情况更多。这样，祭祀成为儒学运行中的一个重要内容。“兴学者以修造祠像为先务，而以教养次之”。② 这种情况的出现固然有其原因，但祭祀的频繁，既会影响正常的教学活动，也在经济上给儒学造成了很重的负担。鉴于这种情况，明洪武二年（1369 年），朱元璋发布圣旨：“今后立学，春秋休要祭祀。”③ 朔望日的祭祀、讲经也在明初取消，而代之以考校生员习射，④ 这算是对元代过分注重祭祀的修正吧。

第二，重视儒家经典，轻六艺。孔子主张儒士要具备六艺，即礼、乐、射、御、书、数。中国古代的儒学一般都重视六艺的教育，宋代地方儒学一般都有射圃，明代则将每月的朔望日作为考校生员射箭、臂力的日子。元代对江南人民防范极严，不许拥有武器，各儒学习射的内容也相应废除，儒学射圃基本上荒废。⑤ 在这

① 《作新士风诏》，嘉靖《湖广图经志书》卷 1《布政司文类》。
② 朱德润：《送长州教谕序》，《存复斋文集》卷 4。
③ 《国初学制》，嘉靖《湖广图经志书》卷 1《布政司文类》。
④ 嘉靖《湖广图经志书》卷 1《礼射书数教条》。
⑤ 胡务：《元代庙学的建筑结构》，《元史论丛》第 8 辑。

种情况下，儒学的学习内容只有读经史、习字、作文，这不利于学生的全面发展。理学家程端学面对这种情况也只能无奈地说：

> 今之学者，当六艺尽废之余，兀坐终日，诵四书五经，宜若简且易，而造其极者难其人。盖六艺之事少，而肄之以至于壮，即其事可以明其理，故人乐为，其学而易为。力四书五经圣贤之蕴，诵而不得其意，则其心困以怠，怠则终弃之，而难为功，自然之理也。然则今之学者终无成乎？亦在乎不已而已，夫礼缺乐坏，射御书数相继而废，非一朝一夕矣，不可得而学也，苟能即四书五经而专之，详其句读，审其训诂，涵泳从容，以求其意，不已则熟，熟则浃，洽而乐生焉。学而至于乐，虽无六艺之具，而六艺之本在我矣，意既得、知既至而行有不得者，吾未之信也。①

第三，儒学教育管理的松散。元代儒学对生员的管理相对松散。这与宋明形成鲜明的对比。宋代儒学在每年春秋举行考试，考中者还需学官面试才能入学。② 明代更加严格，生员“于民间俊秀及官员子弟选充”，地方官“必须躬亲相视，人才俊秀，容貌整齐，年及十五之上已读《论》、《孟》、《四书》者方许入学”。③ 元代生员入学热情不高，元政府只能硬性规定免差儒户有余闲年少子弟的必须遣一名入学，地方官及学官只是“就学试验”。从对生员的要求上看，明代在各儒学立卧碑，严禁生员议政，严禁游学“有游食奔竞之徒，坐以重罪”。同时，生员只能在本地参加科举，不得游至他处。元代生员则非常宽松，各儒学一般给游学之士提供食宿，生员可以自主选择学校、教师。还可以通过游学，结交权贵，获得荐举从仕的机会。游士之风在整个元朝非常流行，这是元代儒学教育的一个突出特点之一。从学习内容上看，元代提倡学习

---

① 程端学：《赠国学生巴延归觐序》，《积斋集》卷3。
② 崇祯《松江府志》卷23《学政》。
③ 《国初学制》，嘉靖《湖广图经志书》卷1《布政司文类》。

朱子之学、提倡读经，但对生员学习非朱子之说也不限制，元代生员入佛、道、阴阳之门者甚多。宋元的儒学生员中，这种情况很难发现。

第四，儒学生员待遇低，出路不佳。宋代各级儒学一般对所有学生提供食宿，还根据学校收入情况及生员学习成绩，向生员发放津贴，另外宋代生员可以享受免除职役的待遇。出路方面，生员凭“八行”就可以被推荐到国子学或直接入仕为官，科举也很发达。元代生员被荐举入吏的平均数还不如宋、金每年录取进士的平均数。这说明元代儒学生员大多只能为吏员，除非蒙古、色目生员，做官是非常困难的。明代生员可以荐举为官，也可以参加科举，生员的出路也远远好于元代。元代生员除了出路较差以外，在待遇方面虽有免役以及供应，但免役政策执行的并不彻底，生员的供应也受儒学收入的影响，常有廪稍不继的现象。总之，元代生员待遇之差和出路不佳是比较明显的。

第四章

元代儒学的建筑布局

唐宋以来，中国的儒学逐渐形成庙学合一的建筑结构，庙和学不仅在建筑外观方面形成了一个整体，“庙”的祭祀制度也和“学”的教学活动密切地结合起来，成为各级儒学、书院甚至民间义塾日常活动的有机组成部分。从元代的各级儒学来看，建筑结构基本上都是庙学合一，就是以私家办学为特征的书院、义塾等也逐渐学校化、官学化，成为庙学合一的整体。所以认识元代儒学庙学合一的建筑结构，对了解元代儒学教育发展的特点至关重要，也可以说，元代各级各类儒学的建筑布局是研究儒学教育的一个重要内容。

有关元代儒学建筑结构的研究成果不多，近年来出版的教育史专著，很少涉及元代儒学的建筑布局问题。日本学者牧野修二《论元代庙学和书院的规模》，对儒学的庙和学以及与此有关的建筑进行了简略的考察。胡务的《元代庙学的建筑结构》从元代儒学庙学合一的角度，并结合元代儒学学产分布情况，对儒学的主要建筑类型的功能进行了探讨。此外，陈高华先生《元代的地方官学》、王立平《元代地方官学的建筑规模及学田》也涉及元代儒学建筑布局的问题。本章主要在前人研究的基础上，对前人研究所忽视的元代儒学主要建筑的分布、大小、形制、功能以及儒学建筑布局的种类、儒学建筑布局在元代的变化等问题，进行深入而系统地考察和探讨。有关前人的一些观点，将在文中讨论和评述。

一、元代儒学的主要建筑类型及功能

元代各级儒学主要分为以大成殿为中心的“庙”，以明伦堂为中心的“学”以及其他教学、生活辅助设施等三部分。现将儒学的主要建筑结构类型分别进行考察。

（一）大成殿及功能

大成殿也称礼殿、夫子庙、先圣庙、宣圣庙、文庙、孔子庙等，它是儒学中最重要的建筑，是儒学的精神象征。大成殿包括殿、两庑（或从祀廊）、戟门（也称仪门）及辅助设施祭器库、神厨等建筑，位于儒学的中心位置，一般坐北向南。儒学大成殿的建筑规模、大小尺寸差别较大，江浙行省的庆元路路学“大成殿五间”。① 广州路学（江西行省）“大成殿一座五间，两厦一十五架”。② 湖广行省道州路学“礼殿旧为四楹（间），现（至正八年，1348 年）广为六楹”。③ 而同时江浙行省的常州路学在至正八年(1348 年)“改建大成殿三十二楹（间）”，“规制宏伟，可为浙右儒宫之冠”。④ 至于一般州县学的大成殿，建筑规模要小于路学，如庆元路所属的奉化州大成殿三间，昌国州三间，定海县三间，象山县“大成殿并轩三间”，均小于庆元路学。⑤ 镇江路的丹徒县，

---

① 袁桷:《延祐四明志》卷 13《学校考》。

② 《大德南海志》卷 9《学校》。

③ 欧阳玄:《道州路重建学校记》，嘉靖《湖广图经志书》卷 13《永州府·艺文》。

④ 苏天爵:《常州路新修庙学记》,《滋溪文稿》卷 3。

⑤ 袁桷:《延祐四明志》卷 13《学校考》。

金坛县的大成殿，也是三间。① 与江南儒学相比，北方儒学的大成殿显得比较简陋，如河中府学“构礼殿五架，中以木为障，以幕风土，径寻有二尺，纵横相称”。②

儒学大成殿的大小尺寸，各地亦有差别。前述“规制宏伟”的常州路学大成殿“阔（东西长）六丈有八尺”，殿高五丈，深（南北长）五丈五尺。③ 元代的平江路学大成殿“旧基三尺，其高不过三丈”，大德二年（1298 年）“通为五丈”。④ 江西行省的广州路香山县学大成殿“崇三寻有六尺，广倍其崇，深视其广杀四之一”。⑤ 滁州学的大成殿“庙四阿，崇六仞有二尺，南北五筵，东西四筵有奇”。⑥ 中国古代一寻为八尺，一仞亦为八尺，一筵为一丈，这样看来香山县学大成殿高三丈，东西长六丈，南北长四丈五尺；滁州学大成殿高五丈，南北五丈，东西四丈。其规制均小于常州路学。

大成殿之前，两侧为两庑或从祀廊，前为仪门。大成殿之前需要留出一定面积的空地，以备祭祀时进退升降的仪式。袁州路（江西行省）万载县学在至治元年（1321 年）扩建时“以两庑之迫于左右也，移而广之丈有五尺，徙其门而南之，凡三丈有三尺，又移棂星门于门（仪门）之南三丈有五尺”。⑦ 辰州路学（湖广行省）在至正八年（1348 年）“大辟殿前丹墀（殿前台阶上的空地），（旧）广三十尺，今广五十尺”。⑧

大成殿前的东西两庑（或称从祀廊），建筑面积较大。前述辰州路学“两庑以石甃基，崇（高）五尺，纵七十尺（南北长），衡

① 俞希鲁：《至顺镇江志》卷 11《学校》。
② 段成已：《河中府庙学碑》，胡聘之《山右石刻丛编》卷 26
③ 苏天爵：《常州路新修庙学记》，《滋溪文稿》卷 3。
④ 嘉靖《吴邑志》卷 5《学校》。
⑤ 吴澄：《广州路香山县新迁夫子庙记》，《吴文正集》卷 36。
⑥ 吴澄：《滁州重修孔子庙记》，《吴文正集》卷 39。
⑦ 虞集：《袁州路万载县重修宣圣庙学记》，《道园学古录》卷 36。
⑧ 欧阳玄：《重修辰州路郡学记》，嘉靖《湖广图经志书》卷 17《辰州路·艺文》。

（东西宽）二十尺，为屋各七间，计楹四十有八”。庆元路学从祀廊二十二间，所属鄞县学“从祀廊屋东西各九间”，奉化州学从祀东西廊各六间，定海县学东西廊一十八间，象山县学东西廊屋十二间。① 广州路学从祀廊屋三十间，② 镇江路学从祀廊庑三十六间。③

仪门也称戟门、应门。门前一般“树十二戟于门，如王宫之制”。④ 仪门“门有重屋”，⑤ 如前述辰州路学“应门旧为重屋，今改为门五间，而崇其基，增旧十尺”。由于仪门为大成之门，所以建筑面积也较大。据《延祐四明志》：奉化州学仪门为三间，昌国州学三间，定海县学仪门五间，象山县学仪门达七间。

另外，儒学中有关庙的建筑还有祭器库、乐器库、神厨、更衣所、肃容所等。它们有的建于庙的范围之内，有的则建在庙和学宫范围以外的其他地区，如建康路（后为集庆路）学有祭器库二：“一在大成殿前东廊之南，一在御书阁东偏。”⑥

大成殿正中供奉孔子像，南面而坐，以下为“四配”（颜、孟、曾、思）、“十哲”（费公闵损、薛公冉雍、黎公端木赐、卫公仲由、魏公卜商、郓公冉耕、齐公宰予、徐公冉求、吴公言偃、陈公颛孙师）。“四配”位于孔子像以下的东面，东坐而西向；“十哲”则东、西分列于两旁。大成殿中“四配”的位置，是一个比较有趣的问题。胡务认为，“四配”位于孔子像的东、西两边。⑦ 这是不符合实际的，从宋朝神宗以后直到整个元代，“四配”一直是虚其右，东坐而西向。现将具体情况考察如下。

“四配”位置的确立，应追溯到宋代，陶宗仪《南村辍耕录》记载：

---

① 袁桷：《延祐四明志》卷13《学校考》。
② 《大德南海志》卷9《学校》。
③ 俞希鲁：《至顺镇江志》卷11《学校》。
④ 虞集：《澧州路慈利州修儒学记》，《道园学古录》卷35。
⑤ 虞集：《宁国路旌德县重修宣圣庙学记》，《道园学古录》卷35。
⑥ 张铉：《至正金陵新志》卷1《路学新图考》。
⑦ 胡务：《元代庙学的建筑结构》，《元史论丛》第8辑。

> 宋黄震云，往岁颜孟配享，并列先圣左，近升曾子、子思，又并列先圣左，而虚其右，不以相向。震闻太学博士陆鹏举云：初制，颜孟配享，左颜而右孟。熙丰新经盛行，以王安石为圣人，设而跻之配享，位颜子下。故左则颜子及安石，右则孟子。未几，安石女婿蔡卞当国，谓安石不当在孟子下，迁安石于右，与颜子对，而移孟子位第三，次颜子之下。遂左列颜孟而右列安石。未几，蔡卞再欲升安石压孟子，渐次而升，为代先圣张本。优人有以艺谏于殿下者……蔡卞闻之，遂不敢进安石于颜子上，颜孟左而安石右，遂为定制。南渡后，安石罢配享，宜迁孟子以对颜子，如旧制。议者失于讨论，故安石既去，其右遂虚，而颜孟并列于左……近岁增曾子、子思，又并列于左，亦未有讨论者。①

上述史料叙述了宋代“四配”东坐西向的由来。元代孔庙祭祀制度最初承袭金制，全国统一以后，北方在相当一段时间仍然按照金代孔庙制度，以颜、孟配享。江南则多承宋制，以颜、孟、曾、思（子思）四配，塑于孔子庙。在四配之位这一问题上，南北庙学异制表现的最为明显。但陶氏在引文的最后说元代对这一问题“亦未有讨论者”，同样不符合实际情况。元人危素记载：

> 延祐三年，仁宗皇帝在位，崇学右文，御史中丞赵公世延始言：“南北祭祀，不宜有异，当升曾思如典故。”制曰：“可。”先是，四公列坐两旁，礼部以为，翼成道统，述明圣经，作则万世，以立人极，论德定名列次，配侑东坐西向，于礼为称。②

这样看来，元初有“四配”“列坐两旁”的现象，礼部对这一问题进行了讨论，讨论的结果，确认“配侑东坐西向”。延祐三年

① 陶宗仪：《四配配享封爵》，《南村辍耕录》卷27。

② 危素：《尼山大成殿四公配享记》，《危学士全集》卷6。

（1316年），赵世延向元仁宗提出南北祭祀统一的问题，得到批准，颁行全国。关于礼部这次孔庙“四配”礼仪的讨论情况，目前已经不能知其详，不过元人张时髦记载说：

> 时则有若一二儒臣，相与恢宏化本，讲求庙祀佐享位次。乃以传道为尊，始定兖、郕、沂、邹四国公列位配侑，东坐西向，实延祐三年著令也。①

这一记载也反映出元朝讨论孔子庙“四配”的情况，以及元朝颁布孔庙“四配”制度是在延祐三年（1316年），那么，有关孔庙“四配”制度的争论与讨论估计是在延祐三年以前不久。此后，“四配”东坐西向的制度逐渐为各地儒学所接受。现举例说明如下：

至治元年（1321年），儒学将孔子庙四配“厘正其位”②。

元人黄溍“奉省檄监税杭州”，“时人欲增设礼殿配位，四配位合东坐而西向。学官或议分置于左右，同列不敢争，先生独面折之。其人忿甚，日坐堂上，以危语相加，御史恶其无礼，逐之去，乃克如先生言”③。

至顺二年（1331年），威州儒学“增修圣殿、两庑若干楹，改颜、曾、思、孟东序西向以配先圣，仍肖子思像，绘贤像若干轴”④。

至顺二年（1331年），武卫建立儒学，“作礼殿以奉先圣，像颜子、曾子、子思、孟子配”⑤。

后至元二年（1336年），澧州路慈利州重修儒学，虞集在为这次修学写的记文中评述道：“凡郡县莫不有庙学，其神则先圣南面

---

① 张时髦：《增修宣圣庙记》，雍正《山西通志》卷205《艺文二十四》。

② 张时髦：《增修宣圣庙记》，雍正《山西通志》卷205《艺文二十四》。

③ 宋濂：《金华黄先生行状》，《金华黄先生文集》卷43。

④ 《威州重修庙学记》，《民国威县志》卷18《金石志》，民国十八年铅印本。

⑤ 虞集：《武卫新建先圣庙学碑》，《道园学古录》卷23。

而坐，颜曾思孟西面坐侑食。”① 说明这次修建的慈利州儒学孔子庙也是“四配”东坐西向。

后至元五年（1339年），新城县儒学“重建讲堂，复广西斋以居师生，正颜、郕、沂、邹四公配食之位，新礼殿”。②

至正八年，“藁城县庙学曾、思尚阙”，不久，县学“乃命善塑者补二配飨于殿，衣冠如制”。③

上述几例，反映了元代孔庙“四配”形制逐步统一的情况。元代教育管理比较松散，导致了孔庙“四配”南北异制的现象，这种情况实际上在整个元朝都没有得到根本改观，元人杨俊民就感慨道：

> 国以兖、郕、浙（应为“沂”）、邹之爵，赐以复宗述亚之号，东坐西向，载诸令甲，则圣元一代之典，迄今尚有未升曾思。大郡且然，旷小邑乎？甚矣，斯文之难也！④

儒家主张中庸之道——“不偏不倚”，反映在古代建筑上，则是强调对称、和谐。元代孔庙之中“四配”塑像东坐西向，确实是令人困惑的一个问题。这一点明人王圻也感到愤愤不平，他在《续文献通考》中评论道：

> 臣等谨案：四子配享始于宋末，故约有南北各异之说，至配位各列于左，黄震尝谓宋失于讨论，而约（?）则言宣虚右隅以避古者神位之方，见各不同。考神道尚右，明宋濂亦议及之，第其说小异耳。总之，孔子即正位南面，从祀者东西两庑分列，乃独到四配于左而缺其右，殊非体制。⑤

---

① 虞集：《澧州路慈利州修儒学记》，《道园学古录》卷35。

② 苏天爵《新城县重修庙学记》，《民国新城县志》卷15《地物篇·金石·元》。

③ 《常山贞石志》卷23《藁城县宣圣庙绘塑记》。

④ 《常山贞石志》卷23《藁城县宣圣庙绘塑记》。

⑤ 王圻：《续文献通考》卷48《学校》。

大成殿东、西两庑或从祀廊主要供奉列入从祀的历代诸儒。随着庙祭制度的完备，唐宋以来被列入从祀的人也愈来愈多。元仁宗皇庆二年（1313年）诏以先儒周敦颐、程颢、程颐、张载、邵雍、司马光、朱熹、张栻、吕祖谦、许衡从祀，这样，从祀人数增加到105人。正如元人陶铸（曾任国子学助教）所说“我朝之许先生(衡)，总而为从祀者百有五，上自国学，以及郡邑，凡有庙貌者，皆列祀之”。①由于从祀人数众多，这里没有必要列出这么多人的名字，但是，从祀制度的基本固定，可以从元代很多地方找到例证。如福州路学（江浙行省）的大成殿，“塑先圣十哲像于中，辟两庑从祀像凡百有五”。②宁远县学“筑高坐，塑从祀于上，各置木主于前，表其氏爵，凡百有五位”。③宁远县元代为湖广行省道州路属县，作为县学的大成殿不仅为从祀塑像，还在其像前立木主以“表其氏爵”，反映了元代对从祀的重视。江浙行省池州路学“肖从祀一百有五人，抟工设色，咸精其能”。④湖广行省辰州路学“刻从祀百有八人象，左右相卿还拱其中”。⑤此108人不知是方志修撰者的笔误，还是加入了“相卿”，这种情况在其他儒学中也有反映，如杭州路在至正二十一年重建时“从祀诸贤世次位列百十九人”，⑥这反映了元代儒学在从祀人数上并不完全统一。在元代北方，从祀的情况差别更大，位于京师的大兴府在泰定三年（1326年）“像从祀诸贤百有五人妥灵”。⑦平度州至元年间“大其礼殿，展其殿庑，饰三圣之服章，像十哲于左右，绘贤者七十有二，大儒

① 陶铸：《京山县修庙学记》，嘉靖《湖广图经志书》卷10《安陆府·艺文》。

② 弘治《八闽通志》卷44《学校》。

③ 佚名：《兴举学校记》，嘉靖《湖广图经志书》卷13《永州府·艺文》。

④ 吴师道：《池州修学记》，《吴礼部文集》卷13。

⑤ 欧阳玄：《重修郡学记》，嘉靖《湖广图经志书》卷17《辰州府·艺文》。

⑥ 孟昉：《杭州路重建学记》，成化《杭州府志》卷23《学校》。

⑦ 马祖常：《石田文集》卷10《大兴府孔子庙碑》。

二十有四”。① 胶州儒学的从祀同样是“七十二贤，二十四大儒”。② 南皮县儒学的从祀仅有七十二贤像。③ 胡务在《元代庙学的建筑结构》一文论述了元代庙学祭祀制度南北异制的情况，这种情况在江南和北方都有出现，大概反映了元代儒学管理比较松散的特点吧。

儒学大成殿从祀者众多，每个人一一塑像，花费较大，于是元初很多地方将从祀者“壁绘两庑”。北方大部分儒学则是将从祀者画在布上，祭祀时展出，平时收藏。如易州定兴县建学时“特市缣素数十四，命画师图七十子及前宋诸先生、我朝魏国许文正公像为四十二幅，袭而函之，须释奠乃出”。④ 安平县在大德元年（1297年）“绘七十二贤、二十四大儒及乡贤二十四轴”。⑤

元中期以后，儒学祭祀渐趋严格，给从祀者塑像，并且在塑像前立木主，以“表其氏爵”。宁远县学的资料，就反映了从祀者由壁绘而塑像的情况，现摘引如下：

> 今年春王（疑衍字）正月，湖南宪佥奉政公黑的哥按部莅兹邑……（召集）令、薄、校官，谓之曰：十哲像坐殿上，诸从祀图立庑下，唐开元制，非古也。自我世皇临御，今天下路府州县俱得建学，祀先圣先师及诸弟子，礼数实隆于汉唐，今乃舍是而法其非，古者何欤？或曰：十哲而上，封爵一等，诸子侯伯也。公曰：诸子之得从祀者，盖尊其道德，贵其仁义也，匪以其爵之等威而有塑绘之异焉。乃出俸资若干缗为之倡，俾学官张尚制佣工筑高座，塑从祀于上，各置木主于前，

① 《光绪平度州志》卷24《元至元重修县学碑》。

② 道光《重修胶州志》卷39《胶州重修庙学之记》，道光二十五年刻本。

③ 《重修庙学碑记》，刘树鑫：《民国南皮县志》卷13《古迹碑记·元》，民国二十二年铅印本。

④ 《大元保定路易州定兴县重修孔子庙记》，杨晨：《光绪定兴县志》卷17《金石》。

⑤ 《元安平县庙学记》，《深州风土记·金石》。

表其氏爵，凡百有五位。①

黑的哥的言论，反映出元人对从祀塑像的观点。

（二）明伦堂及功能

明伦堂是儒学的讲堂。宋代儒学讲堂的名称不统一，有彝训堂、成德堂、明德堂等多种称呼。元代儒学大多数统称明伦堂，少数仍沿用旧名，镇江路学讲堂就称明德堂。明伦堂在儒学中的位置比较重要。如果说大成殿是儒学的精神象征，那么，明伦堂就是儒学教学的主体。牧野修二先生认为："讲堂一般都是庙学最大的建筑物，供多数生员及在籍儒士讲课集会使用。"② 虽然我们可以找出一些例子否定牧野的观点，但它至少说明了明伦堂在儒学诸建筑中的重要位置。

元代儒学中，明伦堂一般位于大成殿之后，或大成殿左右。明伦堂建筑高度低于大成殿，但建筑规模并不比大成殿小。儒学中，明伦堂的建筑面积随着儒学的等级及规模不同而有一定的差别。镇江路学明伦堂为五间,③ 庆元路学明伦堂"为屋计三十六楹（间）,④ 广州路学明伦堂也是"一座五间"。⑤ 州县学的明伦堂也是如此。袁州路（江西行省）分宜县明伦堂"为堂三十有六柱（间?）"。⑥ 广州路增城县学为"堂四楹（间）"。⑦ 武冈路（湖广行省）新宁县"为明伦堂以间计凡五"。⑧ 庆元路所属的州县学

① 佚名：《兴举学校记》，嘉靖《湖广图经志书》卷13《永州府·艺文》。

② 牧野修二：《论元代庙学和书院的规模》，《齐齐哈尔师院学报》1998年第4期。

③ 俞希鲁：《至顺镇江志》卷11《学校》。

④ 袁桷：《延祐四明志》卷13《学校考》。

⑤ 《大德南海志》卷9《学校》。

⑥ 虞集：《袁州路分宜县学明伦堂记》，《道园学古录》卷35。

⑦ 揭傒斯：《广州增城县学记》，《揭文安公全集》卷11。

⑧ 张图南：《重修儒学记》，嘉靖《湖广图经志书》卷16《宝庆府·艺文》。

中，鄞县：讲堂三间；奉化州：彝训堂五间；定海县：讲堂五间；象山县：讲堂五间。①

明伦堂的尺寸，在各地也不相同。嘉兴路（江浙行省）学明伦堂“左右翼以夹室，堂崇（高）三丈六尺，广三倍于崇（十丈八尺），深视广三之二（七丈二尺）。焕以丹碧，涂以黝垩，中设讲经之坐，以重都授”，② 非常壮观。袁州路（江西行省）分宜县学明伦堂“基高三尺……堂广（东西长）十一丈有六尺，深半之（南北长五丈三尺），栋之高二十七尺，工绩坚致，弘敞伟然”。③广州增城县学明伦堂“堂四楹，崇三仞七尺有半（三丈一尺半），广十有一筵七尺有五寸（十一丈七尺五寸）深视广而去其八筵六尺有五寸（三丈一尺）”。④ 建宁县的明伦堂为五十楹，纵横十丈。⑤

那么，明伦堂是不是像牧野修二先生所说是儒学的最大建筑呢？这个问题需要具体分析。儒学明伦堂的大小并没有特别的规定，在有些儒学中，明伦堂是建筑规模最大的建筑，另一些则不然。据《延祐四明志》，在庆元路及所属州县，儒学大成殿的建筑面积，除昌国州以外，均小于明伦堂。庆元路学大成殿为五间，而明伦堂“为屋计三十六楹”。奉化州、定海县、象山县三处的大成殿为三间，明伦堂为五间，只有昌国州的大成殿与明伦堂均为三间。广州路（江西行省）大成殿“一座五间”，明伦堂也是“一座五间”。⑥ 上面提到的广州增城县学大成殿“为殿六楹，崇四寻有三寸（三丈二尺三寸），广六筵有五尺（六丈五尺），深如广而去其筵有八尺（四丈七尺）”，而明伦堂虽然仅有四楹，但“崇三仞七寸有半（高三丈一尺半，不及大成殿），广十有一筵七尺有五寸（东西长十一丈七尺五寸，大于大成殿），深视广而去八筵六寸有

① 袁桷：《延祐四明志》卷13《学校考》。
② 徐一夔：《嘉兴路学记》，嘉靖《嘉兴府图记》卷5《邦制·学校》。
③ 虞集：《袁州路分宜县学明伦堂记》，《道园学古录》卷35。
④ 揭傒斯：《广州增城县学记》，《揭文安公全集》卷11。
⑤ 刘将孙：《建宁路重修学记》，《养吾斋集》卷15。
⑥ 《大德南海志》卷9《学校》。

五寸（南北三丈一尺，不及大成殿）”，建筑面积比大成殿多五百八十七点五平方尺。杭州路学在至正二十一年（1361年）重修后，大成殿五间，明伦堂七间，明伦堂比大成殿大二间。① 道州路学“礼殿旧为四楹，广为六楹，明伦堂亦如之”。② 从以上的史料可以看出，明伦堂在很多儒学中大于大成殿，但也有一部分儒学中，明伦堂与大成殿相当或略小。另外，儒学中也有其他建筑，如大成殿两庑、学斋等，它们虽然是大成殿或明伦堂的配套建筑，但其建筑面积一般大于大成殿及明伦堂。但无论大成殿和明伦堂建筑面积相比大小如何，大成殿在儒学诸建筑中的地位是其他任何建筑所不及的。广州路增城县学的大成殿虽然没有明伦堂大，但建筑高度比明伦堂高八寸，可能在建筑时考虑到其地位问题。

明伦堂的功能有两个方面：首先，明伦堂是儒学的讲堂。“师弟子诵诗、读书、问学、辨德则在于斯。”③ 其次，明伦堂还是朔望讲书、考课诸生之所。儒学朔望祭祀以后，地方官要至明伦堂，与诸学官、儒士、生员“讲议经史，更相授受”。讲书完毕，则有学官主持，考课儒士以及大小学生员。

（三）学斋及功能

学斋是属于明伦堂的附属建筑，是儒学中“学”的重要组成部分。学斋的大小在元代各儒学中不尽相同。如杭州路学“每斋列屋为间者五，而后为炉亭”，④ 斋有五间房屋之大，属于比较大的学斋。据《至顺镇江志》，元代镇江路明伦堂东西两庑共二十间，初为四斋，每斋五间，至元十六年（1279年）增至六斋，每斋平均3.3间。元贞元年（1295年）又增至八斋，每斋平均仅为二间半。《延祐四明志》所记述的鄞县学大学七斋均为房屋三间，

① 孟昉：《杭州路重建学记》，成化《杭州府志》卷23《学校》。

② 欧阳玄：《道州路重建学记》，嘉靖《湖广图经志书》卷13《永州府·艺文》。

③ 虞集：《袁州路分宜县学明伦堂记》，《道园学古录》卷35。

④ 黄溍：《杭州路儒学兴造记》，《金华黄先生文集》卷10。

奉化州大学“六斋六间”，每斋大小为一间，小学二斋则各为三间，昌国州四斋八间，每斋二间，象山县学六斋六间，每斋为一间。从上面列举的资料可以看出，学斋的大小，一、二、三、五间不等，一般来说，路学建筑规模较大，生员数量多，学斋也较大。州县学建筑规模不大，生员较少，学斋也较小。

元代各级儒学中学斋数量不等，由于学斋一般东西对称而建，所以学斋一般偶数对称排列。学斋都有与修身、养性内容有关的题名，如嘉兴路学，初有八斋：上达、立道、思诚、体仁、教睦、连如、辅德、朋来，至元年间，教睦改名为正谊，连如改名为养心，仍为八斋。① 《至顺镇江志》记载镇江路学八斋为：志道、据法、居仁、由义、敬老、正蒙、存心、养性。庆元路在至元十九年(1282年)为十斋，不久，改为八斋，“东曰造道、广誉、上达、成德；西曰时升、登贤、成己、养正”。② 元代路级儒学学斋的数量不等，广州路学有六斋（新德、成德、崇德、进德、尚德、达德），③ 福州路学在皇庆元年（1312年）“省十五斋为六斋”。汀州路学有六斋，漳州路学仅有四斋。④ 元代松江府儒学发展水平并不落后，也只有四斋（进德、育才、守中、常德）。⑤ 延安路儒学的学斋则有六斋。⑥ 元代州县儒学的学斋数量亦有差别，庆元路奉化州学有大学六斋、小学二斋，共八斋，象山县学也有六斋，福州路福清县学“皇庆元年省斋为六”。永福县学在“堂之前列两斋”，闽清县学四斋，福宁州学二斋，⑦ 湖广行省辰州路卢溪县学亦为二斋。⑧ 北方儒学的学斋不如江南儒学规范，如砀山县儒学只是“建

① 《至元嘉禾志》卷7《学校》。
② 袁桷：《延祐四明志》卷13《学校考》。
③ 《大德南海志》卷9《学校》。
④ 弘治《八闽通志》卷44《福州府》；卷45《漳州府》、《汀州府》。
⑤ 崇祯《松江府志》卷23《学政》。
⑥ 《延安路重修宣圣庙记》，《金石萃编未刻稿》。
⑦ 弘治《八闽通志》卷44《福州府》。
⑧ 张图南：《卢溪县儒学记》，嘉靖《湖广图经志书》卷16《宝庆府·艺文》。

学斋五楹于其南之西，而榜以明伦，又于其东立堂三间，扁以明德”。①

学斋的位置，大致有三种情况：

第一，位于明伦堂东、西二庑。如湖广行省武冈路新宁县学“明伦堂为间计凡五……又翼两庑斋房为间计凡二十五”。② 湖广行省道州路学（明伦堂）“左右列置斋舍凡若干楹”。③ 至正二十三年（1363 年）的嘉兴路学“先作（明伦）堂五间……次作东西步廊，为间各十有二，以趋堂庑，步廊之内为斋四，西曰成德、曰养正，东曰志道、曰时敏”。④ 同类的例子还有很多，此不多举。

第二，学斋位于儒学布局的左、右两侧。学斋是儒学生员修习弦诵之所，需要比较安静的环境，将学斋置于殿堂的周围僻静地区，就是出于这种考虑。从《越中金石记》中《重建绍兴庙学图》可以看出，绍兴路学的八斋中，观善、知性斋位于路学西侧，养蒙斋、达道斋位于东侧，育德、由义在泮池之西，登贤、席珍则位于泮池之东。绍兴路所属的余姚州学也是“两斋重廊以环属论堂礼殿之左右”。⑤

第三，学斋位于明伦堂前后。如杭州路最初即以十斋环列于明伦堂前后左右。⑥ 汀州府学在最初时也是明伦堂“前后各为斋舍二”。⑦ 不过，第三种情况主要出现在宋代，元代这样的分布是否存在，目前还没有发现史料记载。

以学斋的数量作为衡量一个儒学建筑规模的因素之一，未尝不可，但仅以学斋数量作为元代儒学规模大小的主要标准，则未免失之偏颇。王立平在《元代地方官学的建筑规模及学田》一文中提

① 王旭：《砀山县新修学记》，《兰轩集》卷 13。
② 张图南：《重修儒学记》，嘉靖《湖广图经志书》卷 16《宝庆府·艺文》。
③ 欧阳玄：《重修学记》，嘉靖《湖广图经志书》卷 13《永州府·艺文》。
④ 徐一夔：《嘉兴府学记》，嘉靖《嘉兴府图记》卷 5《邦制·学校》。
⑤ 郭文煜：《余姚州儒学增造记》，《越中金石记》卷 10。
⑥ 黄溍：《杭州路儒学兴造记》，《金华黄先生文集》卷 10。
⑦ 弘治《八闽通志》卷 45《汀州府》。

出“斋舍数是衡量官学规模的主要标准”,① 这种观点值得商榷。首先，斋舍的大小是不一样的，有的路学每斋为五间，而州县学则一、二、三间不等，学斋数量多，不一定其建筑规模就大或生员的容纳量多。前述镇江路学初为四斋，后增至六斋，再后为八斋，而斋舍的总面积二十间自始至终都未改变。其次，元代由于儒学重视祭祀之习以及各项辅助设施的完善，有关祭祀方面、管理方面的建筑（如学官厅舍）有增加的趋势，而学斋数量则在不断减少。杭州路学宋时有十斋，元中期仅剩下四斋;② 嘉兴路学宋代为八斋，至正二十三年（1363 年）也是有减至四斋。③ 福建一带更加明显，据弘治《八闽通志》的记载：福州路学皇庆初由十五斋减至六斋。福州路永福县学宋时有四斋，元代减为两斋。罗源县学宋时有九斋（加上小学一斋，总数为十斋），元时也减为四斋。这些学校学斋数量的减少，反映了元代生员的减少和教学规模的萎缩，但这些学校的整个建筑规模并没有明显的减小，有的还增大了。因此，如果仅凭学斋的数量去衡量一个儒学规模的大小，恐怕会出现问题。

关于学斋的功能，曾做过江浙行省儒学提举的王大本认为：“若夫学校之建，则明伦之堂弘敞高亮，以隆迪教、讲道之源，设大小学曰斋，以严受业辩惑之会。”④ 王大本所说的“授业辩惑”，实际上就是教学，这是学斋的第一个功能。元代各级儒学都要聘请教师，以训诲大小学生员，松江府学还设“五斋，聘专经之师五人以分授之”。⑤ 这些教师“授业辩惑”的教学活动，主要是在学斋中进行的。《庙学典礼》中规定生员每日的学习生活，如晨参、讲书、诵书、习字等也是在学斋中进行。其次，元代绍兴路学

① 《固阳师专学报》1993 年第 1 期。

② 黄溍：《杭州路儒学兴造记》,《金华黄先生文集》卷 10。

③ 牟巘：《嘉兴府学记》；徐一夔《嘉兴路学记》，嘉靖《嘉兴府图记》卷 5《邦制 · 学校》。

④ 王大本：《重建庙学碑》，成化《杭州府志》卷 23《学校》。

⑤ 周伯琦：《元至正重修庙学记》，崇祯《松江府志》卷 23《学政》。

"肄业之斋，窗几静好"。① 温州路永嘉县"凡作弦诵之斋十六楹"。② 这里的"肄业之斋，弦诵之斋"，说明了学斋的第二个功能，即生员的自习之所。《庙学典礼》中规定儒士30岁以下"坐斋读书"，这里的"斋"也是这个意思。第三，元代处州路学有"弦诵之馆，斋宿之舍"，③ 这说明了元代儒学学斋的第三个功能。作为宿舍，元代的儒学中常常将"斋"、"舍"联系起来，说明有一些儒学的学斋同宿舍是合一的。在斋舍合一的情况下，斋又具有了"舍"的功能。据史料记载：处州路丽水县学"斋各置器用几榻"。④ 元代嘉兴路学"八斋易壁以板，斋中几榻备置"，⑤ 将"榻"（床）置于学斋中，也可以作为斋舍合一的例证。但从元代儒学总的情况来看，更多的儒学中，斋和舍还是分开的，上面提到的温州路永嘉县学，既有弦诵之斋，同时还"宿有次舍"。婺州路学也同时有"讲肄之斋、师生之舍"。⑥

明伦堂与学斋之间，虽然有着密切的关系，但正如以上所论述的，二者在建筑分布及使用功能上都有区别。胡务在《元代庙学的建筑结构》一文中说："明伦堂有几个斋室组成，斋室数目一般成偶数，即或二、或四、或六、或八。"这种观点是值得商榷的。且不说二者在建筑外观上及功能上的差别，就是在教学方面，二者也有不同的功能。前面已经引用了江浙儒学提举王大本关于明伦堂及学斋的观点，可以说明这一点。从功能上看，虽然二者都是讲学之所，但明伦堂主要是在比较隆重的场合，由学官、地方官主持的讲学，如朔望讲书等；而学斋的讲学主要是日常教学活动。

最后，元代儒学的学斋有大、小学学斋之分，一些学校在学斋中辟养蒙斋作为小学学斋，另一些则在学斋之外，另辟地建小学之斋。如镇江路学八斋中"正蒙斋"即为小学学斋。建康路（集庆

---

① 倪渊：《萧山县儒学记》，《越中金石记》卷9。
② 柳贯：《重建永嘉县学碑》，《越中金石记》卷10。
③ 柳贯：《元处州路新庙学碑》，《两浙金石志》卷14。
④ 佚名：《元丽水县建学碑》，《两浙金石志》卷14。
⑤ 陈良弼：《元嘉兴路重修庙学记》，《两浙金石志》卷15。
⑥ 钱习礼：《金华府学记》，万历《金华府志》卷26《艺文》。

路）学有六斋，小学二斋。① 庆元路诸儒学中，路学在东夹廊之东建立养蒙堂作为小学学斋。鄞县学在七斋之外设养蒙堂三间，合为八斋。奉化州在大学六斋之外，设小学两斋。大小同大学六斋一样，共为六间。昌国州小学在东庑之南另设学斋，名育德堂。② 广州路学也设养蒙堂作为小学学斋。

（四）尊经阁及功能

尊经阁也称稽古阁、御书阁等，是儒学的藏书之所。一般位于儒学的明伦堂之后，属于学宫的组成部分之一。尊经阁多为二层到三层的楼式建筑，是儒学中最高的、比较宏伟的建筑。如平江路学的尊经阁有“三间、两翼、三檐、二十八楹，高八丈，东西十丈，凭虚而望，郡郭之内，释老楼观虽凌空特起，皆诎伏在下”。③ 江西行省袁州路学“作尊经阁于讲堂之北若干步，基崇八尺，深四十尺（南北长），广五十尺（东西宽）。楹之崇（高度）如深之数，形势规模之大，丹艭涂塈称焉，东南学校建立之盛莫或加矣”。④ 庆元路学“尊经阁五楹……嵯峨壮伟，衿佩耸瞻”。⑤ 庆元路奉化州学尊经阁“植以二十有四楹，周章盖覆，杰然突兀，计其崇八十尺有奇，广称是，深半之”。尊经阁内部的布置也很讲究，如奉化州“中设宣尼司寇像，旁为庋笥者四，藏旧所蓄经书若干卷及诸子、史、百家文帙”。⑥

尊经阁的分布在元代的儒学中并不普遍。其主要原因有二：一是尊经阁建筑工程浩大，耗资较多，很多儒学没有经济能力建之。二是宋元更替时，儒学藏书被毁严重。据《延祐四明志》和《至正四明续志》载，延祐年间，除路学外，其余二州、四县的儒学

① 张铉：《至正金陵新志》卷9《学校》。

② 袁桷：《延祐四明志》卷13《学校考》；《大德昌国州图志》卷2《学校》。

③ 嘉靖《吴邑志》卷5《学校》。

④ 虞集：《袁州路儒学新建尊经阁记》，《道园学古录》卷36。

⑤ 王应麟：《重建学记》，《延祐四明志》卷13；《两浙金石志》卷15。

⑥ 刘仁本：《奉化州儒学重修尊经阁记》，《羽庭集》卷6。

均没有藏书，路学的藏书也比宋宝庆年间减少二千多册，至正年间才陆续购置。镇江路的藏书“归附后，散佚较多，所存者不及十二三耳”。① 建康路学（集庆路）书籍版刻也“兵火散失殆尽”。② 因此，儒学在元代的藏书并不多。鉴于此二种原因，很多儒学建书屋储之，如庆元路鄞县学有书屋五间，③ 镇江路学尊经阁在大德五年（1301 年）为飓风所摧，延祐五年（1318 年）教授孙家晋“增创旁屋，以为储书之所”。④ 杭州路学也是在明伦堂之北“构重屋三楹，为贮书所”。⑤

元代北方儒学虽然教学设施比江南儒学明显落后，但个别地方的尊经阁以及藏书都非常可观，如潞州学，“创购官书万有一千五百二十卷，备二篇之策，当万物之数，筑楼以储之泮宫，以资学者肄业之本，使士力学者得读所未读之书，得知所未知之事”。⑥ 潞州学的藏书楼的规模虽然不清楚，但从一万一千多册藏书来看，这个建筑物应该非常壮观，元代经济条件比较优越的庆元路学、镇江路学的藏书也不过一千余册，而经济相对困难的潞州学却有如此多的藏书，确实非常令人惊叹。

尊经阁的功能，元人何觐认为“尊经阁所以藏经史及诸子百家之书也”。⑦ 实际上，由于尊经阁建筑规模宏大，除了储书以外，儒学一般还作为他用。湖州路乌程县学尊经阁“下为明伦堂，师生讲肄于此，买十三经及诸史子集若干卷储于阁”。⑧ 奉化州学尊经阁“阁底两掖室，右为徽国文公朱子祠，左则祀乡先生楼正议、舒文靖、王琅琊数公”。⑨

---

① 俞希鲁：《至顺镇江志》卷 11《学校》。
② 张铉：《至正金陵新志》卷 9《学校》。
③ 袁桷：《延祐四明志》卷 13《学校考》。
④ 俞希鲁：《至顺镇江志》卷 11《学校》。
⑤ 孟昉：《元杭州路重建庙学碑》，《两浙金石志》卷 18。
⑥ 杨仁风：《潞州学斯文楼记》，胡聘之：《山右石刻丛编》卷 29。
⑦《元嘉兴路儒学礼堂基地本末碑》，《两浙金石志》卷 14。
⑧ 宇文公谅：《乌程县学尊经阁碑》，《吴兴金石记》卷 16。
⑨ 刘仁本：《奉化州儒学重修尊经阁记》，《羽庭集》卷 6。

明伦堂、学斋、尊经阁、构成了元代儒学学宫的主要部分。元代儒学的建筑布局主要为前庙后学、右庙左学或左庙右学，不论哪种建筑布局，庙与学一般都是自成一体。庙的门称仪门或戟门，学宫之门称学门，一般建筑完备的儒学都有仪门和学门以进入庙域和学宫，庙与学之间有相对明显的界限。虽然一些儒学庙和学“两群建筑物则多有栉比混杂之时”，① 但正如元人吴师道所言“庙以崇圣神，学以处师生，当别而不混，严而不亵，则庶几尔”。②

（五）先贤祠与乡贤祠

元代儒学比较重视乡贤祠的建设，元人谢应芳认为：“学校以明伦为本，育才为务，风化之所由出也，如追慕前贤，褒嘉忠孝节义等事，树之风声，使化行俗美，则于学校之教岂小补哉？”③ 元代儒学中“先贤”与“乡贤”在含义上略有不同。“先贤”指三种人：一是在宋元列入孔庙从祀的知名儒士；二是对地方儒学教育有贡献的儒士（乡学师）；三是对地方教育有贡献的地方官。而乡贤一般指后两种。尽管“先贤”与“乡贤”的含义稍有区别，但元代儒学中先贤祠和乡贤祠的含义基本是一致的，二者一般可以互用。列入先贤祠祭祀的人物比较复杂，大体有四种：

第一，宋元列入从祀的十位理学宗师。如元镇江路学先贤祠分东、西、中三室，“东以传道之统：濂溪（周敦颐）、明道（程颢）、伊川（程颐）、横渠（张载）、晦庵（朱熹）、南轩（张栻）、东莱（吕祖谦）七先生绘像为一祠”。④ 武冈路新宁县先贤祠称十先生祠，以许衡等“以大学之道传世祖皇帝，为万世无疆之基，文正之功不可诬，而宋诸君子治道益以明矣”为理由，将许衡等十人列入从祀。⑤ 建康路学（集庆路）也在大成殿之东建祠，祭祀

---

① 牧野修二：《论元代庙学和书院的规模》。

② 吴师道：《池州修学记》，《吴礼部文集》卷13，北京图书馆古籍珍本丛刊本。

③ 谢应芳：《与林掌教论请建先贤祠书》，《龟巢集》卷11。

④ 俞希鲁：《至顺镇江志》卷11《学校》。

⑤ 刘性：《十先生祠记》，嘉靖《湖广图经志书》卷16《宝庆府·艺文》。

周敦颐、程颢、朱熹。① 庆元路奉化州儒学也设“徽国文公朱子（朱熹）之祠”。② 由于此十儒在宋元影响很大，在其原讲学之所、仕宦之地、过往之途或影响所及的地区，被当地作为先贤供奉，也是理所当然之事。

第二，未列入从祀的地方名儒。他们“或以道德文行师表后进，或授业乡校，或讲道闾塾……阐绎经训，躬行实践”③，因而被列入先贤或乡贤祠接受祭祀。如庆元路有九先生祠，纪念这一地区的知名儒士杨、杜、二王、楼、舒、沈、杨、袁等九先生。④ 镇江路学以乡先贤“魏国苏公颂、庄定王公存、忠简宗公泽、殿撰陈公东为一祠”，以祭之。⑤ 奉化州学（庆元路）以“乡先生楼正议，舒文靖、王琅琊数公”为祭。⑥ 广州路增城县学以“乡先贤崔清献公”为祠。⑦ 元人王应麟指出：“古之先生祭于社，近世祠于学，社所以养，学所以教，而教之功尤大。”⑧ 这也许是地方儒士得以祭于儒学的原因。

第三，对地方儒学有过贡献的地方官。元人吴澄认为“贤牧有祠，以示有功于学者必报”，⑨ 这说明了元儒学为地方官建祠的原因。元代江南很多儒学都有祭祀地方官的先贤祠。庆元路学除九先生祠以外，别建先贤祠一所，“以奉乡里先正达官有功于学者”。⑩ 抚州路（江西行省）乐安县“贤牧有祠，以示有功于学者必报”。⑪ 镇江路学先贤祠中，西室专祠前郡守，有京使柳公开、文

---

① 张铉：《至正金陵新志》卷9《学校》。

② 刘仁本：《奉化州儒学重建尊经阁记》，《羽庭集》卷6。

③ 王应麟：《九先生祠记》，《延祐四明志》卷13《学校考》。

④ 王应麟：《九先生祠记》，《延祐四明志》卷13《学校考》。

⑤ 俞希鲁：《至顺镇江志》卷11《学校》。

⑥ 刘仁本：《奉化州儒学重建尊经阁记》，《羽庭集》卷6。

⑦ 揭傒斯：《广州增城县学记》，《揭文安公全集》卷11。

⑧ 王应麟：《九先生祠记》，《延祐四明志》卷13《学校考》。

⑨ 吴澄：《乐安县重修县学后记》，《吴文正集》卷36。

⑩ 袁桷：《延祐四明志》卷13《学校考》。

⑪ 吴澄：《乐安县重修县学后记》，《吴文正集》卷36。

正范仲淹、直院钱公彦远、礼部员外郎杨公杰等七人，"均有功于学校者也"。① 湖广行省静江路学有湖广行省右丞史格的专祠。② 泉州路惠安县学先贤祠中有监县乐礼公、县尹吴汉臣、陆君华。③ 建康路学的先贤祠中，前地方官占大部分。④ 庆元路鄞县学在泰定年间立前路总管阮麟翁的专祠。⑤ 值得注意的是，元代儒学除了祭祀有贡献的前守令之外，还出现了为现任地方官立生祠的现象。元贞二年（1296 年），处州路丽水县尹韩国宝主持重建丽水县学，"诸生留像而祠之"，为其建生祠。⑥ 至正十年（1350 年），嘉兴路归安县尹魏信"于学校之政不懈……建讲座□，尊师道，招高髦以修儒业"，于是，县学"肖侯之貌而严奉之朝夕"。⑦ 泰定元年（1324 年），庆元路鄞县尹阮申之为鄞县修学复田，教谕吴思永等商议将为他"建生祠于学"。阮尹闻而谢曰"职分在焉"，不同意县学之举，"请益力而辞益固"，最后县学妥协，建阮尹之父阮麟翁（前路总管）之专祠以表达对阮申之的感激之情。⑧ 元江南地方官作为先贤被祠于儒学，特别是生祠之建，是元代儒学发展过程中的一个重要特点。这种情况反映了地方官府在儒学发展中的重要性的强化。元政府规定，地方文资正官提调儒学，这在当时儒学地位不高、发展困难的情况下，对儒学的发展是有利的。另一方面，这一规定也造成了儒学对地方官府依赖性的加强。儒学的钱粮、兴造等大事，一般都需要地方官的参与，学官仅是地方官的下属。因此，对于儒学来说，将对儒学有贡献的"贤守令"作为先贤祭祀，可以激励现任地方官对儒学的重视，对学官来说，也不失为对上司讨好的一种手段。当然，地方官作为先贤建祠祭祀，宋代就已经普

---

① 俞希鲁：《至顺镇江志》卷 11《学校》。
② 嘉靖《广西通志》卷 24《学校》。
③ 卢琦：《惠安县学修学增田记》，《圭峰先生文集》卷下。
④ 张铉：《至正金陵新志》卷 9《学校》。
⑤ 程端学：《阮文安侯祠记》，《至正四明续志》卷 7《学校》。
⑥ 施栗：《元丽水县尹韩公生祠碑》，《两浙金石志》卷 14。
⑦ 张世昌：《归安县尹魏侯生祠碑》，《吴兴金石记》卷 12。
⑧ 程端学：《阮文安侯祠记》，《至正四明续志》卷 7《学校》。

遍，但元代出现的生祠等现象，无疑是强化了这种倾向。

第四，在历史上对儒学及风化有贡献的历史人物。松江府学至元十六年（1279 年）建立三贤祠，以晋朝陆机、陆云、唐朝陆贽配享。① 湖广行省永州路学以汉朝郑产、蒋先、刘巴、黄盖、晋朝臧荣绪、唐朝唐世旻、宋朝陈道国等配享于先贤祠。② 江西行省江州路彭泽县学三贤祠以晋朝陶渊明（潜）、唐朝狄仁杰和宋朝苏东坡（轼）配享。③ 上述历史人物，有以忠孝传后世，有以正直高尚为后人楷模，有以文学传千古，总之，他们都对地方儒学及风化产生了有益的影响，后人作为先贤而祠之。

儒学中先贤祠的建筑规模及形制没有统一的规定，广州增城县学的乡贤祠位于明伦堂之东，祠乡先贤崔清献公，“祠四楹，崇（高）二仞有一尺（一丈五尺），广（东西长）两筵有八尺，深（南北长）如广而去其二尺，内环崇墉，外缭松竹”，可以说非常美丽壮观。④ 不过，一般儒学先贤祠的建筑规模一般不大，祭祀的规格当然也低于孔庙的祭祀。庆元路奉化州有朱文公祠堂一间，三先生祠堂一间。定海县学、象山县学的先贤祠也是一间。⑤ 先贤祠的位置各儒学也不一致。奉化州先贤祠在尊经阁的底层两掖室，“右为徽国文公朱子祠，左则祀乡先生楼正议、舒文靖、王琅琊数公”。⑥ 定海县学则以明伦堂西旁夹室为之。⑦ 婺州路义乌县学“先贤之祠曰忠孝堂”，初“寓于庑下”，至正三年（1343 年）“迁而位于庙之西南”。⑧ 静江路（湖广）学乡贤祠有七先生祠（濂溪、明道、伊川、晦庵、横渠、南轩、东莱）和史格的专祠，前者

---

① 崇祯《松江府志》卷 23《学政》。

② 隆庆《永州府志》之《创设志·学校》。

③ 刘将孙：《彭泽县学三贤祠记》，《养吾斋集》卷 16。

④ 揭傒斯：《广州增城县学记》，《揭文安公全集》卷 11。

⑤ 袁桷：《延祐四明志》卷 13《学校考》。

⑥ 刘仁本：《奉化州儒学重修尊经阁记》，《羽庭集》卷 6。

⑦ 刘仁本：《定海县兴修儒学记》，《羽庭集》卷 6。

⑧ 黄溍：《义乌县学明伦堂记》，《金华黄先生文集》卷 9。

位于戟门西，后者在肃容堂之东。① 湖广行省辰州路学“周、程、张、邵诸君子及乡之三贤曰虞善口、楚屈子、曰汉宋均之祠在六经阁之左右”。② 另外，也有儒学不建专祠，将乡贤同孔庙从祀者一同祭祀的情况，如至正二十一年（1361年）杭州路学重建时，“从祀诸贤世次位列一百一十九人”，③ 比一般儒学孔庙从祀一百零五人，多出十四人，估计这里面一些未列入从祀的乡贤在其中。

先贤祭祀制度作为元代儒学祭祀制度的一个组成部分，反映了以皇帝为中心的封建等级制度。胡务在《元代庙学的建筑结构》一文中认为：“孔庙对亡灵的祭祀，其实是在演绎（当时）现实社会的准则。”这种观点是有道理的。认清这一社会现象的实质，可以帮助我们加深对中国古代儒学教育的认识。但从另一方面来看，儒学祭祀先贤对激励地方官重视儒学，对崇儒重道社会风气的形成，对整个社会的稳定及经济文化的发展都有积极的意义，更有利于儒学本身的发展。

（六）文昌祠与土祠

文昌祠是祭祀文昌神之所。文昌神即梓潼帝君，传说为天下主管赏功晋爵之神（俗称文曲星）。司马迁《史记·天官书》云：“文昌宫有贵相、司中、司禄诸神，天之六府也。”儒家虽不语“怪、力、乱、神”，但儒家治国平天下的“出世”思想与文昌之神的执掌有关，所以，历代儒士对之尊崇有加，很多帝王也对之进行册封。最初，文昌之神被封为“德仁忠圣文昭武烈”。宋代封其为“忠文仁武孝德圣烈王”。元代则封为“辅元开化文昌司禄宏仁帝君”。元代文昌神封号既尊，儒士们更相信他“教人忠孝，其功为大，而科名之籍，神实主之”。④ 于是，文昌神同科举联系起来，

① 嘉靖《广西通志稿》卷24《学校》。

② 欧阳玄：《重修郡学记》，嘉靖《湖广图经志书》卷17《辰州府·艺文》。

③ 孟昉：《重建庙学记》，成化《杭州府志》卷23《学校》。

④ 黄溍：《文昌祠记》，崇祯《松江府志》卷24《学政二》。

成为保佑士子登科的神灵，“掇科之士，尤谨事之”。①

元代科举长期废除，但一些儒学仍有文昌祠。由于文昌之神在元代被封为“帝君”，所以文昌祠的建筑形制、祭祀规格也较高。至于文昌祠的位置，各地则没有统一的规定。据《至顺镇江志》，镇江路学文昌祠在儒学大成殿东侧，元至治二年（1322 年）建成。祠中文昌之神“褒衣峨冠，像设俨如”。② 松江府上海县在宋代就有邑人唐时措“市韩氏屋立文昌宫”。③ 至正五年（1345 年）上海县学重建之，位于学宫之北，“为屋四楹，像设正中，列仪卫左右”，“祠前为轩三间，周甃其地以石”，整个文昌祠“笾豆有秩，序列有容，堂宇靓深，涂塈鲜饬，称夫神明之居”。④ 嘉兴路学文昌祠建于至正五年（1345 年），“祠位南面，为屋三楹”。⑤ 松江府学于元贞二年（1296 年）建立贡举堂，即文昌祠。⑥ 福州路学文昌祠位于儒学“丽泽亭之北，杏坛之东，重门周垣，亦即严饬”。⑦ 另外绍兴路嵊县学也建有文昌祠，⑧ 杭州路富阳县也“文昌有祠”。⑨ 但从整个江南来看，文昌祠的建立不如乡贤祠普遍，这从一个侧面反映了元代科举不发达的情况。

土祠即土地祠，是祭祀土地神的专祠，在儒学中普遍存在。土祠规模不大，祭祀规格也不高，不位于儒学中重要的位置，如广州路学有土祠三间。⑩ 据《至顺镇江志》载，镇江路及下属诸儒学的土祠均称地灵祠，路学地灵祠有四间，在庑后西南隅；丹徒县地灵祠在大成殿东偏；丹阳县位于戟门之西。据《延祐四明志》，庆元

---

① 贡师泰：《文昌祠记》，《玩斋集》卷 7。
② 尧岳：《文昌祠记》，《至顺镇江志》卷 8《神庙》。
③ 崇祯《松江府志》卷 23《学政》。
④ 黄溍：《文昌祠记》，崇祯《松江府志》卷 24《学政二》。
⑤ 鲍恂：《元嘉兴路兴举学校碑》，《两浙金石志》卷 17。
⑥ 张之翰：《贡举堂记》，崇祯《松江府志》卷 23《学政》。
⑦ 贡师泰：《文昌祠记》，《玩斋集》卷 7。
⑧ 杨翮：《嵊县学记》，《越中金石记》卷 10。
⑨ 刘基：《杭州路富阳县重建庙学记》，《刘基集》第 3 卷，第 130 页。
⑩ 《大德南海志》卷九《学校》。

路学的土祠，位于仪门东街之东，祠中有神像以供祭祀，所属鄞县学、奉化州学、定海县学的土祠，均为一间。

儒学祭祀土地、文昌诸神，这与“不语怪、力、乱、神”的儒家思想毕竟不相符合，于是一些儒士对儒学土祠、文昌祠之设提出批评。元末镇江路儒学“地灵、魁星者碎之，以其屋贮礼器”，①反映了这种对地灵、文昌的反对观点，在一些地方开始付诸行动。

（七）学官厅舍

学官厅舍是儒学学官办公和居住的建筑。一般学官办公之所名曰厅事。如庆元路有厅事一所，扁曰明德，为学官“治事之所”。②兴国路儒学有学官“莅事有厅”。③ 学官居住之所则称廨舍或堂，如嘉兴路海盐州学“买（民）宅为廨”，供学官居住；④ 杭州路学在至大四年（1311 年）教授倪渊“撤养心、率性两斋，以营学官廨舍”。⑤ 上引兴国路儒学学官除了“莅事有厅”以外，还“退居有堂”。学官厅舍对保证学官正常的工作和教学比较重要，因此是儒学中的必要建筑之一。

宋代儒学设主学官，一般都建有官舍。元初由于儒学发展困难，财政拮据，很多儒学没有学官厅舍。如杭州路仁和县学，“校官率僦民舍以居”，⑥ 嘉兴路海盐州学宋代“主学所距（文）庙三里许，遗址仅存，以故为学官者率于庙旁，近僦舍以居，湫隘无以自适”。⑦。兴国路学“学舍既弊陋，而学官无公廨可居，不得以而僦民屋，去学宫颇远，朔望行香，朋友会文皆不便”。⑧ 大德十年（1306 年）元政府颁布一项命令：

① 《镇江路学丁亥记实》，《江苏省通志稿·金石二十三》。
② 袁桷：《延祐四明志》卷 13《学校考》。
③ 陈松年：《兴国路学教授厅记碑》，《湖北金石志》卷 13。
④ 陈旅：《海盐州新修庙学记》，《安雅堂集》卷 8。
⑤ 黄溍：《杭州路学兴造记》，《金华黄先生文集》卷 10。
⑥ 陈旅：《婺源州学正余之贤之官序》，《安雅堂集》卷 6。
⑦ 陈旅：《海盐州新修庙学记》，《安雅堂集》卷 8。
⑧ 陈松年：《兴国路学教授厅记碑》，《湖北金石志》卷 13。

间有各学容纵已替学官将带家小，公然占住，亵渎甚矣。今后似此占住学校之人，廉访司官严行究治，并问本学官容弊（庇）之罪。本部议得：各处学官携带家属于庙宇内亵渎居止者，拟和禁治。①

元政府对任期已满的学官占住学校的处罚如此严厉，并不准在任内学官携家属在学校庙宇中居住，这正好反映了元代学官住宿情况的紧张。难怪元人傅行简抱怨说：

教授者，以天子之命教其邦人，领护广学，严祀圣师，图书服器之藏，金谷出纳之事，皆独任之，责匪轻也。今乃无莅事之所，容膝之居，将何以责其尽职哉？②

这种情况引起了江南一些学官和地方官的重视。大德年间，杭州路仁和县教谕余之贤“以私钱作居室于学北之隙地，使后之为学官者得以处守而勿废也”。③ 至元二十五年（1288 年），兴国路教授陈松年复儒学“渔湖之利”，然后“划荆棘，筑垣墙，甃石构室屋”，使儒学“莅事有厅，退居有堂”。④ 后至元三年（1337 年），海盐州教授吕德裕（字文饶），于州学西买民宅为廨。⑤ 大德五年（1301 年），处州路学教授童应椿力复被侵前学厅事故基，建教授厅舍。⑥ 至正十二年（1352 年），延安路“以官地碓西斋后民田一区，筑室间者三，厦者二，为主教者居处之宅”。⑦ 元中后期，儒学中学官厅舍紧张的情况有所缓和。许多儒学的学官厅舍逐

① 《通制条格》卷 5《学令》。
② 傅行简：《兴国路重修教授厅记》，《湖北金石记》卷 14。
③ 陈旅：《婺源州学正余之贤之官序》，《安雅堂集》卷 6。
④ 陈松年：《兴国路学教授厅记》，《湖北金石志》卷 13。
⑤ 陈旅：《海盐州学新修庙学记》，《安雅堂集》卷 8。
⑥ 张伯淳：《处州路教授厅碑》，《括苍金石志》卷 9。
⑦ 王昶：《延安路重修宣圣庙记》，《金石萃编未刻稿》。

步建立起来。笔者将元代江南学官厅舍的建设情况作了统计，见下表：

元代学官厅舍一览表

儒　学	建筑名称	建立时间	出　处
鄞县学	教谕厅	至顺元年	袁桷《至正四明续志》卷7
庆元路学	东廨舍	至大四年（重建）	袁桷《延祐四明志》卷13
庆元路学	厅事	延祐四年	袁桷《延祐四明志》卷13
松江府学	教授厅事	至正十九年	崇祯《松江府志》卷23
上海县学	学官廨舍	至正九年	崇祯《松江府志》卷23
上虞县学	学官厅事	至治三年	杜春生《越中金石记》卷8
处州路学	教授厅事	大德五年	李遇孙《括苍金石志》卷9
兴国路学	教授厅	至元二十九年	张仲炘《湖北金石志》卷13
兴国路学	教授厅	后至元六年	张仲炘《湖北金石志》卷14
镇江路学	教授东厅	大德五年	俞希鲁《至顺镇江志》卷11
定海县学	学官厅事	至正二十一年	刘仁本《羽庭集》卷6
江阴州学	学官厅	元贞二年	陆文圭《墙东类稿》卷7
建昌路学	学官厅事	泰定元年	吴澄《吴文正集》卷36
万载县学	学官厅	至治元年	虞集《道园学古录》卷36
杭州路学	学官厅舍	至大四年	黄溍《文献集》卷7下
海盐州学	学官廨舍	后至元四年	陈旅《安雅堂集》卷8
富阳县学	学官厅	至正九年	刘基《诚意伯文集》卷8
仁和县学	学官居室	大德年间	陈旅《安雅堂集》卷6
延安路学	学官之宅	至正十二年	王昶《金石萃编未刻稿》
嘉定州	学官厅	至正十六年	《江苏省通志稿·金石二十四》

表中统计了元代20处学官厅舍的创建或重建，从表中可以看出，元代学官厅舍之建，元世祖时期仅1次，占5%；文宗至顺以

前10次，占50%；元顺帝时期9次，占45%。这从一个侧面反映出元中后期儒学在建筑布局方面才逐步完备。

学官厅舍属于儒学生活设施方面的建筑，其地位当然不如庙或学等建筑尊崇，因此，一般位于儒学较偏僻之处，有的还位于儒学之外。通常，学官厅舍的建筑面积并不小。如前面提到兴国路学，学官厅舍位于“学之东偏”，有堂居、公廨，“为屋凡七十四楹”，共用了“瓦壁五万结，石六百余尺”。处州路学教授厅舍“厅若堂咸有序，外作门，为间者五，中庭构轩。宾以燕好藏修游息于斯，有心目轩豁之适，而无欠伸打头之叹，逭更衣膳飧各得其所，不陋不盈”。绍兴路上虞县于庙东偏“筑堂三室，为口官厅事”。① 庆元路定海县“辟学官厅事于（明伦堂）左庑”。② 江阴州学于明伦堂“东序之东建学官厅事”。③ 建昌路学学官厅舍位于儒学之西南。泰定元年（1324年）儒学买周县尹之居“以居学官，周（围）之居以居正录，气象轩豁，足以表师儒之尊。其北隙地为厅事之所二，一以待众官之公聚，一以待学官之公坐”，④ 可以说比较完备。

元中期学官厅舍特别是学官厅事的广泛建立，是元代儒学建筑布局日益完善的表现，同时也反映了元代儒学日益严重的官学化倾向。宋代也设教授、主事等学官，但学官管理儒学，与地方官的上下级统属关系并不明确，所以宋代学官之居舍在儒学中较普遍，而厅事则不多。元代地方文资正官提调儒学，学官由礼部或行省任命。学官完全成为了地方官的下属，于是，簿书期会、会计钱粮、送往迎来之事大为增多，学官厅事于是成了儒学日常工作中不可或缺之所。这是元代儒学在建筑布局方面的特征之一。

（八）其他建筑形式

除了以上所述的较重要的建筑以外，元代儒学还有其他一些建

① 戴俞：《重修上虞县儒学碑》，《越中金石记》卷8。
② 刘仁本：《定海县兴修儒学记》，《羽庭集》卷6。
③ 陆文圭：《江阴修学记》，《墙东类稿》卷7。
④ 吴澄：《建昌路学记》，《吴文正集》卷36。

筑形式，如公厨（庖）、会食之堂、浴室（湢）、仓库（庾）、碑亭、杏坛、泮池、泮桥、学门、围墙等，这些建筑属于学校生活或教学辅助设施，虽不重要，但都在儒学中起着一定的作用，不可缺少。

公厨 它是儒学不可缺少的。据《越中金石志》的《至元壬辰重订学式》载，元代儒学一般在每月的朔望日供应所有生员早午二餐。生员中贫无以养者、贫老硕学之士、游学之士以及学官、学职平时亦在学校会食。儒学春秋祭祀，礼成后举行饮酒会餐，也要在学校进行，因此，公厨是儒学必备的一种建筑形式。公厨的大小，视学校的规模以及参加会食的有关人员的数量而定。公厨的位置则一般在儒学较偏僻的地方，如镇江路学公厨位于三鳝堂（藏书阁）之东。① 庆元路奉化州学有公厨一间，象山县学有厨屋两间，② 绍兴路学公厨在泮池东南，有房屋九间。③ 会食之堂一般和公厨相距不远。上面提到的镇江路学会食堂称渊源堂，大小三间，位于三鳝堂西，与公厨仅隔一堂。袁州路分宜县学“庙后为会食堂”，后县令以为“郡县讲堂必在庙后，撤会食堂以作明伦堂”。④

浴室 在元代儒学中称“湢”，用于祭祀之前有关人员进行沐浴。

仓库 也称仓庾、学廪、仓廪、库等。儒学仓库有粮仓（或称米廪）、祭器库、乐器库、神厨（祭祀时储放贡品的地方）等，其中粮仓最为重要，学官支粮，要上报地方主管官吏。成化《杭州府志》将儒学仓放在“官署”一览中记述，内容为：

> 儒学仓，就属府学学官主掌，收本学师生岁支俸粮，并朔望行香烛之费，仓在本学。

① 俞希鲁：《至顺镇江志》卷11《学校》。
② 《延祐四明志》卷13《学校考》。
③ 《绍兴路庙学图》，《越中金石记》卷7。
④ 虞集：《袁州路分宜县学明伦堂记》，《道园学古录》卷35。

这反映了儒学仓与“官署”之间关系的密切，以及学仓在儒学中的重要性。

碑亭 分布也很普遍，所谓“碑”主要指圣旨碑。全国统一后，元政府历代皇帝大多都有勉励儒学、儒士免差、禁止骚扰、学田归儒学的圣旨，儒学将这些圣旨立碑并建碑亭，作为反对侵夺的合法依据。这种碑亭一般位于儒学较显著的位置。如镇江路学的碑亭称德音亭，位于学门之左，元贞元年（1295年）建，“亭中碑二，一刻《勉励学校诏》，一刻《加封孔子诏》”。① 庆元路学有圣旨碑亭两所，在路学棂星门里之西，元贞二年（1296年）立。② 另外，儒学内的石碑还很多，如学田碑，学官题名碑，修学、建学碑，地方官去思碑，生祠碑，学产碑等。不过，一般的碑只立于学，不建亭。

学门 在元代，儒学比较重视学门的建设。学校外面称棂星门，石砌而成，门有三。进入棂星门，有仪门（或称戟门、大成之门）通往大成殿。学门通往学宫。儒学一般还有东西牌门以方便出入。

泮水 是位于棂星门与庙、学之间的人工湖。唐宋以来，“天下郡县学皆有泮水，设于南门之内”，以仿效春秋鲁国泮宫之制。元绍兴路新昌县教谕李华认为：儒学“水涵乎学，学临乎水，水济以桥，桥表以门，故自有次第矣”，这符合古代天子之学——辟雍之制。所以，大德二年（1298年）新昌县学将位于学门之外的泮水改设于学门之内。③ 江西行省吉安路永新州学也将棂星门改创于泮水之外。④ 泮水之上，有桥与庙、学相通，桥上有石栏，泮水两岸甃以石。儒学设泮水除了仿效古泮宫之制以外，也有一些实用的目的：第一，可以美化校园环境。儒士、生员学习之余，游之歌之，自得其乐。第二，可以防火。我国古代建筑一般为土木结构或

① 俞希鲁：《至顺镇江志》卷11《学校》。

② 袁桷：《延祐四明志》卷13《学校考》。

③ 李华：《新昌县学改创泮水记》，《越中金石记》卷7。

④ 李祁：《永新州新学记》，《云阳李先生文集》卷6。

砖木结构，容易发生火灾。据史料记载，江南许多儒学发生过火灾，如庆元路学在至元十九年（1282 年）就发生过大火，仅存外门。① 后至元二年余姚州学毁于火。② 杭州路学等也曾数次发生火灾。儒学泮水之设为防火、救火创造了条件。

围墙 在儒学中也较重要。元初大部分围墙皆以土筑，容易被雨水侵蚀，元中后期很多儒学代之以砖石。如汉阳府学“学垣昔皆土筑，霖潦岁圮，至元二十八年（1291 年）教授刘必大易以板屋木，久之又腐，鸡犬不禁”。天历二年（1329 年）府学“甓之而瓦覆”，“凡五阅月，百堵具兴”。③ 平江路学宫墙袤九十丈，旧皆筑土为之，弗克坚久。“至正十五年，教授徐震乃易以砖石”，墙基内外为石三层，凡纵广五百七十丈，其高一丈三尺，下广七尺。④

另外，宋代儒学皆有射圃，是儒学生员习射之所。儒家主张六艺（礼、乐、射、御、书、数），射是其中内容之一，所以宋代儒学有射圃之建。元代对南人防范极严，严禁民间拥有武器，与之相应的是，射圃在儒学中逐渐荒废或改作他用，射箭当然也从儒学的教育中消失了。如庆元路学宋代射圃之地荒废，在其上建造了教授厅。⑤ 在其他儒学中也很少见到射圃的记载。胡务在《元代庙学的建筑结构》中认为“射圃的消失，反映了形式化的‘封建’礼治在元代的松弛和蒙古人对汉人的严厉防范”，很有道理。

二、元代儒学建筑布局

儒学的建筑布局是研究儒学建筑结构的重要内容。目前一些学者如胡务、王立平以及日本学者牧野修二等的研究虽然涉及这一问

① 袁桷:《延祐四明志》卷 13《学校考》。
② 光绪:《余姚县志》卷 10《学校》。
③ 许有壬:《汉阳府学新筑围墙记》,《至正集》卷 41。
④ 嘉靖《吴邑志》卷 5《学校》。
⑤ 袁桷:《延祐四明志》卷 13《学校考》。

题，但目前还没有有关儒学建筑布局的专门研究。中国地方儒学自唐代大量出现，宋代普遍建立，最初是有庙无学，后来各地普遍在孔子庙的周围建立学校，形成了一种庙学合一的建筑布局。元朝时，这种庙学合一的布局结构已经形成，不过由于历史原因以及南北方不同观念的影响，儒学建筑布局并不统一，出现了多样化的情况。本节主要考察元代儒学建筑布局的情况及变化问题。

儒学中最重要的建筑有两部分：庙和学。庙和学的不同分布，反映出整个儒学建筑布局的差异。可惜的是，有关元代儒学建筑布局中庙和学如何分布的资料并不多。这个问题在当时的人看来可能是寻常之事，无需多谈，但对后人研究这一问题造成很多困难。好在明清的一些地方志中对这一问题有所涉及，在某种程度上补充了元人记述的不足。从现有的史料看，元代儒学的建筑布局主要有下列类型。

（一）前庙后学

前庙后学主要是指儒学以大成殿为主的庙域，位于以明伦堂为主的学宫之前的建筑布局。这种类型的儒学，一般是大成殿位于儒学的中心位置，殿左右相连两庑或从祀廊，外有大成之门（仪门、戟门），周围有祭器库、乐器库、更衣所、神厨、献官厅等与祭祀有关的建筑。殿门之前是泮池，有桥与殿门相连，再往前为棂星门。殿后为明伦堂，明伦堂两序为学斋，明伦堂之后是尊经阁。在庙和学周围，是其他生活设施及学官厅舍。这种建筑布局类型在元代的儒学分布最广。江浙行省的庆元路学、集庆路学、绍兴路学、江阴州学、镇江路学、泉州路永春县学、婺州路义乌县学、江西行省袁州路学、袁州路分宜县学、湖广行省静江路学以及北方莱州胶水县学等均为前庙后学的布局结构。现举三例以说明这种建筑布局的特点。

元代江阴州学："庙南向，前峙三门，东西列两序，绘先贤像，冠缨甚肃。后余八斋，中立讲堂，翼以二夹室，崇其北为藏书之阁，东序之东建学官厅事，西序之北筑小学基。"①

福州路长乐县学：中为"礼殿及两庑，北为明伦堂，南为戟门。门外东西为神厨、神库、宰牲房，又南为棂星门，门内为泮池，池上为石梁，东偏为学门，东庑之东为米廪"。②

静江路学：中为礼殿，"礼殿阴筑堂，匾明伦，中正师席……左右敞新斋室，俾诸生心有归宿"。③

以上所引三例，皆为前庙后学结构的儒学。需要指出的是，这种结构的儒学学斋的分布有两种情况：一种分布于明伦堂前面的东西两侧，有走廊与明伦堂相连；另一种是独立位于庙和学的东西两侧。前者比较典型的是江浙行省的集庆路学以及庆元路学，这种结构，讲堂与学斋相连，庙域与学域相对独立。后者较典型的是绍兴路学、绍兴路余姚州学，其学斋"重廊以环属论堂礼殿之左右"。④这种布局使学斋处在儒学相对偏僻之处，环境幽静，有利于诵习，另外学斋翼乎外，还可以"览风物之美"。⑤

（二）右庙左学

元代江南呈右庙左学建筑布局的儒学也很多。这种建筑布局的特点是：儒学一般坐北向南，庙域位于儒学之右（西面），学宫位于儒学之左（东面）。与祭祀有关的建筑分布于庙的附近，与教学有关的建筑则分布于儒学的左侧，尊经阁位于明伦堂之后。庙和学之前为泮池（儒学的泮池也有的位于学门之内），池上有桥与庙、学相通，最外是棂星门。儒学的其他生活设施、学官厅舍位于庙域和学域的东西两侧。元代江浙行省的镇江路学、福州路古田县学、建宁路学、徽州路歙县学，江西行省潮州路学以及北方蓚县学均属于这一类型。现举例说明之：

---

① 陆文圭：《江阴修学记》，《墙东类稿》卷7。
② 弘治《八闽通志》卷44。
③ 杜与可：《静江路修学造乐记》，《粤西金石略》卷14。
④ 汪文景：《余姚州儒学增造记》，《越中金石记》卷10。
⑤ 施栗：《丽水县尹韩公生祠碑》，《括苍金石志》卷9。

镇江路学：大成殿位于学之右部（西部），居中。前为戟门，“列二十四戟”。左右有东庑和西庑。殿有前轩，以处礼生。殿后旧有后殿三间，为御书阁，元时废。庙之西为先贤祠，东为文昌祠，庑后西南隅有地灵祠（土祠），戟门之西为祭器库。学宫在儒学之东（左），中有成德堂（明伦堂），左右东西两庑为八斋，匾曰：志道、居德、居仁、由义、存心、养性、敬老、正蒙。成德堂后为三鳝堂，是儒学的藏书之阁（后书阁毁，旁创屋为储书之所）。三鳝堂西是渊源堂，是儒学会食之堂，前有水池以防火。渊源堂前有采芹亭，旁有屋两间为吏舍。三鳝堂之东有公厨，成德堂以南是直学所，公厨之东建正录厅。学门位于学宫之前，门之左为德音亭。另外，学庾（儒学仓）位于戟门之东，学官厅舍位于学之西偏。①

福州路古田县学：礼殿居西，“翼以两庑，其南为戟门，又其南为棂星门，……殿之东为明伦堂，东西两序为四斋，堂之北为会馔堂，南为教思亭，又南为外门，内为泮池而梁其上”。②

潮州路学：后至元四年（1338 年）潮州路学“议迁孔庙于学之右”。不久大成殿建成，位于学之西，旁翼两庑，绘从祀像，明伦堂“竦立孔庙之左”，整个儒学“缭以宫墙”。③

我国古代神位以右为上，将孔庙建在学之右侧，以示尊崇，符合这一观念。况且元统治者蒙古人亦是以右为上，这种观念势必在元代地方官及儒士中间产生影响。因此，右庙左学之制在元代得到响应，应该是理所当然之事。至正九年（1349 年）福州路福清州知州林全生“以为前庙后学类浮屠梵宇之制，乃更作之，左为明伦堂，右为大成殿”，④ 就是明证。因此，虽然元代儒学的学校建设受经济条件的限制，困难较大，一些儒学还是将前庙后学改为右庙左学。右庙左学的建筑模式在整个元代有增加的趋势。

---

① 俞希鲁：《至顺镇江志》卷 11《学校》。

② 弘治《八闽通志》卷 44。

③ 吴澄：《潮州路重修庙学记》，《吴文正集》卷 36。

④ 弘治《八闽通志》卷 44《学校》。

（三）左庙右学

这类儒学建筑布局的特点是：庙域位于儒学的左侧（东侧），学宫位于儒学右侧，其他辅助建筑与右庙左学相似。元代有一些儒学属于这种类型，如泉州路南安县学、漳州路学、徽州路学、平江路学、赣州路学等。现举例如下：

漳州路学：大成殿位于儒学东侧，左右翼以两庑，前为仪门，外为棂星门"殿后为杏坛，右后为学廪，廪之东为神厨，厨之东为宰牲房，厨前为神库。殿西为明伦堂，左右为四斋，堂前为亭，亭外为书楼，楼下为大门，门外砌石为桥，桥下为泮池，堂后为乐器库，堂西为会馔堂，东为教授厅廨舍，又东为训导廨舍"。①

平江路学："孔庙居学宫左"，翼以两庑，前有戟门，外为棂星门，西为学宫，明伦堂居中，后建尊经阁，堂前有"大池"，宫墙袤九十丈。②

兴化路莆田县学："东为庙，西为学，明伦堂之前为斋二，以旧薛公池为泮池，建廨舍于大成殿之东"。③

左庙右学的建筑结构在元代被接受，既有历史原因也有当时国子学的影响。从历史上看，一些儒学在宋代即为左庙右学，元代由于经济原因无力改作而延续下来。如徽州府学宋代"左庙右学，规制宏丽"，④ 元代徽州路学发展困难，没有发现其对儒学布局进行改作的记载。其次，元代的国子学建筑布局为左庙右学。⑤ 这种布局当然会给地方儒学以影响，如至正十二年（1352年），杭州路学重建时即"左庙右学，一循国学之制"。⑥ 元贞年间，湖广行省左丞董某（名、字不详）将赣州路学"迁殿于东（左），建学与西

---

① 弘治《八闽通志》卷44《学校》。

② 嘉靖《吴邑志》卷5《学校》。

③ 弘治《八闽通志》卷45。

④ 弘治《徽州府志》卷5《学校》。

⑤ 程钜夫：《国子学先圣庙碑》，《元文类》卷19。

⑥ 王大本：《重建庙学碑》卷23《学校》。

(右)”。① 也可能受到国子学的影响。

另外，元代儒学中，还存在少数庙学混杂的建筑布局。如绍兴路的嵊县学“构堂□□五间，左右翼以两序，设主堂以行朔望春秋之礼，左序以教诸生，右序以为学官之所寓，又别□□□□□□昌像而祠之”。② 这种情况主要是在办学条件不具备的情况下因陋就简的结果。在儒学中不多见。笔者曾对元代儒学的建筑布局的情况进行了初步的统计，详细情况如下表：

元代儒学建筑布局情况统计表

名　称	结　构	出　处
镇江路学	右庙左学	俞希鲁《至顺镇江志》卷11
泉州路永春县学	前庙后学	卢琦《圭峰先生文集》卷下
袁州路分宜县学	前庙后学	虞集《道园学古录》卷35
袁州路学	前庙后学	虞集《道园学古录》卷36
婺州路义乌县学	前庙后学	黄溍《金华黄先生文集》卷9
静江路学	前庙后学	谢启昆《粤西金石略》卷14
绍兴路学	前庙后学	杜春生《越中金石记》卷7
福州路长乐县学	前庙后学	弘治《八闽通志》卷44
福州路连江县学	前庙后学	弘治《八闽通志》卷44
福州路福清县学	前庙后学（至正九年改为右庙左学）	弘治《八闽通志》卷44
福州路古田县学	右庙左学	弘治《八闽通志》卷44
福州路罗源县学	前庙后学	弘治《八闽通志》卷44
建宁路学	右庙左学	弘治《八闽通志》卷44
泉州路南安县学	左庙右学	弘治《八闽通志》卷44
漳州路学	左庙右学	弘治《八闽通志》卷45

① 刘岳申：《赣州路儒学重修大成殿记》，《申斋集》卷6。
② 杨翮：《嵊县学记》，《越中金石记》卷10。

续表

名　称	结　构	出　处
漳州路龙岩县学	前庙后学	弘治《八闽通志》卷 45
徽州府学	左庙右学	弘治《徽州府志》卷 5
徽州路歙县学	右庙左学	弘治《徽州府志》卷 13
平江路学	左庙右学	嘉靖《吴邑志》卷 5
江阴州学	前庙后学	陆文圭《墙东类稿》卷 7
潮州路学	右庙左学	吴澄《吴文正集》卷 36
赣州路学	左庙右学	刘岳申《申斋集》卷 6
庆元路学	前庙后学	袁桷《延祐四明志》卷 13
集庆路学	前庙后学	张铉《至正金陵新志》卷 1
休宁县学	前庙后学	弘治《徽州府志》卷 5
莆田县学	左庙右学	弘治《八闽通志》卷 45
河间路临沂县	前庙后学	道光《临邑县志》卷 14
蓚县学	右庙左学	刘敏中《中庵集》卷 11
莱州胶水县学	前庙后学	光绪《平度州志》卷 24

上表所反映的是元代 29 所儒学（其中北方 3 所）的建筑布局情况，由于史料所限，还有很多儒学的建筑布局目前尚不清楚。从表中统计结果来看，前庙后学 17 所，右庙左学 6 所，左庙右学 6 所，基本上反映了元代儒学建筑布局的一般情况，从中可以看出元代儒学建筑布局多样性的特点。

造成元代儒学建筑布局呈现多样性的原因很多。第一，历史原因，宋代儒学的建筑布局就不统一，元代承袭下来，未作改动。第二，经济原因，儒学的庙和学进行全面的改造，对儒学来说是一项较大的工程，花费不薄。元朝儒学的经济情况不佳，儒士贫困，儒学方面缺乏对儒学进行全面改造的经济条件。第三，元代虽然规定了从中央到地方的一整套管理制度，对儒学的具体运作，也有具体的统一的规定，但这些制度、规定在不同的时间、地点，实际执行的情况是不一样的，很多儒学都有各行其制的情况，这造成了儒学之间在祭祀、教学以及建筑布局方面的不统一。元代儒学建筑布局的多样性，也算是元代儒学发展的一个特点吧。

三、元代儒学建筑布局的变化

元政权的建立和统一，使中国社会发生了一些明显的变化，儒学教育的管理、运行等制度也与以前的宋金时代差异明显。这种差异在儒学建筑布局方面的表现就是儒学建筑布局的调整。从元代儒学建筑布局调整和变化的情况来看，最明显的首先是庙和学建筑布局的总体变化，其次是儒学对个别建筑类型的调整，导致儒学建筑布局的局部变化。可惜的是，目前学术界还很少有人注意到这一变化以及变化背后的原因。其实，任何时代的儒学建筑布局都不是一成不变的，元代社会发生了很大的变化，儒学只有适应社会环境，才能生存和发展。因此，把握元代儒学建筑布局的变化有助于在更深的层次上认识儒学的发展情况以及元朝蒙古统治对儒学教育的影响。下面就元代儒学建筑布局的变化及原因进行初步探讨。由于史料的限制，目前还很难将这一现象详细地描述出来，但详细阅读史料，总可以发现有关这一问题的蛛丝马迹。

（一）儒学庙和学建筑布局的总体变化

前面已经提到，庙和学是各级儒学的主要建筑，庙和学布局的变化，则反映了整个儒学建筑布局的变化。元代各级儒学在宋金时代已经广泛地建立起来，进入元朝以后，儒学承其旧者居多，因此在建筑布局方面元初没有明显的变化。元中后期，由于年代逐渐久远，一些建筑开始圮坏，各地一般都根据不同情况对儒学进行整修或重建，于是儒学在建筑布局方面的变化开始显现出来。但由于儒学建筑布局全面改变，需要巨大的财力条件，比较困难，大部分儒学不容易做到。因此，部分建筑布局的变化几乎各儒学都有，而庙和学布局的全面改观则是少数儒学才能做到。另外，一些地区的儒学设施已经非常完备，也没有重建的必要。最后，元代对儒学的管理比较灵活，并不强制建筑同一化。鉴于上述分析，元代儒学的建筑布局，承其旧者居多，庙学全面改变者只是个别现象。但是，即使是少数儒学的建筑布局的变化，也能反映出元代儒学办学理念的变化、儒学发展的实际状况、发展的趋势等内容。现将儒学建筑布局的整体变化情况考察如下。

1. 由左庙右学或右庙左学改为前庙后学

元代大部分儒学为前庙后学，这种情况在当时产生一定的影响，一些不是前庙后学的儒学在改造时，向大部分儒学看齐，改为前庙后学。如江西行省袁州路分宜县学，是宋朝根据清源书院及安仁驿故地改建，“县学有庙，庙后为会食堂，而所谓讲堂者在东庑之东”，入元以后，县令刘德“以为郡县讲堂必在庙后，撤会食堂以作明伦堂”。① 婺州路义乌县学宋代“斥庙西地以为学，而规制浸备”，天历二年（1329 年）县达鲁花赤特哩“尽撤而新之，奥殿邃庑，夷庭穹门，崇高修广，悉倍其旧，且改作论堂直庙之北”，② 由左庙右学改建为前庙后学。

2. 由前庙后学改为右庙左学

元代儒学由前庙后学改为右庙左学的例子也不少。如福州路福清州学，在元初中期的至元三十年（1293 年）、元贞元年（1295 年）、大德三年（1299 年）、皇庆元年（1312 年）、延祐五年（1318 年），经过五次增建，前庙后学的建筑布局已经完备。至正九年（1349 年）“知州林泉生，以为前庙后学类浮图梵宇之制乃更作之。左为明伦堂，右为大成殿，殿之南为东西两庑，堂之南为东西两序，又南为泮水，又南为前序”。③ 潮州路学也在后至元四年（1338 年）由总管丁聚之与部使者张处恭“议迁孔庙于学之右”，两年之后新学建成，时人吴澄评论说：“潮之庙学历五十余年而始大备。”④ 嘉定州学在天历二年（1329 年）重建大成殿，“移堂殿

① 虞集：《袁州路分宜县学明伦堂记》，《道园学古录》卷 35。
② 黄溍：《义乌县学明伦堂记》，《金华黄先生文集》卷 9。
③ 弘治《八闽通志》卷 45。
④ 吴澄：《潮州路重修庙学记》，《吴文正集》卷 36。

之南，士论病之，拟迁庙东，历守数十而弗能，更阅三十年”，也没有如愿。至正十六年（1356年），州学明伦堂毁，次年，“兼摄州事者太尉府分帅张元良，以教授陈公礼之请”，“填淤地成址若干亩……构新堂其上，前接轩荣，南翼斋舍”。①

元代儒学布局的两种变化情况看似矛盾，其实各有其道理。分宜县学在由右庙左学改为前庙后学时，主持这一改作的县令刘德提出的理由是“郡县学讲堂必在庙后”，这也反映出元代大部分儒学的建筑布局为前庙后学，这一建筑布局类型已经被广泛接受。由庙学并列改为前庙后学，反映了地方官府对统一儒学布局的努力。后一种变化同样有道理，前面在谈到元代儒学建筑布局情况时已经指出，右庙左学符合中国古代神位以右为尊的观念，又与蒙古习俗尚右相符合，有其合理性，因此，一些儒学改建右庙左学之制也在情理之中。这种努力在宋时就出现了，淳祐年间，建宁府（元为建宁路）学在重建时，“漕使方大宗更议右庙左学之制”。② 宋嘉熙二年（1238年）汀州府郡守戴挺以“学庙混处非宜，乃相学左射圃地，仿太学规模，创堂曰文会，前后各为斋舍二，俱南向”。③ 元代仍有学校在改右庙左学，说明儒学仍存在右庙左学的倾向。戴挺以及元福清州知州提出了前庙后学应该改为右庙左学的二个理由：一是“庙学混处非易”；二是前庙后学类浮图梵宇之制。这两点是有道理的，这种建学理念，对以后的朝代产生了一定的影响。明初在南京建国子监时，就采用了右庙左学的建筑布局结构。④

（二）元代儒学中部分建筑布局变化

元代绝大部分儒学都有增建、改建的记录，因此，儒学部分建筑布局的变化应该是比较普遍的现象。这种部分变化最明显的有两点：

---

① 《嘉定州重建儒学记》，《江苏省通志稿·金石二十四》。

② 弘治《八闽通志》卷45。

③ 弘治《八闽通志》卷45。

④ 参见徐泓《传统中国大学校园的空间规划——明南京国子监》，《史学：传统与变迁学术研讨会论文集》，台湾大学历史系1999年版。

第一，学斋的减少。下面还要详细论述，杭州路学元初有十斋，元末仅为四斋，减少了六斋。江浙行省南部今福建省一带，学斋数量的减少更加明显。据明弘治《八闽通志》，福州路学在宋代“环以十斋”，元代减为六斋。福州路长兴县学，宋有十二斋，宋末减为三斋，元代亦没有增加。永福县学宋有四斋，元减为二斋。学斋数量的减少，说明了元代儒学生员数量的减少以及教育活动的萎缩。

第二，学官厅舍的建设在儒学中占了一定的地位，这可以从前面有关学官厅舍的论述中得到说明，这里不再举例。宋代一般设立“主学”管理学校，学官体系远未形成。元代儒学逐渐官学化，路、府、州、县学官种类，数量都有明确的规定，因此，学官不仅在数量上增加，学官与地方政府簿书期会也逐渐频繁，所以，正如在前面已经论述那样，学官厅舍的建立与扩大反映了元代儒学教育方面的官学化特征。

（三）元代学校建筑布局变化举例

元代儒学建筑布局的变化除了表现在庙和学总体布局的变化以外，还表现在部分建筑布局的变化，这种情况几乎在每一个儒学中都不同程度地存在着，现以杭州路学以及建昌路学为例说明之。

杭州路学 杭州路为南宋都城临安所在地，是南宋政治文化中心。杭州路学前身是南宋时的杭州府学，由于“凡著籍其间，得以类申太学”，所以被称为京学，在士子心目中则为辟雍（天子之学）。“负笈而来者”众多，以至“殆无所容”。因此，杭州路学在南宋非常繁荣。府学在南宋景定年间，就已经“鼎新大备”。① 入元以后，杭州路学“悉讼其旧，久未有改作”。当时的建筑布局如下：

> 礼殿之东，有论堂，宋理宗亲书“养源堂”三大字，左右前后环以十斋，曰进德、曰兴能、曰登俊、曰持正、曰宾贤、曰崇礼、曰致道、曰尚志、曰养心、曰率性。每斋前列屋

① 杨简：《重修学记》，成化《杭州府志》卷23。

为间五，而后为炉亭……堂之北为高阁以藏书，榜其匾曰“尊经”者。

从上述史料可以看出，元初的杭州路学在建筑布局方面承守宋制，为右庙左学，论堂前后环以十斋，后有尊经阁。大德七年(1303年)杭州路学撤尚志斋“为广殿基”。至大四年(1311年)撤养心斋、率性斋以营学官廨舍。至治元年(1321年)进德斋、兴能斋毁于火，以其地构厅事。至正二年(1342年)杭州路学又火，虽然“燎及殿檐而止”，但持正、宾贤、崇礼、致道四斋又毁，路学仅存登俊一斋。①

至正六年(1346年)，杭州路学进行重建，布局如下：“徙(尊经)阁于四斋之故位且为屋掖其两旁。以堂之故位作新堂及前轩，设大小学斋东西对峙……阁之北数百步为亭以复之。”另外，“殿庐门庑，官厅吏舍及故所有登贤一斋”的位置，则仍其旧。②

这样，杭州路学仍为右庙左学结构，学斋由十而一，虽新建大小学斋，但学斋数比元初大为减少。至正十二年(1352年)，红巾军攻克杭州，路学被毁“曾无片瓦之覆”。至正十五年(1355年)，杭州路总管康里人帖木列思(字周贤)对之进行重建，重建后的建筑布局如下：

左庙右学，一循国学之制……礼殿尊祀先圣先师，东西两庑从祀位焉，前有戟门，徙迁棂星门而南，其深八尺有奇。又建明伦堂，宏敞高亮以隆迪教讲道之原，设大小四斋以严授业辩惑之会，庖湢有所，仓庾有居，先贤后土有祠，来朋见宾有门，中唐有甓，泮水有梁，而学校之制大备焉。③

从上面可知，至正十五年的重建，使杭州路学布局由右庙左学

① 黄溍：《杭州路儒学兴造记》，《金华黄先生文集》卷10。
② 黄溍：《杭州路儒学修造记》，《金华黄先生文集》卷10。
③ 王大本：《杭州路重建庙学之碑》，《武林石刻记》卷2。

改为左庙右学，之所以出现这种变化，可能是受了国子学建筑布局的影响。此时路学的各项设施基本完备。至正二十一年（1361 年）杭州路学又火，“学宫斋舍罄为焦土”。此年，江浙行省丞相达识帖木尔进行了重建，新路学如下布局：

> 礼殿巍峙，衡（横?）为间五，纵如之而差浅，夹室庑序合应门为间五十有七……门之南东西相向，各构室四楹，为三献监礼官幕次。又少南为门二楹，题曰泮宫。门之冲，凿泮储水若玦，跨石梁于上，以便往来。又少南为朱门三，表王仪也。庙之东为神厨，其楹四。西为明伦堂，计间七，厦如堂之数，轩少堂之四，设讲席以严师道。左右斋、仪门及别门为间三十有九。堂之北构重屋三楹，为储书所。教授有廨，正录有居……庖湢廪库一无所缺。①

据上可知，至正二十一年（1361 年）杭州路学在改建后，建筑布局仍然是左庙右学，路学的祭祀、教学以及生活设施也更加完备。

建昌路学　建昌路学位于江西行省的中部，为下路，面积不大，经济文化落后。元初建昌路学因地势而建，布局比较特殊，“庙学因地之势，其位东向。有燕居殿在西北隅”。入元以来，附近居民往往侵学地而营居室，于是“（庙）庑左之居编户，鳞次近逼庙基，喧秽不静。（尊经）阁后之居（居民），面北背南构宅一区，横截其间，庙与燕居离隔为二，另启一门向西，不共前庙之门而出”。

泰定元年（1324 年），路总管萨德弥实尽撤民居“缭以宫墙”，对路学的建筑布局进行了改造，新路学建筑布局如下：

大成殿仍东向，学居殿侧（左右不详）。殿前有戟门，戟门与庙之间的距离为二十丈六尺，“戟门之外凿泮池如半月，跨以石梁”，池外建棂星门，“门外甃街道为通衢”。泮池之侧有二碑亭，

① 孟昉：《杭州路重建庙学记》，《武林石刻记》卷 2。

大成殿之后是燕居堂，其屋“如殿之制，广（南北长）三常有二尺（五丈），深（东西长）三寻有六寸（三丈六寸）”，与大成殿“相直东向，颇与右之前庙后寝类”。殿前筑杏坛“广（南北长）一仞（七尺），崇（高）三尺有五寸”。殿右为先贤祠，左为太守祠。学宫西南为学官厅舍，中居教授，周围居正录，其北又建厅事二所，“一以待众官之公居，一以待学官之公坐”。①

以上可知，建昌路学的建筑布局在元代只是部分调整，路学仍然依地势面东，庙与学的位置也仍其旧，但内部建筑如燕居殿、学门、泮池、棂星门、学官厅舍的调整还是十分明显的。通过调整，路学建筑分布相对来说更加合理，设施也更加完备。

四、元代书院的建筑布局

书院是宋代发展和完善起来的一种儒学教育机构，它由儒士自己创立，自行管理，不事科举，专门进行文化的传习和研究。书院的上述特点，使它在宋代特别是南宋时期成为理学研究和传习的阵地。元代书院在数量上、规模上都比宋代有更大的发展，但元初即将书院纳入了各地儒学的管理体系，书院的管理运作过程中，产生了明显的官学化倾向，这对元代书院的发展产生了较大的影响。书院在元朝基本上取得了与儒学同等的地位，元政府规定，民间建立书院，必须申报行省，批准以后，由行省指派书院山长对书院进行管理，书院才能取得合法的身份，称为额设书院。书院山长与各级儒学学官一起考核和升转。就是儒学和书院的生员之间，也可以平等流动。庆元路的鄮山书院在大德初年建立后，没有生徒，于是“儒学提举司行下本路儒学及鄞县学，分拨到生徒二十一名”到书院肄业。② 因此，将元代的书院说成官学，并非没有道理。③ 就教

① 吴澄：《建昌路庙学记》，《吴文正集》卷36。

② 袁桷：《延祐四明志》卷14《学校考下》。

③ 元朝民间仍然有少数没有经过元政府批准设立的书院，这些书院大多规模不大，与义塾相当。

育内容来看，二者是一致的。就书院数量、教育规模来看，元代书院数量众多，有的书院的学生数量还超过了州县学。元朝对书院设官管理之后，书院在建筑布局方面日益学校化，教学管理方面日益官学化，这就增加了它们在元代整个教育体系中的重要性。有关元代书院发展和管理等内容，白新良的论著《中国书院史》、王颋的《元代书院考》、徐梓的《元代书院研究》以及日本牧野修二教授的《论元代庙学和书院的规模》等都进行了比较广泛的研究。但在目前的研究成果中，还很少有学者对元代书院的建筑布局进行全面探索。徐梓在其专著中研究了元代书院的"学校化"问题，但是他仅从书院建立的类型、学生来源、教学内容等方面探讨这一问题。其实，书院学校化比较明显的特征之一，应该表现在书院建筑布局的儒学化上，也就是外观的儒学化上，可惜他没有注意到这个问题。仅就这一点来说，探讨元代书院的建筑布局也很有必要。总的来看，元代书院的建筑布局有下面几种类型。

（一）前庙后学后祠的建筑布局结构

元代书院官学化的重要表现之一，就是孔庙（也称礼殿、燕居殿）的建立。孔庙建立以后，书院的精神象征——先贤祠堂则退居次要地位。这种类型的书院在元代的书院中数量较多，一般建筑规模较大，设施完备，如庆元路慈湖书院、镇江路茅山书院、福州路勉斋书院、龙兴路贞文书院、天临路岳麓书院、松江府西湖书院等都属于这一类型，现举例说明之。

茅山书院　位于镇江路金坛县，书院中有大成殿三间，两庑各三间，大成殿后为明诚堂（讲堂）三间，两庑为斋四，曰：明德、止善、正心、修身。先贤祠位于殿后东偏，以宋元名儒濂溪（周敦颐）、明道（程颢）、伊川（程颐）、横渠（张载）等十二人以及处士侯仲逸（书院最早创立者）同为一室。①

贞文书院　位于龙兴路富州长宁乡，书院"大成殿四楹于中，殿之北为明伦堂四楹，殿之南为门四楹，上为重屋，门之南为棂星

① 俞希鲁：《至顺镇江志》卷11《学校》。

门四楹，别为贞文祠，置明伦堂之后。左为山长之署四楹，两庑为诸生斋居，左右皆四楹，斋之南又为屋各五楹，庾、库、庖、湢、或以次置”。①

岳麓书院 位于湖广行省天临路，为宋四大书院之一。元代的岳麓书院建筑布局正中为礼殿，礼殿“傍四斋，左诸贤祠，右百泉轩。后讲堂，堂之后阁，曰尊经。阁之后亭，曰：极高，明悉”。此外，书院“门庑庖馆、宫墙四周，靡不修完”。②

以上三例中，先贤祠分别位于礼殿后偏、明伦堂后以及殿侧，均不是书院中较尊崇的位置，表明书院“祠学”色彩的减弱和“儒学”色彩的强化。这种布局很明显地受到前庙后学的儒学建筑布局的影响。

（二）左庙右学或右庙左学的建筑布局结构

左庙右学或右庙左学也是元代书院出现的一种建筑布局形式，这种布局使庙和学的区分较明显，庙和学各有所属，互不相扰。很明显，这同样是受到同一类型的儒学影响所致。徽州路紫阳书院、晦庵书院、明经书院以及嘉兴路陆宣公书院等均属于这种类型。现举例说明之。

陆宣公书院 位于嘉兴路治所之东，书院“中为先圣庙，两庑、仪门、东西礼亭、棂星之门（悉）具，其西为宣公祠，（又）其西为室东向，以祀郡之先贤，其外为三门。庙东为讲堂，前轩扁曰仁义之堂，以藏宣公奏议”，其“西斋以延师弟子”。③

紫阳书院 位于徽州路歙县，书院有“先圣庙、前门、后殿各三楹，而从祀之庑各倍之”，讲堂东西斋，则“视庙制而在其西偏足，旧重屋为三，以大其门，又别为小重屋三，面水，西以仿披云之旧”。④

---

① 欧阳玄：《贞文书院记》，《圭斋文集》卷5。

② 吴澄：《岳麓书院重修记》，《吴文正集》卷37。

③ 刘基：《嘉兴路重修陆宣公书院碑铭》，《刘基集》第12卷，第171页。

④ 方回：《徽州路重建紫阳书院记》，《歙县金石志》卷3。

明经书院　位于徽州路婺源州，书院“为屋数百楹，右先圣燕居之殿，左诸生会讲之堂，又其左斋庐四，又其前二塾，匾曰明诚、敬义。山巅构亭，居高望远”。①

婺源州晦庵书院　“面势端直，临乎正阳。位夫子庙于右而祠文公于左，讲余（舍）中峙，列庑翼舒，门户有严，阶户有截……有庖有庾，溪山献秀卉木交阴，藏修有息，无不具宜”。②

上述四例有二例在徽州路，估计也是受当地儒学的影响（徽州路学即是左庙右学结构），是书院儒学化的反映。

上面已经指出，此二种结构的书院，主要是元代官办或在籍书院。由于史料的限制，目前还无法统计这二种类型书院的数量，亦不能对其建筑布局做出更加详细的描述。但可以肯定的是，这种儒学化的书院在元代要占多数，其原因有两点：首先，官办或额设书院一般经济实力比较雄厚，有能力修建有关设施。元代在批准书院的请额时，首要考虑的是书院的经济情况。庆元路昌国州翁洲书院请额时，“白之州，州俾学正摄闻诸府，遂次第以达行省”，行省于是“诘问资粮之有无，存设之当否”。当被告知书院“教养咸缺”时，行省“几去其缺”，直到创建者应翔孙“辍己分田隶书院，公其出入以赡师生”，翁洲书院才得以不废。③ 这说明书院只有达到一定的经济实力，才能取得合法性。这一规定为书院官学化创造了物质条件。其次，官办或在籍书院由于行省派山长主之，“恩赐奖重，如诸学规”，④ 因此，其待遇基本上与地方儒学无异。这种书院与儒学管理方面的统一化，必将导致书院建筑布局的儒学化。所以，弋阳县蓝山书院在元初创建时，殿堂斋舍“略如郡县学之制”。⑤ 再次，从建筑布局方面来看，孔庙在书院出现后，开始成为书院最尊崇的建筑，就是不属于上述两种建筑布局的书院，

---

① 吴澄：《明经书院记》，《吴文正集》卷37。

② 柳贯：《婺源州重建晦庵书院记》，《柳待制文集》卷15。

③ 冯福京：《翁洲书院记》，《大德昌国州图志》卷2《学校》。

④ 刘将孙：《朴山书院记》，《养吾斋集》卷15。

⑤ 虞集：《蓝山书院记》，《道园学古录》卷8。

孔庙同样处在书院最尊崇的位置，如后至元四年（1338 年）建成的盱眙崇圣书院，“学舍在山之阴，山三级，上为燕居堂以祀夫子，配以兖、郕、沂、邹四公。中为两庑，右祀周程十儒，左祀郡守孔公（孔武），侑以晋侍中陈骞等六人。下为淮山堂，以居其师，进学斋，以教其子弟，庖厨门亭咸有其所”。① 这与儒学的建筑布局已经非常接近。因此，从以上论述可以得出结论：在元朝加强对书院管理的情况下，书院建筑布局的学校化成为普遍现象。

（三）以祠、学为主非儒学化的建筑布局结构

元代还有许多书院只建祠和学，或仅有学。这些书院大部分规模较小，多数没有得到官方批准。这些书院虽小，但一般都有自己的特色，更多地保留了书院独立进行教学和学术研究的特征。如位于北方陕州夏县的涑水书院，至治二年（1322 年）建成，“堂为七楹，中设公像（指司马光），名曰粹德堂，左以属宾客，右以延师席。辟斋五，聚邑士之俊造与幼而学者分教之。游息之所，讲肄之室，庖廪井厩靡不备具”。② 湖广行省道州路鲁斋书院，前为鲁斋（许衡）祠，两序“后为讲堂，东西有斋，峙以重门，缭以周垣，西偏作屋以居校职”。书院“神居有严，讲授有地”。③ 道州路濂溪书院前为应门，中为濂溪先生祠，“两庑称是”，祠之后为诚源堂（讲堂），堂之后为故守杨公祠，“左有爱莲亭及青远楼，后有光风霁月之堂”，应门之南作石台“纵广二丈，横倍之”。④ 江浙行省饶州路浮梁州双溪书院“右堂左斋，两庑翼如，祠先贤旁筑仰高堂”。⑤ 江西行省抚州路青田书院“为屋数十间，春秋有祠，讲肄有堂，庑门室房略备”。⑥ 在这些书院中，先贤之祠居于中心位置，反映了书院“祠学”的特征。另外，元代还有一些书院建

① 苏天爵：《盱眙县崇圣书院记》，《滋溪文稿》卷 2。
② 王纬：《涑水书院碑记》，康熙《山西通志》卷 204《艺文二十三》。
③ 许有壬：《鲁斋书院记》，《至正集》卷 43。
④ 欧阳玄：《道州重修濂溪书院记》，《圭斋文集》卷 5。
⑤ 刘辰翁：《双溪书院记》，嘉庆《江西通志》卷 8《饶州府》。
⑥ 程钜夫：《青田书院记》，嘉庆《江西通志》卷 18《抚州府》。

筑单一，仅以教学研究或祭祀为主。如位于巢湖之北的西岩书院，由河南程氏后人程谦夫所建，书院位于程氏宅之左，“为堂四楹以聚书”，堂之后“为亭，西南面湖”，以观风景之秀，平时程谦夫则与“同志者”读书，“以考求前言往行之义”。① 书院仅有“学”的建筑，类似于私人的读书之舍。绍兴路嵊县的二戴书院则全是有关祭祀的建筑，“作礼殿，东西庑夹室，中像圣客及四侑，又东为二戴祠四楹，外仪门三间，缭以周垣”。② 不过，总的来看，元代的中小书院主要是由乡学里塾或义塾改建而成，有的与乡学里塾基本上没有区别，学廪既薄，也不稳定。

从建筑布局上看，元代很多书院设施比较完善，基本上接近了州县级儒学。我们可以举出一些例子说明这一问题。江西行省袁州路万载县张岩书院，“有礼殿以祠先圣，殿有门庑；有祠以奉周、程、张、邵、司马六君子；有楼以藏圣贤之书；有堂以尊师而讲学；有四斋以居其学者；有庖廪器具以给凡用”。③ 松江府甫里书院“燕居有殿，妥侑有祠，会讲有堂，游息有斋，翼有门序，宿有次舍”。④ 为了更进一步说明书院儒学化的情况，下将庆元路奉化州儒学与杜洲书院，在至正年间的建筑类型列表如下：

奉化州学与杜洲书院建筑分布对照表

至正年间（1341～1368年）

奉化州学	杜洲书院
棂星门一座，东西门两座，仪门三间	门楼三间、仪门五间
大成殿三间，东西从祀廊各六间	礼殿三间
朱文公祠堂一间，三先生祠堂一间	慈湖先生祠堂三间，乡先生祠五间
彝训堂五间	彝训堂三间

① 陈旅：《西岩书院记》，《安雅堂集》卷8。

② 许汝林：《重建二戴书院记》，同治《嵊县志》卷6《书院》。

③ 虞集：《重修张岩书院记》，《道园学古录》卷36。

④ 柳贯：《甫里书院记》，《柳待制文集》卷14。

续表

奉化州学	杜洲书院
六斋六间	六斋十八间
养正堂五间，觉后堂三间	
参前碑亭一所	宣圣加号碑亭一座
土祠一间	
仓屋五间，堂后轩五间	廊屋十二间
公厨一间	庖湢五间
小学二斋三间	
	山长厅三间
	杏坛一处
共有房屋六十四间	共有房屋六十间

从表中可以看出，二者几乎在建筑类型、规模方面没有什么差别，这更直观地反映了杜洲书院的建筑布局儒学化情况。

元代儒学的建筑布局，是研究元代儒学教育的一个重要问题，本文通过对儒学主要建筑类型、儒学的主要建筑布局、儒学建筑布局的变化的深入考察和研究，主要得出如下结论：

第一，元代儒学主要分三个部分：其一是有关“庙”的建筑，包括大成殿、从祀廊庑、祭器库、乐器库、神厨、更衣所、燕居堂（很少学校设立）、戟门等。由于儒学教育的核心是儒家思想，所以，这一类建筑在儒学中的地位最高，最受尊崇，儒学的祭祀活动也主要在这一区域进行。其二是有关“学”的建筑，包括明伦堂、学斋、尊经阁、学门等。这一部分是各种教学活动进行的场所，是仅次于庙的重要建筑。其三是祭祀教学的辅助设施及生活设施，包括浴室、碑亭、公厨、会食堂、学官厅舍、泮池、泮桥、围墙、棂星门等。这一部分建筑在儒学中起着不同的作用，是儒学正常运行必不可少的。此外，先贤祠、土祠、文昌祠也属于祭祀的建筑，但与大成殿等建筑相比，这些建筑的地位略低，地域性较强，各学也不统一。

第二，元代儒学的建筑布局呈现出多样化的特点，前庙后学、右庙左学、左庙右学是主要形式。这种情况的出现，既是前代儒学影响的结果，也是元代教育出现新变化的反映。

第三，元代儒学的建筑布局发生了一定的变化，既有整个庙和学整体建筑布局的变化，更有部分建筑结构的调整，有一点是比较明确的，就是元代儒学通过上述变化，逐步适应了元朝新的发展环境，各项教学、祭祀及辅助设施逐步趋于完善。

总的来看，元代儒学的建筑布局已经定形。儒学各项建筑的种类、大小、数量亦逐渐形成定制，这对明清儒学布局结构产生了较大的影响，说明了元代儒学教育在中国教育史上的地位。

第五章
元代儒学的学产

元代儒学的学产包括学田、房舍、祭器（乐器）书籍等，是元代儒学运行的物资条件。元人苏天爵论述儒学教育发展的三个必要条件时说："教养之法在乎师表之严，敦劝之方责诸承宣之寄，而圣贤之祀享，弟子之膳羞，是皆学田所出，可不正其疆界乎？"① 苏天爵将儒学的师表之严、承宣之寄和学田在儒学发展中的重要性同等看待，说明了元人对于儒学运行的物资条件的重视。有关元代儒学学产问题，前人已经有了一些研究，孟繁清《元代的学田》对元代学田的种类、数量、经营方式等进行了探讨。② 陈高华《元代的地方官学》同样涉及元代的学田问题。近年来，出现了一些新的成果，如李国钧、王炳照主编《中国教育制度通史》（第3卷）等，不过，这些教育史专著，仅仅从教育经费的角度考察元代儒学的学产问题，③ 其所论述的学产都是能给儒学带来收入的学

① 苏天爵：《新城县学田记》，《滋溪文稿》卷4。
② 《北京大学学报》1981年第6期。
③ 见该书第490～496页。

产，如学田等。一些不能给儒学带来收入，但对儒学的运行又十分必要的学产，如祭器、乐器、书籍等则被忽略。胡务《元代庙学学产》一文，对元代儒学学产种类、学产主体（学田的来源、种类、数量及管理）、学田兼并与反兼并问题进行了考察，但他对学田概念的定义太广泛了，一些不属于学产的贡士庄、义庄、乡饮酒礼用地也被他作为学田对待，① 而儒学的祭器、乐器、书籍同样没有列入研究范围。本节在前人研究的基础上对元代的学产问题进行考察，前人论述较多、较深入的问题，将不再展开论述。

一、学　田

学田指所有权属于儒学，其收入归儒学开支的田地。元代儒学、书院、义塾都有学田，它是儒学的收入来源，也是儒学运行的物资保障。关于学田与教养之间的关系，元人刘举认为："国家立学遍天下，学之制大小不同，学士之版众寡不同，然莫不具土田以充储庋焉。盖迪士以教，赡士以养，可以两备，不可以一缺，倘户外之屦孔多，廪入之粟不继，此亦典教者所以尽心也。"② 上述史料将学田与教养同等看待，反映了元人对儒学学田重要性的高度

① 贡士庄的土地是宋朝设立的，用于资助参加科举士人的旅费和其他费用。元朝贡士庄田地与学田不同，归地方政府管理，这在第一章有过论述。乡饮酒礼的土地，主要见于庆元路，是宋代地方官为了保证举行乡饮酒礼的费用而设立的，当时规定"尽归之学而有司不预焉"（王伯庠：《乡饮酒礼记》，《延祐四明志》卷14）。元朝乡饮酒礼很少举行，乡饮的土地管理也没有记载，至正初年庆元路总管王元恭议行乡饮酒礼时，"命有司经理各处田土，核实科征，专充行礼之用"（《至正四明续志》卷8），说明乡饮酒礼的土地仍归地方政府掌管，不归儒学掌握。元代江南义田、义庄很多，但大部分是用来救济亲族和乡里的，如庆元路楼氏义田庄就是用来帮助当地的"仕族"，凡是"有亲丧不能举与孤女不能嫁者，以其租入给之"（《延祐四明志》卷14）。处州路汤氏义田庄是用来帮助汤氏族人（《续括仓金石志》卷4）。义田不是学田，也不归儒学掌管，汤氏义田庄就是"择族人廉谨而有局干者，俾任其出纳"（黄溍：《汤氏义田记》，《续括仓金石志》卷4）。胡务将上述土地作为学田，是不准确的。

② 佚名：《嘉兴府学复田记》，弘治《嘉兴府志》卷7《诗文》。

评价。

关于元代学田的来源，孟繁清在《元代的学田》一文中，将其归纳为四种：（甲）沿袭前代旧有学田。（乙）拨官田给学校。（丙）私人捐献。（丁）购置民田。元代学田的来源大致如此。不过江南儒学学田的来源与北方稍有不同，首先它大部分承袭宋代，其次为私人捐献，捐献者一般为地方上的知名儒士、义士，也有地方官、僧人（如松江府）等，官拨学田的情况也有记载。如湖南宪佥黑的哥在道州路宁远县学，“以学廪数少，命邑吏核在官山壤之饶者，量益其租入，以资祀事”。① 再次是江南儒学置买的田地，如宝庆路新化县学至顺元年（1330年）出售余粟得中统钞二千五百缗，“遂以（其）金增田产，得县之江东青峰王家田二十二亩五分”。②

金朝时北方儒学学田不多，蒙金战争期间，学田更是大部分易主，因此元初北方儒学学田很少，很多儒学没有学田。至元年间就有一些地方官为儒学拨田，元成宗继位以后发布圣旨：“（儒学）无学田去处，量拨荒闲地土给膳生徒。”③ 这一圣旨对北方儒学产生了很大的影响，很多儒学得到官拨的学田，现将元初北方政府划拨学田的例子列举如下：

至元年间，潞州学“学制苟完而生徒受业者岁中无以食……乃于柳林里取闲田四顷余亩，择谨信吏一人守之，以为二仲月释菜之资，为舍中晨昏之餐”。④

至元中，中山府知府齐询“相城下及隍池之隙地可治为田者凡三百有七十亩，募民能艺者簿其租，庙祀始有贡”。⑤

至元间，杜某为睢州判官，“给田二十亩，以为供赡”。⑥

---

① 佚名：《兴举学校记》，嘉靖《湖广图经志书》卷13《永州府·艺文》。

② 刘举：《赡学田记》，嘉靖《湖广图经志书》卷16《宝庆府·艺文》。

③ 胡聘之：《山右石刻丛编》卷27《勉励学校诏》。

④ 胡聘之：《山右石刻丛编》卷36《潞州学田记》。

⑤ 《中山府学田记》，《民国定县志》卷20《金石篇下》。

⑥ 《皇元东昌路总管府推官杜君墓碑》，武亿《安阳县金石录》卷10，嘉庆四年刻本。

至元十年（1273年），临沂县“给田六顷以为膳学永久之计”。①

至元二十六年（1289年），滕县尹陈谌“以如市乡官地五顷余为学田”。大德八年（1304年），滕县长吏阿卜萨等，“又以如市乡官田五顷与之”。至治二年（1322年），“又以礼教乡之五顷增之，簿正以定其租，立石以表其畔”。②

元贞元年（1295年）冬，胙城县尹刘庭“复辟良田五顷”，作为县学学田。③

大德十年（1306年），石州“拨系官间田若干亩以供养士之费”。④

至治二年（1322年），懿州“将东至官道，南至□，西至小道，北至姜家地屋一区划归儒学”。⑤

泰定二年（1325年），陕西行省最西部的临洮府“给田庐以养其学校”。⑥

至顺二年（1331年）三月，中书平章政事阿尔哈雅公为武卫儒学“度营旁地得二千亩，俾耕以食学者”。⑦

后至元之五年（1339年），御史李中巡行西道，“得豪民所侵学田五十余顷，刻石著其疆畔，租入之数，以畀之学官”。⑧

上述例子说明，元代北方学田一般以官拨田地为主。除了官拨学田以外，北方学田也有的来源于置买或民间捐献，如大德十一年（1307年）长山县尹孟仲贤“阅籍得废宅贸诸其邻，以其直，买桑

---

① 《临邑县尹田公德政之碑》，道光《临邑县志》卷14《金石志中》，道光十七年刻本。

② 虞集：《滕州学田记》，《道园学古录》卷8。

③ 《胙城县庙学记》，王恽《秋涧先生大全文集》卷40。

④ 安熙《石州庙学记》，《默庵集》卷3。

⑤ 《懿州城南学田记》，罗福颐《满洲金石志外编》民国二十六年石印本。

⑥ 《陇右金石录·元·文宣王庙碑》。

⑦ 《武卫新建先圣庙学碑》，虞集《道园学古录》卷23。

⑧ 虞集《奉元路重修先圣庙学记》，《道园学古录》卷35

田为亩者凡十又六，乞悉以入学以闻，许焉”。① 元初栾城县学无田，“县豪杰张浃、郭贞等割己业以畀之，又以钱五百缗具祭品，张浃复捐书一万卷”。② 中山府学在大德五年（1301 年）也得到“刘清捐献大城村左田二百亩”。③ 总的来看，元代江南儒学承袭了宋代遗留下来的巨额学田，物资条件比较优越。北方虽然很多儒学得到官拨学田，但元代学田的数量由于来源不一，差别很大，不仅南北差别很大，就是江南的儒学之间，差距也明显存在。如嘉兴路海盐州学“为士者百家，为田者万亩”。④ 松江府学有田共一万六千二百二亩有奇。⑤ 松江府上海县学有田一千六百九十五亩。⑥ 绍兴路余姚州学田，田地山荡四千三百亩二角四十八步。⑦ 句容县学，田一千六百一十八亩，地一百六十亩，另外还有山田、池塘若干亩。⑧ 也有一些儒学学田不多，如绍兴路新昌县学“田三百八十亩，地视田四之一”。⑨ 而湖广行省湘乡州学“学计薄，廪膳常不及”；⑩ 辰州路卢溪县元初没有学田，至大二年才开始“规措”。⑪ 元代北方儒学学田更少，保定路新城县有“学田八十亩，散在四方之野，岁入粟五十余石，蒿千余束”。⑫ 号称田多的陕西行省鄜县儒学，在至正三年（1343 年）总计有学田五顷二十一亩。⑬ 学田数量的巨大差别使元代儒学的发展，显现出不平衡的状态，现将庆元路、建康路（集庆路）、镇江路、广州路四处儒学学田及收入

---

① 刘敏中：《长山县学田记》，《中庵先生刘文简公文集》卷 1。
② 《元栾城县学田记》，《栾城县志》卷 14《碑碣》。
③ 《中山府增修府学记》，贾思绂：《民国定县志》卷 20《金石篇下》。
④ 黄溍：《海盐州大成乐记》，嘉靖《嘉兴府图记》卷 5《邦制四·学校》。
⑤ 嘉庆《松江府志》卷 30《学校志》。
⑥ 臧梦解：《至人舍田记》，崇祯《松江府志》卷 23。
⑦ 佚名：《学田碑阴》，《越中金石记》卷 10。
⑧ 《句容县儒学田籍记》，《句容金石记》卷 8。
⑨ 程良真：《新昌县儒学田土记》，《越中金石记》卷 8。
⑩ 虞槃：《重修庙学记》，嘉靖《湖广图经志书》卷 15《长沙府·艺文》。
⑪ 张图南：《儒学记》，嘉靖《湖广图经志书》卷 17《辰州府·艺文》。
⑫ 苏天爵：《新城县学田记》，《滋溪文稿》卷 4。
⑬ 《陕西金石志》卷 26《圣庙加封制词》。

列表如下，以反映元代儒学学田的分布情况：

元至正年间集庆路学学田及收入统计表

学校	集庆路学	江宁县学	上元县学	句容县学	溧水州学	溧阳州学
学田	田土总计 20 859 亩	田土总计 1 275亩有奇	学田、山地、水潭通计 1 121亩 2 角 33 步	田 1 618 亩、地 162 亩、山 557 亩、塘 5 亩	田 3 549 亩、地 250 亩、山 122 亩	不详
收入	粮 5 235 石、至元钞 8 定 29 两			小麦 81 石、大麦 14 石、中统钞 5 定 34 两	糙粳米 275 石小麦 21 石、黄豆 0.2 石、丝 6 钱、中统钞 11 定 8 两	米 1 957 石、租钞 19 定

元至顺年间镇江路学学田及收入统计表

学校	镇江路学	丹徒县学	丹阳县学	金坛县学
学校田产	田 19 725 亩、地 4 360 亩、山 1 016 亩、池塘 96 亩、荡 4 593 亩	田 108 亩、地 52 亩	田 2 577 亩、地 296 亩、山 99 亩	田 1 502 亩、地 4 100 亩、山 10 亩、荡 3 878 亩
学校租入	粮 6 436 石、钞 4 678 贯（中统钞）、丝 10 两	粮 16 石	粮 525 石、钞 85 贯（中统钞）	粮 634 石、钞 4 156 贯（中统钞）

元大德年间广州路学学田及收入表

名　称	学　田	收　　入
路学	不详	米3 000石（致和元年）、中统钞529定29两5钱
南海县学	4 000亩	米120石1斗4升、中统钞17定10两5钱5分
番禺县学	不详	米246石七斗3升、中统钞8定1两4钱
东莞县学	不详	米284石、中统钞29定14两2钱3分
增城县学	不详	米4石、中统钞3定29两9钱5分
新会县学	不详	米93石5斗、中统钞6定42两1钱
香山县学	不详	米76石3斗5升、中统钞14定37两9钱5分
清远县学	不详	米12石5斗、中统钞2定42两6钱
合　计		米3 835石、中统钞611定

反映元代儒学学田及收入增减情况的史料不多，但根据有限的史料，我们仍能看出一些学校的大致情况。如广州路学，大德年间每年收租米2 476石8升，泰定三年（1326年）增至2 697石3斗，租钞529定19两5钱，租米增长了8.9%。致和年间（1328年）路学收租达3 000石，比大德年间增长了21.2%。① 庆元路所属儒学的学田和收入在元代增加也很明显，具体情况将在后面章节论述。

学田的种类很多，据《延祐四明志》载，元代庆元路的学田中就有：上岸田、官湖田、地、山、河涂田、沙岸、石渠、鱼荡、水田、园地田、海涂田等11种名目，绍兴路新昌县儒学学田有�田、泉田、塘田、天田之分（�田为上、泉田次之、塘田又次之、天田为下），② 余姚州学也有田、地、山、荡等种类。③ 孟繁清在《元代的学田》中，共列出学田种类21种，反映了学田种类的复杂情况。

① 《大德南海志》卷9《学校》。

② 《新昌县学置田记》，《越中金石记》卷10。

③ 《学田碑阴》，《越中金石记》卷10。

儒学以租佃的方式经营学田，学田租粮均有定额，一般收实物地租，而山、荡、渡口、石渠等则收租金。有关学田的经营情况，可参考前述孟繁清文，这里不再赘述。

不可否认，元代学田在数量及种类方面都比前代有较大的增加，但总的来看，元代学田利用的效率较低，就是说学田的收入并不能完全或大部分用在有关学校的各项事业上，这是元代学田收入的一个明显特点。这种情况的出现，是元代的社会情况、元代蒙古统治的特点以及元代儒学制度决定的。具体有三点：

第一，元代学田被侵夺、霸占的现象非常普遍，寺庙、豪民、戍兵、胥吏都可能成为侵夺学田的实施者，造成学田所收钱粮很多不能用于儒学发展。这样的例子很多，如江西行省南安路南康县学廪"蚀与浮图者三之一"。① 余姚州学至正年间"学田历年即久，欺弊日滋，以故廪入不足，春秋释奠取给临时，稍食弗充，教养失实"。② 江浙行省池州路学学田"滋夺于豪民者，已置弗问，权势之所占射［摄］，掩为己私，公家之获，十不一二"。③ 嘉兴路海盐州学"有田万余亩，至元内附之初，民乘间据有之，利之归于我者十无二三"。④

第二，元代地方政府对学田钱粮控制较严。虽然有学田归儒学掌管的诏令，但很多学校田粮仍归有司掌握，造成儒学钱粮被侵现象，学官对此无能为力。如宁国路学"赢钱藏府中者，中统钞一千六百定，或倡言贷取息赡用，既争假借去，展转窜易，久将不可知"。⑤ 元初江浙地区"学田所入，制于有司，职教者莫敢触豪发。或廊屋坏，日膳不充，皆坐视，士甚病焉"。⑥ 江西行省吉安路学

---

① 王南叔：《南康县儒学复田修造记》，同治《南安府志》卷21，同治七年刻本。

② 孙元蒙：《余姚州学记》，光绪《余姚县志》卷10《学校》，光绪二十五年刊本。

③ 吴师道：《池州修学记》，《吴礼部文集》卷13。

④ 陈旅：《海盐州新学记》，嘉靖《嘉兴府图记》卷5《邦制四·学校》。

⑤ 吴师道：《宁国路修学救荒记》，《吴礼部文集》卷12。

⑥ 张养浩：《江浙等处儒学提举柯君墓志铭》，《归田类稿》卷13。

"庙学钱粮虽多，府曹役任钱粮之科，州县则吏胥移易侵贷，上下表里为弊，岁不给用"。① 上述情况，不仅使儒学发展更加困难，也使学官产生了不负责任、视儒学如传舍的思想。

第三，元代学官制度弊端较多，学官不称职，贪污、浪费学粮的现象严重，致使学田钱粮发挥不了应有的作用。元贞元年（1295年），江南行御史台对学官的腐败情况进行了通报，文件中说："近年以来，（学官）委人不得其人，教养之道寂然无闻，侵蚀之风相扇成俗，其视学廪不啻己物，营视规利，侵破不存，坐视庙学𢉅颓不顾，祭器损缺，经板散失，略不修完，在学有圣像书籍，移道驰宋［送］官员，甚者将学舍拆毁，田粮隐瞒，枵腹而来，饱载而去。"② 上述现象出现在元代的官方文件中，可以想见情况的严重性。元代的学田远没有发挥作用，造成了元代江南大部分儒学经济困难，发展缓慢，这是至今都应该吸取的教训。

二、祭　器

元代的儒学祭祀制度，已经在第三章论述。元统一后，郡县文庙"释奠悉如旧仪"。③ 江南各儒学祭器也主要承袭于前代，各不统一。镇江路学祭器皆木器，④ 绍兴路学的祭器有陶器、木器和竹器，⑤ 广州路学祭器铸锡为之，⑥ 绍兴路新昌县学皆石器。⑦ 除了祭器质地不同外，宋元更替之际，祭器损失破坏也非常严重。入元以来，由于年代久远"旧有所存者，岁久朽弊，简陋弗完"。⑧ 元中期以后，江南逐渐开始重铸祭器，铜逐渐成为通用的铸造祭器的

① 刘铣：《吉安兴学记》，《桂隐文集》卷1。
② 《庙学典礼》卷4《学官任满给由》。
③ 《元史》卷76《祭祀志五》。
④ 俞希鲁：《至顺镇江志》卷11《学校》。
⑤ 《绍兴路庙学图》，《越中金石记》卷7。
⑥ 《大德南海志》卷9。
⑦ 叶载采：《文庙祭器记》，民国《新昌县志》，1920年铅印本。
⑧ 袁桷：《延祐四明志》卷13《学校考》。

原料。但特殊的祭器仍用铁、木或竹。如元贞元年（1295 年）湖广行省澧州路“范金为祭器二百七十有二，竹木发漆之具三百有四”。① 永州路“幕工于庐陵”（江西行省吉安路），“范尊、垒、豆、洗、爵、坫、簠、簋一百四十有二，笾、俎、篚、幕亦一新之”。② 绍兴路新昌县儒学在至治元年（1321 年）“范金合土”为祭器。至大元年（1308 年）嘉兴路学以铜铸祭器。③ 儒学祭器的普遍铸造，反映了元中期以后儒学祭祀制度的完善以及元中期儒学的发展。

元代儒学祭器的种类很多。据《延祐四明志》载，元代庆元路学的祭器种类有——铜器：器象尊、牺尊、垒洗、龙勺、爵、大香炉、小香炉、大尊、壶尊、山尊、著尊、豆、簠、簋、中样花瓶、奠盆、坫、大样香炉、花瓶等十八种；铁器：大香炉一种；木器：俎、豆、坫三种；竹器：笾、篚二种，此外还有幕布、拜席等。镇江路学的祭器，宋代皆竹木器，元代则“皆易以铜，其笾俎篚则循用旧物焉”。种类有：牺尊、象尊、著尊、太尊、壶尊、山尊、簠、簋、垒洗、爵、坫、豆、勺、毛血盆、炉（香炉）、瓶（花瓶）等，与庆元路学大同小异。④ 江南其他儒学祭器也大体类似，只是种类有增减，数量有差别。

元代儒学除了祭器用于祭祀以外，每年春秋祭祀时，还有大成乐伴奏，因此，乐器也是儒学学产之一。元中期以后，儒学相继置办大成乐，有关情况已在第三章论述。大成乐由一些固定的乐器组成，如编钟、编磬、箫、埙、篪等，但各地大成乐乐器的种类及数量也有一些差别，如汉阳府学大成乐器有“琴、瑟、笙、笛、篪各二，特钟、特磬、柷、敔、鼓各一，箫八、编钟、磬各十六”。⑤ 彬州路学皇庆二年（1313 年）置办大成乐，乐器有“特钟、特磬

① 姚燧：《澧州庙学记》，《姚文公牧庵集》不分卷。
② 张三翁：《府学祭器记》，康熙《永州府志》卷 19《艺文》。
③ 《越中金石记》卷 16《元嘉兴路学器物款式十四种》。
④ 俞希鲁《至顺镇江志》卷 11《学校》。
⑤ 余阙：《汉阳府学大成乐记》，《青阳先生文集》卷 3。

一，编钟、编磬各十有六，箫八、风箫一、笙二、篴二、篪三，埙加一焉，柷、敔各一，琴、瑟、鼓各二等”，再加上其他辅助乐器，“凡六十有三”。① 由于大成乐演奏有固定的曲子，所以儒学的乐器种类和数量一般来说差距不大，由于元代大成乐的情况已经论述，这里不再展开。

三、书籍

书籍是儒学比较重要的学产。元庆元路定海县达鲁花赤阿察赤认为：“县固有学，学必聚书，冥行空言，讲习何补？武城弦歌，先圣是取，进乡小民，首与文词，此必自聚书始”。② 这反映了元人对儒学藏书重要性的认识。书籍是比较容易损坏的学产，兵火、虫蛀以及人为的攫取，都容易使之造成散失和破坏。宋元更替以来，儒学的藏书散失严重，如镇江路学“归附后，散佚甚多，所存者不及十二三耳”。③ 广州路学宋代曾有御书阁以“御书经史胪列左右”。入元以后，御书阁废圮，路学藏书损失殆尽，元代再没有见到广州路学有藏书的记载。④ 集庆路学所藏御书，石经经书、史书、子书、理学书、文集、图志、类书、医书、书板等“卷帙以数千记，归附，兵火散失，荡无一存”。⑤ 从现有史料看，除镇江路、庆元路、集庆路等一些较大的路学有藏书以外，一般州县学在元初很少有藏书的记载，估计与元初书籍散失有关，北方儒学更是如此。鉴于上述情况，元贞元年（1295 年）元政府专门下达了关于儒学整顿藏书和严格书籍管理的命令。命令中说：

各处学校见有书板，令学官检校。全者，整顿成帙，置库

---

① 郑鸣凤：《大成乐记》，嘉靖《湖广图经志书》卷 14。

② 袁桷：《藏书记》，《至正四明续志》卷 7。

③ 俞希鲁：《至顺镇江志》卷 11《学校》。

④ 《大德南海志》卷 9。

⑤ 张铉：《至正金陵新志》卷 9。

> 封锁，析类架阁，勿至失散。仍仰各印一部，及置买四书、九经、通鉴各一部，装备完整，以备检阅，不许借借出学。如书板但有欠缺，教随即点勘无差，于儒学钱粮内刊补成集。①

上述规定，一方面反映了元初儒学藏书散失朽坏的事实；另一方面也反映了元代儒学从元初就开始增补藏书，并严格书籍的管理，但这一命令似乎未得到儒学的广泛响应。直到元中后期，一些儒学才出现了置买书籍的记载。如泰定二年（1325年），庆元路定海县"由杭置经史一千五百一十八卷计五百七十五册"，又"复得（子集）七百二十八卷，计二百一十五册"。② 至正十二年（1352年），湖州路乌程县学重建尊经阁，"买十三经及诸史子集若干卷储于阁"。③ 至正二十三年，松江府学所储经史子集毁于兵火，此年，府学兴复，"以学廪若干石，购求《十三经注疏》等书，储于书阁。并戒司籍慎于所守"，勿致损坏。④ 大德七年（1303年），潞州儒学"创购官书万有一千五百二十卷，筑楼以储之泮宫，以资学者肄业之本，使士力学者得读所未读之书，得知所未知之事"。⑤ 此年，淮阴路总管郭浩与同僚"各出己书，藏于学，又率同志各捐己币，命掌书器朱华发市书于杭，得三千卷"。⑥ 至正十三年（1353年），上都分学助教毛文在，"节缩餐钱之羡，购书一千二百六十三卷，为三百五十册，填于分学"。⑦

但总的来看，元代史料中记载儒学藏书的内容不多，很多儒学没有藏书，宋代藏书较多的庆元路学、镇江路学元代藏书也没有达到南宋时的数量。

现将元代部分儒学的藏书情况，列表如下：

---

① 《庙学典礼》卷5《行台坐下宪司讲究学校便宜》。
② 袁桷：《藏书记》，《至正四明续志》卷7。
③ 宇文谅：《乌程县学尊经阁碑》，《吴兴金石记》卷16。
④ 李贝阙：《藏书阁记》，崇祯《松江府志》卷23。
⑤ 杨仁风：《潞州学斯文楼记》，胡聘之：《山右石刻丛编》卷29。
⑥ 《孔庙经籍祭器记》，《淮阴金石仅存录》不分卷。
⑦ 危素：《上都分学书目序》，《危学士全集》卷3。

元代部分儒学藏书数

名　称	数量（册、卷）	出　处
镇江路学	1392 册	俞希鲁《至顺镇江志》卷 11
乌程县学	135 册（不全）	陆心源《吴兴金石记》卷 16
庆元路学	1250（至正数）	王元恭《至正四明续志》卷 9
奉化州学	173 册	王元恭《至正四明续志》卷 9
昌国州学	273 册	王元恭《至正四明续志》卷 9
定海县学	821 册	王元恭《至正四明续志》卷 9
胙城县学	数千卷	王恽《秋涧先生大全文集》卷 40
潞州学	11520 卷	胡聘之《山右石刻丛编》卷 30
济州学	50 卷	《济州金石志》卷 3
彰德路学	2000 卷	胡祇遹《紫山大全集》卷 11
栾城县学	10000 卷	《栾城县志》卷 14

元代儒学的藏书分为经、史、子集以及类书、传记、语录、方志等，各学校还保存了大量的书板，以备印刷之用。现将《延祐四明志》中有关庆元路学藏书情况列表如下：

延祐年间庆元路学藏书目录表

分类	书　目
经	《四书集成》、《春秋左传》、《诗辑》、《公羊谷梁传》、《大学传疏》、《四书精要》、《论语集注》、《东莱读数记》。
史	《同鉴纲目》、《通鉴目录》、《通鉴精义》、《九朝通鉴》、《纪事本末》、《编年》、《通鉴》、《续通鉴》、《北齐书》、《南齐书》、《南唐书》、《宋书》、《梁书》、《陈书》、《周书》、《魏书》、《旧唐书》、《晋书》、《南史》、《北史》、《五代史》、《读史管见》、《通鉴编年》、《细字通鉴》

续表

分类	书　目
诸子	《张子西铭》、《老子道德经》、《周子通书》、《庄子南华经》、《周子太极图》、《大学衍义》、《朱子语略》、《西山读书记》
文集	《元次山集》、《濂溪大全集》、《山谷集》、《二苏应招集》、《王文公集》、《剑南续稿》、《白氏长庆集》、《渭南文集》、《紫阳文集》、《东坡大全集》、《杜诗》、《丽泽诗集》、《东坡诗注》、《后山诗注》
类书	《职官分纪》、《三朝言行录》、《四朝言行录》、《锦绣万花谷》、《五朝言行录》、《续四朝言行录》、《姓氏辩正》、《经济奏议》、《艺文类聚》、《白孔六帖》、《事类合璧》、《续四明志》、《汉文忠经》、《古文孝经》、《孝义事件》

从上述儒学的藏书情况可以看出，书籍作为代表儒学教育发展水平的学产，在元代并未受到重视，元代儒学（特别是江南儒学）藏书之少，是宋以及以后的明清等朝代所罕见的。这种情况的出现，除了经济条件以及儒学发展状况不稳定等原因以外，本人认为主要原因应归于元代儒学教育观念本身。

首先，元代儒学重祭祀，这在上一章已经提到。尽管经济困难，元代中后期大部分儒学铸祭器，置买大成乐乐器，儒学在祭祀方面可谓不遗余力，而书籍之藏则被忽略了。集庆路学数以千册的藏书元初被毁，此后这些书籍并未得到补充。《至正金陵新志》有关书籍的记述中只谈到书板，而没有书籍。广州路学也出现了类似的情况。儒学书籍的散佚，同祭器、乐器增加形成了鲜明的对比。

其次，从儒学的教学来说，元代儒学教育大多一本朱子之说，把理学作为教学中心，教书以读经为主，并不重视让学生广泛阅读。元文人陈俨就主张读书不必多，五经足也。他认为："道在方册，《易》、《诗》、《书》、《春秋》、《礼》、《乐》总不越数十卷，见诸日用，亦不越君臣、父子、兄弟、夫妇、朋友五者"，"读书愈多而愈不得其要”。① 这种认识在理学几乎一统天下的元朝一定会有不小的市场。程端礼的教学法就是这种思想的代表。② 既然读书不必多，买书何用？无怪乎很多儒学都没有藏书，现有的书籍，书板亦损失严重。同一些儒士拘泥于朱子之学不同，北方一些儒士则对此观点不以为然。曾入东宫为皇太子真金师，后为辽阳行省参知政事的杨仁风，就对元代重祭祀之习持批评的态度。在读书的问题上，他主张应该让“士之力学者得读所未读之书，得知所未知之事”，这样才能“温故而知新，博学而笃志”，他认为“诸子百家之书虽小，道必有可观者焉”。儒学培养的人才应该是“浸润经史，贯通古今”。他的这种观点同江南一些儒士沉溺于义理之学的观点不同，给人以耳目一新的感觉。③ 但这种教学主张并没有在江南得到广泛响应。

学产是儒学教育赖以进行的物资基础，其重要性是不言而喻的。元朝对学产是重视的，至元二十七年（1290 年）就下达了《不许变卖学舍》的文件。④ 对前代遗留下来的学田，也明确宣布归儒学支配，这对保证元代儒学教育的发展起了重要作用。至元二十八年（1291 年），元政府对江南释教总管杨琏真加恶意侵吞学产的现象进行查处，并将被侵夺学产归还儒学、书院，这在当时产生了很大的影响，侵吞学产的现象得到一定程度的遏制。⑤ 有元一代，儒学学产虽没有非常明显的增加，但基本得到尊重，这对儒学教育的生存和发展，产生了积极的影响。

---

① 陈俨：《尊经阁记》，《济州金石记》卷 3。

② 程端礼的《程氏家塾读书分年日程》中，对学生读书严格限制，他的教学方法由国子监颁行全国，产生了较大的影响。

③ 胡聘之：《潞州学斯文楼记》，《山右石刻丛编》卷 29。

④ 《庙学典礼》卷 3。

⑤ 《庙学典礼》卷 3《郭佥省咨复杨总摄元占学院产业》。

第六章
元代学官制度（一）

中国古代的学官，也称教官，指历代各级官办学校中主管学务的官员或官学教师。学官大多具有“官”和“师”的双重身份，在儒学教育中起着重要作用。中国远古时期教育特点是“学在官府”，这种特点对后来的教育产生了重要影响。秦汉以来，中国高层次的教育一般都是官学教育，唐宋以后，随着社会经济、文化的发展，官学教育由中央扩展到地方，官办的各级儒学逐步兴起，民间书院也进一步官学化，官学教育占据了绝对统治地位，民间的书院、义塾、私塾等教育形式，只能是官学教育的附庸或补充。中国学官制度可以说是中国官学教育的伴生物，是与中国古代官学教育相始终的制度。

中国最早的学官出现在何时，目前已不可考。传说五帝时期的“成均”，有虞氏的“庠”，夏代的“序”、“学”，都是官学，可能此时就有学官的设置。不过由于当时的学校教育还处于初级阶段，没有脱离教育的原始形态，所以，当时的学官即使存在，也会与后来的学官有很大的区别。春秋时期，教育家孔子兴办私学，弟子三千，在他的推动下，中国教育发展出现了质的飞跃，但孔子创办的是私学，孔子本人只能称为“师”，还不是后来的学官。中国古代最早的严格意义上的学官称博士，据王国维考证，博士最早出现于战国后期，秦汉以来，数量屡有增减。作为学官，博士负责教授与生员课试，还负责议政、议典礼等。① 此后，中国地方也出现了设置学官的记载，《晋书》记载：石勒“命郡国立学官，每郡置博士祭酒二人，弟子百五十人。三考修成，显，升台府”。② 隋朝“诸郡置学官”。③ 唐朝地方也有学官，《旧唐书》记载，高智周为“寿州刺史，政存宽惠，百姓安之。每行部，必先召学官，见诸生，试其讲诵，访以经义及时政得失”。④ 从以上史料可以看出，秦汉以后，学官除了在中央的国子学设立以外，地方也开始设立学官。不过，我们不应该对这一历史现象估计过高，唐朝以前地方官学的设立只是个别现象，并不普遍，地方学官更是非常少见。从历代学者的文集来看，隋唐以前还没有人使用“学官”这一概念。唐人的文集中，学官主要是指“学宫”以及国子学的学官，只有个别场合使用“学官”的概念来指地方学官。⑤ 就是对于中央国子学的学官，当时很多人也不愿意为之，萧颖士记述道：“一履学官，便为摒弃，虽不足以断贤才通塞之路，而常情积习可不谓然乎?”⑥ 柳宗元也说：“专名誉、好文章者，咸耻为学官。”⑦ 这说明了虽然不能排除唐代地方学官存在的可能性，但唐朝以前地方学官确实很少，更没有形成学官制度。学官制度开始形成，是在宋金时期。

---

① 王国维：《汉魏博士考》，《王国维学术论著》，浙江人民出版社 1998 年版，第 87 ~ 109 页。

② 《晋书》卷 105《载记五 · 石勒下》。

③ 《隋书》卷 75《儒林》。

④ 《旧唐书》卷 185 上《高智周传》。

⑤ 有关结论来自四库全书所收历代文集的检索。不过，《旧唐书》中有关于地方学官的记载，该书为后人所修，可能受到后人关于学官认识的影响。

⑥ 萧颖士：《萧茂挺文集 · 赠韦司业书》。

⑦ 柳宗元：《增广注释音辩唐柳先生文集》卷 26《四门助教厅壁记》，四部丛刊初编本。

宋朝建立以后，为了彻底改变武人割据、损害中央集权的现象，实行以文治国，大力发展儒学教育，宋朝的教育发展到前所未有的水平。地方教育方面，在宋徽宗时代发展空前繁荣，与之相对应的地方学官制度也逐步建立和完善。据顾宏义的研究，宋代地方学官、学职的设置、数量、待遇、选举、考课都已经形成固定的制度，① 这种制度对元代学官制度产生了很大的影响。

金朝在中国北方的统治稳定以后，也开始实行科举，发展教育。金代中国北方的儒学教育同样得到一定发展，金代的学官制度对蒙元政权，同样产生了影响。

关于元代学官的研究，到目前为止已经发表了很多研究成果。1947 年周祖谟先生发表了《宋亡后仕元之儒学教授》一文，对元初江南学官的形成、学官的心态等问题进行了非常有价值的探讨。近年以来，陈高华先生《元代的地方官学》对元代学官制度进行了比较全面的论述；徐梓《元代书院研究》对元代的书院山长进行了详细的考察；台湾萧启庆先生《元代的儒户》对儒士出仕学官进行了探讨；业师李治安先生《元代社区捕盗巡检司考述》对元代学官通过做巡检得到升迁的问题进行了讨论；吴小红的《元代南方书院拟设教授考》，则通过元代在江南书院拟设教授失败的现实，揭示了元代学官体系社会地位的滑落。于金生的《元代的地方学官及其社会地位》等也论及元代学官问题。从前人的研究成果来看，有的问题的研究已经比较深入，如徐梓、吴小红关于书院山长的研究；有的问题还存在争议，需要更加深入地探讨，如元代学官的待遇问题；还有一些问题，学术界还没有注意到，如元代学官的形成与宋元社会转型的关系、江南学官群体、学官种类的具体探讨、学官出身与生活状况、学官具体仕进情况、学官社会网络等，本章在前人研究的基础上，对元代学官制度进行全面的探讨，前人的一些观点，将在文中评述。

---

① 顾宏义：《教育政策与宋代两浙教育》，第 117～131 页。

一、蒙元前期的北方学官

蒙古灭金以后，中国北方儒学教育遭到严重破坏，北方原有的学官制度当然也是荡然无存。蒙古统治确立以后，各地的世侯或地方长官开始兴建学校，发展教育，如东平府学就在当地世侯严实父子的支持之下发展起来，一些儒士受聘在东平府学任教，如康晔、王磐、张特立、元好问、李昶等。据赵琦的考察，大蒙古国时期，山东、河北、山西、陕西、河南等地的三十六所儒学得到恢复和重建，① 估计这些学校都应该聘请了学官。这些受世侯或地方长官聘请的儒士，成为蒙元时期北方最早一批学官。由于这批学官仅仅是地方任命，并没有得到中央政权的确认，再加上这一时期任命学官的随意性，这批学官还不能算是后来严格意义上的学官。大蒙古国政权任命最早的学官是三教提领。

三教提领出现于何时，目前还没有具体史料来证实，赵琦根据乙未年（1235 年）绛州设立三教提领司的一条史料，认为三教提领的设立与当时编订僧、道、儒三教户籍有关，或许有道理。② 大蒙古国时期的三教提领见于记载的有数人，如：

任某："公名家子，自幼力学，业进士……大朝开创处，设科举，以词赋擢上。游授府学教授……两赐召见，恩礼甚渥。乃命总督三路蚕丝之税，兼领三教事。公既久游民间，知时利病，悯遗黎之凋瘵，愤圣道之晦蚀，誓欲剔除宿蠹，振起儒风，使大东无告病之诗，子衿免废学之刺。"③

王得与（1219～1292 年）：字载之，号西轩，高平（今山西高平县）人。自幼习儒，为当地知名学者。"癸丑，李忠宣公（李德

① 赵琦：《大蒙古国时期儒士的处境和文化传承》，内蒙古大学博士论文打印稿，2001 年，第 111～121 页。

② 赵琦：《大蒙古国时期儒士的处境和文化传承》，内蒙古大学博士论文打印稿，2001 年，第 109 页。

③ 李庭：《故宣差丝线总管兼三教提领任公诔辞》，《寓庵集》卷 8。

辉）一见深器重之，以边鄙俗尚犷悍，起先生充三教提领。视事未几，即以兴修庙学为请，南冠之在俘执者，皆百计振拔，俾复儒编。”①

赵思恭（1239～1296年）：字仲敬，安阳人。仕金为钧州同知。金亡，“太宗皇帝特命与名士田师颜，为三教试官，承传四方，试儒中选者复其家，试僧道经通者，给牒受戒，去取精当，朝议韪之”。②

上述三人，赵思恭作为三教试官，可能是三教提领。另外，儒士冯杨善也做过关中地区的三教提领，元好问有诗《七月十六日送冯杨善提领关中三教》，反映了这一情况。③ 从前面的例子可以看出，大蒙古国时期的三教提领由儒士担任，主要职责是编订儒户户籍、统率儒士和管理儒学教育。这与后来的学官职责基本上是一致的，所以，虽然称三教提领，但仍然属于儒学学官的范畴。

大蒙古国时期的蒙古贵族对儒学的认识是比较肤浅的，儒学在他们看来只是一种宗教，所以出现了三教提领这样的与以前学官完全不同的名称，实际上，这时的佛教、道教在中国北方的势力很强大，作为儒士担任的三教提领根本不可能插手佛、道事务，所以，其管辖的范围只能是儒士或儒学。世祖忽必烈建立元朝以后，元朝政权对儒学的认识深化，三教提领从此不见于史料记载。

忽必烈继位以后，鉴于北方各地儒学任命学官随意性带来的混乱，设立十路提举学校官管理儒学。至元六年（1269年）元政权对北方各地儒学的学官设置进行了整合和规范。次年十一月，元政府下达文件，提举学校官“依旧存设”，其余没有“钦受宣命”的人员则“拟行罢去”。诸路散府、上中州“依旧例设教授一员”，教授如果确实是“德行学问，通晓文字，可以为后进师范之人”，

① 蒲道源：《西轩王先生行实》，《闲居丛稿》卷26。

② 傅若金：《故朝列大夫佥燕南河北道肃政廉访司事赠中议大夫上骑都尉礼部侍郎追封天水郡伯赵公行状》，《傅与砺文集》卷10。

③ 元好问：《遗山先生文集》卷7《七月十六日送冯杨善提领关中三教》。

必须申报中书省，中书省备案以后，才能继续任职。① 上述整顿措施对加强儒学管理、提高学官素质起到积极作用。一些优秀学官也见诸史料记载，如李庭在至元七年（1270 年）为京兆路教授“以斯文为己任，凡授学者一经指谕，悉有仪度可观。文庙之颓圮者，建白而更新之，南冠之执维者，引手而援出之。为学官首尾凡三十年，英胄贵彦，达官显仕多出其门”。② 王得与中统初年为兴元路提举学校官，“以庙学请于枢院行府，得报，营于城内西南，先生亲督其事，构篑进斋于大成殿之东，为诸儒讲授之所，书伊川四箴及白鹿洞斋规，以示教人及为学之方。”③

从史料看，元朝统一全国以前，北方学官制度基本定型。由于北方儒学经历长期战争的破坏，恢复缓慢，再加上此时北方儒学有学田等固定收入的不多，学官又没有俸禄，只能靠生员的束修维持生计，所以，北方学官的处境与民间授徒的儒士没有多大区别。鉴于此，北方学官不仅数量少，儒学学官的设置也比较简略，学官数量、种类比江南同类儒学都少，此外，由于北方儒户较少，学官管理儒户的权力表现同样不明显，这种情况下，北方学官与一般儒士之间区别不大，也没有形成一个特殊的社会集团。

二、元代江南学官群体的形成

宋元的更替，使原先在江南社会中占支配地位的儒士阶层受到很大的冲击，政治和经济特权的大部分丧失，使很多人面临着生存的压力。在客观环境和元政权笼络政策的共同作用下，部分江南儒士通过不同的途径进入学官的行列，江南学官群体形成，学官成为蒙古统治下江南儒士新的社会角色。下面就江南学官群体的情况，进行专门探讨。

在元朝历史上，江南是一个特殊的地区。首先它是南人聚居的

---

① 《庙学典礼》卷 1《设提举学校官及教授》。

② 李庭：《故谘议李公墓碣铭》，《寓庵集》卷 8。

③ 蒲道源：《西轩王先生行实》，《闲居丛稿》卷 26。

地区，蒙古统治者根据征服的先后顺序确定被征服居民的政治权利，在蒙古、色目、汉人、南人四个等级中，南人处于最末的地位。把持江南政权的是少数蒙古人、色目人以及北方汉人，具有丰富治国经验的江南儒士则受到排挤和压制，大多只能做属吏和学官，被排斥在政权决策层之外，因此，元代的江南是蒙古政权民族分化政策表现最明显的地区。其次，江南又是元朝经济、文化最发达的地区，维持元政权运行的主要物资财富取给于江南，江南有儒户十多万户，北方地区总共才三千八百多户，相差极为悬殊。这种强烈的反差，使得对元代江南学官群体的研究不仅具有教育史方面的意义，而且还具有政治和社会史方面的意义。元代学官制度是元朝统治江南的一个重要环节，同时学官制度也可以很好地说明宋元更替以来，江南儒士集团的处境、生存状况、社会角色的转变以及江南社会精英的流动情况，这在中国古代其他任何朝代都是不存在的。因此，本节专门将元代江南儒士社会角色转变以及学官群体的形成情况，作为元代学官制度的一个重要问题进行考察，以探讨元代学官群体这一特殊现象的方方面面。

（一）元初江南儒士集团的衰落

儒士也称士大夫，它是两宋以来通过科举而产生的一个与以往士族阶层不同的社会集团。与以往的士族靠对文化学术的垄断保持社会地位不同，儒士是通过读书掌握儒家文化及道德修养，再通过科举成为各级政府官员，从而达到对中央和地方的控制。在以文治为主要特征并且科举非常发达的两宋，江南儒士集团逐渐发展起来，据国外学者统计，南宋时参加乡试的儒士每科达 40 万人，占江南成年男子的 2. 5%。① 这一数据充分说明了儒士阶层的兴旺。

进入元朝以后，江南儒士集团的处境发生了变化。蒙古贵族根据征服的顺序确立各地居民的政治地位，“南人”成为元朝地位最低的政治群体。统一战争中，江南儒士集团受到冲击，统一以后，

---

① Patricia Ebery, *The Dynamics of Elite Domination in Song China*, Harvard Journal of Asiatic Study [J], 1989, (48).

元王朝异于汉族王朝的统治方式，更使大部分江南儒士处于贫困和绝望的境地。科举废除，儒士又失去了做官的机会。政治地位的降低，生活环境的恶化，导致了江南儒士集团的衰落。

前人有关元代儒士的研究成果很多,① 就江南儒士来说，主要成果有：周祖谟《宋亡后仕元之儒学教授》②、陈得芝《论宋元之际江南士人的思想和政治动向》③、郑克晟《元末的江南士人与社会》④、中国台湾萧启庆《元朝科举与江南士大夫之延续》⑤、美国的 Yan－Shuan Lao *Southern Chinese Scholars and Educational Institution in Early Yuan*：*Some Preliminary Remarks*⑥，等等。这些研究主要对江南儒士的仕宦活动、宋元交替对江南儒士政治倾向的影响、元末儒士的安逸生活、宋代科第之家和一般儒士在元朝的发展与延续等问题进行了探讨。本节主要考察元初江南儒士集团在朝代更替中的表现，探讨这一社会集团在元初的生存状况，作为探讨元代学官群体形成的历史背景。

1. 元朝统一战争对江南儒士的冲击

元朝统一战争与蒙古攻金相比，虽未广肆杀戮，但它对江南社会还是造成了一定程度的冲击和破坏。江西行省南安路上独县“入至元，大兵环而临之者逾七旬，竟以死守屠焉”。⑦ 静江路（今广西桂林）于至元十三年（1276 年）十一月陷落，“民闻城破，即纵火焚居室，多赴水死”。⑧ 至元十二年（1275 年）十一

---

① 如陈得芝《从“九儒十丐”看元代儒士的地位》，《光明日报》1986 年 6 月 18 日。任崇岳《略论元代儒士社会地位演变的历史过程》，《社会科学辑刊》1981 年第 3 期。台湾萧启庆《元代的儒户：儒士地位演进史上的一章》，《元代史新探》，台湾新文丰出版公司 1984 年版，等等。

② 《辅仁学志》1947 年第 1、2 期合刊。

③ 《南京大学学报》1997 年第 2 期。

④ 《东南文化》1990 年第 4 期。

⑤ 《元史论丛》第 6 辑。

⑥ Princeton University Press1990.（美国普林斯顿大学出版社 1990 年英文版）

⑦ 刘将孙：《南安路上独县新建县学记》，《养吾斋集》卷 15。

⑧ 《元史》卷 128《阿里海牙传》。

月，元军进攻常州，城破，（元军）“四门杀人，一城尽死”。① 广州一带，“中更兵火，官舍民庐荡为灰烬”。② 元军在攻打沙市时，“因南风火沙市，战城上，又战城中，屠之”。③

在一些江南儒士的文集中也记录了战争对江南的破坏情况。舒岳祥记述道：“丙子（至元十三年，1276 年）兵祸，自有宇宙，宁海所未见也。”“去年大兵入台，仙居幸免，今冬屠掠无噍类，衣冠妇女相随俱北，闻而伤之。”④ 他的《过字韵诗序》写道：“偶报北兵自瓯越回驱男女牛羊万计，入蛟湖深……三日不休，闻之惊心。”⑤ 温州儒士林景熙记述道：“柔北困顿之岁（指至元十三年，1276 年）朔骑压境，所过杀掠，数十里无人烟。”⑥ 庆元儒士戴表元亦有诗描述当时台州地区的情况，至元十三年（1276 年）他在《行妇怨次李编校韵》中写道：

赤城岩邑今穷边，路旁死者相枕眠。
唯余妇女收不杀，马上婷婷多少年。
蓬头垢面谁氏子，放声独哭哀闻天⑦。

上述情况下，儒士集团受到冲击和影响当然是不可避免的。很多儒士在战乱中狼狈逃窜，资产丧失，破家殒命，甚至被掳为奴。元人舒岳祥叙述道：“四海衣冠，遭时艰虞，至于暴骨原草者多矣。”⑧ 儒士高晞远，宋亡前任平江府判，“自城溃，家亦散亡，（他）茕然一身浮游江湖”。⑨ 儒士王实甫，庐陵人，“垂髫流落，

① 郑思肖：《郑思肖集》，《中兴集》卷 2《哀刘将军》，第 93 页。
② 《修东莞学记》，民国《东莞县志》卷 91。
③ 苏天爵：《元朝名臣事略》卷 2《丞相楚国武定公》。
④ 舒岳祥：《阆风集》卷 1、卷 3。
⑤ 舒岳祥：《阆风集》卷 1。
⑥ 林景熙：《霁山文集》卷 4《磷说》。
⑦ 戴表元：《剡源戴先生文集》卷 28。
⑧ 舒岳祥：《阆风集》卷 1《停云诗序》。
⑨ 顾嗣立：《元诗选·癸集上》，中华书局 2001 年版，第 37 页。

从其母于虏获俘，隶之中卒”。① 儒士孙潼发（字帝锡，号盘峰，桐庐人）是南宋咸淳进士，宋亡后“家亦毁，先生避地万山中，久之乃归，稍复其故宇，为终焉之计”。② 儒士舒岳祥描述其在战乱中的经历时说：“予家二百指，甑石将罄，避地入剡（今浙江嵊县），贷粟而食，解衣偿之。”③ 戴表元也记述了其逃亡的情形：“越明年，兵声撼海上，村郊之民，往往持槁束缊而上，伺尘起即遁。余与公（指王子兼，字达善）势不得止，仓皇弃其故业，诣山中可舍者为之归，盖其事不能相谋，而流离转徙，困顿百折，不自意复相出于天台南峡之麓，自是而行同途，止同游，交同友，客同门，急则传声疾呼，老稚携挈，以遁须臾之命；缓则握手劳苦，流涕譬释，以宽离乡弃土之戚。”④

上面江南儒士受到战火冲击的情况，是儒士集团地位下降的开始，元朝统一之后，这种情况继续发展。

2. 元朝统一之初江南儒士处境的恶化

宋元政权的更替带来了持续的社会动荡，盗贼盛行，驻军跋扈，使江南社会遭到严重破坏。江南局面稳定以后，又出现了政治黑暗、贪污盛行的混乱情况，在南宋有一定经济实力的儒士集团，成了各种势力勒索、盘剥的对象，江南儒士的处境进一步恶化。

元军占领了江南以后，社会动荡并没有停止。儒士刘辰翁写道：“（至元年间）揭竿满野，环赣及汀，历历无墟烟，吾郊关之御夺者，混相浊如市。”⑤ 方逢辰也写道：“（元初）乡里不靖，焚荡官舍、民居。”⑥ 面对这种情况，元政府调集大军镇压，江南很多地方重新遭到战火蹂躏。在镇压叛乱的过程中，甚至出现了纵民为乱，然后肆意杀戮抢劫的现象。元人胡祗遹在《民间疾苦状》中说：“（江南）自收附以来，兵官嗜杀，利其反侧，叛乱已得，

---

① 刘将孙：《送王实甫》，《养吾斋集》卷3。

② 黄宗羲等：《宋元学案》，中华书局1986年版，第2762页。

③ 舒岳祥：《阆风集》卷1《日食》。

④ 戴表元：《王丞公避地编序》，《剡源戴先生文集》卷11。

⑤ 刘辰翁：《丞相莽哈岱美棠碑文》，《须溪集》卷7。

⑥ 方逢辰：《故侍读尚书方公墓志铭》，《蛟峰文集·外集》卷3。

从［纵］其掳掠，货财子女则入于军官，壮士巨族则殄歼于锋刃。一县叛，则一县荡为灰烬，一州叛，则一州莽为丘墟。”① 元人程钜夫也对这种情况进行了记述，他在《吏治五事·公选》中说：

> 江南自归附以来已十余年，而偏远险恶去处，盗贼时时窃发……官吏反欲因此有所掳掠，每有一二人窃盗，便称某郡某县一同作歹，上司闻此，欣然出兵，子女玉帛恣其所欲，真盗何尝捕得，而无辜一切受祸。

他在《吏治五事·军人作过甚者，责其主将，仍重各路达鲁花赤之权》中写道：

> 各路管民官与管军官不相统一，军卒肆凶，小民受害，管军官不肯问，而管民官不敢问。又甚则如临江之兵，挥刃以拟总府。吉州之兵，奋拳以殴府官。此风何可浸长？②

在这种情况下，江南很多地方又一次遭到摧残。至元十五年（1278 年）戴恩等人试图在平江路叛元，被人告密，于是“自正月二十三日早，合城闭门，汲爨俱绝，一闻人声，贼即擒而杀之。又议举屠城，幸而免”。③ 在徽州路“宋亡之明年，李世达叛，孛术鲁敬驻兵昱岭，以徽反复，将屠城，民亦自相焚杀”。徽州路大部分州县“栋灰涂血”。至元十三年（1276 年）仙居县邻县“郭贼窃发，煽诱邑民李念二为乱，省檄万户提重兵至，胁官吏手状，诬合邑均为贼境，将屠之”。县主簿洪椿“以死争之”，才得免。④

上述情况，加剧了江南的残破，元初的湖广行省“政无纲纪，士卒纵横，剽夺商贩，城门昼闭，灯火严禁，民心惊疑，生意萧

① 胡祗遹：《民间疾苦状》，《紫山大全集》卷 23。
② 程钜夫：《雪楼集》卷 10。
③ 郑思肖：《郑思肖集》，《中兴集》卷 2《二吊诗》。
④ 弘治《徽州府志》卷 8《人物》。

条”。江西舒城县也是“富者日贫，而贫者日死以耗。入其市廛里萧然，适其野，榛莽没人，不见行迹”。① 江南儒士集团在这样的环境中，正常的生活必然受到影响，一些则遇害身亡，如临川儒士黄东之“宋亡，临川既内附，兵盗旁起未宁。其父与幼子避之它所，遇害于盗”。② 元初江南的动荡局面，使往日以读书做官为职业的儒士集团的生存环境急遽恶化。

除了社会的动荡以外，元初异于以往汉族王朝的统治方式、民族压迫政策以及政治的腐败也同样导致江南儒士处境恶劣。元代将全国居民分为四个等级：蒙古、色目、汉人、南人，南人处于最低的地位。蒙古用人注重根脚，科举不再作为国家选拔人才的标准，被无条件废除，江南儒士失去了通过科举进入社会上层的机会，基本上被固定在社会下层。元朝统一后，受蒙古政权势力保护的一些势力集团来到江南，凌驾于江南各集团之上。至元十四年（1277年），杨琏真加任江南释教都总统，掌管江南佛教。至元二十二年（1285 年），他和当时的宰相桑哥勾结，公然发掘南宋诸帝的陵墓，“至断残肢体，攫珠襦玉柙，焚其胔，弃骨草莽间”。不久，他又下令“裒陵骨，杂置牛马枯骼中，筑一塔压之，名曰‘镇南’”。③ 此外，杨琏真加还依势豪夺，“（江南）各处宫观、庙宇、学校、书院、民户房屋、田土、山林、池荡”，在十余年间，尽为其霸占。④ 此后，在宰相桑哥的主持下，元朝开始大规模理算江南学田钱粮。这对江南儒士的处境，影响重大。

元初江南政治腐败，也直接影响到江南儒士集团的处境。由于地方官吏贪污盛行，大肆收刮，前朝尚有一定经济实力的江南儒士之家，成为其盘剥的目标，导致了儒士在江南的统治稳定以后，处境仍然非常困难。元人苏天爵描述说：“当江南归附之初，户籍繁

---

① 余阙：《赠刑部掾史镏彦通使还京序》，《青阳先生文集》卷 4。

② 虞集：《故临川黄君东之墓志铭》，《道园学古录》卷 43。

③ 陶宗仪：《发宋陵寝》，《南村辍耕录》卷 4。

④ 《庙学典礼》卷 3《郭佥省咨复杨总管元占学院产业》。

衍，时科目又废，所除官多贪污杂进之流。”① 在杭州，“时平宋财[才]三年，杭其故都，自北而吏此者，莫不化其奢滛”。② 在这种情况下，江南儒士之家成为盘剥奴役对象之一。元人舒岳祥写道：“时章林出白玉，可为水晶，有旨差路、县官同金玉提举差夫取凿，又宿兵守之。吏卒旁午指予为上户，求鸡羊酒米油铁[钱]，无以应求，且不堪其屡也。”于是，他只好逃到外地以避之。③ 福州路儒士黄节山自述道：“吾世业儒，宋乾道中，曾大父魁天下……不幸陵谷迁夷，世禄之胄降为编户，官吏特不喜儒，差徭必首及之，以故吾家无中人百金之产，而里中之役一、二岁必间及焉。曩者吾父因役毁家，吾幼而早有事焉。长而又有事焉。筋力疲于将迎，精神弊于期会，泰山之虎，搏噬不尽则不止。吾不获已，弃家北出。”④ 元人吴澄也指出：“南土初臣附，新官莅新民，官府数有重难之役，并缘侵渔，豪横吞噬之徒又乘间而出，短于支柱者率身殒家毁。”⑤ 这样，江南经过冲击以后，“陵谷迁变，井邑萧条，今非异时比矣”。“丧乱以来，耆旧亲戚销磨略尽”。⑥

上述情况，使江南儒士的影响及社会地位急剧下降，原先在江南社会中备受尊敬的儒士集团，不仅风光不再，还要受到其他社会集团的轻视和欺压。元人余阙记述道：“至元初，奸回执政，乃大恶儒者，因说当国者罢科举，摈儒士。其后公卿相师皆以为常然，而小夫贱隶亦皆以儒者为嗤。当是时，士大夫有欲进取立功名者，皆强颜色，昏旦往候于门，媚说以妾婢，始得尺寸，此正迂者所不能为也。”⑦ 许谦有诗写道：“儒术久不振，屏弃如土苴。”⑧ 儒士刘辰翁则叙述了乡间年轻人抛弃儒学的现象：“顾乡里小儿，起白

① 苏天爵：《大元赠中顺大夫兵部侍郎靳公神道碑》，《滋溪文稿》卷7。
② 汪鋆：《江东宣慰使珊竹公神道碑》，《十二砚斋金石过眼录》卷18。
③ 舒岳祥：《阆风集》卷3。
④ 陆文圭：《送黄节山序》，《墙东类稿》卷5。
⑤ 吴澄：《故逸士游君建叔墓志铭》，《吴文正集》卷71。
⑥ 俞德邻：《送蒋守文序》，《佩韦斋集》卷12。
⑦ 余阙：《贡太父文集序》，《青阳先生文集》卷4。
⑧ 许谦：《送胡秋白衢州学正》，《许白云先生文集》卷1。

身，徒步如蝇附骥，如隔墙取果，如维摩臂见异国举，津津焉动其心，谅无一人能安分白发者，岂昔之能者皆静退而今之往者皆英妙耶？科举废而瓦缶鸣，官簿非而狗尾续也。"① 上述现象使儒士处境更加艰难。江西行省吉安路"有名士辱于强宗，（地方官）喑不理"，有人仗义"白之府，不问"。② 其他地区也有"儒有懦不自立者，奸人从他邑移文，媒走卒及群无赖为欺侮"的现象。③

面对自身处境的恶化，江南儒士非常感慨和无奈。唐元感叹道："时值革命多艰。吾道不绝如带。"④ 谢枋得大呼："（至元）十三年来，中国之衣冠尽变。"⑤ 吴师道则描述了当时儒士的尴尬处境："儒之绌于世甚矣，平居而群被服谈说，据古道则交手揶揄之。动有所营，则几席之下不能跬步，或矫众直遂，则咎责捷至。况以之趋仕应时，而概欲匿其志，难矣哉！"⑥

儒士集团处境恶化，是由当时的社会现实造成的。除了上面所述因素以外，还有以下三种原因：

首先，只受过传统教育的江南儒士不太适合蒙古统治者的需要。元人虞集就认为："国朝之始定中原也，其先离乱伤残之日久矣，老儒学士几如晨星，末之为继。而天下初定，图籍文书之府，户口阨塞之数，律令章程之故，会期征役之当，趋赴奉承之劳，盖必有足其用者焉。而操他业者不得与于此也，于是贵富之资，公卿之选胥此焉出矣。"这样，国家一方面急需承办各种具体事务的人才；另一方面，宋朝以来，江南儒士唯事科举，只注意文辞之华丽，章句之记诵，并没有较强的处理具体事务的能力，于是"为儒者或以迂缓巽懦取訾笑"。⑦

其次，科举的废除是元朝初年儒士处境困难的另一重要原因。

---

① 刘辰翁：《送人入燕序》，《须溪集》卷6。

② 刘将孙：《聂方峰先生墓志铭》，《养吾斋集》卷30。

③ 王礼：《照磨王公墓志铭》，《麟源前集》卷2。

④ 唐元：《送张廷玉教谕太平序》，《筠轩集》卷9。

⑤ 谢枋得：《荐写神黄鉴堂》，《叠山集》卷2。

⑥ 吴师道：《送石抹州判序》，四库全书本。《礼部集》卷14。

⑦ 虞集：《送彰德经历韩君赴官序》，《道园学古录》卷5。

吴师道认为："士生志四方，盖游宦所必至，古之人皆行之。独悲夫今之不幸也，科目未兴而无以为官，从师道息，好士礼废，而无所于游。当今南北旷荡之时，而老于茅茨林穴之下者，岂无羸粮之资哉？势有所不能也。"① 既然科举废除，儒士失去做官的机会，其社会地位下降，处境困难是必然的。

再次，元朝重吏之习对儒士处境产生了一定的影响。宋代吏的地位是很低的，造成儒士轻视吏员，不屑为吏的现象。入元以后，元朝用人注重实用，刀笔出身的吏在处理具体事务方面的能力优于一般诵诗读经的儒士，于是，吏员在仕途方面反倒优于儒士。正如元人傅与砺所言："国初定令儒生愿试吏郡县者，优庸之，而不屑为者有矣。"后来儒士的出仕之路更加困难，"凡子弟之有志禄仕者，苟非藉世胄之资，其不由刀笔发身，则不能以达"。②

3. 元初江南儒士集团的衰落

元朝是我国历史上空前统一的王朝，元朝的统一，为南北经济、文化的交流和发展创造了条件。但就江南儒士集团来说，朝代的更替，对它冲击较大，这个在宋代普遍实行科举的情况下出现的，并在南宋盛极一时的特权集团，在元初江南社会的急遽变化的情况下，生活环境日益恶化，出现了衰落的迹象。元初儒士集团的衰落主要表现在以下几个方面：

第一，南宋科第、仕宦之家的衰落。

南宋时期，江南有一些通过科举而形成的科第、仕宦之家。这些家族以儒学为业，很多家族成员通过科举中进士，进而成为国家各级官吏。少数家族通过科举出入卿相，掌握国家大权；一般的家族也有多人担任地方官，在地方有很大的影响。可以说，这些家族是江南儒士集团的上层，他们的处境和生活状况，最能说明整个江南儒士集团的兴衰。

元初，随着江南儒士处境的恶化，江南科第、仕宦之家破产、衰落的现象非常突出。儒士戴表元在《送杜子问赴学官序》中，

---

① 吴师道：《送方寿父之道州序》，《礼部集》卷14，四库全书本。
② 傅若金：《送习文质赴辟富州吏序》，《傅与砺文集》卷5。

谈到元初庆元路奉化州的仕宦大族的情况时说："邑中故家虽衣冠强盛，如李、杨、黄者，亦皆遭播荡析。"① 集庆路"宋末进士有包秀实、国华、陈中谋、吴秀申皆以文章政事名世，其后衰微不可考"。② 吴澄在谈及元代江西地区科第之家的情况时说："异代高门巨室，失其固常，无所控倚，身殒家圮，类十八九。"③ 袁桷谈到其家乡的故族也说："甲族鼎贵，莫盛吾里……（然）遇大变故，因辱不自完，业无依归，贸贸以死者多矣。"④ 至元二十六年（1289年）左右，由于"兵寇扰攘"，南丰故宋澧州太守游少游的坟墓被掘，"破棺取物，众皆见其金紫俨然，颜貌如生，衣服俱被剥去，尸体弃于道旁，子孙凋零，无人收瘗，邻近怜其裸露，就将浮土略为掩藏，不复再行正葬"。⑤ 这位前宋的太守，宋朝被当地列入乡贤，其家族在南丰应该是仕宦之家，但元朝时，其后人连为他改葬的能力都没有，说明了这一家族衰落之甚。所以吴澄说："惟泽火既革之后，地天重泰之初，文献故家，能如经冬之木荣于春，经宿之火然［燃］于旦，非其先世福泽之深厚，后嗣才能之优异，其曷能然?"⑥ 孔齐专门记述了"先贤之后"在元代的遭遇，引如下：

先贤之后，理不当绝，然所闻者无几，且真伪莫辨。周濂溪之裔绝无闻者。程子之裔数人者居江东，不知为伯为叔也。近长枪兵程某者谢国玺女兄之夫也，咸礼之，以为其为程伊川之后也，寓居磁州。朱子之裔，真者三四人而已，近亦无闻者。……张横渠之裔绝无闻者。南轩之裔有二人焉，今亦不知存亡也。至如颜氏之裔，乱亡之后仅存一人，今在四川，颜真卿孙也，幼孤，与祖母孔氏相处……孟子之裔，今皆无闻，或

① 戴表元：《剡源戴先生文集》卷13。

② 张铉：《至正金陵新志》卷9《学校志·儒籍》。

③ 吴澄：《将仕郎师济叔墓志铭》，《吴文正集》卷72。

④ 袁桷：《海盐州儒学教授袁府君墓表》，《清容居士集》卷30。

⑤ 《建请改葬乡贤游澧公状》，刘壎《水云村稿》卷14。

⑥ 吴澄：《回饶睿翁书》，《吴文正集》卷13。

在北兵中，未可知也。①

现将元初科第、仕宦之家破产、衰落的情况，举例说明如下：

福建建阳县蔡氏　蔡氏以蔡元定闻名，他是朱熹有名的弟子，称“西山先生”。“蔡氏世以儒学传家。恒产本不多，其曾孙希概、希仁自至元十三年（1276年）以后，遭贪酷转运（使），破其家，又夺其田，逃难江西。”蔡氏回家以后，“田为横民冒佃者半，荒芜无人耕垦者半。路官拨入马站户，家有一物值钱，则鬻以养马。今则无可鬻者矣，皆为困穷民，乡人之善者，大夫之贤者，见之莫不流涕”。②

抚州金溪青田陆氏　陆氏宋朝名闻江南，义居五世，陆象山以才学闻天下，是著名理学家、“陆王心学”的创始人，宋代家益蕃炽。元初陆氏之家“毁于邻寇，火三日不灭。凡异时遥瞻仰指敬叹不容口者，一旦如云收气散，莫可追摹”。至元二十三年（1286年），程钜夫江南求贤，看到陆氏“子孙或徙或亡，其犹环居故址者，饥寒颠沛，不能皆贤。象山之基几易姓矣”。③

汉阳岳氏　宋时为当地大族，“宋内附初，汉阳君以其所学游公卿间，尊彝罍鼎，书策琴瑟，其辩博赏识，既足以骇动一时。……数十年来，汉阳君物故，岳氏竟尔销谢而不能有其家矣”。④

儒士丁德斋　“五世祖为宋宝祐相国，多藏古圣贤书，厥后以陵谷变改，家用沦落，书亦飘散。元初，大父乃徙居乡城……如成都卖卜者焉。”⑤

儒士谢应芳　祖先“世居开封，显贵六世……遭宋革命，家乃毁，烟灭埃飞，三百指旧家奕世尽憔悴”。⑥

① 孔齐：《至正直记》卷3《先贤之后》，上海古籍出版社2001年版。
② 谢枋得：《为蔡文节公子孙免科差书》，《叠山集》卷2。
③ 程钜夫：《送陆如山归青田创先贤祠序》，《雪楼集》卷14。
④ 郑元祐：《送岳季坚序》，《侨吴集》卷8。
⑤ 谢应芳：《学古字说》，《龟巢集》卷18。
⑥ 谢应芳：《墓志铭》，《龟巢集》卷19。

儒士曹子昭 其家为诸暨大族，“祖若父以文行鸣于乡，家饶财”。至元十二年（1275 年），江南大乱，自钱塘归，“奉其母依于族之庐。家徒四壁立，上雨旁风，人不堪其忧，子昭读书著文不辍，故学日进，声誉日高，而贫亦日甚”。由于他“独俯首于文字间，艺与时左，遂郁郁不得志”。①

需要指出的是，元朝一些科第、仕宦之家在破产的同时，也有一些存在下来，在元朝继续发展。这样的例子也可以举出一些：

蔡时亨 福建蒲城人，宋官宦世家。至元十三年（1276 年）“仙（指仙游）寇唱乱，祖父继没”，“卜宅于郡庠东南，簿有先畴，悉逊其弟”。至元三十一年（1294 年），郡守曹世胄辟为府掾。后以名贤子孙，升任肃政廉访司吏员，“宪使按部，必以公赞化驰骋”，在福建、江浙为官期间，多有惠政，后以信州路永丰县尉致仕。②

朱大有 字应之，吴县人。宋为太学录。宋末受丞相贾似道陷害，被抄家。元初，平章游显宣抚吴县，还其家产，“由是颇营业，为隐居计”。其子孙多为学官。③

应瑞孙 字季玘。以诗书世其家，“丙子归附之初，路府倚之以定寇……路府欲奏官之，君力辞以免。己丑，玉山之寇渐及宁海，军帅咨之，招集流散，分别淑慝而全活者甚众”。④

舒平 字廉夫，幼习儒业，诗赋驰声……“一统之后，奉二亲以归，收拾余烬，治财殖产，日以饶裕”。⑤

袁应佑 字伯贤，号月溪居士，抚州崇仁县人。“大元有南土，袁族亦替。昔之强武自立者，日就微泯，惟月溪居士素卑让不校，能保其恒产，以至于今。”“既为新民，则敝衣草履，自抑自晦。然胥徒邂逅，尊敬不减旧时。”⑥

---

① 陆文圭：《送曹子昭归隐敌山序》，《墙东类稿》卷 5。

② 沈瑜庆：《民国福建通志·金石志》卷 11《故少府蔡公墓志铭》。

③ 朱德润：《存复斋文集》卷 6《谱传》。

④ 舒岳祥：《故豸峰应君墓志铭》，《阆风集》卷 12。

⑤ 吴澄：《故平山舒府君墓志铭》，《吴文正集》卷 77。

⑥ 吴澄：《故月溪居士袁君墓志铭》，《吴文正集》卷 77。

吴仁彬　字明叔。“壮年值大运革，不困于政役，益昌其资产。”①

颜奎　字子俞，吉州永新人。至元十四年（1277年），“故邑残毁，挈家避地百丈山，乡邻多从之。……南北既一，徜徉里闬，复泮宫，倡学者，与须溪刘辰翁、中斋邓光荐辈游，居云外别墅，自号云外山人。门有万竹，日啸咏其间，学者称吟竹先生”。②

洪声甫　绩溪人。至元二十七年（1290年），“绩溪山民据西坑寨为乱，郡几失守。至勤王师讨之不克”。洪声甫率其乡人，在淳安县击破之，“获其渠魁，槛送有司”。授“太平路当涂县慈湖镇巡检，盗息而民安之”。③

陈龙　字义仲，新安祁门人。登进士第。任登仕郎南康军都昌县主簿。“至元初，江南内附，江东宣尉使廉公某搜贤选士欲官之，君固辞不就。”至元十八年（1281年）邑民为乱，啸聚二千余人。“君率里中骁健”，擒住贼首。事闻省府，版授庆元路定海县海内寨巡检。在官三载，民安盗息，及代，大府喜君廉能，檄摄定海县官界寨巡检，尤称厥职。④

上述十五个例子均为朝代更替时，个人及家族生存下来，有的还做了官。但从其经历可以看出，他们虽然没有在朝代更替中毁家，但与前朝相比，其生存环境、社会地位已经远远不如以前，这说明南宋科第、仕宦之家在元初虽然不至于灰飞烟灭，但衰落的迹象还是比较明显的。

第二，江南儒士的穷困。

经济状况的恶化是江南儒士衰落的又一个重要表现。元初科举废除，江南儒士失去做官的机会，也失去了主要的生活来源。生存环境的恶劣，地方官的搜刮，更使得儒士的经济状况趋于恶化，生活的艰难成为元初很多儒士面临的问题。

---

① 吴澄：《故临川近山居士吴公墓志铭》，《吴文正集》卷79。

② 许有壬：《吟竹先生墓表》，《至正集》卷57。

③ 郑玉：《故慈湖巡检洪府君墓志铭》，《师山集》卷7。

④ 汪克宽：《元故将仕郎全州路清湘县主簿陈君墓志铭》，《环谷集》卷8。

有关江南儒士贫困的史料很多，吴中名士范复初，死后家贫，其妻卖女维持生活。① 名士俞德邻谈到他周围一些儒士的处境时说："余生取友，高即深求，不知其几。兵燹以来，半为鬼录，其或仅存而未化者，鲵盘蠖屈，销声沉响，余恻焉。"② 他还记述了元初京口（镇江）一带儒士贫困的情况："京口旧为江淮冲要，四方贤士多乐居之，德行之辞，词藻之华，论议之伟，盖昌黎所谓纷扰扰而既多者也。……兵燹以来，化为异物者众矣，其或一二仅存，复归老邑里，潜深伏隩，声迹藐不可见……而又各以衣食之故，或出或处，旷日弥旬乃获一见。见已遽别，回视承平时，美景良辰，肩从齿序，登山憩石，酣觞赋诗，殆犹梦寐间事，欲再梦不可必得也。"③ 儒士林景熙则记述了他耳闻目睹的江西儒士的情况："予客江西十年，访旧游，半入地，幸而存者，或逃山林，或淹党逐，或老，或贫。庐陵刘会孟，执斯文牛耳盟，俄复溘然于人世，何速也，语已各欷歔。"④ 儒士张伯淳也记述了江浙一带儒士的情况："余友金华胡君前进士也……然而贫无以为家，饥驱出山，不得不仰升斗禄而挟其耿耿者。"⑤ 上述史料说明了元初江南儒士贫困的普遍性。无怪乎儒士赵文不无嘲讽地感叹道："士之贫于今世，不亦可笑也哉？往时士拔一第难，改官又难。今立贤无方，用人不次，版筑、渔钓、割烹或坐致公相，即拥钜万、连阡陌，直何足道？"⑥ 现举数例，进一步说明元初儒士穷困的情况：

砚弥坚 字伯固，德安府应城县人。"问学淳正，文章质实，士咸服其学"。他一生"清苦俨重"，去世时，"家徒四壁立，非士友赙之，几不能丧"。⑦

陶德生 字文立，台州路临海县人。治《尚书》，通六艺，元

① 陶宗仪：《嫁故人女》，《南村辍耕录》卷5。
② 俞德邻：《送王国华归东平序》，《佩韦斋集》卷11。
③ 俞德邻：《送盛元仁序》，《佩韦斋集》卷11。
④ 林景熙：《送历直之远游序》，《霁山文集》卷5。
⑤ 张伯淳：《送胡石塘北上序》，《养蒙文集》卷2。
⑥ 赵文：《送罗山禺序》，《青山集》卷1。
⑦ 苏天爵：《元故国子司业砚公墓碑》，《滋溪文稿》卷7。

初聘学官，不就。“当其时，困于徭役，家道不振。”陶德生去世时，“（其家）匮乏几不能存”。①

戴表元　字帅初，庆元路奉化州人。宋进士。“丁丑岁（至元十四年，1277 年）兵定归鄞，至是三十四岁矣，家素贫，毁劫之余，衣食益绝，乃始专意读书，授徒卖文以活老稚”。② 他的《食淡》诗自嘲道：“世乱谋生拙，村深食淡能。沙蔬羹白煮，山稻饭红蒸。暑鼓方傅友，寒糟共学僧。庖厨尚如此，未叹室生冰。”③

白廷　字廷玉，钱塘人。宋太学生。“元丞相巴颜（伯颜）平江南……乃客授藏书之家”，如是者一十七年，“中岁常出游梁郑齐鲁，历览河山之胜，登临吊古，讯人物风土”，至是“学益充，文益富，而家益贫”。④

黄震　字东发，慈溪人。著名理学家。东发学派的创始人。“宋亡，饿于宝幢而卒”。⑤

唐钰　字玉潜，会稽山阴人。“家贫聚徒受经”，以养其母。⑥

吕起猷　字徽之，台州路仙居县儒士，“博学能文”。入元以后，“耕鱼以自给”。有人曾到其家中，见“惟草屋一间，家徒壁立”。⑦

黄泽　字楚望，九江人，为知名学者。元初“先生在家时，郡守寓公独有能敬重先生者，侍以学校宾师之礼……又十余年，而二亲相继终，先生年近六十矣，数经岁大饥，家人采木实草根疗饥”。即使这样，有按察副使蔡某，谓先生一耆儒耳，月廪削去三之二。⑧

上述八例反映了元初江南儒士贫困的情况，经济贫困是元初江

① 黄瑞：《元故处士陶君墓表》，《台州金石录》卷 13。
② 戴表元：《剡源戴先生文集·自序》。
③ 戴表元：《剡源戴先生文集》卷 29。
④ 宋濂：《元故湛渊先生白公墓表》，《宋学士文集》卷 35。
⑤ 黄宗羲等：《宋元学案》卷 86《东发学案》，第 2886 页。
⑥ 陶宗仪：《南村辍耕录》卷 4《发宋陵寝》。
⑦ 陶宗仪：《南村辍耕录》卷 8《隐逸》。
⑧ 黄宗羲：《宋元学案》卷 92《草庐学案》。

南儒士集团衰落的标志之一。

第三，元代江南儒士的废学与改习别业。

元代江南儒士的贫困现实，使很多儒士对儒学失去兴趣，相当一部分儒士或儒士的后代废学和改习别业，以谋生计。当时，“士废学悉趋时所尚，间有不随其所趣，则群聚而缩鼻，人不韦［伟］贤经，一切扫地于祝氏矣”。① 在这种情况下，“儒家之子弟，或制于力弃而他习”，② 或“学者仅能执笔晓书数，其父兄已命习为吏也”。③ 大德年间，元政府发布命令，“在籍儒士不遣子弟入学，别习它业，量事轻重，申各处提调官究治”。④ 反映了儒士废学改业的普遍性。

面对这种情况，江南儒士非常感慨和无奈。元人王沂感叹道：“噫！士散久矣，治心修身之学之废久矣，其在闾巷间者，用力于空文而峙虚名，其出其仕者，赴时趣，务驰骋于声利。噫！惑亦甚矣。”⑤ 黄溍则通过自己的求学情况，慨叹儒士生不逢时：“为士而生于师废民散之后，何其不幸欤！”⑥

上述情况说明了元初江南儒士对儒学信仰的危机以及对儒学传承的忧虑。一些儒士既然不再相信儒学能够匡世救俗，抛弃儒学，改习别业以谋生计，就成了他们的必然选择。奉化儒士戴表元在南宋灭亡后，就归家务农数年。台州名士吕起猷（字徽之）也是“逃其名，耕鱼以自给”。⑦ 儒士赵文记述了其友尹寿翁的情况：“二十年前尹寿翁在场屋，自能驾风鞭霆，摘抉星宿。场屋既闭，岁贡士二人，非富者、少者、有力者不得。万无贡寿翁理。士穷至此，无可为者，寿翁挟雷法星书走数百里外，藉是为井田取养，屈

① 光绪《奉化县志》卷8《学校上·建尊经阁增置学田记》。
② 杜春生：《至元壬辰重定学式》，《越中金石记》卷7。
③ 苏天爵：《新城县庙学记》，《滋溪文稿》卷4。
④ 《通制条格》卷5《学令》。
⑤ 王沂：《送张光道序》，《伊滨集》卷14。
⑥ 黄溍：《送汪生序》，《金华黄先生文集》卷17。
⑦ 陶宗仪：《南村辍耕录》卷8《隐逸》。

矣！"① 元代儒士改习别业的现象比较突出，现举例说明之：

李瑞 字君祥，恩州人。元初"明经射策贡举进身之法皆废，又不能治生农工，处市井中，遂商贾为业"。②

曾德厚 出身于金溪儒学世家，其父、兄均为儒士，教授乡里。德厚"文学不忝其世，又多技能，将游四方，以数谈人福祸"。③

陈立仁 永丰人。"累世儒科发身"，"克守世业，授徒以养亲，方技、术数多所谙习，以七政躔离推人休咎甚验，挟此以游，往往取重于人"。④

尹国寿 上饶愚溪人，儒宦名家。"值世代迁革，世官不可复，叙图试吏以庇其身，然屡试而屡格。既不获所图，遂专意篆学，游士大夫之门，得其片文只字者，如宝。"⑤

汪存正 字瞭翁，休宁人。"少习儒书，弱冠曾为童子师，不幸丧所，天弗获已，改业远游。遂以卜地谈天涓日之术行当道。诸公往往青盼之。"⑥

严存性 新喻州人。"年少而力学，博涉经史，旁及医药百家之言。方将以儒术取进士第，以是用于世，而科举废矣。于是益取医家之书而读之，求尽其术，以游四方而行其志焉。"⑦

罗诚之 庐陵儒士。"尝以明经三试有司不一得，遂绝意名禄，而隐于医。"⑧

从以上例子可以看出，元代儒士改业除了耕稼务农以外，投身于卜、医、篆刻、经商的都有。尽管当时的舆论对这种现象表示惋

① 赵文：《送尹寿翁序》，《青山集》卷1。

② 胡祗遹：《承直郎江西等处榷茶都转运司副使李公神道碑》，《紫山大全集》卷17。

③ 吴澄：《送曾德厚序》，《吴文正集》卷29。

④ 吴澄：《赠陈立仁序》，《吴文正集》卷29。

⑤ 吴澄：《吴文正集》卷34《赠尹国寿序》。

⑥ 陈栎：《送汪瞭翁序》，《定宇集》卷2。

⑦ 傅若金：《傅与砺文集》卷4《赠儒医严存性序》。

⑧ 梁寅：《石门集》卷7《赠儒医罗城之序》。

惜，认为以此“藉是为井田取养，屈矣”，但还是对他们取得谋生之术表示赞赏，吴澄就认为，这种现象“未为不幸也”。需要指出的是，由于元朝特殊的社会环境，儒士没有出路，在现实生存的压力下，儒士出现了迷惘、失落的心态，他们感到不能把握自己的命运，儒士熊景仁自述道：

> 余生宋五庚申，为景定初元。天朝中统之初也，年十七而德祐为至矣，科举废而不知学为圣贤之学，章缝贱而不能去为农贾之业，盖不择术与不知命合，而始为弃民。始不能以饥渴之害为心害，于是可畏之，日为无闻之境矣。又何止不读书之悔而已哉？每遇江湖谈天者，相从问命，未尝不内热汗下也。儒者不能自求性命之说于孔孟，而必待星翁日者之说，而后暂息乎其侥幸之心，则是星翁日者，犹有功于为儒者。曾星翁日者之不若也。①

儒士既然不能把握自己的命运，需要算命者指点迷津，那么，他们对儒学的信仰势必产生动摇，改业自然也是一种必然的选择。

以上所述江南儒士集团衰落的现象，在元朝初期表现得十分突出。这种现象的出现与朝代更替期间社会的动荡局面有关，但根本的原因还是在于元朝对江南的统治方式与统治理念。蒙古统治者不信任南人，对江南儒士实行民族防范，限制其掌握中央或地方政府的权力。这就使得原先以科举做官为业的儒士，失去了生活的来源以及在新政权中左右政局的能力，儒士被迫与一般的国家编民一样，为生活而奔波。大量的儒士开始穷困、破产，这对原先在南宋时期生活优裕并且能够控制中央和地方政权的儒士来说，是难以接受的。吴澄在谈到儒士揭道孙时记述道：“丰城揭道孙，英伟豪迈，须髯奋张。少业进士，一笔千余言。世革技无所施，则徜徉山水，幽处痛饮狂歌。继以太息，后乃还治农圃，教授乡里中。”②

① 刘岳申：《赠谈命熊景仁》，《申斋集》卷2。

② 吴澄：《揭志道墓表》，《吴文正集》卷68。

揭道孙的经历，基本上反映了元朝江南儒士的心态变化：由愤怒、玩世不恭到叹息，最后心情平静下来，归耕于田园或教书以谋生。这样，江南儒士的衰落成为不可避免的结果，以往安逸的生活，优越的地位，成为过眼之云烟，一去不返。

江南儒士的衰落，关系到传统文化生存和传承的大问题，一些儒士深感忧虑。大德三年（1299年）戴表元写道："余幼学儒学时，见世之慕利达者，宗科举；科举初罢，慕名高者，宗隐逸；隐逸之视科举有间也。当是时，独各有大儒遗老有名实者为之宗，学者赖以不散。岁月推迁，心志变化，昔之为宗者，且将销铄就尽，而士渐不知其宗，吾为吾道吾类惧焉。"① 许谦在悼念名儒金履祥的诗中写道："哲人今已矣，吾道竟何如！"② 衢州儒士郑介夫在大德七年（1303年）向元成宗所上的《太平策》中，也表示了他对儒学命运的担忧："今合朝官职，尽属吏员，其进身也，既不出于文章，亦不由于选举。问其吏，则不知民间疾苦；问其儒，则不通文理句读。十数年后，儒之类灭，欲求识一丁字者，亦无之也。虽未至焚书坑儒，而不焚之焚，不坑之坑，其祸尤烈于昔。"③ 这种担心，在元初中期的江南儒士中间恐怕是比较普遍的。

不仅是江南儒士对儒学的生存与传承忧虑，就是一些元朝的官吏也有类似的担心。据史料记载，廉希宪执政时，就非常善待江南士人，当问及其中的原因时，他说："今国家起朔漠，斯文不绝如线，我更不尊礼，则儒术且将扫地矣。"④ 至元十九年（1282年），石国秀等人奏请将江南四道学田钱粮"拘收"时。当时的御史台官员也不无忧虑地指出：

> 兵火之后，科举已废，民知为儒之不见用也，去儒而为吏、为商，甚至为盗，儒风十去六七矣。所赖诸处学田尚可养

① 戴表元：《送铅山王亦铣归乡序》，《剡源戴先生文集》卷14。

② 许谦：《金先生挽词》，《许白云先生文集》卷1。

③ 黄淮、杨士奇：《历代明臣奏议》卷68。

④ 陶宗仪：《南村辍耕录》卷7《待士》。

> 士，独可稍系士心，使之讲明道义，化诱风俗。一旦学田归官，则生徒必散，中人以下无所利则不知劝，弦诵寂寥，庙祀芜毁，民不知礼仪之教，则恐益增其鄙薄之风，俗化薄恶，何所不至。①

程钜夫在至元十九年（1282年）上奏中也忧虑地指出："（故老宿儒）历时既久，依次沦谢，迩来晨星寥寥，无几何矣。臣不知更十余年后，人物当何如其琐琐也。"②

元朝从部分官员到民间儒士对儒学发展前途的担心，对元政府逐步采取优待儒士、鼓励儒学的政策起到了促进作用。元世祖后期制定了儒籍，儒士免役、发展儒学教育的政策也开始在江南颁布和实施。虽然这些措施并没有彻底改变江南儒士集团的处境，但它在某种程度上迎合了江南儒士改变自身处境的愿望，多数儒士对元朝政权的态度开始发生变化，对江南学官群体的形成产生了直接的影响，江南学官群体在元世祖末到成宗初年逐步形成。

（二）元初江南学官入仕的主要途径

元初学官入仕途径很多，情况复杂，现分别概述如下。

1. 荐举入学官

元平江南以后，为了稳固江南统治，"起文雅通练之士知名一时者，以慰民望"，开始注意起用南宋文学之士。至元十三年（1276年）二月元世祖颁布《定江南诏书》明确指出："前代圣贤之后，高尚僧、道、儒、医、卜筮、通晓天文历数，并山林隐逸名士，仰所在官司具实以闻。"至元二十三年（1286年）程钜夫江南求贤以后，荐举之风更甚，荐举名目有隐逸、贤能、忠孝等，从中央到地方的官吏，均以荐举人才为务。这些被荐举的儒士，绝大多数被任命为学官。周祖谟《宋亡后仕元之儒学教授》一文，对元初仕元儒士进行了考证，列出书院山长三人（黄泽、曹泾、胡炳

---

① 《庙学典礼》卷1《省台复石国秀、尹应元所献学田》。

② 程钜夫：《雪楼集》卷10《奏议存稿·学校》。

文)、学正一人（刘应龟)、教授十人（戴表元、牟应龙、赵文、刘壎、仇远、马瑞临、欧阳龙生、熊朋来、傅定保、张观光)、儒学提举四人（王义山、白廷、郑陶孙、艾性夫)。这十八人中除了张观光为宋太学生，被掳至大都，后被任命为婺州路学教授以外，其余十七人均是被行省、部使者荐举或强迫任命为学官。① 此外，元初因荐举而为学官的还很多，现列之如下：

虞荐发　字君端，学者称“徽山先生”，无锡人。元初，“无锡县学废，士无所归，（有司）强起公为师”。②

倪渊　字仲深，湖州路乌程县人。“用荐署本郡儒学录”。③

张卿弼　字希契，弋阳人，宋咸淳进士。宋亡归弋阳隐居，“郡邑方内附，学校多废，佥提刑按察司事王公某强起之至县学以为师”。④

柳贯　字道传，婺州路浦江县人。元初，“以察举为江山县学教谕，又为昌国州学正”。⑤

胡长孺　字汲中，婺州路永康人。宋亡，隐居永康山中。至元二十五年（1288 年）元廷下诏求贤，有司强之，教授扬州。⑥

周仁荣　字本心，台州路临海人。“用荐者署美化书院山长”。⑦

孟梦恂　字长文，黄岩人。“部使者荐其行义，署本郡学录”。⑧

陈旅　字众仲，兴化路蒲田人。“用荐者为闽海学官”。⑨

---

① 《辅仁学志》1947 年第 1、2 期合刊。

② 韩性：《徽山先生虞公墓志铭》，《无锡县志》卷 4 下，宋元方志丛刊本。

③ 黄宗羲：《宋元学案》卷 52《艮斋学案》，第 1704 页。

④ 虞集：《蓝山书院记》，《道园学古录》卷 8。

⑤ 黄溍：《翰林待制柳公墓表》，《金华黄先生文集》卷 30。

⑥ 《元史》卷 190《儒学二》。

⑦ 《元史》卷 190《儒学二》。

⑧ 《元史》卷 190《儒学二》。

⑨ 《元史》卷 190《儒学二》。

黄清老 字子肃，邵武路邵武县人。“部使者荐为建阳学官”。①

李浩 字景安，镇江路金坛县人。至元二十三年（1286 年），“寻访行艺高尚之士，郡以浩应选，授承务郎江东道儒学提举”。②

郭景星 字元德，镇江人。“大司农燕公楠，提刑赵文昌列荐于省，授淮海书院山长”。③

范震 字雷卿，镇江人。至元间，奥鲁赤平章引见镇南王，与之俱见世祖皇帝，特授之为从仕郎浙西道儒学提举。④

郑绍祖 字孔昭，号敬斋，徽州路歙县人。“用荐者言，除将仕郎广南西道儒学提举”。⑤

倪印心 号古州，徽州路绩溪县人。元初，友叶李荐之，授将仕郎湖广儒学副提举。⑥

王天与 字立大，号梅浦，吉安人。大德三年（1299 年）“宪使臧梦解上书于朝，诏授临江路儒学教授”。⑦

张莘夫 天台人。“入元，用荐为乡郡儒学正”。⑧

康怀德 字思诚，金华人。“用部使者荐，擢金华教谕”。⑨

袁桷 字伯长，庆元路鄞县人。元贞元年（1295 年）“部使者举茂才异等，起为丽泽书院山长”。⑩

以上所举十八人，大多为世祖末年到成宗初年受荐举为学官。这一时期，一方面元朝学官升转制度刚刚建立，还不健全，江南儒

---

① 苏天爵：《元故奉训大夫湖广等处儒学提举黄公墓志铭》，《滋溪文稿》卷 13。

② 俞希鲁：《至顺镇江志》卷 19《人材·仕进》。

③ 俞希鲁：《至顺镇江志》卷 19《人材·仕进》。

④ 俞希鲁：《至顺镇江志》卷 19《人材·仕进》。

⑤ 弘治《徽州府志》卷 8《人物·宦业》。

⑥ 弘治《徽州府志》卷 8《人物·宦业》。

⑦ 黄宗羲：《宋元学案》卷 81《西山学案》，第 2716 页。

⑧ 黄宗羲：《宋元学案》卷 82《北山四先生学案》，第 2755 页。

⑨ 黄宗羲：《宋元学案》卷 82《北山四先生学案》，第 2770～2771 页。

⑩ 黄宗羲：《宋元学案》卷 85《深宁学案》，第 2876 页。

学初步恢复，需要大量的学官；另一方面元朝为了巩固江南的统治，大量起用江南知名儒士，粉饰文治。于是荐举盛行，地方官竟以之表明政绩。在江浙行省的婺州路“初，东平王公俣持使者节，按察属部，大举学政。学官之备员充位者一切谢遣之，更延至前代贤士大夫之老于文学者，补其处”。① 将备员学官撤除而荐举前代贤士大夫以代之，这说明当时荐举规模之大。据《南村辍耕录》记载，南宋著名抗元将领文天祥之子也接受荐举，“出为郡教授”，虽然他在上任途中“行数驿而卒”。这一行动还是给江南儒士阶层很大的震动，有人写诗评论说：“地下修文同父子，人间读史各君臣。”②

元初江南儒士受荐为学官的现象，就中国古代正统思想看来，是一种“失节”的行为，但就当时江南的社会情况看来，受荐儒士大多为地方名士，他们不仅有主持地方儒学的经验，也在地方有一定的影响及号召力，因此，有利于儒学的恢复和发展。元初，常州路无锡县（元贞元年升州）学废，虞荐发被有司强起为师，至则“招诸生坐斋中讲义理，考论德业，士闻风而至，课试无虑数百。士有田籍，官俾给驿传，公言于帅若宪，诹律引谊，其言恳恳，诸使素重公，从其请，得免者且百家。乡饮酒礼久废，赞使邑长行之……（公）为乡校官十余年，廪禄皆辞不受，而校官之所当为者，举行无遗，文风之盛，他邑莫能及”。③ 元初，张卿弼被荐为弋阳县学师，“时郡邑方内附，学校多废”，他至县学后“县人士翕然来从之，乃作新县学”。不久，张卿弼又被荐至郡学，他又作新郡学。④ 周仁荣元初被荐为处州路美化书院山长，“美化在万山中，人鲜知学，仁荣举行乡饮酒礼，士俗为变”。⑤ 从上面的例子中，可以看出元初受荐学官对儒学的贡献。

---

① 黄溍：《翰林待制柳公墓表》，《金华黄先生文集》卷30。王俣，字朝请，至元末年为浙东按察使，《庙学典礼》卷3收录了他札付浙东按察司的公文。

② 陶宗仪：《南村辍耕录》卷20《挽文教授》。

③ 韩性：《徽山先生虞公墓志铭》，《无锡县志》卷4下。

④ 虞集：《蓝山书院记》，《道园学古录》卷8。

⑤ 《元史》卷190《儒学二》。

2. 被任命学官

元统一江南之初，对归附的南宋官吏以及统一战争中的有功人员一般任命官职，并且下诏许令宋故官持旧授告敕换授新官职，于是，江南儒士中以前任职于南宋者趋之若鹜，所授的新官职中，学官居多。其次，元政府也任命很多当地有影响的人物，维持统一战争以后的地方秩序。这些人中也有一部分后来被任命为学官。另外，元初江南地方政府初创，百废待兴，地方官也通过辟属，任命一些学官。元初得到元政府任命的学官数量较多，现将比较典型的列举如下：

张伯淳 字师道，杭州路崇德县人，南宋仕至太学录。至元二十年（1283 年）授杭州路儒学教授。①

邓文原 字善之，杭州路钱塘县人。至元二十七年（1290 年）江浙行省辟为杭州路儒学正。②

唐时措 松江府上海县人，曾出资建上海县学。至元二十八年（1291 年）上海立县，授为学官。③

林桂发 字德馨，钱塘县人，宋太学生。宋亡以后，被掳至大都，后来授镇江路儒学教授。④

陈宜孙 字行可，徽州路休宁县人。元初政局混乱，他以地方名士的身份保聚一方，江东宪使奥屯希鲁任命他充郡庠教授。⑤

袁斗南 字则成，富州人。至元十七年（1280 年）江西行省始建儒学提举司，首辟为邑教谕。⑥

上述六人是得到元政府的任命为学官的。由于元初学制草创，元政府任命了大量的学官，这类学官来源复杂，难免泥沙俱下，水平参差不齐。他们当中有一些后来进入行政官系统，但更多人在不久元政府“汰江南冗官”时被清除。

① 《元史》卷 178《张伯淳传》。

② 黄宗羲：《宋元学案》卷 82《北山四先生学案》，第 2767 页。

③ 同治《上海县志》卷 18《人物》，光绪十一年刊本。

④ 俞希鲁：《至顺镇江志》卷 19《人材 · 侨寓》。

⑤ 弘治《徽州府志》卷 8。

⑥ 程钜夫：《故常州路儒学教授袁君墓志铭》，《雪楼集》卷 22。

3. 以游得学官

元初一些儒士由于贫困等原因，自动投身权贵而得到了学官的任命。实际上，结交权贵的目的，还是为了获得推荐而入仕。这与前述第一种学官入仕类型在本质上是一致的。只不过前者是被动地接受推荐，甚至被强迫做学官，而此种类型则是儒士主动促成权贵的推荐。

元初江南儒士社会地位不高，经济拮据，因此，很多人希望做官来改变自己的处境。元初荐举盛行，部分地满足了江南儒士的这一愿望，然而，只有前朝进士、地方名儒、硕学之士才能得到荐举。至于一般儒士，想入仕为学官也并非易事，于是游士之风兴起。据说廉希宪任中书省平章政事，其家常有“宋之士在羁旅者，寒饥狼狈，冠衣褴褛，袖诗求见”，以求任用。① 清江名儒杜清碧（杜本）“应召至钱塘”，杜还没有授官，“诸儒者即争趋其门”。有人做诗讽刺说：“紫藤帽子高丽靴，处士门前当怯薛。”② 虽然大多江南儒士投身无门，但也不乏有一些权贵接纳之。廉希宪就比较善待这种儒士，每有游士求见，辄“急令铺坐椅，且戒内人备酒馔，出至大门外，肃入对坐，出酒馔，执礼甚恭，且录其居止……明日遂言于世皇，皆遂其请”。③

通过这种方式，一些儒士被推举为学官，如陈孚（字钢中，台州路临海人）在至元年间“孚以布衣上《大一统赋》，江浙行省为转闻于朝，署上蔡书院山长”。④ 杜英法（字俊卿）“早年游学京师，以才名得学正建宁”。⑤ 叶端（字宗瑞，建昌人）年轻时曾为入仕，广为游历。“历瓯越、会稽，涉汶泗，过洛，入秦，道晋，以达幽朔。无所遇，最后至辽东”。此后，辽阳行省右丞重喜荐之

① 陶宗仪：《南村辍耕录》卷7《待士》。

② 陶宗仪：《南村辍耕录》卷28《处士门前怯薛》。

③ 陶宗仪：《南村辍耕录》卷7《待士》。

④ 《元史》卷190《儒学二》。

⑤ 杨维桢：《南容教授杜公碣铭》，《东维子文集》卷24。

为辽阳路儒学教授。①

（三）元代江南儒士入仕学官的原因

周祖谟先生在《宋亡后仕元之儒学教授》一文中对元初学官入仕总结出三点原因：第一，年老家贫，无以为活。第二，免除徭役。第三，避种人之歧视。上述三点原因中，第一点是经济原因，元初很多江南儒士仕元大多因为经济贫困无以谋生，因此，这一点是很有道理的。第二点免除徭役，值得推敲。儒士免役是元代对儒士的一个基本政策，这一政策在江南平定之后推广到江南地区。虽然江南有很多强迫儒士应役的事件，但总的来看，儒户免役的政策基本得到实施。这一点为台湾学者萧启庆、黄清连等学者的研究证实。既然普通儒士都可以免役，那为什么他们还通过出任学官来求得免役呢？至于躲避种人之歧视，则更是使人不知所云。元代南人受歧视是事实，不仅一般儒士受歧视，学官品低位卑，也同样受到上级蒙古、色目官员的歧视，地方官“视学校为莞库，视师儒独属吏，追乎控御，如遇诸冗僚，暇则按历布，算斗粟，贯襁一有纬划，大挫小辱立中奇祸”。② 这种现象在元代是很多的，与一般儒士相比，学官接触面更广，因此受歧视的场合也更多，儒士为学官如何能避种人之歧视呢？如果像文中所说“种人”仅是啬夫、亭长之流（一般认为“种人”即蒙古或色目人），则又差之甚矣。元代江南儒士另立户籍“不蹂于民”，其管理归各地儒学及书院，对地方官吏包括啬夫、亭长之流奴役儒士的事件，元政府是坚决反对的。元政府多次下令禁止地方官以儒士充役，至元三十一年（1294年）临江路总管李倜因为将管辖的儒户充里正、主首户役，而被“另行追问”，并通报全省。③ 周先生所说的儒士逃避差役的情况，可能发生在统一之初较短的一段时间，世祖至元末年随着元政府文

① 许有壬：《故承务郎江西等处儒学副提举叶先生墓碑》，《至正集》卷50。

② 聂炳：《刘侯修学记》，嘉靖《湖广图经志书》卷4《黄州府·艺文》。

③ 《庙学典礼》卷5《临江路差儒户充役被问》。

教政策的实施，这一问题基本上得到解决。儒士大规模入仕学官，是在至元末到大德初年。这时，他们已经没有必要靠做学官的方式，逃避差役。鉴于上述情况，本文就有关元初学官入仕的原因问题，在周先生研究的基础上补充几点，以使这一问题更加完备。

元代江南儒士入仕学官的原因，除了经济原因外，尚有下面几点：

第一，行儒家治国之道。元朝治理江南，以蒙古、色目人为主，汉人次之，南人一般只能为吏员。元政权对江南的统治理念与江南儒士主张的儒治差距甚远。一些儒士希望通过入仕，行儒家治国之道，以改良政治，改革社会。这与儒家主张的"出世"、"治国、平天下"的主张是相符的。著名理学家许衡一聘而起，在应召赴大都的途中拜访名儒刘因时，刘因问曰"公一聘而起，未免太速乎"，答曰"不如此，则道不行"。① 许衡的回答，反映了儒士以道自任，以道治国的强烈愿望。元初江南儒士如许衡者，当然也不乏其人。江南有许多优秀的学官，如虞荐发、程端礼、欧阳龙生、柯谦、柳贯等。也有一些学官入流以后，对江南政治稳定及社会发展作出过重要贡献，如臧梦解、刘彦明、吴肯等。这些人通过他们在职期间的经历，证明了这一点。当然以行道为幌子行一己之私者也大有人在，如袁桷批评的"君子之出也，大言以行道，夸诬之流也"，② 但以行道入仕的江南儒士确实是大有人在。

第二，传儒之学。元初儒士降至社会底层，儒学遭到比较严重的破坏，发展困难重重，这使许多江南儒士产生了对儒学前途的忧虑。这种担心，在元初中期的江南儒士中间恐怕是比较普遍的。这种对儒家文化之传承的忧虑，对"风化"之不淳、人心之不古的担心，也会使一些儒士入仕为学官，以改变儒学的这种不利处境。世祖末年到大德年间，一些名儒，如袁桷、任士林、邓文原、贡

---

① 陶宗仪：《南村辍耕录》卷2《征聘》。据张帆先生的观点，这条史料记载不准确。本人认为，即使这件事不存在，陶宗仪在书中记述下来，说明当时有这种传闻，反映了当时的儒士对"行道"的赞同和附会。

② 袁桷：《送邓善之应聘序》，《清容居士集》卷23。

奎、白廷、戴表元、柳贯等相继出仕，不能说没有这方面的原因。

第三，元政府的“求贤”、“换授”等活动，为儒士入仕提供了机会。

第四，元代鼓励儒学各项政策的实施，使江南儒士部分改变了对元政权的态度。“当元朝统治稳定以后，他们（江南儒士）感到生活在异族统治下是可以忍受的”，并且元朝政权提供给儒士的除了学官之外，“他们别无选择”，① 所以江南儒士开始纷纷仕元为学官。

（四）仕元江南学官的心态

元初江南儒士仕元的心态，是一个比较复杂的问题，以往学者对这一问题涉及的不多，本节对这一问题进行初步的探讨。由于史料的限制，想弄清大多数学官仕元的心态，是一个非常困难的事情，在此仅能以个别典型的例子说明之。

戴表元在宋亡后，隐居二十余年，或务农或教授于乡，作为一名隐士来说，他对儒士入仕的态度是积极的。他在《送屠存博之婺州教序》一文中说：

> 古之君子可以仕乎？曰可以仕而可以不仕者也，今之君子不可以仕乎？曰不可以仕而不可以不仕者也。可以仕而可以不仕者何？其材与学可以仕，而其身可以不仕者也。不可以仕而不可以不仕何也，其材与学不可以仕，而其身不可以不仕者也。古之君子其得材也，厚矣，其师良，其学之之法备，上之人其时可以仕也，然后仕之。然而不必仕也，不必皆仕而为民，则亦无不乐也。今之君子其材不及古矣，师不必皆良也，学之之法不必皆备也。其可仕也，上之人不必皆仕也，然而皆有欲仕之心焉，以为不仕而为民，则其身将不免于累也。故古

① Yan - Shuan Lao, *Southern Chinese Scholars and Educational Institution in Early Yuan: Some Preliminary Remarks*, *China under Mongol Rule*, Princeton University Press, 1990, p. 133.

之君子可以仕而仕，则为仕者皆为贤公卿大夫；可以不仕而不仕，则不仕者皆为良民。今之君子，其仕既无以心服不仕之民，而不仕者至于无以自容其身。今古之不齐，与其俗之静躁，人之治乱，如斯而已矣。①

这段引文，反映了戴表元有关儒士入仕的观点。他主张“能仕者”入仕，反对“不能仕者”入仕。同时对元代儒士的浮躁好仕之风气，戴表元并没有反对，只是对“仕者不能服不仕之民”而“不仕者无以自容其身”表示感慨，这种现象是元朝特殊的社会环境造成的，他无能为力。然而对于“能仕者”，他坚决主张其入仕，反对逃避现实。

他在《送袁伯长赴丽泽序》中说：

人之居世，自其身之起居寝食，与其家之指挥洒扫，推而大之为官吏而受人之民，为师儒而受人之子弟，无非事也。……今之君子，率习为之辞，曰：我学治其身，治其家，独未之能也，而安能治人？此说行，故贤者得成其谦，而不肖者，亦以容其伪。及乎人之不得已而取之，则谦者退处，伪者售焉，此甚非君子之通法也。②

在这里，戴表元主张“能仕者”要仕，而对能仕者不仕的现象提出批评。因此，从这二则引文可以看出戴表元虽然这时隐居，但对儒士仕元并不反对。这样，我们就可以理解为什么他隐居二十年以后，在58岁高龄还出仕为信州路儒学教授。上述有关出仕的观点，可以说代表了江南大部分儒士对这一问题的认识。

从以上可以看出，江南儒士对入仕的认识并不僵化。他们以道统之传为己任，通过入仕以实现其政治理想。然而，这仅仅是问题的一个方面，贞节观念、夷夏之防，仍然是广大的江南儒士头脑中

---

① 戴表元：《剡源戴先生文集》卷13。
② 戴表元：《剡源戴先生文集》卷12。

固有的观念，所以，他们临终未免会对入仕产生悔恨。戴表元任信州路教授期满归家后，在《送官归作》一诗中发出了“生世悔识字”的感叹。① 王义山在其自撰墓志铭中也说：“独不幸而读书，又不幸而窃科第，又不幸而立乎人之朝，向使不读书，不窃科第，不立乎人之朝，岂不陶陶然天地间一民？既读书，既窃科第矣，既立乎人之朝矣，而谓一民之不如，呜呼，必有不如者也。”② 其自悔之情，溢于言表。

这样看来，元代学官的心态是矛盾的：一方面他们认为不论为自己还是为道统都应该出仕；另一方面在他们的观念中，入仕即意味着失节、投降异族，因此难免产生痛苦和悔恨。这种矛盾的心态可以说是元代学官普遍存在的一个难以解开的心理症结。

元代江南学官群体的形成，是由多种因素造成的，它标志着江南儒士社会角色转变的完成，他们在新的历史条件下，在江南社会中找到了自己的新位置。当然，宋代也有学官，但宋代的学官在来源、职务、处境地位等方面不是固定的，很多学官是进士，较容易转到中央或地方行政系统，宋代的学官与中央与地方的行政官员之间在社会地位方面也没有太大的差距，所以宋代的学官系统与其他行政系统是相融合的，它不可能成为一个独立的社会集团。同样，元代北方学官的数量不大，北方儒户较少，再加上北方儒学经济基础薄弱，一般儒学学官的待遇与民间授徒的儒士差别不大，更为重要的是，元代北方汉人儒士的仕进情况，要远远好于南人儒士，因此北方学官与地方官吏之间也同样没有太大的鸿沟。元代江南的学官制度是元政权为笼络江南儒士而设立的，学官的来源、职务、处境、地位等方面都被严格固定下来，学官仕进非常困难，很难进入行政官系统，大部分江南学官只能限制在学官范围内，一生离不开学官系统。因而，江南学官实际上是元代江南社会的一个相对独立的社会群体。

---

① 戴表元：《剡源戴先生文集》卷27。

② 王义山：《稼村类稿》卷29。

三、元代学官的种类

元代学官制度几经变化，到元成宗时期才最后确定下来。中统二年（1261 年），元朝规定选“博学洽闻”之士为诸路提举学校官，“仍选高业儒生教授”，说明这时的北方儒学除了提举学校官以外，还有教授以及其他一般教学人员。① 至元六年（1269 年）元朝又规定除了各路的提举学校官以外，散府、上中州各儒学设立教授一员，“其余委用人员拟行罢去”。② 这样，元朝统一以前，北方州以上的儒学设立的学官只有提举学校官和教授两员，下州和县的儒学是否设立学官，目前还不清楚。

元朝统一以后，江南儒学由于有固定的学田收入，学官基本承袭南宋，设立员数较多。除了原先的教授、学正、学录以及钱粮等执事人员以外，各路也设立提举学校官。至元十九年（1282 年）江浙行省根据南宋时期的学官设置情况，在得到中书省批准后，公布了江南学官设置员数：

> 总管府教授二员，钱粮官二员，学录、学正各二员，斋长谕各一员；散府教授二员，钱粮官一员，学录、学正各一员，斋长谕各一员；书院山长二员，钱粮官一员，学录、学正各一员，斋长谕各一员；县学教谕二员。③

上述规定，确立了江南儒学学官、学职的设置，对江南学官制度的统一起了重要作用。但从内容上看，这一文件只适用于江南，不包括北方的儒学。直到至元二十一年（1284 年），元朝中书省才制定腹里地区儒学学官格例，规定：

---

① 《庙学典礼》卷 1《设提举学校官》。
② 《庙学典礼》卷 1《设提举学校官及教授》。
③ 《庙学典礼》卷 1《郡县学院官职员数》。

> 路教授拟设一员，学正、学录各设一员，散府、上中州设教授一员，下州设学正一员，县设教谕一员。除教授祗受敕牒，学正受中书省札付，学录并受吏部付身。路府州县各添设直学一员，受本路付身勾当。①

这一规定说明元代北方学官的设置在原来的提举学校官、教授的基础上增加了学正、学录、直学等新的种类，与江南儒学差距缩小。

至元二十四年（1287年），鉴于各儒学所设人员“月请学粮、钱数多寡不一”的情况，江浙行省规定了有关学官每月俸禄的数量。② 至元二十四年（1287年）、至元二十五年（1288年）、至元二十六年（1289年）三年时间里，元政府颁布了《儒职升转保举后进例》、《学官格例》、《差设学官学职》等文件，还规定了学官选举任命和学官升转的制度，在学官设置方面，取消了南北的诸路提举学校官，在江淮等处十一道设立儒学提举司，③ 标志着元代学官制度逐步完备。不过，就学官设置来看，南北仍然存在较大的差别。至元二十七年（1290年）尚书省、吏部、集贤院联合议定《江淮拟设学官员数及升转格例》，规定江南“散府、诸州并各处书院拟设教授、学正、学录、直学各一员”④。这一文件对江南儒学学官、学职的员数大大削减，基本上接近北方儒学，说明元朝政府试图在学官设立种类、数量方面达到南北统一。除此以外，元朝也在学官待遇方面推行南北统一。元初北方学官没有俸禄，收入来源全靠生员的束修，而江南学田较多，学官俸禄从学田的收入中支付，南北学官的待遇差别较大。至元二十九年（1292年）元世祖圣旨：

---

① 《庙学典礼》卷6《山长改教授及正录教谕格例》。

② 《庙学典礼》卷2《学官职俸》。

③ 《庙学典礼》卷2《儒职升转保举后进例》。

④ 《庙学典礼》卷3。

各处汉儿城子里，蒙古字教授、医学教授这两枝儿吃俸钱有，儒学教授无俸有，也依着那体例与俸钱呵。

根据世祖圣旨，中书省规定教授俸禄：

除江淮等处已有学粮去处不需支俸外……自至元二十九年闰六月为始……各路每员月支一十二两，散府每员月支一十一两，上州每员月支一十一两，中州每员月支一十两。①

根据陈高华先生的研究，上述规定的北方学官俸禄，比江南学官要差很多，② 并且得到俸禄的只是教授，教授以下学官的收入还是没有保障。这种南北学官收入不均的现象在整个元朝都没有得到解决，这大概是江南学官升转淹滞严重，而北方学官相对冷清的原因之一吧。

至元二十七年（1290 年），江淮学官员数及升转格例最初并没有在江南得到严格执行，江浙、江西行省都有滥设学官的现象，如建康路学除了教授外，设学正三员，学录二员。建康路明道书院设山长二员，南轩书院生徒、钱粮很少，也设山长二员，昭文书院没有田产，虚设山长二员。针对这种情况，大德二年（1298 年），元政府规定："各处儒学，学正、（学）录、书院山长每处存设一员，多者革去，额外不许滥设。"③ 大德五年（1301 年）元朝中书省、吏部通令全国："除书院学正不设外，教授、学正、（学）录、教谕，照依腹里例一体设立，滥用员数尽行革去。"这说明元朝最后将北方的学官格例推广到江南，最后完成了学官制度的南北一统。《元史·选举志一》云："凡师儒之命于朝廷者，曰教授，路府上中州置之。命于礼部及行省及宣慰司者，曰学正、山长、学录、教谕，路州县及书院置之……凡路府州书院，设直学以掌钱谷。"这

① 《庙学典礼》卷 4《教授俸例》。

② 陈高华：《元代地方官学》，《元史论丛》第 5 辑，第 174 页。

③ 《庙学典礼》卷 5《行台监察举呈正录山长减员》。

里所说的学官制度就是大德五年（1301 年）以后固定下来的学官制度。

不过，对于一些规模较大、学田较多的江南儒学来说，这些学官、学职是不够的，还需要聘请一些执事人员、教学人员来维持学校的正常运行。据不完全的资料，元末的镇江路学就有“堂仪、工人、长乐一人，寒士三十有二人，长谕赞导十有六人，胥徒工□□□□□□□□□□，司书、司器、司藉各十人，乐工三十人”。①除了寒士不属于学职以外，其他学职的数量是很多的。后至元二年（1336 年）杭州西湖书院也有山长、宾序、主奉、教导、直学等多种名目的学官学职。② 这种现象一方面说明元代各儒学都有根据学校特点聘请教学、执事人员的现象；另一方面也说明随着学校规模的扩大，需要更多的人参与教学和管理，儒学也有经济实力支付这些人员的俸禄等开销。另外，行省的儒学提举自然也属于学官的范畴。下面就元代学官的主要类型，分别论述如下。

（一）儒学提举

元代地方儒学最高级别的学官是儒学提举。从制度渊源上看，元代的儒学提举制度与宋金有关制度有继承关系。宋朝在地方设立提学官，是中国古代最早设立的专门管理各级地方儒学的学官。蒙元以来，北方借鉴金制，在诸路设置提举学校官，掌管儒学的管理和教学。全国统一以后，元朝在诸道设立儒学提举司，掌管儒学的大小事务。成宗元贞元年（1295 年），宣布在行省设立儒学提举司，取代诸道的儒学提举司，从此，儒学提举司制度固定下来。关于儒学提举的职责、权限在第三章中已经论述，这里不再重复。由于儒学提举是学官的最上层，在学官体系中位于领导地位，儒学提举的品级、权限等远远大于一般学官，任命和升转也与一般学官不同，所以有必要对其出身、仕进、社会地位、社会网络等问题进行

① 《江苏省通志稿》，《金石二十三·镇江路学丁亥纪实》。

② 陈泌：《西湖书院三贤祠记》，《金石萃编未刻稿》，1929 年罗振玉影印本。

专门考察。本章考证出元代的儒学提举 54 人，并以这些人为根据，进行分析。

1. 元代儒学提举举例

元代儒学提举的数量不大，从元贞元年（1295 年）江南三行省设立儒学提举，到元朝至正二十八年（1368 年）灭亡，中间经历 73 年的时间，元朝十一个行省，有十个行省以及大都路发现了设立儒学提举的记载（岭北行省未发现有关儒学提举记载），按照儒学提举任期三年的规定，元朝各行省总共任命了 486 名左右的儒学提举、副提举，考虑到江南三省以外的行省儒学提举设立的时间要晚 10～20 年以及一些行省儒学提举不设或有人担任两届以上儒学提举的情况，各行省儒学提举、副提举的数量估计应在 400 名以下，加上元贞以前按道设立的儒学提举，总数量也就是在 400 名上下，这与全国十几万儒户的庞大数量相比，可谓是凤毛麟角。这从一个方面说明了儒学提举在元朝儒士阶层中的社会地位。下面选取元朝比较典型的儒学提举 54 人作为个案，进行考察。

孔瀛（1300～1362 年）　字世表，孔子五十二世孙孔昭孙第五子。孔昭孙在元朝以学官起家，官至慈溪县主簿、袁州路知事。孔瀛 20 岁以孔子后裔的资格，被任命为庆元路昌国州学正，升岳州教授，湖北廉访司辟为书吏，转江浙儒学副提举，后为海阳、浣江县尹，除湖广行省检校。元末兵乱，辗转避兵金陵，依族孙孔克仁居。至正二十二年卒。①

支渭兴　字文举，号龙溪，郃阳人（一作长宁人）。至顺元年进士，授成都路汉州同知，后任四川行省儒学提举、嘉定路总管府判官、长宁州知州。任职期间，三次作为四川行省乡试同考试官，一次主持陕西行省乡试。至正末年赴云南行省主持乡试，道梗，授临安沅江等处宣慰都元帅，云南诸路肃政廉访司佥事，升副使，以四川行省参政致仕。②

---

① 宋濂：《文宪集》卷 24《故检校孔君权厝志》，四库全书本。

② 陈文：景泰《云南图经志书》卷 1《云南布政司·云南府·名宦》，云南民族出版社 2002 年版。

王义山（1214～1287年） 字元高，号稼村，丰城人。出身于宋科第世家。王义山本人是宋景定三年（1262年）进士，历官永州司户、国子学学正、瑞安军通判等。元初提举江西学事，至元二十四年（1287年）卒。①

王天祐 字国卿，上党人。累历太常博士，转国子博士，出为隰州同知，复授太常博士，升陕西行省儒学提举，皇庆二年（1313年）以潞州知州致仕。②

白珽（1248～1328年） 字廷玉，钱塘人。出身于南宋科第世家，著名学者舒璘之后，入赘白氏。少年知名于太学，博综经史。元朝统一江南之初，丞相伯颜命以安丰县丞，辞不受。浪迹民间，教书为业。后程钜夫荐之，仍不受。宣慰使鲜于枢荐授太平路学正，大德四年（1300年）转常州路学教授，升江浙儒学副提举，迁淮东盐仓大使，以兰溪州判官致仕，归老棲霞山。③

朱文霆（1294～1363年） 字原道，兴化路蒲田县人。出身于元朝官宦之家，祖父为河南医学提举。朱文霆9岁能文，13岁受学于进士林罔孙。至治三年（1323年）中进士，由于丁外艰，没有授官。至顺三年（1332年）再次参加科举，廷试名列第十，赐进士出身，擢同知瑞安州事。改汀州路总管府推官，历官瓯宁县尹，福建宣慰司都事、瑞安知州，授福建儒学提举。后迁同知泉州路总管府事，至官不久辞归。④

吴善（？～1338年） 字养浩，安仁县人。出身于道士之家，其叔父吴全节至治二年（1322年）被封为玄教大宗师。吴善25岁至京师，居崇真宫，与袁桷等文士游，以所著《易说》献于朝，授国史院编修官，迁太常博士，进集贤院修撰。后出为江浙儒学提举，后至元四年（1338年）卒。⑤

---

① 王义山：《稼村自墓志铭》，《稼村类稿》卷29。

② 弘治《潞州志》卷4《大元陕西儒学提举王公墓碑》，弘治八年刊本。

③ 宋濂：《元故湛渊白公墓表》，《宋学士文集》卷35。

④ 宋濂：《元嘉议大夫泉州路总管朱公墓志铭》，《宋学士文集》卷73。

⑤ 顾嗣立：《元诗选癸集·丙》，中华书局2001年版，第356页。

李祁（1299～?）　字一初，茶陵人。出身于宋官宦之家，其祖为宋茶陵州同知。元统元年（1333年）左榜进士第二，授翰林应奉，以母老就养江南，改婺源州同知，迁江浙儒学副提举，丁忧隐永新山中。入明力辞征辟，卒年七十余。①

李桓　字晋仲，江宁人。出身于宋科第之家，李氏为"金陵著姓"，李桓舅父杨刚中元朝为翰林待制。李桓初为上饶县学教谕，至治三年（1323年）通过江浙行省乡试，泰定元年（1324年）会试落榜，授余干州教授。② 后累迁江浙儒学副提举。③ 据时人记载，李桓家贫，"常以五分取逋息，作文鬻钱，是以贱隶、庸人、富室等皆得易而求之，曾为小吏凌立义之父做墓志，时人亦以是薄之"。④

李浩　字景安，镇江路金坛县人。至元二十三年（1286年），元朝廷寻访行艺高尚之士，镇江路以李浩应选，授江东道儒学提举，再调湖广儒学提举。其族人李镇也在至元二十三年（1286年）荐受为儒学副提举。⑤

林以顺　字子木（子睦），莆田人。出身儒学世家，其兄林以辨为当地知名学者。林以顺至治元年（1321年）中进士，任浦江县尹，政教备举。⑥ 后升台州路推官，历江西儒学提举，⑦ 福清知州，以福州路同知致仕。⑧

林桂发　字德馨，居京口。宋太学生，咸淳十年（1274年）进士。至元十五年（1278年）授镇江路儒学教授，终淮东道儒学

---

① 李东阳：《族高祖希蘧先生墓表》，《怀麓堂集》卷44。

② 吴澄：《送李晋仲序》，《吴文正集》卷33。

③ 《元史》卷190《儒学二》。

④ 孔齐：《至正直记》卷4《金陵李桓》，上海古籍出版社2001年版。《宋元笔记小说大观》本误作"李恒"。

⑤ 俞希鲁：《至顺镇江志》卷19《人材·仕进》。

⑥ 柳贯：《浦江县修学记》，《柳待制文集》卷15。

⑦ 顾嗣立：《元诗选癸集·丙》，第351页。

⑧ 李清馥：《闽中理学渊源考》卷35。

副提举。①

郑元祐（1292～1364年）　字明德，浙江遂昌人。郑氏为处州巨族，世以儒显，曾祖父、祖父均在宋朝为官，元初徙家杭州，“结屋湖上以耕钓自乐”。郑元祐年十五“辄弄笔墨作诗赋”，江浙行中书省郎中赵天锡延于家，与其子赵期颐讲学。平章廉希宪“以朝廷宿望退居钱塘，与君为忘年友”。于是郑元祐“遍交当世之士，声名籍甚四方，慕君者识与不识皆称为明德先生……从君学者户外之履常满”。至正十七年（1357年）授平江路儒学教授，至正二十四年（1364年）升江浙儒学提举，卒于官。②

柯谦（1234～1302年）　字自牧，仙居人，柯九思父。出身于儒学世家，父为南宋太学生。柯谦年长游京师，“诸名胜争与推毂”。至元间，江浙行省辟昌国州文学掾，不就。元贞初以翰林检阅预修世祖实录，书成，授江浙儒学副提举，迁温台检校所大使。至大元年（1308年），升诸暨州判官，延祐初除江南儒学提举，六年卒。③

柳贯（1270～1342年）　字道传，号乌蜀山人，浦江人。出身于南宋世家大族，其父在元初以出身显贵，被授以官职。柳贯年轻时受经于著名学者金履祥，学文于著名文士方凤。后柳贯游于杭州，杭州为南宋故都，“向之宿儒遗老犹有存者，公遍游其门，无不折行辈与为忘年交”。与柳贯交往甚密的有当时知名文人方回、龚开、仇远、戴表元、牟应龙等，他与胡长孺兄弟“交尤密，往来咨叩无虚日”。大德四年（1300年）受荐为江山县学教谕，至大初年迁昌国州学正。任满赴京师，中书左丞张思明“令子弟来就学”。不久被荐为湖广儒学副提举，未上，延祐六年（1319年）除国子助教，升博士，泰定元年（1324年）升太常博士。监察御史马祖常荐举柳贯任监察御史，不报。泰定三年（1326年）为江西

① 俞希鲁：《至顺镇江志》卷19《人材·侨寓》。
② 苏大年：《遂昌先生郑君墓志铭》，郑元祐：《侨吴集》附录。
③ 张养浩：《江浙等处儒学提举柯君墓志铭》，《归田类稿》卷13。

儒学提举，秩满归。至正元年（1341 年）起为翰林待制，次年卒。①

范晞文　字景文，号药庄，钱塘人。宋太学生，以忤贾似道逃亡琼州。元初为学官，“提举乡郡学事三年”，江南行台荐于朝，授长兴县丞。② 程钜夫奉诏江南求贤，与赵孟頫等同荐于朝，授江浙儒学提举。③

倪印心　号古洲，绩溪人，出身于一般儒学之家。“家贫苦学”，与叶李为莫逆交。元初叶李应招至大都，授中书右丞，倪印心以叶李推荐，授湖广儒学副提举，升信州路玉山县尹，政称廉明，转宁国路旌德县尹，不久卒。④

徐明善（1250 ~ ?）　字志友，号芳谷，德兴人，至元二十六年（1289 年）随元朝使者出使安南，以功调龙兴路学教授，迁江西儒学提举。历主江西、江浙、湖广三省乡试，拔黄溍于弃卷中，识鉴为当世所称。⑤

贡奎（1268 ~ 1329 年）　字仲章，号云林，宣城人，贡师泰父，出身于南宋官宦之家。年轻时就以文学“名震江之南”，被江浙行省荐举为池州齐山书院山长。至京师，“大夫士翕称之”。大德六年（1302 年），中书奏授太常奉礼郎兼检讨。大德九年（1305 年），迁翰林国史院编修官。至大元年（1308 年），转应奉翰林文字，预修成宗实录。延祐元年（1314 年）被命为江西儒学提举，次年就官，任内革除弊政，潜心教育，从学之人甚多，“士之履恒满户外，其及门者亦进不怠以止”。延祐五年（1318 年）迁翰林待制，预修仁宗实录。至治元年（1321 年）谒告归家。泰定三年（1326 年）复起为翰林待制，泰定四年（1327 年）七月，拜集贤直学士。天历元年（1328 年）十月文宗命往祠北岳，天历二年

---

① 黄溍：《翰林待制柳公墓表》，《金华黄先生文集》卷 30。

② 张伯淳：《送范药庄序》，《养蒙文集》卷 2。

③ 顾嗣立：《元诗选癸集 · 乙》，第 232 页。

④ 弘治《徽州府志》卷 8。

⑤ 《钦定四库全书总目》卷 166《芳谷集提要》。

(1329年)春以疾辞官归养。贡奎一生二次主持乡试，一次为会试廷对读卷官，“取士多知名于时”。与当时知名学者元明善、王士熙、袁桷、邓文原、马祖常等交往甚厚。①

张昇 字伯起，延平路顺昌人。出身于儒学之家。八岁能诵九经，九岁应荐赴省，省臣奇之，以神童闻于朝，推荐入国子学。13岁卒业，除秘书监正字，历官江西儒学提举，陈友谅陷豫章，索官印于张昇，他投印井中，绝食而死。②

张范（1252～1328年） 字议甫，历城人。出身于元朝官宦之家。历官潍州学正、宁海左翊卫教授，升任四川儒学副提举。以子（即张起岩）贵，封集贤待制、奉议大夫骁骑尉、历城县子、加封朝列大夫、秘书少监骁骑都尉、齐郡伯。③

张仲仁 字子仁，开封人。出身于宋官宦之家。历官天门书院山长、杭州教授、江浙儒学副提举，后为詹事、翰林二院经历。④

许有孚 字可行，汤阴人。出身于官宦之家，其父兄皆在元朝为官，兄许有壬仕至元朝中书省平章。许有孚由国学上舍登至顺元年进士第，授湖广儒学副提举，⑤改湖广行省检校，至正元年(1341年)任南台御史，迁太常院同佥。致仕后，“杖履携弟若子会宾友，觞咏”于故乡山水之间。⑥

陈旅（1287～1342年） 字众仲，莆田人。“先世素以儒学称”。受学于学者傅古直。初受荐为闽海学官，后来御史中丞马祖常出使泉州，一见奇之，相勉游京师，得到虞集赏识，延至馆中。不久中书省平章政事赵世延力荐之，任命为国子助教。元统二年(1334年)任命为江浙儒学副提举，后至元四年（1338年）为翰

---

① 马祖常：《集贤直学士贡文靖公神道碑》，《石田文集》卷11。

② 杨荣：《文敏集》卷21《国子司业张公墓志铭》；《闽书》卷103《英旧·延平府·沙县》。

③ 欧阳玄：《元封秘书少监累赠中奉大夫河南江北等处行省参知政事护军追封齐郡公张公先世碑》，《圭斋文集》卷9。

④ 程钜夫：《开封张氏世谱后》，《雪楼集》卷25。

⑤ 虞集：《送许有孚赴湖广提举》，《道园学古录》卷3。

⑥ 《元诗选初集》卷24。

林应奉，至正元年（1341年）迁国子监丞，次年卒。①

陈庚（1194～1261年）　字子京，平阳人。出身于官宦之家。金末兵乱，迁徙无常，后高雄飞命为平阳路教授，与诸生讲说义理，名声大震。中书令耶律铸奏设经籍所于平阳，命陈庚主之。世祖曾召至六盘山，“与语大悦”。中统元年（1260年）以宣抚张德辉荐，授平阳路提举学校官，“进德义，树教化，勉学戒惰，风俗为之一变”。次年卒。②

陈遘（1296～1344年）　字谨之，台州临海人。其父陈孚元朝任翰林待制兼国史院编修官、台州路同知等。陈遘承荫补台州录事判官，升常州路知事。后至元元年（1335年）为庆元路知事，迁江浙儒学提举。至正四年（1344年）卒。③

曾晞颜　字达圣，永丰人。出身于宋儒学、仕宦之家。曾晞颜为宋景定三年（1262年）进士，德祐元年（1275年）任御史。④元初程钜夫江南求贤，曾晞颜在荐举名士之列，⑤元朝授湖南道儒学提举。⑥

程荣秀（1263～1333年）　字孟敷，休宁人。出身于宋儒学、仕宦之家，元朝隐居教授。受学于方回、许月卿。延祐年间江东道肃政廉访使邓文原，荐举为建康路明道书院山长，历官平江路学录、嘉兴路教授，后以遗逸荐授江浙行省儒学提举，不久致仕。⑦

冯福可　字景仲，醴陵人，延祐四年（1317年）进士，授国子助教，⑧后出任江西儒学提举。⑨

---

① 《元史》卷190《儒学二》。

② 程钜夫：《故平阳路提举学校官陈先生墓碑》，《雪楼集》卷21。

③ 黄溍：《江浙行中书省左右司员外郎致仕陈君墓志铭》，《金华黄先生文集》卷38。

④ 刘将孙：《曾御史文集序》，《养吾斋集》卷10。

⑤ 《元史》卷172《程钜夫传》。

⑥ 虞集：《曾巽初墓志铭》，《道园学古录》卷19。

⑦ 陈子山：《元江浙儒学提举程公荣秀墓志铭》，杨荣《文敏集》卷71。

⑧ 顾嗣立：《元诗选癸集·丙》，第177页。

⑨ 许有壬：《京师送冯景仲赴江西儒学提举》，《至正集》卷21。

黄溍 （1277～1357 年） 字晋卿，义乌人。出身于宋科第、仕宦世家。幼从学于刘应龟、方凤等知名学者。大德五年（1301年）荐举为学官，不就，隐于家。延祐二年（1315 年）中进士，授台州路宁海县丞，历官诸暨州判官。至顺二年（1331 年）御史中丞马祖常荐为应奉翰林文字、同知制诰兼国史院编修。后任国子博士六年，出为江浙儒学提举，至正三年（1343 年）辞归。①

黄清老（1290～1348 年） 字子肃，邵武人。出身于儒学、官宦世家。初被荐举为建阳学官，升三山书院山长，不就，从学者严斗岩隐居深山读书。泰定四年（1327 年）中进士，授翰林国史院典籍官，迁应奉翰林文字、同知制诰兼国史院编修官。至正元年（1341 年）出为湖广儒学提举，后多次主持乡试，“一时名公卿，各遣子弟执经受业”。学生多为高官。至正八年（1348 年）卒于官舍。②

杨翮 字文举，上元人。出身于元朝官宦之家，其父杨刚中官至翰林待制。初“自学官佐宪府”，③ 为江浙行省掾，历官休宁县主簿、江浙儒学提举，后为太常博士。④

杨刚中 字志行，上元人。出身于儒学之家，“起家于文字”。初为江宁县学教谕，历官建康路学录、学正，迁徽州路学教授。后为江东道廉访司照磨。⑤ 泰定年间任江浙儒学提举，“儒台清峻，大施教条，吏绝为奸，士得所养”。⑥ 后召为翰林待制。⑦

叶李（1242～1292 年） 字太白，杭州人。宋末补太学生，因弹劾贾似道误国，逃亡漳州。元朝统一后，归隐富春山，江淮行

---

① 宋濂：《金华黄先生行状》，《金华黄先生文集》卷 43。

② 苏天爵：《元故奉训大夫湖广等处儒学提举黄公墓志铭》，《滋溪文稿》卷 13。

③ 虞集：《佩玉斋类稿序》，《佩玉斋类稿》卷首。

④ 永瑢：《四库全书总目》卷 168，《佩玉斋类稿》提要，中华书局 1981 年版，第 1459 页。

⑤ 《元史》卷 190《儒学二》。

⑥ 唐元：《景陵祭杨待制文》，《筠轩文稿》卷 13。

⑦ 黄宗羲：《宋元学案》卷 82《北山四先生学案》，第 1764 页。

省、宣慰司等聘为杭州、常州等儒学教授，不应。至元十四年（1277年）江南行台御史大夫相威上其名于朝，世祖授浙西道儒学提举，叶李闻命，欲遁去，使者以丞相安童书与之，始受命。至元二十三年（1286年），程钜夫江南求贤，荐至京师，向世祖提出重设儒学提举司、优待儒士的建议，授尚书左丞，进右丞。桑哥败，谢病南归。①

叶端（1247～1331年） 字宗瑞，金溪人。出身于宋科第、仕宦之家。初习举子业，“躬耕以食”。不久为施展抱负，广为游历，“历瓯越、会稽、琅邪，涉汶、泗，过洛，入秦道晋，以达幽朔，无所遇，最后至辽东”。在辽阳，“右丞重喜者，及见大悦，馆而师焉”。后来以重喜之荐，授辽阳路儒学教授，升湖口县主簿，转福州乐安务提领，以江西儒学副提举致仕。②

雷机（1294～1351年） 字子枢，建安人。出身于儒学世家，父德润入元为福州路儒学教授。雷机少年好学，17岁试论郡庠，选为第一。20岁受荐为邵武县学教谕。延祐五年（1318年）中进士，授古田县丞，历官延平路总管府知事、邵武路总管府经历，兴化路兴化县尹，转湖广儒学副提举。他在职期间，“招徕弟子员，罗知名之士相与迪导之，月书季考，具有成法，文风为之一振”。后任延平路推官，以翰林待制致仕。③

赵孟頫（1254～1322年） 字子昂，湖州人。宋宗室子，祖、父累为宋朝高官。赵孟頫弱冠中胄监试，调真州司户参军。元朝统一后，浮沉乡社间。御史夹谷奇之，荐之以翰林编修，不就。侍御史程钜夫出访江南，搜访人才，得二十余人，赵孟頫位其首。初授兵部郎中，转集贤直学士，迁同知济南路总管府事兼管诸军奥鲁。以修世祖实录召入，书成。大德三年（1299年）授集贤直学士，

---

① 《元史》卷173《叶李传》。

② 《故承务郎江西等处儒学副提举叶先生墓碑》，《至正集》卷50。

③ 宋濂：《元故翰林待制朝散大夫致仕雷府君墓志铭》，《宋学士文集》卷3。

出为江浙儒学提举，后又多次入翰林、集贤院。①

刘基（1311～1375年） 字伯温，处州路青田县人。出身于宋仕宦之家。刘基14岁入郡学，后游学燕京，结交名士郑复初、揭傒斯等。元统元年（1333年）中进士，授江西高安县丞，辟江西行省掾史，后为江浙儒学副提举，不久，建言监察御史失职事，为御史台所沮，弃官。后投靠明太祖，成帝业。②

刘闻 字文廷（文霆），安福人，出身于宋朝科第之家。其父刘蒙正为知名学者。刘闻8岁能举子业，称为奇童，后习《春秋》，欧阳玄器重之。至顺元年（1330年）登进士第，授临江路录事，后入为国子助教，迁太常博士，③ 出为江西行省儒学提举，④后为翰林编修，修撰宋史，出为沔阳知府。⑤

刘岳申（1260～?） 字高仲，吉水人。幼从学于学者聂心远，学识渊博，为刘辰翁、吴澄等所推重，与刘诜、龙仁夫齐名。受荐为永丰县学教谕，⑥ 任满，吴澄荐之为辽阳儒学副提举，不就。⑦ 授太和州判官致仕。⑧

蒋会龙（1235～1305年） 濠州人。元初为淮东道儒学副提举，在职期间，“士兴于学”。迁临淮县尹，数月弃去。⑨

邓文原（1259～1328年） 字善之，杭州人。出身于宋科第之家。15岁中进士。元朝统一以后，邓文原居家授徒为业，32岁受荐辟杭州路学正。大德二年（1298年）调崇德州学教授。大德

---

① 欧阳玄：《元翰林学士承旨荣禄大夫知制诰兼修国史赠江浙等处行中书省平章政事魏国赵文敏公神道碑》，《圭斋文集》卷9。

② 黄伯生：《诚意伯刘公行状》，《刘基集》附录一。

③ 欧阳玄：《元赠奉议大夫从仕郎安成刘聘君墓碑铭》，《圭斋文集》卷10。

④ 许有壬：《题刘文霆博士〈山水图〉》，《至正集》卷11。

⑤ 顾嗣立：《元诗选》三集卷9。

⑥ 刘将孙：《送刘岳申序》，《养吾斋集》卷12。

⑦ 《元史》卷190。

⑧ 永瑢：《四库全书总目》卷167，中华书局1981年版，第1436页。

⑨ 程钜夫：《临淮县尹蒋君墓志铭》，《雪楼集》卷17。

五年（1301 年）召为翰林应奉，进修撰。至大三年（1310 年）授江浙行省儒学提举，升国子司业，历官浙西、江东二道宪佥，拜集贤直学士兼国子祭酒。泰定元年（1324 年）为经筵官，以疾归，不久又召入京师，出为湖南宪使，不赴，卒于杭州。①

萧𣂏（1241～1318 年）　字惟斗，咸宁人。博学能文，大德年间荐受陕西儒学提举，不就，召为翰林直学士，辞。至大元年（1308 年）召为太子师，寻归。②

萧泰登（1266～1303 年）　字则平，泰和人。出身于宋官宦之家。初为永丰县丞，迁湖南道儒学副提举，“学者井井有生气”，转广东道宪佥。至元三十一年（1294 年）随使臣出使安南，以功授江西行省儒学提举，任职期间，“政教称是”，后历官广西宪佥。大德七年（1303 年）拜南台御史，是年卒。③

龙仁夫　字观复，江西吉安路人。博究经史，“仁夫之文，奇逸流丽”。元初被荐为江浙儒学提举，不就。④ 后主江西、江浙行省乡试，任陕西儒学提举。⑤

龚璛（1266～1331 年）　字子敬，镇江人，寓吴中，出身于宋官宦之家。幼年习儒，以文知名，与江南知名学者俞德邻、戴表元、仇远、胡长孺、盛彪等交往密切。东平徐琰为浙右道肃政廉访使，辟属幕下，不久荐举为学官。历官和静、学道书院山长，调宁国路教授，迁宜春县丞，以江浙儒学副提举致仕，命下已卒。⑥

戴良（1317～1383 年）　字叔能，浦江人。出身于儒学世家，为当地望族。戴良年轻时师从文章大家柳贯、黄溍 、吴莱等，又学诗于余阙。初为月泉书院山长，至正二十一年（1361 年）被元

---

① 吴澄：《元故中奉大夫岭北湖南道肃政廉访使邓公神道碑》，《吴文正集》卷 64。

② 苏天爵：《萧贞敏公墓志铭》，《滋溪文稿》卷 3。

③ 程钜夫：《监察御史萧君墓志铭》，《元文类》卷 51。

④ 《元史》卷 190《儒学二》。

⑤ 刘岳申：《祭陕西提学麟洲龙先生文》，《申斋文集》卷 12。

⑥ 黄溍：《江浙儒学副提举致仕龚先生墓志铭》，《金华黄先生文集》卷 33。

朝任命为淮南江北等处行中书省儒学提举。后避地吴中，明初隐居庆元四明山。明太祖征入京师，戴良拒绝在明朝为官，被羁留京师，卒。①

杨维桢（1296～1370年）　字廉夫，号铁崖，会稽人。泰定四年（1327年）进士。初署天台尹，转建德路总管府推官，擢江西儒学提举，未及上而兵乱，遂不复仕。明初，命修礼乐书，旋以老病辞归。②

李克家　字肖翁，龙兴路富州人。曾任富州学官，“士流所推服”，后来“提举儒学事于辽阳……远近虽殊，而处之如一。辽东地寒，市苇席障蔽其上，与四傍为斋居之室而名曰：‘苇斋’，人或哂其陋，而君视之若广居安宅然”。③

郑陶孙　字景潜，处州路人。宋景定年间进士。元初征召至京师，奏对称旨，世祖授翰林国史院编修官，升应奉翰林文字，后出为江西儒学提举。④

宇文公谅（1292～?）　字子贞，吴兴人。弱冠嘉兴富民延为子弟师。元统元年（1333年）中进士，授徽州路婺源州知州，历官余姚州知州，迁高邮府推官，不久，召为国子助教，后调应奉翰林文字、同知制诰，兼国史院编修官，以病归。后召为国子监丞，出为江浙儒学提举，改岭南廉访使，以疾致仕。⑤

朱德润（1284～1355年）　字泽民。出身于南宋儒学、官宦世家，其父在元初做过长州儒学教谕。朱德润少年习儒，精通绘画，延祐末年游京师，得到同样以书画见长的赵孟頫的赏识，受赵孟頫推荐，元仁宗授之应奉翰林文字、同知制诰兼国史院编修官。次年授征东行省儒学提举，后至京师，负责抄写佛经，不久，辞官归。此后还做过江浙行省照磨，长兴州知州等。⑥

---

① 赵友同：《故九灵先生戴公墓志铭》，《九灵山房集》卷30《外集》。

② 《明史》卷285《文苑一》。

③ 吴澄：《吴文正集》卷59《题苇斋记后》。

④ 《元史》卷190《儒学二》。

⑤ 《元史》卷190《儒学二》。

⑥ 周伯琦：《有元儒学提举朱府君墓志铭》，《存复斋文集》附录。

袁度　字士常，济南历下人。父早亡，家故贫，授徒资束修养母。其名隶兵籍，“质钱佣人以行，苟弗给，即自往”。主兵者闻其事，使教授营中。凡留五年，乞归。部使者上其贤，授河中教授，不赴，辞归乡里。泰定四年（1327 年）再授将仕佐郎，大都儒学提举，未几，病逝。①

谭文森　出身于宋官宦科第之家，本人即是南宋进士，元朝授温州路总管府治中，历官同知武冈路总管府事、广东道提刑按察副使，转福建道儒学提举，后升为江西行省儒学提举。②

上面是对 54 名儒学提举进行的考察，下面将根据他们具体情况，分析有关儒学提举的诸问题，有关 54 位儒学提举的资料来源，可以参考前面的注释。

2. 元代儒学提举的出身及经济状况

为了说明元代儒学提举在出身方面的特点，本文将儒学提举的出身情况分为前朝科第、仕宦之家，元朝官宦之家，一般儒户，其他，不详等五种情况，列表如下：

名　称	前朝科第、仕宦	元朝官宦	一般儒户	其他	不详	总　计
数　量	26	6	9	2	11	54
百分比	48.1%	11.1%	16.8%	3.7%	20.3%	100%

从上表统计的结果可以看出，元代儒学提举出身最多的是前朝科第仕宦之家，占了统计数量的将近一半。其次为一般儒户之家，占 16.8%。再次为元朝的官宦之家，占 11.1%。最后为其他户计，仅占 3.7%。另外还有 20.3% 的出身不详。

元代儒学提举出身于南宋科第、仕宦之家的最多，这与元朝的社会情况是相符的。元朝统一以后，为了稳定在全国特别是江南的

① 张养浩：《袁士常墓表铭》，《归田类稿》卷 13。

② 吴澄：《有元奉训大夫南雄路总管府经历谭君墓志铭》，《吴文正集》卷 87。

统治，大量起用南宋文学之士，在江南社会中具有重要影响的前朝科第、仕宦之家，成为元朝笼络的对象。然而这些人毕竟属于蒙古贵族不信任的南人，不能做地方官，掌握地方政权，于是，大量的前朝进士、官员或其后代被任命为学官，详细情况本章前面已经论述。既然这些人在元代学官之中占很大的比例，那么，作为地方最高学官的儒学提举，出身于前朝科第、仕宦之家的最多，也是在情理之中。这种现象反映了元朝学官系统的笼络性质，元朝不信任南人，甚至歧视南人，所以禁止南人掌权，但江南是整个元王朝的物资、财赋的主要供应地，江南的稳定对元王朝影响很大，所以，对于在江南影响最大的前朝科第、仕宦之家任命为儒学提举，让他们在不参与地方政权的情况下，专门从事儒学教育事业，不失为一种最好的选择。北方金源士人社会地位高于江南儒士，做地方官的较多，儒学提举不多。

一般儒户之家出身的儒学提举占了第二位，一般儒户的数量远远大于前朝科第、仕宦之家的数量，但一般儒户能够做儒学提举的却不多。从上文列举的一般儒户出身的儒学提举来看，元朝初、中期有四人，杨刚中是以学官起家，升江东道廉访司照磨，任职期间政绩特别突出，才被任命为江浙儒学提举。陈旅也是学官起家，由于才能、学术特别突出，得到了御史中丞马祖常、翰林直学士虞集以及中书省平章政事赵世延的大力推荐，任命为国子助教以后，才取得了做儒学提举的资历。张昇是以神童贡入国子学就读，肄业以后做了秘书监正字，取得儒学提举任命。倪印心则是与元世祖忽必烈特别赏识的叶李为莫逆之交。叶李受荐入京师，被任命为中书省右丞。他受叶李的极力推荐，才被任命为湖广儒学副提举。其他诸人宇文公谅、雷机、林以顺等均是通过科举中进士，任地方官政绩突出的情况下，被任命为儒学提举。戴良、杨维桢是元朝末年，天下大乱，元政权已经失去对全国大部分地区的控制的情况下，为了笼络儒士支持元朝，而任命的儒学提举，实际上二人并没有就职。这样看来，一般儒户出身的儒士，除非有突出的才能、特殊的机遇，否则很难得到儒学提举的任命。

元朝官宦出身的儒学提举占了统计人数的第三位，这并不能反映出官宦之家出身的人很难成为儒学提举。元朝任官注重根脚，承荫在官吏的选举中占很大比重，作为社会地位较高的蒙古、色目以及北方汉人高官或其子弟，很难对品秩很低（儒学提举从五品、副提举从七品）并且权力很小的儒学提举感兴趣。就元朝朝廷来说，任命儒学提举很大程度上是为了笼络儒士，并不对一般中上级官吏任命儒学提举。元朝儒学提举的社会地位较高，主要是由于这些被任命的人在学术、才能方面比较突出，深得社会各界尊重，并不是位高权重。从上面统计可以看出，元朝官宦出身的儒学提举一般也是学官或儒士出身，然后凭借家族的权力及影响，被任命为儒学提举。如杨翮，其父杨刚中官至翰林待制，儒学提举。陈遘，其父陈孚任翰林待制兼国史院编修官、台州路同知等，他承荫补台州录事判官。许有孚父兄皆在元朝为官，其兄许有壬仕至元朝中书省平章，许有孚由国学上舍登至顺元年进士第，授湖广儒学副提举。张范，历城人，出身于济南世侯张荣之家，历官潍州学正、宁海左翊卫教授，升任四川儒学副提举。朱文霆，祖父为河南医学提举。孔瀛，孔子五十二世孙孔昭孙第五子，孔昭孙在元朝以学官起家，官至慈溪县主簿、袁州路知事。从以上例子可以看出，除了家族的影响以外，儒士还需要在学术、科举、政治等方面非常突出，才能得到儒学提举的职务。

最后，元朝还有一些非儒户出身的人做了儒学提举，这反映了元朝蒙古统治的特点。本文列举二人，袁度，出身于军户，主兵者闻其事，使教授营中。部使者上其贤，泰定四年（1327 年）授大都儒学提举。吴善，出身于道士之家，其叔父吴全节在至治二年（1322 年）被封为玄教大宗师。吴善 25 岁至京师，居崇真宫，以所著《易说》献于朝，后被任命为江浙儒学提举。袁度虽出身于军户，但他实际上是儒士，元朝不少儒士，特别是北方儒士被编入其他户计，袁度教授于军中被授为儒学提举，这种情况元代很少见。元朝腹里诸路设立儒学提举的情况，目前还有待于探讨。吴善以道士出任儒学提举，在中国古代同样不多见，但道士管理儒学的现象，在蒙元时期是存在的，大蒙古国初期的国子学就有全真教道士掌管，这在蒙古统治者看来是正常的。

儒学提举为从五品官，副提举为从七品官。据《元史》卷96《食货四·俸秩》，从五品官员的俸禄为中统钞一锭三十两（即八十两），从七品为一锭五两（即五十五两），这比正九品的儒学教授的四十两高出很多。前文说过，元代学官的待遇是比较低的，特别是北方学官，但儒学提举除了一般收入以外，还经常有一些额外的收入，如前面引述的柳贯为江西儒学提举，“提举朝夕膳，岁进米凡八十石，皆取于诸生饩廪中”。更为重要的是，儒学提举不与学官一起升转，仕进比较顺利，不必像一般学官一样长期待职，因此，收入比较有保障。另外，作为学官或儒士阶层的上层，儒学提举一般出身于经济基础较好的仕宦之家，不需要为生计而奔波，因此，儒学提举的经济状况应该是不错的，起码可以维持日常生活。然而，元朝儒士即使名气再大，仅靠一般俸禄的收入，也不会成为巨富。如做过江浙儒学提举的著名文士赵孟頫，书画一绝，“但亦爱钱，写字必得钱，然后乐为之书”。其中原因，元末儒士孔齐分析说：“盖松雪公入国朝后，田产颇废，家事甚贫，所以往往有人馈送钱米肴核，必作字答之。”① 做过儒学提举的李桓也是“颇称廉简，然以家贫，常以五分取逋息，作文鬻钱，是以贱隶、庸人、富室等皆得易而求之”。② 上述两例，真实地反映了元代儒学提举的生活状况。

3. 元代儒学提举的仕进情况

本章主要从两个方面对元代儒学提举的仕进情况进行考察：首先考察儒学提举任命以前的仕进情况，以反映担任儒学提举一职所需要的资历条件；其次考察儒学提举任满以后的仕进情况，以考察儒学提举一职对其以后仕进的影响。考察分析的对象主要是上面列举的儒学提举，对于上面列举的提举、副提举以及元初按廉访司道设立的儒学提举，本文一同对待，不再分别论述。

---

① 孔齐：《至正直记》卷1《松雪遗事》。

② 孔齐：《至正直记》卷4《金陵李桓》。

元代儒学提举任职以前的仕进情况一览表

名　称	地方官	廉访司官	中央集贤院、翰林国史院、国子学	学　官	一般儒士	总计
数　量	14	3	15	10	12	54
百分比	25.9%	5.6%	27.8%	18.5%	22.2%	100%

注：表中的一般儒士 12 人中，包括国学生员 1 人。

从上表中，可以看出元代儒学提举的来源，在统计的 54 人中，从中央集贤院、翰林国史院、国子学任命的儒学提举最多，有 15 人，占总人数的 27.8%；其次为从地方官系统任命的儒学提举，有 14 人，占 25.6%；再次为一般儒士，12 人，占 22.2%；第四为学官，10 人，占 18.5%；最后是地方监察机构的廉访司官，数量较少。

从上面的统计数字，可以看出元代儒学提举任命的特点如下：

第一，元朝一般将进入中央集贤院、翰林国史院、国子学任职的儒士，任命为儒学提举。上表的 15 人中，从国子学各级官吏中任命的六人、集贤院三人、翰林国史院四人，此外还有太常礼仪院、秘书监各一人。虽然通过这一途径得到儒学提举任命的人比较多，但一般儒士要想进入中央机构并非易事，从上面列举的儒学提举的情况看，儒士进入中央机构主要通过以下几个途径：首先，元初儒士应召进入京师，直接任命为中央集贤院、国子学等机构的官吏，这种情况主要出现在元朝世祖时期。元朝统一以后，元世祖忽必烈注意起用南宋文学之士，因此，一些儒士直接应召进入中央机构任职，后来到地方任儒学提举，如郑陶孙、邓文原、赵孟頫等人就属于这种情况。其次，儒士到京师游历，以才学交结权贵，得到赏识，被推荐进入中央机构，这种情况在世祖以后出现较多。元朝科举长期停废，儒士失去通过科举做官的机会，地方荐举名额很少，即使有幸被荐举，只能做一般的地位很低的属吏或学官，满足不了儒士改变自身处境的强烈愿望，于是游士之风盛行，具体情况可以参考丁昆健的《从仕宦途径看元代游士之风》。游士在京师得到权贵赏识，进入中央机构的大有人在，如朱德润、陈旅、柳贯等，他们后来被任命为儒学提举，甚至道士吴善也在游历京师时，通过献书，得到儒学提举的任命。再次，通过科举进入元朝中央机构，这种情况出现在元朝仁宗以后。元仁宗延祐初年开始实行科举，尽管科举名额很少，士人登第竞争特别激烈，但毕竟为儒士开辟了一条仕宦之路。一些儒士在考中进士以后，辗转进入中央机构任职，后来成为儒学提举，如宇文公谅、刘闻、黄清老等都是属于这种情况。最后，元代儒士进入中央机构虽然很难，但也有一些特殊机遇，使儒士进入中央机构任职。如儒士柯谦在元贞年间，因为预修《世祖实录》被召入京师；贡奎也是预修《成宗实录》召入京师，他们在完成修史任务以后，才学得到权贵认可，留在中央集贤院、翰林院、国子学等机构任职。张昇则是以神童贡入国子学，肄业以后进入秘书监任职。

第二，将地方官政绩突出、才能卓异者任命为儒学提举。元朝地方官被任命为儒学提举的也很多，上面统计的是 14 人，加上廉访司官 3 人，总共 17 人，数量超过了从中央机构任命的儒学提举，说明地方官被任命为儒学提举也是元朝儒学提举的一个重要来源。地方官被任命儒学提举主要有下面几种情况：首先，学官入流进入地方官系统，凭借才学以及在做地方官时期的优良表现，被任命为儒学提举。这种情况在元朝实行科举以前出现较多。上文列举的龚璛、叶端、杨刚中、黄溍等都属于这种类型。其次，进士通过做地方官，被任命为儒学提举。元仁宗实行科举以后，很多进士被任命为地方官吏，如果他们在任内政绩明显，自己本身的文学才能又十分突出，也有希望被任命为儒学提举，杨维桢、雷机、支渭兴、朱文霆、李祁都属于这种情况。再次，在一些特殊情况下，一些有才学的地方官被任命为儒学提举。萧登泰由广东宪金随元朝使臣出使安南，回国后，被任命为江西儒学提举。徐明善也有出使安南的经历。最后，社会关系特别是家族关系，对元朝地方官出任儒学提举也有一定影响。杨翮之父杨刚中官至翰林待制，他以休宁县主簿被任命为江浙儒学提举。陈遘之父陈孚同样官至翰林待制、国史院编修官，他也是由庆元路知事，任命为江浙儒学提举。这里面估计有家族社会关系的因素。

第三，一般儒士被直接任命为儒学提举。儒士直接被任命为儒学提举主要出现在统一之初的世祖时期，这时元朝政权刚刚完成对全国的统一，为了稳定地方社会，通过荐举的方式，鼓励儒士出仕，任官有差。对于影响较大的前朝进士、官僚、著名学者则直接任命为儒学提举，叶李、萧䤈、林以顺、王义山、李浩等均属于这种情况。元朝中期以后，这种情况就很少了，除非特殊的情况，儒士才可以直接任命为儒学提举。上文列举的儒学提举中，只有许有孚是以国子生的身份被任命为儒学提举，这与他的家族势力特别是其弟许有壬的权势有关。

第四，优秀的学官任命为儒学提举。元朝以学官为儒学提举的情况也很多，但儒学提举不与学官一起升转，学官必须是才学兼备并且在地方上有很大影响，才能有做儒学提举的可能。另外儒学提举的任命还需要一定的社会关系，学官的交往也是一个重要因素。龚璛、柳贯都是才学兼备、社会交往面较广的学官；倪印心则是与叶李为莫逆之交，被叶李推荐为儒学提举；李桓同样是学官出身，其舅父为翰林待制杨刚中，他凭亲族关系被任命为儒学提举。

上面通过儒学提举在任命以前的仕进情况，分析了元朝儒学提举任命方面的特点，下面就儒学提举任满以后的仕进活动，分析儒学提举一职对他们一生仕进的影响。

为了反映仕进的成功与否，本文将有关儒学提举任职以前的官品与他们致仕以前达到的最高官品进行了统计（官品的认定，以《元史·职官制》以及《元典章·吏部》为准）。

儒学提举任职以前官品统计一览表

官品	四品	五品	六品	七品	八品	九品	无	总计
数量	2	2	6	8	8	10	18	54
百分比	3.7%	3.7%	11.1%	14.8%	14.8%	18.6%	33.3%	100%

儒学提举任职以后官品统计表一览表

官品	二品	三品	四品	五品	六品	七品	八品	致仕	总计
数量	2	4	5	9	1	5	1	27	54
百分比	3.7%	7.41%	9.26%	16.67%	1.85%	9.26%	1.85%	50%	100%

上述两个表格反映了儒学提举任职前后官品的变化情况，从中可以看出下面几点：

第一，儒学提举任职以后的官品比他在任职以前的官品平均要高，反映了儒学提举一职在儒士出身的官员仕进过程中的重要性，得到这一职位，就为以后仕进的进一步成功创造了条件。

第二，儒学提举任职以后，占统计总人数一半的人结束了仕进活动，说明得到儒学提举一职的艰难，很多才学优异并且出身和社会地位较高的儒士，追求一生才能达到这一职位。

第三，儒学提举为从五品，副提举为从七品。但儒学提举在致仕以后，仍有少数人去做低于儒学提举官品的地方政府官吏，说明元代学官权力很小，即使儒学提举也不如品级较低的地方官、首领官有实权，因此，一些人宁愿在儒学提举任满，继续做级别低于儒学提举的地方官吏。

4. 元代儒学提举的社会网络

社会学理论认为，社会个体与其他社会个体、集团保持着一种互动关系，这种互动关系的存在，在社会个体周围形成了一个由血缘、婚姻、同僚、师生等关系组成的社会网络。社会个体可以通过其社会网络，在社会活动中得到支持和帮助，同时，社会网络也制约着社会个体的社会活动。在儒士特别是江南儒士出仕特别困难的元朝，作为元代儒士阶层的上层，儒学提举更加注重社会网络的建设，下面主要从血缘、婚姻、社会交往等方面探讨元代儒学提举社会网络的情况，以此揭示元代儒学提举的社会地位及生存状况。

第一，血缘关系。

以血缘关系构成的社会网络是最基本的社会网络。元朝儒学提举的仕进活动，不仅为本人此后的宦业创造了条件，也为其直系亲属的仕进打下了较好的基础。通过本人以及直系家属的政治、社会活动，儒学提举建立了一个范围广大的社会网络，有的儒学提举家族成为元朝的仕宦、科第世家，其影响一直延续到明朝。

由于儒学提举的仕宦经历不同，有的致力于在地方建立和扩大原有的社会网络，维持在地方特别是家乡所在地方的社会地位。有的儒学提举由于长期在京师任职，对中央一些机构比较熟悉，因此致力于在中央和地方同时建立和扩大原有社会网络，以维护本人和家族的社会地位。

致力于地方社会网络建设的以雷机最有代表性。雷机的父亲雷德润元初被荐举为福州路儒学教授，因为“积学庾之余，买田三百余亩，以给贫士婚丧老疾者”，得到当地士民的尊敬。雷机于延祐五年（1318 年）考中进士，历官古田县丞、延平路知事、邵武路经历、兴化县尹，成为湖广儒学副提举。儒学提举任满，他又在福建任延平路推官、惠安县尹、汀州路推官，政绩卓然。据史料记载，雷机为兴化县尹期间：

> 察豪大姓数家置之法，其临事烛见秋毫，邑称雷神。察知邑中赋役不均，率吏民焚香祝天……令各实田，随高下为定，每一乡毕，具揭姓名，皆欢悦。蒲、仙二县与录事司之民，并来诉郡，愿得雷侯为我定赋。……擢延平总管府推官，顺昌、尤溪、南平数县疑狱株连累岁，悉得解释。建义学，延乡贡进士陈竑愿教之。……升惠安县尹，究心学政，以兴礼让之俗，三岁最诸邑。代还，民立祠树碑，乡井几遍。①

由上面史料可以看出，雷机由于长期在福建一带为官，影响非常大，为其在这里经营社会网络创造了条件。此后，雷氏家族后人均受其益。雷机弟雷棋在至正二年（1342 年）通过江浙行省乡试，任兴化县尉。其弟雷杭于元统元年（1333 年）登进士第，授儒学提举，后回到福建任地方官，历官漳州路录事、武平县尹等职。雷

① 何乔远：《闽书》卷 92《英旧・建宁府・元科第》。

机之长子雷燧于至正二十三年（1363 年）中进士，历官大都路香河县尹；明初，被明太祖任命为翰林编修。雷机之次子雷燦在至正元年（1341 年）、至正十年（1350 年）两中乡试，任泉州路涂岭寨巡检。雷杭之子雷煜也做了奉化州同知，雷机之孙雷延中至正二十六年进士，任福州都转运盐使司事。雷氏四代通过在福建的科举和仕宦活动，成为元代南人家族仕宦成功的典范，雷氏家族在这里的社会网络已经非常广泛和稳固，甚至朝代更替，也不能动摇其根基。①

致力于在中央和地方建立社会网络的是贡奎。贡奎以学官起家，延祐初任江西儒学提举，泰定中为集贤直学士。贡奎在集贤院做官期间建立的人际交往网络，为其亲属在京师的仕宦创造了条件。贡奎子贡师泰由国子生登泰定四年（1327 年）进士第，历官翰林应奉、翰林待制、国子司业、监察御史、户部尚书等。② 贡师泰仕进的成功，不仅巩固了贡奎在京师任职期间建立的社会网络，还使得贡氏在京师的社会网络大大拓宽。此后贡氏家族一些人进入京师为官，贡师泰兄贡师谦任集贤院照磨，③ 贡奎侄子贡师道也入京师，为太常奉礼，迁翰林待制，参与修撰辽、宋、金三史。④ 京师社会网络的建立，有利于贡氏家族子弟在地方开拓宦业，从而使其社会网络由中央扩展到地方。贡师道弟贡师刚做了婺州路丽泽书院山长，转余干州、广德路教授，辟江浙行省掾，迁杭州西北录事司录事。⑤ 贡师泰之从子贡性之以国子生补福建理问官。⑥ 其弟贡颖之至正末年中江浙行省乡试，授平江路儒学正。贡氏家族多人在中央和地方做官，说明了其社会网络的广泛性。

---

① 何乔远：《闽书》卷 92《英旧·建宁府·元科第》。

② 《元史》卷 187《贡师泰传》。

③ 王梓才：《宋元学案补遗》卷 92，四明丛书本。

④ 贡奎：《送师道侄赴太常奉礼》，《云林集》卷 5；顾嗣立：《元诗选癸集·乙上》，第 800 页。

⑤ 徐一夔：《故元将仕郎杭州路西北录事司录事贡府君新阡表》，《始丰稿》卷 13。

⑥ 徐象梅：《两浙名贤录》卷 54，光绪二十六年刊本。

现将白廷、朱文霆、柯谦、雷机、陈庚、程荣秀、黄溍、贡奎、叶端、赵孟頫、邓文原、谭文森等儒学提举的直系亲属的仕进情况有明确记载的，按地方官、朝官、学官、诸司官的分类统计如下，以说明儒学提举建立社会网络的情况。

名　称	地方官	朝官	学官	诸司官	总计
数　量	13	5	3	5	26
百分比	50%	19.23%	11.54%	19.23%	100%

从上表统计的数据可以看出，元代儒学提举的直系亲属做地方官的最多，占了统计人数的一半，这说明儒学提举家族的主要社会网络还是以地方社会为主。元代做儒学提举的南人居多，南人在元朝总的社会地位，对儒学提举在中央建立社会网络有很大影响，江南儒士跻身于中央机构非常困难，即使得到一官半职，也大多是集贤院、翰林国史院、国子学等没有实权的机构，并且很难长久，所以元代儒学提举主要还是利用他们的影响，在地方特别是在江南建立社会网络，通过直系亲属在地方做官，维持在江南的影响和社会地位。上面举出的雷机家族，就是很好的例子。

但儒学提举很多在中央做过官，他们的影响在集贤院、翰林国史院、国子学还是存在的。另外，一些儒学提举在中央期间，也非常注意建立社会网络，推荐自己的子弟、亲属到国子学就读或到相关地方做官，所以儒学提举的直系亲属在中央做官的也大有其人，占统计总人数的25%，贡氏家族的表现比较明显。

元朝诸司官（如盐司、坑冶、转运、榷茶等）名目繁多，品级与地方官相当，诸司官在地方的权势、影响都比较大，所以，儒学提举也致力于在这个领域扩展社会网络。上表显示，儒学提举的直系亲属做诸司官的5人，与朝官数量相当。其实，儒学提举在诸司官中扩充社会网络，目的还是在地方扩充势力，增加在地方的影响。

学官系统是儒学提举控制能力较强的领域，儒学提举本人属于学官的上层，在地方教育界、文化界影响较大，儒学提举还有管理和推荐学官的权力，因此，学官是儒学提举的社会网络中的核心，这一点是可以肯定的。上表中儒学提举直系亲属做学官的数量不多，仅有三人，这比实际数字要少得多，主要原因首先是儒学提举直系亲属大多以学官起身，因为学官品级较低，很多人升入地方官的行列，成为地方官、诸司官。其次，儒学提举的直系亲属很多在史料中称“举茂才”、“以父荫入官”等，这些人做学官的可能性较大，但没有列入统计范围。

从上面的分析我们可以得出结论，元朝儒学提举通过血缘关系，努力在中央、地方学官系统建立社会网络的同时，尽力在地方官、诸司官系统建立和扩充社会网络，以增加对地方的影响和社会控制能力。

第二，婚姻。

婚姻是社会网络中的一个重要方面，或者说是儒学提举保持和扩充社会网络的手段之一。可惜这方面史料不多，很难进行量化分析，这里以儒学提举嫁女（或孙女）为例，说明儒学提举婚姻的一般情况。从史料看，元代儒学提举为自己的女儿、孙女选取的婚姻对象有以下几种情况：首先，中央高官，如柯谦的孙女、柯九思之女就嫁给了中书省参知政事姚天福。其次，地方官吏，如儒学提举朱文霆之女四人，一个嫁给漳州路同知王谨，两个嫁给惠安县尉胡显祖、黄广修，叶端之女嫁给湖口县典史杜复亨，邓文原之女嫁给司徒府掾史戴孟淳，赵孟頫之女嫁给海道运粮官费雄。再次，学官。儒学提举之女嫁给学官的很多，黄溍之女嫁给惠州学正陈克让，白廷之女嫁给常州路儒学正郑禾孙，其孙女嫁给绍庆儒学正某，朱文霆有一女嫁给学官林敏中，邓文原长女邓子柔嫁给了石洞书院山长史埜。

从儒学提举的婚姻情况来看，其婚姻对象以地方学官、地方官吏为主，与中央高官通婚的只是个别特殊家族，说明了儒学提举的社会网络以地方为主的特点。

第三，社会交往。

社会交往是儒学提举建立和扩大其社会网络的有效途径之一。

元代大多数儒学提举非常注意利用社会关系，建立和扩大社会网络，其交往对象包括地方官吏、地方儒士、诸司官吏、中央集贤院、国史院、国子学等官吏、僧道杂流等各个方面。如上文提到的郑元祐，年轻时被江浙行中书省郎中赵天锡延于家，与其子赵期颐讲学。平章廉希宪"以朝廷宿望退居钱塘，与君为忘年友"。此后他"遍交当世之士，声名藉甚四方，慕君者识与不识皆称为明德先生"。柯谦年长游京师，"诸名胜争与推毂"。柳贯年轻时受经于著名学者金履祥，学文于著名文士方凤。后柳贯游于杭州，"向之宿儒遗老犹有存者，公遍游其门，无不折行辈与为忘年交"。与柳贯交往甚密的有当时知名文人方回、龚开、仇远、戴表元、牟应龙等，更与胡长孺兄弟"交尤密，往来咨叩无虚日"。贡奎游京师，"大夫士翕称之"。后为儒学提举，从学之人甚多，"士之履恒满户外，其及门者亦进不怠以止"。他还通过主持乡试，"取士多知名于时"。与许多进士保持交往，扩大社会网络。元代儒学提举社会交往的情况，由于每个人的出身、经历等情况不同，各有其特点，需要分别进行考察，这里不再详细讨论。

从以上叙述可以看出，元代儒学提举非常注意通过血缘关系、婚姻、社会交往建立和扩充社会网络，其社会网络涵盖中央到地方的政治、经济、文化教育等很多方面，其中，重视在地方建立和巩固社会网络，以保持对地方的影响和控制，是元朝儒学提举社会网络的特点，这也从一个方面说明了元朝上层儒士虽然由于蒙古统治的原因，在元朝政治生活中不占重要地位，但对地方社会，特别是儒士数量众多的江南社会，仍然有相当大的影响。

5. 元代儒学提举的社会地位

儒学提举司是元朝设立的管理儒学的机构，其对儒学管理的范围虽然广泛，但在儒学教育官学化日益明显的元朝，儒学提举对儒学实际掌管的权力并不大，是一个"曹物甚简"的清闲机构，实际控制各级儒学的是地方政府以及地方监察机构。因此，儒学提举从权力、品秩上看都不是比较尊崇的官职，但元朝儒学提举的地位总的来说并不低，主要原因有下面几个方面：

第一，元朝儒学提举一般都有比较高贵的出身，他们很多出身于前朝科第、仕宦之家，在地方属于大族，既有社会影响，又有经济基础。第二，儒学提举大多都有进士的资历。唐宋以来，随着科举的盛行，进士成为一个代表个人学识、身份、社会地位的标志，元朝儒学提举最初以前宋进士居多，中后期则以元朝进士居多，因此能赢得社会广泛的尊重。第三，儒学提举很多都是在学术、文学方面的杰出人物，有众多的门生故旧，社会交往面很广，可以说在社会上德高望重，影响力很大。第四，元朝儒学提举很多在中央集贤院、翰林国史院、国子学为官，从事修史、经筵、制定国家礼制等工作，在全国有一定的影响。另一些则出身于地方官，在任内政绩显著，深得百姓及社会各界的称赞，这是儒学提举社会地位比较高的一个重要原因。第五，元朝儒学提举很注意通过血缘关系、婚姻、社会交往等方式建立以地方社会为主的社会网络，这使他们能够保持在社会上的影响和地位。

由于元朝儒学提举是一个令人尊敬的职务，元朝一些文人在有关儒学提举的诗文里面，反映出对儒学提举的羡慕和赞赏之情，理学家吴澄在得知与他同在京师任过职的邓文原被任命为江浙儒学提举之后，写诗称赞说：

> 所谓温如玉，如今见此人。形神两素淡，文行一清淳。
> 禁著声华重，东南教事新。朋知相继出，吾亦欲垂纶。①

曾任中书省要职的许有壬在送别朋友冯景仲任江西儒学提举时也写道：

> 保厘江右重文衡，多少师儒望典刑。
> 六载成均时雨化，九科豪杰晓天星。
> 怀人南浦多新句，访古东湖有小亭。
> 我亦从君鸿鹄举，都门杨柳正青青。②

① 吴澄：《送邓善之提举江浙儒学诗序》，《吴文正集》卷25。
② 许有壬：《京师送冯景仲赴江西儒学提举》，《至正集》卷21。

诗中表达出他们对儒学提举的尊重。

由于儒学提举的社会地位及影响，元政府也将儒学提举一职赠授给那些即将致仕的政绩突出的官员或学官，以示褒奖，这在元中后期成为一个惯例。如元统元年（1333 年）进士许广大，做过昌国州判官，升宣政院掾史，调武义县令。他在职期间“百废俱举，刑清讼简，民安其业”，致仕后“始用例”赠文林郎江浙等处儒学提举。① 龚璛（字子敬）以学官入流，历任上饶县主簿、宜春县丞，以江浙儒学副提举致仕。② 上文提到的叶端也是致仕后被任命为儒学提举，儒学提举由此而成为元代社会身份和地位的象征。

（二）儒学教授

地方官学儒学教授一职最早设立于宋仁宗庆历四年（1044年），金朝在北方亦设儒学教授管理地方儒学。元朝承袭宋金制度，在地方儒学设立教授。元代儒学教授有路教授以及府、上中州儒学教授之分，二者在级别上有高下之分。路教授为从八品（至元初为正八品），后者为正九品（至元初为从八品）。除路、散府、上中州的儒学设教授以外，元朝在边疆地区的军民安抚司亦设儒学教授，刘德智（字彦明，歙县人）就被授为永顺等处军民安抚司儒学教授。③

儒学教授的选任途径很多，元初北方儒学一般通过“各处官司取问，众儒士推举保申”，任命儒学教授。④ 全国统一后，江南一般通过“求贤”，荐举宋进士或名儒硕学为路或府、州教授，如戴表元、赵文、欧阳龙生、马端临、熊朋来、牟应龙、仇远等均是通过这一途径成为儒学教授的。世祖末及元中后期，教授的任免途

---

① 黄溍：《赠文林郎江浙儒学副提举许公墓志铭》，《金华黄先生文集》卷 36。

② 黄溍：《江浙儒学副提举致仕龚先生墓志铭》，《金华黄先生文集》卷 33。

③ 柳贯：《刘彦明墓志铭》，《柳待制文集》卷 11。

④ 《庙学典礼》卷 1《设提举学校官及教授》。

径增多，主要有：

第一，学官升迁。元政府规定："正、长一考升散府上中州教授；上中州教授又历一考，升路教授。"① 当然，学正、山长考满以后，需要路长官与教授出题面试，合格之后，还要报送礼部并行移集贤院进行考校。府州教授升路教授，也要经过类似的程序。②总之，元代教授的升迁是比较严格的。

第二，以国子生为教授。至元二十九年（1292年），元政府规定国子生每年岁贡四人，二人充令史，二人充府州教授。③ 仁宗延祐二年（1315年），元政府增加了国子生岁贡名额，每年为八人，四人充诸部令史，四人充路教授。④ 然而，"自江南来者，名虽在前，不得补（令）史，惟得教授"。如朱仁卿为盱江人，在国子学"上庠十余年"，后被贡为安庆教授。⑤ 另外，国子学生员也有通过做太子伴读后，被荐举而为教授者，如李亨为番阳人"入学（国子学）数年，会同舍生款（某）者为太常礼仪院判官，得幸今上于东宫，以生苦学，荐擢为伴读，三年得授广州教授"。⑥

第三，以功授教授。元初即对有功之儒士授以学职，元中后期，这种情况仍然存在，如新喻州儒士傅若金（字与砺）在至顺三年（1332年）以参佐的身份随元使者出使安南（今越南），此后他"以功授广州路儒学教授"。⑦

第四，荐举为教授。元中、后期仍实行荐举政策，延祐七年（1320年），元政府下诏"有隐居行义，才德高迈，深明治道，不求闻达者"，所在长官应将其姓名牒报行省录用。⑧ 因此，一些儒士或低级学官直接被推荐为教授，如湖州人倪渊（字仲深）为杭

---

① 《元史》卷81《选举志一·学校》。

② 《元典章》卷9《吏部三·学官·正录、教谕、直学》。

③ 《元典章》卷9《吏部三·学官·诸学官迁转例》。

④ 《元史》卷81《选举志一·学校》。

⑤ 虞集：《送朱仁卿赴安庆教授序》，《道园学古录》卷5。

⑥ 虞集：《送李亨赴广州教授诗序》，《道园学古录》卷5。

⑦ 苏天爵：《元故广州路儒学教授傅君墓志铭》，《滋溪文稿》卷13。

⑧ 《元典章》卷2《圣政一·举贤材》。

州路儒学正期间，河南王布拉吉达“闻公讲说，大契其意”，于是“移文中书，举公可教国子，而中书已定拟台章，所荐五人各补郡文学，乃以公为杭州路儒学教授”。① 叶端（字宗瑞，金溪人）游至辽东，拜谒辽阳行省左丞重喜，“重喜见之，大悦，馆而师焉”。后来，他又以重喜之荐“授辽阳路儒学教授”。②

第五，学官破格提拔为教授。元代对前代王公子弟为学官者，破格提拔之，以示照顾。这种情况虽不多见，但仍有例证，如婺州路儒士王肖翁（字传朋）是宋朝鲁国文定公王淮之玄孙，大德年间，他为婺州路学学正，考满后，待升为教授，“而国制教授必年艾以上（55 岁）始得为之，公名上天官（吏部），盖未四十也。是时，奎章阁侍书学士蜀郡虞公集与公生同岁，亦以儒学正满考，同在选中而年皆不及格，有司以常待之，廷臣言：虞集，虞忠肃公孙；王肖翁，鲁文定公孙，皆前代名宰相家子，且学艺不群，不得拘于常制。于是虞公得教授京畿，而公为静江教授”。③

第六，“圣裔”为教授。元朝为表示尊崇孔子，对孔子之裔非常优待，一些孔氏子弟（包括江南孔氏）被任命为教授，如浙东平阳孔文栩，即“特用曲阜子孙例，补州郡教授”。④ 元人郑介夫上书说：“比年派谱不明，但姓孔者俱称圣裔，蠢然无学，即充路教，甫历初阶，即升八品。”⑤ 从这里可以看出，孔氏子孙为教授者，人数不少。

第七，以下第举人为教授。延祐二年（1315 年），元朝举行科举以后，对下第举人也格外照顾，授以学官，年龄“六十以上者，

---

① 黄溍：《承务郎杭州路富阳县尹致仕倪公墓志铭》，《金华黄先生文集》卷 32。

② 许有壬：《故承务郎江西等处儒学副提举叶先生墓碑》，《至正集》卷 50。

③ 黄溍：《承务郎松江府判官致仕王公墓志铭》，《文献集》卷 9 下，四库全书本。

④ 苏伯衡：《故元吴江州儒学教授孔公墓志铭》，《苏平仲文集》卷 12。

⑤ 黄淮、杨士奇：《历代名臣奏议》卷 67《治道》，上海古籍出版社 1989 年版。

与教授”。泰定元年（1324年），又规定下第举人蒙古、色目“年三十以上并两举不第者与教授”，南人“年五十以上并两举不第者与教授”。① 至正二十三年（1363年），元政府会试，江浙、福建举人有六人至大都，全部以教授之职授之，不过这次教授之授，是元代的一个特例，用来奖励在大规模农民战争爆发的情况下，江南士人的“跋涉险阻之劳”，并“激励远方忠义之士”。②

教授的职责比较广泛，元人虞集在谈到教授一职具备的基本素质时，谈到了“齿业具进，虑事甚周，巽顺勤敏”，以及“事上接下之密，钩稽钱谷之严，缮修屋舍、器物之备”。③ 从这里可以看出教授职责的广泛性。元代完善学官制度，将学官由以前最初的“师”，变为名副其实的“官”。教授一职就是最好的说明。教授的主要职责概括如下：

其一，掌儒学钱粮。世祖至元年间，元政府就多次下令儒学钱粮归儒学掌管。虽然由于各地执行的情况不同，出现了一些地方官掌管和支配儒学钱粮的现象，一些儒学出现了开支五十缗以上“必禀于州”的规定，④ 但总的来看，有关儒学的钱粮一般还是归学官掌管。元人的很多记述中谈到教授掌管儒学钱粮的问题。著名文人吴澄记述道：元代学官不重教学，“问教授职所何事？则曰：吾有政，问其政安在，则曰：稽钱谷也”。⑤ 程钜夫也谈到元代学官“率以将迎为勤，会计为能，而怠于教事”。⑥ 从上述二例可以看出，“稽钱谷”为教授的主要职责之一。教授的“稽钱谷”主要表现在规划儒学开支和增加儒学的钱粮收入，如倪渊为杭州路儒学教授，“量入为出，节缩浮蚀，既又复民间冒没之田，为米三百

① 《元史》卷81《选举志一·科举》。

② 《元史》卷92《选举附录·科目》。

③ 虞集：《送朱仁卿赴安庆教授序》，《道园学古录》卷5。

④ 陈旅：《海盐州儒学记》，嘉靖《嘉兴府图记》卷5《学校》。

⑤ 吴澄：《送陆教授序》，《吴文正集》卷34。

⑥ 程钜夫：《代白云山人送李耀州归白兆山建长庚书院序》，《雪楼集》卷15。

石，资用稍究”。① 王勋为肇庆路儒学教授，“学有田而无籍，岁所入为租四百石而已，君始至，喻佃人令自实称，增其租额为六百石”。② 欧阳龙生为浏阳州儒学教授，“至，则会学廪可赡二十人，月约一十五日，选俊秀补员会食”。③ 庆元路学的一些教授则想办法增加学校收入，教授吴廷献“任内增羡到山民陈端租金五定”，④ 教授俞希鲁任内将路学所属的鄞县荒山的租金由原来中统钞二定四十两，增加到十九定三十五两。⑤ 教授薛基在任内于昌国州的路学学产洋山，经理到中统钞二十定。⑥ 这样的例子还很多，教授对钱粮的掌管在元代受到一些儒士的批评（如前引吴澄、程钜夫观点），认为这会影响到教学。其实，以教授专职钱粮在当时是有道理的，学校的运行需要一定的物质保障，特别是元代儒学地位不高、学产常受侵夺的情况下，以最高学官经理儒学田产对保证儒学的运行更加重要。不过，如果教授仅仅以钱粮为务，对儒学教育漫不经心，未免本末倒置，影响教学，吴澄等人对儒学教授的批评正是基于这一点而发。

其二，掌儒学的教学。教授对儒学教学活动的掌管主要是在教学制度、学规方面对教学进行总的规划，也有一些教授亲自讲学，另外，教授还负责生员的考课等工作，如欧阳龙生为浏阳州教授时，“躬亲教督，诸生皆勤励自力”。⑦ 著名教育家程端礼为铅山州教授，“日以朱子读书法严督诸生，以求实效”。⑧ 刘壎为延平路教

① 黄溍：《承务郎杭州路富阳县尹致仕倪公墓志铭》，《金华黄先生文集》卷 32。

② 黄溍：《化州路儒学教授王君墓志铭》，《金华黄先生文集》卷 32。

③ 欧阳玄：《元敕赐翰林直学士亚中大夫轻车都尉追封渤海郡侯欧阳公神道碑》，《圭斋文集》卷 16《附录》。

④ 袁桷：《延祐四明志》卷 13《学校考》。

⑤ 《至正四明续志》卷 7《学校》。

⑥ 袁桷：《延祐四明志》卷 13《学校考》。

⑦ 欧阳玄：《元敕赐翰林直学士亚中大夫轻车都尉追封渤海郡侯欧阳公神道碑》，《圭斋文集》卷 16《附录》。

⑧ 程端礼：《铅山州修学记》，《畏斋集》卷 5。

授“绳检诸生作古文……学务振举”，官满之后，“诸生不容其去，复留授业者三年乃归”。① 倪渊为湖州路教授，“考安定先生（胡瑗）湖学旧法，列经义、治事诸斋以惠来学，又创仁智轩为其游息之所”。② 但是总的来看，元代路府州学的教授由于日常事务繁多，“凡（讲）授之事，往往于教授之下别立一职以掌”。③ 所以，亲自讲授、直接进行日常教学的并不多，这招致了吴澄等一些儒士的批评。

其三，掌管学产及儒学的校舍建设。元代有很多学田、学产被侵夺的现象，因此，教授管理学产的责任比较重。从元代儒学发展的情况可以看出，一般学产、学田受侵夺，都是在学官不负责任、地方官漠然视之的情况下发生的。另外，儒学的兴造、修葺是有关儒学的大事，不仅需要较多的物质储备，也需要精密的计划和管理以及地方政府的支持，所以，教授的这一职责非常重要。元人述及某教授的在职经历时，一般都要述及这一内容，就说明了这一点。一些贤能的教授往往在维护学产和儒学兴造方面成绩明显，如白廷在元初任常州路教授期间“兵燹之后，礼殿与堂庑皆废弗治，祭器载籍亦缺，先生为之完之，且复侵疆三千余亩”。④ 欧阳龙生为道州路儒学教授时，路有西山精舍旧隶郡学，精舍有田一百五十亩，“或利其人（收入）欲兼并之，故以屋僦军官，去，遂不治，幸其速坏，公立召仆夫拼除，按籍得田，修其祠”。道州路学“田多为豪民据有，公请诸宪司，被檄往括，暑行山间，得租三百余石”。⑤ 张继祖任浏阳州儒学教授时，“复其侵田，为之图其广狭之形，稽其步亩之实，刻石学宫，以防奸弊”。⑥ 倪渊为杭州路儒学

① 吴澄：《故延平路儒学教授南丰刘君墓志铭》，《吴文正集》卷71。

② 黄溍：《承务郎杭州路富阳县尹致仕倪公墓志铭》，《金华黄先生文集》卷32。

③ 吴澄：《送陆教授序》，《吴文正集》卷34。

④ 宋濂：《元故湛渊先生白公墓铭》，《宋学士文集》卷35。

⑤ 欧阳玄：《元敕赐翰林直学士亚中大夫轻车都尉追封渤海郡侯欧阳公神道碑》，《圭斋文集》卷16《附录》。

⑥ 柳贯：《浏阳州学教授张君继之墓志铭》，《柳待制文集》卷12。

教授，“乃严饰从祀，补造祭器，自礼殿、论堂、书阁，至宫屋室，皆一新之”。他还“访得故太常乐工两人，俾以雅乐教诸生”。①

其四，管理地方儒士及有关书院事务。元代儒士另立户籍，在籍儒士归当地的儒学和书院进行管理和考核。这在有关元朝儒学教育的重要文件——《行台坐下宪司讲究学校便宜》中有明确的规定。教授作为一个路或府州的最高学官，有权对隶属于本儒学的儒士进行管理。教授对儒士的管理表现在以下方面：首先，维护当地儒士的利益。唐子华为平江路教授，“岁洊不登，米廪垂罄，君赴分宪百里外丐赈饥之粟以哺之。守者曰：‘此民食也。’君曰：‘士亦民也，姑贷以周急，请贷之。’卒受粟而归。既而，官索其直，君以己币代输，士免填壑”。② 孔涛（孔子四十三世孙）为溧阳州教授时，“士多苦与赋役”，他“白诸台府，悉蠲之”。③ 陈万里（字德甫，弋阳人）为庆元路教授，“方有司急庸调征儒生几二千人，能力言而尽复其役”。④ 其次，督促、考校儒士学业。元政府规定儒士每月朔望日必须至儒学讲说，教授则根据讲说成绩定其优劣，优者奖励，劣者则要受到停供的处罚甚至削籍为民。学者陈栎的户籍在离家乡百里之外的徽州路学，由于他身患重病，家庭贫困，每月的儒学祭祀给他带来沉重的负担，经常“窘于奔波”，迟到或缺席，就要“默默而遭谴呵”。⑤ 陈吉甫（字德卿，蜀人）为儒学教授时，“有宿儒恃当途力，且望不旅进拜谒文庙，先生责以大义，遂屈服”。⑥ 最后，负责调解儒户之间的纷争以及儒士与其他户计的讼诉。孔齐记载了太平路学一贫困儒士受到别人的戏弄，

---

① 黄溍：《承务郎杭州路富阳县尹致仕倪公墓志铭》，《金华黄先生文集》卷32。

② 陆文圭：《教授厅壁记》，《墙东类稿》卷7。

③ 黄溍：《承直郎潮州路总管府知事孔君墓志铭》，《金华黄先生文集》卷34。

④ 袁桷：《将仕郎信州路儒学教授陈君墓志铭》，《清容居士集》卷28。

⑤ 陈栎：《定宇集》卷11《寄吕教授请移籍启》。

⑥ 蒲道源：《教授陈先生传》，《闲居丛稿》卷14。

于是“儒诉于学官”，学官得知真相以后说：“或者不可以假金诳儒，欲免罪，当偿真金。”① 这个例子反映了教授在处理地方儒士纠纷中的权力。关于儒士与其他户计之间的纠纷，元朝政府规定了“约会”制度，即由教授出面与地方官以及其他户计的主管（如僧、道等）共同解决他们的纠纷。元代很多有关儒、僧之间田产纠纷的案子都是通过这种方式处理的。此外，元初教授还兼管地方书院的事务。明人有“（元初）山长旧制，以本州教授兼”之说。② 这方面的例子在元代也可以找到，如王肖翁为南康路学教授时，曾“通摄书院（白鹿洞书院）之事”，在书院买田时，他“亲行田，视其肥饶去取之，故所得皆上壤”。③ 欧阳龙生为道州路教授时“郡庠邻濂溪书院，公定规约，朔望谒宣圣毕，教授率诸生谒濂溪祠”。④

其五，推荐下级学官、学吏。教授在下级学官如学正、学录、教谕升转时，要将反映他们本人才学、行实的材料，“保结申吏部”，⑤ 这说明教授在其下级学官的选任和升迁中要负一定的责任。教授还可以向地方政府推荐学官，王勋为肇庆路儒学教授时，肇庆“俗习鄙陋，士气弗张，（部）使者行部，君请择其知学而有文者试以经术、辞艺，得七人焉，上其名于宣阃，悉补儒学官”。⑥

从以上论述可以看出，儒学教授虽然品级较低，但在元代儒学教育中起着重要作用。元代许多知名的儒士对这一点都有较深刻的认识。吴澄指出：“教授官虽卑职，则儒师职也，诚能得英才而教育之，以称明时兴文右儒之意，其功异于他官奚翅百倍。”⑦ 徐明

---

① 孔齐.《至正直记》卷4《太平路学》。

② 弘治《徽州府志》卷5《学校·紫阳书院》。

③ 虞集:《白鹿洞书院新田记》,《道园学古录》卷7。

④ 欧阳玄:《元敕赐翰林直学士亚中大夫轻车都尉追封渤海郡侯欧阳公神道碑》,《圭斋文集》卷16《附录》。

⑤ 《庙学典礼》卷2《学官格例》。

⑥ 黄溍:《化州路儒学教授王君墓志铭》,《金华黄先生文集》卷32。

⑦ 吴澄:《送孔教授归拜庙序》,《吴文正集》卷25。

善也认为"教授官卑而任重"。① 然而，就元代的情况来看，教授的作用很难全部发挥出来，这与元代儒学官学化以后形成的教育体制有关。教授是师儒，又是地方官僚政府中的一员，这种双重身份势必影响教授的教书育人活动，以杭州路学教授为例，"杭学为东南望，其来久矣，士之自四方万里至者，游多于居。又多遵贵官僚博士，朝暮将迎奔走，仅幸不失事，故尝不暇数数与诸生接"。②而学官的其他职责，也会因为众多的牵制而难以为之，陈旅说"州校官每病于难为，盖以为位卑则力有所不及"，③就是这个意思。但对于一般儒士来说，"为儒官，循次待用，至得官教授，亦难矣"。④ 王勋由慈湖书院山长经二十年，始拜肇庆路教授。⑤ 刘壎"年五十五始署盱郡学正，年七十受朝命为延平郡教授，其间亦十五年之久"。⑥ 而许熹（字华甫，婺州路东阳县人）在中年时任武义县学教谕，升为饶州路儒学教授时"拜命而卒"。⑦ 这从一个侧面反映了元代学官的处境。

（三）儒学学正

学正一职最早设立于宋代的太学，一般以上舍生为之，职责是协助教授进行教学和教育管理工作。后来宋朝的州县学也设立学正，协助地方儒学教授进行教学和管理。元初，儒学学正设立员数比较混乱并且南北有别，大德中期逐渐固定下来。路学在教授之下设学正，州学只设学正一人。⑧

元代学正一般由学录、县学教谕升转而来，但也有儒士被荐举直接任命为学正的。徐继安（饶州路安仁县人）在至正四年

---

① 徐明善：《送万亨彬州教授序》，《芳谷集》卷上。
② 戴表元：《送唐君儒诗序》，《剡源戴先生文集》卷13。
③ 陈旅：《海盐州儒学兴修庙学记》，《安雅堂集》卷8。
④ 刘基：《送谢教授序》，《刘基集》第2卷，第89页。
⑤ 黄溍：《化州路儒学教授王君墓志铭》，《金华黄先生文集》卷32。
⑥ 吴澄：《故延平路儒学教授南丰刘君墓志铭》，《吴文正集》卷71。
⑦ 黄溍：《饶州路儒学教授许君墓志铭》，《金华黄先生文集》卷37。
⑧ 《大德昌国州图志》卷2《学校》。

(1344年)即以孝友被任命为静江路学学正。① 傅定保(字季谟,泉州人)在大德初"行省以荐者授漳州路儒学正"。② 杨升云(字云衢,泰和人)至治初年"左丞郝天挺荐为本路学正"。③ 陈希贤"居中山读书事亲,不求闻于时,前年南省用以赣州路儒学正"。④

关于学正的职责,吴澄称"学正,教授之贰,其职甚不轻也"。⑤ 这里的学正,当然指路学之学正。作为"教授之贰",学正的职责主要是帮助教授处理路学的教学、祭祀等事务。由于史料所限,目前还不知道教授与学正之间在职责上的详细分工,但作为学正,其下列职责还是明确的:首先,承担路学的教学工作。戴表元在《送唐君儒诗序》中,谈及杭州路学的情况,当时杭州路学比较有名,来往的尊官、贵僚众多,教授不暇"与诸生接",因而将教学之任"委责于其正"。⑥ 其他儒学也有这种情况,如傅定保为漳州路儒学正,"至,即以太极图两铭合而讲之,听者悦服。凡三载,所讲人至今皆诵传之"。⑦ 其次,承担儒学的日常事务。姚叔器(新安人)为池州路学学正,"修教法,招生徒,治官室,核土田,明会计,斥蚀冗,奋然为人所不肯为"。⑧ 陈天锡为泉州路学正,"造大成乐,铸祭器,率以法度"。⑨ 梅仲蕃为集庆路学正,"主学事教养是力,弦诵日兴"。⑩ 由于学正在儒学中承担教学任务,所以其职比较重要,"其任且难无疑,前是典选者于学正缺,则停笔不敢轻注,必择学识卓然有称于时而为士论所压服者,然后

---

① 李存:《送许学正赴静江序》,《鄱阳仲公李先生文集》卷19。
② 陈旅:《傅先生墓志铭》,《安雅堂集》卷12。
③ 嘉靖《江西通志》卷31《名宦》。
④ 杨翮:《送陈希贤赣州学正序》,《佩玉斋类稿》卷5。
⑤ 吴澄:《送传民善赴衡州路儒学正序》,《吴文正集》卷28。
⑥ 戴表元:《剡源戴先生文集》卷13。
⑦ 陈旅:《傅先生墓志铭》,《安雅堂集》卷12。
⑧ 吴师道:《赠姚学正序》,《礼部集》卷15。四库全书本。
⑨ 何乔远:《闽书》卷122《缙绅》。
⑩ 程端礼:《送集庆学正梅仲蕃秩满归广德序》,《畏斋集》卷3。

授之”。① 这说明了学正一职在路学中的重要性。至于下州所设的学正一职，由于直接掌管整个州学，其职责应该是更加广泛，只是这方面史料很少，目前无法知道详细情况。

（四）书院山长

元朝是书院非常盛行的时期，其发展比较突出。书院不仅数量多，而且规模、设施及教学也达到较高的水平，因此，作为学官之一的书院山长，成为元代学官队伍中与学正品级相同的一员。吴小红考察了元代书院拟设教授，最后失败的过程，② 反映了元初试图提高书院地位努力的失败。徐梓在《元代书院研究》中对书院山长一职也进行了考察，这里仅是在以前成果的基础上对书院山长的有关情况进行一些补充。

元代书院山长的任命途径较多，其成分也比较复杂。除了正常的学官升迁外，还有以下途径：

一是荐举。许多儒士被荐举为书院山长，周祖谟在《宋亡后仕元之儒学教授》一文中列出有影响的三人：黄泽、曹泾、胡炳文，均是接受荐举做了书院山长的。元初被举荐为山长的非常多，如袁桷（丽泽书院山长）、任士林（安定书院）、袁裒（安定书院）、袁易（石洞书院）、周仁荣（美化书院）、黄叔英（和靖书院）、程端礼（稼轩书院）等。大量的知名儒士出任书院山长，在元初是一个普遍的现象。美国学者劳延煊在《元初江南儒士与儒学》（*Southern Chinese Scholars and Educational Institutions in Early Yuan: Some Preliminary Remarks*）一文中，对学者做书院山长的现象进行了探讨，他考察了元初做山长的18位儒士：方逢辰、汪一龙、舒岳祥、吴思齐、何梦桂、魏新之、孙潼发、史蒙卿、熊禾、任士林、卫富益、赵介如、方逢振、张卿弼、丁易东、曾子良、黄仲元、刘应李，认为这些儒士一般都是南宋进士，在各地有较高的威望。入元以后，一方面他们担心道统之传，为儒学命运担忧；另

① 戴表元：《剡源戴先生文集》卷13。

② 吴小红：《元代南方书院拟设教授考》，《元史论丛》第9辑。

一方面为了不“失节”，他们又不愿仕元为官。山长虽为学官，但书院有私学的一面，不同于官学，因此，做山长不算是仕新朝。所以，投身书院教学或为山长，是他们既保持“气节”又能实现自己使命的最佳选择。① 劳氏的这一结论是有道理的。

二是创建书院。书院一般是私人出钱创办的。书院建成后，他们还要割田作为书院运行之资。其后就是申请行省批准。在得到批准后，书院即为额设书院，一般书院的创建者被任命为首任山长。当然，私人建书院的目的各不相同，有的为了基层教育；有的为了学术的传承与研究；也有很多是为了“褒祖”，如平江路文正书院由范仲淹八世孙范文英创建。书院建成后，文英请于有司，“不设学官而以居嫡者世主祠而行教”，得到批准。② 通过建书院，范氏家族取得了文正书院山长之职。另外，元代还有一些人是为了修建书院做山长而登仕为官，这种情况也不在少数。元人刘岳申指出：“近世书院有田，而捐田者先有掌书院之意，即得一檄，则次第而进，爵禄可指而立俟。”③

三是下第举人为山长。延祐二年（1315 年），元政府推行科举，即规定下第举人授山长或学正之职，此后逐渐成为定制，于是，很多下第举人被命为山长，如叶某在至正四年（1344 年）以《礼记》“高选贡于乡有司，用新例授之婺之月泉山长”。④

元人舒頔在谈到山长一职时说：“山长职专而事一，无牵制之患。”⑤ 这里的“职专而事一”，并不是说书院山长不受地方政府的管理，而是表明书院山长掌管整个书院的事务，受外界的干涉较少。戴良在丁子仪被任命为平江路吴县甫里书院山长时，谈到了他可以胜任的条件：“以其学于己者淑诸人，不为新奇以取名，不为

① Yan-Shuan Lao , *Southern Chinese Scholars and Educational Institution in Early Yuan : Some Preliminary Remarks*, *China under Mongol Rule*, Princeton University Press, 1990, p. 133.

② 郑元祐：《文正书院记》，《侨吴集》卷 9。

③ 刘岳申：《白沙书院记》，《申斋集》卷 5。

④ 戴良：《送叶赞玉序》，《九灵山房集》卷 5。

⑤ 舒頔：《送戴山长之清忠书院序》，《贞素斋集》卷 2。

昏诞以徇俗，使贤而才者有所据立，愚不肖者有所化而改。至于事上接下之密，勾稽钱谷之严，缮修屋舍器物之备，时人以为能。"①从这则史料，可以看出元代书院山长的职责有以下几点：第一，掌教学，培养人才。第二，管理书院田产、钱谷。第三，修建学舍。第四，处理书院与上级官府的日常往来事务。我们可以从一些山长在任职期间的活动说明以上各点。大德十一年（1307年），谢中为湖广行省南剑路顺昌县双峰书院山长，当时书院已经圮坏不治，他"首辟盗霸，正黄景颜（当地侵田豪民）之罪，勾索欺隐以次毕露，返侵括欠，旧疆寝归。则按儒籍征补播，召子弟，斥非类，渐复仪观。则大饰殿庑，自门徂堂，斋序祠宇，墙阶径道，周庐映带无不治……著像设位，祭仪礼器以及讲座屏席日用百具无不备"。②这则例子讲的是山长兴复书院的活动。下面的例子则反映了书院山长平时的活动。江州路景星书院山长吕以能，在任职期间，"生徒之养靡不周也，爨台之修靡不完矣，一切当为之事靡不举也……有鱼湖八所通数百顷，为豪家所有者四十余年，又以白于上司而复其土"。③ 汤子逸为明道书院山长，"修堂庑，作储室，治阁道，朔望始集诸生堂上诵说先王之道，前日之废者举，怠者勤，昧者昭，学士大夫亡不说（悦）喜，以为庶几获见牧养之意，今而弦诵相闻，庾有余粟，凡所以臻此者，皆子逸之廑也"。④ 丁某为婺州路月泉书院山长，"新祭器之朽弊者，复土田之侵夺者，屏学徒之贪蚀者，于是会集侪流，招徕学子，敷扬先圣之道"。⑤ 从上面所引资料，可见元代书院山长职责之一斑。

总的来看，书院不同于儒学，外来官府权力对书院的干预相对较少，这可以使书院山长能有时间或精力从事教学、祭祀、兴建等活动，也使山长的才能可以得到相对充分的发挥。

---

① 戴良：《送丁山长序》，《九灵山房集》卷13。
② 刘将孙：《重修南剑路顺昌县双峰书院记》，《养吾斋集》卷15。
③ 吴澄：《送江州路景星书院山长吕以能序》，《吴文正集》卷33。
④ 杨翮：《赠明道书院山长汤子逸序》，《佩玉斋类稿》卷5。
⑤ 戴良：《送叶赞玉序》，《九灵山房集》卷5。

(五) 儒学学录

学录是宋代太学里面最先设立的学官，职责是帮助学正执行学规，后来推广到地方州县学。元朝学录是教授、山长和学正之下的学官，与县学教谕同一等级。本章前面已经指出，元初学官设置比较混乱，建康路学除教授外，有学正三员、学录二员。大德二年(1298年)，元政府规定正录减员，即使这样，杭州路学仍设学正二员、学录二员。由此看来，元初在路学以及散府上、中州的儒学中均设学录一职。后来元政府对儒学学官人数进行了统一的规定："路设教授、学正、学录各一员，散府上中州设教授一员，下州设学正一员，县设教谕一员，书院设山长一员。"① 此后，学录一职仅设于路学。

学录的选任，在元代出现过几次变化。"国朝初，外郡府学惟教授命官，而正、录以下，悉从各学推举。继又从提举学校官选委充小学谕而后升正、录。至大中，乃例以直学役满升授。至正初元，朝廷复科举，兴文学，台宪官以谓直学职掌金谷，而辄登师儒之席，乃别选行艺生，举以充谕录焉。"② 这种选举方式的变化，导致了学录出身的复杂，如婺州路兰溪县人吴履（字德基）"由天台直学为衢学录"，③ 太原人郭桓（字仲实）以行艺生调延平路学录，④ 徽州路休宁县人唐元（字长孺）以前乡校师被命为学录。⑤ 另外，荐举仍在学录的任命中居一定的比例，儒士受荐举为学录的很多，如扬州人刘则诚"荐于淮东宪使，得录高邮"，⑥ 饶州路安仁县人李叔阳"年甫壮，学于家而闻于人，御史荐之，由是捧帅府之檄，录延平郡之儒学"。⑦

① 《元史》卷81《选举志一》。
② 朱德润：《送延平学录序》，《存复斋文集》卷4。
③ 吴师道：《送吴学录序》，《吴礼部文集》卷15。
④ 朱德润：《送延平学录序》，《存复斋文集》卷4。
⑤ 陈栎：《送唐长孺赴平江学录序》，《定宇集》卷2。
⑥ 李存：《送刘则诚学录序》，《鄱阳仲公李先生文集》卷18。
⑦ 李存：《赠李叔阳之延平儒学学录序》，《鄱阳仲公李先生文集》卷19。

关于学录的职责，时人论述较多。元人陈栎认为“录于侯泮学官为第二”。① 这里说学录为第二学官，但对具体职责未述及。以下两则史料则论述较详，吴师道在为衢州路学录吴履写的序文中说：“德基（吴履，字德基）年富不离庠序，今又无出内会计之烦，而有优游暇豫之乐，柯峰迷绝之墟，携束书而旌读焉，以求贤贤之心，洗俗学之陋。”② 李存在为高邮学录刘则诚写的序文中说：“（学录）上有博士以主其教，下有宾序以似其劳，应酬之所鲜及，会稽之所不闻，当夙兴夜寐，资诸人之善而求诸已名之兴。”③ 李存之宗人李叔阳为延平路学录，李存对他说：“钱谷之算即不及于子，迎送之勤又不专在子事，有非事者则明目张胆以纠之，艺有工拙者，则月校季考以劝之。”④ 从以上可以看出，元代学录之职责，主要是辅导和管理儒学生员，类似于今学校教务人员之类。学录既不掌钱粮，亦没有太多的杂务，可以说职务比较单一、明确。这可以从平江路学录王达卿的任职经历得到证实。至正初年，王达卿为平江路学录，当时路学废弛，“提学者非不薄责教也，而教无以教；钩稽养也，而养非所养。郡校庠之大，（句）［居］复不如一齐民之家塾有程有则也”。在这种情况下，王达卿努力振举之，“曩之养非材者，王君（达卿）有以去之，材失养者，王君有以引之，养之非其教、教之非其术者，王君又有以纠而正之。他人日从其失，王君日修其勤，故苏学之废而稍正”。⑤ 从这里可以看出学录一职在郡学中的作用。也有的学录在特殊情况下，在郡学中发挥了更大的作用，如鄱阳人方信可为平江路学录时，“朔望与教授参讲，人见其渠度之习于礼也，见其讲论之根极于经旨也”。不久，教授以贪污除官，学正又缺员，方信可代为主持平江路学。“吴学田岁入恒数千，使善弥缝，当与穴鼠窟狐争肥腯。信可则不然，日

① 陈栎：《送唐长孺赴平江学录序》，《定宇集》卷2。
② 吴师道：《送吴学录序》，《吴礼部文集》卷15。
③ 李存：《送刘则诚学录序》，《鄱阳仲公李先生文集》卷18。
④ 李存：《赠李叔阳之延平儒学学录序》，《鄱阳仲公李先生文集》卷19。
⑤ 杨维桢：《王学录秩满序》，《东维子文集》卷4。

坐斋稽经考史，纠录学之弟子员，昏明勤惰而策励之，稍暇则从老儒先生质疑就正，他则不以毫发汨其心。"① 在这里，方信可主持路学时，仍以教学、管理为主要任务。

（六）县学教谕

教谕一职出现于宋代。宋代教谕的级别很低，设立也不普遍，只是在学生比较多的儒学设立，教谕一般教小学。元代县学设教谕一人主持，级别与路学学录同。元政府规定，教谕由直学历一考升转。除了升转之途以外，教谕的来源还有如下途径：第一，荐举。元代江南地区有许多儒士被荐举为县学教谕，如戚象祖（字性传，婺州路人）"大德中，年及五十，乃用举者，得东阳县学教谕"。② 程端礼"初用举者为广德之建平、池之建德两县儒学教谕"。③ 张恕（字如心，婺州路浦江县人）"用荐者教授常德之武陵"。④ 尉彦明由北方到江南学习，"有司举而升之，授以开化（县）文学"。⑤ 第二，行省任命。教谕级别较低，一般在学校生员或一般儒士中任命。教谕的任命要经过一定的程序，一般由儒学提举司、地方官等推荐，肃政廉访司则负责考察，合格后才由行省任命。如李贵德游学龙兴路学期间，"提学异而举之，宪司试可，省檄教大庾"。⑥ 徐克勤由衢州路清宪书院被有司举于州，"州升之宪府，以考其实，上之宣府以授其任，今俾之分教新昌"。⑦ 许熹初入仕时，"用举者试宪府，例当补县学官"。⑧ 应该指出的是，元世祖采纳叶李建议设立诸道儒学提举司，当时提举司权力较大，有任命教谕、

---

① 郑元祐：《送方学录序》，《侨吴集》卷8。

② 黄溍：《道一书院山长戚君墓志铭》，《文献集》卷8下，四库全书本。

③ 黄溍：《将仕郎台州路致仕程先生墓志铭》，《金华黄先生文集》卷33。

④ 宋濂：《故处州路庆元县儒学教谕张公墓志铭》，《文宪集》卷19，四库全书本。

⑤ 许谦：《送尉彦明赴开化教谕序》，《许白云先生文集》卷2。

⑥ 徐明善：《送李贵德大庾县教谕序》，《芳谷集》卷上。

⑦ 许谦：《送许克勤赴新昌教谕序》，《许白云先生文集》卷2。

⑧ 黄溍：《饶州路儒学教授许君墓志铭》，《金华黄先生文集》卷37。

学录之权。成宗初撤诸道儒学提举司，设随省的儒学提举司，儒司任免教谕、学录的权力也被取消。以上所述的行省任命教谕的程序当是在元成宗初年之后。这以前不乏儒学提举司任免县学教谕的记载，如袁斗南在至元十七年（1280年）江西始建儒学提举司“首辟为邑教谕”。① 第三，下第举人为教谕。元朝实行科举之后，授下第举人学官。至正二年（1342年）“始自今更定名数，于贡额之外，取以补校官之末等”。这一年，江浙行省有十六人以逸材被授学官，屠彦德即被授为徽州路歙县教谕。② 而吴善卿则以备榜进士，被任命为黟县教谕。③

县学教谕是学官中级别最低的，所以被当时的人认为是冷官中的冷官。徐明善即认为“广文官冷，邑学尤冷”。④ 由于这个原因，县学教谕经常被人耻笑，如盱江人陈某被任命为靖州会同县学教谕，将上任，“通国之人皆笑之，巧者笑之以拙，愚者笑之以狂，疆［强］者笑之以不奋扬，弱者笑之以不自爱其身”。⑤ 从这里可以看出儒学教谕地位之低，但是，教谕虽低，它仍然是学官升转过程中的一个阶段。“儒者入仕格例，无不阶县学官而升。苟得之，则显官可以积渐致。”⑥ 因此，很多儒士还是乐意而为之。

教谕的职责为掌一县之学。由于品低而位卑，县学教谕的职务甚简，“惟讲学为宜”。⑦ 因此，讲学是教谕最重要的职责，如钱塘县学教谕沈存中“师范严，讲篇畅，诸生经□讲指划，率多陶成”⑧。朱德嘉（盱江人）为教谕“旦暮坐堂上，与诸生说经缉文，井井有序而不倦，县长贰待以宾师之礼而不敢亵”。⑨ 张恕为

---

① 程钜夫：《故常州路儒学教授袁君墓志铭》，《雪楼集》卷22。
② 杨翮：《送屠彦德教谕序》，《佩玉斋类稿》卷5。
③ 邵亨贞：《进士吴善卿赴黟县教谕醵贶序》，《野处集》卷2。
④ 徐明善：《送方方山教谕序》，《芳谷集》卷上。
⑤ 揭傒斯：《送陈文学序》，《揭文安公全集》卷8。
⑥ 吴澄：《送周德衡赴新城教谕序》，《吴文正集》卷30。
⑦ 徐明善：《送方方山教谕序》，《芳谷集》卷上。
⑧ 陈栎：《钱塘沈教谕送行诗卷序》，《定宇集》卷2。
⑨ 虞集：《送朱德嘉序》，《道园学古录》卷34。

处州路庆元县学教谕，“公所至皆以兴学为己任，招集弟子员危坐堂上，列（本）郡圣人之书为之敷绎大义，皆充然有得，士风为之丕变”。① 另外，县学教谕还处理有关县学的学产、兴造等其他问题以及迎上接下等日常事务。罗执夫为杭州路钱塘县学教谕“策力修治，笃意训淑，人莫不嘉其勤。且周旋有度，上下以和”。② 汪汝懋（字以敬）“始任丹阳，复侵田一百八十亩，修先圣庙，建先贤祠，作礼器，与其邑人春秋释奠，兴于学”。③

（七）儒学直学

严格地说，直学属学吏，不应属学官范畴。由于元朝规定儒学、书院皆设直学一人以掌钱谷，直学在元初、中期相当长的一段时间里，与学官一起升转，所以，这里将直学同学官一起考察。

直学初选于儒学生员。元人朱德润记述道：“直学之选则于士子之文雅纯慎者，举达路府，而属分宪官试。可，始俾受府檄，以充是职。”直学在“秩满三载，则授邑庠谕、录，而居师儒之席矣”。④ 元初、中期的直学之选，基本上是以这种方式进行的，如上面朱德润提到的程伯义（新安人）“始以吴学荐而得分宪试，可，遂直吴江州学”。直学的这种选举方法，在元末受到了很多儒士的批评。元人李存批评道：“国朝之取学官也，往往以直学为之基。教也者，喻诸道义而成人之有造也。教于一邑，则百里之子弟贤不肖系焉；教于一郡，则千里之子弟贤不肖系焉。而直学盖出纳之吝者，夫出纳之吝，虽负贩之子可能也，虽胥靡之子可能也，果何以试其才而俾之师夫人乎？吾尝疑焉。”⑤ 在各方面的强烈反对下，元末改变了直学的升转方法，将其列入吏类升转。关于此后直学升转的情况，元人杨维桢写道：“（直学）年劳满者为论［谕］

① 宋濂：《故处州路庆元县儒学教谕张公墓志铭》，《文宪集》卷 19。
② 杨翮：《送罗执夫赴弋阳县教谕序》，《佩玉斋类稿》卷 5。
③ 戴良：《故翰林待制致仕汪君墓志铭》，《九灵山房集》卷 23。
④ 朱德润：《送新安程伯义之吴江州直学序》，《存复斋文集》卷 5。
⑤ 李存：《赠李叔阳之延平儒学学录序》，《鄱阳仲公李先生文集》卷 19。

录起阶，近更令，虽以府邑土椟吏易谕录。"① 办法是"（学）吏（即直学）出于儒者，学升于州，升于郡，等而上之，或宪漕史或理问曹帅阃史。又等而上之，则入流，铨于吏部，簿部县寮，知幕府，坐禄位而治人矣"。② 从杨维桢的叙述可知，元末直学入吏类升转，县直学三年考满，升州直学，州直学考满升路直学，路直学考满后，即升宪漕史或理问曹帅阃史，最后，上之吏部，入流官。这样，元末直学才被正式称为学吏。学吏的这种升转方法，时人认为优于以前依学官例升迁的之法。杨维桢评论说："（学吏）负才谞者得以一介之士，上佐二千石出政令，其功德之及民者顺且易也。诸论［谕］、录五年、十年不得升次以行其志，即得佐府邑，去老死不远者，孰优孰劣乎？"③

直学的职责首先是掌儒学"金谷、簿书期会之烦"。具体地说有下面几点：第一，征学租。第二，掌儒学春秋、朔望祭祀的物资供应。第三，发放士禄。第四，负责生徒之膳。第五，掌收支。直学的上述职责可以从下面的史料中得到印证。朱德润记述道："每岁士禄及春秋上丁，则直学者趋奉府长以供其事。"④ 彭彦温（会稽人）为平江路学直学，"能稽籍以为入，量入以为出，撙节其横费，金谷之用恒有余，是其力于计而有功于学校者也"。⑤ 徐德明为嘉兴路学直学，"凡春秋二丁、朔望祭奠，师儒之文，吾生徒之膳养，金粟之勾诈，营缮之书庸，殚智竭虑，一以奉公"。至正四年（1344 年），嘉兴路命各级儒学自征租入。"德明奉行惟谨，推之以诚，约之以信，佃夫输直，莫不悦服，其有积日，门丁佃甲相根株为干没者，德明又能廉得之，不烦垂楚而征复。"⑥ 其次，直学还有责任帮助学官进行儒学的增修、重建工程。至元二十三年（1286 年）嘉兴路学教授孔演准备重修学校，得到路总管府批准以

① 杨维桢：《送彭彦温直学满代序》，《东维子文集》卷 5。
② 杨维桢：《送嘉兴学吏徐德明考满序》，《东维子文集》卷 5。
③ 杨维桢：《送彭彦温直学满代序》，《东维子文集》卷 5。
④ 朱德润：《送新安程伯义之吴江州直学序》，《存复斋文集》卷 5。
⑤ 杨维桢：《送彭彦温直学满代序》，《东维子文集》卷 5。
⑥ 杨维桢：《送彭彦温直学满代序》，《东维子文集》卷 5。

后，乃“命直学方应龙、赵良盛、王子正（当时路学有直学三人）会计用度，募匠鸠徒，分董其役”。① 最后，直学也帮助学官或地方官处理学校事务。徐德明为嘉兴路直学，至正三年（1343 年）“教授康公来领学事，藉其协赞者居多”。总管陵公整顿学校。“正季试以作人材，行大乐以奉祀事，德明奉承厥役靡倦，勤有成绩。”②

当然，儒学是由主要学官掌管的，直学的这些职责需在学官的领导下进行。然而学官的能力是不一样的，处理问题也有偏重，甚至有的学官不负责任，不理学事，一切钱粮开支之事委之直学，于是造成了直学专横跋扈、贪污学校钱粮的现象。这种情况在元代儒学中比较突出，如松江府儒学直学沈伯云因花破钱粮，乃与教授陈仲微有隙，沈伯云竟然“率婢妾詈仲微于途”。③ 建康路儒学在至元年间有直学，“窃学粮且坏教范，日横于学宫”。衢州路学直学王杞，被称为学霸，“久占出纳之计，半为己资，横行积久”。时教授孔某“稍防闲之，杞积忿，遂欲诬于宪司”。溧阳直学杨浚“久占学官出纳之计，凡饮食居止皆是学中资也”。④ 这种现象反映了元代儒学教育的弊端，但也从反面说明了直学之选对儒学的重要性。

（八）其他学职

以上所述学官均为元政府规定设立的。元代各级儒学中还有一些自己聘请的教学人员及执事人员，如训导、五经师、宾友、乐师、执礼官、斋长、学吏等，其中有的职位不是固定的，如一些儒学以乐生代替专职乐师；执礼官则大多以地方官、学官、学吏兼任；斋长在很多情况下由生员担任；宾友亦不固定。但五经师或训导则不仅固定，而且在儒学中承担主要教学任务。训导由儒学聘请

---

① 牟巘：《重修嘉兴府学记》，嘉靖《嘉兴府图记》卷 5《学校》。
② 杨维桢：《送嘉兴学吏徐德明考满序》，《东维子文集》卷 5。
③ 陶宗仪：《南村辍耕录》卷 28《宪佥案判》。
④ 孔齐：《至正直记》卷 4《建康儒学》、《衢州学霸》、《克诚窃食》。

当地知名儒士担任，人数不固定，因一些儒学以五经分斋，每斋设训导一人，因此训导在有的儒学（如松江府学）也称五经师。虽然训导不能称为学官，但它承担主要教学任务，以学师称之，未必不当，因为训导在元代儒学设立比较普遍。现将这一职务的情况介绍如下：

前面提到，训导由儒学聘请当地知名儒士担任，如庆元路著名学者王厚孙（字叔载）因黄溍推荐为郡学训导，郑芳叔也“两任郡学训导”。① 戴表元在至元三十年（1293 年）受奉化县尹丁济之聘为县学师，实际上也是训导。明清的方志中一般将训导与县学教谕并列，说明元代的县学设立训导的普遍性。除县学外，其他儒学也有训导之设，松江府学吴教授就曾聘学者邵亨贞为训导。②

关于训导一职，邵亨贞写道：“司课讲之劳，实为剧任，故训导之设，例非冗员，分半席以横经。”③ 元人吴海也写道：“百里之邑有学官，置文学一人，掌凡学之政令，招邑之秀民子弟入学，选经明行修之士延请为之师，师治诸生讲诵课业，传授而程督之，其位虽卑，而其任则重，教之尼行，人材之成否，率有是耳。”④ 上述史料说明了训导的职责及其重要性。训导既然以知名儒士为之，因此，训导之选就成为反映儒学办学水平的一个重要因素。如庆元路学选学者桂同德为训导，他“教授郡庠，以德行为本，故一时亲炙其教者，咸有成立”。⑤ 另外，训导的设立还促进了儒学与地方文化之间的交融。训导将当地的文化学术成果传授给生徒，使他们吸收到地域文化的先进成果，同时也使儒学的地方特点更加突出。元代江南儒学发展水平一直高于北方，这与元代江南地域文化的发展有关。训导则在这方面起了 重要的作用。

---

① 黄宗羲：《宋元学案》卷 85《深宁学案》。
② 邵亨贞：《答松江府学吴教授招赴训导启》，《野处集》卷 4。
③ 邵亨贞：《答松江府学吴教授招赴训导启》，《野处集》卷 4。
④ 吴海：《送郑训导之古田序》，《闻过斋集》卷 2。
⑤ 黄宗羲：《宋元学案》卷 74《慈湖学案》。

四、元代学官举例

元代在路、府、州、县的官学以及大部分书院都设立学官，因此全国学官的数量是很大的，仅仅根据有关元朝学官的各种规定进行研究，很难概括整个学官群体的全貌。这里采取的是社会学中抽样分析的方法，选出有代表性的学官 99 人（其中，北方学官 19 人，江南学官 80 人）作为研究的对象，对这些人进行分别考察。考察的结论将作为后面分析学官出身及经济状况、仕进等问题的主要根据。本章前面已经对儒学提举一职进行了考察和具体分析，这里不再全面涉及，只是选录部分儒学提举（11 人），以便保持分析结果的完整。所选学官具体情况如下：

武震（1229～1285 年）　赵州平棘县人。幼年力学，史天泽“礼致于第，俾为诸孙师”。至元七年（1270 年）“诏试儒生，中者复，遂中高第”。至元十一年（1274 年），被当地推为赵州儒学教授，在任期间，“一新殿堂斋房，大集诸生修教事，由是赵学兴盛，为河朔先”。至元二十一年（1284 年）调濮州临清县主簿，居官五年。至元二十六年（1289 年）七月，以病卒于官舍。①

张延（1229～1290 年）　字世昌，号节轩，藁城人。从学于文士李治。元初试选儒士，张延“两试于乡，以明经擢前列”。世侯董文炳命其为统军司谘议，不久辞。后以礼部尚书赵椿龄的推荐，除真定路学教授。至元年间，桑哥当政，妻弟八吉为其立颂功碑，命张延作碑文，张延谢却之，辞官回乡里。后教授于藁城县学，“诸生多贵显”。②

张在（1275～1300 年）　字文在，藁城人。出身于元朝官宦之家。20 岁还真定，受业于乡先生。延祐初年中乡试，会试失利，授真定学正，“具训诸生，恳恳不倦”。当时“中州老士存者无几，后生或无从质问，闻君善教，来学者日盛”。至治三年（1323 年）

---

① 程钜夫：《濮州临清县主簿武先生墓表》，《雪楼集》卷 22。

② 苏天爵：《故真定路儒学教授节轩张先生墓志铭》，《滋溪文稿》卷 14。

应御史中丞曹伯啓之请，与贡奎等一起主持江浙乡试。泰定间，调濮州教授，“山东学子远近至者常百余人”。至顺二年（1331 年），病卒于官舍。①

张缉　字士明，益都胶州人。性孝友，能诗文。至正七年（1347 年）通过乡试，由泽州儒学正，转泰州幕职，不久弃官。②

张仲仁　开封人，字子仁。出身于宋朝官宦世家。好贤下士，历天门书院山长、杭州教授、江浙儒学副提举、籍田署丞，后为詹事、翰林两院经历。③

张思孝　字奉先，云中人。出身于富室之家，其父“饶资善殖”，思孝幼从学于名师，“博学长文辞”，由儒学教谕、学正迁前卫教授，升昌黎县尹，未赴，后为武州知州。④

张绍祖　字子让，颍州人。读书力学，以孝行闻于朝，特授河南路学教授。⑤

曹鉴　字克明，宛平人。年轻时南游。大德五年（1301 年）因翰林学士郝彬之荐，为镇江路淮海书院山长。大德十一年（1307 年）江南行台辟为掾史，转兴文署掾史。至治二年（1322 年）授江浙行省左右司员外郎，转湖广行省左右司员外郎。天历元年（1328 年）调江浙财赋府副总管，后至元元年（1335 年）升礼部尚书，病卒。⑥

曹元用　字子贞，汶上人。出身于官宦之家，父为德清县主簿。元用幼好学，始授镇江路儒学正，考满游京师，翰林承旨阎复荐为国史院编修官。后御史台辟为掾史，转中书省左右司掾，迁吏部主事、尚书省右司员外郎。延祐六年（1319 年）授太常礼仪院经历，后又任太子赞善、礼部尚书、翰林侍讲学士兼经筵官等，天

---

① 苏天爵：《濮州教授张君墓志铭》，《滋溪文稿》卷 14。
② 《元史》卷 198《孝友二》。
③ 程钜夫：《书开封张氏世谱后》，《雪楼集》卷 25。
④ 王逢：《梧溪集》卷 6《题武州守张公奉先遗稿后》。
⑤ 《元史》卷 198《孝友二》。
⑥ 《元史》卷 186《曹鉴传》。

历二年（1329 年）卒。①

梁宜 字彦中，在平人。以国子伴读授开平路儒学教授，延祐二年（1315 年）中进士，授邳州同知。后为国子助教、大名路判官、峄州知州、顺州知州等。②

郭士文（1262～1335 年） 字从周，真定人。早为部使者陈天祥知，辟掾不就。后用荐者为忻州文学掾，改真定文学，大都路学教授，调陕州远安县主簿，改太常寺礼仪院太祝，又不就，以应奉翰林从仕郎致仕。③

元明善（1269～1322 年） 字复初，大名清河人。弱冠游吴中，浙东使者荐为安丰、建康两路学正，辟掾行枢密院，升江西省掾、南行台掾，后授枢密院照磨，转中书左曹掾。仁宗即位，改翰林待制，参与修成宗、顺宗实录，升翰林直学士。延祐二年（1315 年）科举恢复，明善充考试官，及廷试，又为读卷官。不久，拜湖广行省参知政事，至治二年（1322 年）卒。④

孔思晦（1267～1333 年） 字明道，孔子五十四世孙。家贫，躬耕以为养，虽寒暑而为学未尝懈，远近争聘为子弟师。至大中，举茂才为范阳儒学教谕。延祐初，调宁阳学，"教养有法，比代去，学者皆不忍舍之"。仁宗继位，特授中议大夫，袭封衍圣公。元统元年（1333 年）卒。⑤

王忠（1275～1304 年） 字孝卿，沁州武卿县人。早失父，母元氏"力田桑，躬治丝枲"，延师教之。王忠"以膏火不继，焚麻取光"读书。郡博士知其贤，辟为邑教谕。⑥

焦悦（1266～1337 年） 字子和。幼从学者吴君游，元初辟吏，不就；燕南部使者荐为宪府掌书，亦不就。中书省授为真定路

① 《元史》卷 172《曹元用传》。

② 顾嗣立：《元诗选癸集·丙》，第 273 页。

③ 王沂：《元故应奉翰林文字从仕郎致仕郭君墓碣》，《伊滨集》卷 23。

④ 《元史》卷 181《元明善传》。

⑤ 《元史》卷 180《孔思晦传》。

⑥ 许有壬：《教谕王孝卿墓碣铭》，《至正集》卷 55。

学官，“训诱淳淳，唯恐不至”。后至元三年（1337 年）卒。①

冯善主（1246～1307 年） 字君协，右北平石城人。许衡弟子。至元二十五年（1288 年）以耶律有尚荐，得平滦路儒学正，升冀州、辽阳教授，所至，生员争从之游。后升兴州宜兴县主簿，政化大行。改蔚州安定县主簿，未行。大德十一年（1307 年）九月，卒于家。②

贾鲁（1297～1353 年） 字友恒，河东高平人。延祐、至治间两次通过乡试。泰定初，授东平路儒学教授。历行省掾，除潞城县尹，升户部主事。丁父忧，后为太医院都事，参加修撰《宋史》，书成，授燕南山东道奉使宣抚，历任中书省检校官、监察御史、工部郎中、都漕运使等职。至正九年（1349 年）贾鲁作为漕运使，负责了治理黄河的重大工程，取得成功。至正十三年（1353 年）卒于军中。③

刘巨川 延安人，金末罹兵祸，寓莘县。壬子（1252 年）官阅实户口，得隶儒籍，遂家于莘。公论推举充县学教谕。丧乱之余，文事废弛，春秋释奠，无从取办。君择后进十数，上名于官，复其身，人始知劝。由是学徒向方，庙祀如礼。④

滕安上（1242～1295 年） 字仲礼。其先自洛徙中山，“委吏斗食”，家贫力学，荐名于朝，授中山府学教授，迁禹城县主簿，后为国子博士、国子监丞、太常院丞。元贞元年（1295 年），拜监察御史，辞归。后又被任命为国子司业，不久卒。⑤

曹庆孙 字继善，处州路人。出身于宋官宦之家。至元二十三年（1286 年）为平江路吴县儒学教谕，调建德路淳安县儒学教谕，此后归家，日以经史诸书陶情悦志。其田庐不迨中人之家，至仕后，召集乡族长幼于家塾，会讲经义。⑥

---

① 苏天爵：《焦先生墓表》，《滋溪文稿》卷 14。

② 程钜夫：《故登仕郎蔚州安定县主簿冯君墓碣》，《雪楼集》卷 18。

③ 《元史》卷 187《贾鲁传》。

④ 吴澄：《故教谕刘君墓碣》，《吴文正集》卷 74。

⑤ 姚燧：《国子司业滕君墓碣》，《姚文公牧庵集》不分卷。

⑥ 邵亨贞：《元建德路淳安县儒学教谕曹公行状》，《野处集》卷 3。

陈子章　字谨之，台州路人。父为台州路判官。陈子章初仕学官，后被辟为浙东海右道肃政廉访司掾史，秩满铨署台州路儒学教授。①

岳德操　汉阳府人。出身于宋衣冠故族。入元以来，“诸兄相继沦谢，一家无复曩时之仿佛矣”。岳德操初仕县学教谕，改授绍兴路和靖书院山长。②

罗执夫　南陵人。出身于学官之家，父兄皆为学官。罗执夫受江西行省檄为弋阳县学教谕。③

陈希贤　建康路上元县人。早年居山中读书，不求闻达。后南台御史荐之江西行省，命之为赣州路儒学学正。杨翮称之为“一介寒素”。④

汤子逸　宣城人。由建康路上元县学生员，被任命为县学教谕。后明道书院山长缺员，汤子逸被任命为书院山长，任职期间“以其全能兴起坠弊”，使书院“弦诵相闻，庾有余粟”。⑤

丁子义　湖州路人，为“湖之秀彦”。至正元年（1341年）中乡试，行省授平江路吴县甫里书院山长，官满归家授徒为业。⑥

祝彦明　衢州路人。至正初年以宪府之荐为浦江县教谕，待职近十年，“始克领其教”。任职期间能究心学政，士之弊习日除，学校日兴。⑦

徐某（名、字不详）　徽州路开化县人。出身于宋官宦之家。大德年间以茂材荐受常山县学教谕，调余姚州高节书院山长。不久，丁父忧，不复仕进，隐居读书自娱。⑧

柯谦　字自牧，出身于宋科第之家。至元间辟昌国州学教谕，

---

① 刘仁本：《送台州路儒学教授陈子章序》，《羽庭集》卷5。

② 郑元祐：《送岳山长序》，《侨吴集》卷8。

③ 杨翱：《送罗执夫为弋阳教谕序》，《佩玉斋类稿》卷5。

④ 杨翮：《送陈希贤赣州学正序》，《佩玉斋类稿》卷5。

⑤ 杨翮：《赠明道书院山长汤子逸序》，《佩玉斋类稿》卷5。

⑥ 戴良：《送丁山长序》，《九灵山房集》卷13。

⑦ 戴良：《送祝彦明诗后序》，《九灵山房集》卷5。

⑧ 鲁贞：《故高节书院山长徐公墓志铭》，《桐山老农集》卷3。

不受。元贞初，为翰林国史院检阅官，后出为江浙儒学副提举。延祐初，升承事郎、饶州路余干州判官。未上任，授江浙行省儒学提举。延祐六年（1319 年）卒。①

陈笠峰　庆元路人。其家为南宋文献故家，"仕而不苟，贫而能廉"。任嘉兴路学正，后升为安庆路儒学教授。大德九年（1305 年）卒。②

梁某（名、字不详）　福州路福宁州福安县人。"丙子，丁丑之乱（指元统一战争）去其乡侨居暨水之阳聚徒讲授"，后被任命为平阳州学正。"窃升斗禄以糊口"，"亲不及养"③。

孔文定　江南孔子五十四世孙，宋太学生。入元后为江西行省南康路学教授，官满调温州路学教授。④

邵天民　江西行省吉安路人。"邵族之富，前时甲于一邑"。元代邵氏家族不如以前富足，天民以儒"给其家之衣食"。后被江西行省任命为瑞金教谕。⑤

刘埙　南丰人。出身于宋科第世家。至元末年任建昌路儒学学正。年七十受命延平路教授，官满致仕。⑥

袁斗南　龙兴路富州人，生于宋官宦之家。至元十七年（1280 年）江西儒学提举司开始聘他为教谕，后改为抚州路临汝书院山长，迁兴国路大冶县教谕，后升鄂州儒学正。次年摄汉阳府学教授。不久，铨静江路教授，不赴，改寿昌县南湖书院山长。元贞元年（1295 年），升为常州路儒学教授，秩满致仕。大德八年（1304 年），卒于家。⑦

刘鹗　字楚奇，江西行省吉安路永丰县人，为当地"显族"。刘鹗在年及弱冠时出游四方，皇庆元年（1312 年）被荐举为扬州

---

① 张养浩：《江浙等处儒学提举柯君墓志铭》，《归田类稿》卷 13。
② 张伯淳：《送陈笠峰赴安庆教授序》，《养蒙文集》卷 2。
③ 陆文圭：《送福安梁学正序》，《墙东类稿》卷 5。
④ 吴澄：《送孔教授归拜庙序》，《吴文正集》卷 25。
⑤ 吴澄：《送邵天民赴瑞金教谕序》，《吴文正集》卷 26。
⑥ 吴澄：《故延平路儒学教授南丰刘君墓表》，《吴文正集》卷 71。
⑦ 程钜夫：《故常州路儒学教授袁君墓志铭》，《雪楼集》卷 22。

路儒学学录。泰定二年（1325年），受河南行省任命，掌教齐安、河南二书院。考满归家，建浮云道院为其藏修之所。元天历二年（1329年）改授泰州路儒学教授，未赴，游京师，为太医院掾。后至元二年（1336年）为京畿漕运司照磨。至正元年（1341年）授湖广儒学副提举。不久，又升秘书监秘书郎。后为海北广东道肃政廉访副使。①

杨维翰 字子固，会稽人。祖父皆有“隐德”，乡里推为长者。杨维翰年轻时中进士，由于“屡为有司枉”，遂为学官。先为慈溪县学教谕，后迁天台县教谕。考满，升饶州路双溪书院山长。不久，以病卒。②

杜英发 字俊卿，松江府上海县人，其家为当地大族。他早年游京师，以才名授建宁路儒学学正，后升南容州教授，未几，弃官归隐于松江府西霞浦，号西霞道人，岁延儒师教子弟。③

王肖翁 字传朋，婺州路金华县人，其家为宋显贵之家。王肖翁以宋丞相子弟被荐举学官，初为衢州路、婺州路儒学学录。大德年间，升婺州路儒学学正，考满后，由于其显贵的出身，破格升为静江路儒学教授。居官不久，归家居十年。延祐末，复任南康路儒学教授兼白鹿洞书院山长。至治初年，辟江西行省掾史，后迁嘉兴路录事，以松江府判官致仕。④

程端礼 字敬叔，庆元路鄞县人。出身于宋官宦之家，父为乡贡进士。程端礼入元为学官，初被荐为广德路建平县教谕，转池州路建德县教谕，秩满，升信州路稼轩书院山长、建康路江东书院山长。累考及格，授铅山州儒学教授。秩满，以台州路儒学教授致仕。程端礼任学官期间，严讲诵，兴废坠，复学田，政绩显著。致仕后，庆元路总管王元恭聘之为郡学师，又请之议行乡饮酒礼。至

① 刘玉女：《元故中顺大夫海北广东道肃政廉访副使刘公墓志铭》，《惟实集》附录。

② 杨维桢：《亡兄双溪书院山长墓志铭》，《东维子文集》卷24。

③ 杨维桢：《南容教授杜公碣铭》，《东维子文集》卷24。

④ 黄溍：《承务郎松江府判官致仕王公墓志铭》，《文献集》卷9下。

正五年（1345年），卒于家。①

倪渊　字仲深，湖州路乌程县人，出身于宋官宦之家。年少时拜名师学习，初被荐举为湖州路儒学录，后迁杭州路儒学正。时河南王布拉吉达为江浙行省平章政事，听到倪渊的讲书，非常满意，荐为杭州路儒学教授。秩满，又调湖州路儒学教授。未赴，丁外艰。此后，居家十五年。泰定三年（1326年）担任江浙行省乡试主考官。后为湖州路教授，仕满，授太平路当涂县主簿。政绩斐然。后至元元年（1335年），倪渊再主江浙行省乡试，不久告老归家，授承务郎杭州路富阳县尹致仕。②

许熹　字华甫，婺州路东阳县人。其祖宋朝时为官，父业儒，号空云居士。熹幼习儒业，初被荐举为教谕，未得任。后任武义县学教谕，再调丽水县学教谕，不久，丁父忧。后复调台州路天台县学教谕，累考升为湖州路东湖书院山长。任职期间复学田，严讲诵，有功于学者居多。秩满，调饶州路儒学教授，拜命而卒。③

王勋　字仲昭，绍兴路山阴县人。出身于宋科第之家。王勋初为江山县学教谕，迁慈湖书院山长，后居家二十年始拜肇庆州儒学教授。任职期间，复学田，增学租，正士习，使州儒学面目一新，再调化州路儒学教授时，勋已卒。④

孔涛　字世平，孔子五十三世孙。宋朝其祖南渡，定居衢州。父仕元为济宁路兖州知州。涛幼师从名师，初被荐举，任宁国路儒学学录，后升为溧阳州儒学教授。秩满，辟为江浙行省掾史。元至治三年（1323年），他参加科举，取得东平府乡试第一名；次年会试，赐同进士出身，授平江路昆山州判官。有政绩，后任潮州路总管府知事。⑤

---

① 黄溍：《将仕郎台州路儒学教授致仕程先生墓志铭》，《金华黄先生文集》卷33。

② 黄溍：《承务郎富阳县尹致仕倪公墓志铭》，《金华黄先生文集》卷32。

③ 黄溍：《饶州路儒学教授许君墓志铭》，《金华黄先生文集》卷37。

④ 黄溍：《化州路儒学教授王君墓志铭》，《金华黄先生文集》卷32。

⑤ 黄溍：《承直郎潮州路总管府知事孔君墓志铭》，《金华黄先生文集》卷34。

戚象祖 字性传，婺州路金华县人。出身于为宋代科第世家，“南渡后始著”。戚象祖年轻时隐居。大德年间，年满50岁出任东阳县学教谕，秩满，迁和静书院山长。年未满七十，辄求致仕。吏部以例弗许，复授为信州路道一书院山长，辞不就。①

龚璛 字子敬，镇江路人。龚氏历代为宋高官，是镇江显贵之家。宋亡，家事素薄，力学不懈。浙东海右道肃正廉访司荐举他为学官。初任平江路和静书院山长，再调学道书院山长，累考合格，升宁国路儒学教授，秩满，授信州路上饶县主簿，不赴。后授袁州路宜春县县丞，在官一年多，即请致仕，后以江浙等处儒学副提举致仕，卒于至顺二年（1331年）。②

刘德智 字彦明，徽州路歙县人。世代业儒，其家素裕。刘德智最初由儒学生员选为建德路儒学学正，会教授缺员，乃摄其事。考满后被选为翰林院属吏，不就。授永顺等处军民安抚司儒学教授。未赴，刑部辟为令史，转寿福院掾史，任满授衢州路常山县主簿。后历任江西行省掾史、平江路总管府知事，年五十五，卒于官。刘德智性情刚烈，任官期间，颇有政绩。③

张继祖 字继之，婺州路金华县人。“三世隐约田间，力田以自封殖，而其家浸裕”。张继祖少习儒业，延祐年间，署饶州路双溪书院山长。调浏阳州学教授，任职期间究心学政，恢复被侵学田。不久，总管府以张继祖摄承郡事，二年后，以大父丧弃归，后至元五年（1339年）赴调京师，未行而卒，年52岁。④

柳贯 字道传，婺州路浦江县人。其家为宋官宦之家，其父在宋朝为高邮县令，入元为淮安路泗州知州。柳贯少从名师游，名闻一时。后被荐举为江山县学教谕，后任昌国州学正。秩满至京师，擢将仕佐郎、国子助教，不久由助教升博士，迁太常博士。后以文

① 黄溍：《道一书院山长戚君墓志铭》，《文献集》卷8下。

② 黄溍：《江浙儒学副提举致仕龚先生墓志铭》，《金华黄先生文集》卷33。

③ 柳贯：《刘彦明墓志铭》，《柳待制文集》卷11。

④ 柳贯：《浏阳州学教授张君继之墓志铭》，《柳待制文集》卷12。

林郎授江西等处儒学提举。任职期间，兴学校，复学田，教化大行。秩满归家，闭门不出十余年。至正初年起为翰林待制兼国史院编修官，主江浙乡试。至正二年（1342 年），卒于京师寓所。柳贯为官清廉，家中“室庐仅避风雨，饘粥或不继，处之裕如”。①

贡奎　字仲章，宣城人，其家为宋官宦世家。贡奎幼习儒，于经子史传无所不治，“名震江之南”。初被江浙行省任命为池州路齐山书院山长。大德六年（1302 年）中书省授太常奉礼郎兼检讨。大德九年（1305 年），迁翰林国史院编修官。至大元年（1308 年）转应奉翰林文字，预修成宗实录。不久，丁父艰。延祐元年（1314 年）授江西等处儒学提举，贡奎亲自到儒学为诸生讲授，学者甚多。延祐五年（1318 年）迁翰林待制。至治元年（1321 年）致仕归家。泰定元年（1324 年）复起为翰林待制，天历二年（1329 年）以疾归家。贡奎久居馆阁，二次主乡试，是江南儒士以学官仕进比较成功的例子。②

傅定保　字季谟，泉州人。其家为宋科第世家，傅定宝亦为宋进士。大德初年，荐授漳州路儒学正。任职期间“以太极图两铭合而讲之，听者悦服”。三年期满，调福州路三山书院山长，居三月，归家侍母，不复仕进。家贫日甚，授徒为养。至治二年（1322 年）以平江路儒学教授致仕。③

欧阳龙生　字成叔，天临路浏阳州人。出身于宋科第世家。入元隐居浏阳霞阳山 17 年。后县尹杜元忠自山中延请至县学，授文靖书院山长。他任山长期间，捐己资，修学舍，升堂讲朱子之学。秩满，升浏阳州儒学教授，迁道州路儒学教授。后卒于官。④

白廷　字廷玉，钱塘人，为宋宰相之裔。宋亡不仕，浪迹山水间，家益贫，宣慰使鲜于枢买屋使之居。此后，受荐为太平路儒学

---

① 黄溍：《翰林待制柳公墓表》，《金华黄先生文集》卷 30。

② 马祖常：《集贤直学士贡文靖公神道碑》，《石田文集》卷 11。

③ 陈旅：《傅先生墓志铭》，《安雅堂集》卷 12。

④ 欧阳玄：《元敕赐翰林直学士亚中大夫轻车都尉追封渤海郡侯欧阳公神道碑》，《圭斋文集》卷 16。

学正，秩满转常州路儒学教授。任职期间，他兴儒学，复侵疆，使常州路学得以恢复。再迁庆元路儒学教授，未上，翰林、集贤两院共荐之为江浙儒学提举司副提举。任满后迁婺州路兰溪州判官，不赴。从此绝仕进意，隐居杭州西湖，自号“栖霞山人”，从学者甚多，天历元年（1328 年）卒。①

陈万里 字德甫，弋阳人。宋咸淳九年（1273 年）进士。入元，仕信州路广信书院山长，在任期间，大修燕居堂，口授手画，诸生受益良多，迁信州路儒学教授，“温让材智、笃素慎行为第一”，有司征调儒士二千人应役，他力言而尽复其役。致仕后，筑华山梅堂教育诸子，多有成就。②

岑翔龙 字云起，杭州路余姚县人。弱冠即起家为高节书院山长。调和州教授，又调江陵（中兴路）儒学教授。大德九年（1305 年）卒③。

孔昭孙 字明远，江南孔氏之裔，为孔子五十二世孙。大德初年，任庆元路儒学正，迁蕲州路儒学教授。皇庆元年（1312 年）授慈溪县主簿，未几，江浙行省取为掾史，有政绩，秩满授袁州路知事，泰定元年（1324 年）以疾卒。④

袁裒 字德平，庆元路鄞县人。袁氏是宋科第世家，进士代不乏人，官位显赫。袁裒初仕安定书院山长，秩满授嘉兴路海盐州儒学教授，未拜而卒。⑤

傅若金 字与砺，临江路新喻州人。出身于宋官宦世家。弱冠游湖南，宣慰使阿荣荐为岳麓书院直学，不久弃去。至顺三年（1332 年）傅若金游京师，受荐随元使者出使安南。归后，以功授广州路儒学教授。不久，卒于官。⑥

张伯淳 字师道，杭州路崇德县人。宋进士，仕至太学录。至

① 宋濂：《元故湛渊先生白公墓铭》，《宋学士文集》卷 35。
② 袁桷：《将仕郎信州路儒学教授陈君墓志铭》，《清容居士集》卷 28。
③ 袁桷：《江陵儒学教授岑君墓志铭》，《清容居士集》卷 29。
④ 袁桷：《袁州知事孔君墓志铭》，《清容居士集》卷 30。
⑤ 袁桷：《海盐州儒学教授袁府君墓表》，《清容居士集》卷 30。
⑥ 苏天爵：《元故广州路儒学教授傅君墓志铭》，《滋溪文稿》卷 13。

元二十三年（1286年）授杭州路儒学教授。后迁浙东按察司知事、福建廉访司知事。至元二十九年（1292年），受世祖召见，授翰林直学士。不久，授庆元路总管府治中。大德四年（1300年）拜翰林侍讲学士，大德六年（1302年）卒。①

黄泽 字楚望，九江（元为江州路）人。祖辈宋代多中进士，父为官九江。黄泽少年习儒。大德间授江洲路景星书院山长，后迁龙兴路东湖书院山长。秩满归家，闭门授徒以养亲，不复为仕。②

胡长孺 字汲仲，婺州路永康县人。出身于宋科第世家。胡长孺为宋咸淳年间进士，仕宋为官。至元二十五年（1288年），胡长孺被召至京师，拜集贤院修撰，改授扬州路儒学教授。元贞元年（1295年）转建昌路儒学教授，不久摄路总管府录事。至大元年（1308年）转台州路宁海县主簿，有政绩。延祐元年（1314年）又转任江浙行省长山盐场司丞，以病辞。此后隐居杭州，不复仕进。③

熊朋来 字与可，豫章（元为龙兴路）人。宋咸淳进士。宋亡，隐处乡间，授徒为业。世祖时，授庐陵（元为吉安路）儒学教授，秩满，调建安县主簿，不赴。晚年以福清州判官致仕。熊朋来多次主江浙、湖广等处乡试，选士尤多。④

牟应龙 字伯成，吴兴人（元为湖州路）。宋大理寺少卿牟巘之子，咸淳进士。宋亡，隐居不仕。不久，任溧阳州儒学教授，晚年以上元县主簿致仕。⑤

郑陶孙 字景潜，处州路人，宋进士。世祖时应召赴大都，为翰林国史院编修官，升应奉翰林文字，后为江西行省儒学提举。⑥

陈孚 字刚中，台州路临海人。至元年间上《大一统赋》，授上蔡书院山长，秩满游京师。至元二十九年（1292年）随元使臣

① 《元史》卷178《张伯淳传》。

② 《元史》卷189《儒学一》。

③ 《元史》卷190《儒学二》。

④ 《元史》卷190《儒学二》。

⑤ 《元史》卷190《儒学二》。

⑥ 《元史》卷190《儒学二》。

出使安南（今越南），归授翰林待制、国史院编修官，后任建德路、衢州路、台州路总管府治中。大德七年（1303 年）奉使宣抚江南诸道，弹劾浙东元帅脱欢察儿，赈济灾荒。不久致仕，卒于家。①

周仁荣 字本心，台州路临海人。父为南宋太学生，家世业儒。初受名师学，“工于文章”。被荐为处州路美化书院山长。后辟为江浙行省掾史，泰定初年授国子学博士，迁翰林修撰，升集贤院待制。奉旨祀岳渎，至会稽，疾作，卒。②

陈旅 字众仲，兴化路浦田人，先世以儒学称。陈旅少笃志于学，荐为闽海学官，秩满游京师。除国子助教。元统二年（1334 年）出任江浙行省儒学提举。后至元四年（1338 年），升应奉翰林文字，至正元年（1341 年）迁国子监丞。二年而卒。③

王天与 字立夫，吉安路人。初习举子业。大德三年（1299 年）宪使臧梦解荐之于朝，授临江路儒学教授。④

闻人梦吉 字应之。家世业儒，其父闻人诜是著名学者，被称为“桂山先生”。梦吉受学于家。荐任处州路学学录，历西安县学教谕、昌国州学正、泉州路教授。至正十八年（1358 年）授福建儒学副提举，学者私谥为“凝熙先生”。⑤

邓文原 字善之。出身于宋科第世家，入元隐居。至元二十七年（1290 年）江浙行省辟为杭州路儒学学正，不久召为国子学司业。延祐四年（1317 年）邓文原出任浙西道肃政廉访司佥事，次年调江东道。至治二年（1322 年）召至大都任集贤直学士，次年兼任国子祭酒。泰定元年（1324 年）又兼任经筵官，以疾乞致仕归。天历元年（1328 年）卒。⑥

唐怀德 字思诚，金华人。受业于著名学者许谦。初被荐举为

---

① 《元史》卷 190《儒学二》。

② 《元史》卷 190《儒学二》。

③ 《元史》卷 190《儒学二》。

④ 黄宗羲：《宋元学案》卷 82《北山四先生学案》。

⑤ 黄宗羲：《宋元学案》卷 82《北山四先生学案》。

⑥ 黄宗羲：《宋元学案》卷 82《北山四先生学案》。

金华县教谕，迁衢州路儒学学录，未上而卒。①

吴存　字仲退，鄱阳（元为饶州路）人。入元隐居不仕，延祐元年（1314年）总管史烜延至路儒学，授饶州路学正，不及代而归。延祐七年（1320年）受聘主江浙行省乡试，不久卒。②

王厚孙　字叔载，著名儒士王应麟之孙。王厚孙承王氏家学，为诸名儒所推许。初以黄溍之荐为庆元路儒学训导，后改为象山县教谕，调婺州路浦江县教谕，不久即解官归。后为衢州路儒学教授，迁邵武路教授，升福建儒学副提举，不就，归家。晚号"遂初老人"，学者尊之。③

戴表元　字帅初，奉化州人。咸淳进士，其家业儒。宋亡，寓居于鄞县、杭州，授徒卖文，以养家糊口。大德六年（1302年）受荐为信州路儒学教授，秩满，迁婺州教授，以疾辞。其家素贫，归家后，建屋以居。至大三年（1310年）卒。④

郑觉民　字以道，鄞县人。家世业儒，郑觉民继承家学，性至孝。初为龙游县教谕，三月即弃官归。后以隐逸被荐举婺州路学职，升处州路儒学教授，令下已卒。⑤

黄叔英　字彦实，学者黄震之子，幼承家学。初仕晋陵教谕，历宣城、芜湖二县教谕，升和靖书院山长，又任采石书院山长，以家学教授于闽越间。⑥

曹泾　字清甫，徽州路休宁县人，宋咸淳进士。入元为徽州路紫阳书院山长。⑦

马端临　字贵与，乐平人，宋朝丞相马廷鸾之子。宋亡不仕，著《文献通考》。父卒后任慈湖书院山长，历柯山书院山长，升台

① 黄宗羲：《宋元学案》卷82《北山四先生学案》。
② 黄宗羲：《宋元学案》卷83《双峰学案》。
③ 黄宗羲：《宋元学案》卷85《深宁学案》。
④ 袁桷：《戴先生墓志铭》，《清容居士集》卷28。
⑤ 黄宗羲：《宋元学案》卷85《深宁学案》。
⑥ 黄宗羲：《宋元学案》卷86《东发学案》。
⑦ 黄宗羲：《宋元学案》卷89《介轩学案》。

州路教授。①

程文 字以文，徽州路婺源州人。家贫，苦学自励。及长，束书游学至京师，参与修撰《经世大典》。书成，选注黄竹岭巡检。任满，调怀孟路教授。至正元年（1341 年）为江浙行省乡试掌卷官，调临清漕运万户教授，考满，任国史院编修官、国子助教，拜监察御史，晚年寓居徽州路西山僧舍卒。②

汪逢辰 字虞卿，徽州路歙县人。年四十始为歙县教谕，调饶州路鄱江书院山长，秩满升嘉兴路崇德州学教授，后迁为将仕郎嘉兴县主簿，致仕归。③

汪维祺 字寿甫，徽州路歙县人。其先辈宋时任国子监丞。汪维祺初任石峡书院山长，秩满升杭州路学教授。秩满，权池州路青阳县县尹，有政绩，不久，以父老乞归养。④

赵然明 字勉耘，徽州路婺源州人，幼受学于学者方回。初仕徽州路儒学学录，调信州路稼轩书院山长，秩满升吉安路儒学教授，后历任长乐县主簿、江阴州知事、池州路建德县尹。后至元元年（1335 年）任江浙行省乡试考试官。以松江府判官致仕。⑤

胡泳 字子泳，徽州路绩溪人。初有宪使王某辟之为黟县教谕，秩满游京师，受荐入翰林国史院。不久外授为徽州路学正。晚年授海盐州教授，未任而卒。⑥

汪巽元 字称隐，徽州路休宁县人。家世以儒为业，其祖父被称为“柳塘先生”。汪巽元初任漳州路教授，后调饶州路教授。后授安仁县主簿，升任钱塘县主簿。任官期间有政绩，“所至以能名”，晚年以建康路总管府判官致仕。⑦

叶青叟 字登心，南康路星子县人。博学善诗。初为龙兴路儒

---

① 黄宗羲：《宋元学案》卷 89《介轩学案》。
② 黄宗羲：《宋元学案》卷 94《师山学案》。
③ 弘治《徽州府志》卷 8《人物二 · 宦业》。
④ 弘治《徽州府志》卷 8《人物二 · 宦业》。
⑤ 弘治《徽州府志》卷 8《人物二 · 宦业》。
⑥ 弘治《徽州府志》卷 8《人物二 · 宦业》。
⑦ 弘治《徽州府志》卷 8《人物二 · 宦业》。

学学录，后调南康路儒学学正，秩满归。①

王裕　字好问，山阴县人。早岁学贯经史，既长以文名。元末通过乡试，授学官。官满归家，以五经教授于乡，门徒常百余人。②

雷德润　字志泽，建宁路人。其家为当地望族。雷德润习儒业，受荐福州路儒学教授，后调长乐县主簿，卒。③

黄元渊　字君翊，漳州路龙溪县人。为当地富户，其父为龙溪县学教谕。至正年间被荐为漳州路学学录，秩满，升泉州路学正。④

虞荐发　字君端，无锡县人。未弱冠即取乡贡进士。元初科举废，荐发与弟自为师友，潜心学问，不事产业。无锡县学废，士无所归，有司强起之为县学师。任职期间，招诸生，严课试，复学田，行乡饮酒之礼，为无锡县学的发展做出重要贡献。后被荐郡学任学职，不受。改荐杭州路学官，力辞。行省遣使者奉敕请为兴国路儒学教授，不赴。从此杜门读书，号“徽山老人”。延祐元年（1314 年）元朝复科举，虞荐发曾受聘为考试官。不久，卒于家。⑤

李世昌　字文衍，绍兴路余姚县人，家世业儒。初举为绍兴路学学录，转龙游县教谕。秩满，升嘉兴路儒学正。⑥

唐时措　松江府上海县人，家饶于资而好善嗜学。至元二十八年（1291 年）被授为县学教谕。⑦

俞希鲁　字时中，镇江人。出身于儒学世家。元初以茂才荐举为处州独峰书院山长，后为饶州长乡书院山长，升庆元路儒学教授，任满入流，历任归安县丞、江山县令、永康县令，以松江府判

① 嘉靖《江西通志》卷 13《南康府》。
② 万历《绍兴府志》卷 43《人物 · 儒林》。
③ 何侨远：《闽书》卷 92《英旧 · 建宁府 · 元科第》。
④ 何侨远：《闽书》卷 117《漳州府》。
⑤ 韩性：《徽山先生虞公墓志铭》，《无锡县志》卷 4 下。
⑥ 光绪《余姚县志》卷 23《列传 · 元》。
⑦ 同治《上海县志》卷 18《人物》，同治十一年刊本。

官致仕。①

王去疾 镇江路金坛县人。宋乡贡进士，入元后历台州路、杭州路儒学教授。②

郭景星 字元德，镇江人。宋咸淳五年（1269 年）以乡试补贡太学生。受荐为镇江路淮海书院山长，升湖州路长兴州儒学教授。秩满，教于乡校。③

范震 字雷卿，镇江人。至元间由江浙行省奥鲁赤平章引见镇南王，受元世祖召见，授浙西道儒学提举。任满改江浙行省儒学提举，再调湖广行省儒学提举。后升为云南诸路肃政廉访司佥事。④

汤厚 字君载，其家为儒学世家。汤厚初为绍兴路兰亭书院山长，授播州（属夔州路）儒学教授，不赴，改授嘉兴路儒学教授，又不赴。⑤

陆得原 字静远，平江路长州县甫里人。陆氏为当地富贵之家，有田千亩，并“有别业在吴淞江之上”。陆家多馆名师，陆得原从其学。后来他又在家乡建甫里书院，聘陆文圭、龚璛、柳贯等名人讲学其中。书院成，依例授书院山长，山长秩满，调徽州路儒学教授，任内卒。⑥

赵檠（1274～1344 年） 字卫道，号素轩，余姚人，宋朝宗室。博学，于书无不读。大德三年（1299 年）江浙儒司举为昌化教谕，转桐庐教谕，升饶州路长芗书院山长，转温州路宗晦书院山长。元统二年（1334 年）授为温州路儒学教授，五年后，转常州路儒学教授。⑦

潘弼 字良辅，处州路丽水县人，出身于宋官宦之家。大德初

---

① 宋濂：《俞先生墓碑》，《宋学士文集》卷 65。

② 俞希鲁：《至顺镇江志》卷 19《人材·仕进》。

③ 俞希鲁：《至顺镇江志》卷 19《人材·仕进》。

④ 俞希鲁：《至顺镇江志》卷 19《人材·仕进》。

⑤ 俞希鲁：《至顺镇江志》卷 19《人材·仕进》。

⑥ 黄溍：《元故徽州路儒学教授陆君墓志铭》，《吴冢遗文》卷 2。陆得原在另外史料中也作“陆得阳”。

⑦ 杨维桢：《赵公卫道墓志铭》，《东维子文集》卷 24。

年游京师，授赣州路儒学教授，后转广东廉访司管勾架阁兼照磨。大德十年（1306年）复为赣州教授，皇庆二年授龙兴路司狱，不久卒。①

以上是本文所选的99位学官的情况考察，下面将根据考察的结果以及有关学官制度的其他史料，论述有关元代学官的一些问题。

① 袁桷：《龙兴路司狱潘君墓志铭》，《清容居士集》卷29。

第六章

元代学官制度（二）

一、元代学官的出身及经济状况

学官的出身与经济状况，是研究学官制度的一个基本问题。可以使我们通过学官的来源及生活状况，全面地了解学官的处境及社会地位问题。学官既然是负责教育的亦官亦师的社会角色，其基本成员应该是儒士，这一点在中国古代每个朝代都是没有问题的。但是，做学官的儒士属于儒士阶层的哪些等级，则因为每个朝代的实际情况不同，出现一些差异，这些差异对我们认识一个朝代的学官制度的特征非常重要。另外，由于每个朝代儒士阶层总的处境与社会地位不同，其经济状况也会出现明显的差异，这些差异同样会反映到学官的经济状况方面。元代儒士阶层的处境与其他王朝差别较大，这种差别明显地反映在学官的出身与经济状况方面。下面根据前面对部分学官的考察情况，对元代学官的出身与经济状况进行探讨。

（一）元代学官的出身情况

关于元代学官的出身情况，笔者对前面列出的19名北方学官和 80 名江南学官进行了统计，结果见下表：

元代江南学官出身情况

名　称	前朝科第世家	富室	一般儒户	圣裔	不详	总计
数量	39	10	12	3	16	80
百分比	48.8%	12.5%	15%	3.7%	20%	100%

元代北方学官出身情况

名　称	仕宦世家	一般百姓	一般儒户	圣裔	不详	总计
数量	3	3	4	1	8	19
百分比	15.8%	15.8%	21%	5.3%	42.1%	100%

从有关江南学官的统计结果可以看出：元代江南学官的出身所占比例最大的是宋朝科第、仕宦世家，其次为一般儒户。这里的一般儒户指宋元以来以儒为业的人，虽然他们的祖先没有在宋代中进士或做官，但很多人是当地知名学者或儒学教师。再次是富有之家。最后为圣裔，即孔子后代，因南宋孔氏流寓江南，形成了江南孔氏，元代江南孔氏虽未再受封衍圣公，但以圣裔为学官的政策对江南孔氏同样适用。另外还有 20.2% 的人出身不详，这些人估计以一般儒户出身者居多。

元代江南学官出身于宋朝科第、仕宦世家者最多，与当时的社会情况是相符的。江南统一后，为了稳定江南统治，元政府注意启用南宋文学之士，尤重进士，因此，很多前代进士、知名儒士、显贵之后被荐举为学官。元中后期，虽然这些人已经致仕或离职，但他们在做学官时期的影响，又为其子孙、亲属入仕学官创造了条件，因此，这一类家族中又有更多的人成为江南地区的学官，如郭景星为宋咸淳五年乡贡进士，仕为湖州路长兴州儒学教授，其子三人，长子郭畀仕为饶州路鄱江书院山长、处州路青田县猎源巡检、调平江路吴江州儒学教授；次子郭异，为镇江路儒学直学；三子郭略，亦以父荫入仕。① 雷德润为建宁路名儒，任福州路儒学教授，其子三人，长子雷机仕至兴化县尹，转湖广儒学副提举，升翰林待制；次子雷杭仕至福建儒学提举，迁武平县尹；三子雷拱亦仕至兴化县尉。② 倪渊有子三人，长子骧早卒，次子骏仕至松江府儒学教授。③ 类似的例子还很多，兹不多举。即使宋亡后不仕元的一些前宋进士或权贵，入元以后也信奉"一身留许国，诸子用传家"的信条，④ 何梦桂入元隐居，其侄子何景文就赴行省求仕学官。前面列举的 80 名江南学官中，牟应龙、贡奎、欧阳龙生、王厚孙、马端临等人都是很好的例子。

一般江南儒士特别是知名的隐士，其后代在元代为学官的也很多。上面列举的 80 人中，这一类出身的学官有 12 人，占 15.1%。其实，这一数字远低于实际数字。首先，一般儒户的数量远高于仕宦、科第世家。其次，儒户与其他户计相比，同样具有担任学官的优越条件。元朝规定，儒学生员主要从儒户子弟中挑选，虽然没有禁止非儒户子弟入学的规定，但非儒户子弟由于家庭负担较重，交纳束修（学费），以及学习环境、学习条件等原因，他们在儒学生员中占据的比例应该不大。一般儒户子弟由儒学生员而升为学官的，估计要占上面统计表中出身不详者的大部分。

孔子后裔在元代江南有很多被任命为学官，虽然他们入仕的比例很高，但整体人数不多，所以在 79 名学官中仅占 3.7%，这表明了圣裔是元代学官的一个固定的来源。

另外，江南富室子弟在元代的学官群体中也占据了不小的部分。元代南人出仕困难，虽是富豪之家，通过金钱做地方官吏也是非常困难的，而学官是元政府向南人开放的一个领域，做学官也有希望升转为有权势的地方官，因此，元代很多富豪之家子弟进入学

---

① 俞希鲁：《至顺镇江志》卷 19《人材·仕进》。

② 何乔远：《闽书》卷 92《建宁府·英旧·元科第》。

③ 黄溍：《故承务郎杭州路富阳县县尹致仕倪公墓志铭》，《金华黄先生文集》卷 33。

④ 吴澄：《乐安县丞黄公墓碣》，《吴文正集》卷 72。

官领域。他们通过聘名人为师教育子弟，再通过出资建书院、修儒学取得学官的任命。陆德原就是通过建甫里书院被任命为山长，后又升为徽州路儒学教授；唐时措也是通过出资筹建上海县学而被任命为上海县学教谕，元代这样的例子很多。

其实，上面统计表中有关学官出身的分类并不是很严格的。江南富室之家很多在宋代就习儒，江南圣裔中基本上也是以儒为业，一些人还在南宋中了进士、做过官，一般的儒户中在宋代虽不显达，但大多数也是以读书科举为职业。入元以后，上述四者基本上都被编为儒户户计，它们之间的区分在元代已经不太明显。可以说，元代学官基本上出身于南宋的士大夫阶层。做学官是江南儒士集团在元代主要的仕宦途径。

北方学官的出身与江南学官稍有差别，就仕宦之家来看，出身于金朝的仕宦之家仅一人，另外二人是元朝官宦之家。一般儒户同样有四人，不过，与江南情况相类似，实际数量要多。一般百姓之家占了三人，其中富室一人，一般百姓二人。圣裔一人，但从史料来看，作为圣裔的孔思晦是通过举茂才做的儒学教谕，而不是靠元朝对圣裔的优惠政策，孔思晦做学官以前的家庭情况，更像是普通百姓之家。

北方学官的出身情况，是元朝北方社会情况的反映。蒙古统一北方以前的蒙金战争，对北方社会造成了严重的破坏，金朝仕宦之家大部分灰飞烟灭，留下来的不多，因此，北方学官中，出身于金朝官宦之家的仅一人，与江南形成较大的反差。元代北方汉人地位高于南人，出仕的机会也比南人要好的多，所以，北方学官出身于官宦、儒户、富室之家的都不算多，详细情况将在后面论述。令人惊奇的是，作为孔子五十四世孙的孔思晦，竟然家贫，“躬耕以为养”，他在至大年间，“举茂才为范阳儒学教谕”，看样子并没有受到圣裔的优惠待遇。元朝制定对圣裔优惠政策大概是在元世祖时期，元人郑介夫在大德七年（1303 年）上的《太平策》中说：“近朝廷举擢二三孔氏……但孔姓者俱称圣裔，蠢然无学，即充路教，甫历初阶，即升八品。"① 说明在大德三年（1299 年）以前，元朝对圣裔的优惠政策已经在江南等地推广，但作为正宗的圣裔却享受不到这一待遇，至大年间只能靠举茂才，做了最低级的学官，这一现象确实令人费解。

（二）元代学官的经济状况

既然元代学官绝大多数出身于儒户家庭，学官的经济状况也应该与元代儒户的经济状况有关。据台湾学者萧启庆先生的研究，元代儒户经济待遇大致与僧、道相当，"赋役既有相当的优免，而又享有膏火廪饩的资助"。儒户"仍是诸色户计中最受优遇的一种，在军、民、匠、站及贱民之上"。② 这一观点目前已得到学术界很多学者的认同。既然一般儒户都受到如此的优待，那么，享受俸禄的学官的经济情况，想必更加优厚，"在全社会也可以称得上中产阶级"，于是，有的学者得出了这样的结论。③ 那么，元代学官的经济状况到底如何呢？下面对这一问题谈一下本人的看法。

至元二十四年(1287 年)，元政府规定各级学官的俸禄——教授：米五石、钞五两；学正：米三石、钞三两；山长：米三石、钞三两；学录：米二石、钞二两；县学教谕：米一石五斗、钞一两五钱；直学：米一石、钞一两。④ 此后，江南学官俸禄基本上固定下来。《至顺镇江志》记录了元至顺年间江南学官的俸禄情况，列表如下：

名称	教授	学正	学录	山长	县学教谕	直学
米	五石	三石	二石	三石	二石	一石
钞	二十五贯	十五贯	十贯	十五贯	十贯	五贯

说明：元代学官俸禄一般按中统钞计算。

① 黄淮、杨士奇：《历代名臣奏议》卷 67《治道》。

② 萧启庆：《元代儒户——儒士地位演进史上的一章》，《元代史新探》第 39 页。

③ 于金生：《元代地方学官及社会地位》，《内蒙古社会科学》1993 年第 3 期；徐梓：《元代书院研究》，社会科学文献出版社 2000 年版，第 83 页。

④ 《庙学典礼》卷 2《学官职俸》。

从上表中可以看出，元中期江南学官的俸禄中米的数量与至元二十四（1287年）年相同，只是教谕由一石五斗增至二石，钞的数目发生了变化。据陈高华先生的观点：元钞制一贯即一两，钞分中统、至元两种，至元钞一贯相当于中统钞五贯，元中期俸钞改支至元钞，钞数即增加五倍，上述钞的数量的变化正是改支至元钞的结果。实际数量并没有变化。①

从学官俸禄的数量来看，学官的俸禄不及路总管府吏员以及县首领官，与有职田的流官更是无法相比，但就他们的生活所需来说，除了直学养家不足以外，其他学官还是不成问题的。这一点徐梓、陈高华等先生根据元代的米价及个人消费情况进行了详细的分析，这里不再详述。值得注意的是，虽然学官的待遇按照规定不算差，但实际情况恐怕并非如此。学官的经济状况，不光是由元政府规定的俸禄决定的，还要考虑到学官仕进情况以及元代儒学的运行情况才能最后决定，这一点长期以来被研究者忽视。另外，南北学官待遇的差异同样需要考虑在内。

首先，元代学官升转之难是比较突出的，学官在任内由儒学支取俸禄，生活自然不成问题（除直学以外），甚至还会有一定的结余。戴表元任信州路儒学教授五年，归家时，“发橐中装舟车，薪水佣赁杂费之余，尚留三千缗”。以此资金回老家建房屋“前后左右凡一百三十六楹”，就说明了这一点。② 但是，学官在任满待职期间，或致仕之后，这种待遇就没有了。由于员多额少，很多学官几年甚至十几年得不到注授，这期间的生活自然成了问题，这一点在江南学官群体中表现得特别突出。如王勋在慈湖书院山长任满后，“又二十年乃拜肇庆（教授）之命”。③ 倪渊在被授以湖州路儒学教授时，因丁外艰未能上任，“家食者十有五年”才授以原

① 陈高华：《元代地方官学》，《元史论丛》第5辑，第174页。

② 戴表元：《质野堂记》，《剡源戴先生文集》卷2。

③ 黄溍：《化州路儒学教授王君墓志铭》，《金华黄先生文集》卷32。

职。① 戚象祖年五十岁始任东阳县学教谕，年迈七十，才得以升任绍兴路和靖书院山长，中间待职几乎二十年。② 王肖翁在授静江路儒学教授后，移病而归，家居十年始调南安路儒学教授。③ 上述几位学官均是江南名儒，他们尚且如此，一般学官的升转更是可想而知。王肖翁任江西行省掾史时“学官待选者以千数”，以至于“持选衡者皆顾惮不敢理”。④ 袁桷在《江陵儒学教授岑君墓志铭》中也说“吏部学官格，年逾五十，始得入州教授，州（缺）不满三十，而接踵尝数百人，十年始得授，且守缺近三四年远至七八年，故多不能食禄，而升于路（教授）者，非耆年则下世矣”。⑤ 这种情况在世祖末年就已经在江南出现，一直到元末也没有明显的改变。就北方学官来说，虽然他们仕进的情况比江南学官要好，机会较多，比较容易转到行政官领域，但北方学官在任职期间的待遇，甚至比江南学官还要差。至元二十九年（1292 年）元朝才规定北方教授发给俸禄，⑥ 此前北方儒学因为没有学田或学田很少，学官只能靠生员的束修维持生活。至元二十九年以后，虽然教授有俸禄，但俸禄的数量比江南学官要少得多（见陈高华先生《元代地方官学》）更为重要的是，元政府规定教授有固定的俸禄，教授以下的北方学官，则没有俸禄，仍然需要靠学生束修维持生活，因此，他们与民间授徒的儒士几乎没有差别。总的来看，学官享受俸禄的时间和得到俸禄的范围是有限制的，即使一些江南学官在职时可以养家并有所结余，但就其一生来看，仅靠做学官养家，实在是太难了！

其次，即使学官有幸得到任命，是否能享受其俸禄，还要看儒学本身的钱粮收支情况而定。江南学官的俸禄来自儒学的学田收

---

① 黄溍：《故承务郎杭州路富阳县尹致仕倪公墓志铭》，《金华黄先生文集》卷 32。

② 黄溍：《道一书院山长戚君墓志铭》，《文献集》卷 8。

③ 黄溍：《承务郎松江府判官致仕王公墓志铭》，《文献集》卷 9 下。

④ 黄溍：《承务郎松江府判官致仕王公墓志铭》，《文献集》卷 9 下。

⑤ 袁桷：《清容居士集》卷 29。

⑥ 《庙学典礼》卷 4《教授俸例》。

入，北方学官（教授以外）俸禄来自生员束修，如果江南儒学学田不多或田土被侵，儒学荒废，生员散去，学官的收入就没有保证。宁国路旌德县儒学在至元二十三年（1286 年）毁于兵，至元二十七年（1290 年）又毁于寇，直到后至元元年（1335 年）才得以恢复。① 其间的五十年中，旌德县的学官恐怕很难得到俸禄。被称为“浙东之冠”的杭州西湖书院，元末荒废，于是“学官廪稍久绝”。② 江西行省南安路儒学也因为学计素薄而导致“师生廪膳常不给”。③ 这样的例子在元代是非常多的。同样，关于北方儒学荒废、生员散去的记载也不少，甚至不少儒学长期没有学生，除了教授以外，北方其他学官的收入恐怕也很难保证。因此，将学官群体看成是元代社会中丰衣足食的中产阶级，未免过于乐观。学官的经济状况不能一概而论，需要具体分析。起码江南大部分学官在待职期间，生活是没有保障的。即使在任内，也不一定都能享受到俸禄，因此，一些江南学官在致仕后生活非常清苦。饶州路儒学教授许熹致仕后“囊无余蓄”，他死之后“久乃克葬”。④ 龚璛已经由学官入流官，仍然“家事素薄”。⑤ 淳安县儒学教谕曹庆孙“田庐不追中人之家”。⑥ 福安州学正梁某自述：他至元二十七年（1290 年）丧其亲，宗族亦掳于兵，因此常“废卷嘘唏”，“今秋调平阳学舍，窃升斗之禄以糊余口，而吾亲不及养也”。⑦ 临川樊教谕为四川人，寓居江南，“年逾六十，无五亩之宅、百亩之田以养其生，栖栖邑学掾，苟升斗之禄以蓄其妻子且不济”。⑧ 这些例子反映了元代江南学官的实际经济状况。当然，元代江南学官中家饶于

① 虞集：《宁国路旌德县重修宣圣庙记》，《道园学古录》卷 35。

② 贡师泰：《重修西湖书院记》，《玩斋集》卷 7。

③ 刘岳申：《南安路重修庙学记》，《申斋集》卷 5。

④ 黄溍：《饶州路儒学教授许君墓志铭》，《金华黄先生文集》卷 37。

⑤ 黄溍：《江浙儒学副提举致仕龚先生墓志铭》，《金华黄先生文集》卷 33。

⑥ 邵亨贞：《元故建德路淳安县儒学教谕曹公行状》，《野处集》卷 3。

⑦ 陆文圭：《送福安梁学正序》，《墙东类稿》卷 5。

⑧ 吴澄：《题樊教谕斋名六峰》，《草庐吴先生辑粹》卷 5。

资，过着豪华奢侈生活的也大有人在。前面统计的一百名学官中，出身于富贵之家的有十人，张继祖“三世隐约田间，力田以自封殖，而其家浸润”；刘德智“家世业儒，其家素裕”；陆得原的家庭则是长州县有名的巨富，因此，学官之间的贫富差别是很大的。就大多数江南学官来说，由于受到儒户的优待，又多出身于前朝士大夫之家，有一定的经济基础。他们的经济状况好于一般民户，还是可以肯定的，但谈到一般没有经济基础或家资较薄的学官经济状况，恐怕就要具体分析。北方学官在任内比较清苦，除了教授以外，其他学官收入没有保障，不过，北方学官仕进相对容易，一般长期做学官的不多。

总之，元代学官的经济状况主要还不取决于俸禄的高低，而是由学官的家庭经济基础决定。对于那些没有家产，仅靠俸禄而生活的学官来说，其经济状况既不稳定，也没有保障。

二、元代学官的仕进情况

元朝统一以后，逐步完善学官制度。至元二十一年（1284年）元政府吏部、礼部以及翰林国史院集议，颁布了学官的升转格例。此后，至元二十四年（1287年）、二十五年（1288年）、二十六年（1289年），元政府相继颁布学官格例，进一步补充和完善了学官的升转办法，学官升转的制度逐步形成。此后，在成宗元贞、大德年间以及皇庆元年（1312年）、延祐四年（1317年），元政府又四次颁布有关学官制度的文件，其内容都是对原来制度的强调或部分修订，学官升转的基本制度未变。① 根据这些文件，元代学官仕进的途径如下：

首先由路教授于儒学生员内保举“才学优长，行无玷缺者”，申地方政府，由文资正官当面出题考试，然后任命为儒学直学。直学任三十月为满，“勘合给由，依上考试”，合格者充任儒学学录、县学教谕；学录、县学教谕三年为一任，需历两任，考试合格然后

① 具体内容见《庙学典礼》卷2；《元典章》卷9《吏部三》。

进入学正、山长之选；学正、山长秩满时，再试，中程式者，将其考试的程文一起申达行省、吏部，并由集贤院负责考试，集贤院考试合格，升补府、上中州教授，不合格者只在学正、山长内任用；府州教授历一考，升路教授；路教授任满以后，即入流品官，授县主簿。

随着科举的实行，这一制度在元末有一些变化。直学由于各方面的反对，退出学官系统。“以下第举人充（学）正、（山）长，备榜举人充（教）谕、（学）录，有荐举者，亦参用之”。① 这样，科举与学官体制结合起来。

元代学官特别是江南学官的仕进之路是非常艰难的，不仅得到学官不易，而且升转更难。儒士程端学为学官的仕进算了一笔账，确实有点触目惊心，现摘引如下：

> 士之校官进而受一命之宠者，难矣哉！律，二十五始得仕，由乡校荐之郡，郡试其文，移宪复核，率二三年为直学，典司廪饩之出纳。又二三年上之行省若大府，行省若大府类其名，复三四年，授一谕若录。近者五六年，远者十数年，然后领事。三年秩满，复如之。又十数年升正若长，（学）正三年始上都省、部，又三年始授一命为州教授。州教授三年，始升之郡，郡教授三年，始入流为县主簿。士而至于州教授年且致仕矣。故得州教授者十三四，得郡教授者十二三，得县主簿者十不一二，有终身不得者焉。②

程端学的这笔账，“算”出学官仕进的艰难。实际情况也确实如此。下面根据前面学官考察结果，对元代学官仕进情况进行分析。表中列入仕进过程明确的江南学官 62 人，北方学官 20 人，统计情况见下表：

---

① 《元史》卷 81《选举》。

② 程端学《送花教授秩满序》，《积斋集》卷 2。

元代江南学官仕进情况统计表

名称	儒学提举	入流官员	教授	学正	山长	教谕	总计
数量	11	18	21	4	5	3	62
百分比	17.7%	29%	33.8%	6.4%	8%	4.8%	100%

元代北方学官仕进情况统计表

名称	入流官员	教授	学正	教谕	总计
数量	12	3	1	3	19
百分比	63.1%	15.8%	5.3%	15.8%	100%

需要指出的是，作为本文分析对象的学官大部分是知名学官，也是在仕进方面相对成功的人物，否则其资料也很难保留下来。虽然表中学官仕进结果的百分率，只代表统计范围内学官的仕进情况，不适用于元代所有学官。但是，这种定量分析可以反映元代学官仕进活动的一般情况。

（一）仕至县学教谕

上表中，江南学官仕至县学教谕的有三人，三人中只有唐怀德一人是初仕金华县学教谕，迁衢州路学录时未上而卒。其他二人，曹庆孙仕至吴县、淳安县学教谕后即自动离职；虞荐发则是前代名儒，无意于仕进，授路学学职而不受。如果后二者乐意仕进的话，肯定还能得到升迁。北方学官中，有教谕三人，刘巨川是在蒙古灭金的丧乱之余流落到莘县，被当地推举为儒学教谕，这时学官制度还不健全。其余二人则是出身于贫寒百姓之家，孔思晦虽为孔子直系后裔，但“家贫，躬耕以为养”。王忠早年丧父，其母躬耕纺织供他读书，他因为“膏火不继，焚麻取光”读书。这种处于社会下层的读书人做县学教谕，靠教书谋生，估计与北方民间教书的儒士境况差距不大。当然，孔思晦后来继承了衍圣公爵位，并不是以教谕为终身。上述例子说明，南北学官仕至教谕，相对比较容易。

（二）仕至学正和书院山长

上表中，江南学官仕至学正和书院山长的有九人。黄元渊只做到泉州路学正。黄叔英由县学教谕，升和靖、采石书院山长，没再升迁。戚象祖50岁得县教谕，年近70才得和静书院山长。此三人是一生才仕至学正和山长的职位，占统计人数的三分之一。其余的三分之二，杨维翰在任内病卒；余某、叶清叟、李世昌均为仕至学正即归家，放弃仕宦；傅定保、黄泽同样是山长仕满归，不复仕进。因此，这六人均是在非正常情况下结束仕进的，如果没有这些情况，他们可以继续向更高的职位迈进。北方学官做到学正的仅张缉一人，不过他在学正任满后转泰州幕职，由于养亲，他自愿放弃了自己的仕进，并不是终身只做到学正。这样看来，学官仕至学正、山长也是不难达到的。

（三）仕至教授

上表中，江南学官中有21人仕至教授，这为分析提供了更多的对象。这21人全是终身才得到教授的位置，反映出元代学官得到这一职务的非常困难。从21人仕进的情况看，要想得到教授的职位，除了靠正常的升转以外，还有如下的途径：

第一，出身。凡出身于前朝科第世家、官宦世家，或其本人就是宋代进士的学官，在地方有一定的影响，是元政府笼络的对象，做到教授这一等级的可能性很大。另外，地方名儒有一定的地位，豪富之家也可以通过捐款、出资等手段取得社会地位，所以，出身于这两类家庭的学官也相对容易做到教授。表中的21位教授中，出身于科第、官宦世家的有13人，出身于名儒的3人，出身于豪富之家的2人（另有三人不详），就说明了这一点。

第二，立功。元朝对立功的儒士一般不经过正常的升转即授以较高的学职，如傅若金就因随使者出使安南（今越南）有功，被授以广州路儒学教授。

第三，社会关系。荐举在元代学官的选举中占有重要地位，那些与中央或地方权贵、官吏有关系的儒士，更容易得到荐举，甚至可以直接被荐举为教授。如倪渊，由于得到江浙行省平章政事卜邻吉解的赏识而被荐为杭州路儒学教授，戴表元与在江浙行省任职的胡士谦等人友善，也被直接荐举为信州路儒学教授。

第四，以做巡检而升为教授。业师李治安先生在《元代社区捕盗官巡检司考述》一文中，对学官借巡检之途升教授的情况进行过考察。据他的结论，元至治年间，为了解决学官升转之难以及巡检缺员的问题，元政府允许学正、山长历巡检一任，升府州教授。巡检掌基层治安、收捕盗贼之事，这一职务，让平时只知诵书读经“雅雅训训，心神智术不越乎笔研文字之间”的学官担任，确实勉为其难，以致黄溍 对此发出“为士而不得守其业”的“太息”。这种学官升转方式，应该是元朝学官处境的一个缩影，在中国历史上可以说是空前绝后的，所以李先生称其为“苟且升进的闹剧”。学官做巡检的具体情况，将在后面专门考察，这里不再详述。

第五，进入国子学。江南儒士中有一些通过进入国子学学习，以国子生的身份被任命为教授。

上述做学官的途径说明，不具备上述条件的一般江南儒士很难得到儒学教授的职位。元政府虽然对教授之选要求较严，但并没有给一般江南儒士公平竞争的机会。即使部分符合上述条件的学官，做到儒学教授也不容易，往往需要一生的奋斗。郑觉民升至处州路儒学教授，令下已卒。王勋由肇庆州教授调化州路教授时，也已经死去。许熹由东湖书院山长调饶州路儒学教授时，同样是命拜而卒。陆得原调徽州路儒学教授，未任满，死于任。这些例子均说明江南学官仕至儒学教授之难。

就北方学官来看，情况则有些不同。北方学官做到教授的有三人：张在、张绍祖、焦悦，张在出身于官宦之家，通过乡试以后被任命为真定学正，他在至治三年（1323 年）受御史中丞曹伯启之请，做了江浙行省乡试的主考官之一，这在江南学官中是不可想象的，说明他虽然是学正，但地位要高于一般江南学官。他后来升为濮州教授，卒于官舍。张绍祖是以孝行闻于朝，直接授为河南路教授。焦悦是拒绝做吏员，被授为真定教授。从以上三个例子看出，北方学官做到教授并不困难。

（四）学官的入流

学官入流是指学官进入流官系统，成为九品以上地方政府的正式官员，脱离学官系统，“上临乎民”。做官治民，以行治国平天下之道，是大部分在职学官孜孜以追求的目标，因此，入流是学官仕进中的最高境界。然而作为江南学官来说，得到儒学教授就如此艰难，入流更是谈何容易！下面首先根据江南学官入流的18人的情况，分析江南学官入流的情况及途径。

虽然元代学官仕进困难，但是以学官入流的仍然不乏其人。在已经统计的江南62名学官中，有18人升入流品，占统计数量的29%，未统计到的可能还有。学官入流后，一般只能做到县主簿、县尹之类的官职，即达到致仕年龄，以学官而显达者很少，如龚璛由平江路和静书院山长升宁国路教授，秩满入流，授信州路上饶县主簿，不赴；改授袁州路宜春县尹，在任一年多即致仕。汪逢辰以歙县教谕历任鄱江书院山长、嘉兴崇德州学教授，入流为嘉兴县主簿，秩满致仕。赵然明比较幸运，由徽州路儒学录，历稼轩书院山长、吉安路教授入流，任长乐县主簿、江阴州知事、池州路建德县尹，以松江府判官致仕。当然并不是说学官绝对不能做到较高一点的职位，这里只是就正常的升转途径而言的。学官要想显达，需要其他途径。就统计到的18位入流学官的仕进情况来看，江南学官入流的主要途径如下：

第一，寻找学官升转的捷径，避开学官累考升职的泥潭。学官的每一次升迁，动辄十几年，在时间上造成很大的浪费，因此一些仕进比较成功的学官大多以较高的学官做起，如张伯淳在至元二十三年（1286年）直接授以杭州路儒学教授，秩满即迁浙东按察司知事，进入流官系统。俞希鲁在元初以茂才授庆元路教授，任满入流，任湖州路归安县丞，转江山县令。雷德润也是首先被荐为福州路教授，调长乐县主簿而入流品。当然，出身一般的儒士首先被任命为教授是很难的，但一些仕进比较成功的学官尽量选择从较高的学官做起。龚璛初为平江路和静书院山长，由山长升教授后入流，授信州上饶县主簿。刘德智由生员直接选为建德路学正，由于教授缺员，得以摄教授事，考满入选翰林院属吏。孔昭也是初任学正，迁蕲州路儒学教授，后为慈溪县主簿。类似的例子还有一些，兹不多举。

第二，学官依靠做吏员升为流官。王肖翁由学录仕至南康路教授兼白鹿洞书院山长，至治初年辟为江西行省掾史，迁嘉兴路录事。刘德智也是先辟为翰林院属吏，授永顺等处军民安抚司教授，不赴，刑部辟为令史官，转寿福院掾史，授衢州路常山县主簿。

第三，通过科举升入流官。元代允许学官参加科举，这样就避开了学官升转的困境。孔涛做过宁国路儒学正和溧阳州教授。至治三年（1323 年）在东平府乡试，得第一名，次年会试中选，直接任命为平江路昆山州判官。

第四，游京师，交接权贵，受荐举入流官。元代学官升转困难，很多儒士得不到入仕的机会，于是游士之风兴起。“求进于京师者，多羁困不偶，熙熙道途间，麻衣弊冠，柔声媚色……然遇不遇，命也。”① 一些学官也投入到游士的洪流中，并因此而入流官，如陈孚，上蔡书院山长任满游京师，得到了随元朝使臣出使安南的机会，归后授翰林待制、国史院编修官，出为建德路治中。邓文原初仕杭州路儒学正，游京师得国子学司业，延祐四年（1317 年）出任江南浙西道肃政廉访司佥事。刘鹗初仕扬州路学录以及齐安、河南二书院山长，再授泰州路教授，不赴；游京师，为太医院掾，后至元二年（1336 年）升为京畿漕运司照磨，后出为海北广东道肃政廉访使。

元代江南学官升转的困难，是元政府对江南儒士的政策造成的，按照元政府规定的正当的升转途径入流，几乎是不可能的，这使江南学官入流非常困难。在这种情况下，大多数入流的学官非常珍惜这一来之不易的机会，在流官的岗位上，政绩显著。孔涛为江浙行省掾史，“曹务虽巨，君随事缓急关白以行讫，无所壅。杭州商税此岁不登，俾君趋办，旬月而集，时宰以为能”。倪渊为当涂

① 袁桷：《清容居士集》卷 23《送邓善之应聘序》。

县主簿，“时长官以故免去，公独理县事”；延祐初，当地考核田土、赋税，郡长官以“检视之事，悉委之，公躬履阡陌，不避其勤，民赖以生”。王肖翁为江西行省掾史，当时江西行省因核田虚增粮额万余石而导致民变，他上任后即向行省建议“民变虽靖，而粮之虚额宜在所必除”。江西省“儒学官待选者以千数，先是持选衡者皆顾惮不敢理，日致壅滞，公阅选簿为之诠注，数日而毕，由是宰臣器重之”。泰定四年，王肖翁迁海道漕运万户府知事，“公居幕中三年，上下克协，漕事讫办，咸以为能”。入流学官的这些活动，在元代的政治、经济等方面均产生了一定的影响，应该视为学官对江南稳定和社会发展的贡献。

就北方学官来说，入流的情况就要容易很多，上面统计的19名学官中，有12名入流，占了60%。北方学官入流后，有的做了元朝高官，如曹鉴由镇江路淮海书院山长辟掾，后至元元年（1335年）升为吏部尚书。曹元用由镇江路儒学正起家，游京师被荐为国史院编修官，担任了吏部主事、礼部尚书等高官。张仲仁、郭士文、元明善、贾鲁、滕安上等人的情况也类似。另外一些北方学官做了地方官，如武震由赵州教授，调临清县主簿。张思孝由前卫教授，辟掾后升任武州知州。梁宜由开平路教授，延祐二年（1315年）中进士以后入流，后做到峄州、顺州知州。冯善主由辽阳教授，升任宜兴、安定县主簿。就是在江南做学官的北方汉人，与江南学官的仕进情况也有很大差别，如元明善、张仲仁、曹鉴、曹元用等都在江南做过学官，他们通过辟掾、游历等手段，很快入流，进入中央和地方的行政机构，最后在中央做了高官。南北学官仕进情况的差异，反映了元朝蒙古统治的特点，元朝以征服的先后秩序决定被征服者的社会地位，蒙古、色目、汉人、南人是当时普遍存在的四个等级。处于北方的汉人，社会地位要高于江南的南人，这种等级的差别在学官仕进方面明显地表现出来。元朝的学官升转制度好像只是为了限制南人儒士进入中央和地方行政机构，对汉人学官约束并不明显。因此，抽象地谈论元代学官的地位问题是不合适的，还必须考虑学官的汉人、南人之间的差异。

（五）学官的致仕

元朝规定，职官七十致仕，致仕后家贫的给半俸。致仕时，在原来任官的基础上升官一等。① 元代学官中，有职品的也就是儒学提举（从五品）、副提举（从七品）、路教授（从八品）、府上中州教授（正九品），因而这四类学官在致仕时，一般可以享受致仕官员的优惠政策。至于其他学官，因无品级，恐怕不能享受这一待遇。但元政府对年老耆儒也有优惠政策，规定对于“穷寒年老无倚靠的秀才”，每人月支米五斗。② 这样，无品级的学官在致仕后，一般也没有生活问题。当然，贫穷耆儒的月粮从当地儒学收入中支付，这些规定能否得到执行，还要取决于当地儒学的收入情况以及地方政府的态度。

下面就一些学官致仕以后的生活情况，说明这一问题。白廷仕至江浙行省儒学副提举，致仕后“日与韵朋胜友曳杖游”，饮酒相唱酬，“唯恐日之易夕”。③ 傅定保以平江路儒学教授致仕后，“求文者日集其门……贤郡守与名公卿之入南者，无不即其庐而礼焉”。④ 贡奎为江西儒学提举，致仕后“与兄仲坚甫奉太夫人以居，敛气下声，昆弟相顾，白首怡然。乡人皆乐于从之游，至于羁旅游客其归之者，无不厌其意。公于接之虽勤，未尝见懈色，于资之衣食给物虽频，未尝有所吝惜”。⑤ 柳贯以江西行省儒学提举致仕后，“杜门不出者十有余年，自号乌蜀山人，匾其斋曰‘静俭’。室庐仅避风雨，馆粥时或不给，处之裕如”。⑥ 程端礼以铅山州儒学教授致仕后，“郡守王元恭踵门礼请先生为学者师，师阃及旁郡广行乡饮酒礼，皆俟先生讨论而后定”。他还掌乡之义廪，“贫者始实

---

① 《元典章》卷11《吏部五·致仕》。

② 《庙学典礼》卷5《行省坐下监察御史申明学校规式》。

③ 宋濂：《元故湛渊先生白公墓铭》，《宋学士文集》卷35。

④ 陈旅：《傅先生墓志铭》，《安雅堂集》卷12。

⑤ 马祖常：《集贤直学士贡文靖公神道碑》，《石田文集》卷12。

⑥ 黄溍：《翰林待制柳公墓表》，《金华黄先生文集》卷30。

受其惠”。① 徐某（名、字不详）以高节书院山长致仕后，“筑宅于故庐西偏以居，又葺二庐以居二子，竹木花果交植屋之前后，可以娱目，可以悦心，菽粟鸡豚足以供祭祀，采山钓水足以待宾客，三弟子侄足以供使令，优游自适足以乐天年”。② 曹庆孙仕至淳安县学教谕后，无意仕进，“日以经史诸书陶情悦志”，“筑堂曰安雅，居群书其间，日夕庄诵，啸歌忘倦”。③ 从上面几个例子，可以看出元代一些学官在致仕以后的生活。不过这只是家境较好的学官的情况，对于一些贫困的学官，生活就没有如此轻松，如学者黄泽，自东湖书院山长离职后，“郡守寓公独有能敬重先生者，待以学校宾师之礼，月致米六斛，钞三十千……先生敬其俸侍，菽水欢然，又十余年而二亲相继终，先生年近六十矣。数经岁大祲，家人采木实草根疗饥，行部有蔡副使者，考学粮之籍，谓先生一耆儒耳，月廪削其三之二，先生晏然曾不动其意，惟以圣人之心不明，而经学失传，若已有罪为大戚”。④ 总的来看，学官致仕以后，一般仍能受到地方政府官吏以及乡人的尊敬。作为有一定威望的儒士，他们一般都以斯文自任，埋首经史，并以儒家思想劝化乡人，教导学生。如藁城学官张延从真定路儒学教授辞官，主持修复荒废的藁城县学，教授其中，从学者众多，“诸生多显贵”，⑤ 这说明致仕学官在教育、教化方面，仍然起着一定的作用。

三、元代以学官选注巡检考

巡检是中国古代一种维持社会治安的捕盗官，宋、辽、金等政权都广泛设置。马端临对宋代巡检的情况记述道：

---

① 黄溍：《将仕郎台州路儒学教授致仕程先生墓志铭》，《金华黄先生文集》卷33。

② 鲁贞：《故高节书院山长徐公墓志铭》，《桐山老农集》卷3。

③ 邵亨贞：《元建德路淳安县儒学教谕曹公行状》，《野处集》卷3。

④ 黄宗羲：《宋元学案》卷92《草庐学案》。

⑤ 苏天爵：《故真定路儒学教授节轩张先生墓志铭》，《滋溪文稿》卷14。

> 宋朝有沿边溪洞都巡检或蕃汉都巡检，或数州数县管界，或一州一县巡检。掌训练甲兵、巡逻州邑、擒捕盗贼事。……皆以才武大小使臣充，各随所在，听州县守令节制。①

从以上记述可以看出，巡检一职，属于武官系统，以文墨见长的学官充任此职，似乎不太合适，中国古代恐怕也很难见到。这种近似荒唐的现象在元朝的至治元年（1321年）以后大量出现，一直持续到元朝灭亡。

元朝以学官选注巡检的现象，是学官升转过程中的一个有趣的现象，目前还没有得到学术界重视，业师李治安先生在《元代社区捕盗巡检司考述》中，首先提出这一问题，对本人颇有启发。但有关元代学官做巡检的情况、原因、学官在巡检任内的表现、学官做巡检对当时社会的影响等问题，目前还没有相关的研究成果，本节将这一学官仕进中的问题进行专门的探讨。

（一）元朝学官选注巡检的情况

元朝巡检一职，最早出现于至元七年（1270年），元人刘敏中记述道："今年（至元七年）春，朝廷案视郡县，疏远之境虑有盗生而为民害，乃例置巡检一人，给之印绶禄廪，使警督之。仍命吏部选名已在籍而未尝有过者，任其职。"② 元代巡检初设时，为没有品级的流外官，至元九年（1272年），元政府规定巡检"任拟三十月为一考，任回于从九品迁叙"。③ 说明巡检在任职三十个月以后，可以成为从九品官。此后，元政府提高巡检的品级，大德十年（1306年），升巡检为正九品。④

巡检最初由县级官吏子弟充任。至元七年（1270年），元政府规定："敕诸路达鲁花赤子弟荫叙充散府、诸州达鲁花赤；其散府

① 马端临：《文献通考》卷59《巡检》，中华书局1986年版。
② 刘敏中：《送霍巡检彦深之无棣序》，《中庵先生刘文简公文集》卷12。
③ 《元史》卷82《选举二》。
④ 《元史》卷21《成宗本纪》。

诸州子弟，充诸县达鲁花赤；诸县子弟，充巡检。”① 元朝中后期，巡检的选任日益广泛。至元二十年（1283年），元政府规定：宣使、各部令史、译史、通事等出职，任职在十五个月以下的，可以充巡检。② 至元二十九年（1292年），又规定各道廉访司书吏、通事等考满，“于钱谷官并巡检内任用”。③ 大德三年（1299年），规定属于色目人的仓库司库以及各路译史、令史等，考满可以任命巡检。④ 大德四年（1300年），元政府规定：“诸职官子弟荫叙……正六品子，于巡检内用。”⑤ 以上说明，虽然巡检仅为九品官，但一些没有官品的令史、宣使、书吏、库吏需要通过做巡检任满，才能升任更高的官职。县官、六品官的子弟也主要通过巡检承荫入仕，巡检成为元代一些吏员、官宦子弟升迁的一个重要途径。

元代在县一级行政系统设立巡检司，每县设置一处，置巡检一员以统之。⑥ 但在少数民族聚居的边疆地区，由于社会治安问题比较突出，巡检司的设置就不拘此例，如在四川的绍熙军民宣抚司的四州、五县，就设立巡检司十三处，“各设官如制”⑦。元朝统一以后，在江南各地亦设立巡检司，维持地方治安。元人郑玉记述道：“前至元间，江南新附，殷民未安，时多反侧，乃设巡检司，置官一人，行省版受吏一人，兵三十人以守之。”⑧

元朝以学官任巡检，出现于元英宗至治元年（1321年）。此年十一月，“丁亥，以学官待选者借注广海巡检”。⑨ 苏天爵在《送韩伯敬赴杜浦巡检序》一文中记载了以学官选注巡检的缘由：

---

① 《元史》卷7《世祖本纪四》。
② 《元史》卷83《选举三·铨法下》。
③ 《元史》卷83《选举三·铨法下》。
④ 《元史》卷84《选举四》。
⑤ 《元史》卷83《选举三》。
⑥ 《元史》卷91《百官七》。
⑦ 《元史》卷92《百官八》。
⑧ 郑玉：《师山集》卷5《黄竹岭巡检司记》。
⑨ 《元史》卷27《英宗一》。

儒者之为学官，由县而州，而路，积百五十月，始入流选。其迁调之淹，需次之久，近者二十余年，远者或三十年，而其人亦老矣。朝廷知其然，略更其制，愿为巡徼官者听。南士调广海，中州士调江南。①

从这段记述可以看出，元朝以学官选注巡检，目的是为了解决学官升转困难的问题。同样是选注巡检，南北学官待遇却不一样，江南学官只能到条件恶劣的广海边疆，而北方学官可以在条件相对较好的江南一带。这样一项对学官来说并非特别恩惠的决定，在当时的元政府内部却产生了激烈的争论，元人许有壬当时正任吏部主事，记录了当时争论的情况：

至治辛酉（至治元年，1321 年），选部以巡检则缺浮于员，始议借注，以八品借九品。而当时执政且谓巡检为流官，教授在流外，戛戛靳之。予时主事天官，力辨于堂：九品监当中州得借，孰谓八品师儒且置要荒而反不彼若乎？其议始允，选部行。②

以儒士出身的学官，抛弃诗书，做缉捕巡检，在今天看来确实是有辱斯文，但当时确实有很多学官乐意而为之。元人吴澄指出："此例一启，趋之者纷纷曾不以为怨苦。"③ 实际情况也是这样，当时身为晦庵书院山长的徐起（字潜之），在山长任满后，调静江路福泉县同古镇巡检，"调命下即戒途"。④ 贺景文（字元忠，江西永新人）元统元年受荐为孔庙学正，后被任命为余姚州庙山巡检，"拜命即就道，道险远，至则过期，弗克任"。⑤ 元代学官任职巡检

① 苏天爵：《滋溪文稿》卷 6。
② 许有壬：《送陈季和序》，《至正集》卷 31。
③ 吴澄：《送廖信中序》，《吴文正集》卷 30。
④ 鲁贞：《送徐起潜之同古市巡检序》，《桐山老农集》卷 2。
⑤ 李祁：《故将仕郎江浙财赋府照磨贺君墓志铭》，《云阳李先生文集》卷 8。

的很多，现举例如下：

李子贞 初为儒学学官，“方从容揖诸生，升降酬酢于俎豆间”，秩满，“随牒远方为巡官括苍山中”。任满，改调婺州路学教授。①

岳自修 字德敏，常州路宜兴人，岳飞五世孙。至治二年（1322年）十月，“以学官而假巡检”，任松阳县惠洽乡巡检。②

叶审言 金华人，初举学官，任浦江、义乌两县教谕，升衢州路明正书院山长。后任处州路缙云县官政乡巡检，任满，迁吉安路吉水州学教授。③

吴福孙 字子善；元贞元年（1295年）任嘉兴路儒学学录，迁宁国路儒学正。至治二年（1322年）以学官借授潮州路潮阳县青洋山巡检。后至元元年（1335年），调常州路儒学教授。④

谢仲连 出身于前代官宦之家，“以文学发身”，注授小鹿巡检。⑤

李守中 鳌溪书院山长，“以校官缺少，借注宁都州下河巡检。”⑥

唐子华 初仕郴州教授，改调处州路青田县柔远乡巡检。任满，升江阴州儒学教授。⑦

郑仲贤 徽州路歙县人。“由文学掾，借注巡检”。不久，辟广东帅府掾。⑧

郑千龄 字耆卿，徽州歙县衮绣乡人。年轻时游京师，被荐举为延陵美化书院山长，转江宁四镇巡检，后升淳安、祁门两

① 黄溍：《送李子贞序》，《金华黄先生文集》卷67。
② 黄溍：《松阳县惠洽巡检司记》，《金华黄先生文集》卷9。
③ 黄溍：《叶审言墓志铭》，《金华黄先生文集》卷33。
④ 黄溍：《上海县主簿吴君墓志铭》，《金华黄先生文集》卷38。
⑤ 陈旅：《送谢仲连为小鹿巡检诗序》，《安雅堂集》卷2。
⑥ 陈旅：《送李守中下河巡检序》，《安雅堂集》卷5。
⑦ 朱晞颜：《送唐子华序》，《瓢泉吟稿》卷4。
⑧ 郑玉：《送郑照磨之南安序》，《师山集》卷3。

县尉。①

孔灏 字世广，衢州西安人。江南孔氏后裔，由孔氏恩例，得宁国路学正，转政和县苦竹寨巡检。任满授海宁州儒学教授。②

邵南 字道行，广平威州人。由国子监生被荐举为淮安路安东州学正。考满，授赣州路云都县印山巡检，历两考，至正十二年（1352年）十月卒于任内。③

廖珙 字信中，临江人。初为学官，"在选十年不调，黾勉循例，受惠州属县巡检而去"。④

郭畀 镇江人。初仕饶州路鄱江书院山长，任满后，曾到杭州托关系，以求从学官中升转，没有成功。⑤ 不久，转授青田县猎源巡检，后升至平江路吴江州儒学教授。⑥

陈雍 字季和。"历邑郡校官，当升教授"。至治年间借授宁都巡检。⑦

王文锷 字胜达，抚州路临川人。曾任高安县学教谕、吉安路龙溪书院山长，借授南海县黄鼎寨巡检，因调运军粮有功，升任攸州儒学教授。⑧

王介 字万石，上虞人。后至元三年（1337年）受荐为临海县学教谕，至正年间升任庆元路学正。至正十六年（1356年）借注蒲城县高泉巡检。⑨

上述16人，均是元朝至治以后，以学官出任巡检。元朝出任巡检的学官很多，本文列举16人仅为其中的一部分，但从这16人

---

① 郑玉：《先府君休宁县尹方村阡表》，《师山集》卷8。

② 鲁贞：《故遂安县主簿孔世广墓志铭》，《桐山老农集》卷3。

③ 王礼：《邵巡检墓志铭》，《麟源文集·前集》卷2。

④ 吴澄：《送廖信中序》，《吴文正集》卷30。

⑤ 郭畀：《客航日记》不分卷。

⑥ 俞希鲁：《至顺镇江志》卷19《人材·仕进·土著》。

⑦ 许有壬：《送陈季和序》，《至正集》卷31。

⑧ 黄溍：《乾宁军民安抚司文昌县尹王君墓志铭》，《金华黄先生文集》卷37。

⑨ 谢肃：《故庆元路儒学正豫斋先生王公墓志铭》，《密庵文稿·壬》。

担任巡检的不同经历，也可以看出元代学官选注巡检的一般情况。

（二）元代学官选注巡检现象的原因

巡检本来是武人擅长的职业，让儒士出身的学官弃诗书、抄戈矛，到山林僻壤追捕盗贼，总会使人产生一种社会角色错位的感觉。对于这一点，当时的文人、学者也有同感。儒士陈旅感慨地指出："夫儒者平日雅雅驯驯，心神智术不越乎笔研文字之间，一旦拥裘函，持弓矛，逐捕奸诈寇攘于山区海聚之出没，亦难矣！"① 吴师道同样对儒士担任巡检深表感慨，他在《送叶审言巡检序》中说："顾使之……投简编而督兵战，辍揖逊而司警逻，舍所宜有者不可得，彼万不逮君者投可乘之机，辄侥幸而得之，此余之所为深憾而窃叹者也。"② 揭傒斯在送别儒士彭仲宝任水北巡检时，也不满地指出："余儒者也，释俎豆而弓刀，非素所从事也，非所从事而从事焉，去亲远且困，不可久也。以去亲远困不可久，从事于非所从事，如旷官何？"③ 更有一些儒士对学官到偏僻艰苦的地区做巡检，深表同情。苏天爵在送别其友韩伯敬任杜浦巡检时，就不无同情地写道："夫天生民而谓之士，宁无豪杰有为之才，倜傥不羁之器？顾使跋涉江湖风涛之险，触冒蛇虺瘴雾之毒，其亦可怜也哉，士之往者又岂得已也哉？"④ 尽管当时舆论有这样和那样的议论，很多学官还是义无反顾地踏上巡检之途，其中原因是什么呢？本人认为主要有以下几点：

首先，元朝至治初年以后，学官纷纷做巡检的现象，与当时学官的处境有关。元代学官升转壅滞的现象非常突出，儒士袁桷记述道：

> 吏部教官格，年逾五十，始得入州教授。州（缺）不满

---

① 陈旅：《送俞伯康巡检序》，《安雅堂集》卷5。

② 吴师道：《礼部集》卷14。

③ 揭傒斯：《送彭仲宝赴水北（寨）巡检序》，《揭文安公全集》卷9。

④ 苏天爵：《送韩伯敬赴杜浦巡检序》，《滋溪文稿》卷6。

三十，而接踵者常数百人，十五年始得授，且守缺近三四年，远至七八年，故多不能食禄，而升于路者，非耆年则下世也。①

这种现象在元朝中后期已经非常严重，学官深受其害，甚至造成了学官升转过程中的一些可笑的现象。元末江浙行省注选学官，“恐吏作弊，例以兵卒用竹箸拈瓶中纸球，纸球中书合注人姓名，谓之拈阄。一吏检文卷对阄读之，惟空人名，读至是缺，云某处某缺，兵卒探取人名对此缺，吏然后书之也”。② 这种抓阄选学官的制度，反映了元代学官制度的混乱。学官的俸禄主要是从地方儒学学田收入中支付的，学官在职时可以得到俸禄，三年任满后，由于升转的壅滞，需要待职数年至十数年的时间，这期间学官的生活来源断绝，生活也陷入困境。巡检虽然条件艰苦，但毕竟有一定的俸禄，可以满足学官最基本的生活需要，更为重要的是，巡检期满后，可以升任高一级的儒学教授，从而摆脱了学官升转的泥潭，在宦业上更进一步。所以，尽管巡检并不适合学官担任，但很多学官还是乐意去做，这是当时的客观环境和学官的处境造成的。元人吴澄说：

近年选部患儒选之壅，凡应得儒学教授者，许注各处巡检，而其地皆岭海之乡，边鄙之境。夫以章甫缝掖之皋缓，一旦使之驱驰弓马以戢奸捕盗为事，疑若失所宜然。此例一启，趋之者纷纷曾不以为怨苦，何也？夫既不甘于淹滞，而幸其变通，则又岂敢辞劳避远哉！③

吴澄的这段话，正好道出了元代学官争做巡检的原因。

其次，从元政府的角度来看，学官升转壅滞的现象，遭到了全

① 袁桷：《江陵儒学教授岑君墓志铭》，《清容居士集》卷29。

② 孔齐：《至正直记》卷4《董生遇缺》。

③ 吴澄：《吴文正集》卷30《送廖信中序》。

国学官特别是江南学官的强烈不满，为解决这一问题，元政府实行了一些措施，如规定学官升转的年龄，55 岁以上的优先选注等，但这些措施没能从根本上解决问题。学官的壅滞问题长期得不到解决，势必影响元朝统治的稳定。另一方面，仁宗延祐以后，虽然元朝统治局面基本稳定，但局部的农民起义、少数民族叛乱的事件时有发生，延祐末年江南就爆发了蔡九五领导的农民起义。面对社会政局出现的恶化趋势，元政府看中了儒士在稳定地方社会、化民成俗等方面的作用，利用儒士在教育、教化方面的才能，挽救政局日益恶化的趋势。元人苏天爵说："夫朝廷命学校之官居巡检之职，匪第资其捍御之方，盖欲责其抚字教养之事也。"① 可以说是一语中的。实际上，元朝统一江南之初，就开始任用儒士做巡检，以维持地方治安。如洪声甫在至元二十七年（1290 年），"绩溪山民据西坑寨为乱，郡几失守……洪公声甫设布韬略，团结保甲……大击破之，获其渠魁，槛送有司。西坑寨平，郡录其功，上之行省……授太平路当涂县慈湖镇巡检"。② 陈龙，字义仲，新安祁门人，南宋进士。至元十八年（1281 年），"邑之田坑王万十、王信二谋为乱，啸聚二千余人"。陈龙"率里中骁健，获王万十、王信二于池、饶之境。事闻省府，版授庆元路定海县海内寨巡检。在官三载，民安盗息"。③ 元代儒士的社会地位已经非往日可比，但儒士在地方社会仍然有一定的影响，对地方社会有一定的控制能力，这在江南表现比较明显。元朝统治者以学官做巡检，就是要利用儒士在地方社会的影响，为社会稳定出力。事实上，元朝中后期巡检一职不仅仅是向学官开放，也向其他儒士开放。临川儒士彭仲宝，因为"佐修皇朝《经世大典》于奎章阁，以恩借授衢州龙游水北寨巡检"。④ 栾城儒士范廉卿本来"习经术于南中儒先生，术成无所

① 苏天爵：《送刘德刚赴三尖寨巡检序》，《滋溪文稿》卷 6。
② 郑玉：《故慈湖巡检洪府君墓志铭》，《师山集》卷 7。
③ 汪克宽：《元故将仕郎全州路清湘县主簿陈君墓碣铭》，《环谷集》卷 8。
④ 揭傒斯：《送彭仲宝赴水北（寨）巡检序》，《揭文安公全集》卷 9。

于试，乃俯就门荫，官巡检芦沥”。① 刘德刚为真定判府君之曾孙，“历游京师，两入国子监”，至正七年（1347 年）春，被授为瑞安州三尖寨巡检。② 另外，元统二年（1334 年），程文（字以文）也以“以著书奎章阁”，被选注为休宁县黄竹岭巡检。③ 学官以外的其他儒士被选任为巡检，正说明了元朝政府利用儒士在教育、教化方面的优势，稳定江南、广海地方社会的用心。

第三，儒士做巡检，“进则降气卑色，以侦侍其上官，退则与逻卒同其甘苦于重山密林、烟火寂寥之境”，④ 这对以诵诗读书为业的儒士来说，其艰难困苦之状是显而易见的，一些学官在任职期间出现了中途弃官的现象。如何正（字守中，分水人）至顺年间为鳌川书院山长，转宁都下河巡检，不久，弃官归。⑤

但是，在元朝中后期相当一段时间内，元朝社会基本上是稳定的，巡检捕盗的任务并不重，巡检的生活甚至可以说比较悠闲，对学官、儒士来说，这种职业也并非是绝对不可为。楼彦英在任浦江政内乡巡检时，“时当承平日久，圣化涵濡之深，虽鼠窃狗偷之伍，亦皆奔走远遁。职警逻者往往无所用其武。故君虽武人，巡检虽武职，反为之屏旗帜，弃钲鼓，日从文儒之士赋诗写竹，呼酒以为乐”。⑥ 白彦昭为浦江兴贤乡巡检时，“回溪叠岭，百余里间，虽荒年饥岁，民甚困悴，一柝之惊，一陇之警，寞无闻焉”。⑦ 元人王沂有诗反映巡检的生活，现摘录两首如下：

作吏湖山亦自奇，君行况及落红飞。
公庭白日文书少，野店青林笋蕨肥。
杨柳风翻沽酒旗，桃花水涨钓鱼矶。

---

① 杨维桢：《送芦沥巡检范生序》，《东维子文集》卷 4。
② 苏天爵：《送刘德刚赴三尖寨巡检序》，《滋溪文稿》卷 6。
③ 郑玉：《黄竹岭巡检司记》，《师山集》卷 5。
④ 黄溍：《送李子贞序》，《金华黄先生文集》卷 17。
⑤ 乾隆：《浙江通志》卷 182。
⑥ 戴良：《九灵山房集》卷 7《题楼彦英诗卷后》。
⑦ 柳贯：《柳待制文集》卷 17《送白彦昭序》。

悬知赋得江南乐，笑我缁尘染素衣。①

王郎巡检赴官时，江水江花映彩旗。
可但弯弓能落雁，仍闻刻烛解题诗。
青烟古戍人畦菜，白日公庭吏弈棋。
坐啸使君端好士，荐书应到凤凰池。②

上述史料，在一定程度上反映了巡检的生活，既然有“桃花水涨钓鱼矶”，“白日公庭吏弈棋”的悠闲生活，到僻远地区做巡检，以读书为乐，又能挣到俸禄以养家，任满还可以升职，何乐而不为呢？当然，由于各地情况不一，巡检不可能在任何地方、任何时候都能有如此悠闲的生活，但一般巡检的生活，学官、儒士大多能够承受，应该是没有问题的。最后，元代学官也并非都是手无缚鸡之力的文弱儒生，他们之中确实有人具有习武带兵的能力。据弘治《徽州府志》（卷9）：武昌路学正程择（字义夫，徽州路婺源州人）就曾经亲自统兵平定了湖广边疆地区的叛乱，因功升为武昌路教授。

第四，学官做巡检还有另一个现实的好处，就是通过做巡检，可以有机会接触江南、广海地方军事长官，获得他们的赏识，为自己的宦业开辟新的天地。元人吴澄在送别儒士廖信中为惠州巡检时，就直言不讳地指出：

东广大帅府，宣慰一道，近例取儒官为从事，才名之士尝得与于其间，公可以服勤，私可以便养，臣道、子道两得之矣。大帅多贵人巨公，必有恻然怜才而罗致幕下者，子其往哉。③

---

① 王沂：《送李西溪巡检》，《伊滨集》卷7。
② 王沂：《送王巡检》，《伊滨集》卷7。
③ 吴澄：《送廖信中序》，《吴文正集》卷30。

吴澄的说法是有道理的，一些学官在巡检任内确实被地方文武辟举为掾，取得更多入仕的机会。如上文提到的曹永，以温州路瑞安州学正，升柳州路马平县都博镇巡检，不久，“江浙行省宰臣贤其学问，以宣使辟之”。① 郑仲贤，由文学掾，借注巡检。“既有武备矣，乃辟广东帅府掾。”尤长于吏事，考满当升八品，铨曹以无缺，借注南安照磨。② 孔灏由孔氏恩例，得宁国路学正，转政和县苦竹寨巡检，不久“宪司帅阃以掾辟”。③ 面对如此多的机会，正在陷入升转困境的学官一般是不会放过的，这也是学官乐意做巡检的原因之一。

（三）元代学官在巡检任上的表现

学官或儒士做巡检，如吴师道所言是“辍揖逊而司警逻，舍所宜有者不可得，彼万不逮君者投可乘之机”，因此，想在巡检任内有所作为，恐怕不易。不过，学官在巡检任内取得较大成绩的，也确实大有人在。这些成绩，主要表现在以下方面：

首先，维护社会安定。维护社会安定是巡检的基本职责，这一点多数学官在做巡检时，基本上做到了，有的成绩还非常突出。如章齐贤为安仁县白塔镇巡检以前，“警戍之吏，又往往以其暇裕，挠民诉讼，纵卒旁午”。章齐贤任职以后，“律己以廉，驭下以庄”，居官凡五年如一日。他任满离去时，“自其乡之大夫士，以至于贩夫牧子，无不诵其美而怀其安”。④ 后至元年间，岳自修以学官为松阳县惠洽乡巡检，“按职甫及期，枹鼓不惊，而田里之人甘食以安寝”。⑤ 学官叶审言为巡检，“则能使盗息而民安”。⑥ 唐子华以郴州教授，改调处州路青田县柔远乡巡检，他的任职情况更是反映了学官任巡检的特点：

---

① 邵亨贞：《元故柳州路马平县都博镇巡检曹君墓志铭》，《野处集》卷3。

② 邵亨贞：《元故柳州路马平县都博镇巡检曹君墓志铭》，《野处集》卷3。

③ 鲁贞：《故遂安县主簿孔世广墓志铭》，《桐山老农集》卷3。

④ 李存：《送章巡检序》，《俟菴集》卷17。

⑤ 黄溍：《松阳县惠洽巡检司记》，《金华黄先生文集》卷9。

⑥ 黄溍：《叶审言墓志铭》，《金华黄先生文集》卷33。

始行，人谓子华素懦，又儒士，不习武事，多难之。子华独决然勇往……子华既至，撤桴鼓，散兵卒，独引僮奴一人，径造大姓家，与之揖逊为礼，或持酒脯以往，谈笑为乐。因得推致腹心，久之，人知无他意，多乐便之，故终岁不闻有寇盗之患。①

其次，建立巡检司官舍，完善巡检司制度。元代巡检司大多设立于位置偏僻之地，很少有正式的官署，也没有内部管理制度。学官大多具有做官、治民方面的知识，学官做巡检，正好补充了元代巡检司制度在上述方面的不足，对巡检司制度的规范化起到重要作用。岳自修在任松阳县惠洽乡巡检时，“先是居其官者凡若干人，咸即寓舍以为治所，卒伍散处墟落间，缓急呼调辄后会期，莫有以为意者”。至治二年（1322 年），岳自修到任后，“始买地作新廨，为屋以间数者若干，费钱若干，而其什七出于君之私囊，不足，则其吏士洎乡之大家合力以成之。又明年冬十有二月，功以讫告。门庑、堂室、器械之须，靡不具完。君既诹日之吉，入据厅事，而休吏士于旁舍也”。② 元统二年（1334 年），程文以“以著书奎章阁”，被选注为休宁县黄竹岭巡检，当时“无吏舍，僦民居”，因为“治无常所，得盗贼寄系闾里。情或漏泄，案牍栖藏无所复，多散逸。前承后继，漫不之省”。程文到任后，“乃出钱为倡”。对当地一座庙宇进行改建，作为巡检司的治所。“中为莅事之堂，扁曰‘不欲’。东西各为一室，以待部使者与大府之客有事过吾境者而馆焉。又以仪制之未备也，两旁缭以修墙，列树竹木其前，因门为楼，置钲鼓其上，候测更点以警民出入。其西别为屋三间，使吏处其中，右厨左库，案牍庋焉。”③ 鄞县小溪镇是宋代著名文人学者的隐居之地，元朝立巡检司于此，旧镇久废，故家亦灰飞烟灭。

① 朱晞颜：《送唐子华序》，《瓢泉吟稿》卷 4。
② 黄溍：《松阳县惠洽巡检司记》，丛书集成初编本。《黄文献集》卷 9。
③ 郑玉：《黄竹岭巡检司记》，《师山集》卷 5。

“仕者率苟循岁月，处隘踵陋，不复以崇严为事。”泰定元年(1324年)，白察罕不花为小溪镇巡检，与当地父老重建巡检司。“三年夏开工，九月告成”。从此，“而怀牒巧讼者各屏息”。①

第三，审问案件。巡检作为捕盗官，当然要接触有关盗贼的案件，巡检破案不仅需要勇力，还需要一些专门的知识和经验。学官文化程度远高于一般武人，在掌握破案的专门知识方面具有优势，所以，一些学官出身的巡检在审问案件方面表现突出。至治二年，吴福孙以学官借授潮州路潮阳县青洋山巡检。“遐荒之地，县长贰久缺，君摄县事，获强盗之捕诛者八人，脱平民被诬于盗者若干人，而获其真盗者若干人。广东宪府有疑狱，多以委焉”。② 郑千龄为江宁四镇巡检，“有合阳寺僧失财而疑其侪，侪至，以左证辄引服，先君（指郑千龄）疑之，购贼无所得，先君益疑非盗，欲纵之。侪惧刑，因自诬服。先君因指玉语之曰：‘吾惟此一息所欲，故入人于罪者。’如皦日，因纵之，人以为纵盗，后得盗当途［涂］境上”。③

上述学官在巡检任内的表现，说明了他们在自己本来不熟悉的岗位上，并不是无所作为。学官作为中国古代传统社会精英的一部分，有能力在任何岗位上发挥其聪明才智。元代学官（或儒士）缺少的是施展才能的机会。上述情况还表明，尽管元代学官处境比较艰难，但很多人还是充分利用有限的机会，发挥自己的才能，为社会做贡献。

前面已经论述：对于学官做巡检，元人的态度反应不一，有人表示感慨，有人表示不满，有人则表示同情，也有人表示疑惑和赞同。许有壬认为：学官做巡检，“使一方盗不作，作必擒，民得以安其田里，是犹不可为政乎？”④ 陈旅在对学官做巡检表示感慨的同时，也认为学官“能以文学发身，受天子命游徼山海间，岂不

---

① 袁桷：《鄞县小溪巡检司记》，《清容居士集》卷19。

② 黄溍：《上海县主簿吴君墓志铭》，《金华黄先生文集》卷38。

③ 郑玉：《先府君休宁县尹方村阡表》，《师山集》卷8。

④ 许有壬：《送陈季和序》，《至正集》卷31。

亦荣矣哉？"① 吴澄则对学官做巡检表示"疑若失所宜然"，并不赞同。② 尽管当时社会上对学官做巡检议论颇多，但它毕竟为一些学官提供了改变自己处境以及发挥自己才能的机会，因此，一些学官还是以做巡检为荣。如学官王释"以儒学官借补潮州揭阳县湖口巡检"，命下之日，"父子（其父也曾为学官）皆公服，前后置褥位，望阙谢，闾巷以为荣"。③

今天看来，以学官选注巡检，是当时历史条件的产物，是元代儒士恶劣的生存环境造成的。儒士作为中国古代的社会精英阶层，其社会适应能力是很强的，虽然学官不擅长巡检的职务，但学官在巡检任内并不完全是无所作为，一些人还确实取得了一定的政绩。以学官做巡检，是中国职官史上的一个小插曲，非常有趣和耐人寻味。

四、元代学官的社会网络

前面已经考察了元代儒学提举的社会网络，一般学官的社会网络，应该与儒学提举有一定的差别。一般学官与元代各级官场的关系相对来说比较疏远，而与一般儒士以及社会下层关系相对密切，因此，本节单独考察学官的社会网络，目的是探讨在元朝蒙古统治的情况下，一般学官的社会活动及生存状况。不过由于学官数量众多，要对一般学官的社会网络进行抽象概括非常困难，只能选取特定对象，通过一些特定的个案反映学官社会网络的一般情况。需要说明的是，由于元代学官升转壅滞特别严重，一般学官在三年任满后，都要经过长期待职，才能升为较高级别的学官，因此学官实际在职的时间较短，一般也就数年时间。他们的社会网络主要还是他们在不做学官时期，与社会各阶层交往互动产生的。由于学官具有亦官亦师的双重身份，他们在职期间可以称为儒学教师，不在职期

① 陈旅：《送谢仲连为小鹿巡检诗序》，《安雅堂集》卷2。
② 吴澄：《送廖信中序》，《吴文正集》卷30。
③ 黄溍：《处州路儒学教授致仕王君墓志铭》，《金华黄先生文集》卷34。

间的社会活动大多也以教书为主，所从事的仍然是教育事业，因此不妨将他们一并列入考察范围。

本节选取北方儒士许衡和江南儒士戴表元作为研究对象。许衡的社会网络可以说反映了元代学官最高层社会活动的情况；戴表元的社会网络主要是以江南儒士为主建构，反映了元代中下层学官社会活动的情况。

（一）元代儒士许衡的社会网络

儒士也称士大夫，是两宋以来通过科举形成的一个社会集团。与以前的士族靠出身和对学术文化的垄断保持自己的精英地位不同，儒士作为一个社会集团，更多地靠其建立的社会网络，维持个人或家族在中央政权中的地位和对地方社会的控制能力。两宋以来，儒士内部成员之间以及儒士与其他社会成员之间，一般都保持一种互动关系。这种互动关系的存在，在儒士的周围形成了一个血缘、地域、婚姻、同僚、师生等关系构成的一个社会网络。儒士可以通过其社会网络，在社会活动中得到支持和帮助。同时，社会网络也制约和规范儒士的社会活动。每个儒士都有其特定的社会网络，儒士在仕宦、社会活动、文化学术等方面的成功与否在很大程度上与他所营造的社会网络有关。蒙古灭金以后，中国北方儒士的处境急剧恶化，不仅靠科举进入社会统治阶层的途径断绝，而且个人的生存问题也面临着严峻的挑战。在这种情况下，中国北方的儒士更加注意通过建立和营造社会网络，来融入蒙古政权，取得生存条件并且通过促使蒙古政权“行汉法”的方式改造蒙古政权，使它符合儒家治国理想。许衡可以说是这种类型的北方儒士的典型代表。

许衡是元初著名的思想家、教育家，他的一生对元朝理学在北方的传播、元代教育的发展产生了重要的影响，对元初中央集权国家机器的建立同样功不可没。另外，许衡通过教育活动，对元朝初年的政治发展也产生了重要影响。正是由于许衡在元初政治、教育、文化等方面的贡献，长期以来，许衡的研究成为学术界关注的热点之一，一些专著和论文相继发表，专著有：台湾学者王民信的

《许衡》（商务印书馆1978年版）、袁国藩《元许鲁斋评述》（商务印书馆1972年版）。论文有：张帆《〈退斋记〉与许衡、刘因的出处进退——元代儒士境遇、心态之一斑》（《元代政治文化暨元世祖忽必烈国际学术讨论会》论文打印稿）、台湾丁昆健《元许衡的教育思想》（《华学月刊》第134期，1983年）、林锦云《许衡对元初中统之治的贡献》（台湾大学历史研究所硕士论文，1968年）等，另外，姚大力《金末元初理学在北方的传播》（《元史论丛》第2辑）、萧功秦《元代理学散论》（《中国哲学》第13期，1985年）、么书仪《元代文人心态》（文化艺术出版社2001年版）等也涉及许衡的研究。近年来出版的一些有关教育史的通论性的专著，大多也涉及许衡的教育思想、教学方法等问题，如毛礼锐、沈灌群主编《中国教育通史》第3卷、李才栋等《中国教育管理制度史》、陈学恂主编《中国教育史研究》宋元分卷等。前人有关许衡研究的重点是许衡的教育思想、许衡与元初政治、许衡的教学理论、许衡与理学的传承以及许衡仕元的心态等问题，可以说，一些研究已经比较深入。本节在前人研究的基础上对元代许衡的社会网络进行初步探讨，目的是通过对许衡社会网络的考察和分析，反映元朝政权由以草原为中心的大蒙古国向以中原为中心的中国传统王朝的转变过程中，以许衡为代表的北方儒士的生活状况以及他们为改造蒙古政权所做出的努力。

1. 生平

许衡（1209～1281年），字仲平，怀孟路河内县（今河南沁阳，当时也称覃怀）人。金末避兵，许衡之父许通举家南徙新郑（今河南新郑县），许衡即出生于此。壬辰（1232年），许衡随家北徙至大名（今河北大名县），后又南迁至卫辉路（河南汲县）定居下来，后来许衡辞官又回到河内。

许衡自幼聪明好学，七岁入学，受学于乡学师，“凡三易师，所授书辄不忘”。对于所学知识，许衡表现出强烈的求知欲望，尝问其师曰：“读书欲何为？”师曰：“应举取第尔。”曰：“如此而已乎？”师大奇之。于是“每从质句读训解，必问其旨义”。以至于其师不能胜任，辞其父母曰：“此儿颖悟非常，它日必有过人者。

流离之际，吾聊以遣日，岂能为之师乎？”师卒遁去。许衡幼年生活在金末蒙金战争的动荡年代，“学校废弛”，“民皆传徙，无从师授，亦无书籍”。这种情况下，不可能得到较好的教育环境。此后，为了在乱世中求得生存，许衡父母命之习吏、习医、习占卜之术。虽然他在习吏时注意“考求立法用刑之原”，① 但他真正感兴趣的还是儒家学问，“刻意坟典，考求古者为治为学之序，操心行己之方”，在十分艰难的情况下，学到了儒家的基本知识。

蒙金战争以后，金朝灭亡，北方统一于大蒙古国政权。虽然这时战争的破坏并没有得到恢复，社会萧条，但毕竟有了一个相对安定的环境。许衡最早的讲习师友是窦默和姚枢，当时许衡、窦默同居于魏（今河北魏县），二人时常危坐终日，探讨学问。姚枢早年投靠杨惟中，战后不满色目人牙老瓦赤的统治方式，归辉县（今河南辉县）苏门山务农，得知窦默、许衡的情况后，也“过魏相与聚居”。② 当时姚枢已经从江汉先生赵复处得到程朱理学典籍，③ 壬寅（1242年）许衡到苏门访求，尽录以归。得到程朱典籍是许衡一生中的重要事件之一，这位对学术有浓厚兴趣和孜孜追求的年轻学者（当时许衡33岁）很快被理学的魅力所征服，聚学者曰：“昔所授受，殊孟浪也，今始开进学之序，若必欲相从，当悉弃前日所学章句之习，从事于《小学》，洒扫应对，以为进德之基，不然当求他师。”④ 此后，许衡的教育活动发展到一个新的阶段。庚戌（1250年）许衡生病还乡，经过卫辉路，听说家乡怀孟路政治苛虐，于是在苏门定居下来，与姚枢为邻居，授徒为生。这一时期，许衡对现实生活基本上是满意的，他庆幸自己在社会动乱中生存下来。他在《偶成》一诗中写道：

① 苏天爵：《元朝名臣事略》卷8《左丞姚文献公》，中华书局1996年版。

② 苏天爵：《元朝名臣事略》卷8《左丞姚文献公》。

③ 据苏天爵《元朝名臣事略》卷8《左丞姚文献公》：元太宗七年（1235年），姚枢与杨惟中一起从诸王阔出征南宋，蒙古军攻破德安，江汉先生赵复被俘，赵复欲自杀，为姚枢所救，赵复于是尽出程、朱二子性理之书付姚枢。

④ 苏天爵：《元朝名臣事略》卷8《左丞姚文献公》。

万物备吾身，身贫道未贫。观时见物理，主敬得天真。
心爽星辰夜，情新草木春。自怜斫丧后，能作太平民。①

他在不久写给好友窦默的信中也写道："乱后虽处小庠，实出僭妄，比年竭力经营，田庐庶覆前日之非。"② 这说明许衡在蒙古统一北方之后，授徒为业的生活逐步走上正轨，这种相对安定的生活持续了十年左右。

辛亥（1251 年）以后，许衡的好友姚枢、窦默接受蒙古政权之召北上，许衡也面临是否出仕的抉择。此时，忽必烈已经受封京兆（今西安）分地，甲寅（1254 年）王府派人于大名召许衡为京兆教授，许衡应召前往。乙卯（1255 年）廉希宪为京兆宣抚，任命许衡为京兆提学，许衡力辞不受，他在《辞勉京兆提学状》中说：

窃闻提学官师表之任也，仪刑多士，检正学业，实风化人才之所自缘。某早年羁旅，学无渊源，于举业功夫未至成就，若不量度，叨冒宠荣，取四方之讥，辱王府之命，不止为罪于一身也，事有所系，义在必辞。③

这里，许衡推辞说他不能任职的原因是资历不够，这不过是一个托词，主要原因是许衡在心理上还没有做好出仕蒙古政权的准备。儒家思想特别是后来的程朱理学讲究君臣之道、夷夏之防，许衡生于金朝，虽然没有在金朝做官和中科第，但他毕竟来自金朝，从道义上说不应该出仕。另外，当时蒙古族毕竟是北方蛮族，到蒙古政权中做官，不符合儒家道德伦理。为了说明自己不愿出仕的态度，许衡还跟刘秉忠（仲晦）、张易（仲一）写信，反复陈说自己不能出仕的原因：

① 傅习采编：《皇元风雅前集》卷 1，四部丛刊初编本。
② 许衡：《鲁斋遗书》卷 9《与子声义之》，四库全书本。
③ 许衡：《鲁斋遗书》卷 9《辞勉京兆提学状》。

两君子执事……某山野鄙人，虚名过实，不胜愧负。仲一过京兆，以稠人中不克款附，所怀继荷。仲晦公特书慰勉，使某宽而居安，而待其时……所以解之，非二君子其谁可者？……某之寡陋，先生素知，使依先所降恩，命教人家子弟，已愧不称，况提学之职，必习知举业，场屋有声者可得为之，而某蹇浅昏昧，一无所晓，何以当此？苟强颜为之，不唯取笑四方，为士友所责，亦恐用非其人，为当路诸公之累。①

从这封信的内容可以看出，许衡在给刘秉忠、张易的信中仍然强调他没有资格做京兆提学官，这与他写给好友的送别诗中观点不同。窦默北上，许衡在送别诗中写道：

初来识君面，此行见君心。匡时有长策，虑远忧且深。
俗亲取近效，雅意入幽沉。人生贵所依，所依贵知音。
知音得长布，身将比黄金。我本贫贱士，多思委相寻。
未得办一饭，胡为遽分襟。征鸿出远塞，西风动竦林。
去去渺万里，何年酒同斟。含情望无极，白云障孤岑。②

诗中，许衡一方面对窦默的应召表示赞赏；另一方面许衡却将自己比作贫贱士，温饱问题尚没有解决，不能出仕做官。忽必烈继位后，召窦默至京，窦默以许衡荐于世祖，许衡在得知后写给窦默的信中，责备窦默不应该向忽必烈推荐他，他宁愿过一种隐居生活。信中说：

或者横加己意，欲先天而开之，拂时而举之，是揠苗也，是代大匠斫也，揠苗则害稼，代匠则伤手，是岂成己成物之道哉？即其违顺之多寡，乃其吉凶悔吝之多寡也。平生拙学，认

① 许衡：《鲁斋遗书》卷9《与仲晦仲一》。
② 许衡：《鲁斋遗书》卷11《送窦清叔》。

此为的信而守之，罔敢自异。今先生真欲以助长之力，挤之伤手之地，是果相知者所为耶？无益清朝，徒重后悔，岂交游之浮，不足为之虑耶？抑真以樗散为可用之材也？相爱之深，未应乃尔。若夫春日池塘、秋风禾黍、夏未雨、蚕老、麦收、冬将寒、囷盈仓、积门喧，童稚架满琴书，山色水光，诗怀酒兴，拙谋或可以辨此也。是以心思意向，日日在此，安此乐此，言亦此，书亦此，百周千折，必期得此而后已。先生不此之助而彼之助，是不可其所可，而可其所不可也。其可哉，将爱之实害之，万惟恕察，言不能隐括，悚息待罪。①

以上史料，反映出许衡的矛盾心理，一方面认为从道义上说不应该出仕，担心“贾祸而召怨”；② 另一方面，从儒家“出世”、“外王”的角度看，许衡从内心深处并不反对出仕。许衡是一位有很强的社会责任心的学者，看到战争中人民流离失所的场面以及战后的社会萧条，他又强烈地感受到应该凭自己的力量改变这种状况。蒙古政权的统治虽然与儒士理想的政治相差很远，但他可以借助蒙古政权的力量改造当时的社会，或利用儒家治国理论改造蒙古政权，使其符合“儒治”理想。这种矛盾的心态可以说在许衡的一生都有表现，对以后许衡的出处进退产生了重要影响。

中统元年（1260年）忽必烈继位，许衡应召至上都。上面已经说明，许衡被忽必烈召见，窦默的推荐起了重要作用。苏天爵记载了许衡与忽必烈第一次会见的情况：

入见，问所学，曰：“孔子。”问所长，曰：“虚名无实，误达圣听。”问所能，曰：“勤力务农，教授童蒙。”问科举何如，曰：“不能。”上曰：“卿言务实，科举虚诞，朕所不取。”③

① 许衡：《鲁斋遗书》卷9《与窦先生书》。
② 许衡：《鲁斋遗书》卷9《与子声义之》。
③ 苏天爵：《元朝名臣事略》卷8《左丞许文正公》。

此次会见就这样平淡结束。中统二年（1261年），王文统奏封许衡太子太保，不受，后改为国子祭酒，拜命，以疾辞，九月还怀孟。这次北上召见，忽必烈对许衡并没有产生很好的印象，许衡对当时王文统当政时期的朝政也不满意，不过，忽必烈对许衡的学识以及耿直的性格还是印象颇深，以后许衡被多次召见，可能部分出于这方面的原因。

中统三年（1262年），许衡第二次被召至大都，至元元年（1264年）正月辞还怀孟路。

至元二年（1265年）十月，忽必烈第三次将许衡召至大都，十二月奉旨入省议事，以疾辞，引起忽必烈的不满。至元三年（1266年）忽必烈在檀州后山召见许衡，不客气地对许衡说：

> 窦汉卿独言王以道（即王文统），当时汝何为不言？岂孔子教法使汝若是也？汝不尊孔子教法自若是耶？往者不咎，今后勿尔也。是云是，非云非，可者行，不可者勿行。我今召汝无他，省中事前虽命汝，汝意犹未悉，今面命汝。人皆誉汝，想有其实。汝之名分，其斟酌在我，国事所以无失，百姓所以得安，其谋谟在汝。谓汝年老未为老，谓汝年小不为小，正当黾勉从事，毋负汝平生所学。①

四月，许衡至上都，奏《时务五事》，不久，辞官养病。

至元四年（1267年），许衡第四次奉诏至大都议定官制。至元七年（1270年）拜中书左丞。时阿合马专权，朝政混乱，许衡于是辞于殿，忽必烈不允。此年五月，随中书省赴上都，面斥阿合马"专权无上，蚀国害民"。不久，以病辞官，丞相安童不许。

从中统元年许衡初次受召，到至元七年被任命为中书省左丞的十年间，是许衡在元朝的从政时期，从屡辞屡召的情况来看，许衡的从政并不成功，除了议定官制以外，许衡在这一时期对当时的政

---

① 苏天爵：《元朝名臣事略》卷8《左丞许文正公》。

坛并没有产生明显的影响，元世祖忽必烈对许衡不甚赏识，许衡也认识到依靠儒家理想改造元政权并不是他本人的努力所能做到的，于是，许衡开始将主要精力用于教育，试图通过培养通晓“儒治”人才，逐步改变元朝政权。这种机会在至元八年（1271 年）出现了。

此年，忽必烈授许衡集贤大学士、国子祭酒，令教蒙古生员数人，在大都城南原金朝枢密院旧址设立国子学。许衡于是奏请召旧弟子散在四方者十二人为国子学伴读，目的是通过伴读，熏陶浸润没有儒学基础的蒙古、色目生员，提高教学水平。关于许衡在国子学的教学活动，苏天爵的《左丞许文正公》中进行了详细的记载，这里不再详细叙述。从至元八年（1271 年）到至元十年（1273 年）的三年间，许衡为国子学教育的发展可谓呕心沥血，在他的努力下，国子学教育取得了很大的成功，元人苏天爵评论说：

> 国学之置，肇自许文正公……文正自中书罢政为之师，是时，风气浑厚，人材朴茂，文正故表章朱子《小学》一书以先之，勤之以洒扫应对，以折其外，严之以出入游息，而养其中，掇忠孝之大纲，以立其本，发礼法之微权，以通其用。于是数十年彬彬然号称名卿才大夫者，皆其门人也。①

元人王恽也评价说：

> 窃见至元七年，朝廷立国子学，命许衡为祭酒，选朝右贵近子弟，令教授之。不满五岁，其诸生俱能通经达礼，彬彬然为文学之士。及其入仕，皆明敏通疏，果于从政。如子谅侍仪之正大，子金中丞之刚直，康提刑之仕优进学，弟亲臣之经明行修，坚童君永之识事机，子亨待制之善书学，企中客省之贞干，扬历省台，蔚为国用，岂小补哉？②

---

① 苏天爵：《元朝名臣事略》卷 8《左丞许文正公》。
② 王恽：《秋涧先生大全文集》卷 90《议复国子学》，四部丛刊初编本。

从元人的评价中，可以看到许衡的国子学教育对元朝历史发展的重要影响。

至元十年（1273 年）许衡辞官还乡，在怀孟简绝人事，课童仆，事耕垦。前面已经说明，许衡出仕元朝的心态是矛盾的，所以对做官兴趣并不大，对当时元朝的统治方式也不赞赏。他之所以倾全力投身国子学教育，目的是以培养人才改变元朝统治，实现其“儒治”理想。所以在晚年疾病缠身的情况下，他非常希望辞官回家，过上安定的生活。他在《病中杂言》一诗中写道：

春来秋去客中情，转首光阴十岁经。
学苦炼成心下赤，愁多消却鬓边青。
眼前世事翻棋局，梦里家山忆画屏。
何日归同林下友，笑谈书史有真馨。

他在《病中有感》诗中也写道：

十载天涯客寄身，今年憔悴不堪闻。
病来与死传消息，老去无家遗子孙。
故里欢游频入梦，春城凝眺独消魂。
如何藉我知音力，五亩耕归沁北村。①

所以，辞官回乡以后，许衡对乡间平淡的生活非常满意。他在一封信中提到：“后南归，得守邱垄，殊适所愿。老来情思，苦厌喧杂，课督儿童，种田读书，虽拙谋，心自喜。幸农夫野叟，日夕相遇，与之话言，固不尽晓要其中，无甚险阻，是可尚矣。”② 他的《赵氏南庄》一诗大概反映了他居家生活的心情：

---

① 此二诗见许衡《鲁斋遗书》卷 11。
② 许衡：《鲁斋遗书》卷 9《与人》。

晓起北窗凉，清谈戢羽觞。入帘花气重，落纸燕泥香。
梦里青山好，吟逃白日长。秋风载书籍，相对筑茅堂。①

至元十三年（1276 年）元朝修订历法，第五次召许衡至京。至元十七年（1280 年）二月，《授时历》成，八月，许衡病重还家。至元十八年（1281 年）许衡病情加剧，不久去世。

许衡晚年受到了社会舆论的压力。他最后一次应召时，东平儒士王旭写《上许鲁斋先生书》，劝他不要应召。② 学者刘因则在《退斋记》一文中，③ 对许衡进行嘲讽，认为他是以“老氏之进退”，“以术欺世”。④ 许衡的《病起》诗表达了他对外界舆论的态度，诗中写道：

花透香风入短棂，草抽新绿倚柴荆。
正忧多病作身累，且喜幽居见物情。
花为可观遭夭折，草因无用得欣荣。
世间巧拙都相半，不许区区智力争。⑤

不过，在外界舆论的压力下，许衡的心态比较悲凉，他在去世前对其子说：“我平生虚名所累，竟不能辞官，死后慎勿请谥、立碑，必不可也，但书‘许某之墓’四字，使子孙识其处足也。”⑥ 一代思想家、教育家就这样悲凉地离开人世。

2. 讲习师友

许衡出身于一般百姓之家，幼年又遇大规模的战乱，因此没有条件接受较好的教育，只是从一些乡学师中得到基本的文化、经学

---

① 傅习采：《皇元风雅前集》卷 1。
② 苏天爵：《元文类》卷 37，商务印书馆 1958 年版。
③ 文见《元文类》卷 28。
④ 张帆：《〈退斋记〉与许衡、刘因的出处进退——元代儒士境遇、心态之一斑》。
⑤ 许衡：《鲁斋遗书》卷 11。
⑥ 苏天爵：《元朝名臣事略》卷 8《左丞许文正公》。

教育。在金末动乱的环境中，他主要通过自学或师友之间的相互讲习、问辩，逐步掌握了传统文化知识以及理学的有关理论，因此，师友关系是许衡的社会网络中最早出现的内容。从史料看，在中统元年（1260年）许衡51岁以前，他非常注意与怀孟路、卫辉路、大名路一代的儒士或乡学师建立社会网络，通过这种社会网络，许衡一方面可以与这些儒士、乡学师切磋学术、探讨社会问题；另一方面也可以相互照顾和提携，凭教书、授徒维持温饱。即使许衡以后出仕做官，他与一些儒士或乡学师之间仍然保持一定的联系，维持这种最初的社会网络。与许衡建立师友关系的主要有下列儒士或乡学师：

窦默（1196～1280年） 字子声，初名杰，字汉卿，广平路肥乡（今河北肥乡县）人。少习儒业，金末避兵河南，以教读为业。后流落到德安府孝感县（今湖北孝感），孝感县令授之以《语》、《孟》、《中庸》、《大学》等儒家典籍。金朝灭亡，返回家乡，以经术教授邑人。① 后来窦默隐居于魏，结识许衡，二人成为知己，"每相遇，则危坐终日，出入经传，泛滥释老，下至医药、卜巫、诸子百家、兵刑、货殖、水利、算术之类，靡不研究"。② 中统元年（1260年），窦默被忽必烈召至上都，许衡在送别窦默的二首诗中写道：

西山山下觅幽村，水竹邻居拟卜君。
岂意天书下白屋，便收行李入青云。
功名准自英贤立，得失防因去就分。
万里风沙渺南北，请归消息几时闻。

莫厌风沙老不禁，斯民久已渴商霖。
愿推往古明伦学，用沃吾君济世心。
甫治看将变长治，呻吟亦复化讴吟。

① 苏天爵：《元朝名臣事略》卷8《内翰窦文正公》。
② 苏天爵：《元朝名臣事略》卷8《左丞许文正公》。

千年际会真难得，好要先生着意深。①

许衡在诗中一方面对窦默“便收行李入青云”表示祝贺；另一方面勉励窦默用所学知识，为国家做贡献。在上都，忽必烈请窦默推荐善于直言的人才，窦默以许衡对。许衡应召至大都后，二人仍然保持较好的关系，许衡“凡权贵豪右延请，皆不往，惟姚、窦二公时时相过，始终如一”。②

姚枢（1203～1280年）字公茂，号敬斋，又号雪斋，营州柳城（今辽宁朝阳市）人。后迁洛阳，又随父宦居于许（今河南许昌市）。自幼力学，太宗四年（1232年），许被蒙古军攻破，姚枢投靠杨惟中。太宗七年（1235年），随杨惟中于军中求儒、道、释、医、卜等人才，得江汉先生赵复，赵复赠之程朱理学典籍。太宗十三年（1241年）因不满色目人牙老瓦赤的统治，他弃官归卫辉路苏门山隐居讲学，结识窦默、许衡等，许衡于是到苏门，尽录程朱之书以归。庚戌（1250年），许衡举家来到苏门，与姚枢为邻，许衡有诗反映二人为邻的情况：

去去迷途莫问津，问来还恐不知真。
因时用舍固有命，与道卷舒还在人。
百尺竿头愁据险，一庵林下乐为邻。
孰轻孰重何须问，梦想故园弃柘春。③

次年，姚枢应召北上，许衡独居苏门。后来许衡也应召北上，与姚枢一直保持着密切的关系。许衡有《送姚敬斋》诗，写作年代不详，但反映了许衡对姚枢的评价，诗中写道：

---

① 许衡：《鲁斋遗书》卷11《赠窦先生行》。
② 苏天爵：《元朝名臣事略》卷8《左丞许文正公》。
③ 傅习采：《和先生姚公》，《皇元风雅前集》卷1。

凛凛姚敬斋，风节天下奇。终焉托君侯，君侯贤可知。
人生贵得友，得友真朋龟。责善善无遗，辅仁仁克推。
仁善既皆有，受福将自期。我来歌吉祥，真情寄荒诗。
一祈仁政苏民疲，一祈善政赒民饥。丰功伟绩镌长碑，
千年万年感激，人心无了时。①

刘德渊（1209～1286年） 字道济，内丘（今山东临清东南）人。少"餍饫史学，为专门之业"。金亡，赴戊戌试，魁河北西路。中统元年（1260年）授翰林待制，不久，于家乡隐居著述。据王恽记载"许鲁斋每道邢，必式间，致恭而去"，② 反映了二人之间的密切关系。

王得与（1219～1292年） 字载之，号西轩，高平（今山西高平县）人。为当地知名学者，其"教者学者必以为法"。"所友皆天下士，自许鲁斋而下，咸候问相，及达官贵人求谒，未尝趋走承奉。"③ 中统元年（1260年）为奉元路（今西安）提举学校官。至元十二年（1275年）许衡辞去国子祭酒回到家乡，王得与"归自覃怀，过鲁斋先生，留止旬日，鲁斋深叹赞之"。明年，以目疾力辞提举职。"海内之士道同心契者，鲁斋许氏、潜斋杨氏，有疑，不惮远而相与订正焉。"④ 从上述史料中，可以发现许衡与王得与的密切关系。许衡在《与提学》的信中提到"念昔相与邻居接壤，课督儿辈，种田读书，徜徉山水"，⑤ 可能就是写给王得与的。

谭彦清 生平不详。许衡有《留别谭彦清》一文，文中说他"辞气温雅，自始识窃有慕焉。既又见读吾圣人书，虽馆传暮夜，手不暂释，益使人叹仰，又接其论议，则尚慕古人以敦本抑末实学

① 许衡：《鲁斋遗书》卷11。
② 王恽：《故卓行刘先生墓表》，《秋涧先生大全文集》卷61。
③ 蒲道源：《西轩王先生传》，《闲居丛稿》卷14。
④ 蒲道源：《西轩王先生行状》，《闲居丛稿》卷26，四库全书本。
⑤ 许衡：《鲁斋遗书》卷9。

为己任，雍容乐易，大有以畏服人者”。[①] 从许衡的记述可以看出，谭彦清属于学者或乡学师。

孙伯玉 生平不详。许衡在《与孙伯玉》一文中说：“老得吾友，相与邻居，实夙昔所愿。方率儿辈结茅树桑为读书计，不意有此行也。”[②] 说明许衡在晚年与他关系密切。

吴行甫 生平不详。以教书为业。许衡在《与吴行甫》一文中说：“伏惟行甫先生，德堪模范学究，渊源已烦，善诱之勤，先著小成之效，远图可望。”[③] 说明许衡对他比较尊敬。许衡亦有诗与吴行甫相唱酬，他的《吴行甫韵》写道：“老作民区百岁翁，托身终不羡陈宫。山田随分有生业，俭德养廉真古风。五亩桑麻舍前后，两行花竹路西东。幽人自爱幽居好，未肯埋身利害中。”[④] 这首诗直率地表明了许衡辞官务农后的感受，也反映出二人的亲密关系。

另外，许衡在诗中还提到了贾玉，认为“贾君清介士，吾辈鲜能群”，表明他也是有才华儒士，诗的结尾说：“何日寻先约，青灯共夜分。”[⑤] 表明许衡与贾玉也是好友。

3. 官场同僚

许衡在官场虽然屡次进退，但毕竟在中书省、国子学任官多年，并且直接参与主持了定官制和定历法这两件大事，因此，官场同僚成为许衡社会网络的重要内容之一。这些官场同僚基本上都是主张实行汉法的各级官员，许衡与他们建立社会网络，一方面能增加元朝内部汉法派的力量和影响；另一方面他本人也能从这个网络中得到支持和帮助，加强他在元政权中的地位和影响。许衡以官场同僚组成的社会网络中，既有蒙古、色目高官，也有汉人、南人各级官僚，现将有关这一社会网络的主要成员介绍如下：

---

① 许衡：《留别谭彦清序》，《鲁斋遗书》卷8。
② 许衡：《鲁斋遗书》卷9。
③ 许衡：《鲁斋遗书》卷9。
④ 许衡：《鲁斋遗书》卷11。
⑤ 许衡：《忆贾君玉》，《鲁斋遗书》卷11。

安童（1245～1293年） 蒙古札剌儿氏，木华黎四世孙。至元二年（1265年）由宿卫官拜中书省右丞相。此年十月，许衡至京师，安童“就访于行馆，与语。既还，念念不释者累日”。至元三年（1266年）忽必烈召许衡到檀州后山，对他说：“安童尚幼，苦未更事，谨辅导之。汝有嘉谋先告安童，以达于我。我将择焉。”许衡回答说：“安童聪明，且有执持，告以古人言语，悉能领解，臣所知者尽告之。”许衡的回答，反映了他对安童的良好印象。安童对许衡也比较敬重，他将“丞相史天泽，左丞许衡、姚枢，参政商挺，皆引置左右，同辅庶政”。① 至元七年（1270年），许衡因与阿合马的矛盾，辞职归隐，安童不许，② 反映了安童对许衡的推崇。

杨恭懿（1225～1294年） 字元甫，号潜斋，高陵（今陕西高陵县）人，知名儒士。据姚燧为杨恭懿写的神道碑记载：许衡与杨恭懿的交往开始于元宪宗四年（1254年），此年许衡受忽必烈潜邸之命教授京兆，杨恭懿“往见之”，对许衡道德学问非常佩服，慨叹：“世乌有斯人之伦！”此后，杨恭懿对许衡敬之如师，许衡也是“友之亦至，分庭而行，抗席而坐，一遇讲贯，动穷日力，而所造益深”。二人相处六年以后，许衡东归。此间，许衡在与廉希宪的信中，向他推荐杨恭懿。③ 后来许衡应召到元朝为官，恭懿守志不仕。许衡为中书省左丞以后，再次向丞相安童推荐杨恭懿，“日誉公贤”。④ 至元十六年（1279年），杨恭懿与许衡一起召至京师，修订《授时历》，成为许衡的同事。许衡为杨恭懿之父撰写了墓志铭，⑤ 可见二人关系之密切。

张文谦（1217～1283年） 字仲谦，邢州沙河（今河北邢台市）人。早从刘秉忠学习术数，忽必烈潜邸之臣。中统元年

---

① 苏天爵：《元朝名臣事略》卷1《丞相东平忠宪王》。

② 苏天爵：《元朝名臣事略》卷8《左丞许文正公》。

③ 许衡：《与廉宣抚》，《鲁斋遗书》卷9。

④ 姚燧：《领太史院事杨公神道碑》，《元文类》卷60。

⑤ 许衡：《南京转运司支度判官杨公墓志铭》，《元文类》卷51。

（1260年）为中书左丞。① 许衡被召至大都，仲谦“屡请执弟子礼，先生拒之而止”。每当许衡进退之际，他“必往返达上意，挽之留之”，说明了许衡与张文谦之间的密切关系。至元六年（1269年），许衡奉旨议官制，张文谦也参与了元初议定官制的工作。

商挺（1209～1288年）　字孟卿，号左山，曹州济阴（今山东菏泽）人。中统元年（1260年）佥陕西行省事，至元元年（1264年）拜中书省参政。商挺与姚枢、窦默、王鹗、杨果撰《五经要语》凡二十八类以进。说明他与朝中许衡等儒士关系密切，商挺长子琥（字台符）在至元十四年（1277年）以姚枢、许衡推荐，拜江南行御史台监察御史，说明许衡与商挺之间有一定的交往。②

王恂（1235～1281年）　字敬甫，中山府唐县（今河北唐县）人。中统二年（1261年）官太子赞善，许衡收集唐虞以来嘉言善政，为书以进。世祖尝令恂讲解，且命太子真金受业，并且择勋戚子弟使学于恂。恂从太子真金抚军青海，乃以诸生属之许衡，说明王恂与许衡之间的密切关系。至元十三年（1276年），王恂荐许衡能明历法之理，召之命主持修改历法。王恂子宽、宾均师从许衡。③

王恽（1227～1304年）　字仲谋，号秋涧，卫辉路汲县（今河南汲县）人。好学能文，姚枢聘之为东平路详议官，④ 中统初年召为翰林修撰，至元五年（1268年）拜监察御史，至元九年（1272年）御史满秩，除平阳路判官。王恽任职前，曾拜访许衡，以“临民处己之教为请”。许衡告诉他：“临政譬之二人对弈，机有浅深，不可心必于胜，因其势而顺导之。同僚间勿以气类非同而有彼此，或有扞格，当以至诚感发，无所争矣。”⑤ 许衡辞世，王

---

① 《元史》卷157《张文谦传》。

② 《元史》卷159《商挺传》。

③ 《元史》卷164《王恂传》。

④ 《元史》卷167《王恽传》。

⑤ 王恽：《秋涧先生大全文集》卷45《政问》。

恽有诗相挽，对许衡评价颇高，诗中说：

经纶根极自朱程，小学从容到大行。
安汉固当烦绮聘，要汤初不待伊烹。
辩奸素有批鳞直，旌墓当书积善铭。
两夜天官台下梦，分明危坐话平生。①

廉希宪（1231～1280年） 字善甫，号野云，畏兀儿人。忽必烈潜邸之臣，笃好经史。中统元年（1260年），廉希宪宣抚京兆，“少暇，则延访耆宿，如鲁斋许公，雪斋姚公，咸待以师友，荐许公于潜邸，充京兆提学，俾教育人材为根本计”。② 许衡虽然没有做京兆提学官，但与廉希宪建立了友谊，他在《与廉宣抚》的信中，向他推荐好友杨恭懿，信中许衡称廉希宪为“兄”（实际上许衡比廉希宪大22岁），③ 反映了许衡对他的敬佩。

刘秉忠（1216～1274年） 字仲晦，邢台（今河北邢台市）人。博学多艺，忽必烈潜邸之臣。世祖继位，参领中书省事。许衡在《与仲晦、仲一》信中写道，他应召以前，刘秉忠曾“特书慰勉，使某宽而居安，而待其时”。廉希宪荐许衡为京兆提学，许衡不受，写信向他解释推辞的原因，④ 说明二人的密切关系。至元七年（1270年），许衡与刘秉忠、孛罗、徐世隆一起制定朝仪，成为同事。⑤

郭守敬（1231～1316年） 字若思，邢台人。刘秉忠学生，与许衡一起修订《授时历》。⑥

陈思济（1232～1301年） 字济民，号秋冈，柘城（今河南

① 王恽：《秋涧先生大全文集》卷23《挽中书左丞鲁斋许公》。

② 苏天爵：《元朝名臣事略》卷7《平章廉文正王》。

③ 许衡：《鲁斋遗书》卷9。

④ 许衡：《鲁斋遗书》卷9《与仲晦仲一》。

⑤ 《元史》卷7《世祖纪》记载：“至元七年丙子，帝御行宫，观刘秉忠、孛罗、许衡及太常卿徐世隆所起朝仪，大悦，举酒赐之。”

⑥ 《元史》卷163《郭守敬传》。

柘城县）人。忽必烈潜邸之臣。中统三年（1262 年），廉希宪入中书，以陈思济掌核奏，“事无巨细，悉就准绳，姚枢、许衡皆器重之”。①

赵与罴（1242～1303 年）　字晦叔，号方塘，台州黄岩（今浙江黄岩县）人。宋宗室，“时至京师”，与许衡探讨理学，② 许公深然之。许衡死后，“昔时门人亲闻其言者，皆以为伊洛源委惟赵公为真侣”。③

许楫　字公度，太原忻州（今山西忻县）人。幼从元好问学，年十五试儒中选，河东宣抚司举为贤良方正，许楫至京师，平章王文统命为中书省掾，以不任簿书辞。改知印，丞相安童、左丞许衡深器重之。④

李德辉（1218～1280 年）　字仲实，通州潞县（今属北京市）人。中统元年（1260 年）为燕京宣抚使，至元十四年（1277 年）李德辉领西行枢密院事，被诬陷为越境邀功，械于长安狱，将诛之。许衡弟子吕端善“适以事至京师，言于许衡，衡白留守贺仁杰，遂奏释”。许衡得知李德辉被诬陷，马上联系在忽必烈身边做宿卫的贺仁杰相救，说明他与李德辉的密切关系。

此外，《皇元风雅前集》（卷 1）收录了张仲畴的《送许鲁斋归山》，不知“张仲畴”是“张仲谦”之误，还是张仲畴另有其人。

4. 门徒

在元代的多族士人网络中，师生关系是最重要的一环，这一点萧启庆先生在《元代多族士人网络中的师生关系》一文中进行了详细的论证。⑤ 作为一个成功的教育家，许衡一生最重要的社会活动是教育，他在 51 岁应召出仕，此前他主要在民间从事教育。至

① 《元史》卷 168《陈思济传》。

② 《元史》卷 168《赵与罴传》。

③ 袁桷：《翰林学士嘉议大夫知制诰同修国史赵公行状》，《清容居士集》卷 32，四部丛刊初编本。

④ 《元史》卷 191《良吏》。

⑤ “元代社会文化及忽必烈国际学术研讨会”论文打印稿。

元八年到至元十年的三年间，许衡以国子祭酒的身份掌管国子学。他将散居四方的旧弟子召到国子学做伴读，有人对许衡这一举动表示异议，提出："先生何不博选时俊，而独用其门生?"许衡反驳说："我但教人而已，非用人也。方以我之拙学教人，他人从否，未可知也。"① 这里，许衡表面上是谦虚之言，实际上反映了许衡建立社会网络的良苦用心。在中国封建社会，国子伴读意味着高官显位，飞黄腾达，许衡将得意弟子推荐到国子学学习，就是要求他们日后做官，以儒家治国思想改造元政权，改良社会。许衡的努力确实收到了非常明显的成效，以至于数十年以后"彬彬然号称才大夫者，皆其门人也"。于是，许衡的门人弟子组成了一个具有重要社会影响的社会网络，成为元初主张实行汉法的中坚力量。现将其主要成员情况考察如下。

(1) 国子学伴读

上文已经说明，许衡于至元八年（1271 年）将前弟子 12 人推荐为国子伴读，12 人中"王梓自汴，韩思永、苏郁自大名，耶律有尚自东平，孙安、高凝与燧、燉自河南，刘季伟、吕端善、刘安中自秦，独公（白栋）自太原"。② 他们应该是许衡弟子中的佼佼者，是许衡门徒网络的中心。

白栋（1244～1289 年） 字彦隆，太原人。"徒行至河内，致其父书（与）鲁斋先生，愿游其门，未有介也。乃因吾友翰林侍读高凝得操几杖，主凝家二年而归侍其亲。"至元八年（1271 年）许衡为国子祭酒，召旧弟子散居四方者，白栋自太原北上。至元十年（1273 年）许衡辞官，推荐耶律有尚与白栋为国子助教。白栋后擢监察御史，弹劾阿合马不法，"峻风节者咸伟之"。出金陕西汉中道提刑按察司事，改佥河南河北提刑按察司事、佥燕南河北道提刑按察司事，有政声。至元二十六年（1289 年）卒。③ 王恽

① 苏天爵：《元朝名臣事略》卷 8《左丞许文正公》。

② 姚燧：《河南道劝农副使白公墓碣》，《牧庵集》卷 26，北京图书馆古籍珍本丛刊本。

③ 姚燧：《河南道劝农副使白公墓碣》，《牧庵集》卷 26。

《白金事彦隆哀辞》一诗对白栋一生评价说：

素庵一气本龙佟，心苦时违揉与同。
强仕有怀三品料，发言都是四书功。
愁随野草忧春雨，恨满山城对学官。
谁为鲁斋兴起地，古共门外便秋风。①

姚燧（1238～1313年） 字端甫，号牧庵，柳城人。三岁而孤，在其伯父姚枢家长大。姚枢初隐居苏门山，教姚燧读书，"督之甚急，燧不能堪"，杨奂驰书止之，认为"燧，令器也，长自有成尔，何以急为?"杨奂还将女儿嫁给姚燧。姚燧13岁见许衡于苏门，18岁在京兆受学。至元八年（1271年），许衡为国子祭酒，姚燧被召为国子伴读。姚燧初为秦王府文学，后授陕西、四川等地提举学校官。至元十七年（1280年）为陕西提刑副使，至元二十四年（1287年）为翰林直学士，大德九年（1305年）拜江西行省参知政事。②

耶律有尚（1236～1320年） 字伯强，东平须城（今山东东平县）人，出身于契丹官宦世家。甲寅（1254年）许衡以廉希宪之荐教授京兆，耶律有尚"逾弱冠，艰关数十里，赢粮往从之游。文正公见其学苦而志笃，深器异之"。中统元年（1260年），许衡北上京师，有尚还东平，姚枢辟为幕僚。至元八年（1271年），许衡主国子学，耶律有尚被召为伴读。"既至，日与诸生共相讲学"。至元十年（1273年），许衡辞官，诸生饯于都门之外，许衡曰："他日能令师道尊严，惟耶律某能之，汝等当以事我之礼事之可也。"不久，有尚为国子助教，主国子学。③ 后拜监察御史，不赴，

---

① 王恽：《秋涧先生大全文集》卷19。

② 《元史》卷774《姚燧传》；姚燧：《牧庵集》附录《年谱》。

③ 苏天爵：《耶律文正公神道碑铭》，《滋溪文稿》卷7，中华书局1997年版。

除秘书监丞，出知蓟州。耶律有尚前后五居国学，① 对元代国子学教育发展，做出了贡献。

姚燉 柳城人，姚枢弟。至元八年（1271 年）与姚枢一起被许衡选为国子伴读，后官至江西湖东道提刑按察司事。②

高凝 字道凝，河内（今河南沁阳）人。少年时代学于许衡，许衡《高凝字说》指出："命之凝，欲生之以厚自成也，以正自守也，犹鼎之峙焉。……欲生之博文约礼，日笃于人道之常，犹鼎之享帝养人之用。"③ 至元八年，高凝为国子伴读，至元十六年（1279 年）任南台御史，好友魏初有诗相送。④ 大德五年（1301 年）为南台侍御史，后任翰林侍读学士。⑤

刘季伟 号存斋，秦人，任官四川宪副。⑥

吕端善（1237～1314 年） 字伯充，河内（今河南沁阳）人。金末避乱，徙家京兆（今西安市）。廉希宪宣抚京兆，聘许衡教授生徒，吕端善从衡学。衡为国子祭酒，举为伴读。至元十年（1273 年），许衡辞官，吕端善也回到京兆，被荐为陕西道按察司知事。至元十四年（1277 年）授四川行枢密院都事，升四川行省左右司郎中，至元三十年（1293 年）为华州知州，皇庆元年（1312 年）召为翰林侍读，延祐元年（1314 年）卒。⑦

其余韩思永、苏郁、孙安、刘安中、王梓等五人生平不详。

（2）蒙古、色目门徒

至元八年，许衡为国子祭酒，"令教蒙古生四人，后又奉旨教

---

① 《元史》卷 174《耶律有尚传》。

② 黄宗羲：《宋元学案》卷 90《鲁斋学案》，第 3015 页，中华书局 1986 年版。

③ 许衡：《鲁斋遗书》卷 8。

④ 魏初：《清崖集》卷 2《赠高道凝》，四库全书本。

⑤ 黄宗羲：《宋元学案》卷 90《鲁斋学案》，第 3014 页。

⑥ 黄宗羲：《宋元学案》卷 90《鲁斋学案》，第 3014 页。

⑦ 苏天爵：《元故翰林侍读学士赠陕西行省参知政事吕文穆公神道碑》，《滋溪文稿》卷 7。

七人”。此后“四方及都下愿受业者，俱得预其列”。① 许衡认为：“蒙古生质朴未散，视听专一，苟置之好伍曹中，涵养三数年，将来必能为国家用。”鉴于这种认识，许衡非常注意对蒙古学生的教育，教授他们学算术、儒家经典，在读书之暇，许衡“令蒙古生年长者习拜及受宣拜诏仪，释奠、冠礼时亦习之。小学生有倦意，令习跪拜、揖让、进退、应对之节，或投壶习射，负者罚读书若干遍”。② 在元代，蒙古人有很高的社会地位，一般贵族子弟都可以做高官，在蒙古子弟中培养儒治人才，对于改造元政权，改良社会，意义更加重大。许衡在蒙古子弟的教育上煞费苦心，可能就是认识到了这一点。后来，一些色目人也加入到许衡弟子的行列，蒙古、色目生员成为许衡社会网络中一个重要的组成部分，在元初的政坛上产生了重要影响。许衡主要的蒙古、色目门徒如下：

坚童 字永叔，蒙古蔑里吉氏，阔阔子。10 岁即从王鹗游，既长，奉命入国学，复从许衡游。弱冠入宿卫，授侍仪奉御，迁同修起居注。至元二十三年（1286 年）授礼部尚书，迁吏部尚书，秩未满特授御史台侍御史。至元二十八年（1291 年）为燕南河北道肃政廉访使，遂拜河南行省平章政事。③

秃忽鲁（1256～1303 年） 字亲臣，康里氏。自幼入侍世祖，命与也先铁木尔、不忽木从许衡学，“帝一日问所学，秃忽鲁与不忽木对曰：‘三代治平之法也。’帝喜曰：‘康里秀才，朕初使汝往学，不意汝即知此。’不久，除蒙古学士，历官兵部郎中、佥太史院尚宴。至元十二年（1275 年）迁中书右司郎中，后任吏部尚书、湖广行省左丞、江浙行省右丞、枢密副使等官，大德七年（1303 年）卒。④

也先铁木尔 与秃忽鲁、不忽木一起受学于许衡，官陕西行省

---

① 苏天爵：《元朝名臣事略》卷 8《左丞许文正公》。
② 苏天爵：《元朝名臣事略》卷 8《左丞许文正公》。
③ 《元史》卷 134《阔阔传》。
④ 《元史》卷 134《秃忽鲁传》。

平章，大德元年（1297 年）为中书平章政事。①

刘容 字仲宽，其先西宁青海人，后徙云京（疑为云州，在今河北张家口市东北）。容幼颖悟，稍长喜读书。中统初年，以国师荐，入侍皇太子真金于东宫，掌库藏。“每退直，即诣国子祭酒许衡，衡亦与进之”。至元七年（1270 年）世祖闻容知吏事，命为中书省掾。至元十五年（1278 年），奉旨使江西，抚慰新附之民。后为广平路总管。②

不忽木（1255～1300 年） 一名时用，字用臣，康里人，燕真之子。初事太子真金于东宫，从师于太子赞善王恂，王恂随真金北征，乃受学于许衡。“日记数千言，衡每称之，以为有公辅器。”③“谓公必大用于世，名之曰时用，字之曰用臣。”④至元十三年（1276 年），与同舍生坚童、太答、秃忽鲁等上疏兴学。至元十四年（1277 年）授利用少监，出为燕南按察副使，升正使，至元二十二年（1285 年）为吏部尚书，历官工部尚书、刑部尚书、中书平章。成宗时拜昭文馆大学士，平章军国重事。不忽木一生政绩斐然，成为元朝名臣之一，王恽写诗赞叹道：

汉相规随有典刑，赞书今傍太微星。
甄陶品汇均元化，业履貂蝉自六经。
养浩以刚邹孟直，诚心无愧鲁斋铭。
细倾东阁梅花酿，长对西山未了青。⑤

买哥 畏兀儿氏，从许衡学，任富州达鲁花赤。⑥

---

① 《元史》卷 19《成宗本纪》。

② 《元史》卷 134《刘容传》。

③ 《元史》卷 130《不忽木传》。

④ 赵孟𫖯：《封鲁国公谥文贞康里公碑》，《松雪斋文集》卷 7，四部丛刊初编本。

⑤ 王恽：《秋涧先生大全文集》卷 21《寿平章不忽木》。

⑥ 万历《南昌府志》卷 15，万历十六年刊本。

（3）其他门徒

许衡一生大部分时间都在从事教育，门徒众多，除了上面介绍的两种类型的学徒以外，其他学徒数量更多，他们中间很多人做了元朝中央和地方的各级官吏，形成了一个更为庞大的社会网络，它一方面使许衡的影响扩展到更加广阔的范围；另一方面，生徒们也因为许衡的影响而得益良多。这种社会网络中比较有名的成员有：

徐毅（1254～1314年）　字伯弘，平阳赵城（今山西临汾市）人。父徐德举，官至太原路盐使司提举。徐毅幼颖异，受业于许衡，"以清方劲正为众所严惮，莫不以远大期之"。弱冠辟掾，调同知檀州事。至元间为监察御史，大德间为枢密院经历、中书左丞郎中，出为陕西廉访使，至大间为佥枢密院事，仁宗时为南台侍御史，西台中丞，延祐六年（1319年）卒。①

潘泽（1238～1292年）　字泽民，宣德府（今河北宣化）人。家资雄厚，潘泽长大以后拜许衡为师，尽改故习，气质大变。受刘秉忠推荐，为太府监知事，转左藏库副使。后知弘州兼诸军奥鲁，有政声。历官弘州、兴中州知州、监察御史、辽东宪佥、御史台都事、淮西、浙西宪副等职。②

刘宣（1233～1288年）　字伯宣，太原人。自幼喜读书，有经世之志。宣抚张德辉至河东，见而器重之，还朝荐为中书省掾。刘宣"暇则往从国子祭酒许衡，讲明理学"。初为河北河南道巡行劝农副使，至元十二年（1275年）为中书户部郎中，改行省郎中。官至南台御史中丞。③

许扆　字君黼，一名忽鲁火孙，曲沃（今山西曲沃县）人。从其父许国祯侍世祖于潜邸，进退庄重，世祖喜之。"俾从许衡学，入备宿卫"。后以中书右丞署太常院事，改陕西行中书省右

---

①　黄溍：《黄文献集》卷10《御史中丞赠资政大夫中书右丞上护军追封平阳郡公谥文靖徐公神道碑》，丛书集成初编本。

②　姚燧：《浙西廉访副使潘公神道碑》，《牧庵集》卷22。

③　《元史》卷168《刘宣传》。

丞。①

畅师文 字纯甫，南阳人。幼警悟，家贫无书，手录口诵，过目辄不忘。弱冠拜许衡为师，与衡门人姚燧、高凝皆相友善。丞相安童辟为右三部令史，官拜翰林学士。②

刘世常 字平父，许衡弟子。大德八年（1304年）守无锡。③家中藏书万卷。④

许蒙泉 生平不详，许衡弟子。为徽州路总管，居三年，民大悦服。⑤

张介福 字子祺，覃怀（今河南沁阳）人，后徙吴县。少从许衡游。自以不及养，不敢禄仕。“伪吴兵入其家，危坐不为起，斫面仆地，久苏，复取冠戴之，坐自若。”⑥

李文炳 许衡学生，得到许衡喜爱。文炳生病回家，许衡曾去看望；文炳病逝，许衡亲往吊唁，⑦反映了许衡与学生之间的深厚感情。

王宾 字子立，王恂幼子。“初从祭酒许文正公游，《小学》、《四书》悉能通其大旨。”⑧

王宽 王恂长子，从许衡游。恂卒，官至兵部郎中，知蠡州。⑨

李铨 字平叔，朔州（今属山西）人。父卒，家益困。李铨长大，以远大自励，有以其名闻于世祖皇帝，诏习儒业，入国子学，师从许衡。后为彰德路铁冶提举、归德府同知。元贞元年

---

① 《元史》卷168《许国祯传》。

② 《元史》卷170《畅师文传》。

③ 白雄飞：《故愚泉散吏显翁先生李府君墓志铭》，《无锡县志》卷4下，宋元方志丛刊本。

④ 《白虎通德论》卷首《张楷序》，元大德九年刻本。

⑤ 唐元：《筠轩集》卷11《题前徽守高公守拙诗卷》，四库全书本。

⑥ 查继佐：《罪惟录》卷22《列传二十三》，四部丛刊本。

⑦ 许衡：《鲁斋遗书》卷8《祭李生文炳文》。

⑧ 苏天爵：《秘书少监王公墓志铭》，《滋溪文稿》卷10。

⑨ 黄宗羲：《宋元学案》卷90《鲁斋学案》。

（1295 年）为翰林待制，历官广平铁冶提举、工部员外郎、治书侍御史、秘书卿等。①

李之复（1249～1308 年）　字希颜，京兆人。受学于许衡、李庭。以府学生贡为按察书吏，辟安西王府掾。历官陕西省掾、鄜州同知、峡州路判官、甘州路判官等。②

李善甫　沁州（今属山西）人。受学于许衡，“其为学也，内而修身齐家，外而事君治民，一以文正为归”。至大四年（1311 年）任江西行省检校，仁宗时为沁州知州。③

王都中（1278～1341 年）　字元俞，号本斋，福宁州人。寓居吴县，父积翁仕宋为宝章阁学士、福建制置使。至元十三年（1276 年）南宋灭亡，以全闽八郡图籍入觐世祖，授金虎符、中奉大夫刑部尚书、福建道宣慰使兼提刑按察使，寻除江西行省参知政事。王都中“幼留京师，及拜许衡，即知所趋向，中年尤致力于根本之学”。④

冯善主　字君协，右北平石城人。初学于张简之，闻许衡以经学教胄子，徒步至京师从之。许衡叹其淳笃。许衡去世，千里赴吊于怀孟路。至元二十五年（1288 年）以耶律有尚荐，任平滦路儒学正，历冀州、辽阳儒学教授，“所至，以君出许先生门，争从之游”。后为兴州宜兴主簿，政化大行。大德十一年（1307 年）卒。⑤

贺胜　字真卿，一字举安，小字伯颜，京兆人，贺仁杰子。16 岁入宿卫，凝重寡言，世祖甚器重之。尝从许衡游，通经传大

① 袁桷：《清容居士集》卷 32《李司徒行述》。

② 萧𣂏：《元故承直郎甘州总管府判官李侯墓志铭》，《勤斋集》卷 3，四库全书本。

③ 程钜夫：《雪楼集》卷 15《送李善甫知沁州序》，四库全书本。

④ 黄溍：《正奉大夫江浙等处行中书省参知政事王公墓志铭》，《金华黄先生文集》卷 31，四部丛刊初编本；《元史》卷 184《王都中传》，中华书局 1992 年版。

⑤ 程钜夫：《故登仕郎蔚州安定县主簿冯君墓碣》，《雪楼集》卷 18。

义。①

马充实（1233～1292年） 字士辉，怀孟路河内人。幼丧父，从继父居高昌，习诸国语言。后还乡，许衡见其“笃厚温谨”，收为弟子。许衡受召北上，忽必烈问其弟子孰为诚实，许衡以马充实对，忽必烈于是召见之。马充实以儒服入见于柳林，以国语回答忽必烈提问，忽必烈大喜，授怀孟路蒙古学教授，再授襄阳路钧州判官。后隐居乡里，授官河渠使、蒙古翰林学士等，皆不受。至元二十九年（1292年）卒。②

许约 许衡门人。皇庆二年（1313年），诏以许衡从祀孔庙，许约撰写祭文。③

曹某 许衡门人。蒲道源送曹某诗写道：“鲁斋授受得精微，已际风云见发挥。平昔功夫该体用，只今事业信光晖。吏民与我倾心久，人物如公屈指稀。前日泮宫聆一话，情知吾道有依归。”④从诗中看出，他也是一位以“儒治”见长的官吏。

赵矩 字义臣，大都人。南乐县尹，劝农养士，称循吏。⑤

5. 结论

社会网络是指社会成员通过地缘、血缘、姻亲以及社会活动、社会交往等方式所形成的社会关系的总和。由于每个社会成员的社会经历各不相同，其社会网络也会各有特点。就许衡来说，他出身于一般百姓之家，没有高官显宦的社会背景，其姻亲对象也是一般百姓，在血缘和姻亲方面没有一个相对强大的社会网络作为他从事社会活动的支撑，其舅父做过一般县吏，许衡也曾跟他学过吏业，但这段经历并没有给许衡以后的社会活动带来影响，因此，许衡的社会网络主要依靠他本人的社会活动和社会交往建立起来。具体地说，许衡的社会网络分为三个层面：

---

① 《元史》卷179《贺胜传》。

② 袁桷：《翰林学士嘉议大夫马公神道碑》，《清容居士集》卷27。

③ 《鲁斋先生升从祀祭文》，《元文类》卷48。

④ 蒲道源：《与曹总管》，《闲居丛稿》卷5。

⑤ 黄宗羲：《宋元学案》卷90《鲁斋学案》。

首先是许衡与其弟子之间的社会网络，这是许衡一生最重要的社会网络。许衡一生的大部分时间在从事教育，在教学过程中，许衡不仅传授知识，还注意传授学生做人、做官的方法和平时谋生的手段，深得弟子的敬仰。元人苏天爵记述道：

> 先生之教人也，恩同父子，义若君臣，因其所明，开其蔽而纳诸善，时其动息而张弛之，慎其萌蘖而防范之，其日渐月积，不自知其变也，日新月盛，不自知其比也。其言谈举止，望而知先生弟子，卒皆为世用也。①

许衡这种重视实用、面向现实的教育虽然受到后来一些学者的批评，② 然而对元朝政治、社会的影响是明显的。从前面的考察就可以看出，许衡的弟子在出仕以后，基本上都能以天下为己任，成为元初汉法派的中间力量。元初忽必烈对儒臣、儒治并不重视，后来甚至将儒臣排挤出朝廷，多次重用“理财”之臣。但以理财见长的阿合马、卢世荣、桑哥虽然横行一时，都以失败被杀而告终，元政权统治基本上没有离开中国传统政治的轨道，可见，元初汉法派对元朝政治还是起着决定作用，因为汉法派中不仅有汉人，还有以安童、不忽木、坚童、廉希宪等蒙古、色目人，这与许衡的教育和影响是分不开的。元人许有壬在谈到许衡对蒙古子弟的教育和影响时说：

> 世祖皇帝用许鲁斋为国子先生，当时蒙古生员教育成材者何限？至于集赛、鹰房，皆知所谓三纲五常。③

这充分说明了许衡对于蒙古弟子的影响。可以说，许衡的门徒

---

① 苏天爵：《元朝名臣事略》卷8《左丞许文正公》。

② 明朝学者王守仁就认为：“许鲁斋谓儒者以治生为先之说，亦误人。”（王守仁：《王文成全书·传习录》卷1，四部丛刊本）

③ 许有壬：《公移·正始十事》，《至正集》卷77，四库全书本。

在元初已经形成了一个强大的社会网络，对元初的政治运行产生了重要的影响，所以元人苏天爵在谈到许衡的贡献时也说：

其后成德达才，布列中外，大而宰辅卿士，小则郡牧邑令，辅成国家之政治者，大抵多成均之弟子也。是则文正兴学作人之功，顾不大欤?①

其次是许衡在官场同僚之间建立的社会网络，这是对许衡的政治生涯影响较大的一个社会网络。元初，政权内部形成了汉法派（主张以汉法治国）和理财派（主张以回法理财）两个政治团体。由于许衡的学术和影响，他成为汉法派的主要代表之一。他非常注意与主张汉法的官员同僚建立社会网络，以取得广泛的支持。从史料来看，忽必烈对许衡的政治才能并不赞赏，但他却能在屡次辞职以后，屡次被忽必烈召见任官，这与汉法派诸人对他的推崇和支持有关。

再次是许衡与讲习师友形成的社会网络，这同样是许衡一生不可或缺的社会网络。许衡既没有高贵的出身，也没有受到过良好的教育，他的知识来源、学术水平的提高，很大一部分是在师友讲习中完成的，特别是姚枢和窦默对许衡的一生产生了较大的影响。对于一般的民间儒士、乡学师，许衡也乐于交往，从相互交往中得到知识和生活的乐趣。

许衡是元初的大教育家，他的贡献不仅是教育和文化传承方面，他对元初政治发展的贡献同样是巨大的。元人张养浩评价说：

（伊洛之学）至我朝则大备，然而圣圣相承，前后百有余年，魁人硕士裒然辈出，其传圣人道者，乃惟覃怀许衡氏寥焉一人，何邪？盖尝考夫许氏之学，其所拳拳者《小学》、《四书》，未尝以博洽称焉，未尝以能文辞称焉，未尝以多才艺称

① 苏天爵：《元故翰林侍读学士赠陕西行省参知政事吕文穆公神道碑铭》，《滋溪文稿》卷7。

焉。其所守至简，其用力至省，而其究乃杰然穷出一世之表，而从祀于圣人，何哉？盖彼所以剧且劳，卒不克推，凡近者从事于技也，此所以简且省，顾日跻高明者从事于心也，心焉者，言行犥犥不弛于冥，不饬于显，穷达祸福一无所挠抜焉者，则忘己而役于物，外观若美，中实无所持，故儒有君子，有小人，有为己、为人之不同者，此也大哉。①

张养浩这里谈到的是许衡在教育及文化学术传承方面的贡献。下面两首诗则反映了许衡在政治方面的贡献。元人魏初写道：

鲁斋天下士，高弟数君侯。立学心恒切，居官行益修。
旱苗方渴雨，健翮正横秋。尊酒何年夜，陈登百尺楼。②

元人张光弼也写道：

许衡天遣至军前，未丧斯文赖此传。
大学一编尧舜事，致君中统至元年。③

可见，许衡所做出的贡献，元人已有定论，无待后人评说。

（二）元代儒士戴表元的社会网络

戴表元（1244～1310 年），字帅初，一字曾伯，庆元路奉化州人（今属浙江奉化）。宋咸淳年间进士，任职建康府（今南京市）学教授。元军进攻南宋期间，戴表元去职归家，从此隐居不仕，在奉化、宣城、杭州等地教授为业近三十年。大德六年（1302 年），年近六十的戴表元受荐为信州路儒学教授，五年后归，从此隐居不出。至大三年（1310 年）卒。戴表元一生坎坷，南宋时以

① 张养浩：《莱芜县三皇庙记》，《归田类稿》卷 4，四库全书本。
② 魏初：《清崖集》卷 1《送某学士》，四库全书本。
③ 张光弼：《张光弼诗集》卷 3《辇下曲》，四部丛刊本。

科举闻于世，但仅做了建康府学教授南宋就灭亡，此后沦入社会下层三十年，一直在失意和贫困中挣扎，晚年虽得一任，亦不过是位卑俸薄的学官。戴表元的一生，是元代江南儒士（或学官）处境和生活状况的最好说明。戴表元一生大部分时间从事教育，他在南宋末年做过学官，南宋灭亡，又在杭州等地长期从事民间儒学教育，晚年还做了信州路儒学教授，他在教学过程中总结出一些教学方法，对教学理论也有精辟的阐述，因此，可以说他是元代江南有成就的教育家之一。戴表元在改朝换代之际，饱尝生活的艰辛和江湖漂泊之苦，对儒士社会网络的重要性认识深刻，他在大德二年写的一篇文章中认为："士大夫怀居养安，内无豪杰特起之见，外无交游广博之助，而望有所立，其难哉！"① 基于这种认识，戴表元在元初以东南文章大家名于一时，交游十分广泛，建立了一个以儒士为中心，包括地方官吏、学官、僧道等社会角色在内的比较丰富的社会网络。他的社会网络具有较强的典型性和说服力。

有关戴表元的研究，目前为止学术界已经有一些研究成果。孙弗侯《戴表元年谱》辑录了戴表元一生的主要活动。② 加拿大学者谢惠贤《论元初江浙士大夫的穷困处境》探讨了戴表元的社会处境、志向及文学追求。③ 本人《从社会交往看元代儒士的社会网络——以戴表元为例》也对元代戴表元的社会网络进行了初步探讨。④ 前人成果中探讨戴表元的社会网络的不多，拙文虽然探讨了这个问题，但由于拙文研究方法的局限和史料收集的缺陷，戴表元的社会网络问题很有必要进行重新研究。

1. 戴表元社会交往对象统计

从戴表元的回忆来看，其家族在宋朝为一般百姓之家，曾祖戴宇"尝以衙前役，服劳县庭一年。故平决斗讼与譬释劝谕而解者，

---

① 戴表元：《顾伯玉诗文稿序》，《剡源戴先生文集》卷11。

② 商务印书馆"中国史丛书"本。

③ 张其凡、范立舟：《历史文化研究》，人民出版社2003年版，第407～418页。

④ 《武汉大学学报》（人文社科版）2003年第5期。此外，还有一些成果研究戴表元的文学成就，这里不再列举。

无虑累百家。役满日，县大夫遣子弟，拥蓝舆、簪花帽以华其归”。其祖为戴汝明，字叔晦，性格“朴鲁有至性”，赘婿于郑氏。郑氏为士大夫之家，妻兄郑善夫“以词赋教授里中”，戴氏子孙“以外家故”，才开始习儒为业。戴表元生父为戴溧，南宋试国子生，不中，隐居于家，号拙逸居士。戴表元幼年过继其仲父戴灏。① 戴灏“学于外家，以外家之学学赋，学成，复以教表元”。② 戴表元在《戴剡源先生自序》中谈到他元朝以前的主要经历：

> 五岁知读书，六岁知为诗，七岁知习古文，十五始学词赋，十七试郡校连优，补守六经谕，即厌去，游杭，作书言时政，激摩公卿大人无所避。杭学每岁贡士得三百员，试礼部中者十人，入太学谓之类申。二十六岁己巳，用类申入太学，明年庚午，试中太学秋举。岁终，校外舍生，试优，升内舍。辛未春，试南省，中第十名。五月对策，中乙科，赐进士及第，授迪功郎升（建康）学教授。③

戴表元进入元朝以后的经历，本文前面已经叙述，这里不再重复。从戴表元的家族背景来看，他基本上没有显赫的宗族或亲族关系来作为其社会网络的基础，主要靠其本人的社会交往来构建自己的社会网络，因此，本文将戴表元一生的社会交往情况进行统计，作为探讨戴表元社会网络的基本依据。

戴表元社会网络统计表

姓　名	籍　贯	时　间	身　份	出　处
庆上人			僧人	《文集》卷 14
觉恩（字以仁）	庆元路	大德三年（1299 年）	僧人	《文集》卷 14

① 戴表元：《小方门戴氏居葬记》，《剡源戴先生文集》卷 5。
② 戴表元：《戴氏剡源张村葬记》，《剡源戴先生文集》卷 5。
③ 戴表元：《剡源戴先生文集》卷首。

续表

姓　名	籍　贯	时　　间	身　份	出　　处
子　仪	越人	大德四年（1300年）	僧人	《文集》卷14
王亦诜	铅山人	大德三年（1299年）	学生	《文集》卷14
柳　贯	金华人	大德四年（1300年）	书院山长	《文集》卷14
郑南仲	闽人		路学教授	《文集》卷14
谢仲潜	建康路	大德二年（1298年）	学官	《文集》卷14
欧阳生	长沙人	至元二十一年（1284年）	相士	《文集》卷14
谢　某	杭州人		谈星者	《文集》卷14
朱开伯	奉化人	至元十四年（1277年）	儒士	《文集》卷14
赵汉弼	奉化人		儒士	《文集》卷14
赵汉弼	奉化人	大德二年（1298年）	儒士	《文集》卷7
徐之祥	鄱阳人		儒士	《文集》卷7
叶正道	宁海人		儒士	《文集》卷7
于景龙	徽州路人	元贞元年（1295年）	儒士	《文集》卷7
陆子顺	苏台人	大德二年（1298年）	儒士	《文集》卷7
潘衍翁	天台人		儒士	《文集》卷7、卷8
吴伯秀	奉化人		儒士（同学）	《文集》卷7
詹仲美	铅山人	大德二年（1298年）	儒士	《文集》卷7
应翔孙	昌国州人	大德二年（1298年）	儒士	《文集》卷7
张　炜	吴兴人	大德四年（1300年）	儒士	《文集》卷7
程宗旦	宛陵人	元贞元年（1295年）	儒士	《文集》卷8
王　傅	京口人	大德三年（1299年）	儒士	《文集》卷8
严养晦	山阴人		相士	《文集》卷8
杜　君	当涂人		道士	《文集》卷8
王伯善	旌德人	元贞二年（1296年）	地方官	《文集》卷8
王伯善	旌德人	大德六年（1302年）	地方官	《文集》卷8

续表

姓　名	籍　贯	时　间	身　份	出　处
虞世民	铅山人	元贞二年（1296年）	儒士	《文集》卷8
周　密	杭州人	至元二十八年（1291年）	儒士	《文集》卷8
凌尧辅	鄱阳人		儒士	《文集》卷8
仇　远	杭州人		儒士	《文集》卷8
屠　约	杭州人		儒士	《文集》卷8
白　珽	杭州人		学官	《文集》卷8
王庭槐	杭州人	大德三年（1299年）	儒士	《文集》卷8
方　回	徽州人		儒士	《文集》卷8
张　模	清河人	大德二年（1298年）	儒士	《文集》卷8、卷10
赵君理	奉化人		儒士	《文集》卷8
陈康祖	龙泉人	大德二年（1298年）	儒士	《文集》卷8
李时可	吴县人	至元二十八年（1291年）	儒士	《文集》卷8
胡　侨	淳安人		儒士	《文集》卷8
张君信	吴县人	至元二十八年（1291年）	儒士	《文集》卷8
陈季渊	京兆人		地方官	《文集》卷8
汤子文	丹阳人	至元二十八年（1291年）	儒士	《文集》卷9
洪焱祖	新安人	大德八年（1304年）	儒士	《文集》卷9
许长卿	杭州人	大德二年（1298年）	儒士	《文集》卷9
李元凯	括苍人	大德四年（1300年）	儒士	《文集》卷9
董叔辉	奉化人		儒士	《文集》卷9
吴熙载	鄱阳人	至大元年（1308年）	州判官	《文集》卷9
朱伊叟	奉化人	大德二年（1298年）	儒士	《文集》卷9
刘仲宽	鄱阳人		儒士	《文集》卷9
方端叟	吴兴人	大德四年（1300年）	儒士	《文集》卷9
崇　古	华亭人	大德二年（1298年）	僧人	《文集》卷9

续表

姓名	籍贯	时间	身份	出处
园至	高安人	至元间	僧人	《文集》卷9
魁师	吴县人	大德二年（1298年）	僧人	《文集》卷9
珣上人	奉化人		僧人	《文集》卷9
余景游	奉化人	至元十九年（1282年）	儒士	《文集》卷9
王德玉	山阴人	元贞元年（1295年）	儒士	《文集》卷9
王某		大德九年（1305年）	廉访司佥事	《文集》卷10
徐天佑	山阴人	至元二十三年（1286年）	儒士	《文集》卷10
王沂孙	山阴人	至元二十三年（1286年）	儒士	《文集》卷10
陈方	台州人	至元二十三年（1286年）	儒士	《文集》卷10
洪师中	鄱阳人	至元二十三年（1286年）	儒士	《文集》卷10
孙晋康	杭州人	至元二十三年（1286年）	儒士	《文集》卷10
曹之才	杭州人	至元二十三年（1286年）	儒士	《文集》卷10
朱棻	杭州人	至元二十三年（1286年）	儒士	《文集》卷10
张国器	杭州人	大德二年（1298年）	宋王孙	《文集》卷10
张焴	清河人	大德二年（1298年）	儒士	《文集》卷10
张烈	清河人	大德二年（1298年）	儒士	《文集》卷10
戴锡祖	会稽人	大德二年（1298年）	儒士	《文集》卷10
顾文琛	嘉兴人	大德二年（1298年）	儒士	《文集》卷10
张炬	清河人	大德二年（1298年）	儒士	《文集》卷10
张槛	清河人	大德二年（1298年）	儒士	《文集》卷10
张奎	清河人	大德二年（1298年）	儒士	《文集》卷10
陈绎曾	龙泉人	大德二年（1298年）	儒士	《文集》卷10
林以道		大德三年（1299年）	儒士	《文集》卷10
元上人		至元三十一年（1294年）	僧人	《文集》卷10
陈用宾	永嘉人	至元三十一年（1294年）	儒士	《文集》卷10

续表

姓名	籍贯	时间	身份	出处
王应夔	大名人	大德六年（1302年）		《文集》卷10
虞舜臣	铅山人	大德六年（1302年）		《文集》卷10
虞舜民	铅山人	大德六年（1302年）		《文集》卷10
宋如曾	铅山人	大德六年（1302年）		《文集》卷10
郑仁则	上饶人	大德六年（1302年）		《文集》卷10
曾道华	上饶人	大德六年（1302年）		《文集》卷10
徐如砺	上饶人	大德六年（1302年）		《文集》卷10
王叔太	上饶人	大德六年（1302年）		《文集》卷10
王叔谦	上饶人	大德六年（1302年）		《文集》卷10
郑义荣	上饶人	大德六年（1302年）		《文集》卷10
汤及翁	鄱阳人	大德六年（1302年）		《文集》卷10
牟应龙	湖州人	大德三年（1299年）	儒士	《文集》卷10
狄　某	河南人	至元三十年（1293年）	部使者	《文集》卷10
方　凤	浦江人	大德二年（1298年）	儒士	《文集》卷10
王子兼	奉化人	至元十四年（1277年）	儒士	《文集》卷11
王敬叔	金华人	元贞二年（1296年）	儒士	《文集》卷11
方　回	歙县人		儒士	《文集》卷11
谢　翱	浦城人		儒士	《文集》卷11
廉　泛	畏兀儿人	元贞二年（1296年）	宪使	《游志续编》卷下
鲍景祥	歙县人	大德三年（1299年）	儒士	《文集》卷7
国　熇	宁海人		儒士	《文集》卷9
徐九龄	上饶人	大德十年（1306年）	儒士	《文集》卷18
曾　某	信州人	居信州期间	道士	《文集》卷18
汤仲友	吴县人		儒士	《文集》卷18
陈强甫	山阴人		儒士	《文集》卷19

续表

姓名	籍贯	时间	身份	出处
唐师善	杭州人		儒士	《文集》卷 19
徐则高	饶州人		学官	《文集》卷 19
钱选	吴兴人		画家	《文集》卷 18
董金	竹溪人		儒士	《文集》卷 18
赵几仲	闽清人	居信州期间	县主簿	《文集》卷 18
仇某	陈留人	大德五年（1301 年）	廉访使	《文集》卷 18
汪度	奉化人		隐士	《文集》卷 18
舒岳祥	奉化人	至元十四年（1277 年）	儒士	《文集》卷 18
刘正仲		至元十四年（1277 年）	儒士	《文集》卷 18
胡元鲁		至元十四年（1277 年）	儒士	《文集》卷 18
王希圣			儒士	《文集》卷 19
王宏	上饶人	居信州期间	儒士	《文集》卷 19
陈某	永嘉人		提举学事	《文集》卷 19
陈某	杭州人	大德五年（1301 年）	儒士	《文集》卷 19
王伯畏	新安人	大德七年（1303 年）	儒士	《文集》卷 24
王勋	衢州人		儒士	《文集》卷 11
王一初	松江人	大德二年（1298 年）	儒士	《文集》卷 11
曹和父	吴县人	大德三年（1299 年）	儒士	《文集》卷 11
史昭父	奉化人	大德三年（1299 年）	儒士	《文集》卷 11
陈规		大德元年（1297 年）	学生	《文集》卷 12
陈同	颍川人	大德元年（1297 年）	儒士	《文集》卷 12
陈周	颍川人	大德元年（1297 年）	儒士	《文集》卷 12
张严		大德八年（1304 年）	儒士	《文集》卷 12
李元忠	贵溪人		儒士	《文集》卷 24
崔某	北方人		蒙古字教授	《文集》卷 24

续表

姓　名	籍　贯	时　　间	身　份	出　处
阮麟翁		至元二十九年（1292年）	庆元路同知	《文集》卷1
赵然明	信州人	大德七年（1303年）	书院山长	《文集》卷1
马德昌	磁县人	至元二十八年（1291年）	南台僚	《文集》卷2
曹　松	宣城人	元贞二年（1296年）	儒士	《文集》卷2
董彦受	奉化人		儒士	《文集》卷2
单允涵		辞官隐居间	儒士	《文集》卷2
孔　晨	上虞人	至元三十年（1293年）	儒士	《文集》卷2
胡天放	淳安人	晚年	儒士	《文集》卷2
鲜于枢	渔阳人	至元二十四年（1287年）	地方官	《文集》卷2
袁　桷	奉化人	至元末	儒士	《文集》卷2
史景文	庆元人		儒士	《文集》卷2
袁复初	奉化人		儒士	《文集》卷2
程士安	郓城人		佐吏	《文集》卷3
王麟伯	大名人		地方官	《文集》卷3
毛震卿	奉化人		儒士	《文集》卷3
程士誉	东平人		奉化知州	《文集》卷3
王德玉	山阴人		儒士	《文集》卷3
卢明仲	贵溪人	大德七年（1303年）	道士	《文集》卷3
陈养直		至大二年（1309年）	学生	《文集》卷3
范龙友	奉化人		儒士	《文集》卷3
李士弘	河东人		集贤学士	《文集》卷3
董可伯			隐士	《文集》卷4
王廷吉	越人	至元间	隐士	《文集》卷4
乐廷玉	东平人		退休官员	《文集》卷4
嵇法师		元贞元年（1295年）	僧人	《文集》卷4

续表

姓名	籍贯	时间	身份	出处
王成父	邢台人		吏员	《文集》卷6
徐觉民	弋阳人	大德八年（1304年）	县主簿	《文集》卷6
吴某	鄱阳人	大德八年（1304年）	隐士	《文集》卷6
危公远	临川人	大德八年（1304年）	僧人	《文集》卷6
姚子敬	吴兴人	至元二十七年（1290年）	儒士	《文集》卷5
杨应桂	弋阳人	居信州间	当涂户曹	《文集》卷1
赵仲文	东平人	大德九年（1305年）	宪府掾史	《文集》卷20
于伯颜	蓟县人	大德七年（1303年）	奉化知州	《文集》卷20
宋彧	东昌人	居信州间	信州陆推官	《文集》卷17
徐耕道	信州人	居信州间	儒士	《文集》卷17
胡士谦	安阳人	大德六年（1302年）	中书省官	《文集》卷15
游叔大	信州人	大德七年（1303年）	儒士	《文集》卷15
单庚金	奉化人	大德九年（1305年）	儒士	《文集》卷16
赵与葺	奉化人		儒士	《文集》卷16
章居实	黄岩人	居杭州间	道士	《文集》卷16
李梦登	余姚人		儒学教授	《文集》卷16
张允甫	杭州人		儒士	《文集》卷16
俞肖望	台州人	至元末	儒士	《剡源逸稿》
曹习之	奉化人	至元末	儒士	《剡源逸稿》
舒炯	奉化人		儒士	《剡源逸稿》
李厚	宁海人	至元十三年（1276年）	隐士	《剡源逸稿》
李友端	宁海人	至元十三年（1276年）	隐士	《剡源逸稿》
李国华	宁海人	至元十三年（1276年）	儒士	《剡源逸稿》
元明善	大名人		行台掾	《文集》卷27
韩君美			路经历官	《文集》卷27

续表

姓　名	籍　贯	时　　间	身　份	出　　处
陈君祥			宪使	《文集》卷 27
贾敏求	金华人		游士	《文集》卷 13
孔明远	衢州人		路学学正	《文集》卷 13
汤子文	丹阳人	至元二十八年（1291 年）	儒士	《文集》卷 13
李公度	句容人	至元三十年（1293 年）	道士	《文集》卷 14
王子庆	杭州人		儒士	《文集》卷 13
郑若晦	奉化人		儒士	《文集》卷 13
方中全	新安人		儒士	《文集》卷 13
唐君儒	嘉兴人		杭州学正	《文集》卷 13
王月友	松江人	大德四年（1300 年）	游士	《文集》卷 13
罗寿可	吉安人		游士	《文集》卷 13
黄彦实	慈溪人	大德五年（1301 年）	儒士	《文集》卷 14
龚子敬	丹阳人		游士	《文集》卷 14
郭以南	永嘉人		道士	《文集》卷 14
叶茂叔	高邮人		淮安学正	《文集》卷 13
屠　约	杭州人		婺州学正	《文集》卷 13
盛元仁	杭州人	大德四年（1300 年）	吉水州教授	《文集》卷 13
杜孟傅	杭州人	大德三年（1299 年）	书院山长	《文集》卷 13
高虎臣		元贞年间	路学学正	《文集》卷 13
贡　奎	宣城人	元贞年间	学官	《文集》卷 14
陈养晦		晚年家居	游士	《文集》卷 13
甘中立	池阳人	大德七年（1303 年）	儒士	《文集》卷 14
宋吾省	铅山人	居信州	信州路吏员	《文集》卷 14
袁　易	长州县人		儒士（连襟）	《文集》卷 18
卫君用	洛阳人	大德十年（1306 年）	儒士	《文集》卷 1

说明：上表以四部丛刊本《剡源戴先生文集》为中心进行统计，表中简称《文集》，统计原则为只收集文中有明确记载与戴表元交游的人，《文集》中出现的没有明确记载与戴表元交游的人，则不予收集。表中交游时间、人物籍贯、身份等内容不详部分，在表格中空出。

2. 戴表元一生社会网络的变化情况

现将戴表元在元代（至元十三年到至大三年，即1276～1300年）生活的35年分成七个阶段，统计他的社会网络的变化情况，具体数据见下表：

时　间	数量（人）
至元十三年到至元十七年（1276～1280年）	8
至元十八年到至元二十二年（1281～1285年）	2
至元二十三年到至元二十七年（1286～1290年）	9
至元二十八年到元贞二年（1291～1296年）	28
大德元年到大德五年（1297～1301年）	46
大德六年到大德十年（1302～1306年）	36
大德十一年到至大三年（1307～1310年）	5
合　计	134

说明：大德元年到大德五年是戴表元在杭州教书时期，应作为一个阶段统计，故将前一段延至元贞二年，为六年。戴表元做信州路儒学教授是在大德六年到大德十年间，将此五年作为一个阶段统计，最后一个时间段只有四年。

将上面数据做成统计柱状图如下：

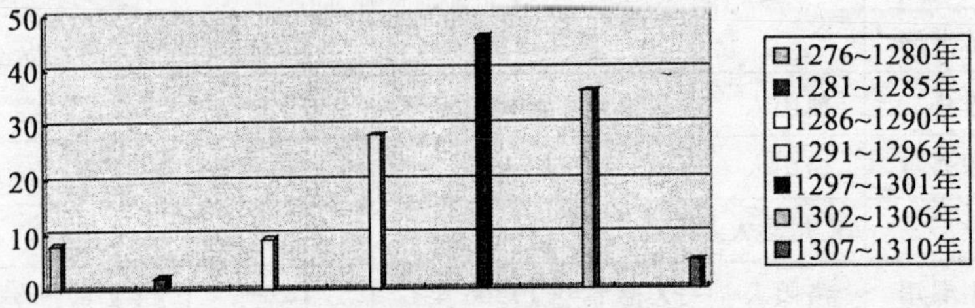

从上面的柱状图可以看出戴表元一生社会网络的变化情况。

至元十二年（1275 年），戴表元在元朝大军逼近建康时，返回老家奉化。当时家乡的情况并不好，友人舒岳祥在欢迎戴表元回乡的诗中写道："吴客多留越，君寻古剡归。民贫官棰急，岁歉米船稀……榆林知能隐，安得翅能飞。"① 至元十三年（1276 年），元军攻至庆元，不久到达奉化，于是戴表元与好友王子兼到天台县（元属台州路）逃难避兵。天台县多山，元兵未至，许多文人雅士咸聚于此。戴表元与王子兼、舒岳祥、刘庄孙、胡元鲁等常以诗相唱酬。他在记述当时的情况时说："每兵休事定，辄一会合，必有诗。"② 逃往的生活是困苦的，戴表元写道："丙子（至元十三年）之祸，表元扶三老人走三州五县，犯死道数十……援之归鄞，久之益困，谋居浙河之西，又不可，则迁而归乌石，又谋还剡。"③ 至元十四年（1277 年），戴表元回奉化，次年在剡源（奉化）以南二里许的榆林，买地造屋，定居下来，开始在奉化农村的闲居生活。④ 这一时期，除了在逃难期间结识一些儒士以外，戴表元的社会网络主要还是以家乡儒士为主，统计图显示，他这一时期社会交往对象仅为 8 人，反映出其社会网络比较狭窄。

至元十八年（1281 年）到至元二十二年（1285 年），是戴表元在元朝生活的第二阶段。统计图显示，这一时期他的社会交往对象最少，为 2 人。生活的封闭是这一时期出现这种现象的主要原因。至元二十一年（1284 年），戴表元受聘到奉化袁洪的家里，教育其子袁桷。当时同居于袁氏之馆的还有舒岳祥、刘庄孙、胡三省等。⑤ 其余时间，戴表元一直在家闲居。闲居生活非常痛苦，几经迁徙，家贫如洗。他在一封信里自述道："表元家本穷空，上有七十之亲，下有四男子、四女子，男子长者方十七岁，女子二已嫁，

---

① 舒岳祥：《阆风集》卷 3。

② 戴表元：《题萧子西诗卷后》，《剡源戴先生文集》卷 18。

③ 戴表元：《朱尉开伯求葬亲费序》，《剡源戴先生文集》卷 14。

④ 戴表元：《小方门戴氏居葬记》，《剡源戴先生文集》卷 5。

⑤ 全祖望：《胡梅涧藏书窑记》，《鲒埼亭集外编》卷 18。

二未行。主馈惟托于病妻，应门素企于旁亲，所以寻常不过傍家教学，以赡给衣食。"① 在这种生活状况之下，他的心情特别苦闷，经常"狂歌剧饮，扣壶击筑"，以至于"思极愁生，合门拥衾，为呻吟憔悴之作"。② 他在《送陈养晦远游序》中写道："自恨涉世太早，故未齿而学，未冠而游，未壮而仕，未老而休。方气血盛时，东南驰骛，自许要不龌龊，而岂知有今日穷居剡源，欲为耕、渔、樵、猎而不可得耶？"③ 这种贫困的生活和苦闷的心态，影响了他对社会网络的建构。

至元二十三年（1286 年）到至元二十七年（1290 年），戴表元的生活发生了变化。至元二十三年，戴表元到杭州谋生。杭州为江浙行中书省治所，是文人荟萃之地，当时在杭授徒者有：山阴县人徐天佑（字斯万）、王沂孙（字圣与）、台州人陈方（字申夫）、鄱阳人洪师中（字中行）等，皆与戴表元友善。此年三月，周密（字公谨）仿兰亭故事，招在杭名士燕集于杨氏临池之堂，这次燕集反映了戴表元当时的精神状况，摘引如下：

> 丙戌之春，山阴徐天佑斯万、王沂孙圣与、鄞戴表元帅初、台陈方申夫、番洪师中中行皆客于杭……公谨（周密）以三月五日将修兰亭故事，合居游之士凡十有四人，共燕于曲水，客皆诺如约。而大雷雨作，自朝达昼不止，官途水尺，行者病涉，十四人之中其六不至。……迁酒与肴近集于临池之堂……大出所蓄古器物享客为好，或膝琴而弦，或手矢而壶，或目图与书而口歌以呼，醉醒庄谐，骈哗竞狎，各不知人世之有盛衰今古，而穷达壮老之历乎其身也。酒半，有作而叹曰："兹游乐哉，其有思乎？"……于是，坐中之壮者茫然以思，长者愀然以悲，向之叹者欲幡然以辞。既而欢曰："事适有所寄也，今日之事，知饮酒而已，非叹所也，且我何用远知古

---

① 戴表元：《谢王廉访书》，《剡源逸稿》，缪荃孙艺风堂读书记本。

② 戴表元：《送陈养晦远游序》，《剡源戴先生文集》卷 13。

③ 戴表元：《剡源戴先生文集》卷 13。

人?" 盍各为辞以达其志。①

从上面记述可以看出，戴表元与杭州友人还没有从亡国之痛中解脱，对现实非常不满。从当时的情况来看，作为一个贫贱的儒士，在杭州教书谋生并非易事。这些儒士与戴表元经历基本相同，思想相通，在生活上也能互相照顾，所以，这五年期间，戴表元社会网络比上一阶段有所扩大。

至元二十八年（1291年）到元贞二年（1296年）的五年间，是戴表元行踪漂泊不定的时期。可能是由于在杭州的谋生并不如意，至元二十八年春，戴表元来到平江路（今苏州市）吴县，② 短暂停留以后，又到别处游历，他在《葴隐记》一文中说从至元十四年以后"三至越"，③ 越为浙江绍兴一带，至元十四年（1277年）他到这里是为了避兵，此后二次来到这里，可能就是在这一时期。看样子戴表元在这里没有找到好的归宿，次年（1292年）只好又回到家乡。好友舒岳祥在其回家后写道："戴子游西浙，藕花香满船。因思今日日，又是去年年。杨果珍闽荔，榆林下剡川。烹羊曾有约，已失碧桃仙。"④ 至元三十年（1293年），戴表元在奉化，识奉化县尹丁济，他称丁济"知古诸侯之职，而无愧于诗人之所称"。⑤ 他又代替庆元路同知阮麟翁写了《仁寿殿记》，估计这时他与阮亦结识。这一年，戴表元被聘为奉化县学师，他在《七月初五夜养正堂示诸友诗》中写道："儒堂得佳伴，吟讽动比邻。"⑥ 反映了教授于奉化县学时的兴奋心情。但他并没有在奉化县学长期立足。这年秋天，戴表元转到鄞县。⑦ 元贞元年（1295年）六月，他再到杭州；七月左右，来到宣城。他在《秋山记》

① 戴表元：《杨氏池塘燕集诗序》，《剡源戴先生文集》卷10。
② 戴表元：《张君信诗序》、《李时可诗序》，《剡源戴先生文集》卷8。
③ 戴表元：《剡源戴先生文集》卷4。
④ 舒岳祥：《阆风集》卷5。
⑤ 戴表元：《仁寿殿记》，《剡源戴先生文集》卷1。
⑥ 戴表元：《剡源戴先生文集》卷29。
⑦ 戴表元：《陈氏不碍云山堂记》，《剡源戴先生文集》卷2。

一文中说“元贞乙未岁之六月，法师与余相遇于钱塘西湖之上。……再月余来宣”,① 可以为证。戴表元来到宣城以前，曾在绍兴停留，他的《游兰亭诗序》一文记载这一年他参加了部使者为纪念兰亭修缮完成而举行的大规模燕集，文中记述道：

> 河南狄公欣礼之成，首隶于会。郡僚之良，儒官之英，驱鸣辙流，于于而来。缝衣峨冠，弥巷满谷，山翁野叟，奔走出睹。先是东平公即塾招明师，选童稚之秀者以为诸生。至是命之当席拱立，群诵永和诸贤兰亭诗，音容谐同，情理清铓，凡在饮者，无不欢惬。②

戴表元能参加这次燕集，反映了其个人影响和社会网络的扩大。元贞二年（1296 年），戴表元来到宣城县，曾游览宣城南漪湖。③ 这年秋天，戴表元还陪同宪使廉汎游宣城宛溪，其间主宾“尽欢剧饮，清谈浩歌，夜绝久犹不忍寐”。④ 这一时期，由于到处游历，结交了更多的朋友以及地方官吏，戴表元社会网络明显扩大，统计图表也显示，他这一时期社会交往对象达到 28 人，这为以后在杭州立足创造了条件。不过，这一时期由于行踪漂泊不定，戴表元生活仍然非常困难。

大德元年到大德五年期间（1297～1301 年），戴表元主要在杭州授徒谋生。从上面图表来看，这一时期是戴表元社会网络内容最丰富的时期，社会交往对象达到 46 人。这也是戴表元一生的黄金时期，留下来的文学作品最多。除了教书以外，戴表元主要以下列方式扩大社会网络：

第一，参加杭州名人组织的燕集。戴表元文集中多次谈到杭州

---

① 戴表元：《秋山记》，《剡源戴先生文集》卷 4。

② 戴表元：《剡源戴先生文集》卷 10。

③ 戴表元：《剡源戴先生文集》卷 7《王伯善农书序》：“丙申岁客宣城县。”卷 2《秀野堂记》记载了戴表元游南漪湖的情况。

④ 《游志续编》，钱大昕抄本。

士人的燕集情况。大德二年（1298年），杭州宋封循王孙张国器于三月九日在其家中邀请文士举行燕集，“瓶罍设张，屏筵绚辉，衣冠之华，诙谐之欢，咸曰：‘自多事以来所未易有是乐也！’”① 次年八月，戴表元参加了清河人张楧在其宅邸中举行的燕集，当时，戴表元兴奋地记载了这次燕集的情况：“云河豁舒，风露娟爽，客主诸人，谈谑庄诣，啸歌起止，各尽其趣。……深垣窈径，芳林远树，居然令人有山谷意。酒半，有歌《退之赠张功曹》长句者，遂取其末章，分韵赋诗以为乐。”② 燕集是元代士人比较盛行的一种交游形式，他们以饮酒的形式聚在一起，交流思想，联络感情，还能以赋诗为乐，丰富文学创作。对戴表元来说，燕集还能缓解生活压力，多交朋友，所以他非常乐意参加这种活动。

第二，与好友出外野游。戴表元“性好山水”，喜欢出游，杭州安定的生活以及社会交往面的扩大，为其出游创造了条件。大德二年春，好友嘉兴儒士顾伯玉定居杭州东城，戴表元与好友白廷、屠存博等拜访之，“清谈剧饮甚适，既少倦，即相与循关垌，步江皋，眺太白钱镠之荒墟，吊陶、朱、子胥之遗迹，意色苍莽，襟神飞竦，退而存博遂先成古诗二韵六言五章，以纪其事。既而廷玉有和，伯玉既和，又别为诗，而张仲实、陈无逸诸贤又皆有和，和诗遂不可胜纪”。③ 大德三年（1299年），戴表元与好友顾伯玉游杭州北山，访好友林以道，“过陈无逸，邀之俱行。……以道遂导余三人者，循冷泉，穿玲珑岩，缘三天竺出小陌，复南入弥陀寺，谒大山恢师，……行谈坐歌，俯仰自在，惓剧，夜向深，才就枕席。……明日饭已，恢师复留，以道之子自其居载醴食来，稍出就弥陀西小精庐享之，大醉，客主将各散去，因分韵赋诗记欢”。④ 从这两次野游可以看出，这种形式与燕集类似，是戴表元建立和巩固社会网络的有效方法。

---

① 戴表元：《牡丹筵席诗序》，《剡源戴先生文集》卷10。
② 戴表元：《八月十六日张园玩月诗序》，《剡源戴先生文集》卷10。
③ 戴表元：《城东倡和小序》，《剡源戴先生文集》卷10。
④ 戴表元：《北山小序》，《剡源戴先生文集》卷10。

第三，交游杭州地方官、学官，参加他们举行的活动，扩大社会影响。大德三年，戴表元参加杭州儒士为路学学正唐君儒的送行。① 大德四年在杭州结识翰林国史院编修官曹元用（字子贞），戴表元写道："庚子之夏，有中都官……过余钱塘逆旅……余惊喜愿交之。抑余之愿交子贞，知子贞之于余，亦有不能忘情者焉？"② 从这里可以看出，戴表元对曹元用非常仰慕，二人成为好友。大德五年，戴表元参加了杭州地方官张检校家中酒会，戴表元写道："大德辛丑夏，余寓钱塘，张检校招归其家池亭饮，于时隆暑，会者数客，席端仇廉访微笑问：'是亭宜何名？'余名之曰：'清风'，廉访公大喜称善。"③ 戴表元与赵孟頫关系密切。大德二年（1298年），赵孟頫自大都南归，任江浙行省儒学提举，二人在杭州相会，戴表元作《赵子昂诗文集序》。大德五年（1298 年），赵孟頫在《缩轩记》中谈到二人在杭的亲密交往："余于戴子遇于浙水之上……于是握手而语，促膝而坐，莫逆而相与为友。其游从之乐，大暑金石焦，草木枯，大雨沾裳濡足而不以为困，商论辨析，百反而不以为异已。"④

第四，与杭州等地知名儒士保持良好关系。大德三年，戴表元到湖州路为牟应龙母亲拜寿。⑤ 大德二年，戴表元与陈无逸于同客杭，关系密切，"或携手秋郊行吟，或抵足夜塌卧讽，或杯觞探筹，或砚席点稿，欢谐怨对，舒适困促，一一共发之"。⑥ 知名文士方凤也是戴表元好友，大德二年（1298 年），方凤由婺州至杭，二人"相顾尤不能为情，因相留止宿。……左觞右弈，前歌后笑……略无道途羁旅之感"。⑦ 知名文士方回同样与戴表元关系密切。戴表元写道："余戊戌（大德二年）、己亥（大德三年）间来

① 戴表元：《送唐君儒序》，《剡源戴先生文集》卷 13。
② 戴表元：《曾曹子贞编修序》，《剡源戴先生文集》卷 14。
③ 戴表元：《题陈留仇公训子诗后》，《剡源戴先生文集》卷 18。
④ 戴表元：《剡源戴先生文集》卷 7；赵孟頫《松雪斋文集》卷 7。
⑤ 戴表元：《陵阳牟氏寿席诗序》，《剡源戴先生文集》卷 10。
⑥ 戴表元：《剡源戴先生文集》卷 8。
⑦ 戴表元：《客楼东冬夜会合诗序》，《剡源戴先生文集》卷 10。

钱塘，始得熟从紫阳方使君游。"①

上述四种方式保证了戴表元社会网络的扩大和巩固，也改善了他的生活环境。

大德六年（1302年）到大德十年（1306年）是戴表元在信州路任儒学教授时期。这一时期，戴表元社会交往对象36人，比前一阶段略有下降，这与他生活环境的变化有关。南宋灭亡以来，戴表元一直沉浮于民间，未产生做官之想。他在《送龚子敬序》一文中说："儒者沉浮里巷，居常自诿不见用，故每事退缩，若无所解。"② 反映了他对做官的消极态度。他之所以晚年为官，其原因比较复杂：

第一，生活贫困是他做学官的主要原因之一。他在写给江东廉访佥事王某的信中说："表元家本穷空……寻常不过傍家教学，以赡给衣食。姻旧知识，怜其困苦，屡屡牵挽使从仕禄。"③ 他在《安阳胡氏考妣墓志铭》中也说："大德壬寅（大德六年）岁，余来钱塘授徒且五年……诸公怜余老而加穷，荐授之一官。"④ 戴表元收到江东廉访佥事王某的推荐书时，曾以"今者五十之年，饥寒怵迫患难消耗，头昏目眩之疾时时而发"的理由拒绝，⑤ 经过慎重考虑以后，他才接受下来，说明他晚年做官确实是由于贫困。

第二，好友的影响。本章在前面学官入仕心态一节中已经论述，戴表元对儒士入仕并不反对，这是他做官的思想基础，他的好友赵孟頫、白廷、柳贯、邓文原等人都做了官，这对他也产生了影响。

第三，元代江南儒士入仕特别困难。戴表元也说："年来仕路比曩时关洛又益加远，子孙浮沉里闬，艰关往来侍养，何敢出口言干禄事？"⑥ 即使儒士做了学官，升转也是很难，一生也很难做到

---

① 戴表元：《紫阳方使君文集序》，《剡源戴先生文集》卷11。

② 戴表元：《剡源戴先生文集》卷14。

③ 戴表元：《谢王廉访书》，缪全孙：《艺风堂读书记·剡源逸稿》。

④ 戴表元：《剡源戴先生文集》卷15。

⑤ 戴表元：《谢王廉访书》，缪荃孙：《艺风堂读书记·剡源逸稿》。

⑥ 戴表元：《送方中全北行序》，《剡源戴先生文集》卷13。

教授的职位。戴表元初被荐举，就是儒学教授的职位，这对他来说有很大的吸引力。

第四，戴表元对信州印象很好，他在《题曾道士祖师诗卷》一文中说："信之为州，东连浙，南接闽，西达江楚，山绵水迤，居可以养真全身，出便于驰名遂志，故其地常为高人奇士窟宅。"① 对信州的民风，戴表元也认为这里"俗敦儒而喜义，慕名高而重客施"，② 这种美好的印象，也是戴表元愿意到信州做学官的原因。

从社会网络来看，这一时期虽然不如在杭州时广泛，但仍保持一个较高的水平。说明作为信州路儒学教授，戴表元仍然非常注意社会网络的建设，虽然信州与杭州相比位置偏僻，消息闭塞，环境生疏，但戴表元仍能维持一个较为宽广的社会网络。这一时期的社会网络，最能反映本节主题——学官社会网络的特点，具体内容将在后面具体分析。

大德十一年（1307 年）到至大三年（1310 年）的四年时间，是戴表元在家乡奉化榆林度过的，直到至大三年去世。这一时期，戴表元的社会网络急剧萎缩，见于记载的仅有 5 人，正如他本人所说："自余归榆林，交游益离。"③ 主要原因如下：

第一，平时的好友很多已经故去，如鲜于枢（大德六年去世）、刘庄孙（大德六年去世）、周密（至大元年去世）等，即使没有故去的也已年老，对生活失去了往日的热情。

第二，戴表元晚年的心态是复杂的。一方面，他认为"（自己）筋骸倦衰，世念益薄，而眼前子息各以长大，平生婚嫁，渐就轻简"，已经没有生活压力。回乡后，他又以"余资三千缗"，建房一百三十六楹，奔波一生，晚年得安，"何不可乐"，说明他对晚年生活基本上是满意的；④ 另一方面，作为宋进士，他入元隐

① 戴表元：《剡源戴先生文集》卷 18。

② 戴表元：《送宋吾省序》，《剡源戴先生文集》卷 14。

③ 戴表元：《剡源戴先生文集》卷 2。

④ 戴表元：《质野堂记》，《剡源戴先生文集》卷 2。

居大半生，到老又仕元朝而“失节”。这又使他非常遗憾，成为他心中的一个伤口。对于入仕的悔恨使他感到非常失落，他对自己总结道：

> 吾三十年行乎功名之途，而涉于是非之林，及今年渐衰而始休，业无成而多悔。进不能有为于时，以光宗姻、起门祚；退不能资其所自力，以树田园、活尊稚。七暑而一葛，十晡而九糜。皇皇乎徒勤而无所施，荒荒乎内怵惕而人莫之知。支隙巢以鼠伏，聊酣奄而逃墟，盖不武以成怯，非能高而为卑，而何暇于隐，何以为德哉！①

他甚至悔恨自己读书为儒，羡慕一般农民的生活。他在《丙午二月十五日以府檄出宿了岩》诗中写道：

> 衰年慕栖息，役役殊未休。天明发东廊，日晏泊西州。
> 岂其千金躯，为此一食谋？宿麦清已郁，稚桑黄亦稠。
> 欣然一会意，所愧非吾丘。悔日谅不远，誓言良未酬。
> 挥手谢还往，伊忧自伊忧。②

他在《送官归作》一诗中又写道：

> 生世悔识字，祝身如野农。勤劳养尊老，膳味日可重。
> 晨锄熟新黍，耕林有过从。行吟岑松籁，此乐逾歌钟。③

上面两首诗反映了戴表元对仕元的悔恨心情，既然已经“挥手谢还往”，“生世悔识字”，那么，自然就不会在意去经营自己的社会网络了。

---

① 戴表元：《缩轩赋》，《剡源戴先生文集》卷21。
② 戴表元：《剡源戴先生文集》卷2。
③ 戴表元：《剡源戴先生文集》卷27。

3. 戴表元社会网络的主要内容

前面分析了戴表元一生社会网络的变化情况，下面分析其社会网络的主要内容及特点。首先，笔者对戴表元一生社会网络内容进行统计，结果见下表：

名称	儒士	学官	地方官（吏）	僧道	其他
数量	126	16	28	16	4

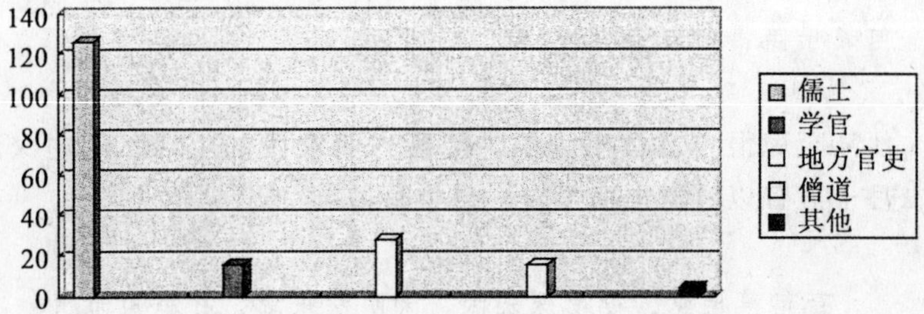

从上面统计图表中可以明显地看出：在戴表元的社会网络中，儒士数量占绝对优势，说明戴表元一生以儒士为主要社会交往的对象，这是由戴表元本人的儒士身份决定的。在他交往的儒士中，主要包括：亲友、同乡、燕集诗友、游士、隐士等，其中亲友、同乡是戴表元社会网络的核心。上文提到，戴表元生活贫困，其亲友（姻旧）给了他很多帮助，"屡屡牵挽使从仕禄"。袁易是其连襟，二人同样过从甚密。另外，庆元路奉化州在南宋就是文化发达之地，乡里科第世家很多，戴表元非常注意与他们保持良好的关系。至元十二年戴表元初返故乡，乡友王子兼、舒岳祥以诗相接，次年逃难避兵，他与王子兼一起到天台。奉化袁氏为世家，戴表元与袁氏家长袁洪保持密切交往，他还客居袁家，教育其子袁桷。他与庆元路其他世家关系也比较密切，如王应麟、黄东发后人都与戴表元有交往，戴表元被任命为奉化县学养正堂教师以后，王应麟非常高兴，认为："小子有造，自蒙入圣，其庶乎！应麟盖深嘉之。"他

还写诗以勉学子。①

燕集师友是戴表元一生中比较重要的一个社会网络。前面已经论述，燕集、野游是戴表元建立社会网络的重要方式，通过这种方式，戴表元构建了一个规模较大的社会网络。通过这种网络，戴表元可以在教书之余与朋友饮酒赋诗以为乐，既能提高生活乐趣，缓解生活压力，又能通过诗文的交流，提高文学水平，扩大影响。他在杭州立足并过上比较安定的生活，很大程度上得益于这一社会网络。

游士、隐士是戴表元社会网络的边缘部分。元代盛行游士、游学之风，地方知名文士是游士光顾的对象。有的人求文，以增加他们《云萍录》的分量，有人则求学以增加学问，具体情况可以参考有关研究成果。戴表元作为东南文章大家，自然会有不少游士慕名而来，成为其社会网络的一个组成部分。此外，戴表元一生也有相当一部分时间在江浙一带游历，除了当地朋友以外，他也交游了一些地方儒士、隐士。这种由游士、隐士组成的社会网络一般是暂时的，对戴表元一生影响不大。

地方官是戴表元社会网络中数量占第二位的部分。元朝规定：地方正官提点学校，肃政廉访司则负责督促、勉励，因此，一些地方官将教育、教化作为分内之事，参加学校祭祀，交接地方儒士。对于地方儒士来说，交接地方官，对他们改善自己处境、扩大影响比较重要，因此一般儒士以与地方官交游为荣。戴表元就非常注意这一点，他在奉化、宣城、杭州、信州期间，都有与地方官交往的记载。戴表元也确实从其地方官网络中得到一些帮助。陈君祥为浙东宪使，奉化路当局以戴表元充岁贡之役，“陈侯颇怜之，令无行”。② 戴表元以诗谢之。戴表元为信州路学教授，也是江东宪佥王某所荐。

学官是戴表元社会网络中仅次于地方官的部分。元代儒士另立

---

① 《奉化县志》卷8《学校》，第504页，台湾中国地方志丛书影印光绪三十四年刊本。

② 戴表元：《剡源戴先生文集》卷27。

户籍，隶于地方官学或书院，学官不仅分管教育，也负责管理地方儒士。因此，与学官关系如何对一般儒士来说，直接关系到其日常生活。戴表元长期从事民间教育，有一套系统的教学方法，对元代官学的教学方法并不赞同，他在《题徐山长讲义》一文中认为：

讲之为言，义兼师友，主于反复辨难以成其说。余犹及见浙闽诸老先生开讲，不用写本，直是据案口说，后进者质问于前，随机应答，粲然可述，讲退各以所闻载之方策，而写本出焉。今之讲师，朔望抽方尺之纸书，陈说累百言，忽然临高朗诵，听者漫不知何语。以为故事不可废而已，固不敢望有所激发开悟。①

他在《题王教授清湘讲义》一文中进一步提出：

古之经师，与其门人弟子群居有辨疑问难，授者无强聒之烦，而听之者易入，非如今人书盈几之纸，临容丈之席，无疑而游谈，不问而寝语者也。然诚知其无益，而岁时朔望，庠校之间有不敢废，以为不尔则益无所事而已。②

从这两则史料可以看出，戴表元在教学中主张启发引导，通过辨疑问难的方式，加强教与学之间的互动，使学生真正理解所传授的知识，这种教学理念与元代官学中盛行的朔望讲书的形式有较大不同，他对官学教条式的教学方法的批评当然也是基于他自己的教学理念而发的，在今天看来是正确的。这种教学理念的差别可能是他在做学官以前，一直在民间教书，无法在官学立足的原因。不过，虽然对官学教育有看法，戴表元还是非常重视与学官的社会网络建设，他与奉化、杭州等地的很多学官都有密切的交流。

---

① 戴表元：《剡源戴先生文集》卷19。
② 戴表元：《剡源戴先生文集》卷19。

僧道是戴表元社会网络中数量与学官相当的部分。元代僧道与儒士同是受优待群体，可以免役。由于元代儒士处境恶劣，很多儒士遁入僧道，因此，一些僧人和道士具有较高的文学修养，与儒士有较多共同语言。元代很多儒士都与僧人、道士有交往。戴表元人生态度是积极的，对僧道的消极遁世持否定态度，他在大德五年的一篇文章中指出：

> 自老庄氏忧身厌世，有不愿为材之意，而世之阘茸晦昧者，托而逃焉，拴乎，是何不仁已甚耶！天之生斯人，苟不使材者率之，则如勿生。耳材聪、目材明，人之不可无耳目者，以其非是二物，则往往蹈而入水火。今曰：我之耳不愿为聪，我之目不愿为明，其不为废人乎？若曰：聪不至于听斗蚁，明不至于烛渊鱼，则惧于聪明之过之论也，而非遂以聪明为不美而不为也。畜马愿其善走，畜剑愿其善割者，马之材在走，剑之材在割也。有恶走之骤、割之铦而宁得土马木剑焉，不可也。①

上述史料反映了戴表元对宗教消极遁世的批评。然而，戴表元在批评宗教的同时，对僧人、道士安逸的生活，时常表现出羡慕之情。他在《送庆上人谒陈使君序》一文写道："惟夫浮屠氏之徒，意往而辄至，乐极而如忘。彼其捐父母、弃亲戚，视吾世如附赘悬疣而不之省也，粮糗不待颁而给，役使不待具而佚，将何行不可遂。"② 基于这种矛盾的心情，戴表元在与僧道之间的交游中，一般只是以诗文相唱和，"相往还以为乐"，很少交流思想。因此，僧道在戴表元社会网络中处在边缘位置。

此外，戴表元的社会网络中还有相士、阴阳之士、占卜之人，这些人数量不多，关系也比较疏远。

---

① 戴表元：《赠黄彦实序》，《剡源戴先生文集》卷 14。

② 戴表元：《剡源戴先生文集》卷 14。

4. 戴表元在任学官期间的社会网络

上面分析了戴表元社会网络的构成内容，在此根据统计资料分析作为学官的戴表元社会网络的特点，现将戴表元在学官期间社会网络的内容统计如下：

戴表元学官时期社会网络统计表

名称	儒士	学官	地方官（吏）	僧道	其他
数量	13	1	11	3	0

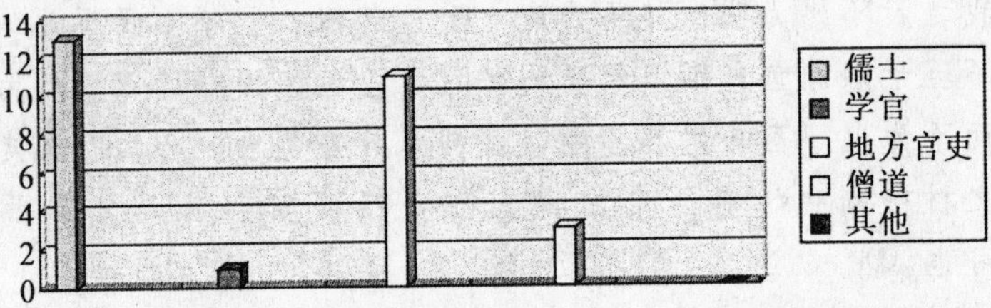

从上图可以看出，戴表元在做学官期间的社会网络包括儒士、地方官、僧道、学官等内容，其中以儒士和地方官为主。这种社会网络情况与戴表元做一般儒士时期的社会网络有明显的区别，为了说明学官社会网络的特点，下面将戴表元在元代做一般儒士时期的社会网络内容进行统计，通过对比说明之。

戴表元儒士期间社会网络统计表

名称	儒士	学官	地方官（吏）	僧道	其他
数量	113	15	17	13	4

通过上面两幅柱状图的对比可以看出，戴表元在做学官期间与身为一般儒士期间的社会网络有如下区别：

第一，在学官的社会网络中，儒士虽然仍是数量最多的，但与儒士期间的社会网络相比，还是大大减少了，反映出学官与儒士两

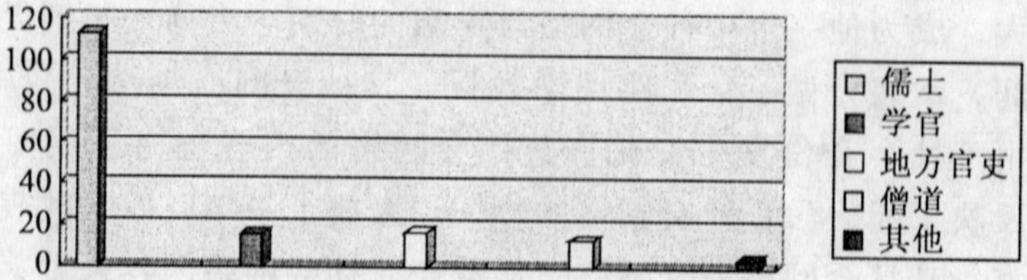

种社会角色的差别。元代学官制度已经成熟，学官具有“官”和“师”的双重身份，虽然学官社会交往的对象儒士居多，但学官在日常生活中需要管理学校、教授生员、规划学校钱粮以及与地方官府、地方监察机构簿书期会，因此，他与儒士的接触机会必然大大减少，儒士已经不能在学官的社会网络中处于绝对优势地位。

第二，在学官的社会网络中，地方官、地方监察机构官吏的比重有很大增加，说明二者在学官的社会网络中已经处于重要地位。学官毕竟属于元朝地方政权中的一个组成部分，具有“官”的身份，其社会生活也全部或部分纳入“官”的范畴，戴表元在学官期间社会网络的变化反映了他的社会身份或社会角色的变化。

第三，戴表元学官时期社会网络中学官的数量减少了，这是符合当时实际情况的。在儒士期间，戴表元通过到各地游历，交游的学官比较多。他做学官以后，到信州路以外游历的机会减少了，所接触的主要是信州本地的学官下属或同僚。元朝规定，路设教授一员，学正一员，学录一员；州设学正一员；县设教谕一员；书院设山长一员，因此，一个地方学官的数量是有限的，所以在其社会网络中学官数量必然会减少。

第四，在戴表元学官时期的社会网络中，僧道的比例有所增加，说明元代学官的工作较为轻闲，他们有足够时间与方外人士“相往还以为乐”。

戴表元的社会网络反映了元代江南儒士社会网络的特点。戴表元在元代生活了 35 年，大德元年（1297 年）以前的 21 年的时间里，戴表元的生活是不稳定的，社会网络比较狭窄。大德元年到大德五年的五年间，戴表元在杭州立足，生活稳定下来，社会网络急剧增大，成为他一生中社会网络最丰富的时期。大德六年到大德十年期间，戴表元做了信州路儒学教授，其社会网络仍然比较丰富，不过由于社会身份发生变化，其社会网络的内容也有了明显的变化，反映了元代学官社会网络的特征。大德十一年以后，戴表元退休回家，其社会网络完全萎缩。从戴表元社会网络内容来看，以儒士、学官、地方官、僧道为主，儒士所占比例最大。不过戴表元做了学官以后，社会角色的变化，导致了其社会网络的内容出现了明显的变化。儒士在其社会网络中所占比例大大减少，而地方官所占比例则明显增加。

五、元代学官制度评述

元代学官具备“官”和“师”的双重身份，学官的品级、俸禄、选举、升转都有明确、详细的规定，这反映了元代学官制度的完善。另外，元代学官制度（主要就江南来说）还有超出其制度本身的意义，通过学官制度，江南儒士集团在元朝得以延续，这对中国传统文化的发展意义重大。

然而，元代学官制度尚处于发展和完善中，弊端很多，这从元人对于学官制度的强烈批评可以看出来。陆文圭、吴澄、程钜夫、揭傒斯、柳贯、贡师泰、吴师道、虞集等人都对学官制度进行过激烈的批评。从这些批评来看，他们对元代学官制度的不满，主要体现在以下几个方面。

（一）元代学官之选不精，学官整体素质差

吴师道对学官之选的批评最多，也最激烈。他描述道：“学官选坏久矣，未若隶各道者（指元初）之尤甚矣。自屠沽负贩，以至贱隶杂色，无不得假是名者。可为吾道长太息……今之为是者，问其名则曰德行文学矣，晦迹丘圆矣，吁！德行不可诬也已，隐逸

之科，朝廷所以待特起之士，安用此猥琐辈累十百哉？”① 虞集也记述道：“今天下学官，猥以资格授，强加之诸生之上，而名之曰师尔。有司弗信之，生徒弗信之，于学校无益也。如此而望师道之立，可乎？”② 从总体上看，江南元代学官的总体素质确实不高。宋代学官多取名儒，一般为进士出身，就是学长、斋长、助教等低级职务，一般也由进士、上舍生及知名士人担任。这一点是元代无法相比的，所以，以上两人的批评是有道理的。学官素质低是制约元代儒学发展的因素之一。

（二）元代学官制度对学官在任职期间的活动没有建立奖励和监督机制，致使一些学官缺乏社会责任感，贪污腐败现象严重

吴澄对这一现象深恶痛绝，他多次抨击学官的这一恶习。他在《送江州路景星书院山长吕以能序》一文中说：“士大夫以家事视官事，则何事不可为？然自人心不古，苟非利于其身，私于其子孙者，往往不肯为。……凡莅官之处，视独传舍，俟满而代，则脱履而去，谁复以家视之而为永远计哉？”③ 他在《送陆教授序》中谈到了元代南北学官之别：“余至中朝，观彼所谓教授者，聚生徒数十人，日从事于占毕句读，虽未能知其教何如，而授之职则不旷也。江以南或不能然……问教授所职何事，则曰，吾有政。问其政安在，则曰，稽钱谷也，缮治学舍也。复是二者，货殖家一奴，营造家一胥，所可办矣，而教授之职固若是乎？”④ 柳贯也记述道：“今之（学官）最盛者，不过务讲诵、课文辞而已耳，其余则视若亭传，或月一再至，或春秋竣，已即去。”⑤ 吴澄、柳贯的批评并非空穴来风，有很多史实可以说明这一点。至元末，平江路吴县学学官将县学“视为传舍，日不加葺，田畴多荒，会计不当，又称

① 吴师道：《送吴学录序》，《吴礼部文集》卷15。
② 《元史》卷181《虞集传》。
③ 吴澄：《吴文正集》卷33。
④ 吴澄：《吴文正集》卷34。
⑤ 柳贯：《建德县修学记》，《柳待制文集》卷14。

贷而益之，士廪无继，则众散而去”。①宁国路学历任学官数人，“或不安于职，或不待终更”，②导致学校废弛。平江路长州县也是“学官代去急如次舍，故缀学之士每不能终其业”。③学官的冷漠和不负责任，经常和贪污腐败联系在一起。元代学官的贪污腐败问题也比较突出。元中期的松江府学，“学之廪岁收几两千石，春秋朔望祠祀，师生月给，及凡应之费，岁支不越疆半，以所入应所需，沛然有余”。然而，近二十年之间，“职教司计者视学廪为己私分，乘一冒十，瓜分所赢。不足，又称贷以遗来患，承籍为常，恬不知畏，学政遂大废”。④延祐三年（1316年），湖广行省澧州路慈利州儒学教授张子仁、直学史直谅等人也因贪污钱粮，接受佃户钱钞，被湖北道肃政廉访司查处。⑤元贞初年，江南湖北道肃政廉访司的一道公文中，反映了当时学官贪污腐败的情况。该文件称：“近年以来（学官）委任不得其人，教养之道寂然无闻，侵蚀之风相扇成俗，其视学廪不啻己物，营私规利，侵破不存。坐视庙学隳颓不顾，祭器损缺，经板散失，略不修完。在学有圣像书籍，盗移驰送官员，甚者将学舍拆毁，田粮隐瞒，枵腹而来，饱载而去。”⑥上述情况出现在元朝的官方文件中，说明了学官贪污问题的严重性。

（三）元政权没有建立对儒学物资基础的有效保障机制，造成了学官以理算钱粮为能事，不关心教学

前面已经论述到，元代儒学的物资基础薄弱，作为学官来说，要想保证儒学的正常运行，理算钱粮，增加收入，成为了学官的首要任务。虞集谈到了优秀学官必须具备的三个条件：事上接下之

---

① 陆文圭：《吴县学田记》，《墙东类稿》卷7。
② 吴师道：《送黄仲仁归延陵序》，《礼部集》卷14。
③ 朱德润：《送长州教谕序》，《存复斋文集》卷4。
④ 陆居仁：《修起斋堂记》，崇祯《松江府志》卷23《学政》。
⑤ 《元典章新集·户部·侵盗》。
⑥ 《庙学典礼》卷4《学官任满给由》。

密，钩稽钱谷之严，缮修屋舍器物之备，其中钩稽钱谷放在了第二位。① 吴澄说“今之处庠序者，大率计较斗升铢两之利”，② 也反映了这一情况。问题是学官以教学为本，钩稽钱谷的目的是为教学服务的，如果抛开教学，为钱谷而钱谷，势必舍本逐末，影响到儒学的教学效果。元人对学官不满的正是这一点。揭傒斯批评说：“职教之徒……规锱铢，计升斗是急，使并缘之吏，间窥隙伺，日相与为欺，安敢望有三代之教哉？”③ 贡师泰也批评道：“盖诗书礼乐，教之具也；仁义道德，教之本也。舍诗书礼乐而专钱谷，舍仁义道德而尚辞章，教授其复能自重乎？”④ 这些批评是有道理的。不过从元代的实际情况看，儒学的官学化十分明显，学官既要事上接下，又要钩稽钱谷，真正有精力用于教学的可能不会太多，舍本逐末在某种程度上来说，也是迫不得已。另外，元代确实有一些不学无术之人混入学官队伍，对于这些人来说，除了钩稽钱谷，他们还会干什么呢？所以，元人程钜夫说：“国家树教育材之本莫先于学校，而天下之学，廪稍不足者，士既无所于养，廪稍之有余者，祇益郡县勾稽觊望之资。教学官率以将迎为勤，会计为能而怠于教事，非其人皆不贤，其势然也。”⑤ 这是整个制度的问题，不是某些人的努力所能解决的。

（四）元代学官升转困难，不利于调动他们的积极性，全力投入儒学教育

元代学官仕进困难的情况，本章在前面已经进行了专题论述，这里不再赘言。值得提出的是：从社会学的角度来说，一个正常运行的社会，社会流动是必不可少的。通过社会上下阶层的合理流动，社会上层得到新鲜血液的补充，同时一些过时的东西将被淘

① 虞集：《送朱仁卿赴安庆教授序》，《道园学古录》卷5。
② 吴澄：《赠学录陈华瑞序》，《吴文正集》卷25。
③ 揭傒斯：《送刘以德赴化州学正序》，《揭文安公全集》卷9。
④ 贡师泰：《送曹季修赴建宁路儒学教授序》，《玩斋集》卷6。
⑤ 程钜夫：《代白云山人送李耀州归白兆山建长庚书院序》，《雪楼集》卷15。

汰，跌入社会下层。社会流动越快，其发展也越快。从元代社会情况来看，蒙古统治者歧视江南儒士阶层，并试图将这一阶层限制在学官的范围之内，限制其进入社会决策阶层，这影响了元代社会流动。一方面，元政府得不到从社会下层带来的新鲜血液，政权被特权集团长期垄断，上层近亲繁殖的结果必然导致其领导能力的退化，阻碍社会的发展；另一方面，由于社会流动被阻，社会下层也逐步失去进取的动力。就元代学官本身来说，也会产生由于近亲繁殖而造成的退化现象。这当然不利于儒学的发展。

元代学官制度的弊端，从某一方面反映了元朝蒙古统治对中国教育制度的影响，元代学官制度的设置，具有明显的政治羁縻目的，就是既用学官制度笼络儒士入仕，使其承认或服从元朝统治，又对儒士（特别是江南儒士）入仕后进入中央或地方政权加以限制。这样的学官制度势必对教育发展产生不利影响。另外，元代的学官制度还明显地打上了等级制度的烙印，南北学官的仕进情况明显不同，这就使得江南学官出现了壅滞现象，一些投机、腐败现象也由此产生。而北方儒士则不屑于为学官，造成北方时时出现有学无政的现象。这是一个社会问题，而不能完全由学官本身负责。

第七章

元代庆元路的儒学教育考察

本书前面几章考察或论述了元朝文教政策、教育发展、教育制度、学校布局、学产以及学官制度的情况，为了更具体地说明元代儒学教育的发展情况，本章选取元代的庆元路作为个案，对这一路的有关儒学教育发展的诸问题进行全面的考察和探讨，作为前面通论内容的补充。

元代的庆元路位于今浙江省以宁波市为中心的东部沿海地区。唐称明州或余姚郡，唐开元二十六年（738 年），以“越州之鄮县置”。① 宋初为明州、奉化郡，绍兴五年（1135 年）以宋宁宗潜邸升为府，② 是为庆元府。元朝至元十三年（1276 年）改置宣慰司，次年设置庆元路总管府，领司一（录事司）、县四（鄞县、象山县、慈溪县、定海县）、州二（奉化州、昌国州）。③ 这一带经济发达，物产丰富，唐朝以来一直是江浙地区经济文化比较发达的地

① 《新唐书》卷 41《地理志》。
② 《宋史》卷 88《地理志》。
③ 《元史》卷 62《地理志》。

区。顾宏义在《教育政策与宋代两浙教育》一书中，对宋代庆元路儒学教育的发展情况进行了若干方面的考察。有关元代庆元路教育发展情况，本人在《元代庆元路儒学考述》一文对庆元路各级官学的情况进行了考察，而书院等其他形式的教育，目前还没有专门的研究成果。本章在有关成果的基础上，对庆元路由官学到书院、私学的教育体系进行考察，全面揭示元代这一地区教育发展的情况。

一、元代庆元路的儒学

（一）庆元路路、州、县三级儒学的发展概况

庆元路最早的儒学建立于唐朝，唐开元二十六年（738 年）州学（当时称明州）建立，此后建立的还有鄞县县学和象山县学。① 北宋时，承平日久，庆元地区的经济、文化发展到一个比较高的水平，儒学在此条件下也迅速发展起来。从宋雍熙元年（984 年）至崇宁二年（1103 年）不到 120 年的时间里，庆元地区对所属府县的儒学进行了大规模的新建、改建。大致在宋徽宗时，府、县两级儒学教育体系基本建立起来。据史料统计，徽宗以后，各级儒学的增建、修缮共有 39 次，其中，北宋 11 次，南宋 28 次，说明了宋代儒学继续发展的情况。② 宋宝庆年间，这一地区的府、县学已经拥有图书 5370 册、祭器 1294 件、学田 6024 亩 15 角，每年的收入为：米 3550 石 36 斗，谷 2924 石 23 斗，钱 6711 贯 719 文，③ 为以后儒学教育的发展奠定了基础。

元代庆元路的儒学教育体系包括路、州、县三级儒学以及书院、义塾、社学等。各级儒学是庆元路的官办学校，是主要的教育机构。儒学的学舍、学产基本上沿袭宋代，宋元鼎革之际，庆元地

① 袁桷：《延祐四明志》卷 13《学校考》。
② 据元明清有关地方志的资料统计。
③ 《宝庆四明志》卷 2《学校》。

区并未出现大规模的战乱，除了奉化县学“庙学栋宇几为兵废”以外，① 其余学校的教学设施基本上延续下来。

1. 路学

庆元路儒学（唐朝称明州学）始建于唐开元二十六年（738年）。宋天禧二年（1018年），“（郡）守李夷庚移学于城之东北一里半”重建之。此后，州学的位置固定下来。宋代在原州学的基础上共进行了大约10次的增建、修缮，使之颇具规模，“甲东诸州郡之上”。②

元朝至元十九年（1282年），庆元路学发生火灾，“仅存外门”。③ 火灾以后，昔日辉煌的路学荡然无存。不久，教授潘梦桂、黄裳、吴宗彦、史复伯等经过“历载缮葺，经始礼殿、门庑、斋舍，寝以略具”。④ 至元二十八年冬（1291年），浙东海右道肃政廉访使陈祥主持修缮路学，次年，又“重建尊经阁五楹”。⑤ 元贞二年（1296年），廉访使完颜贞于尊经阁之右重建九先生祠。大德年间，教授赵孟节在路学新建了土地祠。⑥ 至大二年（1309年），路学重建大成殿，这是当时一项比较重要的工程。路学原大成殿在至元十九年（1282年）的大火中被毁。当时，“有捐所居堂以为殿，狭隘卑陋，复不以时修葺，凛乎其若压”。六月，廉访副使赵宏伟与教授苏垲谋划兴修事宜，通过“督租入，撙用费，学官输俸，诸生辍供，儒士在籍者助有差”等方式，⑦ 筹集到工程所需的物资和款项。十月动工，至大三年（1310年）一月完工。大成殿的重建，使路学基本上恢复了旧观。

元中后期，路学的重修、增修不断。延祐六年（1319年），教

① 戴表元：《奉化州学兴筑记》，《剡源戴先生文集》卷1。

② 《宝庆四明志》卷2《学校》。

③ 袁桷：《延祐四明志》卷13《学校考》；王应麟《重建学记》云：“至元十九年春毁于融风。”

④ 袁桷：《延祐四明志》卷13《学校考》。

⑤ 袁桷：《延祐四明志》卷13《学校考》。

⑥ 王应麟：《九先生祠堂记》，《延祐四明志》卷13《学校考》。

⑦ 任仲高：《大成殿记》，《延祐四明志》卷13《学校考》。

授吴廷献重修廊庑。① 泰定三年（1326 年），庆元路总管郭郁重修殿宇及仪门。② 后至元四年（1338 年），廉访副使顺昌“考学田之征宿补，缩浮费，从庀财物工佣之需”，先修葺大成殿、尊经阁，接着，“殿门、先贤祠、八斋、大小学、庖庾、莫不缮治”。③ 后至元六年（1340 年），总管王元恭修缮明伦堂，逾月而就。至正七年（1347 年），同知普立翰护礼“创采芹、儒林坊，以为闾闬，大加营缮”。此外，“至如仪门、泮池、凡崇严之地，无不致力而植”。④ 至正九年（1349 年），路学进行了最后一次整修，当时方国珍起义，掠沿海州郡，路长官阿殷图在极其困难的情况下，动工整修路学，使之“完好坚饬，丹碧炳焕如始”。⑤

2. 州学

元代庆元路辖州二：昌国州和奉化州。昌国州初为昌国县，至元十四年（1277 年）升为州，仍置昌国县以隶之，后废县只立昌国州。奉化州原为奉化县，元贞元年（1295 年）升为州。⑥ 此二州的儒学在原县学的基础上发展而来。

（1）昌国州学

昌国州学建于宋熙宁八年（1075 年），位置在州之东一百步。⑦ 此后，宋代进行了六次整修，当时已经建起了大成殿、申义堂、学斋等主体建筑。⑧

至元十九年（1282 年），昌国州学增立明善、立礼二学斋。至元二十一年（1284 年），学官应季挺重建州学台门。元贞元年（1295 年），州学“学舍之将就颓圮”，小学也是“岁久不治”，

① 乾隆《宁波府志》卷 9《学校志》，乾隆六年补刊本。
② 袁桷：《重修宣圣庙记》，《延祐四明志》卷 13《学校考》。
③ 陈旅：《庆元路儒学新修庙学记》，《安雅堂集》卷 8。
④ 阮元：《两浙金石志》卷 14《庆元路学重修棂星门记》。
⑤ 阮元：《两浙金石志》卷 17《元代庆元路重修儒学碑》。
⑥ 《元史》卷 62《地理志》。
⑦ 袁桷：《延祐四明志》卷 13《学校考》。
⑧ 袁桷：《延祐四明志》卷 13《学校考》；《大德昌国州图志》卷 2《学校》。

"草蔓湮塞"，于是，州判官冯福京召集儒生议而修复。"兴殿堂、斋庑"新小学并重建棂星门，使整个州学"由内及外为之一新"。① 泰定元年（1324 年），州学又出现了"学宫颓圮"的现象，知州韩搏主持重修之，于是"殿堂、门庑、斋庖、池径，咸得备具"。②

（2）奉化州学

奉化州学是在唐夫子庙的基础上兴建的。北宋景祐年间，县令于房"广夫子庙以立学宫"。③ 治平四年（1067 年），县令裴士尧将学校由县城东北迁至县城的东部。④ 至元二十二年（1285 年），州学彝训堂"以飓风仆"，时县令李天益复建之，次年新两廊、仪门。⑤ 至元二十九年（1292 年），州学"垣藩不修，卫防旷空，荆棘被之"，县令丁济与同僚议兴之，⑥ "正文庙门"，"并天寿殿""阔养正堂以为小学"。这样，州学"昔所未有而大备于今"。⑦ 大德四年（1300 年），州尹王圭修建了校围墙。⑧ 延祐六年（1319 年），州学又出现了"褊弊不葺"的现象，知州马称德主持了州学的重建，修建"尊经阁五间，讲堂后轩五间，六斋增建十二间，祠堂六间，松亭三间"。⑨ 至顺三年（1332 年），面对州学"宇弊，教养弛"的情况，庆元路同知赫德尔来奉化，主持了州学的整修。"殿堂轩祠，阁斋庑亭"以及"垣墙三百八十堵""一葺新之"。⑩

3. 县学

庆元路辖四县：鄞县、慈溪县、定海县、象山县。

---

① 《大德昌国州图志》卷 2《学校》。
② 袁桷：《昌国州重修学记》，《清容居士集》卷 18。
③ 袁桷：《延祐四明志》卷 13《学校考》。
④ 光绪《奉化县志》卷 8《学校》，光绪三十四年刊本。
⑤ 袁桷：《延祐四明志》卷 13《学校考》。
⑥ 戴表元：《奉化州学兴筑记》，《剡源戴先生文集》卷 1。
⑦ 光绪《奉化县志》卷 8《学校》。
⑧ 任士林：《奉化新修庙学记》，《松乡集》卷 1。
⑨ 光绪《奉化县志》卷 8《学校》。
⑩ 程端礼：《奉化州学记》，《至正四明续志》卷 7《学校志》。

（1）鄞县县学

鄞县作为庆元路的倚郭县，儒学建立较早。县学建于唐元和九年（814年），初位于县城之东，宋崇宁二年（1103年）迁到县城西南重建，南宋曾两次整修。①

元至元十九年（1282年），儒学提举田希亮于县学内增建育英、进德二学斋。② 至元二十八年（1291年），县学“邑校风摧雨圮，榱楹将压”，大成殿也“不合古制”，于是廉访副使陈祥决定重修之。至元二十九年（1292年）六月，新学落成，规模崇闳，视昔增焕。③ 至大二年（1309年），鄞县学“毁于火”，火后虽有营建，但未完工。④ 皇庆二年（1313年），同知张伯廷“率郡官而助之”，经过二年努力，“学宫之制，完且具矣”。⑤ 泰定二年（1325年）和至正九年（1349年），鄞县学又进行了两次整修，此后，进入元朝后期，“属时多虞”，鄞县学又废弛。至正二十三年（1363年），县学在元朝即将灭亡之际进行了最后整修。是年，揭汯任庆元路总管，他“捐己资奉为倡好”，并“日至督之”，“修大成殿两庑”，又修“明伦堂三间，东西斋各四间，为诸生肄业所”，并建立“会文堂于东偏为教谕居，支桧堂于西偏为训导斋屋”，外复棂星门，傍为别门。这项工程历时两年，至正二十六年（1366年）二月完工。⑥

（2）慈溪县学

慈溪县学始建于北宋雍熙元年（984年），初位于县城之西。庆历八年（1048年），县令林肇将县学迁至县城之东南一里处。⑦ 此后，县学在宋代经历了五次整修，殿堂斋舍毕备。

元至元十八年（1281年），县尹富德庸增建仪门。元贞二年

---

① 袁桷：《延祐四明志》卷13《学校考》。

② 袁桷：《延祐四明志》卷13《学校考》。

③ 王应麟：《重修学记》，《延祐四明志》卷13《学校考》。

④ 袁桷：《延祐四明志》卷13《学校考》。

⑤ 袁桷：《庆元路鄞县庙学记》，《两浙金石志》卷15。

⑥ 袁桷：《元庆元路鄞县学庙碑》，《两浙金石志》卷15。

⑦ 光绪《慈溪县志》卷4《建置三·学校》，光绪二十五年刊本。

(1296年)，县学毁于火，后“因旧址创建殿宇门庑、论堂、直舍。四斋曰：本仁、明义、约礼、崇智”。① 至大三年（1310年），儒士宿茅洙于县学内建养蒙堂。皇庆二年（1313年），县令乌马儿修孔子庙。后至元三年（1337年），县学“庙宇颓圮”，四年（1338年），教谕季仁寿主持修葺之，又“改养蒙堂为教谕厅，增置黄东发先生祠（堂）”。② 至正十四年（1354年），县学“规制弊陋，屋宇坏”，县尹陈文韶在当时“疆圉多故”的情况下，修缮县学，历时三年始完工，经过这次修缮，慈溪县学“崇高宏伟非复者比矣”。③

（3）定海县学

定海县学建于宋雍熙二年（985年），位于县城东北半里许。④ 此后，宋代经历了五次整修。⑤ 元泰定元年（1324年），由“知州韩搏重修而广之”。⑥ 泰定二年（1325年），县达鲁花赤阿察赤派教谕汪宗江到杭州置买书籍。⑦

（4）象山县儒学

象山县儒学建于唐会昌六年（846年），位于县城东南一百步。宋代对象山县学的修缮共七次，学校有大成殿、明伦堂、先贤祠、四斋等建筑。

元大德五年（1301年）县令答失蛮重修县学。⑧ 元统元年（1333年），总管苫思丁增建学斋八间。后至元二年（1336年），县尹庞思忠“立棂星门”。至正三年（1343年），县学“殿宇廊庑损漏”，县尹穆卜贴木儿主持重修之，并重置祭器。至正二年

① 王元恭：《至正四明续志》卷7《学校》，《宁波府志》与《慈溪县志》的记载稍有出入。

② 程郇：《重修县学记》，《至正四明续志》卷7《学校》。

③ 王韦：《重建学记》，《至正四明续志》卷7《学校》。

④ 乾隆《宁波府志》卷9《学校》。

⑤ 王元恭：《至正四明续志》卷7《学校》。

⑥ 乾隆《宁波府志》卷9《学校志》。

⑦ 袁桷：《定海县学藏书记》，《清容居士集》卷18。

⑧ 乾隆《宁波府志》卷9《学校志》。

(1342 年) 学正崔演还修缮了学斋。①

以上为元代庆元路三级儒学学舍的发展概况，从中可以看出，有元一代庆元路各级儒学都有一定的发展。这一方面说明了元政府发展教育的文教政策确实得到了贯彻执行并产生了实效；另一方面也说明元代建立的地方儒学体制和管理制度起到了保护儒学和促进儒学发展的作用。

(二) 庆元路儒学的建筑布局结构

关于元代儒学的建筑布局，前面第四章已经进行了详细地考察。庆元路儒学建筑布局属于前庙后学结构，比较宏伟壮观。现根据《延祐四明志》、《至正四明续志》、《宁波府志》的有关记载考察如下。

1. 路学

路学最重要的建筑为大成殿（也称夫子庙），共五间。殿正中供奉孔子像，下有“四公”（颜子、曾子、子思、孟子）东坐西向，“十哲”（费公闵损、薛公冉雍、黎公端木赐、卫公仲由、魏公卜商、郓公冉耕、齐公宰予、除公冉求、吴公言偃、陈公颛孙师）分列左右。大成殿两侧有从祀廊二十二间，供奉七十子及列入从祀的南宋和元朝的理学家周敦颐、程颢、程颐、司马光、张载、邵雍、朱熹、张栻、吕祖谦、许衡等。大成殿之后为明伦堂，有屋“计三十六楹”，它是路学的讲堂。堂之东西两庑为诸生的学斋，为诸生肄业之所。庆元路学有八斋，东为：造道、广誉、上达、成德；西为：时升、登贤、成己、养正。至元十九年（1282年），浙东儒学提举田希亮增达材、育英二斋，又数年，复为八斋。在“东夹廊之东”建有养蒙堂作为路学的小学教学之所。②

明伦堂之后为尊经阁，它是路学的藏书之地，汇集路学的所有书籍、书板等，书籍供儒士生员习读，书板用于刊印书籍之用，庆元路学书板数量很多，说明它在刊印书籍方面多于州县学。尊经阁

① 王元恭:《至正四明续志》卷 7《学校》。
② 袁桷:《延祐四明志》卷 13《学校考》。

的左边为先贤祠，供奉对学习教育有贡献的地方官吏。右边为九先生祠，供奉庆元籍的知名学者杨适、杜醇越、王致、王说、楼郁、舒璘、沈焕、杨简、袁燮九人。

大成殿之前为泮池，池有桥，与殿、堂通。“泮池四旁甃以石，维以石栏”。泮池之西有“仓廒五间”，东有“宾序五间”。

学门也称泮宫门、桥门或台门，位于泮池南。内有仪门，外有棂星门三座。“棂星门里之西”有圣旨碑两座，门里石墙内有教授廨厅三间，称为教授西厅。棂星门里还有明德厅一所，为路学的治事之所。明德厅之东有东廨舍三间。至正年间路学还在棂星门外建外门一座。路学原有东西牌门，因通向闹市和染织局，人员混杂，总管王元恭拆去，以其石料建咏归亭一座。路学在宋代还有射圃，元代荒废。

2. 州县学

庆元路州县学的建筑布局基本上与路学一致，但其规模远不如路学大，教学、祭祀设施也不尽完善，并且各学校之间也有一定的差别。现以奉化州学与鄞县学为例说明之。

奉化州学的建筑布局及规模为：大成殿三间，东西从祀廊各六间，三先生祠堂各一间。州学讲堂为彝训堂，有房五间，学斋六间称六斋，名曰：诚身、明善、观光、利宾、志道、率性。另外还有小学二斋，曰：果行、育德，各有房三间。州学还有养正堂五间、觉后堂三间。外部有棂星门、东西门、学门、仪门。校园里面还有参前亭、土祠、仓屋、公厨等，① 建筑物分布基本与路学同。至正年间，州学增建书楼五间，祠堂六间，松亭三间，六斋增至十二间，还建了跨鼇桥（泮桥）。这样，学校的建筑规模增至房屋 78 间，比原来（57 间）增加了 35% 。

鄞县学的建筑布局为：大成殿，东西从祀廊各九间。县学的讲堂为养正堂，有学舍（斋）七，各三间，名曰：舫斋、习说、育英、观善、辨志、敬业、进德。另有养蒙堂三间，作为小学。县学外有泮池、泮桥、学门。校园里面还有从祀廊、土地祠等。县学的

---

① 袁桷：《延祐四明志》卷 13《学校考上》。

养蒙堂于至大二年（1309 年）毁，以后没有重建。至顺元年(1330 年)，县学增建教谕厅三间。

从庆元路诸儒学的规模以及建筑布局情况可以看出：第一，路学在元中期（延祐前后）建筑布局基本定型，以后基本上没有变化。州学和县学在元中后期的建筑布局变化较为明显，既有规模的增加，也有布局的调整。第二，庆元路儒学的建筑布局体现了儒学官学化逐渐增强的趋势。路学有教授廨厅和明德厅，鄞县学至顺元年（1330 年）设教谕厅，定海县学至正初年建献官厅、教谕厅。①这一方面说明儒学布局的调整；另一方面也反映了儒学官学化倾向日益强化。

（三）庆元路儒学的学产

庆元路儒学的学产包括学田、书籍、房舍、祭器等。路学学产最丰，州县学之间由于各自情况不同，则存在明显的差别。

1. 学田

庆元路儒学学田主要包括（水）田、（旱）地、河滩、沙岸、山、池塘等。田、地主要收米、谷，其余收钱钞租金，池塘收鱼虾等实物。学田的来源主要承袭于宋代，也有一部分是学校置买或官府拨给。在元代庆元路的各级儒学中，路学学田数量最多，分布于庆元路的二州四县，其余州县学的学田一般只位于本州县。

由于学田为各儒学的收入来源，是儒学生存的物质基础，所以元政府对学田的管理使用也比较严格。至元十九年（1282 年），浙东宣慰使石国秀奏请将江东、江西、浙东、浙西四道学田官为拘收，在江南各地引起了激烈的争论。② 至元二十三年（1286 年），元世祖颁布圣旨，归还儒学“种养着的田地”。③ 学田所收钱粮，由“所在官司”拘收数目，明置文簿，别行收贮“本处官司不得

① 《至正四明续志》卷 7《学校》。

② 《庙学典礼》卷 1《都省复还石国秀等所献学田》。

③ 《元典章》卷 31《礼部四 · 儒学》；《庙学典礼》卷 2《江南学田与种养》。

侵支违错”。学校的开支，每年上半年申报行省，年终类咨都省照验。①

2. 书籍

儒学的书籍供儒士、生员研习之用，藏于尊经阁。庆元路儒学的藏书分为以下几类：经、史、子、集、类书等。路学在宋代藏书较多，达5370册。其他各学校藏书虽逐步增加，但一直到元末也未达到南宋的水平。庆元路各级儒学中，路学藏书最多，其他州县学则很少，延祐年间，所有州县学均没有藏书的记载，② 至正年间，也只有奉化州、昌国州以及定海县的学校有数量不大的藏书。③ 庆元路的儒学中除书籍以外，还藏有用于印书的书板。关于书籍的管理，元政府规定各学校设直学一人掌管之，“不许借借出学，但有欠缺，令学官立例照勘，见数于本学钱粮内刊补”。④ 元代庆元路学所存书板大量增加，说明路学可能大量印刷书籍，刊印的书籍除了自用以外，也可能用于售卖牟利，补充学校办学经费。

3. 祭器

元代儒学庙学合一的制度已经形成，儒学春秋祭丁、朔望祭祀成为日常教学活动的一部分，这就使祭器成为学校必不可少的学产。庆元路儒学祭器的种类很多，有铜祭器：象尊、牺尊、爵、大小香炉等；铁祭器：大香炉；木祭器：俎、豆、坫等；竹祭器：笾篚、拜席等。此外还有乐器，包括编钟、瑟、琴、笙、箫、埙等。有些学校还备有成套的祭服，配有专职的乐户。庆元路路学的祭器最多，其次为州学，最后为县学。有元一代，各学校的祭器有逐年增加的趋势，反映出元代儒学普遍重视祭祀的现象。现将庆元路各儒学的学产情况列表如下：

① 《庙学典礼》卷1《都省复还石国秀等所献学田》。
② 袁桷：《延祐四明志》卷13《学校考》。
③ 《至正四明续志》卷7《学校》。
④ 《庙学典礼》卷5《行台坐下宪司讲究学校便宜》。

表1 延祐年间庆元路儒学学产分布表

名称	学舍（间）	祭器（件）	书籍（册）	学田（亩）	收入
路学	×	842	1595册	13789	米2010石，谷1470石，中统钞248锭29两
鄞县	46	203	×	748	米186石，钞19两
奉化州	57	324	×	1184	米67石，谷1439石，钞19锭40两
昌国州	29	473、礼服10套	×	593	米159石，谷82石，钞10锭
慈溪县	98	240	×	452	米215石，谷77石，钞3锭17两
定海县	43	307	×	2313	米718石，钞75两
象山县	49	150	×	720	谷555石，钞32两
合计		2539	1595	19799	米3355石，谷3623石，钞284锭12两

表2 至正年间庆元路儒学学产分布以及延祐至正学产数量对照表

名称	学舍（间）	祭器（件）	书籍（册）	学田（亩）	收入
路学	×	828	1250片	14225	米2015石，谷1571石、钞396锭
增减对照	×	14；1.66%	-345	875；6.53%	米5石；0.24%；谷101石、6.75%；148、59.6%
鄞县学	49	380	×	889	米311石，钞6锭15两
增减对照	3；6.5%	177；87.1%	×	141；18.8%	米125石；67.2%，钞5锭4两；631.5%
奉化州	58	17种	173	1444	米35石，谷1600石，钞19锭40两

续表

名称	学舍（间）	祭器（件）	书籍（册）	学田（亩）	收入
增减对照	1.7%	×	173	260；22%	米 -32 石，谷 161 石、11.2%、钞 0
昌国州	29	516	237	616	× × ×
增减对照	0	43；9%	237	23；4%	× × ×
慈溪县	98	293	×	444	米 226 石，谷 204 石，钞 3 锭 26 两
增减对照	0	53；22.1%	×	-8	米 11 石、5.1%；谷 127 石、164%；钞 9 两、5.1%
定海县	42	410	821	2313	米 709 石，钞 1 锭 23 两
增减对照	-1	103；33.6%	821	0	-9 石　　-2 两
象山县	（缺）				
总　计		2444	2481	19931	米 2587 石，谷 3375 石，钞 427 锭 27 两
增减对照		-95	886；55.5%	132；0.6%	米 -768 石，谷 -248 石，钞 143 锭、50.3%

说明：（1）此二表数据的史料来源为《延祐四明志》和《至正四明续志》。

（2）由于路学的房产间数以及至正年间奉化州学的祭器数没有明确的数据，表 2 有关统计的总数中不将其包括在内。

（3）象山县至正年间资料缺载，亦不在统计之列。

（4）一些州县学书籍数量没有记载，表中用×表示，统计以零计；延祐与至正对比增长的用正数表示，减少的以负数表示。

从表 1 和表 2 可以看出，首先，庆元路儒学中，学校书籍总量增加最明显，路学州学均有书籍，县学则不完备。其次，在庆元路各级儒学的收入中，实物收入（米、谷）的数量逐渐减少，货币量则逐渐增加，说明了儒学收入货币化的一种趋势，这是实物地租向货币地租转化的结果，反映了庆元路商品经济的发展。再次，学田数有所增加，反映了庆元路儒学不断发展的趋势。

元代儒学到底发展到一个什么水平？近年来，一些学者探讨过这一问题，如胡务先生主要从儒学的兴建和祭祀制度的完善说明元代儒学的发展，① 本节主要从学产方面，就庆元路儒学的具体情况谈一下这个问题。为了兼顾可比性和典型性，文中选取了庆元路南宋宝庆年间的学产总量与元中期（延祐年间）以及元后期（至正年间）的庆元路儒学学产总量对比，以说明元代庆元路儒学的发展情况。现将下列数据列表 3 如下：

表 3　宋元庆元路学产对照表

朝　代	祭器（件）	书籍（册）	学田（亩）	收入：米（石）、谷（石）、钱（钞）		
宝庆	1294	5370	6024	3548	2924	6021 两 594 文
延祐	2539	1595	19799	3355	3623	中统钞 14212 两
比南宋增加	1245	－3775	13755	－193	699	
增长率	96.2%	×	228%	×	23.9%	
至正	2444	2481	19931	2587	3357	中统钞 21377 两
比南宋增加	1150	－2889	13907	－961	451	
增长率	88.9%	×	230%	×	15.4%	

说明：(1)宋元两代货币不同，元代纸币的价值也很不稳定，两者不宜比较。

(2)史料来源为《宝庆四明志》、《延祐四明志》、《至正四明续志》。

从表 3 可以看出：第一，元代庆元路儒学的学产中，与宋代相比，增长最明显的为学田。延祐、至正年间的学田分别比南宋宝庆年间增加了 228% 和 230%；儒学收入方面，虽然米的收入不及南宋，但钱、谷的收入比以前增加，特别是货币收入增加明显。第

① 胡务：《元代的庙学》，南开大学硕士论文打印稿。

二，元代庆元路儒学祭器的数量比南宋增加了 96.2% 和 88.9%（其中至正年间奉化州学和象山县学的祭器数因缺载而未计入），这说明元代庆元路儒学祭祀制度的完备。第三，元代庆元路儒学的书籍数量比南宋少。元后期虽有增加，仍未达到南宋时的水平。

基于以上的分析，我们有理由认为，从学校建筑规模和学产数量方面来看，元代庆元路的儒学除了书籍等方面不及南宋以外，在其他很多方面，包括收入方面都基本上超过了宋代，这是儒学教育逐步发展和长期积累的结果。

（四）庆元路儒学的管理及运作

庆元路儒学的日常管理与运作主要是在学官的主持下进行的，现将有关情况叙述如下。

1. 学官

庆元路路学设教授一员，学正一员，学录一员。州学设学正一员，县学设教谕一员，这些学官各有其责。路学教授直接掌管路学的大小事务，其职责较为广泛。首先是修缮儒学的庙、学及有关设施。据资料统计，有元一代庆元路路学的修缮、重建共 32 次，其中，路学教授直接参加筹划的有 28 次之多。其次，掌管路学的田产钱粮。教授在任期内，有责任扩大学田收入，以应付路学的各种开支。例如，路学教授薛基任内于昌国州的学产洋山增辟财源，"经理到中统钞二十定"。教授吴廷献"任内增羡到山民陈瑞等租金五定"。路学修缮中的主要资金来源也是靠教授的"督租入，撙用费"。① 此外，路学教授也有责任荐选下属学官以及参加有关路学的词讼，还主持有关祭祀活动。

路学的学正、学录为教授之下的学官，他们除教学以外，也参与路学的其他管理活动。如学录姜材之于至元二十九年（1292 年）奉廉访副使陈祥之命重建路学仪门。② 元统三年（1335 年）十月

① 袁桷：《延祐四明志》卷 13《学校考》。
② 《至正四明续志》卷 7《学校》。

学正虞师道参与了路学收回鄞县涂田的诉讼。①

庆元路的州学由学正一员主之，县学由教谕一员主之，其职责亦非常广泛。

2. 儒户

元代的儒户另立户籍，并享受免除杂泛差役的优待，政府将儒户的管理纳入到儒学的体系中，由学官具体负责。庆元路在籍儒户：路学1927户，奉化州学657户，昌国州学50户，鄞县学335户，慈溪县学222户，定海县学80户，象山县学66户，总计3337户。儒户与儒学有关的义务有二：首先儒户要遣子弟入学，如果“在籍儒士不遣子弟入学，别习它业”，要“量事轻重，申各处提调官究治”。② 其次，在籍儒士要接受学官的管理和考核。儒士50岁以下者，要各供月课；30岁以下，15岁以上者“常川在学肄业”。每月朔望日，要参加儒学的祭祀活动。学官每月对儒士进行课试，成绩优异者，申上司作为岁贡的凭据，考核不合格者“从学官议罚”。③

3. 生员

庆元路儒学的生员数量缺乏明确的记载，不过，鄞县学在至正九年（1349年）“增弟子员百余人”，④ 其余的儒学如路学、州学在全盛时，生员数量也不会少于百人。元代生员的来源有三：儒士子弟、地方官吏的子弟以及民间俊秀者，单从庆元路儒户的庞大数量来看，其生员数量应该比较可观。

生员的日常生活分为晨参、讲书、诵书、习字、试书、会食、暮归等，每一部分都有一些固定的仪式。具体情况已经在前面的章节中论述，这里不再重复。

诸生每月要进行课试，“逐月载籍，终岁考其优劣以定殿最”，

---

① 虞师道：《庆元路儒学涂田碑》，《两浙金石志》卷16。

② 《通制条格》卷5《学令》。

③ 《庙学典礼》卷5《行省坐下监察御史申明学校规式》。

④ 段天祐：《元修鄞县学碑》，《两浙金石志》卷17。

成绩优异者取首名“保申上司，以备岁贡”。其文理不通者，受罚。① 庆元路地方正官有时也亲自到学校课试生员，后至元六年（1340年），王元恭“出守四明郡”，他到路学“月书季考，循习故常，严堂试为赏格，士知所自励”。②

必须指出，在儒学的管理方面，宋元两代各具有不同的特点。宋代官府基本上不介入儒学的管理，“师儒之官，朝廷未尝特命，郡邑有司自延名儒主之，又不设学官，弟子人民之秀者，听其受业而已”。宋熙宁以后，“虽设提举学校官，不过钩稽廪食，清校簿书，亦未有课试之法”。③ 而元代的儒学管理则体现出较明显的官学化的特点，除了教授、学正、学录、教谕等学官由政府任命外，至元六年（1269年）元政府规定提刑按察司官（后为肃政廉访司）“勉励学校，宣明教化”。④ 此后，元政府又规定路府州县官也要“主领敦劝”。⑤ 每月的朔望之日，“自长次以下地方官首领官”要率领僚属吏员“俱诣文庙烧香，礼毕，从学官主善诣讲堂，同诸生并民家子弟愿从学者讲议经史，更相授受”。⑥ 史料记载，庆元路有一些地方官亲自到路学祭祀、讲书、敦劝，如后至元元年（1335年）廉访副使李端巡察至庆元路，他“谒先圣庙，升论堂，问诸生所以为学，历举格言大训，勉励谆切”。⑦ 从史料看，庆元路地方肃政廉访司、总管府、州县政府等官吏已经广泛地参与到儒学的管理中，儒学的兴建、修缮，学田的增拨以及有关学产的诉讼都有地方长官亲自主持与参与。另外，地方长官也过问儒士户籍、生员考核、学官升转、人才荐举等与儒学有关的事务。

---

① 《庙学典礼》卷5《行省坐下监察御史申明学校规式》。
② 朱文刚：《元庆元路总管王元恭去思碑》，《两浙金石志》卷17。
③ 乾隆《宁波府志》卷9《学校志·师儒之制》。
④ 《通制条格》卷5《学令》。
⑤ 《元典章》卷5《圣政一·兴学校》。
⑥ 《庙学典礼》卷1《官吏诣庙烧香》。
⑦ 虞师道：《庆元路儒学涂田碑》，《两浙金石志》卷16。

（五）庆元路儒学与地域文化

浙东一带在唐朝以来就是江南经济文化较发达的地区，南宋以后，北方由于战乱，导致文化衰落，江南的文化、学术则迅速发展起来。庆元路是江南儒学发达的地区之一，出现了慈湖、洁斋、东发等一些儒学学派，① 因此，儒学的传习和研究是这一地区区域文化的一个重要特色。早在宋代，这里的儒学就以“规模丰敞，栋宇穹崇，庠声序音冠于左浙英俊之域”。② 进入元代以后，由于科举长期废置，儒户的管理也纳入到儒学教育体系中，庆元路儒学在教育、教化以及学术研究方面的功能更加突出。元代朱氏之学（朱熹）以及陆氏之学（陆九渊）在庆元路都有传人，学术气氛比较浓厚。

首先，庆元路浓厚的儒学传习和研究的风气，造就了众多的名贤硕儒。他们在元代儒学文化地位下降的情况下，以兴学为己任，主张“化民成俗，劝学为化”，③ 力图通过发展儒学教育来挽救日趋衰落的儒士集团，并实现其儒治的政治理想，为庆元路儒学教育的发展作出了重要的贡献。表现在：第一，亲为学官。如慈湖派名儒桂同德，“教授郡痒，以德行为本，故一时亲炙其教者，咸有成立”。④ 深宁派学者郑芳叔，“两任郡学训导，敦厚严谨，以道自尊”。⑤ 此外，任学官的庆元路儒士还有：王厚孙（深宁派）、戚相祖（丽泽派）、袁裒（洁斋派）、曹汉炎（慈湖派）等。第二，在地方讲学。如汪汝懋（慈湖派）“为定海县尹五年，致仕，于鄞讲学”。⑥ 洪蹟“为慈湖之学，游于杭越间”。⑦ 第三，捐资助学。慈湖派名儒童金，致仕后“即先庐侧筑室百余楹，为义塾，割腴

---

① 这里的学派划分根据黄宗羲《宋元学案》，以下同。

② 王应麟：《重建学记》，《延祐四明志》卷13《学校》。

③ 王应麟：《重建学记》，《延祐四明志》卷13《学校》。

④ 黄宗羲：《宋元学案》卷74《慈湖学案》。

⑤ 黄宗羲：《宋元学案》卷85《深宁学案》。

⑥ 黄宗羲：《宋元学案》卷74《慈湖学案》。

⑦ 黄宗羲：《宋元学案》卷74《慈湖学案》。

田四顷，延名师以淑来学”。① 可以说，庆元路儒学的发展是这一地区儒士集团共同努力的结果。

其次，庆元路地域文化（其范围应包括整个浙东地区）的发展壮大，有利于整个江浙一带文化学术的发展。元代学官由政府任命，一般异地为官，这为庆元路地域文化——四明之学与外地其他理学学派的交流创造了条件。至元十五年（1278 年）到致和元年（1328 年）庆元路路学教授共 16 人，先将其中 11 人列表如下：

姓名	潘梦桂	黄裳	吴宗彦	苏垲	卓琰	孔文植	薛基	吴廷献	俞希鲁	陆晋之	花桂发
上任时间	至元十五年十月	至元二十三年五月	至元二十五年十二月	至大元年九月	至大四年九月	延祐元年十月	延祐三年二月	延祐六年二月	至治二年二月	泰定二年三月	致和元年四月
籍贯	庆元人	眉州人	黄岩人	眉山人	三山人	永嘉人	河东人	鄱阳人	镇江人	杭州人	无为州人

资料来源：《延祐四明志》。

从上表中可以看出，在 11 位路学教授中，除首任教授潘梦桂，其余皆为外地儒士。外地儒士到庆元路做学官，必然把庆元路以外的学术带进来。同时，庆元路的“四明之学”也会对他们产生影响。路学中也有本地儒士任职，如袁裒做过路学学录，② 郑叔芳、王厚孙（深宁派）任训导，他们更有机会与这些外地教授在学业上相互交流、切磋，共同提高。

同样，庆元路也有许多儒士到外地任学官，下表是庆元籍学官的不完全统计：

---

① 黄宗羲：《宋元学案》卷 74《慈湖学案》。

② 袁桷：《延祐四明志》卷 2《职官考》。

姓名	袁裒	李淯孙	王厚孙	郑觉民	戴表元
学派	洁斋学派	广平、定川学派	深宁学派	深宁学派	深宁学派
官职	海盐州儒学教授	杭州路儒学教授	邵武路儒学教授	龙游州教谕	信州路儒学教授

资料来源:《宋元学案》。

从上表中可以看出,上述五人均为庆元路的名儒,学问和人品堪称当时的理学宗师。这些儒士到外地为学官,有利于学术方面的交流,也使四明之学影响和辐射到更远的地区。宋代“四明之学皆陆氏”,① 元代四明地区则出现了深宁、静清、东发等学派,皆讲朱子之学,这与上述以儒学为媒界的活跃的学术交流活动,应该是有一定关系的。

最后,庆元路一带“四明之学”的兴盛,也培养了一些在全国有影响力的名士,如袁桷(深宁派)、杨维桢(东发学派)、揭傒斯(北山派)、王应麟(深宁派)、程端礼(静清派)、程端学(静清派)、欧阳玄(北山派)、宋濂(北山派)、吴师道(北山派)等。这些名士为儒学题诗写文,对儒学发展也作出了一定的贡献;而赵宏伟(北山派)等人则亲为浙东廉访副使,直接投入兴学、建学的行列(事迹见前述)。元中期以后,由于乡试的需要,周围地区甚至北方的一些儒士到庆元路一带学习理学,北山学派中就有“以蒙古从学者”,② 因此,乡试也“作为一个特殊的纽带和途径,既促进了本地文化的发展,也促进了地域文化的沟通与交融”。③

① 黄宗羲:《宋元学案》卷85《深宁学案》。

② 黄宗羲:《宋元学案》卷82《北山四先生学案》。

③ 李治安:《元代乡试新探》,《南开大学学报》1999年第6期。

二、元代庆元路的书院

书院是唐宋以来出现的一种教育或学术研究机构。南宋以后，中国北方由于连年的战乱，文化衰落，儒学文化的重心逐渐转移到长江以南地区，庆元路也成为江南儒学文化发达的地区。浓厚的文化氛围为书院的发展提供了良好的社会环境。据史料记载，庆元路的书院有12所，鄞县有东湖书院、鄮山书院、甬东书院、本心书院、鲁斋书院、鄞江书院；慈溪县有慈湖书院、杜洲书院；昌国州有翁洲书院、岱山书院；奉化州有龙津书院（后改文公书院）、广平书院等。

（一）元代庆元路书院概况

元世祖统一中国后，社会安定，经济文化得到较快的发展，“内自京师，外自郡县，无不立学”。①“书院一事，盛于南国”。②江浙行省“所统吴越间”就有“为书院者至八十有五”，③庆元路书院的数量占了江浙行省书院总数的15.3%，在江浙行省的三十个路、一府、二州中，可谓书院较为发达的地区。现将庆元路主要书院的发展概况考察如下：

慈湖书院　位于慈溪县城东一里，是为纪念南宋学者杨简（字文元）而建立的。宋宝庆年间最早在慈湖之滨建起了杨简的祠堂。④咸淳七年（1271年），郡守刘黻在县城普济寺东重建。书院“负山面湖，创精舍，肖像而祠之”。⑤元朝至元二十二年（1285年），普济寺僧人恃势“夺其地，毁祠像”⑥，诸生诉于官，得到许可在杨简的故宅重建书院。至元二十九年（1292年），慈湖书院

---

① 蔡美彪：《元代白话碑辑录》，科学出版社1955年版，第389页。

② 王旭：《中和书院记》，《兰轩集》卷12。

③ 黄溍：《西湖书院田记》，《文献集》卷7。

④ 文及翁：《慈湖书院记》，袁桷：《延祐四明志》卷14。

⑤ 袁桷：《延祐四明志》卷14《重修慈湖书院本末记》。

⑥ 袁桷：《延祐四明志》卷14《学校考》。

建成。①

翁洲书院 位于昌国州治所之北，原为宋进士应素读书之所，宋淳祐间宋理宗亲书“翁洲”二字以赐之，遂为翁洲书院。“延师其间，率其子弟及族之人与夫乡之俊秀”肄业其中，成为当时“一方精舍之望”。元朝统一后，翁洲书院最初以“其族之儒而耆者董行教事”。元贞元年（1295 年），由于书院“既无寸产土，又隶于州庠，教养咸缺”，江浙行省“几去其缺”。不久，应素之子应翔孙率其子侄“掇已分田隶书院，公其出入以赡师生”，于是书院“遂得不废”。大德元年（1297 年），行省任命何烨之为翁洲书院首任山长，他“载刊《鹿洞之规》，爰采新田，恢复旧观”。②大德十一年（1307 年）秋，翁洲书院被飓风摧毁，从此荒废了 13 年之久。延祐七年（1320 年）昌国州同知于文传主持修建书院礼殿、台门。后至元二年（1336 年）山长朱延鸾筹资起盖东廊斋舍。后至元四年（1338 年）知州徐敬主持兴建讲堂三间及西廊斋舍三间。③ 至此，翁洲书院稍复旧观。此后，曹性之任山长，他和书院直学林大昌等经过多方经营，使翁洲书院更加完善。

岱山书院 初位于昌国州蓬莱乡的岱山。宋咸淳七年（1271 年）儒士魏渠等联名请于县，县给旧酒坊基并拨公款以建之。咸淳九年（1273 年），书院初步建成。④ 但整个宋代，岱山书院“恒产皆无”。至元二十三年（1286 年）当地盐场官徐应举、朱许芳出资购得民房一处，将岱山书院迁至昌国州治所，“以存其名”。⑤ 当时，虽有山长之设，“实未有所赡焉”。后至元二年（1336 年），州判官许广大拨富九都沙涨涂田十四处“以供祀事”，并设“颜子像以配享”。⑥

杜洲书院 位于慈溪县城西北三十里。元至大二年（1309

---

① 黄翔龙：《重修慈湖书院本末记》，袁桷：《延祐四明志》卷 14。

② 冯福京：《大德昌国州图志》卷 2《学校》。

③ 桂应奎：《翁洲书院记》，王元恭：《至正四明续志》卷 8。

④ 《岱山书院记》，袁桷：《延祐四明志》卷 14。

⑤ 冯福京：《大德昌国州图志》卷 2《学校》。

⑥ 王元恭：《至正四明续志》卷 8《学校》。

年)，儒士童金于此创义学，后又在此基础上建立了学者杜洲先生的祠堂，并割田“以赡来学”，① 创立杜洲书院。不久，童金之子童桂也“添拔山田”。后至元二年（1336 年）杜洲书院被江浙行省正式批准设立，任命山长主之。②

东湖书院　位于鄞县县城东三四十里，由当地儒士陆居敬、陆思诚兄弟创办。泰定二年（1325 年），陆氏兄弟“思其父之遗命”，首先建起义塾，“奉紫阳朱夫子像以教一乡之子弟”。二人还割田 150 亩，作为赡学的来源，另割田 10 亩作为祭祀之资。当时“浙东帅本斋王公名之为东湖书院，堂曰育英，为之大字以榜之”。③ 此后，东湖书院并未能“请额于朝”，其山长之位也长期空缺，只能“率以他职来摄”。天历元年（1328 年），书院聘县学师吴思永“端席设讲，训导陈宏专其教”。此后，来主书院者“有贤有愚，或久或暂”，但是均“不能以称厥事”。至正二十二年(1362 年)，翰林国史院编修官色目人马易之（字乃贤）来东湖闲居，被聘请掌东湖书院。第二年马易之北上，山长之位又缺。总管丘彦村聘儒士陆德阳任山长。④ 不久元朝即灭亡。此间，东湖书院增建先贤祠一处。⑤

鄮山书院　位于鄞县县城西五里，由当地儒士赵寿建立。大德二年（1298 年），赵寿“慨然请于朝”，表示愿意割田别居，以立书院。书院建朱文公（熹）专祠，名之曰“鄮山”。赵寿的申请得到元政府的批准不久，他即去世，此后书院由于缺乏管理而“成规废弛”。大德七年（1303 年），江浙行省任命戴某为鄮山书院的山长。当时的书院已经“屋毁勿称”，近于荒废，于是他重新辟田以整修之，⑥ 鄮山书院从此发展起来。

甬东书院　位于鄞县城东三里，宋绍定年间儒士郑清之创建，

---

① 乾隆《宁波府志》卷 9《学校》。
② 王元恭：《至正四明续志》卷 8《学校》。
③ 程端学：《东湖书院记》，《积斋集》卷 4。
④ 刘仁本：《送陆得阳摄东湖书院序》，《羽庭集》卷 5。
⑤ 民国《鄞县通志·舆地志》，1936 年铅印本。
⑥ 袁桷：《鄮山书院记》，《清容居士集》卷 18。

祠著名学者楼昉。书院有田以供祭祀之需，宋理宗亲书其扁以赐之。① 元至元二十八年（1291 年），甬东书院被附近普陀寺僧人所毁。路学教授吴宗彦在恢复旧址失败后，将书院迁到城内重建，并设“主奉二人以掌之”。至正二十四年（1364 年）在当时鄞县令的主持下，甬东书院重建。②

龙津书院 位于奉化州城东四里。宋乾道年间朱熹至此，“士人延留问道，遂立书院”。不久，书院迁到当时县学之东。③ 元至元十八年（1281 年），龙津书院改名为文公书院，由山长李芝皓等主持，不久废弛。元贞初年陈友龙为浙东道儒学提举，他起用知名儒士任士林主持恢复文公书院，“州达鲁花赤察罕、知州李炳等均赞此事”，并且“以工给其役，以吏董其事”。不久，文公书院重新建成。④

鲁斋书院 初位于鄞县城西南隅吴家巷。后至元六年（1340 年），浙东道都元帅锁南班因天台儒士陈仁本等请求而建立，祠许衡。但是书院的申请“闻于朝，未奉明降”。⑤ 至正二年（1342 年），陈仁本“即庆元府治之东构祠塑像”，并得到元政府批准，“列于学官”。此时的鲁斋书院“春秋专祠于公（许衡），而又以姚（燧）、赵（复）于堂，终岁设教养士，然而廪饩供张尚未完也”。至正三年（1343 年），陈仁本“踰浙右，泛二江，游金陵”，经过多方努力，终于“以需成于台端”。⑥

鄞江书院 位于鄞县城东南，鄞县儒士张式艮建。⑦

广平书院 位于奉化州治所东六里，原为宋儒士文静舒的家

---

① 袁桷：《延祐四明志》卷 14《学校考下》。

② 民国《鄞县通志·舆地志》。

③ 光绪《奉化县志》卷 8《学校上》。

④ 任士林：《重建文公书院记》，《松乡集》卷 1。

⑤ 王元恭：《至正四明续志》卷 8《学校》。

⑥ 朱德润：《鲁斋书院三先生祠堂记》，《存复斋文集》卷 2。《至正四明续志》载书院创始人为天台“陈仁”，疑丢一“本”字。

⑦ 光绪《奉化县志》卷 8《学校上》。

塾，元时改为书院，至正年间毁。①

本心书院　全汝梅父子建，其址不详。②

以上是元代庆元路书院的分布状况，元代庆元路书院的分布受政治、经济发展状况影响，分布不平衡。在12所书院中，鄞县有6所，占总数的50%；奉化州、昌国州和慈溪县各3所，均占16%。庆元路书院主要分布于政治中心以及经济文化较发达的地区。鄞县为庆元路治所，是整个路的政治、文化中心，所以书院分布数量最多。奉化州和昌国州作为州的治所，书院分布数量次之。在其余的四县中，慈溪县作为经济文化较发达的县，书院的分布数量也占了16%，其余的二县没有分布。庆元路书院分布的特点，大致上反映出元代以后，书院向地方政治、经济中心集中的发展趋势。

（二）元代庆元路书院的建筑布局及规模

唐宋以来，中国的地方学校形成了庙学合一的建筑布局结构，"由学尊庙，因庙表学"，庙和学有机地结合在一起，全面地体现出儒家文化的思想和理念。这方面的内容已经在前面章节中详细论述，这里不再涉及。书院在南宋有学术研究和教育的双重功能，元代书院普及后特别是程朱理学居于统治地位以后，书院在学术研究方面的职能淡化，书院和各级官学有趋同化的趋势，这在庆元路诸书院的建筑结构中，比较明显地表现出来。

庆元路诸书院的主要建筑类型有：礼殿、祠堂、讲堂学斋及其他辅助设施。礼殿、祠堂为书院的精神象征，常位于书院的中心。礼殿也称燕居堂，为先圣"燕居之堂"，一般供奉孔子及四配（颜子、曾子、子思、孟子）。礼殿的规模大致与州县级官学相当，如至正年间庆元路的岱山、翁洲二书院的礼殿为三间，同时期的奉化、昌国二州及定海县学的大成殿也是三间。只是州县学大成殿左

---

① 王元恭：《至正四明续志》卷8《学校》。

② 王元恭：《至正四明续志》卷8《学校》。

右一般有从祀廊，而书院没有。① 祠堂一般在礼殿的左侧，它往往是书院最早的建筑。慈湖书院初创时，“邑士大夫始祠（杨简）于湖之滨”，以后才陆续兴建其他建筑。祠堂和礼殿是有区别的。如至元二十四年慈湖书院重建时，“崇礼殿以奉先圣，严祠庭以殷毖祀”。② 翁洲书院在元贞年间重建时，同样是“建礼殿奉先圣燕居像，另建祠，祠先贤朱文公”。③ 祠堂最初一般是某位先贤的专祠，元中后期祠堂从祀逐渐增多，专祠的色彩减弱。据民国二十四年《鄞县通志》所引元人郭嘉的《重修甬东书院记》：甬东书院在至正十四年（1354年）重建后，礼殿中祀“宣圣石像、四侑”。祠堂有东、西二个，西祠堂祀汉代董氏（董仲舒）、唐代昌黎韩氏（韩愈）、宋代横渠张氏（张载）、新安朱氏（朱熹）等八先生。东祠堂祀当地乡贤迂斋楼氏、果斋史氏、安晚郑氏、靖斋程氏、约斋许氏等五人。

讲堂斋舍一般在礼殿之后。讲堂“外植门，旁翼两庑”为斋舍，其大小、数量视书院的教学规模而定。至正年间的翁洲书院有讲堂三间，斋廊三间；岱山书院有讲堂三间；教学规模较大的杜洲书院则有彝训堂（讲堂）三间，学斋六个，每个三间，共十八间。④ 有些书院还在讲堂之后建藏书室。

书院的其他辅助设施包括山长之厅、公厨、仓庾、学门、围墙、碑亭、杏坛等。这些建筑因书院大小规模不等而有所增减。如翁洲书院的辅助设施仅台门三间、轩屋三间；岱山书院仅有门楼三间。⑤

为了更加具体地说明庆元路书院的建筑布局情况，现将慈湖书院以及甬东书院的大致建筑布局举例说明如下。

慈湖书院外有台门，进入以后，正中有礼殿和慈湖先生祠堂，

---

① 王元恭：《至正四明续志》卷8《学校》。

② 王元恭：《至正四明续志》卷8《学校》。

③ 王元恭：《至正四明续志》卷8《学校》。

④ 王元恭：《至正四明续志》卷8《学校》。

⑤ 王元恭：《至正四明续志》卷8《学校》。

礼殿以后为学门，进入学门，正中为讲堂，两庑为四斋，名曰：忠信、笃敬、明通、公博。讲堂之后为藏书室。甬东书院外有棂星门，进入棂星门为仪门，仪门有左、右二挟室，左边藏“程氏《读书日程》、《春秋本义》及书板，右以贮谷粟”。书院正中为礼殿“加塗塓垩，壮丽坚如”。礼殿后居中为论堂，“两庑延以十二楹”，其中，东为居敬斋，西为克己斋，二斋共六楹，另六楹为东西二祠。

庆元路书院在元代建筑布局的变化，明显地体现出书院官学化的发展趋势。官学化这里指书院和官学的趋同化、一致化，其结果是书院失去自己的特点，与官学等同。这种情况表现在两个方面：

首先，书院是为纪念先贤而创立的，因此，这些特定先贤的专祠可以说是书院与官学在建筑布局方面最明显的区别。从有关庆元路书院的资料中，我们不难发现，先贤的专祠在元中后期的重要性减弱了，甚至有的废弃或消失了。大德十一年（1307 年），翁洲书院为飓风所毁，延祐七年（1320 年）重建了礼殿、仪门、讲堂、东西庑及教学辅助设施，其中没有重建朱子祠堂的记载。《至正四明续志》中有关翁洲书院、岱山书院的“屋宇”中也没有祠堂的记述。前已述及的甬东书院在至正十四年（1354 年）重建后，楼昉的专祠变成了五先生祠；鲁斋书院在至正二年重建后，许衡的专祠也变成了三先生祠。

其次，元中后期书院的建筑布局已经同官学基本一致。本书第四章已经将奉化州学与杜洲书院在至正年间的建筑分布列表对照，可以参考。为什么会出现这种情况呢？由于缺乏足够的史料，我们目前还不能对这一问题进行深入的讨论。但是有一点是肯定的，书院的官学化是主要原因。

庆元路书院建筑规模大小不等，慈湖书院延祐年间有房屋 72 间，建筑规模超过了当时除慈溪县学以外的所有州县学，而东湖书院仅为“讲有席，息有榻，凡庖湢之所、饮食之器、蔬莳之圃虽微而完”。① 另外，有元一代，由于各种社会因素的影响，各书院

① 程端学：《东湖书院记》，《积斋集》卷 4。

的规模也有一些增减。如甬东书院延祐年间仅房屋三间。① 至正年间重建后规模大增（见前述）。慈湖书院在延祐年间房屋 72 间，至正年间仅为 32 间，减少了 55% 。岱山书院大德年间有房屋三间，至正年间增加到九间。

(三) 元代庆元路书院的管理

庆元路的书院在办学方针上遵照朱熹制定的“白鹿洞成式”。②书院的管理则遵照元代有关书院的统一规定，由书院山长负责处理书院的教学、祭祀、钱粮、兴建、修缮等事务。由于书院大小规模不等，地方官府的参与以及山长本人的能力、水平不一，书院的管理出现了较为复杂的情况。

书院创立前必须由州县逐级申报行省，行省在“教”和“养”也就是教学设施和赡学田土两个方面进行审查，符合条件才予以批准，并任命山长主之。山长三年一届，届满代换。如元初翁洲书院为了取得合法地位，首先“白之州，州俾学正摄闻诸府，遂次以达行省”。然后行省“诘问资粮之有无，存设当否?”由于昌国州指出“书院既无寸产土，又隶于州庠，教养咸缺”，江浙行省“几去其缺”。③

首任山长按元代惯例，任命筹建书院的人为之，届满即代。鄮山书院首任山长赵寿即是这种情况。但有时候也不拘此例，翁洲书院建立后，江浙行省就任命与书院建立毫无关系的何烨之为首任山长。④ 一些较小的书院虽然得到请额（批准），也不会重视。如岱山书院在至元二十三年（1286 年）迁到昌国州治所，只是为了“以存其名”。延祐年间的甬东书院有房屋三间，行省仅仅“设主奉二员以掌之”。⑤ 一些未得到请额的书院，只能以他职来代理山

① 袁桷：《延祐四明志》卷 14《学校考下》。
② 桂应奎：《翁洲书院记》，《至正四明续志》卷 8《学校》。
③ 冯福京：《翁洲书院记》，《大德昌国州图志》卷 2。
④ 冯德京：《翁洲书院记》，《大德昌国州图志》卷 2。
⑤ 袁桷：《延祐四明志》卷 14《学校考下》。

长职务。前面提及的东湖书院就是山长长期缺员，而来摄山长事的，大多不能“以称厥事”。此外，书院山长以下有若干办事人员，如直学、管勾、司库等。翁洲书院在至正年间设直学一职以掌钱粮，规模仅有三间房屋的甬东书院，也设主奉二人以掌之。不过这些办事人员不列入学官系统，其有无或人数多少，视书院的具体情况而定。

书院除山长亲自讲学外，主要是聘请当地一些知名儒士为师。在学的生员一般为儒士或其子弟，“非士类不入，而农工商无所于肄”。① 生员的数量，各书院差别不一，延祐年间慈湖书院最盛时，“学于是者六十一人”；鄮山书院创建之初无生员，由行省“儒学提举司行下本路儒学及鄞县学分拨到生徒二十一名”。② 至正年间的翁洲书院有六个学斋，共计房舍十八间，其生员数估计也不少。

在庆元路书院的管理中也明显体现出官学化的现象。这种情况除了表现在书院的审批和山长的选注以外，还有两点比较突出：第一，地方官参与书院的重建、增建、修缮等工程建设。如由龙津书院而改建的文公书院的重建中，江浙儒学提举陈友龙、奉化州达鲁花赤察罕、知州李炳均直接或间接地参与其中。书院建成后，“乡人亦乐以义廪三之一为赡，州若府状其实于所部于省，斯其成矣”。③ 庆元路地方官参与书院建设的情况很多，现将部分例子列表如下：

书院名称	人　物	职　务	建　筑
翁洲书院	燕赤不花、 于文传	知州 知州	礼殿、仪门
岱山书院	许应举 朱许芳	盐场官	书院迁址
	许广大	州判官	建曾子像

① 程端学：《东湖书院记》，《积斋集》卷4。
② 袁桷：《延祐四明志》卷14《学校考下》。
③ 任士林：《重建文公书院记》，《松乡集》卷1。

续表

书院名称	人物	职务	建筑
慈湖书院	桂应奎	县堂录	书院重建
甬东书院	吴宗彦	路学教授	书院重建
文公书院	陈有龙 察罕	江浙儒学提举 州达鲁花赤	书院重建

从上表中可以看出，参与书院建设的有州达鲁花赤、州判官、州（县）吏、盐场官、儒学提举及一般学官等，充分反映了庆元路地方官府参与书院建设的广泛性。第二，地方长官提调书院事务，山长需向地方正官“白事”。后至元年间，王元恭任庆元路总管“饬庠序政教志愈笃”，翁洲书院山长曹性之就曾“白事府署”。① 书院管理的官学化同建筑布局的官学化相互表里，体现出元代书院的这一明显特征。

（四）元代庆元路书院的学产

学产是书院生存和发展的物质基础，庆元路书院的学产包括用于“教”的教学、祭祀等设施和用于“养”的学田。具体来说有下面几项：

学田 庆元路诸书院的学田大部分为民间捐献，只有岱山书院有官拨的涂田。由于书院学田来源于民间土地，所以需要向政府交地税。如翁洲书院的学田，在至正年间每年“输纳官粮民苗正米陆石壹斗叁升柒合陆勺”。② 学田一般收实物地租，其他如涂田、渡口、山等收租金。学田的收入主要用于山长等有关人员的薪俸、师生饮食、祭祀以及书院房舍的修缮等。

祭器 祭器同样是书院较重要的学产。元代祭祀在书院和官学中都占重要地位，主要的祭祀活动有“春秋祭丁，朔望祭祀”；书

① 王元恭：《至正四明续志》卷8《学校》。

② 王元恭：《至正四明续志》卷8《学校》。

院在增建、修缮以及重建完工后，也要行舍菜之礼，所以，祭器的种类和数量标志着一个书院的规模和地位，书院祭器的种类包括铜器如爵、坫、簋等，木器如豆、俎，竹器如笾、篚等。

书籍　书籍是书院的重要学产之一，但有关庆元路书院藏书的史料不多，慈湖书院在至元末年建藏书室，但其数量不详。杜洲书院至正年间藏书 180 册，书板 33 片。① 其他书院则未发现藏书的记载。下将庆元路六座书院的学产及增减情况列表统计如下：

名称	年代	房舍（间）	学田（亩）	收入	祭器（件）	书籍（册）
慈湖书院	延祐数	72	112	谷 164 石	17	不祥
	至正数	32	129	谷 168 斗	不祥	不祥
	增长数、增长率	-40	17　16%	4　3%		
翁洲书院	大德数	13	190	谷 62 斗	84	不祥
	至正数	15	3346	谷 62 斗	不祥	不祥
	增长数、增长率	2　15%	156　82%	0		
岱山书院	大德数	3	0	不详	56	不祥
	至正数	9	14	不详	不祥	不祥
	增长数、增长率	6　200%				
杜洲书院	延祐数	55	408	谷 956 石	36	180
	至正数	60	408	谷 588 石	不祥	不祥
	增长数、增长率	5　9%	0	-368 石		
鄮山书院	延祐数	17	100	谷 267 石	49	不详
甬东书院	延祐数	3	17	谷 45 石	不详	不详

资料来源：《延祐四明志》、《大德昌国州图志》、《至正四明续志》。

① 王元恭：《至正四明续志》卷 8《学校》。

上表是庆元路六所书院在大德、延祐、至正年间学产的不完备的统计资料，反映出庆元路全部书院学产的增削情况。

（五）余论

上述有关庆元路书院的考察，大体上反映了元代江浙一带书院发展的具体情况。元代书院的一个重要特征就是：书院的官学化。这种情况出现的原因，是元政府加强对书院控制和管理的结果，这一点前文中已经指明。这里就庆元路的情况补充以下四点：

第一，元代书院的官学化是在元中期程朱理学逐渐一统天下的情况下出现的。南宋“四明之学皆陆氏”，元以后，庆元路的深宁、东发、静清等学派皆弃陆学而改宗朱学。朱氏之学在元政府提倡下成为“官学”，这肯定会对庆元路书院的教学和学术研究产生重要影响，所以，理学的盛行推动了书院的官学化。

第二，科举的恢复促进了书院的官学化。庆元路书院的生员同路、州、县官学生员在待遇上是一致的。这从鄮山书院的生徒由路、县学直接调拨这一史实中就可以看出。由于元朝“建学立师、设科取士，悉主于朱子之说，至是而鄞、慈溪之士于朱子之书莫不家传人诵之”。① 这样，为适应科举需要，书院教学的内容和形式有必要同官学一致化。

第三，大多数书院创立的初衷为“褒祖”，得到政府的承认，甚至得到赐名、赐号，可以扩大创办者及其祖先的影响，所以，多数书院并不拒绝官学化。另外由于书院的创办者一般会被任命为山长，一些想通过创办书院做官的人在创办书院以后，总是想方设法得到官方认可。

第四，官学化是书院取得政府支持和经济保障的手段之一。元代儒士的政治地位不高，书院学田被僧、道、豪民侵夺、强占的事件在庆元路很多，因此，由政府派学官主之，能使书院获得一定的保障。

那么，书院的官学化给书院的发展带来什么影响呢？一种意见

① 黄溍：《送慈溪沈教谕诗序》，《金华黄先生文集》卷17。

认为：书院的官学化极大地阉割了书院的自由讲学、独立研究的优良传统，使书院丧失了自己独特的性格和气质。① 这种说法基本上符合实际，但把元代书院的上述弊端全部归咎于官学化，值得商榷。事实上，在官学化以前的南宋，书院学术研究的职能就开始丧失。元政府提倡朱子之学，将其推崇到"官学"的地位，并没有限制其他学派的发展。在庆元路，陆氏心学的研究并没有中断，"弃举子业而习心学（陆学）"② 的也大有人在。朱氏之学统治地位的确立，固然有元政府的提倡之功，但主要还是朱氏之学本身的魅力征服了当时大部分儒士，使他们弃其他的学说而习朱学。元政府加强对书院的控制和管理，主要表现在完善教学设施和严格教学制度方面，对教学内容以及其他非朱子之学并没有特别的限制，因此，书院独立开展学术研究传统的削弱是由复杂的社会原因造成的，书院官学化只能是其原因之一。另外，书院官学化对书院的生存和儒学教育的发展是有利的，它使元代的书院在规模和数量上较前代有明显的发展，书院的教学职能得到加强，有的甚至超过了官学。因此，书院官学化直接导致了书院在整个国家儒学教育体系中所占比重的增加。元代书院教学职能的增强，对明清的书院发展产生了重要的影响。

元代庆元路除了儒学和书院以外，还有义塾、社学等民间教育形式，不过，由于庆元路儒学比较发达，书院较多，庆元路的义塾和社学并不发达。一些义塾（或义学）一旦形成一定规模，就会升为书院。如杜洲义学是至大二年（1309 年）由儒士童金创办，③ 后至元二年（1336 年），江浙行省将其立为杜洲书院。④ 东湖义学是鄞县儒士陆居敬、陆思诚泰定二年（1325 年）创办，"以教一乡之子弟"。义学虽未"请额于朝"，但天历以后，义学开始由当地

---

① 徐梓：《元代书院研究》，社会科学文献出版社 2000 年版，第 126～134 页。

② 光绪《慈溪县志》卷 25《列传二》。

③ 袁桷：《延祐四明志》卷 14《学校考下》。

④ 王元恭：《至正四明续志》卷 8《学校》。

政府管理，成为书院。[1] 庆元路的社学见于记载的是奉化社学，至正二年（1342 年）由儒士余伯璋兄弟创建，“延师训诲子弟”。奉化社学建立后，“本路提调学校官王总管准设，下学照验”。[2] 这样看来，社学同样也要纳入政府儒学教育管理系统。

① 程端学：《东湖书院记》，《积斋集》卷 4；王元恭：《至正四明续志》卷 8《学校》。

② 王元恭：《至正四明续志》卷 8《学校》。

结　语

元代儒学教育的特点及历史地位

教育作为人类社会的一个重要组成部分，随着人类历史的发展而逐步完善。从整个历史来看，教育的发展表现为受教育者数量和范围的增加以及教育设施在全国更广大范围内的建立或普及。也就是说，教育随着社会的发展，总是由少数人接受教育的精英教育向多数人接受教育的大众教育转化，教育设施也是由国家中央或地方的政治中心向边远、基层社会扩散。中国古代教育同样符合这一规律，不过，由于各朝代历史发展特点不同，教育在每个朝代的发展过程也是各有特点。另外，从教育发展的绩效来看，培养人才的数量和质量，也是一个朝代教育发展水平的表现。综上所述，本人认为，评价一个朝代的教育发展水平，应该考虑三个因素：受教育者或称教育对象的数量和范围、教育设施在全国普及的程度、人才培养的数量和质量。以这三要素来衡量元朝的教育发展，可以看出，元代教育既有成功的方面，也有不足的地方，本章对元代教育总的发展情况进行总结，作为本课题最后的结论。

一、从教育设施（或学校）普及的情况来看，元代教育的发展是明显的

在宋、金发展的基础上，元代各级学校在更加广阔的地区建立起来，不仅云南、西北、东北等边疆地区建立了学校，就是在一些特殊的地区，如军队驻地、盐场等地也建立了学校。可以说，元朝的大统一，为教育的普及创造了条件。有关这方面的情况，第二章已经进行了详细地论证，这里列举元人对教育发展的赞美之辞来作为第二章论述的补充。

元《经世大典·序录·学校》云："我朝自太宗皇帝投戈讲艺……以道建极，文轨混同，内设胄监，外设提举官，以领郡县学校之事。于是遐陬绝漠，先王声教之所未及者，皆有学焉。"①

苏天爵认为："我国家戡定中夏，治化斯彰，兴学之典，屡颁于诏书，而山林清旷之地，亦有建立学舍，以为藏修游息之所者焉。"②

刘基在《山阴县孔子庙碑》中说："生民以来……有天下之广者，莫加于元。在内则立监胄，在外则府州若县，莫不有孔子庙，而学宫附焉。庙以崇孔子之祠，学以施孔子之教，孔子之道于是大行。弥覆载而无间，於戏盛哉，古来未有矣！"③

黄溍在《义乌县学明伦堂记》中说："古者惟有学而无庙，后世或有庙而无学，庙学之制莫备于今。诏令屡下，风厉作成，视昔有加，可谓盛矣！"④

鲁贞在《江山修学复田记》中认为："我朝上自京师，下自州县，莫不有学。学有生徒，有廪膳，而有表彰程朱之学，以为教于

---

① 苏天爵：《元文类》卷41《杂著》。

② 苏天爵：《新乐县壁里书院记》，《滋溪文稿》卷3，第33页。

③ 刘基：《刘基集》第12卷《碑铭》，第174页。

④ 黄溍：《金华黄先生文集》卷9。

天下。则其养于教，岂不超乎唐宋而追踪三代欤?”①

类似的记述还有很多，这些赞美之辞与第二章的内容相印证，反映了元代学校的分布之广。元代教育机构由中央和地方的政治中心向基层的县、乡、村社以至于广阔的草原扩展，由经济发达地区向边远落后地区扩展，由文化中心向军队、盐场等一些以前从未涉足的领域扩展的绩效是十分明显的，这是元代教育发展的重要表现之一。

二、从教育对象的数量和范围来看，元代教育同样呈现出与以前不同的特点

元朝以前的教育（特别是宋朝），就教育目的来看，以培养政府各级官员为主，是典型的政治精英教育；就教育内容来看，以传统经学教育为主，属于人文教育。元朝统一给中国社会带来了深刻变化，以往处于社会支配地位的士大夫集团衰落，失去了对中央和地方政权的控制能力，元朝提供给士大夫集团的除了数量较少的学官以外，就是地方政府的低级吏员，士人做官的途径大部分断绝。就科举来看，元朝在相当长的时期内没有实行科举，后来元仁宗虽然恢复了科举，但由于当时存在四个社会等级的限制，汉族儒士特别是江南士人处于非常不利的地位，士人登第的数量非常有限，因此，汉族学生通过科举做官的道路荆棘丛丛。这种情况对元朝教育产生了较大的影响，从教育目的上看，以往政治精英教育开始向以实用为特点的大众教育转化；从教育内容上看，元朝教育在延续传统精英教育的同时，教育内容出现了多样化，吏学教育、医学教育、阴阳学教育、蒙古字学教育（后三种本课题没有涉及）等一些谋生教育比以前有了较快的发展。更为重要的是，由于大部分儒士失去了做官的机会，为了谋生，他们或自办私学，授徒为业，或到一些富豪大户之家的家塾教书谋生，或受聘于民间义塾、社学、书院以求得温饱，因此，处于元朝社会中下层的儒士，成为元代基

① 鲁贞:《桐山老农集》卷1。

层启蒙教育的主要力量。这种情况不仅使元代教育对象的数量和范围扩大，也使元代儒学教育更加广泛地深入到基层社会，促进了传统精英文化向基层社会的扩散。因此，元代的儒学教育在延续传统精英教育的同时，在中国古代精英教育向大众教育的转化过程中迈出了重要的一步，对提高整个民族的文化素质，产生了一定的影响。另外，元朝大部分儒士的生活基本稳定，为他们从事这种文化扩散的教育活动提供了条件。元朝实行儒户制度，以儒学、书院领儒户，这使元朝的儒学教育与整个儒士社会建立了比以往更加密切的关系。儒学或书院成了大多数儒士的依归之处，而学官成了儒士的管理者和代言人。元人陆文圭写道：

> 教官（学官）不与他职等，他官职乎民，教官职乎士。士者，民之拔萃，不当以治民之术治之也，仁义以淑其心，礼法以束其身，陶而铸之存乎学，博而通之存乎辞，率而先之，不言而信，存乎德行，岂不难其人哉？①

陆文圭的记述反映了元代学官与地方儒士之间的密切关系。元代学官不仅掌管儒士子弟的入学与教育，还负责监督儒士的学业以及照顾儒士的生活。至顺初年，江阴州（属江浙行省）发生饥荒，州儒学教授唐子华“赴分宪（杭州）百里外，丐赈饥之粟以哺之。守者曰：‘此民食也。’君曰：‘士亦民也，固贷以周急，请贷之。’卒受粟而归。即而官索其直，君以己币代输，士免填壑”。② 这则史料直接反映了儒学教育与地方儒士的密切关系。这种关系的建立，有利于保证元代儒士的基本生存条件以及儒士集团的稳定，对官学和各种类型的民间教育的开展意义重大。

---

① 陆文圭：《教授厅壁记》，《墙东类稿》卷7。

② 陆文圭：《教授厅壁记》，《墙东类稿》卷7。

三、从教育的绩效来看，元代教育既有成功之处，也有不足的地方

其一，教育管理制度方面。元代在儒学地位不高的情况下，加强了地方官对儒学的“敦劝”以及肃政廉访使对儒学的“勉励”。具体地说就是“俾有司主领焉，部使者以时按部，则勉其有成而励其不及”。① 此外，元政府还规定了地方官、廉访司官到儒学进行春秋祭丁和朔望祭祀的制度，这对元代儒学教育的发展产生重要的影响。元代确有一些重视教育的地方官，如庆元路总管王元恭、处州路丽水县尹韩国宝、湖广行省左丞史格、嘉兴路归安县尹魏信等，其中，在吉安路学进行儒学教育改革的吉安路总管高志，应该是这方面的最突出的人物。② 元代在儒学教育的管理方面，更多地使地方官、地方监察官插手教育管理，对保证教育的正常发展起了积极的作用。

其二，教学方面。首先，元代一般学校在继承了前代经学教育的同时，将理学作为儒学教育的主要教学内容，这对理学的传播及学术研究都有重要意义，这一点对后来的明清两朝产生了重要影响。其次，元代教育比较面对现实。教育家许衡认为：

> 为学者治生为最先务，苟生理不足，则与为学之道有所妨……治生者，农工商贾而已，士君子多以农务为生，商贾虽为逐末，亦有可为者，果处之不失义理，或以姑济一时，亦无不可。③

这种观点代表了元代一部分教育者对教育的认识，元代吏学教育的流行，就是元代教育面向现实的表现之一。再次，在经学的教学方

① 虞槃：《重修文庙记》，嘉靖《湖广图经志书》卷15《长沙府·艺文》。
② 刘铣：《桂隐文集》卷1《吉安兴学》。
③ 苏天爵：《元朝名臣事略》卷8《左丞许文正公》。

法方面，元代教育家程端礼的“程氏教学法”可以说达到了宋元以来的最高水平。程氏的“教学日程”被元政府以国子监的名义颁行全国，影响很大。

其三，学校建设方面。元朝很多学校根据各地实际情况，对儒学的建筑布局进行了调整，压缩了学斋的数量，增建了学官厅舍，使儒学在布局上更加合理。元代儒学的前庙后学、右庙左学、左庙右学三种建筑布局形式基本定型，对明清儒学的建筑布局产生了较大的影响。

其四，学官制度方面。元代的学官制度虽然弊端较大，但是仍然有成功的因素。学官制度在元朝已经基本完备，对此后的明清两代同样产生了一定的影响。

元代儒学教育确实较前代有了发展，这一点是可以肯定的。元人郑元祐说：“至国家大一统……六七十年之间，所在学校诵声相闻。”① 元人刘将孙也说：“国家混一区宇，崇植学校，布人文以化天下，兴礼乐而敦经训。凡东南郡县学，向之因陋就简者，无不更新美大。”② 这些记述，在某种程度上反映了元代教育的实际发展情况。在江西行省抚州路乐安县，“二百年来，非惟其民人得所休养，而豪杰秀异之士代不乏人……诸父长老率其昆弟子孙修习无废。自井邑田野弦诵之声相闻，是以逢掖之徒环千里而观之，或自以为不及也”。③ 乐安县的这种情况，就是元代教育发展及普及的有力证据。

元代教育在取得了明显绩效的同时，其缺陷和不足也同样是明显的。

元代儒学教育的特点是起伏大，不稳定，这对元朝教育的发展绩效产生了不利的影响。以杭州路学为例，元初杭州路学“不闻弦诵”。大德、至大年间，经过改建的路学勉强维持运转。至正二年（1342 年）杭州路学毁于火灾，教学被迫终止。至正六年

---

① 郑元祐：《重修平江路学记》，《侨吴集》卷 9。

② 刘将孙：《朴山书院记》，《养吾斋集》卷 15。

③ 虞集：《抚州路乐安县重修儒学记》，《道园学古录》卷 35。

（1346年）、至正九年（1349年）经过两次重建，杭州路学发展起来。但不到三年，路学又毁于红巾军。次年，杭州路学重建。八年以后，路学再次毁于火灾。常州路学在至元十五年（1278年）经过重建发展起来，不久学校被毁，长期无人理睬。元贞初年重建，学校规制一新。不过到延祐初年，常州路学又圮坏不堪。延祐三年（1316年）常州路学全面改建，并且增加生员，设置训导，学校一时十分兴盛。可是在至正十二年（1352年）、至正十六年（1356年），路学两遭兵燹，荡然无存。上述例子，反映了元朝教育的不稳定性。具体说来有下面几点：

其一，元代相当数量的儒学（特别是北方儒学）物资条件较差，教育发展缺乏保证。元代儒学的学田大部分由宋金继承而来，各儒学多少不一，对于那些学田少的儒学来说，一遇灾荒，学租不至，儒学就面临破产的命运。即使那些学田较多的儒学，也可能出现学田被侵或经营不善的情况，使儒学的发展出现困难。如温州路平阳州学，“膳学之田素寡……所收数以石计者，不过三百。二丁奉祭之赢，学官禄且弗给。是故，训导之师恒虚其席，而弦诵之声未之尝闻。前后之职教及守土者，虽或病之，而其力不足以为”。①与平阳州相反，嘉兴路海盐州“膳士之田亩且逾万”，但是由于“失收冒支”，每岁入学者仅十分之二，于是海盐州学“学舍芜圮不加修，士气萎靡不加振”。②

其二，自然和人为的灾害影响儒学的发展。从元代教育发展情况来看，饥荒、火灾、战争、社会动乱是影响儒学正常发展的主要因素。上面提到的杭州路学以及常州路学的例子可以说明这一点，这里不再另外举例。

其三，地方官对儒学的态度影响儒学稳定发展。元代在儒学地位不高的情况下，加强了地方官对儒学的“敦劝”以及肃政廉访使对儒学的“勉励”。这种制度本来是让地方行政、监察系统保证教育正常发展，但也使教育过分依靠地方官府，失去独立发展的能

---

① 陈高：《平阳州儒学增田记》，《不系渔舟集》卷12。

② 郑元祐：《海盐州学兴建记》，《侨吴集》卷9。

力，如果地方官不重视甚至敌视教育，儒学教育的发展就会出现困难。元代重视教育的地方官固然不乏其人，但是不重视教育的也不占少数。元人杨维桢就指出："我朝州县所在有学，虽主教者有官，作养之效则寄守令，守令非人，而欲学校之教行，亡矣。"① 元代各地的地方官由于不重视教育导致儒学荒废的情况很多。如信州路永丰县学从延祐四年（1317 年）到至正八年（1348 年）由于地方官"咸视漠如，听自弊腐"，导致县学学田被侵夺，学校荒废达 31 年之久。② 嘉兴路海盐州学由于"第长吏因循"，导致州学长期"荒坠"。③ 类似的例子还有一些，这里不再列举。另外，从元人对地方官不重视教育的批评中，也可以发现这一问题的严重性和普遍性。元人许有壬说："国制，有司主学，风纪励其怠，而天下主者视为切己，一弊必修，一坠必举者有几？蔑教典，习故常，身虽至而目不一顾者，众矣！"④ 元人虞集也说："今夫郡县之吏，急于簿书期会，有不暇于为治，而况教乎？"⑤ 由于元代地方官在儒学发展方面的失职，一些儒士将教育的停滞、弊坏归咎于地方官。元文人揭傒斯认为："自国家有宋民，不知兵者五十余年，又有好文之君继出，而学校之教阴而不兴，仁义之政，尼而不行，养生者不得尽其欢，丧死者不能究其礼，非上之过，长史之责也。"⑥ 这种见解不是没有道理的。

其四，学官的能力、责任心、影响力等因素的差异导致儒学发展的不稳定。学官的作用对教育的发展影响很大。贤能的学官具备多方面能力，责任心较强，可以规划儒学收入，收复被侵学田，及时修建校舍，规范教学祭祀活动以及聘请优秀的教师。相反，如果学官能力有限，责任心不强及影响力不大，儒学教育的运行就会受到影响，甚至导致儒学的荒废，本书已经对元代学官制度的弊端进

① 杨维桢：《元长兴州重修学校碑》，《两浙金石志》卷 17。
② 李祁：《信州永丰县修学记》，《云阳李先生文集》卷 7。
③ 郑元祐：《海盐州学兴建记》，《侨吴集》卷 9。
④ 许有壬：《彰德路儒学营造记》，《至正集》卷 37。
⑤ 虞集：《舒城县学明伦堂记》，《道园学古录》卷 8。
⑥ 揭傒斯：《舒城县龙眠书院记》，《揭文安公全集》卷 10。

行过论述，这里不再重复。

上述有关元代教育的成功和失败的因素，对元代教育的绩效产生了直接的影响，不过仅仅因为元代官学弊端很多就否定元代教育发展的观点同样也是不可取的，因为元代教育包括一个由国子学、地方官学（儒学）、书院以及基层社学、义塾、私塾等构成的复杂体系，人才并不仅仅是在官学里面培养出来，每当官学衰落时，民间私学就会迅速发展，对官学教育的不足起补充作用，所以，元代教育体系培养人才的数量和质量才是衡量教育发展的有效指标。总的来看，元代教育培养出来的政治精英的数量和水平，远远不如宋朝，与此后的明清更是无法相比，这是由元朝蒙古统治的特点决定的。不过，元朝实行"岁贡儒吏"制度，从各级学校中选优秀学生为各级政府吏员，据萧启庆先生研究，元朝"岁贡儒吏"的数量，如果将儒和吏加起来（元朝吏员一般来自各级学校），远大于两宋及金朝录取进士的数量。① 因此，元代教育机构培养的人才数量并不少，只是在人才质量方面，与其他朝代差距甚远。不过元代教育机构同样培养了不少的蒙古、色目的政治精英，② 这些人不仅在元朝中央，而且在元朝的地方官系统中，都扮演着重要角色，所以，这些非汉族的政治精英同样是元朝教育绩效的表现。可以说，元代教育是在蒙古统治的特殊条件下生长和发育起来的，元代教育的发展与元朝政治、经济、文化的发展基本上是相适应的。

四、元代生员读书做官之途非常困难，但并不是完全没有出路

虽然元朝学校生员做官比较困难，但是，一些贫困家庭出身的

① 萧启庆：《元代的儒户——儒士地位演进史上的一章》，《元代史新探》，第 29 页。

② 具体内容可以参考陈垣《元代西域人华化考》以及萧启庆《元代蒙古人的汉学》等。

学生，仍然可以通过个人的努力，在事业上有所成就，既使没有条件进入学校读书，只能在家庭接受教育的年轻人也是如此，如倪印心（号古洲）出身于一般儒学之家，“家贫苦学”，后以叶李推荐，授湖广儒学副提举，升信州路玉山县尹，政绩突出。① 袁度（字士常），父早亡，家故贫，授徒资束修养母。其名隶兵籍，“质钱佣人以行，苟弗给，即自往”。主兵者闻其事，使教授营中。泰定四年（1327年）授大都儒学提举。② 孔思晦（1267～1333年），字明道，家贫，躬耕以为养，虽剧寒暑而为学未尝懈。远近争聘为子弟师。至大中，举茂才为范阳儒学教谕。延祐初，调宁阳学，“教养有法，比代去，学者皆不忍舍之”。仁宗继位，特授中议大夫，袭封衍圣公。③ 王忠（1275～1304年），字孝卿，早失父，母元氏“力田桑躬治丝枲”，延师教之。王忠“以膏火不继，焚麻取光”读书。郡博士知其贤，辟为邑教谕。④ 滕安上（1242～1295年），字仲礼，其先自洛徙中山，“委吏斗食”，家贫力学，荐名于朝，授中山府学教授，迁禹城县主簿，后为国子博士、国子监丞、太常院丞，元贞元年（1295年）拜监察御史。⑤ 严儒珍为吏卒子，幼孤家贫，母训其读书，至正十一年（1351年）中进士，授分宜县丞。⑥ 类似例子还有很多。这些例子说明，元朝各级各类学校的学生并不是完全没有出路，通过个人的努力，他们仍然可以在社会上占有一席之地，起码可以谋生自立。就是受过儒学教育的色目人，也可以在蒙古人集中的草原地区以教书谋生。《秋千会记》记载了一个有趣的故事，元枢密院同佥贴木尔不花之子拜住被宣徽院使孛罗召为女婿。贴木尔不花后来以贪墨毁家，拜住携妻子速哥失里逃亡上都。拜住在上都“设帐民家，教蒙古生数人，复有月俸，家

---

① 弘治《徽州府志》卷8。

② 张养浩：《袁士常墓表铭》，《归田类稿》卷13。

③ 《元史》卷180《孔思晦传》。

④ 许有壬：《教谕王孝卿墓碣铭》，《至正集》卷55。

⑤ 姚燧：《国子司业滕君墓碣》，《姚文公牧庵集》不分卷。

⑥ 孔齐：《至正直记》卷2《古之贤母》。

道从容”。① 这则史料说明，受过儒学教育的色目人都可以在蒙古人占多数的草原地区以教书谋生，那么，处于汉地、江南的儒士在谋生方面应该更是没有问题。拜住后来生三子，长子教化，仕至辽阳行省左丞；次子忙古歹、幼子黑厮均为怯薛歹，黑厮在元顺帝时官至枢密院使，此三人就是儒学教育培养出来的少数民族政治精英。

这样看来，元朝学生的出路与宋朝学生的读书做官相比，更加多样化，更加适应社会不同领域的需要。可以说，元代的教育比宋代更加务实，更加适应社会多方面的发展。另外，元代的教育与社会中上层之间的管道基本上也是相通的，元代的教育对象表现为各种出身、各种民族的多样化，学生学习的目的也呈现出多样化，因此，元代教育培养的人才也是多样的，其中不乏进入社会上层，成为政治精英的分子（特别是一些蒙古、色目学生）。在科举非常发达的宋朝，能够进入社会上层，成为政治精英的毕竟也是少数，不能因为元代汉族进士、高官的数量少，就完全否定元代教育在培养政治精英方面的成就。

通过以上有关元代教育发展特征的论述，本人认为元代教育既有对前代传统教育的继承，又有在蒙古统治的特殊条件下，为了适应新的历史条件而进行的调整。元代儒学教育在教育对象的扩展、教育大众化、教育机构的广泛分布以及人才的培养等方面，有明显的发展和进步。元代教育对元朝历史发展、社会进步做出了重要贡献，是适应元朝历史发展的。用宋朝科举教育的标准，将元代教育说成是一团黑暗，无任何绩效可言，是不合适的，但根据元代教育的个别发展方面（例如分布广）将元代教育发展水平夸大的观点同样不可取。② 元代教育的发展表现在前面所说的四个方面，由于元朝与两宋、金朝以及后来的明朝的历史特点差距甚远，所以很难用统一的标准进行比较。

---

① 虫天子：《香艳丛书·秋千会记》，人民文学出版社 1992 年版，第 4715 页。

② 前一种观点见于解放前后钱穆等学者的言论，后一种观点见胡务《元代庙学的兴建和繁荣》，《元史论丛》第 6 辑。

征引文献与参考论著

一、史籍文献

司马迁 《史记》 中华书局点校本
范 晔 《后汉书》 中华书局点校本
魏 收 《魏书》 中华书局点校本
房玄龄 《晋书》 中华书局点校本
刘 昫 《旧唐书》 中华书局点校本
欧阳修 《新唐书》 中华书局点校本
脱 脱 《宋史》 中华书局点校本
宋 濂 《元史》 中华书局点校本
张廷玉 《明史》 中华书局点校本
贾公彦 《仪礼注疏》 四库全书本
马端临 《文献通考》 中华书局 1986 年版
《元典章》 海王村古籍丛刊本，中国书店 1990 年版
蔡美彪 《元代白话碑辑录》 科学出版社 1955 年版

《通制条格》(方龄贵校注) 中华书局 2001 年版

《庙学典礼》 四库全书本

许　谦 《诗集传名物钞》 四库全书本

程端礼 《程氏家塾读书分年日程》 四部丛刊初编本，上海商务印书馆 1929 年版

志费尼 《世界征服者史》 内蒙古人民出版社 1981 年版

道　森 《出使蒙古记》 中国社会科学出版社 1983 年版

彭大雅、徐霆 《黑鞑事略》 丛书集成初编本，上海商务印书馆 1936 年版

李志常 《长春真人西游记》 丛书集成初编本

《圣武亲征录》 丛书集成初编本

柯绍忞 《新元史》 中国书店 1988 年版

屠　寄 《蒙兀儿史记》 中国书店 1984 年影印本

黄宗羲、全祖望《宋元学案》 中华书局 1986 年版

王梓才、冯云濠《宋元学案补遗》 北京图书馆出版社 2002 年版

虫天子 《香艳丛书》 人民文学出版社 1992 年版

徐象梅 《两浙名贤录》 光绪二十六年刊本

王申子 《大易缉说》 四库全书本

赵承禧等 《宪台通纪》 王晓欣点校本，浙江古籍出版社 2002 年版

徐元瑞 《吏学指南》 浙江古籍出版社 1988 年版

王　圻 《续文献通考》 台湾文海出版公司元明史料丛刊本

黄淮、杨士奇《古今名臣奏议》 上海古籍出版社 1989 年版

梁国治 《钦定国子监志》 四库全书本

顾嗣立 《元诗选》 中华书局 1994 年版

钟嗣成、贾仲明《录鬼簿正续编》 巴蜀书社 1996 年版

权　衡 《庚申外史》 中州古籍出版社 1991 年版

周南瑞 《天下同文集》 四库全书本

陈元靓 《事林广记》 中华书局 1999 年版

苏天爵 《元文类》 国学基本丛书本，商务印书馆

		1958 年版
柳宗元	《增广注释音辩唐柳先生集》	四部丛刊初编本
萧颖士	《萧茂挺文集》	四库全书本
刘禹锡	《刘梦得文集》	四部丛刊初编本
陈　襄	《古灵集》	四库全书本
林景熙	《霁山文集》	四库全书本
独孤及	《昆陵集》	四部丛刊初编本
姚　铉	《唐文粹》	四部丛刊初编本
楼　钥	《攻媿集》	四部丛刊初编本
叶　适	《水心先生文集》	四部丛刊初编本
徐　积	《节孝集》	四库全书本
杨万里	《诚斋集》	四部丛刊初编本
王庭珪	《卢溪文集》	四库全书本
葛胜仲	《丹阳集》	四库全书本
刘　宰	《漫塘集》	四库全书本
周必大	《文忠集》	四库全书本
王十朋	《梅溪王先生文集》	四部丛刊初编本
黄　干	《勉斋集》	四库全书本
周敦颐	《周元公集》	四库全书本
吕　陶	《净德集》	四库全书本
度　正	《性善堂稿》	四库全书本
陈傅良	《止斋先生文集》	四部丛刊初编本
李昴英	《文溪集》	四库全书本
孙应时	《烛湖集》	四库全书本
陈　造	《江湖长翁集》	四库全书本
刘一止	《苕溪集》	四库全书本
熊　禾	《勿轩集》	四库全书本
杨　简	《慈湖遗书》	四库全书本
王应麟	《四明文献集》	四库全书本
曾　巩	《南丰先生元丰类稿》	四部丛刊初编本
家铉翁	《则堂集》	四库全书本

郑思肖　《郑思肖集》　上海古籍出版社 1991 年版
王　珪　《华阳集》　四库全书本
黄仲元　《蒲阳黄仲元四如先生文集》　四部丛刊三编本
元好问　《遗山先生文集》　四部丛刊初编本
许　衡　《鲁斋遗书》　明万历二十四年刻本
郝　经　《郝文忠公陵川集》　明正德二年李瀚刻本
姚　燧　《姚文公牧庵集》　影印清抄本
王　恽　《秋涧先生大全文集》　四部丛刊初编本
戴表元　《剡源戴先生文集》　四部丛刊初编本
赵孟頫　《松雪斋文集》　四部丛刊初编本
袁　桷　《清容居士集》　四部丛刊初编本
余　阙　《青阳先生文集》　四部丛刊续编本
许　谦　《许白云先生文集》　四部丛刊续编本
虞　集　《道园学古录》　四部丛刊初编本
刘　基　《刘基集》　浙江古籍出版社 1999 年版
黄　溍　《金华黄先生文集》　四部丛刊初编本
朱德润　《存复斋文集》　四部丛刊续编本
揭傒斯　《揭文安公全集》　四部丛刊初编本
苏天爵　《滋溪文稿》　中华书局 1997 年版
柳　贯　《柳待制文集》　四部丛刊初编本
陈　旅　《安雅堂集》　四库全书本
任士林　《松乡文集》　四库全书本
杨维桢　《东维子集》　四部丛刊初编本
吴　澄　《草庐吴先生集粹》　四库全书存目丛书
危　素　《危学士全集》　四库全书存目丛书本
宋　濂　《宋学士文集》　四部丛刊初编本
王　逢　《梧溪集》　北京图书馆古籍珍本丛刊本
邓文原　《巴西邓先生文集》　北京图书馆古籍珍本丛刊本
刘敏中　《中庵先生刘文简公文集》　北京图书馆古籍珍本丛刊本
李　存　《鄱阳仲公李先生文集》　北京图书馆古籍珍本丛刊本
吴师道　《吴礼部文集》　北京图书馆古籍珍本丛刊本

胡炳文	《云峰胡先生文集》	北京图书馆古籍珍本丛刊本
马祖常	《石田先生文集》	北京图书馆古籍珍本丛刊本
何　中	《知非堂稿》	北京图书馆古籍珍本丛刊本
郑元祐	《侨吴集》	北京图书馆古籍珍本丛刊本
卢　琦	《圭峰先生文集》	北京图书馆古籍珍本丛刊本
李　祁	《云阳李先生文集》	北京图书馆古籍珍本丛刊本
黄　枢	《后圃黄先生文集》	北京图书馆古籍珍本丛刊本
黄镇成	《秋声集》	北京图书馆古籍珍本丛刊本
傅若金	《傅与砺文集》	北京图书馆古籍珍本丛刊本
李　庭	《寓庵集》	丛书集成续编本,上海书店1994年版
许有壬	《至正集》	元人文集珍本丛刊本
谢　翱	《晞发集》	四库全书本
刘辰翁	《须溪集》	四库全书本
王　旭	《兰轩集》	四库全书本
汪克宽	《环谷集》	四库全书本
赵　文	《青山集》	四库全书本
俞德邻	《佩韦斋集》	四库全书本
何梦桂	《潜斋集》	四库全书本
杨　载	《仲弘集》	四库全书本
李俊民	《庄靖集》	四库全书本
谢枋得	《叠山集》	四部丛刊续编本
萧　立	《萧冰崖诗集拾遗》	四部丛刊续编本
牟　巘	《牟氏陵阳集》	四库全书本
舒岳祥	《阆风集》	四库全书本
程钜夫	《雪楼集》	四库全书本
陈　基	《夷白斋稿》	四库全书本
贡师泰	《玩斋集》	四库全书本
鲁　贞	《桐山老农集》	四库全书本
刘岳申	《申斋集》	四库全书本
张养浩	《归田类稿》	四库全书本
方　回	《桐江续集》	四库全书本

刘　铣　《桂隐文集》　四库全书本
胡祗遹　《紫山大全集》　四库全书本
吴　澄　《吴文正集》　四库全书本
刘将孙　《养吾斋集》　四库全书本
欧阳玄　《圭斋文集》　四部丛刊初编本
唐　元　《筠轩集》　北京图书馆古籍珍本丛刊影印《唐氏三先生集》本
郑　玉　《师山集》　四库全书本
吴　海　《闻过斋集》　四库全书本
元明善　《清河集》　丛书集成续编本
王　沂　《伊滨集》　四库全书本
舒　頔　《贞素斋集》　四库全书本
刘仁本　《羽庭集》　四库全书本
陈　高　《不系渔舟集》　四库全书本
梁　寅　《石门集》　四库全书本
邵亨贞　《野处集》　四库全书本
王义山　《稼村类稿》　四库全书本
刘　壎　《水云村稿》　四库全书本
仇　远　《金渊集》　四库全书本
徐明善　《芳谷集》　四库全书本
张之翰　《西岩集》　四库全书本
陈　栎　《定宇集》　四库全书本
刘　鹗　《惟实集》　四库全书本
同　恕　《榘庵集》　四库全书本
蒲道源　《闲居丛稿》　四库全书本
杨　翮　《佩玉斋类稿》　四库全书本
朱晞颜　《瓢泉吟稿》　四库全书本
方孝孺　《逊志斋集》　四部丛刊初编本
安　熙　《默庵集》　四库全书本
王　礼　《麟原前集》　四库全书本
李清馥　《闽中理学渊源考》　四库全书本

成廷珪 《居竹轩诗集》 四库全书本
赵㧑谦 《赵考古文集》 四库全书本
王炎午 《吾汶稿》 四库全书本
冯从吾 《元儒考略》 四库全书本
徐一夔 《始丰稿》 四库全书本
贝 琼 《清江诗集》 四库全书本
乌斯道 《春草斋集》 四库全书本
陶 安 《陶学士集》 四库全书本
汪 森 《粤西文载》 四库全书本
姜宸英 《湛园集》 四库全书本
郑 真 《荥阳外史集》 四库全书本
孙 作 《沧螺集》 四库全书本
杨 荣 《文敏集》 四库全书本
程敏政 《新安文献志》 四库全书本
李东阳 《怀麓堂集》 四库全书本
章 懋 《枫山集》 四库全书本
黄仲昭 《未轩文集》 四库全书本
钱 谷 《吴都文粹续集》 四库全书本
程端礼 《畏斋集》 丛书集成续编本
程端学 《积斋集》 丛书集成续编本
戴 良 《九灵山房集》 四部丛刊初编本
陆文圭 《墙东类稿》 丛书集成续编本
贡 奎 《云林集》 四库全书本
苏伯衡 《苏平仲文集》 四部丛刊初编本
全祖望 《鲒琦亭外编》 四部丛刊初编本
陶宗仪 《南村辍耕录》 中华书局 1997 年版
叶子奇 《草木子》 中华书局 1997 年版
孔 齐 《静斋至正直记》 上海古籍出版社 2001 年版
陆友仁 《砚北杂志》 江苏广陵古籍刻印社 1984 年版
盛如梓 《庶斋老学丛谈》 江苏广陵古籍刻印社 1984 年版
杨 瑀 《山居新语》 江苏广陵古籍刻印社 1984 年版

郭　畀《客杭日记》　江苏广陵古籍刻印社1984年版
郑元祐《遂昌杂录》　江苏广陵古籍刻印社1984年版
宋　濂《浦阳人物记》　江苏广陵古籍刻印社1984年版
程敏政《宋遗民录》　江苏广陵古籍刻印社1984年版
徐乃昌《安徽通志稿》　北京图书馆辽金元石刻文献全编影印民国石印本
甘云鹏《潜江贞石志》　北京图书馆辽金元石刻文献全编影印崇雅堂丛书本
乾隆《绍兴府志》　北京图书馆辽金元石刻文献全编影印乾隆五十七年刊本
阮　元《两浙金石志》　北京图书馆辽金元石刻文献全编影印光绪十六年浙江书局刻本
严　观《江宁金石记》　北京图书馆辽金元石刻文献全编影印宣统二年刻本
胡聘之《山右石刻丛编》　北京图书馆辽金元石刻文献全编影印光绪二十七年刻本
《陕西金石志》　台湾新文丰出版公司石刻史料新编本
毕沅等《山左金石志》　北京图书馆辽金元石刻文献全编影印嘉庆二年刻本
杜春生《越中金石记》　北京图书馆辽金元石刻文献全编影印詹波馆刻本
陈棨仁《闽中金石略》　北京图书馆辽金元石刻文献全编影印菽庄丛书本
王　昶《金石萃编》　北京图书馆辽金元石刻文献全编影印嘉庆十年经训堂刻本
王　昶《金石萃编未刻稿》　北京图书馆辽金元石刻文献全编影印1919年罗振玉影印本
《淮阴金石仅存录》　台湾新文丰出版公司石刻史料新编本

	《济州金石记》	台湾新文丰出版公司石刻史料新编本
	《福建金石志》	台湾新文丰出版公司石刻史料新编本
	《武林石刻记》	台湾新文丰出版公司石刻史料新编本
陆心源	《吴兴金石记》	北京图书馆辽金元石刻文献全编影印光绪十六年刻本
沈　涛	《常山贞石志》	北京图书馆辽金元石刻文献全编影印道光二十二年刻本
汪　鋆	《十二砚斋金石过眼录》	北京图书馆辽金元石刻文献全编影印光绪元年刻本
	《关中金石记》	台湾新文丰出版公司石刻史料新编本
钱大昕	《金石跋尾》	台湾新文丰出版公司石刻史料新编本
黄木骥	《元碑存目》	《聚学轩丛刊》第二辑
	《范氏天一阁碑目》	台湾新文丰出版公司石刻史料新编本
	《中州金石目录》	台湾新文丰出版公司石刻史料新编本
	《天津范文卿先生畿辅碑目》	台湾新文丰出版公司石刻史料新编本
	《古林金石表》	台湾新文丰出版公司石刻史料新编本
	《崇雅堂碑录》	台湾新文丰出版公司石刻史料新编本
	《元山东金石目录》	台湾新文丰出版公司石刻史料新编本
沈琇莹	《闽中金石考》	北京图书馆辽金元石刻文献全编影印菽庄丛书第二种

《中州金石记》　台湾新文丰出版公司石刻史料新编本
《艺风堂金石文字目》　台湾新文丰出版公司石刻史料新编本
谢启昆　《粤西金石略》　北京图书馆辽金元石刻文献全编影印嘉庆六年铜鼓亭刻本
杨世沅　《句容金石记》　北京图书馆辽金元石刻文献全编影印本
李遇孙　《括苍金石志》　北京图书馆辽金元石刻文献全编影印同治十三年重刻本
戴咸弼　《东瓯金石志》　北京图书馆辽金元石刻文献全编影印光绪二年聚珍本
罗福颐　《满洲金石志》　北京图书馆辽金元石刻文献全编影印1938年石印本
罗福颐　《满洲金石志外编》　北京图书馆辽金元石刻文献全编影印1938年石印本
《吴冢遗文》　台湾新文丰出版公司石刻史料新编本
《严州金石录》　台湾新文丰出版公司石刻史料新编本
黄　瑞　《台州金石录》　北京图书馆辽金元石刻文献全编影印嘉业堂刊本
《安徽金石略》　台湾新文丰出版公司石刻史料新编本
叶为铭　《歙县金石志》　北京图书馆辽金元石刻文献全编影印民国二十五年紫城叶氏铅印本
张仲炘　《湖北金石志》　北京图书馆辽金元石刻文献全编影印民国十年刻本
张　维　《陇右金石录》　北京图书馆辽金元石刻文献全编影印1944年甘肃省文献征

		集委员会校印本
沈瑜庆	民国《福建通志》	北京图书馆辽金元石刻文献全编影印民国二十七年刻本
方履籛等	道光《河内县志》	北京图书馆辽金元石刻文献全编影印道光五年刻本
张淳德	同治《栾城县志》	北京图书馆辽金元石刻文献全编影印同治十一年刻本
吴汝纶	《深州风土记》	北京图书馆辽金元石刻文献全编影印光绪二十六年文瑞书院刻本
杨　晨	光绪《定兴县志》	北京图书馆辽金元石刻文献全编影印光绪十六年刻本
	弘治《潞州志》	北京图书馆辽金元石刻文献全编影印弘治八年刊本
贾恩绂	民国《定县志》	北京图书馆辽金元石刻文献全编影印民国二十三年刻本
邹允中	民国《寿光县志》	北京图书馆辽金元石刻文献全编影印民国二十五年铅印本
	民国《新昌县志》	北京图书馆辽金元石刻文献全编影印民国八年铅印本
缪荃孙	《江苏省通志稿》	北京图书馆辽金元石刻文献全编影印民国十六年影印本
沈　淮	道光《临邑县志》	北京图书馆辽金元石刻文献全编影印道光十七年刻本
武　亿	《安阳县金石录》	北京图书馆辽金元石刻文献全编影印嘉庆四年刻本
赵亚熊	咸丰《澄城县志》	北京图书馆辽金元石刻文献全编影印咸丰元年刻本
尚希宾	民国《威县志》	北京图书馆辽金元石刻文献全编影印民国十八年铅印本
王樹枬	民国《新城县志》	北京图书馆辽金元石刻文献全

编影印民国二十四年北平文华斋铅印本
刘树鑫 民国《南皮县志》 北京图书馆辽金元石刻文献全编影印民国二十二年铅印本
李 图 道光《平度州志》 北京图书馆辽金元石刻文献全编影印道光二十九年刻本
俞希鲁 《至顺镇江志》 江苏古籍出版社 1999 年版
陈 文 《景泰云南图经志书》 云南民族出版社 2002 年版
张 铉 《至正金陵新志》 台湾成文出版社有限公司中国地方志丛刊影印元刻本
冯福京 《大德昌国州图志》 宋元方志丛刊本
袁 桷 《延祐四明志》 宋元方志丛刊本
罗 濬 《宝庆四明志》 宋元方志丛刊本
王元恭 《至正四明续志》 宋元方志丛刊本
王仁辅 《无锡志》 宋元方志丛刊本
杨 譓 《至正昆山郡志》 宋元方志丛刊本
熊梦祥 《析津志辑轶》 北京古籍出版社 2001 年版
陈大震、吕桂孙《大德南海志》 宋元方志丛刊本
觉罗石麟 雍正《山西通志》 四库全书本
梁克家 《淳熙三山志》 四库全书本
康熙《永州府志》 日本藏中国罕见地方志丛刊本
万历《续修严州府志》 日本藏中国罕见地方志丛刊本
成化《湖州府志》 日本藏中国罕见地方志丛刊本
方岳贡 崇祯《松江府志》 日本藏中国罕见地方志丛刊本
万历《福州府志》 日本藏中国罕见地方志丛刊本
康熙《程乡县志》 日本藏中国罕见地方志丛刊本
嘉靖《福清县志》 日本藏中国罕见地方志丛刊本
万历《南安府志》 日本藏中国罕见地方志丛刊本
薛 刚 嘉靖《湖广图经志书》 日本藏中国罕见地方志丛刊本
同治《南康府志》 台湾成文出版社有限公司中国地方志丛刊影印同治十一年刊

	本
同治《上海县志》	台湾成文出版社有限公司中国地方志丛刊影印同治十一年刊本
乾隆《绍兴府志》	台湾成文出版社有限公司中国地方志丛刊影印乾隆五十七年刊本
嘉庆《南畿志》	台湾成文出版社有限公司中国地方志丛刊影印嘉庆刻本
嘉庆《松江府志》	中国地方志集成本
民国《萧山县志稿》	台湾成文出版社有限公司中国地方志丛刊影印民国二十四年铅印本
民国《新昌县志》	台湾成文出版社有限公司中国地方志丛刊影印民国八年铅印本
乾隆《诸暨县志》	台湾成文出版社有限公司中国地方志丛刊影印乾隆三十八年刊本
民国《东莞县志》	台湾成文出版社有限公司中国地方志丛刊影印民国十六年铅印本
光绪《慈溪县志》	台湾成文出版社有限公司中国地方志丛刊影印光绪二十五年刊本
光绪《奉化县志》	台湾成文出版社有限公司中国地方志丛刊影印光绪三十四年刊本
光绪《余姚县志》	台湾成文出版社有限公司中国地方志丛刊影印光绪二十五年刊本

	嘉庆《山阴县志》	台湾成文出版社有限公司中国地方志丛刊影印民国二十五年绍兴县志委员会铅印本
	同治《南安府志》	台湾成文出版社有限公司中国地方志丛刊影印同治七年刊本
	光绪《上犹县志》	台湾成文出版社有限公司中国地方志丛刊影印光绪十九年重订本
	嘉靖《浦江志略》	台湾成文出版社有限公司中国地方志丛刊影印天一阁明代方志选刊本
栗祁、唐枢	万历《湖州府志》	上海图书馆藏明万历刻本
樊维城等	天启《海盐县图经》	复旦大学图书馆藏明刊本
何乔远	《闽书》	福建图书馆藏明崇祯刻本
赵　瀛	嘉靖《嘉兴府图记》	天津图书馆藏明嘉靖刻本
杨守仁	《续修严州府志》	天津图书馆藏明万历刻本
陈让、夏时正	成化《杭州府志》	南京图书馆藏明成化刻本
王懋德	万历《金华府志》	北京图书馆藏明万历刻本
陈道等	弘治《八闽通志》	天津图书馆藏明弘治刻本
彭泽等	弘治《徽州府志》	天一阁明代方志选刊影印明弘治刻本
林庭㭿、周广	嘉靖《江西通志》	江西省图书馆藏明嘉靖刻本
林富、黄佐	嘉靖《广西通志》	北京图书馆藏明嘉靖蓝印本
戴璟、张　岳	嘉靖《广东通志初稿》	北京图书馆藏明嘉靖刻本
陈让等	嘉靖《邵武府志》	天一阁明代方志选刊影印明嘉靖刻本
	嘉靖《定远县志》	南京图书馆藏明嘉靖刻本
	隆庆《永州府志》	北京图书馆藏明隆庆五年刻本
程嗣功	万历《应天府志》	日本内阁文库藏明万历五年刻本
林云程等	万历《通州志》	天一阁明代方志选刊本
杨守仁等	万历《续修严州府志》	天津图书馆藏明万历刻本

戴日强　万历《余杭县志》	北京图书馆藏明万历刻本
汤日昭　万历《温州府志》	温州图书馆藏明万历刻本
陈相、谢铎 弘治《赤城新志》	南京图书馆藏明弘治刻本
柳　琰　弘治《嘉兴府志》	上海图书馆藏明弘治刻本
王洵等　弘治《湖州府志》	上海图书馆藏清归安姚氏咫进斋抄本
孙仁等　成化《重修毗陵志》	四库全书存目丛书影印明成化刻本
苏祐等　嘉靖《吴邑志》	天一阁明代方志选刊续编影印明嘉靖刻本
陈　威　正德《松江府志》	天一阁明代方志选刊续编影印明正德刻本
李翰章　光绪《湖南通志》	商务印书馆 1934 年影印清光绪十一年刻本

二、参考论著与论文

韩儒林:《元朝史》,人民出版社 1986 年版。

韩儒林:《穹庐集》,河北教育出版社 2002 年版。

陈高华、史卫民:《中国政治制度通史》(第 8 卷),人民出版社 1993 年版。

李治安:《行省制度研究》,南开大学出版社 2000 年版。

李治安:《元代政治制度研究》,人民出版社 2003 年版。

陈得芝:《中国通史》第 8 卷,上海人民出版社 1997 年版。

萧启庆:《元代史新探》,台湾新文丰出版公司 1983 年版。

萧启庆:《蒙元史新研》,台湾允晨文化实业股份有限公司 1994 年版。

周良宵、顾菊英:《元史》,上海人民出版社 2003 年版。

蒙思明:《元代社会等级制度》,中华书局 1980 年版。

[俄] 符拉基米尔佐夫:《蒙古社会制度史》,中国社会科学出版社 1980 年版。

陈垣:《元代西域人华化考》,上海古籍出版社 2000 年版。

孙毓修：《戴剡源年谱》，商务印书馆中国史学丛书本。

［美］施坚雅：《中华帝国晚期的城市》，中华书局 2000 年版。

［德］韦伯：《儒教与道教》，江苏人民出版社 1997 年版。

［德］傅海波、［英］崔瑞德主编：《剑桥中国辽西夏金元史》，中国社会科学出版社 1998 年版。

法国丛书编辑委员会编：《法国汉学》第八辑（《教育史专号》），中华书局 2003 年版。

南京大学元史研究室：《内陆亚洲历史文化研究》，南京大学出版社 1996 年版。

南开大学历史系：《中国史论集》，天津古籍出版社 1994 年版。

《蒙元的历史与文化——蒙元史学术研讨会论文集》（上、下），台湾学生书局 2001 年版。

刘俊文主编，索介然译：《日本学者研究中国史论著选译》第 5 卷，中华书局 1993 年版。

王德毅等：《元人传记资料索引》，中华书局 1987 年版。

陆峻岭：《元人文集篇目分类索引》，中华书局 1979 年版。

谭其骧：《中国历史地图集》第 7 册，中国地图出版社 1982 年版。

胡志宏：《西方中国古代史研究导论》，大象出版社 2002 年版。

方勇：《南宋遗民诗人群体研究》，人民出版社 2000 年版。

叶新民、齐木德道尔吉：《元上都研究文集》，中央民族大学出版社 2003 年版。

罗立刚：《宋元之际的哲学与文学》，复旦大学出版社 1999 年版。

许梓：《元代书院研究》，社会科学文献出版社 2000 年版。

程方平：《辽金元教育史》，重庆出版社 1993 年版。

顾树森：《中国历代教育制度》，江苏教育出版社 1981 年版。

李国钧、王炳照主编：《中国教育制度通史》，山东教育出版社 2000 年版。

陈学恂主编：《中国教育史研究》，华东师范大学出版社 2000 年版。

李才栋等编:《元代教育管理制度史》,江西教育出版社 1996 年版。

王建军:《中国教育史新编》,广东高等教育出版社 2003 年版。

王建军:《元代国子监研究》,澳亚周刊出版有限公司 2003 年版。

欧阳周:《元代教育史》,人民出版社 1994 年版。

何怀宏:《选举社会及其终结——秦汉至晚清历史的一种社会学阐释》,三联书店 1998 年版。

毛礼锐、沈灌群:《中国教育史》第 3 卷,山东教育出版社 1987 年版。

白新良:《中国古代书院发展史》,天津大学出版社 1995 年版。

林拓:《文化的地理过程分析》,上海书店出版社 2004 年版。

顾宏义:《教育政策与宋代两浙教育》,湖北教育出版社 2003 年版。

王国维:《王国维学术论著》,浙江人民出版社 1998 年版。

周祖谟:《宋亡后仕元之儒学教授》,《辅仁学志》十四卷 1、2 合期,1947 年。

陈高华:《元代的地方官学》,《元史论丛》第 5 辑。

陈得芝:《论宋元之际江南士人的思想及政治动向》,《南京大学学报》1997 年第 2 期。

陈得芝:《从“九儒十丐”看元代儒士的地位》,《光明日报》1986 年 6 月 18 日史学版第 416 期。

刘迎胜:《宋元至清初我国外语教学史研究》,《江海学刊》1998 年第 3 期。

姚大力:《元朝科举制度的行废及其社会背景》,《元史及北方民族史研究集刊》第 6 辑。

李治安:《元代乡试新探》,《南开大学学报》1999 年第 6 期。

李治安:《元代社区捕盗巡检司考述》,[韩国]《东洋学研究》第 4 辑。

姚从吾:《成吉思汗信任邱处机这件事对保全中原传统文化的贡献》,《姚从吾先生全集》第 6 集。

萧启庆:《元代蒙古人的汉学》,《蒙元史新研》,台湾允晨文化实业股份有限公司1994年版。

萧启庆:《元代儒户——儒士地位演进史上的一章》,《元代史新探》,台湾新文丰出版公司1984年版,第1~58页。

萧启庆:《忽必烈"潜邸旧侣"考》,《元代史新探》,台湾新文丰出版公司1984年版,第263~361页。

萧启庆:《元朝科举与江南士大夫之延续》,《元史论丛》第6辑。

萧启庆:《大蒙古国的国子学——兼论蒙汉精英涵化的滥觞与儒道势力的消长》,《蒙元史新研》,台湾允晨文化实业股份有限公司1994年版,第65~94页。

徐泓:《传统中国大学校园的空间规划——明南京国子监》,《史学:传统与变迁学术研讨会论文集》,台湾大学历史系,1999年。

王颋:《元代书院考略》,《中国史研究》1984年第1期。

孟繁清:《元代的学田》,《北京大学学报》1981年第6期。

[法]谢和耐:《童蒙教育(11~17世纪)》,《法国汉学》第8辑,中华书局2003年版,第99~154页。

[法]蒂莱曼·格里姆:《广东的书院与城市体系》,施坚雅主编《中华帝国晚期的城市》,中华书局2000年版。

[法]斯蒂芬·福伊希特旺:《学宫与城隍》,施坚雅《中华帝国晚期的城市》,中华书局2000年版。

[日]牧野修二:《论元代庙学和书院的规模》,《齐齐哈尔师院学报》1988年第4期。

[日]安部健夫:《元代知识分子与科举》,《日本学者研究中国史论著选译》第5卷,中华书局1993年版,第636~679页。

黄进兴:《道统与治统之间:从明嘉靖九年(1530)孔庙改制谈起》,台湾"中央研究院"历史语言研究所集刊》第61本,1993年12月。

郑克晟:《元末的江南士人与社会》,《东南文化》1990年第4期。

韩志远:《元代私学初探》,《元史论丛》第9辑,中国广播电视出版社2004年版。

杨国勇:《元代教育的几个特点》,《山西大学学报》1985年第1期。

胡务:《元代庙学的建筑结构》,《元史论丛》第8辑。

胡务:《元代庙学的组织与管理》,《中国史论集》,天津古籍出版社1994年版。

胡务:《元代的庙学》,南开大学硕士论文打印稿。

胡务:《元代庙学的兴建与繁荣》,《元史论丛》第6辑。

赵琦:《大蒙古国时期儒士的处境与文化传承》,内蒙古大学博士论文打印稿。

赵琦:《金亡前后儒士的南迁与北徙》,《元史论丛》第8辑。

王立平:《元代地方官学的建筑规模及学田》,《固原师专学报》1993年第1期。

王立平:《元代地方官学生员及其学习生活》,《固阳师专学报》1996年第1期。

王立平:《元代地方官学》,《固阳师专学报》1994年第2期。

王立平:《元代地方官学体系的发展概况》,《固阳师专学报》1995年第2期。

黄清连:《元代诸色户计的经济地位》,台湾《食货》1977年。

姚景安:《忽必烈与儒臣和儒学》,《中国史研究》1990年第1期。

欧阳光:《从文人群落到文人集团——元代婺州文人集团再研究》,《文史》2001年第1辑。

丁昆健:《从仕宦途径看元代的游士之风》,《蒙元的历史与文化——蒙元史学术研讨会论文集》,台湾学生书局2001年版。

丁昆健:《蒙古征伐时期(1208~1259)华北的儒学教育》,《华学月刊》第129期。

丁昆健:《元世祖时期的儒学教育》,《华学月刊》第136期。

丁昆健:《元代的科举制度》(上、下),《华学月刊》第124、125期。

徐秉愉:《以文自立——元代金华文士吴莱》,《世变、群体与个人——第一届全国历史学学术讨论会论文集》,台湾大学历史系,1997 年 6 月。

吴小红:《元代南方书院拟设教授考》,《元史论丛》第 9 辑。

于金生:《元代的地方学官及其社会地位》,《内蒙古社会科学》1993 年第 3 期。

王风雷:《元上都教育考》,《元上都研究文集》,中央民族大学出版社 2003 年版。

任崇岳:《略论元代儒士社会地位演变的历史过程》,《社会科学辑刊》1981 年第 3 期。

贾洲杰:《元上都调查报告》,《元上都研究文集》,中央民族大学出版社 2003 年版,第 44 ~ 62 页。

[日] 石田干之助:《关于元上都》,《元上都研究文集》,中央民族大学出版社 2003 年版第1 ~ 34 页。

Yan – Shuan Lao , *Southern Chinese Scholars and Educational Institution in Early Yuan : Some Preliminary Remarks*, *China under Mongol Rule*, Princeton university Press, 1990, p. 133.

Zundorfer, *Changes and Continuity in Chinese Local History*, Leiden: E J Brill, 1989.

Patricia Ebery, *The Dynamics of Elite Domination in Song China*, Harvard Journal of Asiatic Studies 48 (1989).

HO Ping – ti, *Yhe Ladder of Success in Imperial China*, 1368 – 1911, New York, Columbia University Press, 1962.

Evelyn. Sakakida. Rawski, *Education and Ppopular Literacy in Ch' ing China.* Ann Abeor: The University of Michigan, 1979.

John. W. Chaffee, *The Thorny Gates of Learning in Song China*, New York University Press, 1985.

后　　记

《元代教育研究》从开始构思到现在已经七年，在该书即将付梓之际，笔者将其成书过程以及本人学术研究经历略述如下，是为后记。

这部书稿是在我的博士论文《元代江南儒学及学官群体研究》的基础上完成的。2002 年我的博士论文通过南开大学历史学院论文答辩，尽管当时专家评价较高，但我个人清楚，由于时间仓促，这篇博士论文并不十分成功。总的来看，论文比较粗疏，缺点很多，个别内容研究不深入，个别章节安排不当，写法单调，需要从内容到结构进行全面的修改和补充。来武大工作以后，我开始静下心来，重新审视这篇博士论文。2003 年，我以该博士论文为基础申报的研究课题，得到国家社科基金青年项目立项，国家社科基金的资助使我有条件和精力重做这一研究课题。

元朝是一个儒学精英文化下移、大众文化迅速发展的时代，这种情况势必对元代教育发展产生重要影响，我主要从这一认识出发，全面考察元代教育在这一文化转变时期的重要变化与特点，力图做出一部名副其实的元代教育史来。我首先从蒙古贵族对传统文化认识逐步深入的角度探讨元代文教政策，然后将研究视野扩大到全国，通过元代江南与北方教育发展情况的对比，考察元代教育发展的总体情况，删去以前对江南各行省教育发展的具体考察，代之以统计的方法，通过统计数据描述元代教育发展的轨迹。我还以元代庆元路教育发展的考察作为个案，做到点与面的结合。我在这部书中将元代教育制度作为一个研究重点，内容由原来的一章，扩充为三章，紧扣元代教育“庙学合一”的主题，主张教育制度是教育管理、祭祀与教学三种内容的有机统一体，离开任何一个方面都不是完整的教育制度。对于学官、学产、学校建筑布局等章节，我同样是在进一步收集资料的基础上重新写作。这部书稿基本上反映了我对元代教育史或中国古代教育史的全面认识和思考。书稿完成后，经过专家匿名通讯评审，完成了社科基金项目结题（被评为良好等级）。2005年，这部书稿又经过一次专家匿名通讯评审，入选武汉大学该年度学术丛书。从这两次通讯评审的评语来看，所有专家都肯定这部书稿的研究方法及学术价值，这增强了我将这部书稿拿出来出版的信心。在根据专家建议对书稿进行修改以后，我将书稿交给武汉大学出版社，希望这部书出版以后，能引起学术界的关注以及对中国古代教育史的重新审视和思考。

本人生性愚钝，大学毕业以后做中学老师，已近而立之年才想起考研，1996年考入内蒙古大学内蒙古近现代史研究所，攻读硕士学位。我导师白拉都格其先生出于著名元史专家翁独健先生门下，早年治蒙元史，后转行近代蒙古史。先生对学生严而有恩，将我带进学术的殿堂。当时的近现代史所与内蒙古大学的蒙古史研究所同为蒙古史研究机构，双方共同培养研究生。研究生一年级我主要在蒙古史所上课，得到了蒙古史专家周清澍、林沉（亦邻真）、齐木德道尔吉、薄音胡、叶新民等先生的教诲，近现代史所的郝维民等先生也使我受益良多。1998年，我的硕士论文通过答辩，顺利取得学位。离校前，白拉都格其先生曾与我对酒长谈，当时情形，现在仍然记忆犹新！

1998年，在锡林郭勒盟正蓝旗的蒙古史会议上，我认识了南开大学李治安先生，先生鼓励我学习元史，于是，我于次年考上南开大学历史学院的博士研究生。南开大学的历史学在国内外影响很大，很多学术大师在这里任教，来到南开大学学习，是我多年以来的宿愿。我的导师李治安先生受业于元史专家杨志玖先生，在元史学界以勤奋、严谨著称，对学生要求比较严格。我硕士期间学的是近代史，没有元史方面的基础，李先生命我从研读《元史》、《元典章》入手，熟悉元朝的历史和典章制度。一年级的时候，李先生每次上课完毕，都会让我最后留下来补课，对我在读书过程中遇到的任何问题，先生都耐心进行解答，看到我笔记本上密密麻麻的问题，先生不仅不烦躁，反而露出欣慰的表情，耐心地一一回答，这种情景现在回忆起来，依然令人感动！

2000 年，杨志玖先生由于视力下降，需要一位在校学生帮他做一些资料检索、论文打印等具体工作，李先生推荐我去。杨先生是一位和蔼可亲的学者，年过八旬仍然笔耕不辍，每天埋首书桌工作近十个小时，令我这个身强力壮的年轻人都感到汗颜。有时工作累了，杨先生就和我聊天，他给我讲述他一生的学术经历、学术界趣闻轶事以及他的治学经验，从杨先生那里我不仅学到治学的门径，而且学到了为人、为学的道理，这些将会使我受用一生。

2002 年初，我的博士论文完成。李治安先生为我的论文付出了最多的心血，从论文选题到论文章节的拟定，他提出了很多中肯的意见。为了看我的论文，他甚至牺牲了春节休息的时间。在《元代教育研究》即将付梓之际，李先生为该书写了序言，勉励我继续从事这方面的研究，作为学生，我已经很难用语言表达对老师的感激之情，只能用今后加倍的努力，报答老师的培育之恩。

在我博士论文写作的过程中，得到了中国社会科学院陈高华先生，南开大学张国刚先生、南炳文先生、白新良先生的热情帮助。复旦大学姚大力先生、暨南大学邱树森先生、南京大学高荣盛先生、中国社会科学院白刚先生等给我审查了博士论文，提出了很多宝贵的修改意见，学界朋友刘晓先生、蔡春娟女士、张彤先生也为此书的写作，提供了诸多帮助，再此一并表示感谢。

2002 年下半年我来到武汉大学历史学院工作。武大是国内学术传统悠久的大学，从一百多年前最早一批学校建筑到秀丽的珞珈山水，都透出一种灵异之气。我喜爱武大的山水，更喜爱武大的学术风气。在这里，学术前辈石泉先生、李涵先生、朱雷先生、冯天瑜先生、杨果先生、冻国栋先生、张建民教授、陈锋教授都在学术和生活方面给了我有益的指导和帮助，与同事何德章教授、鲁西奇教授、杨华教授、谢贵安教授、王雪华副教授、覃启勋教授、薛毅教授、罗运环教授、任放副教授、杨国安副教授、周荣副教授、刘安志副教授、朱海副教授、魏斌博士等人交流较多，使我受益匪浅。《元代教育研究》写作过程中的很多想法，得益于上述先生的指教。在此对武汉大学诸位前辈、同仁表示感谢！

我这部书稿的完成，还要感谢我的家人——我的父母、兄弟姐妹、妻子、儿子，他们在我求学期间经济最困难的时期，给了我最无私的帮助，给了我一个安全的避风港。这里特别要提出的是我的父亲，他在1957年被划为“右派”，下放到山东农村，在最艰难的情况下养活了我们兄弟姊妹四人，用他的乐观思想影响我们，使我们从小就有远大的抱负。父亲平反后从事山东地方史志研究，对我后来选择历史学为业，影响重大。2002年夏天，在我取得博士学位的时候，父亲驾鹤仙去，这本小书，算是献给在天堂的父亲的最好礼物吧！

最后，这部书的出版，还应该感谢本书的责任编辑王雅红女士，她为该书的出版付出了辛勤的劳动和汗水。

另外，《元代教育研究》虽数易其稿，不足之处仍然不少，请学界方家不吝赐教。

申万里

2006年8月28日

于武汉大学珞珈山寓所

武汉大学学术丛书 书目

中国当代哲学问题探索
中国辩证法史稿（第一卷）
德国古典哲学逻辑进程（修订版）
毛泽东哲学分支学科研究
哲学研究方法论
改革开放的社会学研究
邓小平哲学研究
社会认识方法论
康德黑格尔哲学研究
人文社会科学哲学
中国共产党解放和发展生产力思想研究
思想政治教育有效性研究
政治文明论
中国现代价值观的初生历程
精神动力论
广义政治论
中西文化分野的历史反思
第二次世界大战与战后欧洲一体化起源研究
哲学与美学问题
行为主义政治学方法论研究
调和与制衡
"跨越论"与落后国家经济发展道路

国际经济法概论
国际私法
国际组织法
国际条约法
国际强行法与国际公共政策
比较外资法
比较民法学
犯罪通论
刑罚通论
中国刑事政策学
中国冲突法研究
中国与国际私法统一化进程（修订版）
比较宪法学
人民代表大会制度的理论与实践
国际民商新秩序的理论建构
中国涉外经济法律问题新探
良法论
国际私法（冲突法篇）（修订版）
比较刑法原理
担保物权法比较研究
澳门有组织犯罪研究
行政法基本原则研究
国际刑法学
遗传资源获取与惠益分享的法律问题研究

当代西方经济学说（上、下）
唐代人口问题研究
非农化及城镇化理论与实践
马克思经济学手稿研究
西方利润理论研究
西方经济发展思想史
宏观市场营销研究
经济运行机制与宏观调控体系
三峡工程移民与库区发展研究
２１世纪长江三峡库区的协调与可持续发展
经济全球化条件下的世界金融危机研究
中国跨世纪的改革与发展
中国特色的社会保障道路探索
发展经济学的新发展
跨国公司海外直接投资研究
利益冲突与制度变迁
市场营销审计研究
以入为本的企业文化
路径依赖、管理哲理与第三种调节方式研究
中国劳动力流动与"三农"问题
"封建"考论
新开放经济宏观经济学理论研究
关系结合方式与中间商自发行为的关系研究

武汉大学学术丛书 书目

中日战争史（1931～1945）（修订版）
中苏外交关系研究（1931～1945）
汗简注释
国民军史
中国俸禄制度史
斯坦因所获吐鲁番文书研究
敦煌吐鲁番文书初探（二编）
十五十六世纪东西方历史初学集（续编）
清代军费研究
魏晋南北朝隋唐史三论
湖北考古发现与研究
德国资本主义发展史
法国文明史
李鸿章思想体系研究
唐长孺社会文化史论丛
殷墟文化研究
战时美国大战略与中国抗日战场（1941～1945年）
古代荆楚地理新探·续集
汉水中下游河道变迁与堤防
吐鲁番文书总目（日本收藏卷）
用典研究
《四库全书总目》编纂考
元代教育研究

随机分析学基础
流形的拓扑学
环论
近代鞅论
鞅与banach空间几何学
现代偏微分方程引论
算子函数论
随机分形引论
随机过程论
平面弹性复变方法（第二版）
光纤孤子理论基础
Banach空间结构理论
电磁波传播原理
计算固体物理学
电磁理论中的并矢格林函数
穆斯堡尔效应与晶格动力学
植物进化生物学
广义遗传学的探索
水稻雄性不育生物学
植物逆境细胞及生理学
输卵管生殖生理与临床
Agent和多Agent系统的设计与应用
因特网信息资源深层开发与利用研究
并行计算机程序设计导论
并行分布计算中的调度算法理论与设计
水文非线性系统理论与方法
拱坝CADC的理论与实践
河流水沙灾害及其防治
地球重力场逼近理论与中国2000似大地水准面的确定
碾压混凝土材料、结构与性能
喷射技术理论及应用
Dirichlet级数与随机Dirichlet级数的值分布
地下水的体视化研究
病毒分子生态学
解析函数边值问题（第二版）
工业测量
日本血吸虫超微结构
能动构造及其时间标度
基于内容的视频编码与传输控制技术

文言小说高峰的回归
文坛是非辩
评康殷文字学
中国戏曲文化概论（修订版）
法国小说论
宋代女性文学
《古尊宿语要》代词助词研究
社会主义文艺学
文言小说审美发展史
海外汉学研究
《文心雕龙》义疏
选择·接受·转化
中国早期文化意识的嬗变（第一卷）
中国早期文化意识的嬗变（第二卷）
中国文学流派意识的发生和发展
汉语语义结构研究
明清词研究史

中国印刷术的起源
现代情报学理论
信息经济学
中国古籍编撰史
大众媒介的政治社会化功能
现代信息管理机制研究
科学信息交流研究
比较出版学